太仓年鉴

2022

太仓市史志办公室编

（总第26卷）

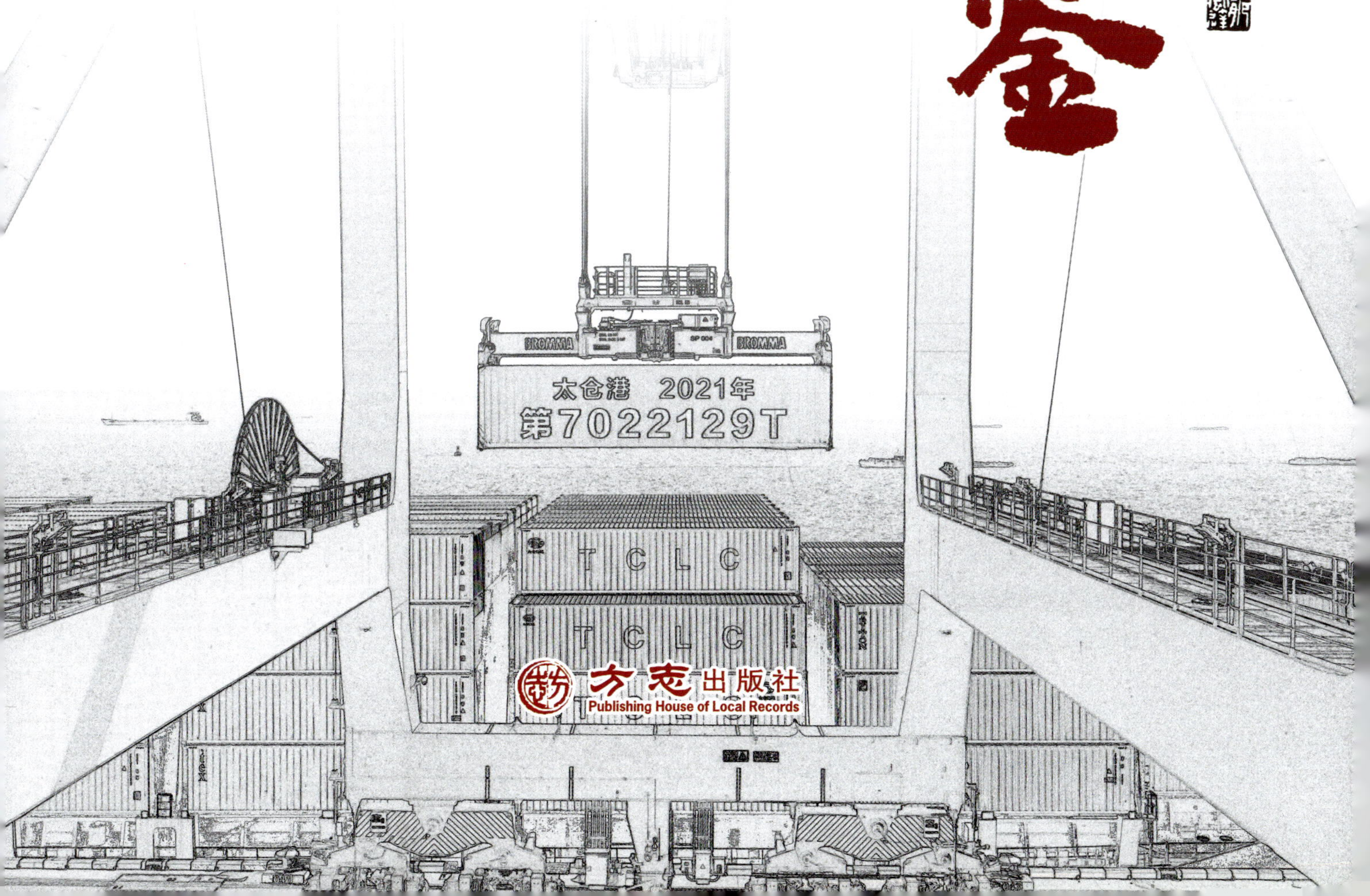

方志出版社
Publishing House of Local Records

图书在版编目(CIP)数据

太仓年鉴. 2022 / 太仓市史志办公室编.—北京：方志出版社, 2022.10
ISBN 978-7-5144-5326-3

Ⅰ.①太… Ⅱ.①太… Ⅲ.①太仓—2022—年鉴
Ⅳ.①Z525.34

中国版本图书馆CIP数据核字（2022）第219667号

责任编辑：刘方圆
责任校对：刘玉霞
责任印制：梅中英
出 版 者：方志出版社
地　　址：北京市朝阳区潘家园东里9号（国家方志馆4层）
邮　　编：100021
网　　址：http://www.zgfzcb.cn
发　　行：方志出版社图书营销中心（010-67110500）
印　　刷：南京凯德印刷有限公司
开　　本：889毫米×1194毫米 1/16
印　　张：32.5
字　　数：1197千字
版　　次：2022年10月第1版
印　　次：2022年10月第1次印刷
定　　价：200.00元

编辑说明

一、《太仓年鉴》以马克思列宁主义、毛泽东思想、邓小平理论、“三个代表”重要思想、科学发展观、习近平新时代中国特色社会主义思想为指导，坚持辩证唯物主义和历史唯物主义的立场、观点和方法，全面、系统、准确、客观地记载太仓自然、政治、经济、文化、社会和生态等方面现状，发挥年鉴为领导决策所用、为一线工作所用、为百姓知情所用、为学术研究所用、为宣传交流所用的功能，为社会各界了解太仓、建设太仓和续修志书提供地情资料。

二、《太仓年鉴（2022）》记述时间原则上为2021年1月1日至2021年12月31日，部分内容适当上溯或下延。年鉴采用分类编辑法，基本结构分类目、分目、副分目、条目等层次，部分类目增设子目，以条目为基本单位，其中条目以黑体字加**【 】**表示。全书卷首设封面故事、年度便览、视觉太仓3个图片专题，正文设特别报道、大事纪要、太仓概况、人居环境、太仓港、高新区及中德合作示范区、区域经济、公共服务、社会治理、地方组织机构、城镇街道等类目11个，书后设附录及索引。全书共有分目72个、副分目168个、子目8个、条目1091个，图表116张，随文图片185幅，约120万字。

三、《太仓年鉴（2022）》编写框架与上年基本保持一致。正文“特别报道”类目中设党史学习教育、辉煌百年等专文，以突出年度特色。卷首图片专题中，“封面故事”以“太仓港集装箱吞吐量突破700万标箱”为主题，并简要介绍太仓港疏港铁路专用线正式开通等情况，标志着太仓港结束无铁路接入的历史，迈入铁水联运时代。“年度便览”收录“数说太仓·2021”和“重要荣誉·2021”。“视觉太仓”收录“中国共产党成立100周年·党史学习教育”“年度掠影”“精神文明建设十佳新人、十佳新事”等内容。卷首专题共选用图片122幅。

四、“附录”中“年度荣誉”以有关表彰文件（证书）为准，并经编者筛选，一般收录获评省条线（含）以上的先进集体和先进个人。

五、《太仓年鉴》资料、数据均由各部门、各镇（区、街道）和部分协会、企业提供，并经各单位主要领导审核确认，同类数据若有出入，则以统计资料为准。部分数据因四舍五入原因，导致分项数与合计数不一致，不再一一说明。

2021 年 12 月 29 日，太仓港集装箱吞吐量突破 700 万标箱　　计海新　摄

太仓港吞吐量突破 700 万标箱　疏港铁路专用线开通

2021年12月29日上午，随着江苏省委副书记、代省长许昆林在南京主会场宣布“起吊”“开通”，一个挂有“太仓港2021年第7022129T”横幅的集装箱被缓缓吊起，稳稳地装上“江远幸福号”集装箱船。

同时，太仓港疏港铁路专用线首列列车从浮桥装卸作业场出发，发往河南郑州圃田站，标志太仓港结束无铁路接入的历史，迈入铁水联运时代。

江苏省副省长储永宏在主会场主持活动，省政府秘书长陈建刚出席。苏州市委副书记、代市长吴庆文在太仓港集装箱码头分会场致辞。苏州市副市长吴晓东，市政府秘书长陈恙，太仓港口管委会主任邵建林，太仓市委副书记、代市长胡卫江等参加活动。

吴庆文在致辞中说，近年，苏州深入贯彻习近平总书记对江苏、对苏州系列重要讲话指示精神，抢抓“一带一路”、长江经济带、长三角一体化发展等重大机遇，放大“沪太同港化”效应，统筹做好太仓港新冠肺炎疫情防控、安全监管和服务保障，2021年集装箱吞吐量突破700万标箱。同时，太仓港疏港铁路专用线开通将进一步完善太仓港铁水公联运、集疏运体系，扩大太仓港的辐射范围和影响力。未来，苏州将深度融入长三角一体化发展战略机遇，积极对接上海国际航运中心，不断深化港产城联动融合，努力建设具有国际竞争力的世界一流港口。

太仓港是江苏省重点开发建设的港口，也是苏州港口型国家物流枢纽的核心载体。2021年，太仓港集装箱吞吐量较上年增长34%，跃居全国第8位，连续12年名列长江第一、连续4年名列江苏第一。

太仓港疏港铁路专用线是国家发改委明确的长江干线12个重点铁水联运设施联通项目之一，总投资18.87亿元，正线全长13.2千米。该专用线以集装箱及适箱货物运输为主，为相关货主企业设计海铁联运物流方案，预测货运量388万吨/年，远期603万吨/年。

（摘自2021年12月30日《太仓日报》 记者：朱琦　王俊）

总面积：**809.93** 平方千米

户籍人口：**52.59** 万人

常住人口：**83.90** 万人

地区生产总值：**1574.05** 亿元

其中

- 第一产业增加值：**23.98** 亿元
- 第二产业增加值：**782.38** 亿元
- 第三产业增加值：**767.69** 亿元

人均（常住）地区生产总值：**18.85** 万元

公共财政预算收入：**190.03** 亿元

工业总产值：**3387.94** 亿元

其中

- 规模以上工业总产值：**2942.64** 亿元

全社会固定资产投资：**501.54** 亿元

其中

- 工业投资：**173.02** 亿元
- 服务业投资：**327.17** 亿元

商品房新开工面积：**235.73** 万平方米

商品房施工面积：**1004.62** 万平方米

商品房竣工面积：**96.14** 万平方米

商品房销售面积：**222.86** 万平方米

社会消费品零售总额：**510.47** 亿元

注册外资及港澳台资：**24.07** 亿美元

实际利用外资及港澳台资：**9.39** 亿美元

服务外包接包合同额：**11.59** 亿美元

其中

- 离岸执行额：**4.48** 亿美元

进出口总额：**170.87** 亿美元

其中

- 出口总额：**92.70** 亿美元

新增内资认缴资本：**300.88** 亿元

旅客运输量：**379** 万人次

货物运输量：**2573** 万吨

太仓港国际国内航线：**216** 条

太仓港集装箱吞吐量：**703.79** 万标箱

太仓港货物吞吐量：**2.43** 亿吨

接待境内外游客：**488.51** 万人次

旅游业总收入：**100.05** 亿元

私人汽车保有量：**24.1** 万辆

金融机构人民币存款余额：**2030.69** 亿元

其中

住户存款余额：**856.85** 亿元

金融机构人民币贷款余额：**2167.86** 亿元

小学：**39** 所

其中

民办小学：**8** 所

普通初中：**15** 所

普通高中：**4** 所

特殊教育学校：**1** 所

中等专业学校：**1** 所

高等职业技术学院：**1** 所

老年大学：**1** 所

社区教育中心：**9** 个

授权专利：**12752** 件

其中

发明专利：**695** 件

各类医疗机构：**315** 所

卫生机构拥有床位：**5096** 张

卫生技术人员：**6171** 人

人均期望寿命（户籍人口）：**84.78** 岁

甲乙类传染病报告发病率：**137.04/10** 万

儿童免疫规划建卡率（常住人口）：**100%**

居民健康档案建档率（常住人口）：**90.50%**

城镇居民人均可支配收入：**76733** 元

城镇居民人均生活消费支出：**45993** 元

农村居民人均可支配收入：**41446** 元

农村居民人均生活消费支出：**28285** 元

中国最具幸福感城市县级市榜单首位

企业家幸福感最强市

第二批城乡交通运输一体化示范创建县

中国县级市基本现代化指数第五位

中国县域高质量发展百强第六位

全国综合实力百强县市第七位

全国绿色发展百强县市第二位

全国科技创新百强县市第二位

中国县域发展潜力百强第四位

中国康养百佳县市榜首

『四好农村路』全国示范县

中国县城知识产权竞争力排行榜第六位

1921
2021
庆祝中国共产党成立100周年
The 100th Anniversary of the Founding of
The Communist Party of China

▲ 2021年3月10日

太仓市党史学习教育动员会议在市行政中心举行

▲ 2021年3月11日

太仓市四套班子党员领导参观太仓革命历史陈列馆

2021年3月19日
城厢镇梅园社区开设“庭院课堂”，向农村老党员发放“红梅收音机”，方便老党员们收听党史和党课

2021年4月16日
太仓市举办“百年辉煌•百名飞燕•百场宣讲”活动启动仪式

▲2021年4月23日
长三角党史学习教育共同体成立

▲2021年5月8日
太仓市举行“奋斗•启航”红色家书展。图为工作人员为家书捐赠者朱锦翔（右）颁发收藏证书

2021年5月8日
太仓市面向少数民族党员开展“民族共聚学党史”系列活动

▲ 2021年5月12日
江苏省委党史学习教育巡回指导组到太仓调研指导。图为指导组在太仓革命历史陈列馆实地督导检查

2021年5月12日
太仓市面向"两新"党组织开展"音乐党史课""电影党史课"

▲ 2021年5—12月
太仓市开展"百村千企万户行"基层大调研活动。图为6月15日，市委书记汪香元（左五）一行现场查看西北工业大学太仓校区一期项目

2021年6月
太仓市供销合作社、市文明办和市志愿者总会联合开展“我为群众办实事、志愿服务助农耕”新时代文明实践活动

2021年6月8日
上海浦东新区康桥镇、浦东新区、太仓市文联、苏州市摄影家协会与上海中心大厦共同举办“扬帆起航·再创辉煌”庆祝中国共产党成立100周年长三角摄影作品首展

2021年6—12月

太仓市开展“百名书记进百家、为民办好百件事”实践活动。图为6月11日，沙溪镇党委书记王晓红（左）走访沙溪镇中荷村老党员倪凤华（右）家庭

2021年6月18日

“奋斗百年路 启航新征程”太仓市红色档案文献展在太仓博物馆开幕

▲ 2021年6月23日
城厢镇面向社区基层开设党史学习教育“游园讲堂”

2021年6月28日
太仓市委老干部局开展“留声留影留故事”口述历史资料采集工作。
图为老干部局走访慰问退休老干部，挖掘老干部故事

2021年7月
太仓市开展“攻坚先锋”党员旗帜飘扬在防汛一线行动。
图为7月16日，公路应急突击队在204国道新浏河大桥下穿位置用水泵抽排积水保畅通

2021年7月
由太仓市档案馆、市史志办分别编写的《太仓红色档案选编》和《百年娄城》成为全市党史学习教育的乡土教材

2021年7月1日
太仓市举行“永远跟党走”——庆祝中国共产党成立100周年大型主题活动

2021年7月2日
太仓市举行庆祝中国共产党成立100周年座谈会暨全市“两优一先”表彰会议

2021年7月2日
太仓市举行庆祝中国共产党成立100周年座谈会暨市“两优一先”表彰会议。
图为市委书记汪香元（左）为部分老党员代表颁发“光荣在党50年”纪念章

2021年7月13日
太仓市举行党史学习教育专题党课

▲ 2021年7月22日
中央党史学习教育第五巡回指导组到太仓调研。
图为指导组在老党员周瑞林家中参观“庭院课堂”

2021年8月13日
太仓市举办“新时代大家说”——党史学习教育专场活动

2021年8月26日
太仓市推出“飞燕云讲堂”线上宣讲课程，实现党史学习教育“不断线”“不松懈”

▲ 2021年9月1日

由太仓市文明办和市教育局主办，西北工业大学、江苏省太仓高级中学、市经贸小学、市艺术幼教中心南园幼儿园协办，市第一中学承办的“请党放心　强国有我”——开学第一课播出

▲ 2021年9月7日

太仓市党史学习教育工作推进会在市行政中心召开

2021年9月16—18日
太仓市举办“学党史 燃激情 拼速度 开新局”党史学习教育专题读书班

2021年9月16日
城厢镇县府社区面向离退休党员开展“红色盲盒”传递系列活动。
图为一对退休党员夫妻分享当年的老物件及背后的故事

2021年9月22日
嘉昆太三地党工委理论学习中心组专题联学交流会在太仓举行

2021年9月29日
城厢镇邀请抗美援朝老兵讲述“我身边的党史故事”

▼ 2021年9月29日

太仓市城管局联合上海市嘉定区城管局和昆山市城管局在太仓市城市党建融合中心举办“向史而新·循脉而行”嘉昆太党史学习教育联学共建活动

2021年10月19日

太仓选手冯晟（左二）参加“永远跟党走 奋进新征程”基层主题宣讲苏州总决赛，并获一等奖

2021年10月20日
嘉昆太理论宣讲团成立

2021年11月
浏河镇打造"理论飞燕、乡音课堂"，确保农村党员党史学习"无障碍""零距离"。图为浏河镇浏南村理论宣讲服务队进行方言宣讲

2021年11月2日
太仓市委教育工委开展“红色之旅”研学线路。图为青少年学生实地寻访红色教育基地

（该专题图片由市委宣传部供稿）

2021年1月10日
成群的野生鸬鹚在浏河镇长江边觅食、嬉戏。
这是太仓近5年出现的规模最大的野生鸬鹚种群　　计海新摄

▲ 2021年1月18日
城厢镇县府社区工作人员在商超宣传新冠肺炎疫情防控知识　　姚建平摄

2021年1月19日

施工人员在太仓港疏港铁路专用线现场架设长32米、重114吨的首孔预制T梁　计海新摄

2021年1月20日

浏河镇新时代文明实践所组织镇书画协会在明德小学开展“写春联·送祝福”喜迎牛年春节系列活动　计海新摄

2021年1月27日
娄东街道华盛园社区通过微信群开展新冠肺炎疫情防控宣传直播　姚建平摄

2021年1月29日
爱心企业工作人员在城厢镇梅园社区为居民家安装智能灭火器　姚建平摄

2021年2月2日
太仓港海通汽车物流中心场地上，数千台汽车通过该物流中心中转运至重庆、武汉、南京等地
计海新摄

2021年2月4日
春节临近，浏河古镇数千盏灯笼、百余面国旗将古镇景区装扮得红红火火，洋溢着节日喜庆祥和的氛围

计海新摄

2021年2月9日
志愿者在太仓长途汽车站开展“把爱‘戴’回家”送口罩和迎春对联活动

姚建平摄

2021年2月17日
航拍双凤镇新湖村蔬菜示范基地西红柿大棚。
新湖番茄为太仓特产，于2005年申报为无公害产品 计海新摄

2021年2月18日
苏州市人民政府与中国商飞公司在太仓签订战略合作框架协议 姚建平摄

2021年2月21日
招商局重工（江苏）有限公司设计建造的半潜式重吊生活平台“CMHI-16302”缓缓驶离太仓港四期码头。该平台整体造价超20亿元

计海新摄

Huisman
international

2021年2月22日
航拍提档改造整治一新的浮桥镇方桥村
计海新摄

▲ 2021年2月24日
市民在城厢镇县府社区参加学党史猜灯谜活动
姚建平摄

▼ 2021年2月27日

农民在浏河镇何桥村松茸菇种植基地采收松茸菇 计海新摄

2021年3月5日

娄东街道滨河社区开展党员学雷锋活动。当天为第58个全国学习雷锋纪念日，也是首个江苏省志愿者日 姚建平摄

2021年3月12日
位于城厢镇永丰村的省级现代化生态循环农业试点项目“渔菜共生”工厂化生产系统迎来一批参观者　姚建平摄

2021年3月19日
中铁上海工程局南沿江城际铁路太仓至安亭上行联络线特大桥施工现场，一孔32米的单线箱梁安放在桥墩上
计海新摄

2021年3月22日
娄东街道太平社区展示百幅剪纸作品，迎接中国共产党百年华诞
姚建平摄

2021年3月26日
沪苏通铁路上一列高铁从太仓市一处桃园边穿越而过
姚建平摄

2021年3月17日
中铁四局的铁路建设者在太仓港疏港铁路专用线施工现场安装人行道护栏
计海新摄

2021年4月5日
沙溪古镇游人如织，乐享小长假
计海新摄

2021年4月6日
江苏润邦工业装备有限公司生产技术人员涂装、检验出口北欧市场的港口机械设备

计海新摄

▲ 2021年4月9日
城厢镇东区社区举行“一心向党 百年同行”主题党日活动

姚建平摄

SITC
COSCO
CHINA SHIPPING
OOCL

2021年4月22日

“恒盛868”号轮满载584标箱长江沿线集装箱货物从太仓国际集装箱码头首航广西北部湾钦州港，标志着太仓港—钦州港航线正式开通

计海新摄

▲ 2021年4月22日

城厢镇西区社区与城厢镇第一小学共同举行“砥砺信仰 红心向党”主题共建活动，庆祝中国共产党成立100周年

姚建平摄

2021年4月29日
城厢镇县府社区开展重走长征路活动　姚建平摄

▲ 2021年4月30日
“乐购太仓·畅游娄城”太仓“五五购物节”暨旅游文化美食节在天镜湖畔开幕　姚建平摄

▼2021年5月7日
太仓市第十六届全民运动会开幕
计海新摄

2021年5月8日
全国竞走冠军赛暨全运会资格赛在太仓开赛
计海新摄

2021年5月24日

扬子三井造船有限公司建造的8万吨级散货轮在5艘大马力拖轮作业下，从船坞下水驶入长江。该船是该公司2019年转型造船以来下水的第16艘货轮

计海新摄

2021年5月28日

城厢镇幼教中心奔山幼儿园开展“童心向党庆六一活动”

计海新摄

2021年5月29日
南园非遗文化活动上昆曲后人精彩献演　姚建平摄

▲ 2021年5月29日
城厢镇西区社区开展主题拼图活动，庆祝中国共产党成立100周年　姚建平摄

2021年5月30日

浮桥镇牌楼社区林港农场130多公顷小麦开始收割　计海新摄

▲ 2021年5月31日

太仓市举办残疾人专场招聘会，28家企业提供就业岗位近300个，近百名残障人士进行现场报名和就业咨询

计海新摄

▲2021年6月
双凤镇勤力村子莲种植基地内约13万平方米子莲竞相绽放，
良好的自然生态环境成为众多鸟类栖息、觅食的生态家园

计海新摄

2021年6月3日

众多白鹭在沙溪镇庄西村一片树林栖息、觅食

计海新摄

2021年6月5日
航拍华灯初上的科教新城
姚建平摄

2021年6月7日
陆渡街道村民在党建展示室参观初心亭 姚建平摄

2021年6月17日
太仓市口水娃食品有限公司通过“快手直播”
销售休闲食品，争抢“6·18”网络销售商机 计海新摄

2021年6月28日
太仓港集装箱四期码头启用暨300万标箱起吊仪式举行，
标志长江流域首个堆场全自动化码头正式启用

计海新摄

▲ 2021年6月30日
科教新城常丰社区为部分老党员颁发“光荣在党50年”纪念章 姚建平摄

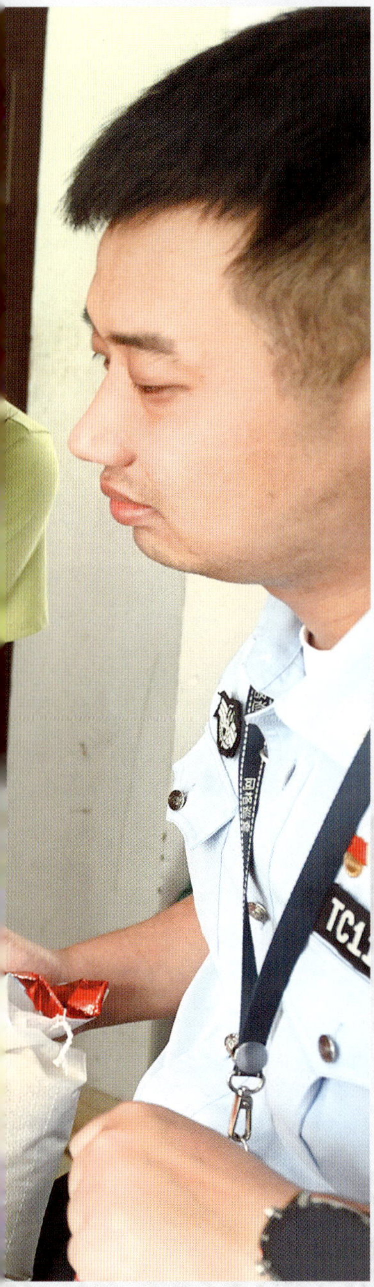

2021年7月26日

中国共产党太仓市第十四次代表大会在市行政中心开幕 计海新摄

▲ 2021年7月29日

志愿者走访慰问抗美援朝老兵 姚建平摄

▼ 2021年8月
太仓市首批6艘河道自动保洁船投入使用，
每艘船每天可清捞水生植物约10吨　　计海新摄

2021年8月3日
航拍娄江新城滨河公园　　计海新摄

2021年8月6日
航拍浏河镇何桥村农民安置小区　　计海新摄

▲ 2021年8月7日
太仓武港码头有限公司卸船机接卸进口铁矿石　　计海新摄

▲2021年9月
双凤镇庆丰村乡村农旅融合景区完成提档升级。该景区以稻田画为主，配套建设稻田书屋、环游飞屋、观景台、风车、船屋民宿等人文小景

计海新摄

2021年9月23日

2021年“夜太美”暨第16届太仓啤酒节开幕　计海新摄

▲2021年9月23日

太仓市农业综合执法大队渔政中队执法人员在浏河国家一级渔港开展安全生产宣传　计海新摄

2021年9月30日
中国第8个烈士纪念日当天，太仓市在革命烈士陵园举行公祭活动，缅怀革命先烈的丰功伟绩和崇高精神 计海新摄

2021年10月4日
太仓港集装箱码头灯火通明，一派繁忙景象 计海新摄

2021年10月10日
浙江、江苏部分渔船在太仓市浏河国家一级渔港卸载海鲜 计海新摄

2021年10月22日
抗美援朝老兵在观看电影《长津湖》前向学生讲述战争故事 姚建平摄

2021年10月30日
多台收割机在浮桥镇浪港村高标准农田收割水稻
计海新摄

▲2021年11月7日
市民在太仓市首家有声图书屋听阅图书 姚建平摄

2021年11月18日
航拍市民公园秋色 姚建平摄

2021年11月20日
航拍港区一处光伏发电设施 姚建平摄

2021年11月24日
城厢镇西区社区与弇山园管理处联合举办“万菊送市民”活动，向市民赠送万余盆菊花 姚建平摄

▲ 2021年12月

太仓市各镇区相继建成开放式慈善公园。图为浏河镇慈善公园一角　**姚建平**摄

2021年12月4日

航拍晨雾笼罩下的金仓湖　**姚建平**摄

▲ 2021年12月29日
太仓港集装箱吞吐量突破700万标箱

计海新摄

2021年12月29日
太仓港疏港铁路专用线通车

计海新摄

太仓市第十九届（2021年度）精神文明建设十佳新人

1. 陆抗美：遗体捐献，让生命再度绽放

陆抗美，女，1952年出生，中共预备党员，璜泾镇杨漕村16组村民。2018年，她正式签订遗体捐赠协议，成为苏州市遗体捐献志愿者。2019年，陆抗美被评为“太仓好人”。2021年12月，陆抗美儿子胡宏奇突发疾病被送入医院，经过18天的治疗仍被宣布脑死亡。胡宏奇生前多次表示，想效仿母亲捐献遗体。儿子走后，陆抗美决定捐献儿子的器官，换来6位患者的新生或重见光明。“这也许是儿子生命得以延续的最好方式。”陆抗美是一名农村妇女，她用实际行动成为移风易俗的倡导者，在平凡中诠释生命的价值。她的崇高品德、大爱精神令人敬佩、感动。

2. 杨萼梅：群众身边的杨老师

杨萼梅，女，1944年出生，群众，家住城厢镇弇山社区桃园新村。杨阿姨退休后热心公益、无私奉献。从2008年起，杨萼梅十几年如一日坚持为城厢镇福利院的60多位老人读报，被老人们亲切地称为“杨妹妹”“杨老师”。杨萼梅热爱昆曲文化，主动担任太仓市老年大学、经贸小学、城厢第四小学、良辅中学昆曲辅导老师，20多年来为基层群众表演昆曲逾百余场。同时，杨萼梅关注残疾人事业，为3位困境儿童、1位残疾人、1户失独家庭实现“微心愿”。杨萼梅先后获评“苏州市百名文明市民标兵”“2011年姑苏敬老之星”“2014年五星级志愿者”“2015年姑苏老有所为之星”“2020年最美夕阳志愿者”等。

3. 2021 年成功捐献造血干细胞志愿者团队：生命接续，大爱相随

沈佳乐（右二），男，1991年出生，太仓市双凤镇党委委员；范超（右一），男，1986年出生，舍弗勒(中国)有限公司职工；刘晓东（左一），男，1989年出生，太仓市沙溪镇新北社区工作人员；龚涛（左二），男，1985年出生，太仓市第一人民医院肝胆外科副主任医师。他们在现实生活中或许互不相识，但他们有着同一个名字——造血干细胞捐献志愿者，他们是2021年太仓市成功捐献造血干细胞志愿者。他们以实际行动，兑现志愿者的承诺，弘扬“人道、博爱、奉献”的红十字精神，捐赠造血干细胞，帮助4位素不相识的血液病患者，为患者带来生的希望。

4. 梅键：科技达人带动乡村振兴

梅键，男，1989年出生，太仓市好么么农业科技有限公司总经理。梅键致力农业领域的科技和产品研发，践行从事农业的初心，利用科技手段增加农民收入，让更多人吃到更安全更健康的蔬果。2017年，计算机专业毕业的他，在浮桥镇丁泾村建成600平方米的智能温室和75平方米的计算机控制室，依托气雾栽培技术、传感器集成技术、自动化控制技术、计算机智能化技术栽培绿色优质蔬果。至2021年，掌握50余个品种的气雾栽培生产技术，带动当地农民增收18万元。梅键热心参与农业种植、科普宣讲等各类志愿服务，累计参与各类志愿服务36次。先后获苏州乡村青年致富带头人、太仓市“十五佳”新型职业农民、“太仓好人”等荣誉。

5. 陆晓晨：残疾不是阻碍梦想的理由

陆晓晨，男，1991年出生，家住城厢镇电站花苑小区，是一名脑瘫患者。中专毕业之后，他被安置在一家福利工厂工作，每天简单重复的劳动并没有消磨他的热情，仍积极主动地做好每一件事。陆晓晨在市残联的帮助下，学习电商经营思路，调整经营理念，创立NewYoung高端成衣品牌，走上电商创业之路。至2021年，他经营的店铺拥有粉丝10万多人，店铺好评率99.5%，旺季店铺单月销售成衣2000余件，全年实现销售额600万元。2015年，他被合作工厂授予“年度最佳合作伙伴”称号；2021年，他获第二届苏州市残疾人创业创新大赛三等奖。

6. 张新亚："检察蓝"守护一方平安

张新亚，男，1985年出生，中共党员，太仓市人民检察院第五检察部主任，一级检察官。张新亚先后在民事行政检察部门、刑事检察部门以及刑事执行检察部门工作，始终坚持认真负责的职业态度，在办案中求极致，在监督中求精准。积极推进长江大保护战略实施，组建长江生态检察办案团队，擦亮"沪苏同行·守护长江"特色品牌。《"检察蓝"守护长江口水清岸美》的宣传报道获江苏省人民检察院检察长批示。张新亚先后获评"苏州市检察岗位能手"、苏州市检察机关"苏检先锋"、苏州市最美劳动者等荣誉，所在部门获评全国检察机关派驻监管场所一级规范化检察室、太仓市作风效能建设"十佳先进科室"。

7. 白国超：海归博士坚持梦想闯出新天地

白国超，男，1987年出生，中共党员，英国帝国理工学院助理研究员、加拿大蒙特利尔大学博士后研究员、英国赫里奥特—瓦特大学哲学博士、北京邮电大学工学博士、知行机器人科技（苏州）有限公司总经理。在机器人末端领域研究逾10年的白国超一直在寻求一展所长的机会。2018年，白国超参与"赢在苏州"创业大赛，不仅斩获大奖，更成功找到创业第二站。创业三年多，公司组建一支拥有30多人的专业研发团队，自主研发机器人末端执行器产品10余款及视觉抓取系统6款。公司为国家高新技术企业，申请各项专利50余项，注册商标10余项。2021年，白国超获评"太仓好人"。

8. 单进锋：坚守一线的消防战士

单进锋，男，1982年出生，中共党员，太仓市城西政府专职消防救援站站长。2000年，单进锋加入消防救援队伍，始终苦练业务技能、钻研专业知识，多次被上级单位评为优秀士兵。2010年，上海世界博览会期间，他带领队员连续15天开展安保工作，被授予个人三等功。2016年，江苏盐城遭遇罕见强冰雹和龙卷风灾害，他冲锋在前，完成各项增援任务，获个人三等功。2021年7月，单进锋主动请缨，带领7名队员驰援河南抗洪救灾，在救援现场救出多名被困人员，用行动书写英勇无私，被江苏省消防救援总队评为"最美抢险救灾先锋"。2021年，单进锋获评"太仓好人"。

9. 郁涛骋：把生命定格在网格巡查路上

郁涛骋，男，1991年出生，殁于2021年。2018年，郁涛骋入职沙溪镇联动中心，成为一名网格巡查员。担任网格员的几年里，郁涛骋勤勤恳恳、甘于奉献，他的巡查记录本里写着满满的"大民生"，显示出一名网格员的责任与担当。新冠肺炎疫情发生后，郁涛骋始终坚守一线，白天逐户排查登记信息，做好火眼金睛的"侦查员"；晚上加班加点汇总排摸情况，做好为民服务的"勤务员"。2021年6月23日，郁涛骋在违建图斑对比采集途中，突遇车祸因公殉职，生命永远定格在30岁的夏天，定格在网格巡查路上。郁涛骋生前先后获"苏州市能手网格员"称号、沙溪镇联动中心最佳奉献奖。2021年，郁涛骋获评"太仓好人"。

10. 杨燕萍：以残疾之躯书写人间大"孝"

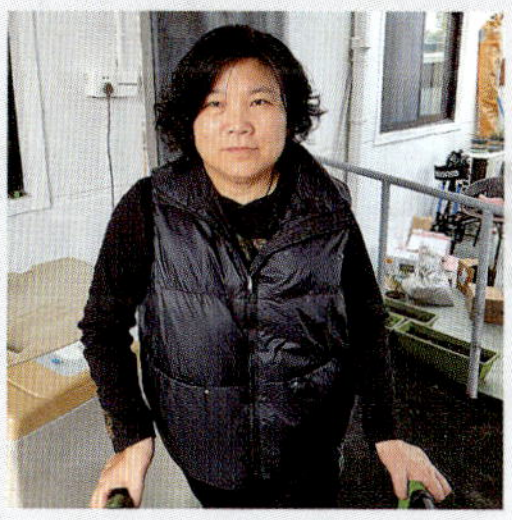

杨燕萍，女，1973年出生，家住沙溪镇直塘玉河苑小区。杨燕萍先天下肢发育不良，依靠轮椅才能在屋里走上几步。虽然是一个残疾人，但她却坚持照顾瘫痪在床的父亲11年。母亲离世、父亲瘫痪、家庭收入一般，面对突如其来的变故与困难，杨燕萍没有放弃生活，没有自暴自弃，而是勇敢面对，坦然接受。11年来，她克服重重困难，尽心尽力给父亲喂饭喂水、处理大小便、擦洗身体等，尽力照顾着患脑出血导致半身瘫痪、生活不能自理的父亲。她用自己的行动诠释着她对父亲的爱，她用残疾之躯书写人间大"孝"。2021年，杨燕萍获评"苏州时代新人""太仓好人"。

太仓市第十九届（2021年度）精神文明建设十佳新事

1. 首创“四位一体”，守护未成年人成长

太仓市文明办、太仓市教育局联合团市委，整合太仓市未成年人健康成长指导中心、太仓市中小学家长学校总校、学校社工服务社会组织、青少年维权港湾四方资源，创新成立太仓市未成年人健康成长服务中心（以下简称“服务中心”），调配优秀师资力量充实到服务中心管理层，于2021年9月正式运行，建立“四位一体”未成年人服务体系。服务中心升级设施设备，推出线上和线下课程，精准推进青少年心理健康教育“走深走实”，家庭教育工作“入校入家”，学校社工服务“提质提效”，青少年维权“有为有力”，形成“家校政社”一体化服务网络，全面呵护未成年人健康成长。

2. 创设“U1S1”特色课程理论宣讲载体

太仓高新区创新开设“U1S1”（有一说一）特色课程，打破中规中矩的理论现场宣讲模式，融合传统与现代的展演手段，融入三句半、诗歌、小品、相声、歌曲、快板等文艺元素，开发设计特色课程19个，增强理论宣讲互动性和感染力，进一步推动党的创新理论大众化传播，向广大党员和群众传播党的好声音，传递实践精神，传送发展动力。“U1S1”特色课程寓教于乐，让群众有兴趣、听得懂、主动传播，在和谐氛围中一起探讨、学习和领会新时代新思想的丰富内涵，展现党的理论的强大感召力。

3. 首家“公益婚纱幸福小站”

为进一步推进移风易俗，倡导勤俭节约、绿色环保的婚恋新风尚，沙溪镇创新设立“公益婚纱幸福小站”，也是“我为群众办实事”项目。该幸福小站建在沙溪古镇便民服务中心，由专业志愿服务组织负责日常运行，有效链接市民实际需求和开拓资源供给，为市民提供婚纱礼服免费租赁、红事新办指导服务等。同时，“公益婚纱幸福小站”结合重要时间节点，组织开展文明集体婚礼、公益婚纱秀、“我们的节日·重阳”之重温婚纱照等活动，成为新时代文明实践的一个重要阵地。

4. “庭院课堂”让党史“飞入寻常百姓家”

璜泾镇根据农村党员学习需求，将党史学习教育搬进农家小院，开设“庭院课堂”学习阵地75个和“送学上门”点位220个，构建“5分钟学习圈”，提升农村党员参学率与能动性，营造骨干党员领学、学习小组共训、党员带头宣传的良好氛围。组织“飞燕”宣讲员为农村老党员发放包括乡音收音机、党史学习书籍材料等在内的党史学习教育“加油包”，并为行动不便的农村老党员送去“我为党员读党报”“飞燕传音进家门”等“一对一”送学上门服务。“庭院课堂”的学习方式让农村党员能够坐得住、听得进、有感触，真正让党史学习教育“飞入寻常百姓家”。

5. 私家车库变“议事小屋”

城厢镇南区社区新民村小区是个无物业老小区，由社区党委牵头，组织党员、群众成立自管委员会开展小区自治。因没有公共活动配套用房，自管委员会商量事情没有固定场所，党员盛化明主动提出用自家车库作为小区居民议事之所，也供居民喝茶聊天。在“议事小屋”，居民们共同商讨增设充电桩、基础设施维修、绿化改造等事宜，小区面貌焕然一新，还成功安装智能道杆、完善楼道公约、命名“睦邻楼”等一批特色楼道。“议事小屋”探索出一条社区“微治理”的新路径。

6. 警民合力救人，温暖整个娄城

危难时刻，警民合力救助交通事故伤员，小爱汇聚大爱，大爱温暖整座娄城！2021年6月20日中午，太仓市东亭路天津路路口一名外卖小哥骑行电动自行车与一辆轿车相撞，外卖小哥被卷入车底，情况危急，正当司机不知所措之时，一辆警车恰好途经事发现场，民警高玉龙快速对路口交通秩序进行管控，同时组织路过市民抬车救人。过路市民心领神会，迅速汇聚到涉事车辆一旁，仅用40秒时间，合力将轿车抬起，外卖小哥被成功从车底移出。由于现场营救安排有序，将外卖小哥交通事故伤害程度减到最轻，外卖小哥经及时送医治疗后康复出院。

7. “娄城最文艺”文化市集

为大力弘扬优秀传统文化，太仓市图书馆打造“娄城最文艺”文化市集，常态化开展“好阅连节”“非一般的课堂”两大系列活动。“好阅连节”系列活动分别在春节、元宵、端午、中秋等传统节日以“市集”形式再现传统佳节文化，让市民了解非遗、触摸非遗、珍惜非遗。“非一般的课堂”邀请郭氏风筝传人董科、桃花坞年画杜洋老师、苏州剪（刻）纸传承人吴永林、苏绣府向红等非遗代表性传承人，拍摄“最牛绝活·最美非遗”小视频，线上线下教市民非遗制作，让市民感受到中华文化工匠精神，体会传统文化鲜活的生命力。

8. 助“小哥”急救，保健康平安

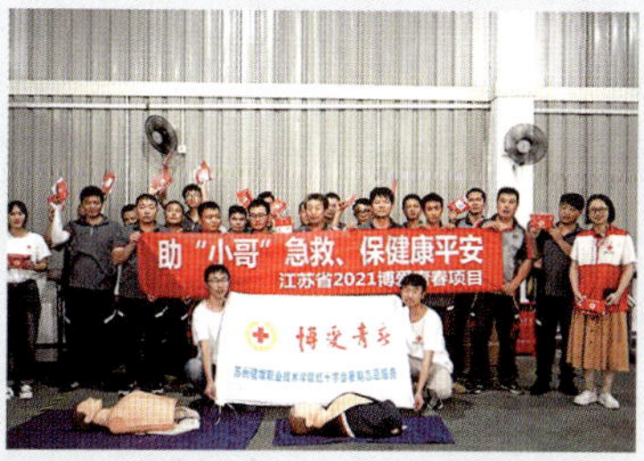

苏州健雄职业技术学院红十字志愿服务队组织开展“助‘小哥’急救·保健康平安”志愿服务项目，应对快递、外卖小哥常年穿梭于大街小巷，遇到交通事故、突发疾病等情况。志愿服务队先后走进中国邮政、顺丰快递、美团外卖、饿了么外卖等16个快递站点开展应急救护培训，手把手教“小哥”们正确包扎、止血、心肺复苏等不同场景下的急救方法，累计培训1600余人。通过常态化培训，帮助“小哥”们掌握各种急救技能，遇到他人危难时能化身为“行走的应急救护员”。

9. “美美与共·文明商圈”建设行动

太仓港区五洋滨江广场是文明城市建设港城核心区，五洋滨江广场成立文明创城攻坚联盟，全力以赴做好文明城市创建各项工作。五洋滨江广场创新推进“美美与共·文明商圈”建设行动，通过科学化、制度化、专业化建设管理，提升商圈管理服务水平，调动商户参与“文明商圈”建设的积极性、主动性，为周边广大居民群众提供便捷、优质的服务，通过“美美与共·共治共享”四大项目、“五洋五日·聚心聚力”文明实践项目，建设“环境美、人文美、产品美、风尚美、服务美”的五美商圈。

10. “守护长江母亲河”志愿者在行动

“守护长江母亲河”志愿者在行动项目是由武港青年志愿者协会发起的志愿活动，依托太仓港区域化党建联盟、太仓港区文明单位联盟等组织，不断扩大长江大保护志愿者队伍，从原本只有武港码头青年志愿者团队的200余人扩大到800余人。该项目以国家长江大保护战略为指导，定期组织开展长江江堤垃圾清理、植树护绿、长江鱼苗放养等志愿服务活动，有效改善长江太仓段岸线的生态环境。

（本专题图文由市文明办供稿）

要　目

目　录

特别报道

大事纪要

太仓概况

人居环境

太仓港

高新区及中德合作示范区

区域经济

公共服务

社会治理

地方组织机构

城镇街道

附　录

索　引

Contents

Special Reports

Summary of Major Events

Profiles of Taicang

Inhabitation Environment

Taicang Port

High-tech Zone and Demonstration Area of Sino-German Cooperation

Regional Economy

Public Services

Social Governance

Local Organizations

City, Towns and Communities

Appendix

Index

专　文

在全市党史学习教育总结会议上的讲话（节选）

市委书记　汪香元
2022 年 1 月 19 日

2021 年 12 月，中央召开党史学习教育总结会议，学习贯彻习近平总书记重要指示精神，全面总结党史学习教育成效和经验，对巩固拓展党史学习教育成果作出部署。2022 年 1 月 10 日，省委书记吴政隆召开全省党史学习教育总结会议，要求不断从党的百年奋斗史中汲取智慧和力量，埋头苦干、勇毅前行，奋力走好新的赶考之路。1 月 14 日，苏州市委召开全市党史学习教育总结会议，曹路宝强调要不断巩固拓展党史学习教育成果，加快建设展现"强富美高"新图景的社会主义现代化强市。各地各部门要认真学习中央和省委、苏州市委党史学习教育总结会议精神，并深入抓好贯彻落实。

一、提高站位、对标对表，深入学习贯彻习近平总书记关于党史学习教育的重要论述

2021 年，在党的百年征程的重要历史节点，总书记把开展党史学习教育同庆祝建党百年、召开党的十九届六中全会统筹考虑、一体部署，并率先垂范、全程指导，推动党史学习教育高起点开局、高标准推进。2021 年 2 月 20 日，总书记出席动员大会，并发表重要讲话，明确了为什么学党史、党史学什么、怎样学党史等重大问题。动员大会以后，总书记先后发表一系列重要讲话，有力指导和推动了党史学习教育深入开展。特别是总书记在庆祝建党 100 周年大会上的讲话，党的十九届六中全会作出的党的第三个历史《决议》和总书记就学习贯彻六中全会精神发表的重要讲话，全面总结了党的百年奋斗重大成就和历史经验，深刻阐释了关于党的历史的科学认识、基本观点、重大结论。2021 年 12 月，总书记在全国党史学习教育总结会议前专门作出重要指示，强调要认真总结成功经验，推动党史学习教育常态化、长效化。在中央政治局党史学习教育专题民主生活会上，总书记深刻阐述了开展党史总结、学习、教育、宣传的重大意义。2022 年 1 月 11 日，总书记在省部级主要领导干部学习贯彻党的十九届六中全会精神专题研讨班开班式上再次强调，"要继续把党史总结学习教育宣传引向深入。"总书记关于党史学习教育的重要论述，贯通历史现实未来、贯穿信仰信念信心，为我们总结好、巩固好、拓展好党史学习教育成果提供了根本遵循。我们要重点把握以下几个方面：

一是深刻理解把握党百年奋斗的历史价值。总书记指出，要用党的百年奋斗重大成就和历史经验增长智慧、增进团结、增加信心、增强斗志。无论是过去、现在还是将来，党的奋斗史都是最生动、最有说服力的教科书，学习党史是共产党人一生的必修课，这门课要经常修，而且必须修好。

二是深刻理解把握学习党史的根本目的。总书记指出，要坚定历史自信、增强政治自觉，以史为鉴、开创未来，埋头苦干、勇毅前行。我们要从党百年风云激荡的历史中，看清楚过去我们为什么能够成功、弄明白未来我们怎样才能继续成功，更加深刻领悟"两个确立"的决定性意义，更加坚定做到"两个维护"。

三是深刻理解把握学习党史的基本要求。总书记指出，要学史明理、学史增信、学史崇德、学史力行，做到学党史、悟思想、办实事、开新局。总书记对学习党史“明理”“增信”“崇德”“力行”的概括，是指导我们学好用好党史的指南针，是我们每一个共产党人都应当反复体悟、不断答好的必答题，必须贯穿学党史、用党史的全过程。

四是深刻理解把握学习党史的主题主线。总书记指出，要把握党的历史发展的主题主线、主流本质，弘扬伟大建党精神，赓续红色血脉，传承红色基因。我们要始终坚守主题主线，在党的历史演进中坚持真理、坚守理想，践行初心、担当使命，不怕牺牲、英勇斗争，对党忠诚、不负人民，确保红色江山永不变色、代代相传。

五是深刻理解把握学习党史的科学态度。总书记指出，要坚持唯物史观和正确党史观，从而更加坚定、更加自觉地践行初心使命，在新时代更好坚持和发展中国特色社会主义。我们要深刻领悟到，要注重从政治上看待党史、学习党史、运用党史，旗帜鲜明反对历史虚无主义，从伟大胜利中激发奋进力量，从弯路挫折中汲取历史教训，以咬定青山不放松的执着奋力实现既定目标。

二、守正创新、走深走实，全市党史学习教育取得显著成效

根据上级统一部署，全市党史学习教育自2021年启动以来，各级党组织、广大党员干部在巡回指导组精心指导下，按照“学史明理、学史增信、学史崇德、学史力行”要求，全面推动全市上下学党史、悟思想、办实事、开新局。

从整个党史学习教育过程来看，全市各级党组织精心组织、扎实推进，全体党员干部踊跃参与、认真学习，广大群众积极响应、迅速行动，高质量完成了党史学习教育各项任务。一是坚持示范引领、层层发动。由各级党委主要负责同志担任党史学习教育领导小组组长，将党史学习教育纳入党建工作责任制考核的重要内容，建立日常协商、定期例会机制，推动形成上下贯通、分工明确、协同有力的工作格局。二是坚持分类分众、精准施策。针对党政机关、“两新”组织、国企、学校党组织等分别制定学习教育指导意见，明确具体任务和推进措施，实现全市2100多个党组织、4.1万名党员党史学习教育全覆盖。三是坚持以民为本、惠民利民。建立健全常态化机制，持续开展“我为群众办实事”实践活动、“两在两同”建新功行动，完成民生项目和微实事项目1360项，各类志愿服务活动超6.1万次、惠及群众超70万人。四是坚持宣传引导、营造氛围。把党史学习教育与“四史”宣传教育、“永远跟党走”群众性主题宣传教育等结合起来，开展“百年辉煌·百名飞燕·百场宣讲”等特色宣讲2000余场，“理论飞燕”进万家等特色项目在苏州全市范围推广。五是坚持严督实导、形成闭环。组建专项工作组5个、巡回指导组8个，聚焦“六专题一实践”工作安排，深入一线开展巡回指导500余次，有力提升党史学习教育质效。通过学习教育，全市广大党员受到一次全面深刻的政治教育、精神洗礼，各级党组织创造力、凝聚力、战斗力进一步提升。总的来看，主要有以下几个方面成果：

自觉强化政治淬炼，党员干部党性修养得到进一步提升。市委常委会发挥领学促学作用，带头学习贯彻总书记关于党史学习教育的重要论述，先后赴太仓第一党支部纪念馆、太仓革命历史陈列馆等开展现场学习、交流研讨，带头上专题党课。新一届市委常委会第一时间召开市委常委会会议、市委理论学习中心组会议，学习传达党的十九届六中全会精神，用“两个确立”统一思想、统一意志、统一行动。审议市委工作规则和市委常委会议事决策规则，把自觉践行“两个确立”要求写进规则。通过学习教育，广大党员干部更加深刻地认识到，坚持党的领导是党和国家的根本所在、命运所在，“两个确立”是历史的选择、时代的选择、人民的选择，更加自觉地增强“四个意识”、坚定“四个自信”、做到“两个维护”。

深刻把握理论精髓，党员干部理论自觉得到进一步强化。把学习贯彻习近平新时代中国特色社会主义思想作为首要政治任务，组织党员干部读原著、学原文、悟原理、知原义，形成了“学用新思想、建功新时代”的良好氛围。在学习教育中，各地各部门积极创新学习方式，形成了一批有影响的学习成果。比如，积极融入长三角一体化发展大局，联合嘉定、昆山积极探索联学联动新机制；面向农村老党员发放“乡音收音机”，组建“庭院课堂”学习组；面向流动党员和“两新”组织党员，发放“有声学习”明信片等。通过学习教育，广大党员干部系统把握党的不懈奋斗史、理论探索史、为民造福史，不怕牺牲史和自身建设史，极大增强了用党的创新理论武装头脑、指导实践、推动工作的自觉性、坚定性。

用心践行根本宗旨，党员干部宗旨意识得到进一步增强。聚焦“学党史、办实事”，坚持把“两在两同”建新功行动与“我为群众办实事”实践活动有机融合、一体推进，兴办了一批符合太仓发展实际、富有太仓鲜明特色的民生实事。比如，港区组织实施“公交＋高铁”便利化项目，增设港区至高铁太仓站公交运行线路，有效缩减了乘车时间；高新区组织实施“益企办”服务项目，打造“太高新·最舒心”营商环境品牌，持续优化营商环境；市委宣传部、市民政局等部门联合实施“智享时代·银龄生活”为老服务项目等等，都受到群众普遍好评。在防汛抗灾、疫情防控等重大任务中，广大党员干部闻令而动、连续奋战，以实际行动践行人民至上、生命至上。通过党史学习教育，党员干部的群众观念、宗旨意识显著增强。

赓续传承红色基因，党员干部精气神得到进一步提振。挖掘太仓丰富的红色资源，让党史学习教育从“会场”向“现场”延伸。组织实施“重温百年历程·打造最美窗口”“献礼建党百年·传承红色精神”等系列主题活动；开展百场红色观影活动，受众人数超3万人。围绕“五四”青年节、“七一”建党节等重要节点，深入开展“节日里的党史教育”活动。通过学习教育，广大党员干部自觉用伟大建党精神滋养党性修养，在致敬历史中发扬革命传统，在赓续血脉中强志气、壮骨气、厚底气。

牢记嘱托开创新局，党员干部使命担当得到进一步激发。召开市第十四次党代会，吹响“奋力拼出‘太仓速度’，勇担使命跨越发展，激情谱写社会主义现代化建设太仓精彩篇章”的时代号角。各级党组织和党员干部坚持把党史学习教育融入落实长三角一体化发展等国家战略中，与全市各项重点工作有机结合起来，有力推动经济社会高质量发展。2021年，全市15项主要经济指标中14项保持两位数以上增长，12项指标增速位居苏州大市前三，其中7项指标增速位列第一，省重大、苏州重点项目数及年度投资实现“四个第一”，为苏州建设社会主义现代化强市作出积极贡献。

三、持之以恒、常学常新，不断巩固拓展党史学习教育成果

学好党史、用好党史，不是一阵子的事，而是一辈子的事。我们要坚持常态长效，持续把党史学习教育成果巩固好、拓展好，弘扬伟大建党精神，走好新的赶考之路。

一要坚持不懈加强政治建设，在把准方向、坚定立场中捍卫“两个确立”、做到“两个维护”。巩固拓展党史学习教育成果，首要的是深刻领悟“两个确立”的决定性意义和实践要求。要始终保持对党绝对忠诚，在思想上政治上行动上同以习近平同志为核心的党中央保持高度一致。要始终胸怀“两个大局”、牢记“国之大者”，坚决执行党的政治路线，严格遵守党的政治纪律和政治规矩，全面把握习近平总书记视察江苏时强调的重点问题、赋予的重大使命，确保总书记重要指示和上级各项决策部署在太仓不折不扣落到实处、见到成效。

二要坚持不懈强化理论武装，在学深悟透、知行合一中把稳思想之舵、筑牢信仰之基。巩固和拓展党史学习教育成果，就必须坚持把习近平新时代中国特色社会主义思想作为新时代共产党人的行动指南。要坚持不懈学习贯彻习近平新时代中国特色社会主义思想，深入贯彻落实党的十九大和十九届历次全会精神，牢固树立“只有学得精彩，才能干得出彩”的理念，深刻领会贯穿其中的马克思主义立场、观点、方法，不断增强工作的科学性、预见性、主动性。要坚持知行合一、以知促行，把学习领会新思想同落实习近平总书记重要指示精神和上级各项决策部署贯通起来，同推动改革发展稳定各项事业结合起来，切实把学习成效转化为太仓现代化建设的强大动力。

三要坚持不懈秉持人民至上，在践行宗旨、坚守初心中站稳人民立场、走好群众路线。巩固拓展党史学习教育成果，要深刻感悟习近平总书记“江山就是人民，人民就是江山”的真挚情怀和“我将无我，不负人民”的崇高境界。要建立健全“我为群众办实事”长效机制，始终同人民群众想在一起、干在一起，谋划发展思路多向群众问计、改进工作方法多听群众意见、落实目标任务多靠群众支持。要把改善民生、为民造福作为应尽之责，不断拓宽城乡居民增收渠道，提供更加优质的公共服务，办实办好城市更新改造、农村人居环境整治提升等惠民实事，切实用干部“辛苦指数”提升群众的“幸福指数”。

四要坚持不懈扛起光荣使命，在知重负重、克难奋进中书写崭新篇章、开创美好未来。当前，外部环境更趋复杂严峻和不确定，前进中的风险挑战更为直接、更为复杂。巩固拓展党史学习教育成果，必须发扬斗争精神，坚定斗争意志，增强斗争本领，有效应对各种风险挑战，确保太仓各项事业行稳致远。要坚持稳字当头、稳中求进、全面向好，紧盯“两个高于”目标，持续扩大有效投资，做深“融入上海、对德合作、以港强市”三篇文章，加快打造虹桥国际开放枢纽北翼发展极，在现代化建设新征程上扛起光荣使命。要始终坚持统筹发展和安全，深入排查解决意识形态、安全生产、房地产、金融等领域的风险，坚决维护社会大局稳定。

五要坚持不懈推进自我革命，在全面从严、常态长效中持续转变作风、涵养政治生态。我们党是勇于自我革命的党，这是百年大党风华正茂的奥秘所在。我们要牢记总书记“更强意识、更多举措、更大作为”的谆谆教诲，切实增强全面从严治党永远在路上的政治自觉，严格落实中央八项规定及其实施细则精神，从严纠治形式主义、官僚主义，坚决防止“四风”问题反弹回潮、隐形变异，严肃查处群众身边的“微腐败”。要深化运用监督执纪“四种形态”，推进纪律、监察、派驻、巡察“四项监督”贯通融合，一体推进不敢腐、不能腐、不想腐，一以贯之推动全面从严治党向纵深发展。

初心永不改　擘画金太仓

——写在中国共产党成立100周年之际

百年风云激荡，百年风华正茂。

从解放前的披荆斩棘、救国图存，到解放后的筚路蓝缕、上下求索，再到改革开放以来的砥砺奋进、开拓创新，中国共产党走过了光辉灿烂的100年征程。

神州大地上的历史变迁，每一帧都从细微之处开始。

1940年，太仓第一个党支部在杨漕建立。此间曾著星星火，到处皆闻殷殷雷。80余年间，一代又一代共产党人前赴后继、团结奋斗，在太仓掀起了革命、建设、改革开放与高质量发展的滚滚洪流。

当今的太仓，已然是全国县域发展领跑者，实力名列前茅，改革全面深化，城乡比翼齐飞，民生显著改善，环境优美宜居，社会安定和谐。

山雄有脊，房固因梁，是党领导太仓人民取得一个又一个胜利。前瞻新征程，太仓人民还将在党的指引下，赓续红色精神，书写崭新历史，开创更加美好的未来。

综合实力稳居全国十强

星光不问赶路人，历史属于奋斗者。

太仓怀江吻海，自古富庶，但这种繁华属于农业文明，进入工业时代后，如何才能从同一条起跑线上脱颖而出？答案就是奋斗。

解放后，太仓在党的领导下，整顿经济秩序，努力恢复国民生产。对私营工业和手工业进行社会主义改造，建设全民工业和集体工业，发展乡镇企业，由计划经济向市场经济转轨、封闭性经济向开放型经济转型……一步步、一天天，太仓工业基础越来越雄厚、结构越来越优化，实现了从小到大、由弱到强的变迁。

因吴王设粮仓而得名的太仓，农业向来发达，尤其是自20世纪80年代起有了质的飞跃：土地改革，分田分地，实现农村生产力大解放；兴修水利，完善设施，增强粮食丰收的保障；流转土地，规模经营，不断提升农业集约化水平；机器换人，省力高效，一人可种百亩田；绿色发展，循环再生，生态农业风生水起。从传统农业走向现代农业，太仓快马加鞭。

伴随着生产的发展，太仓市服务业亦立足自身基础和资源禀赋，呈现总量持续攀升、服务内容更加全面的良好态势，逐渐成为拉动国民经济增长的强大动力。

党的十八大以来，太仓重点推进高端装备制造、新材料、物贸经济+总部经济、生物医药、航空航天、新一代信息技术、智能装备、文旅等产业发展，全市新旧动能转换持续提速，勇攀产业链价值链中高端。

2020年，太仓地区生产总值1386.09亿元，是1978年的600倍，综合实力稳居全国百强县前十位。

立足新发展阶段、贯彻新发展理念、构建新发展格局、推动高质量发展，时代的考题已经列出，太仓的答卷正在又快又好写就。

勇当改革开放的弄潮儿

江风海韵，孕育了太仓革新务实的人文精神；船来船往，种下了太仓海纳百川、兼收并蓄的基因。当改革开放的春雷响起，太仓人注定会成为弄潮儿。

回望过去，太仓较早进行市场取向的改革，推动乡镇企业崛起、改制，大力发展民营企业；较早对外开放拥抱全球资本，成为各国资本竞相追逐的投资高地；较早统筹城市发展，推动城乡生产要素优化组合，促进城乡协调发展；积极推进行政区划改革和政府机构改革，让市场发挥决定作用，使“有形之手”和“无形之手”相辅相成。

其中，产业制度改革、社会主义新农村和农业现代化建设试点、全国城乡一体发展综合配套改革试点、国内首家粮食银行成立、“政社互动”创新社会治理模式、大病医保实践等，为国家政策提供了蓝本。太仓在先行先试中，不仅用智慧推动了自己的发展，也为国家创造了鲜活经验。

与改革并行的是开放，太仓在大开放中赢得了大优势。从“微笑曲线”的底端起步，太仓在承接国际产业转移、参与国际经济循环中，准确把握住了工业化、信息化的时代潮流，与经济全球化的大势一起浩荡前行。

太仓已经与160多个国家和地区建立了经贸往来，拥有1500多家外资企业、30多家世界500强企业。其中，太仓已落户德资企业380余家，“德企之乡”的美誉传遍海内外。

开放进程中，太仓抢抓长三角一体化发展、虹桥国际开放枢纽等战略机遇，突出“与上海率先同城”方向，重点做好融入上海、对德合作、以港强市“三篇文章”，持续擦亮“上海下一站、下一站上海”城市标识。

改革开放激情永在，改革开放境界常新。推开新时代的大门，太仓市委、市政府将以大刀阔斧的改革智慧、斩钉截铁的改革决心、念兹在兹的改革情怀，点燃全市80余万人民接续奋斗、再攀新高的激情。

沃野上崛起现代田园城

从空中俯瞰太仓，可见楼宇如林，厂房棋布，树木葱茏，河湖澄澈，乡村静美。外乡人来此，往往会慨叹，这里当真是宜居宜业之地。

与国内大多数地方一样，以前的太仓受制于经济发展水平，连城区都只有几条街、几排房。从二十世纪八九十年代起，在经济增长驱动下，太仓的城市面貌仿佛被切换到“快进模式”，以一种日新月异的速度变化着。

近年来，太仓统筹推进城乡一体化发展，一边是城市能级持续提升，一边是乡村振兴如火如荼；一边是市区配套愈发成熟，一边是村里基础设施日益完善；一边是高楼大厦一座座拔地而起，一边是农民别墅一栋栋次第冒出，让城乡变迁更加深刻。

突出片区化发展理念，构建“一心两湖三环四园”生态体系，形成“城乡一体、产城融合、城在田中、园在城中”特色格局，新时代的太仓，秉承民本初心和精品匠心，勾画出了一座幸福的现代田园城。

2018年5月，太仓城市发展史上又迎来一件大事：市委、市政府提出，规划建设面积近50平方千米的娄江新城。

打造新城，谋定便要快动。短短两年时间过去，娄江新城颇具新城气象：西北工业大学太仓校区、西交利物浦大学太仓校区拔地而起，各项基础设施建设如火如荼，一批道路竣工，瑞金医院太仓分院、世外学校、长江后浪街区、太仓智汇谷·科技创新园等项目开工……

娄江新城不仅有高校，还有高铁。2020年7月1日，沪苏通铁路正式开通运营，银色巨龙停靠太仓站、太仓南站，标志着太仓从此告别“地无寸铁”的历史。迈入“高铁时代”，“未来之城”拥有无限未来。

民生蝶变造就幸福之城

民惟邦本，本固邦宁。增进民生福祉，是我们党坚持立党为公、执政为民的本质要求。

回首望，太仓人衣着从“黑白蓝灰”到“千姿百态”，饮食从“解决温饱”到“讲究健康”，居住从“简陋蜗居”到“舒适宜居”，出行从“基本靠走”到“小车遍地”，已为太仓民生之蝶变写下生动注脚。

“让生活更美好是一切工作的出发点和落脚点。”秉持这一理念，太仓致力于强化富民保障。城镇登记失业率长期保持低位，城乡居民人均可支配收入连续多年保持8%

以上的增长，农村居民人均可支配收入是全国的 2 倍有余，是全国城乡居民收入差距最小的城市之一。“大病医保”有力缓解因病致贫问题，减少居民看病之忧。太仓致力于优化公共服务，与民生相关支出占公共财政支出比重超 80%，义务教育优质均衡发展水平、社会化养老工作全国领先，荣获中国最关爱民生城市、中国长寿之乡等称号。太仓致力于提升城市文明，坚持环境秩序提升和精神文明建设齐抓并举，倡导城市建设与人的发展有机统一，经过不懈努力，2020 年成功入选第六届全国文明城市。拥有 11 位“中国好人”，道德榜样的力量影响着成千上万居民。太仓还致力于创新社会治理。“政社互动”创新实践、公共法律服务“太仓模式”全国推广，太仓平安建设实现了全国社会治安综合治理“三连冠”，成为江苏首个捧得“长安杯”荣誉称号的县级市，公众安全感保持在 98% 以上。

从城市到乡村，幼有所育、学有所教、劳有所得、病有所医、老有所养、住有所居、弱有所扶的场景证明，至 2020 年，太仓 9 次入选“中国最具幸福感城市”并 5 次位列县级市榜首，名副其实、实至名归。

始终初心不改砥砺前行

党的建设贯穿百年党史，为党和国家事业发展提供了坚强的政治保证、思想保证和组织保证。

在太仓，数十载岁月中，党的建设也从未缺位。一面面党旗高高飘扬，引领着追赶超越的方向；一枚枚党徽熠熠生辉，彰显着共产党员的忠诚与担当。党员们始终把“讲政治”摆在首位，不断增强“四个意识”、坚定“四个自信”、做到“两个维护”；全身心投入经济建设主战场、维护稳定第一线、改革开放最前沿，勇挑最重的担子，敢啃最硬的骨头，善接最烫的山芋。

近年来，太仓更加充分发挥好党建引领保障作用，通过全面筑牢基层战斗堡垒，打造一流干事创业队伍，营造风清气正政治生态，切实把组织活力转化为发展活力，把党建优势转为发展优势。

一代人有一代人的际遇，一代人有一代人的使命。

随着新发展格局加快形成，长三角一体化发展、虹桥国际开放枢纽建设等战略深入实施，娄江新城、两所大学提速建设，各类资源要素高效集聚，特别是 2021 年，闵嘉太线、上海世外、瑞金医院太仓分院等重大项目全面开工，太仓迎来又一个突破上升、赶超跨越的黄金发展期。

对标对表“争当表率、争做示范、走在前列”新的使命任务，紧扣“现代田园城、幸福金太仓”目标定位，太仓上下将继续弘扬光荣传统、赓续红色血脉，突出“两个高于”工作导向，持续不断地推动思想解放、目标攀高，事事敢争第一、处处勇创唯一，坚决守住全省高质量发展“第一方阵”，全力保持全国综合实力百强县市前列，奋力拿下全国文明典范城市等荣誉，努力用更多的“拔尖”“顶尖”，跑赢现代化建设新征程。

（摘自 2021 年 7 月太仓市融媒体中心出版的《辉煌百年 娄东印记——庆祝中国共产党成立 100 周年特辑》 作者：太仓市融媒体中心 王 俊）

媒体眼中的太仓

太仓弱村变强靠什么？探访两个村的实践样本

以占全国 3.8% 的耕地，生产占全国 5.5% 的粮食，养活全国 5.8% 的人口！这是江苏交出的“三农”答卷。自 2011 年起，江苏多地先后被列入国家级、省级农村改革试验区，累计承担 107 项改革试验任务，取得了一批可复制、可推广的试验成果。

春风再鼓劲，扬帆正当时。2021 年是“十四五”规划开局之年，作为经济大省，同时也是农业大省，江苏如何在农业农村现代化和城乡融合发展上走在前列、水平更高？连日来，人民网记者奔赴江苏各地，深入田间地头调研采访。

没有哪个村天生就富裕。在“锦绣江南金太仓”，雅鹿村和东林村这两个村由弱变强的故事，是当地推进乡村振兴的现实缩影。

曾做过村干部的周祖兴，提起雅鹿村的发展变迁颇为激动，“新世纪初，村里没有集体财产，也没有办公楼，连修路的钱都要四处‘化缘’。”短短十几年，雅鹿村的变化翻天覆地，村党委书记顾爱东告诉记者：2020 年实现村集体收入 1846.8 万元，2021 年有望突破 2000 万元；村级经营性资产 3287.6 万元，比 2006 年并村时增长 40 倍。

太仓市农业农村局副局长曹炳华说，近年来，当地以乡村振兴为总抓手，坚持农业农村优先发展，探索农村集体经济转型升级新的实现形式和运行机制，推动村级集体经济转型升级，雅鹿村、东林村正是探路先行的“样板”。

江苏省委常委、苏州市委书记许昆林 3 月在太仓调研时强调，太仓“三农”工作走在全市前列，希望太仓市持续推动农业高质高效、农村宜居宜业、农民富裕富足，发挥临沪优势做足农文旅融合文章，为全省全国多探新路、创造经验。

雅鹿村：从“输血”到“造血”

走进雅鹿村，碧绿的麦田、清澈的河道、整齐的村居……一路上，乡风扑面而来，美景目不暇接。

开门见山，顾爱东闻知记者的采访意图，在报了今昔对比的发展数据后不由得感慨，"这些以前想都不敢想的事情，我们做到了。"据介绍，雅鹿村的发展腾飞靠的是村企共建。

雅鹿集团是太仓当地有名的服装化纤企业。2006年，雅鹿村由长沙、新市、飞跃、鹿南4个经济薄弱村合并而来，是苏州当年出了名的"贫困村"。15年前，刚过而立之年的顾爱东当选为村干部，与班子成员主动同雅鹿集团结对，达成"以企带村、村企共建"的发展共识，合并后的村子也更名为"雅鹿村"。

"雅鹿集团的帮扶，让我们从'输血'到'造血'走上康庄大道。"顾爱东介绍，2007年时，雅鹿集团出资为村里建成两栋标准厂房，村里当年即收到第一笔租金54万元。

随后，尝到甜头的雅鹿村，在雅鹿集团的担保下从银行贷款110万元，开始扩建标准厂房。至2021年，该村标准厂房总面积6.5万平方米，年租金收入900多万元，预计到年底还可再增加2.5万平方米。"这里将打造成雅鹿村的'孵化器'。"顾爱东满怀期待。

在顾爱东看来，壮大集体经济要靠两条腿走路。除了建标准厂房，雅鹿村从2007年起开始流转土地，采取村集体自主经营模式，村民们土地换社保，腾出富余劳力到村集体企业务工，每年至少有四五万元的收入。村里4000余亩（1公顷≈15亩）耕地均已流转至村集体，其中2242亩由雅丰农场专业合作社经营。"去年，雅丰农场实际收入超1000万元。"他说。

"拆迁后，我们住进了村里统一规划的小楼里，家里9亩多田地流转给了村里，每年有1万多元收入，可以安心打工或创业。"村民吴惠国说，村级集体经济壮大后的雅鹿村不断反哺村民，整治河道、修路、绿化，村庄居住环境越来越好，人们生活得很惬意。

东林村：以"循环"促富强

"每月1800多元失地社保金，每人每年120斤大米，还有股金分红、人身意外险、重疾险。"今年66岁的周培英是城厢镇东林村村民，提起现在的生活连说"知足"。她一家6口人，住着村里拆迁安置的235平方米的复式楼。

东林村党委书记苏齐芳介绍，该村2004年由4个村合并，共计768户村民，可耕地面积4400亩。合并之初，村级财力只有70万元，资产不过250万元，富民强村成了村"两委"班子的一致目标。

与雅鹿村一样，东林村也将村民的耕地全部流转至村里集体经营，农民拆迁到集中居住小区。"当初，我们召集村里的老党员、老干部、群众代表，每个月集中开一次会，对老百姓的所思所需所求，特别是经济发展、民生工程等重大事项进行讨论，集思广益。"苏齐芳说。

如何利用有限资源实现东林村集体经济发展壮大并造福于民？该村提出了"三集中、三置换"的发展理念，即农民居住向新型社区集中、农村工业企业向工业园区集中、农村土地向适度规模经营集中；农村宅基地使用权和住房所有权置换城镇公寓房、以农村土地承包经营权置换社会保障、以农民拥有的集体资产所有权置换社区股份合作社股权。

近年来，东林村村级经济形成了一、二、三产融合发展的格局，特别是在农业经济方面，经过多年的摸索实践，形成"一根草、一头羊、一袋肥、一片田"的生态循环农业发展模式，同时引进智能灌溉、北斗导航、飞防植保、激光平整等新型科技，实现东林农场各环节数字化管理以及农业面源污染治理、绿色生产模式等可视化监管与展示。

据介绍，东林村形成循环农业模式后，全市15万亩耕地产生的秸秆一半加工成畜禽饲料，既消除秸秆焚烧问题，又解决了5000头羊的饲料；每年3000吨的羊粪做成有机肥料，又节约了化肥成本。"循环农业生产出来的金仓湖大米每吨比普通大米多赚4000元，每年至少增加收益300万元。"苏齐芳告诉记者，通过发展循环农业，该村2020年农业产业链经营性收入3490.83万元，全村资产3亿元。

此外，2020年，东林农场全力打造太仓首个农民公园"味稻公园"，彩虹大道、四季驿站、穗月广场等业态全新亮相。下一步，东林村将抢抓多重叠加战略机遇，重点推进田园新干线、云山米都、萌芽工坊等农文旅融合发展项目，助力打造长三角美丽生态休闲网红打卡地。

（摘自2021年5月7日人民网　人民网记者：王继亮）

沪太融合，拓展空间实现高质量发展

"北翼"承接"北溢"

9月10日，江苏太仓在上海虹桥宣布：打造虹桥国际开放枢纽北翼发展极。2021年初，国务院批复实施的《虹桥国际开放枢纽建设总体方案》，11次提及太仓，涉及航空产业、港口航运、铁路轨交等多项内容，助推太仓真正实现与上海的融合。虹桥国际开放枢纽北向拓展带上，有着六七个实力强劲的区县板块，太仓为何率先提出打造北翼发展极？"环沪都市圈中，太仓与上海相邻界线最长、距离虹桥枢纽最近、交通对接方式最全。"太仓市委副书记、代市长胡卫江表示，沪太两地早已形成人缘相亲、文化相通、经济相融的同城效应。

"虹桥北"变"北虹桥"

太仓正从"虹桥北"蜕变为"北虹桥"。

多年来，不少"上海北"的城市，提出"北上海"概念，其中大丰和南通颇有代表性，大丰有上海农场，与上海有着天然联系，还设立沪苏大丰产业联动集聚区；南通则因邻近上海，与上海联动较多，如今已是地区生产总值破万亿元的城市。

太仓与上海天然亲近。现在被纳入“大虹桥”的太仓，则真正成为“北虹桥”，实现沪太同城。2020年7月，沪苏通铁路建成通车，自太仓到位于上海市中心的上海火车站，只需半个小时左右，由此太仓提出“上海下一站、下一站上海”的城市口号。在百年前的1921年，最早的一条上海到外省市的公路通车，路名叫沪太路，沪代表上海，太代表太仓，沪太路至今依旧是上海的主要道路之一。从地图上看，太仓城市建成区域几乎贴着上海界发展，它也是市中心距离上海最近的城市。太仓市发改委主任李烨说：“同城化将为太仓带来巨大的发展势能和动能，比如上海世外教育、上海瑞金医院项目先后落地太仓，拓展了更为广阔的发展空间，产生了更高质量的发展效应。”

近年来，作为上海国际航运中心北翼集装箱干线港，位于长江边的太仓港正享受着“沪太同港”带来的发展红利。其中，沪太两港在全国率先实现沪太通关一体化，创新推出“沪太通”物流模式……随着上海港太仓服务中心投入运营，太仓港聚焦打造江海联运中转枢纽港、近洋集装箱枢纽港和上海港远洋集装箱运输喂给港，高标准建设港口型国家物流枢纽。此外，2021年开工的嘉闵线北延至太仓段将在太仓站与沪苏通铁路一期、沪苏通铁路二期、南沿江铁路、北沿江铁路以及苏锡常城际铁路交会，形成“5+1”轨道交通网络，推动太仓成为苏州对接上海的重要枢纽门户城市。

未来，依托沪太同港化和“5+1”轨道交通网络，太仓将成为虹桥北翼的“港铁双枢纽”。

为“太仓速度”助燃

2021年5月以来，太仓市委书记汪香元曾多次提到，要奋力拼出“太仓速度”。

近年来，太仓加快推动产业智能化改造和数字化转型，加快培育战略性新兴产业，尤其在高端装备、新材料、生物医药、航空航天等先进制造业领域持续发力，形成打造上海功能配套区的坚实基础。航空产业方面，太仓引进以“三航”（航空、航天、航海）著称的西北工业大学，并设立民用航空等10个学院，深度参与国产大飞机产业链。“做航空、到太仓”的知名度不断提升。

营商环境打造，为“太仓速度”添加助燃剂。2020年起，太仓开始打造“太舒心”营商服务品牌，在全国率先推出土地出让“双信”模式，即“政企互信＋企业诚信”，企业开办只需半天，重点项目平均审批时限为7.5天，更重要的是，这并非一个两个的“盆景”，而是连续不断的“风景”。其中，“双信”模式在2020年3月由太仓首创，当时太仓市资规局相关负责人在走访企业时，了解到计划搬迁企业面临从拿地到入驻新厂房需要漫长的等待时间，而这期间另租厂房，则需支付不少租金，给企业带来一定负担。为此，太仓市资规部门立即研究如何在企业从拿地到建设新厂房的审批流程中，帮助企业压缩时间和资金成本，最终打造出“双信”模式，实现“成交即发证、交地即开工、竣工即登记”，从通常的100天以上压缩到最长不超过30天。

太仓还创新推出“双集”系列政策支撑，即现代产业集群政策、创新要素集聚政策，其中亮点不少。比如，太仓打造虹桥国际开放枢纽北翼人才高地，在航空航天、生物医药等重点产业中，对入选太仓科技领军人才计划的重大创新团队给予最高1亿元综合扶持；2021年太仓服务业转型升级政策首创“免申即享”兑现模式，105家企业获政策奖励合计近1500万元。

建设虹桥枢纽北翼发展极，太仓还需要突破点。太仓正以“未来城市新中心”的标准，打造总面积50平方千米、可容纳30万人口的娄江新城，计划把娄江新城打造成为上海“五个新城”的“姐妹城”、虹桥商务核心配套区、长三角综合性价比最高地。

（摘自2021年9月15日《解放日报》，《解放日报》记者：任俊锰 《苏州日报》记者：顾志敏）

行动早　覆盖全　标准高　效果好

看富裕型长寿之乡太仓——破解养老服务“幸福密码”

秋分时节，走进太仓市老年人日间照料服务中心，干净整洁的环境让人心情愉悦。根据墙上的活动安排表，上午老人刚刚结束了“回春保健操”和“手指操”的锻炼项目。午休后，他们还会在护工的照顾下参与“便民缝纫”和“经典厨房”等活动。“这里是我的第二个家，我们每天在这里吃饭、唱歌、看电视，生活得非常开心。”85岁的老人孙桂英是该中心的“铁杆”会员，她说这里什么都好，就是周末休息不开门，“我想每天都来”。

作为长三角地区首个富裕型中国长寿之乡，太仓老龄化比例较高，因此在养老服务体系上动得早、想得多、干得实，久久为功，着力提高老年人的获得感、幸福感。

太仓已经连续8年获评中国最具幸福感城市，要解密这座城市的“幸福密码”，养老服务体系是不可或缺的一部分。展望“十四五”，太仓正谋划养老体系建设从“城乡一体，普惠养老”向“三化协同，品质享老”转型发展，推动养老服务体系迈上高质量发展新台阶。

政府主导＋社会共建　确保“老有所依”

率先实现养老保险城乡统筹“并轨”、提高老年人医疗保险报销比例、完成村社区老年人日间照料服务中心全覆盖、构建“保险＋补贴＋个人”的养老支付体系……太仓在养老服务体系建设上迈出的每一步，都成为在全国具有推广和示范意义的一大步。2018年，民政部养老服务司到太仓专题调研，并撰写出版《县域养老——太仓养老服务透视》一书，总结推广太仓的有关经验和做法。

苏州市第十三次党代会多次提到健康中国、积极应对人口老龄化等国家战略任务。2020年，太仓户籍人口中，60岁以上人口占比突破30%。面对大量增加的社会养老需求，太仓实施政府兜底线、保基本的政策，同时积极引入和扶持社会力量参与养老服务。

近年，太仓市培育引入德颐善、九如城等10多家具有行业影响力的专业养老服务机构，并成立养老服务组织公益园、养老服务行业协会，不断孵化培育小微、初创专业社会组织，推动养老行业的自治自律、良性发展。

太仓市德颐善社会工作发展中心党支部书记、总干事孙陈是地地道道的太仓人，2015年回乡创业，以专业社工切入养老服务作为主要实践方向，探索本土化农村养老服务解决路径。六年来，德颐善已发展到拥有全职从业人员800余人，依托40余个日间照料中心，30余个社区服务项目，常态化地为3万余名老年人提供居家上门及长护险服务，月均服务时长超9万小时。

2021年，太仓全年购买养老服务项目资金约4000万元，居家养老服务的运营管理等全部由专业社会组织承接，日间照料社会化运营率超过100%，养老服务需求评估、养老服务监督考核完全由第三方机构承接。社会力量在养老事业中的异军突起，借力于大力度的政策与资金扶持。

太仓市民政局副局长王娴敏说："社区日间照料中心串联起老年人、家庭、社区资源、政府部门、公益组织等多方力量，为老年人提供了心理慰藉、精神关爱、文化享老等多元心理关爱服务。"据了解，太仓201家社区日间照料中心配置老年社会工作者200多人，日服务老年人突破2万人；同时，全市组建银龄互助关爱小组500多个，老年人心理关爱服务5400多人。

破解难题＋监管有力　实现"老有所养"

养老账本，关乎每一个家庭的幸福与否。老年人购买养老服务的支付能力有限，养老机构投资回报周期长、盈利困难，如何破解养老服务业"看着热、干着冷"的困境，解决资金问题是关键。

为此，太仓打出了"保险＋补贴＋个人"的组合拳，从构建老年人养老支付的"四重保障"、建立财政投入养老服务的长效机制、个人承担剩余养老服务支出三方面入手，多措并举切实解决各类养老支付难题。以"四重保障"为例，"养老保险"和"医疗保险"扩大了受保人群覆盖率，降低个人养老支出。"护理补助"缓解困难群体的支付困难，而"长期护理险"则用于保障失能老人基本养老，太仓城乡居民医疗保险向老年居民倾斜，报销比率分别最高达到95%和90%。

82岁的老人杨思德便受惠于"长期护理险"制度。几年前，他因脑卒中留下后遗症，生活无法自理，于2018年3月住进太仓市浮桥护理院。每月仅有的3500元养老金令他的生活捉襟见肘，时常需要子女接济。2018年7月，太仓试行长期护理保险制度，杨思德被评为重度失能人员，每月可由"医疗保险""长护险"支付2700元医疗护理费和900元生活照料费，大大缓解了家庭的养老负担。

除了破解资金难题，太仓还编制并发布了《太仓市养老服务工作标准》，列出了详细的标准化要求与规范化服务细则。在此基础上，实施第三方考评机制，委托第三方专业机构对全市各类养老服务组织开展检查考评，考评结果直接作为政府发放运行补贴及奖励的主要依据，解决养老服务业监督难题。

太仓市源禾社会事务发展服务中心负责人苏昕宇说："第三方考核办法是提升养老机构服务质量和专业性的抓手，促使我们在专业服务队伍的建设、各项养老资格的认证、研发创新项目上做足功课。第三方考核办法也为我们未来向康复型、护理型、服务型、造血型养老服务领域的升级提供了指导和方向。"

此外，太仓还创新组建养老服务安全督导联盟、养老机构消防救援实训基地，开展10次联合安全检查，整改问题隐患100多处，编制《养老机构百条安全知识口袋书》，增强多元共管、齐心共促的养老安全管理机制。

品质享老＋幸福颐养　营造"老有所乐"

舞蹈拳操系、声乐戏曲系、器乐演奏系、书画摄影系、智能应用系、综合应用系……这是太仓市老年大学2021年秋季班课程表，随着1.2亿元的市级老年大学全面投运，老年大学课程种类更加丰富，每一个课系中少则四五门，多则七八门课程。在2021年运行的网上报名系统中，大多数课程一经上线便被抢空，每学期开学前，太仓市老年大学都要上演一场"抢课大战"。

在太仓老年大学沙溪镇分校，悠扬的琴声和歌声时不时传出窗外，这里的中阮教师陈惠菊正在指导学员演奏《红歌联奏庆百年》。每一位学员聚精会神的姿态让人过目难忘，课堂上人手一本的《快乐学中阮》是老年大学教师自主编写的。陈惠菊说："为了方便老年人学习，太仓积极建设家门口的'乡镇老年大学''村社区老年学校'，课堂免费提供乐器，教材内容也采用大字号印刷。大家的学习积极性特别高，风雨无阻，每次因为节假日错过的课程都会要求我补上。"

2021年4月，太仓依托三级老年大学、201家老年人日间照料服务中心、158个新时代文明实践站的养教平台，开展"智享时代·银龄生活"幸福关爱行动，根据老年人使用智能手机的"关键行为"和"重点需求"，制作《"智享时代·银龄生活"智能手机使用指南》一书，并广泛开展老年人智能手机教学、老年人电信防诈骗宣教、老年人健康使用智能设备科普活动，充分满足老年人在生理健康和基本生活保障方面的各类需求。

"颐养金仓·幸福享老"在太仓不只是一句口号。早在1985年，太仓便开始了公共养老服务体系建设的探路，30多年来，太仓的领导一任接着一任干，统筹城乡养老服务一体化发展，建立与当地经济社会发展水平相协调、适应农村生活方式和地域文化的养老方式，近十年来投入养老项目专项资金超10亿元。

全国老龄办副主任、中国老龄协会副会长吴玉韶在太仓实地调研时，对太仓的老龄和养老服务工作给予充分肯定，并指出太仓高点定位、系统推进“县域养老”服务体系建设，在城乡一体、社会力量参与等方面不断创新突破，“望太仓在创建国家积极应对人口老龄化重点联系城市的框架下，积极打造积极应对人口老龄化的‘太仓模式’。”

（摘自2021年9月30日《新华日报》，《新华日报》记者：宋梦露　潘朝晖）

融入上海

【概况】 2021年，太仓市全方位融入长三角一体化发展新格局，实施沪太党建、规划、交通、产业、科创、人才、民生、生态“八个同圈”工作路径，强化沪太人才、资金、科创等要素流通，打造高端装备制造、生物医药、航空航天等新兴产业集群。持续优化营商环境，以“太仓速度”打造投资兴业新高地，把“上海下一站”的区位优势转化为“下一站上海”的奋斗追求。太仓市以规划对接为先导，统筹谋划对接重点、合作区域、关键项目，全面融入上海城市总体规划与功能布局；以经济相融为核心，继续深化产业配套协作和专业化分工，形成错位发展、融合互补的产业发展格局；以互联共享为基础，加快打造虹桥北翼“港铁双枢纽”，全方位推进城市合作共享，构筑同城化便捷“生活圈”。全年全市累计引进上海项目259个，到账资金135.1亿元。

【沪太规划定位深度融合】 2021年1月，太仓市将“深度融入长三角一体化”作为“十四五”发展规划核心战略，提出主动对接上海城市总体规划、中长期发展规划，加快与长三角中心城市的协同发展，推动全方位一体化合作。8月，对标上海“五大新城”建设目标，印发《太仓市推进长三角一体化发展、融入虹桥国际开放枢纽建设2021年工作要点》，参与虹桥国际开放枢纽北向拓展带建设，加快打造虹桥国际开放枢纽北翼发展极，争当沪苏同城“桥头堡”，更多领域更高水平率先实现与上海的同城化，持续擦亮“上海下一站、下一站上海”城市标识。实施“八个同圈”工作路径，即党建同圈、规划同圈、交通同圈、产业同圈、科创同圈、人才同圈、民生同圈、生态同圈，依托重点项目和重点活动，协同推进长三角一体化发展。规划建设50平方千米娄江新城（中德创新城），打造科教创新区、临沪国际社区、高铁商务区和智能制造区。嘉闵线北延至太仓纳入《长江三角洲地区交通运输更高质量一体化发展规划》，太仓列入《长三角一体化发展规划“十四五”实施方案》项目10个，《虹桥国际开放枢纽建设总体方案》提及太仓11次，涉及港口航运、轨道交通、航空产业等多项内容。10月18日，“上海下一站、下一站上海”——“沪苏同城”太仓合作对接会在上海举行。对接会上，长三角区域合作办公室副主任、江苏省发改委副主任、苏州市委常委唐晓东重点推荐娄江新城（中德创新城）。娄江新城是高铁太仓站所在地，汇聚西北工业大学太仓校区、西交利物浦大学太仓校区、上海交通大学医学院附属瑞金医院太仓分院（以下简称“瑞金医院太仓分院”）等，是太仓融入长三角一体化发展的前沿阵地。对接会发布娄江新城（中德创新城）发展规划。娄江新城（中德创新城）打造上海五个新城“姐妹城”重点项目启动仪式举行，现场举行项目签约，分别为中德创新城“1+4”重点项目签约、城市品牌宣传及产业基金合作签约、“沪苏同城”太仓合作对接项目签约，共计项目50个，总投资312.65亿元。

2021年10月18日，“上海下一站、下一站上海”——“沪苏同城”太仓合作对接会在上海国家会展中心举行
（市发改委供稿）

【区域交通互联互通】 2021年，沪苏通铁路二期前期工作展开，南沿江铁路加快建设，北沿江铁路可行性研究报告获国家发改委批复，苏锡常城际铁路太仓站开工，“5+1”轨道交通枢纽深入构建。太仓港集装箱四期启用，太仓港疏港铁路专用线通车，太仓港累计开辟航线216条，年集装箱吞吐量超700万标箱，太仓港排名跃升全国第8位。高水平发展太仓港，打造长三角世界级港口群重要节点，推进与上海港、宁波港等合作，加强江海联运核心港区优势和竞争力，强化“沪太同港”效应。对接上海国际航运中心建设，对标上海港远洋集装箱运输喂给港定位，全国率先试点开展“沪太通”业务，上海港太仓服务中心揭牌，“太申快航”实现天天班，“沪太同港化”进程持续提速，“港铁双枢纽”布局持续深化。

【产业创新协同深化】 2021年，太仓市承接上海产业溢出，装备制造、先进材料、物贸服务突破千亿元级规模。聚焦五百亿元级航空产业，建设航空产业园。2月18日，苏州市政府与中国商用飞机有限责任公司在太仓签署战略合作框架协议，在航空产业集聚和培育、航空技术联合攻关等方面开展深度合作，共建国产大飞机产业链创新链，助推高端制造发展和加快实现大飞机梦。9月3日，嘉昆太协同创新核心圈建设战略合作签约仪式暨“开放北虹桥创新领航地”北虹桥商务区区域推介会在上海市嘉定区举行，嘉定区、昆山市、太仓市开展高质量推进嘉昆太协同创新核心圈合作项目备忘签约，协同共建“双碳”工作联动机制等特色合作项目12项。嘉昆太协同创新核心圈的建设，使嘉昆太区域成为虹桥国际开放枢纽重要的功能承载地和首要的溢出承接地。9月10日，“虹桥北 · 北虹桥”太仓打造虹桥国际开放枢纽北翼发展极推介会在上海虹桥举行。太仓启动共建“大虹桥”政务服务一体化项目，消除数据壁垒、打破地域界限，实现更多业务、更大范围跨省通办，实现“大虹桥”办事“零距离”。现场签约区域合作项目24个，总投资290.85亿元。10月18日，太仓市生物医药产业园规划发布会举行，发布太仓市生物医药产业园6平方千米规划方案，根据规划，太仓市生物医药产业园面积从2.31平方千米拓展到6平方千米，打造临沪生物医药产业集聚区和长三角生物医药国际产业社区的“太仓药谷”。围绕生物医药产业，密切与上海张江高科技园区、上海自贸区临港新片区生命蓝湾生物医药特色产业园等协作。合作建立“8+1”国家技术转移联盟太仓工作站，70%产学研合作项目与上海高校院所联合开展。11月8日，第四届IASC国际航空产业链领袖峰会在上海开幕。太仓作为签约方之一，参加全球航空集群合作加速中心GAC Hub落地中国签约仪式。太仓与浙江省杭州市、上海市长宁区携手IASC，共建GAC Hub加速中心。太仓市共有规模以上航空工业企业19家，主营业务收入50亿元，拥有航空航天产业链配套企业50家，相关航空航天企业主营业务收入近100亿元，进入苏州航空航天产业企业培育库50家，其中面向中国商飞公司重点推荐企业30家。

2021年9月10日，“虹桥北 · 北虹桥”太仓打造虹桥国际开放枢纽北翼发展极推介会在上海虹桥举行
（市发改委供稿）

【民生共享共治】 2021年，太仓市与上海及周边地区建立区域污染联防联控、环境应急等机制，签订《嘉昆太污染防治联防联控协议》《嘉太环境保护合作白皮书》等协议，共同推进污染排查、固废监管、岸线保护，共建清水通道维护区及“嘉太生态区”。开设长三角“一网通办”专窗、虹桥国际开放枢纽专窗，实现跨省通办涉企事项26项、便民服务123项。2月，太仓市人民政府与上海交通大学医学院附属瑞金医院（以下简称“瑞金医院”）达成战略合作协议，合作建设太仓市娄江新城医院（瑞金医院太仓分院）。项目为政府办非营利性公立医院，按三级甲等综合医院标准建设，位于太仓市娄江新城临沪国际社区，首期占地12.07公顷，建筑面积约25万平方米，设置床位1000张（首批开放600张），总投资39.8亿元。瑞金医院太仓分院由瑞金医院管理，与瑞金医院实现垂直化管理、同质化医疗、一体化运行，预计2025年建成投入使用。10月17日，瑞金医院太仓分院开工建设。与上海第九人民医院、上海第十人民医院等组建跨区域医联体，在长三角地区率先开通异地就医“自主转诊”划卡结算。西北工业大学太仓校区一期交付使用，西交利物浦大学太仓校区主体竣工，上海世外学校及太仓托管公办学校项目有序推进。从水污染联防联控到大气污染联防联控，从联合环境执法到信用联动奖惩，长三角一体化进程中，太仓与嘉定、昆山等相邻地区联动提升生态环境质量的步伐加快。与嘉定、宝山共建互联互通信息服务平台、跨区域信用合作体系，首创嘉太“一地两检”查控勤务模式，常态化开展治安卡口共建、交界区域巡防联控等工作。

（龚　岚）

2021 年太仓市十大新闻

1. 用“太仓速度”实现“十四五”规划良好开局

2021 年 7 月 26 日，中国共产党太仓市第十四次代表大会召开，“太仓速度”首次写进党代会报告。全市上下认真贯彻落实上级各项决策部署，统筹新冠肺炎疫情防控和经济社会发展，吹响“拼出‘太仓速度’、全力振翅高飞”的时代号角。“十四五”规划开局之年，主要经济指标加速跃升，高质量发展迈出坚实步伐，位列中国县级市基本现代化指数第五位、中国县域高质量发展百强第六位。

2021 年 7 月 26 日，中国共产党太仓市第十四次代表大会开幕　（**市委宣传部**供稿）

2. 10 次上榜“中国最具幸福感城市”

2021 年 12 月 30 日，太仓获评“中国最具幸福感城市（县级市）”“企业家幸福感最强市（区）”，这是太仓第 10 次获评“中国最具幸福感城市”，连续 6 年荣登县级市榜单第一位；3 月 27 日，全市深化全国文明城市建设工作动员大会召开，号召全市上下以优异成绩蝉联全国文明城市至高荣誉，全力争创全国文明典范城市。城市文明与百姓幸福指数实现同步提升。

3. 落户德企总数超 400 家

2021 年 10 月 28 日下午，太仓第 400 家德企——艾威昂智能科技（太仓）有限公司诞生。对德合作入选第三轮中欧区域政策合作中方案例，省四部门发文支持太仓对德经贸合作，全国首个 AHK 学院落户太仓，德国中小企业（太仓）孵化中心在上海开业，全年共引进德资项目 41 个，德企总数达 413 家。

2021 年 10 月 28 日，艾威昂智能科技（太仓）有限公司成为落户太仓的第 400 家德资企业　（**市委宣传部**供稿）

4. 集装箱吞吐量突破 700 万标箱

2021 年 12 月 29 日，太仓港集装箱突破 700 万标箱暨太仓港疏港铁路专用线开通仪式举行，太仓港结束无铁路接入的历史。全年太仓港新辟航线 10 条，集装箱四期码头启用，太仓港疏港铁路建成通车，上海港太仓服务中心揭牌运营。太仓港全国排名由第 9 位跃升至第 8 位，全球排名第 25 位。

5. 加速打造虹桥国际开放枢纽北翼发展极

太仓市抓住长三角一体化发展的历史机遇，将“深度融入长三角一体化”作为“十四五”发展规划核心战略，对接上海城市总体规划、中长期发展规划，印发《太仓市推进长三角一体化发展、融入虹桥国际开放枢纽建设2021年工作要点》，深度参与虹桥国际开放枢纽北向拓展带建设。年内举办“虹桥北·北虹桥”上海推介会等活动，全年引进沪上项目259个，总投资229.79亿元，增长124.3%。

6. 重大项目建设跑出“四个第一”

2021年，太仓市坚持项目为王不动摇，省重大、苏州重点项目数及年度投资均位列苏州各区县第一。172个市级以上重点项目在第三季度全部开工，利洁时一期、博泽汽车微电机等61个项目竣工投产。其中，列入省重大项目9个，年度投资62亿元；列入苏州市级重点项目59个，年度投资367亿元。全年实现省重大项目、苏州重点项目数量和年度投资“四个第一”。

7. 民生社会事业发展迈上新台阶

2021年，太仓市居民人均可支配收入增长10%以上，城乡居民收入比为1.86∶1，异地就医直接结算由住院扩展至门诊，实验小学高新区校区等11个新改扩建学校项目建成投用，新增学位9135个，太仓市获评省级社区教育示范区。市公共卫生中心建成投用，4家基层医疗卫生机构完成提档升级。日间照料中心城乡覆盖率苏州领先，太仓位列中国康养百佳县市榜首。

2021年11月8日，第四届IASC国际航空产业链领袖峰会在上海开幕，太仓市与浙江省杭州市、上海市长宁区签约共建GAC Hub加速中心（**市委宣传部**供稿）

2021年10月17日，瑞金医院太仓分院举行开工奠基仪式（**市委宣传部**供稿）

8. 瑞金医院太仓分院建设启动

2021年2月25日，太仓市人民政府与上海交通大学医学院附属瑞金医院达成战略合作协议，合作建设太仓市娄江新城医院（瑞金医院太仓分院）；10月17日，瑞金医院太仓分院举行开工奠基仪式，医院建设全面启动。该项目总投资39.8亿元，为政府办非营利性公立医院，按三级甲等综合医院标准建设。

9. “做航空、到太仓”加速打造航空航天产业创新集群

2021年，苏州市政府与中国商飞在太仓签署战略合作框架协议，太仓航空新材料及结构检测平台、太仓长三角燃气轮机创新中心揭牌，长三角航天先进制造联盟成立，吉太航空科技项目签约太仓，设立吉太航空研究院。出台《太仓市促进航空航天产业发展若干政策》，全年共引进航空航天项目47个，擦亮“做航空、到太仓”名片，打造苏州数字经济时代产业创新集群发展的标志性品牌。

10. 全力打造营商环境“升级版”

太仓市推出“2021年优化营商环境十大创新行动”，发布“5E·太舒心”营商服务品牌，启动优化营商环境“E.S.T”行动；政务服务品牌矩阵发布，全省首家县域“市民中心”上线支付宝平台；实现63项便民服务“指尖办”、1475项行政权力网上办、入学等13项“一件事”省心办，市一体化数据中心启动建设。全国首创“两条主链”平行审批，重点项目平均审批时间7.5天。

（市委宣传部）

2021年太仓市民生实事项目

【概况】 2021年，太仓市共安排民生实事项目八大类26个，年内全部启动。其中全部完成项目17个，推进跨年度项目9个。

【学校基础设施建设项目】 该项目由市教育局负责，主要任务是建设初中2所、小学1所、幼儿园2所，新增学位6000个。至2021年年底，东郊幼儿园（暂定名）新建项目装修工程完成80%，板桥初中新建项目二次结构完成

80%，东方小学（年内命名为明德二小）新建项目、东方中学（年内命名为明德二中）新建项目、利泰幼儿园迁建项目主体结构封顶。

【智慧文旅系统建设项目（一期）】 该项目由市文体广旅局负责，主要任务是构建立体式公共文旅服务平台。至2021年年底，项目完成上线。

【太仓园林文化提升项目】 该项目由市文体广旅局负责，主要任务是修缮保护钱祠花园、弇山园、南园等园林及建筑。至2021年年底，钱祠花园完成部分建筑修复；弇山园零星工程完成，推进景观绿化施工；南园大还阁等建筑修缮完成，南园夜游灯光配套工程完成。

【体育惠民健身提升项目】 该项目由市文体广旅局负责，主要任务是改造环城健身步道，新建综合训练馆、笼式球场，更新健身设施，发放体育消费券。至2021年年底，环城健身步道和综合训练馆新建项目完成立项，进入施工许可证办理阶段；新建笼式球场2个，健身设施完成更新，体育消费券完成发放。

【市卫生健康科普体验馆（市民急救技能培训基地）项目】 该项目由市卫健委负责，主要任务是建设约1000平方米的综合性展馆。至2021年年底，展馆基础建设完成，部分布展和设备安装完成。

【市疫情防控检验检测能力提升项目】 该项目由市卫健委负责，主要任务是建成理化检验、微生物检验、临检实验室。至2021年年底，项目建成投用。

【基层医疗卫生机构提档升级项目】 该项目由市卫健委负责，主要任务是新改扩建科教新城等社区卫生服务中心10家。至2021年年底，归庄社区卫生服务中心、金浪社区卫生服务中心完成建设；直塘社区卫生服务中心、王秀社区卫生服务中心进入装修阶段；新湖、新塘、牌楼等3家社区卫生服务中心主体结构封顶；陆渡社区卫生服务中心与娄江新城医养中心同步推进。

【“‘救’在身边”红十字生命救助站项目】 该项目由市红十字会负责，主要任务是在人员密集场所配置自动体外除颤仪180台。至2021年年底，项目全部完成，“救助站”全部安装到位，年内开展培训100余场次，后台小程序完成开发并上线。

【养老服务提质增效项目】 该项目由市民政局负责，主要任务是新建城厢镇养老机构，改造护理型床位150张，新建和提档升级日间照料中心（助餐点）10家，完成困难老年人家庭无障碍改造250户，实施养老机构“明厨亮灶”工程。至2021年年底，城厢镇养老机构基本建成，其余项目全部完工。

【“乐就太仓”公共就业创业服务提质项目】 该项目就业保稳、创业保质、引才保量、培训保效等内容由市人社局负责。至2021年年底，项目完成，并上线“乐就太仓”微信小程序，累计举办招聘会435场、校园招聘25场、直播带岗12场，开展职业技能培训超5万人次，举办2021年“乐就太仓”百校千企人力资源供需洽谈会暨职业技能人才培养高峰论坛等活动。免费开展农村建筑工匠培训由市住建局负责。至2021年年底，项目完成，免费培训农村建筑工匠350余人。

【低收入残疾人家庭“幸福亮居”项目】 该项目由市残联负责，主要任务是对100户低收入残疾人家庭实施无障碍改造等。至2021年年底，项目全部完成。

【医保e路通项目】 该项目由市医保局负责，主要任务是升级异地就医和自主转诊医保实时划卡结算服务功能，门诊由长三角扩展至全国范围实时划卡结算；医保公共服务实现“网上办、掌上办、自助办、现场办和就近办”；开通苏州大市范围内医保“一卡通”功能；推广国家医保电子凭证激活及应用，方便群众脱卡支付。至2021年年底，项目全部完成。

【城乡公交服务提升项目】 该项目由市交运局负责，主要任务是新增更新公交车50辆，优化调整公交线路20条。至2021年年底，项目完成，新增更新公交车52辆，优化调整公交线路24条。

【“四好农村路”建设项目】 该项目由市交运局负责，主要任务是提档升级市级农路2.77千米、区镇农路9.07千米。至2021年年底，项目全部完成。

【城乡公交候车亭智能化升级项目】 该项目由市交运局、城投集团负责，主要任务是对建成的81座农村公交候车亭、电子站牌和245座城市智能公交候车亭、123座电子站牌进行部分设备更新，完成服务器和系统软件升级；将各区镇78座老旧候车亭改造成智能候车亭；建立运行智能候车亭维护管理机制。至2021年年底，项目全部完成。

【主城核心区“一核一带一路”景观亮化综合项目】 该项目由市城管局负责，主要任务是打造城市景观照明系统。至2021年年底，项目全部完工。

【垃圾分类闭环提升项目】 该项目由市城管局负责，主要任务是全面开展生活垃圾片区建设，提升生活垃圾四分类收运能力，加大新能源生活垃圾收运车比例，推进再生资源综合利用项目、建筑垃圾资源化处理项目建设，推动生活垃圾精准分类、精准收运。至2021年年底，完成生活垃圾片区建设全覆盖；再生资源综合利用项目开工建设，土建稳步推进；建筑垃圾资源化处理项目试运行。

【厕所革命质量提升项目】 该项目由市城管局负责，主要任务是新建改建公共厕所 55 座。至 2021 年年底，项目全部完工。

【浏泾河（十八港—岳鹿路）治理项目】 该项目由市水务局负责，主要任务是整治河道 2.97 千米，新建护岸 6.07 千米，新建堤顶道路 1.2 千米。至 2021 年年底，年度任务全部完成。

【城区污水处理厂提标改造项目】 该项目由市水务局、水务集团负责，主要任务是对 6 万立方米 / 天的处理规模增加深度处理工艺。至 2021 年年底，项目完成主体工程。

【全市供水安全提升整治项目】 该项目由市水务局、水务集团负责，主要任务是完成配套供水管网及相关管理区、村供水管网改造等。至 2021 年年底，项目全部完工。

【市区（城区）口袋公园新建项目】 该项目由市住建局、高新区负责，主要任务是新建兰德游园、相公河游园、S 路口袋公园、镇洋小学西侧游园等口袋公园 4 个。至 2021 年年底，项目全部完工。

【特色田园（康居）乡村建设项目】 该项目由市农业农村局负责，主要任务是建设特色康居乡村点位 30 个。至 2021 年年底，项目全部完工。

【挥发性有机物无组织深度治理项目】 该项目由太仓生态环境局负责，主要任务是完成全市 300 家企业挥发性有机物无组织排放收集治理达标排放。至 2021 年年底，项目全部完成。

【新设、改造燃气管道和居民小区供气项目】 该项目由市住建局负责，主要任务是新设中压燃气管道约 25 千米；改造、修复部分老旧管道；新接入天然气住宅小区 15 个，改造老旧小区 4 个。至 2021 年年底，项目全部完成。

【政务服务"一网通办"项目】 该项目由市行政审批局负责，主要任务是提升线下综合窗口服务能力，全市各村（社区）布点自助服务终端；改造线上"太 e 办"政务服务平台，推进政务服务网上办、掌上办，丰富"一件事"专栏，实现 10 个市民高频事项"一次办、掌上办"。至 2021 年年底，项目全部完成。

（市政府办）

2021 年大事记

1 月

7 日 太仓市人大代表之力公益基金揭牌成立，该公益基金由全市各级人大代表个人或所在单位捐赠，定向扶持计生特扶家庭。

8 日 太仓海事局浏河海巡执法大队基地港池内发现江豚，这是继 2021 年 7 月后海事人员又一次发现江豚。

11—13 日 中国人民政治协商会议太仓市第十四届委员会第五次会议在市行政中心举行。会议审议通过市政协十四届五次会议期间提案审查情况的报告，通过市政协十四届五次会议决议，选举赵建初为政协太仓市第十四届委员会主席。

13 日 太仓市所有定点药店、门诊部实现医保电子凭证全覆盖，参保人直接出示医保电子凭证实现刷卡结算。医保电子凭证是由国家医保信息平台统一签发、全国医保线上业务的唯一身份凭证，可实现医保卡的所有功能，并代替医保卡使用。

12—15 日 太仓市第十六届人民代表大会第五次会议召开。大会通过《关于太仓市人民政府工作报告的决议》《关于太仓市国民经济和社会发展第十四个五年规划纲要的决议》《关于太仓市 2020 年国民经济和社会发展计划执行情况与 2021 年国民经济和社会发展计划的决议》《关于太仓市 2020 年预算执行情况与 2021 年预算草案的报告》《关于太仓市人民代表大会常务委员会工作报告》《关于太仓市人民法院工作报告的决议》《关于太仓市人民检察院工作报告的决议》《关于"实施学校基础设施提升工程，切实加大优质教育资源供给"议案的决议》，选举钱文辉为市十六届人大常委会主任。

15 日 太仓市重点德资服务业项目签约暨智能制造政策发布仪式举行，太仓德国风情街项目培土奠基。一批重点德资服务业和智能制造项目签约。其中，服务业项目 7 个、总投资约 80 亿元，分别为海运堤德风街及数字化商业街区运营项目、德国玛丽蒂姆酒店项目、德国德累斯顿工业大学太仓石墨烯新材料创新中心项目、GBG 中德创新孵化平台项目、中德数字设计中心项目、德国客尼数字化教育项目、德国斯德拉马智能装备服务商项目。中德智能制造联合创新中心、蜂巢汽车零部件工业互联网应用中心、博世互联工业应用展示中心揭牌，共建服务平台，发挥德企技术优势，为太仓企业提供从工业诊断咨询到涵盖制造业全流程、全价值链的普惠式智能制造服务。

△ 江苏省委常委、苏州市委书记许昆林到西北工业大学太仓长三角研究院考察，会见西北工业大学党委书记张炜一行。许昆林表示，希望继续与西北工业大学深化一体合作办学，建设高品质幼儿园、小学和中学，共育一流人才。

20 日　全国铁路实施新的列车运行图。经太仓境内的沪苏通铁路经盐通铁路延伸后，首次向陕甘宁及山东、北京等方向拓展，增加列车 27 对，其中大部分经停太仓，太仓铁运可抵达城市站点增加，包括济南、青岛、烟台、荣成、西安北、太原南、银川、郑州东、成都东、沙坪坝等。调图后，太仓站开足经停列车 97 趟，太仓南站经停 16 趟。

25 日　“新泓润 28”船舶首次靠泊太仓港现代货箱码头，标志太仓港 2021 年首条新开辟的沿海内贸航线——“太仓港—海口港”航线首航成功，太仓港内贸航线增至 50 条（班），航线总数增至 212 条（班）。

28 日　中国商用飞机有限责任公司发展规划部副部长侯松一行到太仓考察航空产业发展情况。

30 日　复星复游城太仓 · 阿尔卑斯雪世界开工奠基，是复游城 · 太仓阿尔卑斯国际度假区核心项目，总投资 20 亿元，占地面积 5.4 万平方米，总建筑面积 9.1 万平方米，内部设置滑雪道 5 条，最长单程雪道 280 米，预计 2023 年开业。

本月　太仓市获评省级全域旅游示范区。

△　太仓市第一条公交大环线 115 路运营。

△　江苏省太仓高级中学、太仓市实验小学入选第三批省级教师发展示范基地校名单。

△　太仓市行政审批局与上海市宝山区行政服务中心等五家单位签署《宝山—太仓—常熟—锡山—惠山—新北跨地域通办合作协议》，标志长三角区域“跨省即办”通道正式开通，沪太政务服务一体化再升级。

△　七浦塘获评“江苏省 2020 年度生态河道建设示范样板”。七浦塘西起阳澄湖，东至长江，全长 43.89 千米，太仓境内 22.2 千米，是太湖流域阳澄淀泖区的主要通江河道之一。

△　交通运输部公布 2020 年港口统计数据，太仓港跃升至全国第九大集装箱港口，太仓港集装箱吞吐量业绩连续三年位列全省第一。

△　昭衍（苏州）新药研究中心有限公司、依科赛生物科技（太仓）有限公司、西北工业大学太仓长三角研究院 3 家单位获评 2020 年江苏省外国专家工作室。

△　省生态环境厅公布 2020 年江苏省县（市、区）地表水环境质量排名，太仓位列第九，全市 6 个国省考断面水质达标率 100%，优Ⅲ比例 100%；10 条主要入江支流水质优Ⅲ比例 100%；饮用水水源地水质达标率 100%。

2 月

5 日　“金牛贺岁 · 福满娄城”2021 年太仓电视春节联欢晚会在市融媒体中心综艺演播大厅开演，太仓新闻频道、“太融 e”App、太仓融媒微信公众号、太仓广播 FM96.7 同步直播。

8 日　出生于太仓的物理学家吴健雄入选纽约历史上十大杰出女性，是唯一上榜的亚裔女性。

9 日　太仓港集装箱四期沪太合作签约仪式在太仓举行，加快推进“沪太同港化”。江苏省委常委、苏州市委书记许昆林，苏州市委副书记、市长李亚平出席签约仪式，并赴太仓港调研。

11 日　吴健雄登上美国邮政总局发行的永久邮票（Forever Stamp），该邮票称吴健雄为“20 世纪最有影响力的核物理学家之一”。邮票由美国邮政总局艺术主任凯斯勒设计，采用亚裔画家麦麦（Kam Mak）的原创画作。

18 日　苏州市政府与中国商用飞机有限责任公司在太仓签署战略合作框架协议，在航空产业集聚和培育、航空技术联合攻关等方面开展深度合作，发挥苏州最强比较优势，融入共建国产大飞机产业链创新链，助推高端制造发展和加快实现大飞机梦。

24 日　太仓市农村人居环境整治工作获 2020 年度苏州市农村人居环境整治工作第一等次。

25 日　瑞金医院太仓分院签约仪式暨太仓市春季重点项目集中开工开业活动举行，集中开工开业项目 198 个，总投资 816 亿元。瑞金医院太仓分院占地 15.33 公顷，建筑面积近 18 万平方米，位于娄江新城核心区域，以三级甲等综合医院标准建设，计划 2025 年建成投用。

本月　太仓市 157 个村（社区）全部完成党组织换届选举工作。选举产生书记 157 人、党组织委员 740 人。其中，村（含涉农社区）党组织书记 92 人、社区党组织书记 65 人，村（含涉农社区）党组织委员 492 人、社区党组织委员 248 人。

△　市镇村建成三级远程人民调解系统 161 套，实现全市覆盖，打通司法惠民实事工程“最后一公里”。

△　“苏周到”一码通行太仓公交全线试运行，满足市民多样化乘车支付需求，太仓市民卡、太仓一卡通 App、银联 App、银联卡、互通卡等非现金支付方式通用。

△　太仓市入选 2021 年中国县域网络购买力百强榜，以 96.06 分的总评分排名第二。

△　《国家重点保护野生动物名录》发布，其中长江江豚由国家二级保护野生动物升为国家一级保护野生动物。太仓海事局成立“璜泾海事江豚守护志愿队”。

3 月

1 日　太仓市入选 2016—2020 年全国科普示范县（市、区）总结评估优秀名单。

△　中国第一部流域保护法——《中华人民共和国长江保护法》正式实施，位于太仓港国际集装箱码头下游 1000 米处的长江太仓水上绿色综合服务区投入试运行。

3 日　江苏省社会信用体系建设领导小组办公室公布 2020 年度设区市和县（市、区）政务诚信评价结果，太仓市列第一等次。

5 日　2021 年度太仓市文化科技卫生“三下乡”新时代文明实践活动暨“3 · 5”学雷锋集中志愿服务活动在沙溪镇香塘村新时代文明实践会所开幕。由市级文化、科技、卫生等 50 多个部门和单位组成的“三下乡”志愿服务团队为市民提供文化科技卫生服务。

6 日　太仓市召开 2021 年民生实事项目启动会，教育文体、医疗卫生、健康养老、就业创业及社会保障、公共交通、城市管理、生态环境、公共服务和配套八大类26个项目组成，项目计划总投资40.49亿元，2021年投资16.85亿元。其中有16个项目当年完成建设任务；太仓园林文化提升项目等6个项目在两年内实施完成；城乡公交候车亭智能化升级项目等2个项目分三年实施完成；学校基础设施建设项目等2个项目分四年实施完成。

7日　江苏省委常委、苏州市委书记许昆林到太仓调研“三农”工作，强调要深入贯彻2021年中央一号文件精神，持续推动农业高质高效、农村宜居宜业、农民富裕富足，发挥临沪优势做足农文旅融合文章，在“三农”工作中始终走在全市前列，为全省全国多探新路、创造经验。

8日　市慈善基金总会与市水上搜救中心合作成立“太仓市郑和水上关爱基金”，发扬人道主义精神，弘扬郑和航海文化。

10日　太仓市党史学习教育动员会议在市行政中心召开。会议学习贯彻习近平总书记重要讲话精神，动员全市上下迅速掀起党史学习教育热潮。

26日　太仓市被命名为“江苏省食品安全示范县（市、区）”。

30日　城厢镇举行“嘉太科创产业园—沪太同城先行区”重点项目集中开工开业暨科创项目集中签约活动。活动上，集中开工项目21个，总投资123亿元；集中签约重点科创项目24个，总投资66.7亿元；集中开业项目10个。

△　第四届“创赢太仓”全球创业大赛先进载运装备专场大赛在太仓举办，经过前期筛选和专家初评，受邀参加现场比赛项目21个。

31日　太仓市文化产业高质量发展大会举行，谋划太仓文化产业发展蓝图。大会发布《太仓市文化产业高质量发展实施意见》《关于促进太仓市电竞产业健康发展的实施意见》等全市文旅产业发展新政策，太仓市与现代快报社全面战略合作框架协议、七浦水岸文旅街区（一期）、中科源大数据文化服务平台项目等一批重点文旅项目签约落地。

本月　太仓市公众安全感指数98.96%；全市法治满意度指数95.2%，排名全省第一。人民群众对政法机关和政法队伍的满意率97.28%，列苏州大市第一。

△　省商务厅、省发展改革委、省科技厅、省自然资源厅等部门联合发布《关于支持太仓进一步深化对德经贸合作，打造中德中小企业合作示范区的意见》，省工信厅、省人社厅、省教育厅等七部门协同支持，推动太仓进一步加快对外开放步伐，强化德资企业集聚，提升产业发展能级。

△　“太仓港—胡志明港”航线开通，太仓港航线总数增至213条（班），其中近洋直达航线总数增至28条（班），覆盖近洋国家和地区港口23个，基本建成长江流域近洋直达集散中心。

△　太仓公安交警在全省率先启动轻微事故视频远程取证和定责新模式，车主可通过轻微交通事故远程视频处理平台，实现轻微事故取证快撤快处。轻微事故视频远程取证和定责新模式可实现5分钟内快速取证、快速撤离，有效缓解市区轻微交通事故造成的交通拥堵，节约各保险公司查勘成本、提升查勘响应效率，改善事故当事人理赔服务体验，实现交警部门、保险公司、事故车主三方共赢。

4月

1日　太仓市实行政府定价、政府指导价的机动车停车收费新标准。新标准将机动车停放服务地区划分为主城核心区、其他地区两类，主城核心区范围东至沈海高速（G15）、西至204国道、南至上海界、北至339省道，主城核心区以外的区域为其他地区。按照“中心高于外围、路内高于路外、地上高于地下、白天高于夜间、大型车高于小型车”的原则收费。

△　国家国防科工局副局长吴艳华一行到太仓，实地调研西北工业大学太仓长三角研究院等地，吴艳华对太仓市航空航天产业发展给予肯定。

8日　《太仓市扶贫协作和对口支援志》首发式在市行政中心举行。该志书于2018年3月启动，全书设东西部扶贫协作、对口支援、南北挂钩三大块内容，共8篇43章逾50万字，记述内容涉及援建地12个省、6个地级市、50个县市区，记录援建干部人才886人。

△　太仓市江南法治文化书画苑在包俊宜艺术馆揭牌。

9日　娄江新城规划发布会暨重点项目集中签约开工仪式举行，娄江新城总体控制性规划发布，集中开工重点建设项目12个，总投资56亿元。新城规划总面积约50平方千米，规划总人口约30万人。整体形成“一心两轴三核四区”的总体空间结构：“一心”即太仓主城东部副中心，“两轴”即白云渡大道融沪发展轴和太仓大道科创发展轴，“三核”即以两所大学为依托的科教中心、以高新区便民服务和创新中心为依托的市民中心、以会议会展和文体艺术中心为依托的商务中心，“四区”即5平方千米科教创新区、16平方千米智能制造区、11平方千米高铁商务区、16平方千米临沪国际社区。

10日　《2020年中国县域知识产权竞争力百强报告》发布，太仓市获中国县域知识产权竞争力排行榜第六名。

12日　市委副书记、市长汪香元会见德国巴符州驻华代表处首席代表魏博一行。

14日　江苏省副省长惠建林一行到太仓调研港口经济、对德合作、文旅产业等，惠建林对太仓高质量发展之路给予肯定。

△　太仓—上海交大博士后创新中心启用。

17日　长三角演艺机构合作联盟演出交易会在太仓举办。太仓市与丝绸之路国际剧院联盟签订战略合作协议，就剧场与剧目合作、文化交流、艺术教育、大型活动等方面达成合作共识；与北京舞蹈学院签署战略合作协议，双方开展联合艺术创作、信息共享、资源互换等，共同推动太仓舞蹈艺术发展。

20日　太仓大道（白云渡路—沈海高速段）实现西段

全线贯通，该道路贯通娄江新城东西，是联系西北工业大学太仓校区、西交利物浦大学太仓校区的重要纽带。太仓大道西起沈海高速公路，向东延伸，经十八港路、富达路、万金路、规一路，为双向六车道，路线全长 1.78 千米。

22 日　太仓港—北部湾钦州港航线正式开通，太仓港“内循环”航线网络基本形成。

26 日　大飞机苏州（太仓）航空产业园揭牌，签约固定翼通航飞机整机项目、天视致远机场智能运维项目、誉高航空高温紧固件等项目 10 个，总投资额 77.5 亿元；入选苏州市航空航天产业优选企业培育库企业 30 家。

△　高新区与北京天航长鹰科技有限公司签约，北航天航长鹰太仓总部基地项目落户太仓。

△　中国宇航学会主办的 2021 年中国航天大会产教融合与工匠人才发展论坛在太仓举行，论坛主题为中国航天大会产教融合与工匠人才发展，规划打造航空产业校地企合作平台。

△　第四届数字中国建设峰会工业互联网论坛发布 2020 年全国工业互联网发展十强县榜单，太仓市位列第七。

30 日　国务院办公厅印发通报，对太仓市开展农村人居环境整治成效明显予以督查激励。

△　《太仓市生物医药及健康产业高质量发展行动方案》实施，明确市生物医药产业园重点发展生物制药、医疗器械和医药服务外包三大产业。

30 日至 6 月 30 日　“乐购太仓 · 畅游娄城”太仓“五五购物节”暨旅游文化美食节举行。活动以“五五节、五五折，全城打折季”为主题，以“五五购物节”启动仪式为发端，联动开展“品鲜太仓”“走进德国”两个特色主题活动，聚焦商圈消费、夜间消费、新型消费、休闲旅游、电子竞技、家装消费、汽车消费等 7 个领域。

本月　《浏河年鉴（2020 年）》出版发行，该年鉴是浏河镇首部综合年鉴，也是全市首部区镇年鉴。

5 月

7 日　2021 年太仓市第 16 届全民运动会开幕，共设比赛项目 24 个、比赛项次 91 项次。

19 日　太仓市领导干部会议召开，宣布江苏省委、苏州市委关于太仓市委主要领导调整的决定。省委批准：汪香元任太仓市委书记，免去沈觅太仓市委书记、太仓港经济技术开发区党工委书记职务。苏州市委决定：免去沈觅太仓市委常委、委员，太仓港经济技术开发区党工委委员职务。

△　城厢镇举行“独溇小海 · 阿拉的爱琴海”田园江南农文旅重点项目集中签约仪式，现场签约田园江南农文旅重点项目 22 个，总投资 20 亿元。

22 日　太仓市浮桥镇幼教中心浏家港幼儿园入选省优质幼儿园，全市累计省市优质幼儿园 42 所。

25 日　城厢镇德兴社区八旬老人陆庆权获评感动中国 · 江苏年度人物，授予陆庆权颁奖词为：“在你心里，国为重家为轻。为了国，你不惧危险，三进罗布泊。为了国，你隐姓埋名半世纪。为了国，你宠辱不惊，无名无利无悔，有情有义有祖国。”

27 日　太仓市委书记、市长汪香元率党政代表团赴上海市嘉定区考察，学习借鉴嘉定区推进经济社会发展的先进做法和经验，推动嘉太两地交流合作，对接上海“五大中心”“五大新城”建设，在长三角一体化发展的大背景下加速推进沪太同城化。

28 日　大型商业综合体——太仓华发广场开业。华发广场是太仓市在主城东拓南进过程中围绕天镜湖片区开发建设而重点打造的城市功能性项目。

△　太仓市统计局公布全市第七次全国人口普查结果，截至 2020 年 11 月 1 日零时，全市常住人口 831113 人，年平均增长率 1.56%。居住在城镇的人口 586830 人，占 70.61%；居住在乡村的人口 244283 人，占 29.39%。男性人口 437875 人，占 52.69%；女性人口 393238 人，占 47.31%，总人口性别比为 111.35。

29 日　南沿江城际铁路七浦塘特大桥跨七浦塘 48 米连续梁合龙，标志南沿江城际铁路七浦塘特大桥线下主体工程全部完工。

本月　太仓市获评江苏省生态园林城市和国家生态园林城市。

△　苏太快航（杨林塘航道）精品航线正式开通运营。该航路较以往通过上海黄浦江航道绕行至太仓港节约用时 8~10 小时。

△　太仓市获评江苏省“资源节约集约利用综合评价成绩优异的地方”，获新增建设用地计划指标奖励 16.67 公顷。

△　城厢镇电站村获评 2020 年“苏韵乡情”江苏休闲旅游农业五星级精品企业（园区），成为全省 3 家五星级精品企业（园区）之一。

△　新华社国家高端智库组织开展“‘人口红利’问题对制造业高质量发展影响”调研。太仓市被选为实地调研点之一，也是长三角地区唯一一个接受调研的城市。

6 月

1—2 日　太仓市委书记、市长汪香元率党政代表团到昆山、张家港和苏州工业园区考察，先后考察代表性地点 13 个，学习借鉴三地推进经济社会发展的先进做法和经验，弘扬苏州“三大法宝”（张家港精神、昆山之路、园区经验）精神。

6 日　国际组织与德国研究高峰论坛暨西北工业大学太仓长三角研究院德国研究中心揭牌仪式在西北工业大学太仓长三角研究院举行。

7—9 日　普通高等学校招生全国统一考试举行，太仓市参加考试 1699 人，全市设立考场 65 个，其中常规考场 59 个、备用考场 6 个。

11 日　太仓市委副书记胡卫江会见到太仓考察的法国驻上海总领事纪博伟一行。

12—14 日 沪太双城联动“太仓首届娱乐节”在太仓海运堤罗腾堡德风街举行。

17 日 太仓市生物医药产业园重点项目集中开工开业仪式在沙溪镇举行，集中开业项目 8 个，总投资 15 亿元；集中开工项目 16 个，总投资 54.6 亿元。

△ 太仓公共自行车项目被中国道路运输协会城市客运分会授予全国公共自行车碳减排“优秀项目奖”。太仓市共有公共自行车站点 445 个，投放公共自行车 5600 辆、公共助力自行车 500 辆；办理公共自行车租赁卡 4.55 万张，开通扫码租车 2.91 万人次，公共自行车租用量 1143 万次，公共自行车免费租骑率 98.5%。

17—19 日 太仓市中考举行，全市报名人数 5131 人，共设考点 14 个、考场 178 个。

18 日 太仓市与上海市宝山区、嘉定区、奉贤区举行“开启新征程 · 奋进新时代”沪太同城主题党日暨“沪太同城 · 党建先行”工程启动仪式，助推沪太形成党建先行、共建共享、协同发展、合作共赢的一体化格局。现场发布“沪太百年红飘带”，串联太仓、宝山、嘉定、奉贤的革命遗址、科创载体、产业园区等不同领域党员教育红色点位 100 个，作为四地党员教育的实境课堂。

19 日 娄江新城临沪国际社区邻里中心等 15 个项目集中开工竣工，总投资 23.9 亿元。

△ 太仓市城市轨道交通发展有限公司和太仓市燃气有限公司揭牌成立。

△ “智汇太仓 · 科创未来”首届全球高校创新创业大赛启动，大赛面向国内外知名高校，重点支持航空航天、生物医药、数字经济三大科创领域，依托全球高校上海校友联盟平台，链接全球名校资源 100 余所，并在各高校设置分赛区，通过校际 PK 新模式，吸引参赛项目 300 个。

21 日 “百年辉煌 e 路行 · 江南宝藏金太仓”——2021 年太仓市网络文化节在市委党校开幕，活动包括“E 话党史”“E 聚能量”“E 赞小康”“E 领风尚”四大篇章、子活动 24 项。

22 日 中国外运华东暨长江经济带运营总部项目签约仪式在港区举行。

24 日 江苏省委常委、副省长樊金龙一行到太仓检查危化品、水上交通安全生产工作。

25 日 中德（太仓）绿色低碳合作园区建设暨高新区重点德资项目集中签约仪式举行，总投资 56.8 亿元的 20 个重点德资项目签约落户高新区。现场发布全国首条中德（太仓—法兰克福）数据专线。专线以高速率、低时延、高可靠、大带宽的优势，为企业提供跨境生产和研发数据交互、视频会议、国际金融、电子商务、物流运输等信息访问和大数据交互通信服务。太仓柏林创新中心通过视频揭牌，柏林太仓创新中心现场揭牌。

28 日 “百年路 · 新征程”苏州市交通项目集中开工建设动员会在太仓召开。太仓参与开工动员项目 3 个，分别是苏锡常城际铁路太仓先导段（上海嘉闵线北延伸太仓段）太仓站、龙江路快速化一期工程（协鑫路—新塘河）、苏州港太仓港区万方码头改造工程。

△ 太仓港集装箱四期码头启用暨 300 万标箱起吊仪式举行，标志长江流域首个堆场全自动化码头正式启用，太仓港集装箱设计年通过能力达 635 万标箱。

29 日 2021 年走进太仓——中日韩经贸合作论坛在太仓举行，现场签约项目 24 个，总投资 106.46 亿元，中日韩（太仓）产业合作基地、太仓市人民政府驻日本招商代表处揭牌。

本月 太仓市 15 个人才项目入选 2021 年姑苏创新创业领军人才计划（第一批）。

7 月

1 日 庆祝中国共产党成立 100 周年大会在北京天安门广场举行，太仓市四套班子领导和全市各界收听收看大会直播。

2 日 太仓市庆祝中国共产党成立 100 周年座谈会暨市“两优一先”表彰会议召开，会议学习贯彻习近平总书记在庆祝中国共产党成立 100 周年大会上的重要讲话精神，回顾党的光辉历程，传承党的优良传统，表彰优秀共产党员、优秀党务工作者和先进基层党组织，宣读《中共太仓市委关于太仓市优秀共产党员、优秀党务工作者和先进基层党组织的通报》，市委决定，授予姚军委等 100 人“太仓市优秀共产党员”称号，授予王建新等 100 人“太仓市优秀党务工作者”称号，授予太仓港经济技术开发区行政审批局党支部等 100 个党组织“太仓市先进基层党组织”称号。

3 日 太仓市召开领导干部会议，宣布省委对太仓市政府主要领导调整的决定。省委批准提名胡卫江为太仓市市长候选人，汪香元不再担任太仓市市长职务。

7 日 太仓市第十六届人民代表大会常务委员会第 37 次会议决定任命胡卫江为太仓市人民政府副市长、代理市长。

9 日 “筑梦金太仓，空天新动能”2021 年中国（太仓）首届航空航天精英峰会暨太仓高新区重点人才项目集中签约活动举行。现场举行太仓航空新材料及结构检测平台、太仓长三角燃气轮机创新中心揭牌仪式和长三角航天先进制造联盟成立仪式。集中签约太仓高新区航空航天领域、先进载运领域、生物医药领域、数字经济领域、海外重点人才项目、博士重点人才项目等 60 项，总投资 50 亿元。

11 日 2021 年第 13 届苏州国际精英创业周太仓分会场开幕式举行，该次活动分为“率先同城 · 人才先行”“产业集聚 · 人才赋能”“生态蝶变 · 人才无忧”3 个篇章。现场举行上海飞地孵化器揭牌仪式，太仓—上海张江协同创新中心、太仓—上海交通大学零号湾飞地孵化基地揭牌；举行在太仓新投用科创机构揭牌仪式，太仓—复旦大学张江研究院太仓科创中心、太仓—上海市免疫学研究所联合研究中心、太仓—上海大学医用合金研发中心、全球高校上海校友联盟太仓科创中心揭牌。

15 日 第八届中国 IVD 产业投资与并购 CEO 论坛在太仓举行。该次论坛以“诊断力与时代共振”为主题，商界代表们围绕 IVD（体外诊断）发展、IVD 行业投资机遇、精准医疗、POCT（即时检验）产业市场挑战及趋势、临床质谱商业化布局、IVD 原材料创新等话题开展交流。

20 日　“崇太携手 · 党建先行”主题党日活动暨长江联合执法启动仪式在浏河国家一级渔港码头举行。该次活动旨在探索新形势下太仓、崇明两地农业部门党建创新路径，强化两地农业综合执法合力，遏制各类非法捕捞行为，形成长江大保护齐抓共管格局，共同守护长江母亲河。

26—28 日　中国共产党太仓市第十四次代表大会召开，汪香元代表中共太仓市第十三届委员会向大会作题为《奋力拼出“太仓速度”，勇担使命跨越发展，激情谱写社会主义现代化建设太仓精彩篇章》的报告。会议选举产生中共太仓市第十四届委员会委员、候补委员，中共太仓市第十四届纪律检查委员会委员和出席中共苏州市第十三次代表大会代表。通过《中国共产党太仓市第十四次代表大会关于十三届市委报告的决议》《中国共产党太仓市第十四次代表大会关于十三届市纪委工作报告的决议》。

本月　太仓市举行庆祝中国共产党成立 100 周年主题团日活动暨沙溪第一中学团校成立仪式。沙溪第一中学团校正式成立，为全市首家中学团校。

8 月

10 日　江苏省委常委、苏州市委书记许昆林到太仓专题调研长江大保护工作。

12 日　吉太航空科技项目签约仪式在太仓举行，该项目总投资 10 亿元，主要研发、生产自主可控的先进机载航空电子装备。江苏省委常委、苏州市委书记许昆林，苏州市委副书记、市长李亚平会见深圳市中兴维先通设备有限公司董事长侯为贵，中国商飞党委常委、副总经理周新民一行，并共同见证签约。

17 日　江苏省委常委、苏州市委书记许昆林，苏州市委副书记、市长李亚平率队到太仓实地调研斯凯奇中国物流销售中心、宝洁供应链创新中心、舍弗勒新基地、博泽汽车微电机等重点项目建设现场。

18 日　苏州市委副书记朱民率队到太仓调研全市党建引领乡村振兴示范区建设工作。

24 日　沙溪镇举行超亿重点项目集中签约仪式，签约落户项目 16 个，总投资 71.8 亿元，涵盖生物医药、新材料、高端装备制造及文旅“3+1”重点产业。

27—29 日　太仓市开展全员新冠肺炎核酸检测预约登记演练。

30 日　太仓市与昆山市共同举办 2021 年度昆太跨界河湖联合河长制活动。太仓—昆山跨界河湖联合河长制公示牌揭牌，开启两地交界河湖生态治理新篇章。

本月　江苏省住建厅公布 2019—2020 年省级宜居示范居住区，太仓市月亮河新村和裕沁庭锦苑（一期）名列其中。

△　太仓市城厢镇德兴社区居民、保守半个世纪秘密的核试验老兵陆庆权上榜 2021 年 7 月“中国好人榜”，成为诚实守信“中国好人”。全市“中国好人”总数增至 13 人。

9 月

3 日　嘉昆太协同创新核心圈建设战略合作签约仪式暨“开放北虹桥 · 创新领航地”北虹桥商务区区域推介会在上海嘉定区举行。苏州市和嘉定区签订《江苏省苏州市上海市嘉定区高质量推进嘉昆太协同创新核心圈建设战略合作框架协议》，嘉定区与昆山市、太仓市签订《嘉昆太协同创新核心圈备忘签约》。

3—4 日　市委副书记、代市长胡卫江一行赴陕西省周至县考察调研，推动苏陕协作迈上新台阶。

6 日　江苏省人大常委会副主任曲福田率队到太仓调研部分“两机”（航空发动机和燃气轮机）产业链企业及机构，了解企业生产运行情况，研究解决企业在重大项目实施、核心技术研发等过程中遇到的问题和困难。

9 日　壹城智库公布 2021 年县域高质量发展百强名单，太仓位列第六。

10 日　“虹桥北 · 北虹桥”太仓打造虹桥国际开放枢纽北翼发展极推介会在上海虹桥举行，现场签约区域合作项目 24 个，总投资 290.85 亿元。

23—25 日　2021 年“夜太美”暨第 16 届太仓啤酒节开幕式在太仓软件园举行，现场发布夜太美“十夜”（“夜食”“夜购”“夜游”“夜宿”“夜娱”“夜秀”“夜演”“夜读”“夜赛”“夜跑”）主题活动、夜太美 · 城市微旅行精品线路和夜太美 · 百味图。24 日，举办德国商会“商会之夜”活动，太仓市政府与德国商会签署合作备忘录，集中签约德国项目 28 个，总投资 30 亿元。

25 日　2021 年中国民营企业 500 强峰会在湖南长沙举行，雅鹿集团入选 2021 年中国民营企业 500 强、2021 年中国制造业民营企业 500 强，分别位列第 456 位、第 256 位。

26 日　太仓和南通启东、上海崇明三地检察机关以“云签约”方式，联合建立办理长江口生态环境公益诉讼案件“三警联动”协作保障机制，三地检察机关共同签署《关于建立办理长江口生态环境公益诉讼案件“三警联动”协作保障机制的相关意见》。

27 日　太仓市第十六届人民代表大会常务委员会第 39 次会议决定任命祝真旭为太仓市人民政府副市长（挂职）。

28 日　太仓市第一人民医院急诊科技楼工程启动仪式举行，该项目位于市第一人民医院院区内东侧，为新建楼宇，规划 10 层，地下 2 层、地上 8 层，总建筑面积 4.06 万平方米，其中地上 3.26 万平方米、地下 0.8 万平方米，包括急救、卒中、胸痛、创伤中心和科研、教学中心等。

△　中国中小城市发展指数研究课题组、国信中小城市指数研究院等单位发布 2021 年中国中小城市高质量发展指数研究成果，太仓市分别位列“2021 年度全国综合实力百强县市”第七位、“2021 年度全国绿色发展百强县市”第二位、“2021 年度全国科技创新百强县市”第二位。

△　“真情无界——纪念贝多芬诞辰 250 周年声音交

互艺术体验大展”全球第二站在太仓海运堤二期举行，活动至2022年1月结束。该展览为全国县级市第一站，主要包括“通向第九交响曲之路”“贝多芬音乐探微”“贝多芬的创作环境”“海利根施塔特独白”等10个展区，贯穿贝多芬生平、音乐作品和人生故事。

30日　中国第8个烈士纪念日当天，太仓市在革命烈士陵园举行烈士纪念日公祭活动，缅怀革命先烈的丰功伟绩和崇高精神，表达深切悼念和无限敬仰。

本月　省农业农村厅公布全省乡村休闲农业“一园两基地”推介名单，太仓市共有4家园区（基地）上榜，其中，独溇小海生态亲子野趣创意园入选省级主题创意农园，电站村生态园、香塘村农耕实践基地入选省级农耕实践基地，市现代农业园入选省级康美基地。

△　壹城智库发布《2021年中国镇域高质量发展报告》，沙溪镇在2021年镇域高质量发展500强中排名第99位。

△　新华网发布2021年中国县域发展潜力报告，太仓市位列2021年中国县域发展潜力百强第四位。

10月

12日　经中国技术创业协会留学人员创业园联盟评审，市科技创业园暨留学人员创业园入选第四批“中国留学人员创业园区孵化基地”。

14日　太仓之夜·2021年江苏—法国经贸合作交流会举行，现场签约达索（太仓）航空智造创新中心项目、法国凯辉基金太仓合作项目，活动围绕“长三角一体化背景下在华法资企业发展战略”主题开展圆桌讨论。

△　太仓市人民政府与腾讯天美电竞战略合作发布会暨QQ飞车手游S联赛落地太仓签约仪式举行。太仓与天美电竞的合作是中国电竞产业发展的创新之举，也是首次实现电竞IP方与地方深度融合合作。

15日　太仓市第十届创新创业推进月活动开幕式暨科技招商大会举行，中科院上海光机所、中科院上海药物研究所、复旦大学等单位领导专家150余人参加开幕式。活动现场，太仓市科技招商中心揭牌成立。开幕式上为闫楚良、赵玉海、余卓平颁发太仓市创新发展顾问聘书。

17日　瑞金医院太仓分院开工仪式暨太仓金秋经贸月重点项目集中开工开业活动举行。瑞金医院太仓分院培土奠基；开工开业项目124个，总投资571.7亿元。

18日　“上海下一站、下一站上海”——2021年“沪苏同城”太仓合作对接会在上海国家会展中心举行，现场发布娄江新城（中德创新城）打造上海五大新城“姐妹城”发展规划，举行娄江新城（中德创新城）打造上海五大新城“姐妹城”重点项目启动仪式，并举行项目签约仪式，包含中德创新城重点项目、城市品牌宣传及产业基金合作项目、2021年“沪苏同城”太仓合作对接项目等，总投资312.65亿元。

△　太仓市生物医药产业园规划发布会暨省重大项目聪明制药开工仪式在市生物医药产业园举行。太仓市生物医药产业协会、特姆威光声成像重大项目平台、江苏省生产力促进中心（太仓）集成创新服务中心等一批重要服务平台揭牌；太仓市人民政府与江苏省产业技术研究院战略合作签约，一批机构院所及重点项目签约，涉及产业园核心区配套、城市公园、医疗制剂、药物研发、药械设备、生物技术等，总金额52亿元。

26日　苏州市吴江区委书记李铭率党政代表团到太仓考察，学习借鉴太仓在城市建设、产业发展、科技创新、招商引资等方面的经验做法。

28日　2021年太仓金秋经贸月洽谈会暨重点项目集中签约活动举行。现场集中签约产业项目36个，总投资287.73亿元；艾威昂智能科技（太仓）有限公司成为太仓第400家德资企业；汉堡—太仓联动创新中心项目签约，太仓对德合作再深化。

29日　太仓市组织开展新冠肺炎聚集性疫情处置应急演练。演练以“港口某企业开展常规检测筛查，检测出10例阳性病例”为模拟背景，处置措施设置疫情发现与报告、应急指挥调度、病例处置、流调溯源、涉疫人员转运隔离、现场封控和封控区域集中采样检测、扩大核酸检测等内容，演练检验全市聚集性疫情应急处置预案的可行性、针对性和可操作性，达到预期效果。

本月　小康杂志社发布“2021年中国康养百佳县市”榜单，太仓作为长三角首个富裕型“中国长寿之乡”荣登榜单榜首。

△　太仓市获评全国第二批城乡交通运输一体化示范创建县，成为全省唯一一个上榜县级市。

11月

1日　免费提供爱心早餐近2万人次的城厢镇古堰火锅店经理彭华上榜2021年10月“江苏好人榜”。

2日　苏州市委副书记、政法委书记黄爱军到太仓调研全市安保工作情况。

8日　第四届IASC国际航空产业链领袖峰会在上海开幕。全球航空集群合作加速中心GAC Hub落地中国签约仪式举行，太仓为签约方之一。太仓市与浙江省杭州市、上海市长宁区一起携手IASC，共建GAC Hub加速中心。GAC Hub加速中心致力推动中外民用航空产业领域双向投资，为全球中小供应商探索中国市场提供咨询和资本服务，为中国航空产业链高速可持续发展提供助力。

10日　江苏省委、省政府公布全省脱贫攻坚暨对口帮扶支援合作先进集体、先进个人名单，通报表扬表现突出集体。太仓市发展和改革委员会、太仓市人力资源和社会保障局、苏州市（太仓市）对口帮扶西安市（周至县）工作组等3个集体被授予“全省脱贫攻坚暨对口帮扶支援合作先进集体”称号；太仓市沙溪第一中学党支部书记、校长严卫中和太仓市农业农村局综合规划科副科长陆超、太仓市发展和改革委员会二级主任科员顾星球等3人被授予“全省脱贫攻坚暨对口帮扶支援合作先进个人”称号。太仓市对口帮扶铜仁市玉屏县工作组获通报表扬。

11日 江苏省委宣传部副部长、省文明办主任葛莱一行到太仓，围绕“统筹推进城乡文明融合发展”主题开展专题调研。

△ 无锡市委常委、江阴市委书记许峰率江阴市党政代表团到太仓考察城市建设、对德合作等方面经验做法。

12日 陕西省周至县党政代表团到太仓考察，并参加苏州太仓·西安周至2021年东西部协作联席会议。

16日 江苏省政协理论研究会会长、省政协原副主席徐鸣一行到太仓，开展“着力提高政协协商能力和水平”专题调研。

△ 杨林塘太仓段航道整治工程通过省交通运输厅竣工验收。

△ 教育部公示2021年度全国足球特色幼儿园示范园试点项目立项名单，太仓市高新区镇洋幼教中心香花幼儿园、市实验幼教中心华盛幼儿园上榜。

17—18日 江阴市政协主席徐冬青带队到太仓专题考察中德（太仓）中小企业工业园建设情况。

18日 常熟市政协党组书记、主席王建国率政协代表团到太仓考察交流政协工作。

23日 赛迪顾问县域经济研究中心发布《赛迪投资竞争力百强县（2021年）》榜单，太仓市位居第六位。

△ 民政部办公厅发布497个全国村级议事协商创新实验试点单位名单，沙溪镇中荷村入选。江苏省入选村19个，中荷村是太仓市唯一一个入选村。

28日 由中央宣传部、中央文明办和全国妇联联合评选的全国“最美家庭”揭晓，太仓市端木向宇家庭上榜。

本月 雅鹿集团股份有限公司羽绒服产品，通过“江苏精品”国际认证联盟认证，获“江苏精品”认证证书，成为太仓市获得的首张“江苏精品”认证证书。

12月

1日 竞争力智库、中国经济导报、北京中新城市规划设计研究院等机构发布首届《中国城市基本现代化监测报告》，公布“2021年中国地级市基本现代化指数前100名（含副省级城市）”“2021年中国县级市基本现代化指数前100名”等，太仓位列中国县级市基本现代化指数第五。

2日 国家发改委召开全国消费帮扶助力乡村振兴典型案例视频推介会，发布2021年全国消费帮扶助力乡村振兴典型案例名单。太仓“‘三抓三强’打造消费帮扶新模式”入选“2021年全国消费帮扶助力乡村振兴入围典型案例”，是江苏省入选的3个案例之一。

7日 江苏省创新型示范县（市、区）建设名单出炉，太仓市入围，成为全省首批入选的城市。

△ 太仓市第一人民医院互联网医院揭牌，成为全市第一家“线上医院”，标志全市医疗事业发展迈上新台阶。

8日 太仓市市镇两级人大代表投票工作在全市125个市代表选区和223个镇代表选区展开，选民们从387名市人大代表候选人和789名镇人大代表候选人中依法依规选出满意的代表。

9日 太仓市召开古松弄、胜利村、原城厢第三小学地块城市更新动员大会。大会要求举全市之力，做好该项民生工程、民心工程。

14日 苏州市人大常委会党组书记李亚平率队到太仓，专题调研全市优化营商环境促进高质量发展的做法、成效等工作。

15日 苏州市委书记曹路宝到太仓调研长江大保护工作，强调要深入学习贯彻习近平生态文明思想，落实“共抓大保护、不搞大开发”要求，持续改善长江环境质量，推动长江经济带苏州段生态优先、绿色发展走在前列。

△ 江苏省第二生态环境保护督察组到太仓督察生态环境保护工作。督察组一行先后实地考察华能太仓电厂燃煤耦合生物质技改项目、港城组团污水处理厂配套生态湿地处理净水工程（生态缓冲区）、中蓝危险废物焚烧处置项目、城厢镇东林村生态农业及金仓湖公园湿地保护工作等，并实地查看双凤镇凤桦路缸浜河河道及排口水质等情况。

16日 苏州市委副书记、代市长吴庆文率队到太仓港督查新冠肺炎疫情防控工作。

△ 如东县委书记陈慧宇，县委副书记、代县长陈雷率党政代表团到太仓考察，学习借鉴太仓在乡村振兴、产业发展、对德合作、城市建设、招商引资等方面的经验做法。

17日 太仓市政府和中国德国商会在太仓签署AHK学院战略合作协议，中国首个AHK学院落户太仓。

20日 江苏省“外防输入”联防联控机制空港和水路口岸疫情防控协调组在太仓港举行全省水路口岸新冠肺炎疫情防控聚集性疫情处置应急演练，检验太仓港疫情防控应急处置水平，提升太仓港各部门联动协作应对疫情的合作能力。

△ 新建沪渝蓉（北沿江）高铁引入南沿江城际铁路同步实施工程首桩开钻，打下66.5米第一桩，标志该工程正式开工建设。

△ 吉太航空科技研究院在太仓揭牌。

29日 太仓港集装箱吞吐量突破700万标箱，太仓港疏港铁路专用线开通，太仓港进入铁水联运时代。

△ 太仓市第十六届人民代表大会常务委员会第四十一次会议决定任命倪嘉臻、陈磊、张展为太仓市人民政府副市长。

30日 中共太仓市委十四届二次全体会议在市行政中心举行。全会由市委常委会主持，市委书记汪香元代表市委常委会作报告，市委副书记、代市长胡卫江作会议总结，并部署下阶段工作。

△ 太仓入选“2021年中国最具幸福感城市”系列榜单，位列县级市榜单第一，并登上“企业家幸福感最强市”榜单。太仓市第10次获评中国最具幸福感城市，第6次位列县级市榜首。

本月 国家知识产权局发文，认定佳格投资（中国）有限公司的“多力”注册商标为驰名商标。太仓市驰名商标总数累计8件。

（市史志办）

太仓概况

自然然地理

【位置面积】 太仓位于江苏省东南部、长江口南岸，地处北纬31°20′ ~31°45′、东经120°58′ ~121°20′。东濒长江，与崇明岛隔江相望，西连昆山市，南临上海市宝山区、嘉定区，北接常熟市。总面积809.93平方千米，长江水域面积143.97平方千米，陆地面积665.96平方千米。

【地形地貌】 太仓属长江三角洲冲积平原。全境地势平坦，自东北向西南略呈倾斜。东部为沿江平原，西部为低洼圩区。

【水运口岸】 太仓港地处长江入海口南侧，太仓市东部。口岸位于长江白茆沙南水道，上至白茆河口，下至浏河口下游浏黑屋，中心位置在七丫口，即北纬31°37′、东经121°14′。拥有长江岸线38.8千米，其中深水岸线25千米，距吴淞口13海里，是距长江入海口最近的港口。港区范围内岸线基本平直且边滩稳定，终年不冻不淤，深水区开阔、稳定，能满足10万吨级船舶回转水域的要求，是长江下游地区最佳港址之一。2013年1月1日起，太仓港作为沿海港口管理，执行相关行政事业性收费政策。太仓港为全国第一个获批享受海港待遇的内河港。

（市史志办）

【气候】 气候特点。太仓属亚热带季风性湿润气候区，四季分明。冬季受北方冷高压控制，以少雨寒冷天气为主；夏季受副热带高压控制，天气炎热；春秋两季为季风交替时期，天气冷暖多变，干湿相间。2021年，太仓市平均气温、年降水量和年日照时数均与常年（1991—2020年，下同）相当，年降水日数较常年偏多，属于典型的亚热带季风性湿润气候。年平均气温17.5℃。四季转换日期，入冬、入春、入夏、入秋均较常年偏晚。年内极端最高气温36.9℃，极端最低气温零下7.9℃。年降水量1267.3毫米，与常年相当，属正常年份，其中冬季显著偏少，其他季节正常。年降水日数136天，较常年偏多9天，其中冬季较常年偏少，其他季节较常年偏多。年日照时数2167.9小时，与常年相当，其中，冬季、秋季较常年偏多，春季、夏季正常。全年出现寒潮天气过程7次和持续阴雨天气过程5段。全年暴雨日10天，8级以上大风4天，高温日7天。入梅较常年偏早、出梅较常年偏晚，梅雨期偏长，但梅雨量较常年偏少。全年受台风影响2次，台风"烟花"风雨明显并伴灾情；台风"灿都"无明显风雨和灾情。

基本气候概况。2021年，太仓市年平均气温17.5℃，与常年相当，属正常年份。其中，冬季较常年异常偏高，春季较常年偏高，夏、秋季正常。全市各气象自动监测站年平均气温最高18.1℃（城厢四小站），年平均气温最低17.0℃（沙溪岳王站）。年极端最高气温36.9℃，出现在7月14日。年

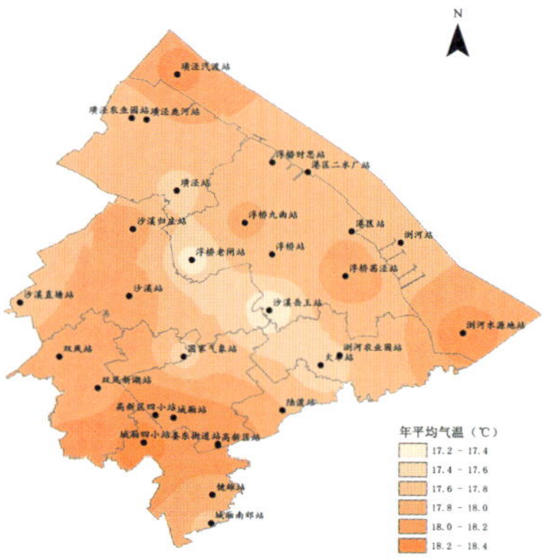

图1 2021年太仓市各气象自动监测站年平均气温分布图（℃）

极端最低气温零下7.9℃，出现在1月8日。全市各气象自动监测站极端最高气温38.9℃（7月14日，璜泾农业园站），年极端最低气温零下10.0℃（1月9日，璜泾农业园站）。

2021年，太仓市年降水量1267.3毫米，与常年相当，属正常年份。冬季显著偏少，其他季节正常。全市各气象自动监测站年降水量最多1610.1毫米（健雄站），年降水量最少883.1毫米（璜泾汽渡站）。年降水日数136天，较常年偏多9天。其中冬季较常年偏少，其他季节较常年偏多。全市各气象自动监测站年降水日数最多156天（浏河农业园站），年降水日数最少129天（璜泾鹿河站）。最长连续降水日数10天，出现在5月11—20日，过程雨量88.1毫米。全市各气象自动监测站连续降水日数最长18天（4月1—18日，璜泾汽渡站）。

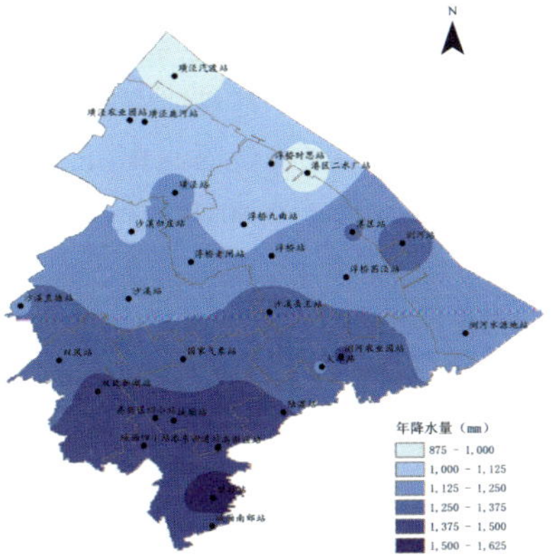

图 2　2021 年太仓市各气象自动监测站年降水量分布图（毫米）

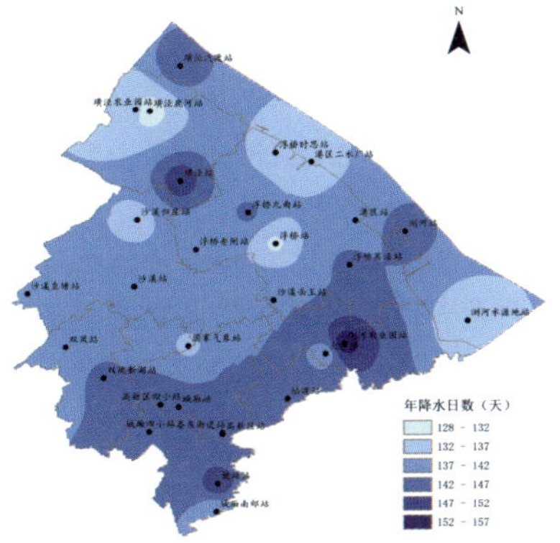

图 3　2021 年太仓市各气象自动监测站年降水日数分布图（天）

2021 年，太仓市日照时数 2167.9 小时，与常年相当，属正常年份。其中冬、秋季较常年偏多，其他季节正常。

四季评述。冬季（2020 年 12 月至 2021 年 2 月）平均气温 6.6℃，较常年同期偏高，其中 2020 年 12 月正常，2021 年 1 月正常，2021 年 2 月异常偏高。2020 年 12 月 3 日入冬，较常年偏晚。极端最高气温 24.9℃（2 月 21 日），极端最低气温零下 7.9℃（1 月 8 日）。全市各气象自动监测站冬季平均气温最高 7.6℃（浏河水源地站），最低 6.2℃（沙溪岳王站）。冬季降水量 83.0 毫米，较常年同期显著偏少，其中 2020 年 12 月显著偏少，2021 年 1 月显著偏少，2021 年 2 月正常略偏少。全市各气象自动监测站冬季降水量最多 106.8 毫米（城厢站），最少 64.4 毫米（璜泾汽渡站）。冬季降水日数 22 天，较常年同期偏少 7 天。全市各气象自动监测站冬季降水日数最多 31 天（浮桥茜泾站），最少 17 天（浏河水源地站）。冬季日照时数 453.6 小时，较常年同期偏多，其中 2020 年 12 月正常，2021 年 1 月偏多，2021 年 2 月偏多。

春季（3—5 月）平均气温 16.3℃，属正常年份，其中 3 月显著偏高，4 月、5 月正常。3 月 23 日入春，较常年偏晚。极端最高气温 34.6℃（5 月 10 日），极端最低气温 2.0℃（3 月 3 日）。全市各气象自动监测站春季平均气温最高 17.3℃（城厢四小站），最低 16.1℃（沙溪岳王站）。春季降水量 265.4 毫米，较常年正常，其中 3 月、4 月偏少，5 月显著偏多。全市各气象自动监测站春季降水量最多 346.3 毫米（健雄站），降水量最少 208.6 毫米（港区二水厂站）。春季降水日数 42 天，较常年同期偏多 8 天。全市各气象自动监测站春季降水日数最多 54 天（璜泾汽渡站），最少 35 天（浮桥茜泾站）。春季日照时数 500.3 小时，与常年同期相当，其中 3 月、4 月、5 月月均正常。

夏季（6—8 月）平均气温 27.2℃，较常年同期相当，其中 6 月、7 月、8 月均为正常月份。极端最高气温 36.9℃（7 月 14 日），极端最低气温 17.3℃（6 月 7 日）。5 月 27 日入夏，较常年偏晚。全市各气象自动监测站夏季平均气温最高 28.0℃（城厢四小站），最低 27.0℃（沙溪岳王站）。夏季降水量 669.4 毫米，较常年正常，其中 6 月显著偏少，7 月异常偏多，8 月偏多。全市各气象自动监测站夏季降水量最多 867.5 毫米（高新区站），最少 452.5 毫米（浮桥九曲站）。夏季降水日数 47 天，较常年同期偏多 8 天。全市各气象自动监测站夏季降水日数最多 53 天（健雄站），最少 42 天（璜泾汽渡站）。夏季日照时数 562.4 小时，与常年同期相当，其中 6 月、7 月、8 月均正常。

秋季（9—11 月）平均气温 19.5℃，较常年略偏高，其中 9 月显著偏高，10 月偏高，11 月正常略偏低。极端最高气温 36.8℃（9 月 1 日），极端最低气温 0.4℃（11 月 24 日）。10 月 16 日入秋，较常年偏晚。全市各气象自动监测站秋季平均气温最高 20.7℃（浏河水源地站），最低 19.2℃（沙溪岳王站）。秋季降水量 259.8 毫米，较常年正常，其中 9 月偏少，10 月异常偏多，11 月正常。全市各气象自动监测站秋季降水量最多 343.1 毫米（沙溪岳王站），最少 101.6 毫米（璜泾汽渡站）。秋季降水日数 28 天，较常年同期多 3 天。全市各气象自动监测站秋季降水日数最多 34 天（浏河农业园站），最少 24 天（璜泾农业园站和港区二水厂站）。秋季日照时数 584.2 小时，较常年同期偏多，9 月、10 月正常，11 月偏多。

【主要天气气候事件及影响】 2021 年，太仓市主要的天气气候事件有寒潮、梅雨、连阴雨、暴雨、台风等。

寒潮。2021 年，全市有寒潮天气 7 次，分别出现在 1 月 6—8 日、3 月 1—3 日、11 月 7—9 日、11 月 21—23 日、11 月 29 日—12 月 1 日、12 月 16—18 日和 12 月 24—26 日。1 月 6—8 日受寒潮影响，48 小时最低气温降幅 10.3℃，8 日早晨最低气温降至零下 7.9℃，极大风速 13.6 米 / 秒。全市各气象自动监测站 48 小时最低气温降幅最大 10.9℃（沙溪归庄站），最小 9.9℃（璜泾汽渡站）。各自动站极大风速最大值 18.8 米 / 秒（浏河水源地站）。3 月 1—3 日受寒潮影响，48 小时最低气温降幅 10.2℃，3 日早晨最低气温低至 2℃，极大风速 12 米 / 秒。全市各气象自动监测站 48 小时最低气温降幅最大 10.4℃（璜泾农业园站），最小 8.8℃（浏河水源地站）。各自动站极大风速最大值 15.5 米 / 秒（浏河水源地站）。11 月 7—9 日受寒潮影响，48 小时最低气温降幅 12.1℃，9 日早晨最低气温低至 3℃，极大风速 15 米 / 秒。全市各气象自动监测站 48 小时最低气温降幅最大 15.1℃（浮桥时思站），最小 11.8℃（沙溪直塘站和双凤站）。各自动站极大风速最大值 25.7 米 / 秒（璜泾汽渡站）。11 月 21—23 日受寒潮影响，48 小时最低气温降幅 11.1℃，23 日早晨最低气温低至 2.4℃，极大风速 12.7 米 / 秒。全市各气象自动监测站 48 小时最低气温降幅最大 13.7℃（浮桥时思站），最小 10.9℃（娄东街道站）。各自动站极大风速最大值 19.1 米 / 秒

（港区二水厂站）。11 月 29 日—12 月 1 日受寒潮影响，48 小时最低气温降幅 9.4℃，12 月 1 日早晨最低气温低至 2.6℃，极大风速 16.0 米 / 秒。全市各气象自动监测站 48 小时最低气温降幅最大 12.3℃（浏河站），最小 8.9℃（娄东街道站）。各自动站极大风速最大值 22.3 米 / 秒（璜泾汽渡站）。12 月 16—18 日受寒潮影响，48 小时最低气温降幅 11.3℃，18 日早晨最低气温低至零下 0.6℃，极大风速 12.7 米 / 秒。全市各气象自动监测站 48 小时最低气温降幅最大 12.0℃（璜泾农业园站），最小 10.2℃（浏河水源地站）。各自动站极大风速最大值 15.7 米 / 秒（港区二水厂站）。12 月 24—26 日受寒潮影响，48 小时最低气温降幅 10.9℃，26 日早晨最低气温低至零下 3.0℃，极大风速 15.0 米 / 秒。全市各气象自动监测站 48 小时最低气温降幅最大 12.8℃（璜泾鹿河站和浮桥站），最小 10.5℃（沙溪岳王站和火车站）。各自动站极大风速最大值 17.2 米 / 秒（港区二水厂站）。

梅雨。2021 年 6 月 10 日，太仓入梅，7 月 11 日出梅，入梅较常年偏早，出梅较常年偏晚。梅雨期长 31 天，较常年偏多 9 天，梅雨量 206.9 毫米，为常年梅雨量 86%。梅雨量空间分布不均，其中最大 283.2 毫米（城厢站），最少 128.6 毫米（陆渡站）。

连阴雨。2021 年，全市共出现连阴雨天气 5 段，分别是 2 月 25 日—3 月 2 日、3 月 15—20 日、5 月 11—20 日、7 月 2—10 日、8 月 11—17 日。2 月 25 日—3 月 2 日，出现持续阴雨天气 6 天，累积雨量 46.3 毫米。期间有日照 2 天，日照时数 9.7 小时。3 月 15—20 日，出现持续阴雨天气 6 天，累积雨量 22.9 毫米。其间，有日照 2 天，日照时数 8.2 小时。5 月 11—20 日，出现持续阴雨天气 10 天，累积雨量 88.1 毫米。其间，日照时数合计 25.8 小时。7 月 2—10 日，出现持续阴雨天气 9 天，累积雨量 117.8 毫米。期间日照时数合计 44.1 小时。8 月 11—17 日，出现持续阴雨天气 7 天，累积雨量 135.3 毫米。其间，日照时数合计 16.3 小时。

暴雨。2021 年，全市暴雨日数 10 天。最大日降水量 75.0 毫米（7 月 27 日）。全市各气象自动监测站暴雨日数最多 12 天（高新区站），最少 1 天（浮桥时思站）。最大日降水量 106.4 毫米（7 月 27 日，陆渡站）。

高温。2021 年，全市高温日数 7 天，其中 7 月 6 天，9 月 1 天，较常年同期偏少 8 天。全市各气象自动监测站高温日数最多 25 天（健雄站和沙溪归庄站），最少 5 天（浏河水源地站）。市域日极端最高气温 38.9℃（7 月 14 日，璜泾农业园站）。

台风。2021 年，全市先后受台风影响 2 次，分别是第 6 号台风“烟花”、第 14 号台风“灿都”。台风“烟花”伴随明显风雨并造成灾情。台风“灿都”主要为外围影响，无明显灾情。7 月 23—28 日，受台风“烟花”影响，全市普降暴雨，过程雨量 194.5 毫米。风力最高 8 级，极大风速 18.5 米 / 秒。全市各气象自动监测站最大过程雨量 257.4 毫米（健雄站），极大风速 28.9 米 / 秒（浏河水源地站）。台风“烟花”造成灾情主要为农业方面，水稻受灾面积 21.33 公顷，蔬菜受灾面积 71 公顷，果树受灾面积 68.33 公顷，树木倒伏 1915 棵。9 月 12—14 日，受台风“灿都”影响，全市出现阵雨天气，过程雨量 49.2 毫米。风力最高 7 级，极大风速 16.2 米 / 秒。全市各气象自动监测站最大过程雨量 72.8 毫米（浏河站），极大风速 23.8 米 / 秒（港区二水厂站）。

大风。2021 年，全市共有 8 级以上大风 4 天。极大风速 29.7 米 / 秒（5 月 1 日）。全市各气象自动监测站大风日数最多 23 天（浏河水源地站），大风日数最少零天（浮桥时思站和城厢站）。极大风速 28.9 米 / 秒（7 月 26 日，浏河水源地站）。5 月 1 日，由剧烈强对流天气引起大风，对全市农业生产和农业设施带来一定影响。经区镇统计汇总：林果受灾面积 1.6 公顷，大棚不同程度受损 1.53 公顷，损失 2.8 万元；蔬菜受灾面积 12.5 公顷，蔬菜大棚不同程度受损 28.47 公顷，损失 204 万元。

低温冰冻。2021 年，太仓市最低气温零下 7.9℃，出现在 1 月 8 日。全年日最低气温≤ 0℃的日数 26 天，其中 1 月 14 天、2 月 3 天、12 月 9 天。全市各气象自动监测站年最低气温最小值零下 10℃（1 月 9 日，璜泾农业园站）。全年日最低气温≤ 0℃的日数最多 29 天（璜泾农业园站和沙溪岳王站）。

雾和霾。2021 年，全市有雾日 49 天，其中大雾 12 天、浓雾 18 天。全市各气象自动监测站雾日最多 36 天（浏河农业园站和城厢南郊站），最少 6 天（港区二水厂站）。大雾天气常出现在秋冬月份，对交通运输造成不利影响。全年全市有霾日 10 天，占全年总天数 2.7%，较上年减少 20 天。各月分布不均匀，1 月、4 月均有 2 天，2 月、6 月、7 月和 10 月均未出现霾天气。

（市气象局）

【土地资源】 2021 年，太仓市贯彻落实国家、省和苏州市对“国土三调”工作部署要求，细化和完善全国土地利用基础数据，查清自然资源变化情况和国土利用状况。据第三次国土调查数据公报显示：全市耕地 21627.39 公顷，占总面积的 26.70%；园地 1415.05 公顷，占总面积的 1.75%；林地 3525.07 公顷，占总面积的 4.35%；草地 1021.97 公顷，占总面积的 1.26%；湿地 345.23 公顷，占总面积的 0.43%；城镇村及工矿用地 24127.07 公顷，占总面积的 29.79%；交通运输用地 4626.76 公顷，占总面积的 5.71%；水域及水利设施用地 24183.2 公顷，占总面积的 29.86%；其他土地 121.18 公顷，占总面积的 0.15%。

（市资规局）

【水资源】 2021 年，太仓市水域面积 256 平方千米，其中内陆水域面积 112 平方千米。全市河道分六级，共有 4640 条、3402.25 千米，其中流域性河道为长江 36.2 千米；区域性河道 5 条，分别为东西向的浏河塘、杨林塘、七浦塘、新荡茜河 4 条通江河道，南北向的盐铁塘，共 123.42 千米；太仓市级河道 20 条、209.5 千米，镇级河道 227 条、589.19 千米，村级河道 652 条、955.32 千米，生产河道 3748 条、1491.84 千米。境内主要有水利分区 4 个，即吴塘河以西的低洼圩区、吴塘河至盐铁塘之间的半高地、盐铁塘至沪浮璜公路一线的中部平原区以及沪浮璜公路以东的沿江高水片。年内，太仓市有效控制水资源消耗总量，全市用水量6.36亿立方米（按新统计口径），单位地区生产总值水耗42.26立方米/万元。

（市水务局）

【森林资源和湿地保护】 2021年，太仓市持续开展植树造林工作，强化森林资源保护，为太仓市生态文明建设筑牢屏障。统筹城乡绿化建设，推进绿化造林工作，加强古树名木保护，培育健康稳定的森林生态系统。全年完成森林抚育面积220公顷，提升森林碳汇能力。全年采伐面积2.1公顷，采伐蓄积量143立方米。完成新增造林36.72公顷。绘制林草湿地资源图，规划全市林地面积4202.78公顷，草地面积1359.98公顷，湿地面积345.36公顷。开展农村古树名木复壮工作和古树名木统一换牌工作。完善"林业有害生物检疫信息管理系统"，开具植物检疫证书1.12万份。加强对美国白蛾、松材线虫病、红火蚁疫区调入苗木及林产品的复查工作。开展全市林业有害生物普查，加强美国白蛾踏查监测。开展全市森林火灾风险普查，加强森林防火巡查。开展"2021绿盾"自然保护地强化监督工作，加强全市重要湿地巡查保护，实施全市湿地面积总量控制，自然湿地保护率72.4%。

【野生动物保护】 2021年，太仓市做好野生动植物保护管理工作，科学布局野生动植物保护、科研监测、公众教育等工程。开展广场宣传、观鸟活动、科普讲座等，发放宣传资料1000余份。开展"清风行动"，采取"边检查、边宣传"方式，发放《中华人民共和国野生动物保护法》《国家重点保护野生动物名录》，引导公众增强保护生态环境自觉性。全年救助野生动物32只，其中国家二级（及以上）保护动物15只。做好野生动物野外巡护，消除威胁候鸟迁徙和其他野生动物种群的安全隐患，拆除捕鸟网等非法狩猎工具，严防乱捕滥猎和损毁野生动物栖息地等违法行为。落实乡镇专员监测鸟类异常情况，在长江滩涂设立市级候鸟监测点，观测掌握候鸟迁飞活动规律，严密监测防控可能发生的疫情，为进一步改善长江湿地生态和生物多样性提供科学依据。

（市资规局）

历史文化

【建置沿革】 太仓在4500年前已有原始人类生活。夏商时为滨海村落，商末至战国时先后属吴、越、楚国，秦汉时属会稽郡（吴郡）娄县惠安乡。春秋吴国等吴地政权曾多次于此建仓屯粮，太仓因而得名，亦渐次发展。元代于太仓刘家港开创海运漕粮，通商海外，遂日益繁盛，成为万家之邑，号称"六国码头"。元末筑太仓城。元至正二十七年（1367年）建太仓卫，明初置镇海卫，屯兵驻防。明永乐至宣德年间（1403—1435年），伟大的航海家郑和率舟师在太仓扬帆起锚，七下西洋，太仓由此成为海上丝绸之路的主要港口之一。明弘治十年（1497年），割昆山、常熟、嘉定3个县地建太仓州。清雍正二年（1724年），升为江苏直隶州，并析地置镇洋县，辖镇洋、崇明、嘉定、宝山4个县。民国元年（1912年），太仓州和镇洋县合并，定名太仓县。中华人民共和国成立后，始属苏南人民行政公署，后隶属江苏省苏州地区专员公署。1983年3月，改隶苏州市。1993年3月，撤县建太仓市。

（市史志办）

【娄东文化】 娄东文化内容丰富，涵盖广泛，积淀深厚，涉及文坛艺苑、经史理学、建筑园林等各个领域，时间绵延千百年，明清时期最为辉煌，经世代传承，延续至今。

文学上的辉煌是娄东文化的精粹之一。太仓历史上有成就地位的诗人、文学家很多。文学家徐祯卿是明代"吴中四才子""前七子"之一，有《迪功集》《谈艺录》等著作。文学家王世贞为明代"后七子"代表人物，曾独主文坛二十年，著有《弇州山人四部稿》等数十部著作。张溥不仅是著名文学家，著有《七录斋诗文全集》等，而且他组织的"复社"，成员遍及全国，是中国史上规模最大、影响最广的文学社团。清代诗人吴伟业所创长篇叙事七言歌行，世称"梅村体"，名篇《圆圆曲》为历代传诵，他与钱谦益、龚鼎孳并称"江左三大家"，率"娄东十子"，形成"娄东诗派"。

经史学术上的成就是娄东文化的一个重要表现。从元、明开始，太仓即有学者从事经史学的研究著述，王世贞、张溥等人著有《读易纂》《弇山堂别集》《书经注疏大全》《通鉴纪事本末》等经史学著作数十种，在经史学上有较高评价。清代经史学家毕沅，造诣很深，他在幕宾的襄助下，编撰了许多有价值的著作，其中《续资治通鉴》是史学中的鸿篇巨制。陆世仪则是明末清初理学家，一生著作40余种，所著《思辨录》洋洋数百万字。他先后在太仓、无锡、武进、丹阳等地书院宣讲理学，至者数百人，被称为"江南大儒"。

绘画是娄东文化的重彩之笔。元明以来太仓即成为书画之乡，明代画家王履、夏昶等人为太仓书画创下基础。仇英工笔重彩，山水人物，无不精到，与沈周、文徵明、唐寅并称"明四家"。清代王时敏、王鉴首开娄东画风，誉为"画苑领袖"。王原祁在艺术上达到新的高度，是娄东画派的代表人物。娄东画派由此成为当时中国的主流画派，引领清代画坛三百年。之后，太仓又出现王昱、王宸、王愫、王撰等"小四王"和王三锡、王廷元、王廷周、王鸣韶等"后四王"。中华人民共和国成立后，又有朱屺瞻、宋文治两位国画大师，他们在传统基础上不断创新，成为海派和新金陵画派的代表人物。

戏曲是娄东文化的一块艺术瑰宝。明代中期，太仓南郊的魏良辅改革昆山腔，创制了流丽悠远的昆曲，成为中国的"百戏之祖"，魏良辅被尊为"曲圣""昆曲鼻祖"。王世贞、王衡、吴伟业等人撰写的《鸣凤记》《真傀儡》《秣陵春》等传奇、杂剧，在中国戏曲史上有相当高的地位。魏良辅撰写的

《南词引正》，沈乘麟撰写的《韵学骊珠》是论述昆曲的经典著作。高步云、朱传茗、汪世喻在昆剧编曲、表演、演奏和培养昆剧人才上均有建树，名重一时。

江南丝竹也发源于太仓。是明代张野塘协助魏良辅改革创制昆曲过程中衍生出来的一种配置齐全的丝竹合奏乐种，优美明快，委婉动听，具有独特的艺术魅力，古人赞为"仙乐霓裳"。历经400多年，经久不衰。

古琴家徐上瀛与常熟严澂共创著名的"虞山琴派"，其成员有多位太仓人，他积极钻研发展古琴技艺，誉为"虞山琴派的集大成者"，他所著《溪山琴况》一书，是中国古代重要的音乐美学著作之一。

明代汪关创立"娄东印派"；俞颂华被誉为民国时期"新闻界的释迦牟尼"；电影导演朱石麟，执导一批优秀电影，被誉为"香港电影的拓荒者"；吴晓邦高扬"为人生而舞"的旗帜，是中国新舞蹈艺术的奠基人。

【文化遗产】 太仓的文化具有开放性，多种特色文化丰富多彩，有全国"桥牌之乡""武术之乡""龙狮之乡""民乐之乡"等称号，文学、舞蹈、戏曲、音乐、摄影、书法等文化艺术硕果累累。民间文学双凤民歌（吴歌扩展），民间音乐江南丝竹，传统舞蹈滚灯、利泰高跷、矛子舞，传统戏剧昆曲、堂名（昆曲的扩展项目），曲艺宣卷，太仓肉松制作技艺，太仓糟油制作技艺，双凤新湖龙狮制作技艺，民俗七夕节（太仓七夕习俗）等60个项目及2个扩展项目被列入市政府非物质文化遗产名录。其中江南丝竹被列为国家级非物质文化遗产名录，滚灯、太仓七夕节、双凤山歌、太仓肉松制作技艺、糟油制作技艺、妈祖祭、唐调（苏州吟诵）被列入江苏省非物质文化遗产名录，堂名等18个项目被列为苏州市名录项目。袁光华、张佳林被列入江苏省级非物质文化遗产代表性传承人，季卫东等14人（其中去世3人）被列入苏州市级非物质文化遗产代表性传承人。

【文化名人】 太仓自古为文化之乡，人文荟萃，积淀厚实，形成独具风格的娄东文化。是郑和下西洋的起锚地，江南丝竹的发源地，娄东画派的发祥地，又是神话传说牛郎织女的降生地。早在晋代，名士瞿硎等活动于境内传布文化知识。元代，漕运开通，刘家港发展成为"天下第一码头"。元代的桥梁建筑独具风格，境内至今保存着国内少有的元桥群。明初郑和七下西洋，在刘家港启航停泊，沟通太仓与东南亚各国文化交流。被誉为"百戏之祖"的昆曲和优美动听的江南丝竹源自太仓一带。明清园林之盛，有"太仓园林甲东南"之誉。太仓建州后学堂、书院盛极一时，民间读书成风，培养出众多杰出人才，使太仓文化得到全面发展。

江南丝竹　（市委宣传部供稿）

丰厚的文化底蕴孕育了举不胜举的名人，明清尤盛。有"四代一品"的王锡爵家族，"后七子"代表人物王世贞，"江左三大家"之一吴伟业，"明四家"之一仇英，"娄东画派"代表人物王时敏、王鉴、王原祁等。近现代有画家朱屺瞻，电影艺术家朱石麟，舞蹈艺术家吴晓邦，教育家陆宝忠、唐文治、俞庆棠，著名记者俞颂华，物理学家"中国的居里夫人"吴健雄、诺贝尔物理学奖获得者朱棣文以及唐孝威、邹世昌、黄胜年、吴建屏、杨胜利、唐孝炎、顾懋祥、龚知本、陆佑楣、施剑林等12位"两院"院士。

（市文体广旅局）

行政区划

【概况】 太仓市隶属江苏省苏州市管辖，市人民政府驻地县府东街99号。2021年年底，全市有太仓港经济技术开发区、省级高新区、科教新城、城厢镇、沙溪镇、长江口旅游度假区（浏河镇）、浮桥镇、璜泾镇、双凤镇、娄东街道、陆渡街道和村民委员会73个、居民委员会85个。年内，行政区划无调整变化。

【村居变更情况】 2021年，太仓市共撤销居民委员会1个，即马北社区居民委员会；调整村民委员会和居民委员会各1个，即马北村村民委员会和茜泾社区居民委员会。具体情况如下：

撤销马北社区居民委员会后，茜泾社区居民委员会管理及服务区域为东至马桥路，西至茜星路，南至虹桥路，北至石化路。茜泾社区居民委员会办公地点为浮桥镇府前街6号。

撤销马北社区居民委员会后，马北村村民委员会管理及服务区域相应调整为东至长江，西至振兴路，南至桃源泾，北至石化路。马北村村民委员会办公地点为浮桥镇飞马路71号。

【边界管理】 2021年，太仓市加强界线管理和平安边界建设工作，印发《太仓市2021年度界线界桩集中巡查暨平安边界建设工作方案》。成立工作领导小组，由太仓市民政局牵头，与昆山市民政局、常熟市民政局开展界线联检并召开平安边界建设工作会议，开展平安边界创建、边界文化建设等活动，维护边界地区和谐稳定。建立完善《太仓市行政区域边界纠纷协调处置应急预案》，健全应对各种行政区域边界矛盾纠纷协调处置应急机制，规范边界处理行为，通过实地勘界、走访了解等方式，排查、化解、处置各类边界矛盾纠纷隐患。委托第三方专业技术服务单位运用无人机航拍技术配合人工进行界线界桩的巡查和管护，确保界桩完好（包括恢复）率达100%，维护行政区域界线的权威性、法定性。

（市史志办、市民政局）

人口方言

【人口】 截至2021年年底，太仓市有户籍人口52.59万人，较上年增加1.54万人。其中，男性25.14万人，女性27.44万人。户籍人口出生率5.59‰，死亡率8.24‰，自然增长率–2.65‰。全市常住人口83.90万人，城镇化率70.82%。

（市统计局）

【方言】 太仓方言属吴语。吴语又称江东话、江南话、吴越语，自商周春秋至今有三千多年的历史变迁，文化底蕴深厚。吴语主要分布于江苏南部、上海、浙江以及安徽、江西、福建等部分地区，是中国官方定义的八大方言之一，拥有国际语言代码。语言学上，将吴语使用地域划分为多个层次的若干区域，太仓话被划入"吴语太湖片苏沪嘉小片太仓大区"。"太仓大区"范围大致相当于清代太仓直隶州的辖境，即东北至海门、启东市，西北至太仓与昆山、常熟接壤处，南至今上海市吴淞江北岸。在"太仓大区"内，除太仓话之外，还有嘉定话、宝山话、崇明话、海门话、启东话等与太仓话的近缘方言。当代太仓方言根据语音特征，分为三个小片：一是北片，大致包括鹿河、王秀、归庄和璜泾、时思、沙溪等地区，语音带有较明显的常熟音，突出表现为有翘舌声母；二是南片，大致包括与上海嘉定接壤的浏河、陆渡、南郊等地区，语音近嘉定音；三是中片，即除北片、南片以外的中段地区，语音接近昆山。三片的词汇大部分相同，语法基本一致。

太仓方言与普通话词汇的差别主要有以下几点：一是同样的物体或概念，用词完全不一样。如普通话中的"小姑娘""花生""好久"等词在太仓方言中分别为"小细娘（小娘家）""长生果""长远"等。

二是词语的文字相同，但表达的意思不同。如普通话中的"壮"，在太仓方言中除了"强壮"的意思外，还有"肥胖""肥沃"的意思。如"该只猪养得蛮壮"（这头猪养得很肥）、"该块田蛮壮"（这块地很肥沃）等。

三是有些复合词表达的意思相同，但排列次序颠倒。如普通话中的"螺蛳""热闹""力气"等词在太仓方言中分别为"蛳螺""闹热""气力"等。

太仓方言的语法特点主要有以下几点：一是重叠法。太仓方言词汇中重叠用法较为广泛。量词、名词的重叠形式及其作用与普通话基本相同，而动词、形容词的重叠则较有特色。动词重叠。单音节动词重叠，经常在后面加助词"看"或"好"。加"看"，使动作表尝试性。如"用用看""看看看"。加"好"表示希望动作做得妥善一些，如"写写好""坐坐好"。双音节重叠形式为ABAB式，表动作的短暂性，如"打听打听""孛相孛相"。形容词重叠。单音节形容词重叠有自叠、附加成分重叠及嵌字重叠。附加成分重叠式一为A××式，表示程度，如"硬梆梆""胖嘟嘟"；一为××A式，表示的程度比前一种更高些，如"梆梆硬""彻彻软""雪雪白"。嵌字式为"A过A验"，表示非常高的程度，如"好过好验""香过香验""闹过闹验"；还有"A透A过"式，其作用与前一种相同，如"好透好过""香透香过"。双音节形容词重叠有AABB式，如"太太平平""服服帖帖"；以及"A里AB"式，此多带有贬义色彩，如"怪里怪气""龌里龌龊"。

二是词缀。前缀"阿～"。加在称谓前，表示亲昵，如"阿婆""阿伯""阿弟""阿大""阿囡""阿宝""阿福""阿张"。加在某些形容词、名词之前，产生贬义，如"阿憨"（傻乎乎的人）、"阿木林"（反应迟钝的人）；还有贬义而泛称的"阿猫阿狗"，以及称有流氓习气的人为"阿飞"。后缀"～头"。加在形容词之后，构成名词，如"老头""滑头""寿头""老实头"。加在某些动词、形容词之后，表示"……价值"或"……值得"的意思，如"看头""吃头""花头""噱头"。加在方位词和名词后，表示位置，如"东横头""上底头""灶前头""水桥头""河滩头""角落头""床横头"。后缀"～子"。太仓方言中有一些在普通话里没有的"子"尾的词，如"角子"（元以下货币单位）、"哑子"（哑巴）、"皮夹子"（票夹）、"石卵子"（鹅卵石、小石块）。

三是词语组合特点。数词的省略。以"一"为首的多位数字，可以省略，甚至连带省去后一个单位数，如"一百六七十"可说成"百六七十"或"百六七"，"一千六百"可说成"千六"，"一万三千"可说成"万三"。量词的省略。表度量衡单位和货币单位的量词，在与数词组成"数＋量＋数＋量"的形式时，常省去后一个量词，如"二丈四（尺）""五斤三（两）""一角七（分）"。

（市文体广旅局）

民族宗教

【民族】 太仓为汉族聚居地区，少量少数民族散居。截至2021年年底，全市有蒙古族、回族、藏族、维吾尔族、苗族、彝族、壮族、布依族、朝鲜族、满族、侗族、瑶族、白族、土家族、哈尼族、哈萨克族、傣族、黎族、傈僳族、佤族、畲族、高山族、拉祜族、水族、东乡族、纳西族、景颇族、柯尔克孜族、土族、达斡尔族、仫佬族、羌族、布朗族、撒拉族、毛南族、仡佬族、锡伯族、阿昌族、怒族、鄂温克族、德昂族、保安族、裕固族、塔塔尔族、独龙族、鄂伦春族和赫哲族47个少数民族，共有少数民族户籍人口3128人，以满族、土家族和回族居多；有少数民族流动人口（公安居住登记）12430人，以苗族、土家族、彝族等为主。

【宗教】 太仓市是佛教、道教、伊斯兰教、天主教、基督教五教齐全的县级市之一。1980年恢复开放第一个宗教活动场所（城厢基督教堂），至2021年年底，全市有经批准的合法宗教活动场所（寺观教堂、固定处所）34处。佛教活动场所9处，其中寺院7处，固定处所2处，备案僧尼25人，佛教信徒8855人。道教活动场所14处，其中宫观2处，固定处所12处，备案道士13人，道教信众6087人。伊斯兰教清真寺1座，阿訇1人，经常性参加宗教活动穆斯林845人。天主教活动场所5处，其中教堂2处，固定处所3处，备案神父2人，天主教信徒2136人。基督教活动场所5处，其中教堂2处，固定处所3处，备案牧师2人、长老3人，基督教信徒4445人。全市民间信仰点168个。太仓市自1985年起相继成立市佛教协会、市道教协会、市伊斯兰教协会、市天主教爱国会、市基督教三自爱国会等爱国宗教团体5个。

（市民宗局）

名胜古迹

【南园】 南园（1998年重建）为国家AAA级旅游景区，位于太仓市南园东路7号，总面积4.67公顷，为明代万历年间（1573—1620年）首辅王锡爵赏梅种菊处。清初，其孙大画家王时敏又加以拓建，邀请当时叠山大师张南垣主持营造，画师与匠师合作，使南园成为融造园与绘画于一体的历史名园，为清代以来太仓园林之首。南园景色可概括为"景域辽阔、空间宽敞、小桥流水、碧波荡漾"。园内设有门楼、绣雪堂、香涛阁、大还阁、鹤梅仙馆、寒碧舫、潭影轩、长廊等，水景约占全园面积的三分之一。

南园　　（市委宣传部供稿）

【弇山园】 弇山园（2003年改造扩建）为国家AAA级旅游景区，位于太仓市县府西街90号，明朝时为太仓籍文学家王世贞园邸，历史悠久。园内主要景观有宋代花石纲遗物——望海峰、明洪武年开凿的通海泉、元代大型铁釜及墨妙亭等。扩建后，恢复弇山堂、嘉树亭、点头石、分胜亭、小飞虹、九曲桥等景点20多处，面积由原4.4公顷增至7.67公顷。

【古镇沙溪】 2005年9月，沙溪镇入选第二批中国历史文化名镇名单。2012年，沙溪古镇被列为中国世界文化遗产后备名录。2014年12月，获评国家AAAA级旅游景区。沙溪旧名"沙头"，建于1300年前，自古有"东乡十八镇，沙头第一镇"之说。沙溪老街坐落在七浦塘两岸，塘北为主街，明清风格的建筑保留至今。古镇民居进深长，水弄堂密布；临水建筑参差起伏，纵横交错；河上3座古桥俊秀挺

弇山园　　（市史志办供稿）

沙溪古镇 （市委宣传部供稿）

拔。除沿河水乡民居外，还有乐荫园、橄榄岛、雕花厅、小白楼等景点。猛将堂内300年树龄的银杏树和清代古弄“一线天”亦为观光者流连。沙溪老七浦有1000多年历史。古人为通舟、取水、洗涤或乘凉观景，临水民宅皆建有河棚间，棚下是水桥和船坞，各家河棚、水桥造型各异。河棚有吊脚楼式的、有石头实砌的；河棚窗户有半窗、落地长窗，窗格花型多样，配有栏杆或美人靠；水桥石级有驳岸式和条石悬挑式。临水建筑形态纷呈、古朴苍老，是珍贵的历史文化遗产。

【古镇浏河】 位于长江口旅游度假区（浏河镇）漕漕塘两岸，左侧为中心街，右侧为河西街，总面积16.9公顷，核心范围6.9公顷。浏河古镇历史久远，更替绵长，人文荟萃，被誉为“江尾海头第一镇”，名列全国重点镇，是一个集航海文化、郑和文化和渔文化等特色于一体的江南古港老镇。古镇历史可追溯到三国时期，历来为出海要津，素有“万里长江第一港”之称。元明两代，因海上贸易发达，商贾云集，又被誉为“六国码头”“天下第一码头”。古镇漕漕河上由北向南依次有桥梁6座，连接中心北街与河西街两岸，临街留有明清时期江南民居和木结构楼宇80余幢，保存着河街相依、前店后宅、双向通达的传统街区模式。浏河古镇集聚多种特色本土文化元素，有天妃宫、老浮桥、邢少兰艺术馆、老照片陈列室、浏河历史长廊、邵滨孙纪念馆、六国码头青瓷文化馆等文化场馆和景观。2020年，浏河古镇亮化二期工程顺利实施，朱氏老宅完成修缮，周至产业兴旺示范店落户古镇。

【张溥故居】 位于太仓市新华西路57号，全国重点文物保护单位，始建于明代天启年间（1621—1627年），距今约400年，为明代文学家、社会活动家、复社领袖张溥生活及活动的场所。故居包括古代建筑实体和张溥遗迹陈列，前者展示江南民居的建筑特色，后者系统介绍张溥的生平事迹。故居是一座保存比较完整的一落三进尚书府第，其中由官帽厅、堂楼和后楼组成的通转走马楼，俗称“迷宫”，建筑特色独特，具有很高建筑艺术价值和历史纪念价值。

【王锡爵故居】 位于太仓市新华东路60号，江苏省文物保护单位，始建于明代万历年间（1573—1620年），故居主人为明代万历首辅王锡爵。现存门屋（俗称“太师第门楼”）与王氏宗祠三进，门楼面阔五间，门厅左右为上下两层，该类门楼式样在江浙一带绝无仅有。修复后的王锡爵故居及其宗祠占地面积1354平方米，总建筑面积为716平方米。王氏一门英才辈出，王锡爵曾孙王掞在清康熙年间（1662—1722年）官至大学士，人称“祖孙宰相”“两世鼎甲”；王锡爵之孙王时敏、王时敏之孙王原祁是娄东画派“四王”中的代表人物。该建筑具有较高的文化历史价值和建筑艺术价值。故居内设有“大明首相王锡爵陈列”和名家名寺碑廊，保存有元代赵孟頫书法石刻等在内的一批具有较高历史文化价值的历代碑刻。

【元代古桥】 在横穿太仓市区的致河塘上有周泾桥、州桥、皋桥3座保存完好的元代石拱桥，1982年被江苏省人民政府列为省级文物保护单位。周泾桥和州桥为三孔石桥，皋桥为单孔石桥。其中周泾桥最负盛名，建于元至顺元年（1330年），原名“海门第一桥”。州桥始建于元天历二年（1329年），原名为“安福桥”。皋桥建于元元统二年（1334年），原名兴福桥。

【西庐园】 西庐又名西田，位于城厢镇西门外约3千米处，为明末清初著名画家王时敏晚年回归故里所筑的田园式别墅。内有农庆堂、稻香庵、霞外阁、锦镜湖西田诸胜。王时敏曾与诸多画家在此聚会，赋诗作画，晚年自号为“西田老人”。2002年，在原址重建西庐，2004年11月竣工。新建成的西庐园占地面积30公顷，园内亭台错落，竹廊环绕，古木青波相映，芳草鲜花葱茏，是一座开放式生态公园，亦是游人感受古人“采菊东篱下”境界的休闲地。

【天妃宫】 位于长江口旅游度假区（浏河镇）新东街90号，是中国具有较大影响力的航海保护神妈祖的行宫，又称“天妃灵慈宫”，俗称“娘娘庙”。始建于北宋宣和五年（1123年），由旅居娄江口的闽粤海商所建，原址在浏河北岸五杨池，元至正二年（1342年）移建于现址。天妃宫历经元、明、清、民国诸代多次扩建修缮，主修者有郑和、林则徐等历史名人。郑和七下西洋时，曾多次前来朝拜，祈求天妃保佑赐福。现天妃宫恢复为道教活动场所，主建筑为后殿楼，上有元代木雕和楠木梁柱等古构件，建筑结构严谨规整，繁简适度，建筑风格古朴典雅，气势轩昂。2013年，被列为全国重点文物保护单位。

天妃宫 （市史志办供稿）

【阅兵台】 位于长江浏河段南江堤内侧，由兵台、炮台、厅堂、碑刻四部分组成，是太仓境内珍贵的古代军事建筑设施。阅兵台为宋代名将韩世忠于建炎年间（1127—1130年）所建，明代时，倭寇常从这里登岸侵扰，至今矗立在阅兵台的4块碑刻真实记载抗金抗倭的史实。后阅兵台在战火中屡经损毁，为弘扬爱国主义精神，浏河镇人民政府对阅兵台进行修复和保护，为太仓市文物保护单位。

【郑和公园】 位于太仓港经济技术开发区，占地面积122公顷，公园建筑风格以还原郑和船队远洋的历史文化为主，融入现代设计理念，再现郑和率领当时世界上规模最大、技术最先进的船队七下西洋的壮举。公园内设郑和纪念馆，以郑和精神为核心，从不同视角展示郑和航海文化，反映郑和七下西洋的起锚地——太仓海运业的特色，采用声光电技术，在展示效果与互动实用结合下，可身临其境感受中国600多年前的航海盛举。

【维新遗址】 位于太仓市双凤镇维新村，于2003年被苏州、太仓文博部门发现并建成遗址进行保护。考古人员在清理明代古墓时，发现厚达1米多的红烧土堆积和印纹陶罐碎片，经鉴定为距今约4500年的良渚文化及马桥文化遗址。后太仓市人民政府投资500多万元建成保护性建筑，进一步对遗址进行保护、开发及合理利用。

郑和公园 （市委宣传部供稿）

【三家市古村落】 位于浮桥镇三市村石头塘东侧。据《太仓州志》记载，古村落原为宋末元初时流亡丞相陈宜中所创建，最初由陈、王、周三家营建，故称为“三家市”，距今有700多年历史。古村落占地1.2公顷，为太仓唯一现存的古村落。2012年12月，被列为太仓市文物保护单位，经近年整修，恢复修缮部分建筑物，三家市古村落格局得到较完整保存。

（市文体广旅局）

乡风习俗

【春节】 从农历十二月廿三至正月十五，历时20多天，春节是最热闹、隆重的传统节日。农历十二月廿三、廿四，各家都要祭灶神，俗称“送灶”，祈望灶神“上天言好话，下界保平安”，除夕时再把灶神接回，俗称“接灶”。廿四后，各家开始打扫卫生，掸灰尘、洗被褥、擦洗家具、打扫庭院、置办年货、蒸年糕、做米酒，还要炒豆子、玉米、花生，俗称“炒发禄”，这些习俗在农村仍有保留。除夕，俗称“过年”，斋家堂、祭祖宗。除夕夜，贴春联、挂红灯、贴年画，一家人团圆吃年夜饭，长辈给孩子送压岁钱。当夜守岁，看中央电视台春节联欢晚会，或打牌娱乐至深夜十二点钟，开始燃放烟花爆竹，俗称“关门炮仗”。年初一，早晨燃放“开门炮仗”，谓之“开门见喜”；还需斋灶、斋家堂、敬天地；大人小孩穿戴一新，依次向祖宗拜年，晚辈向长辈拜年，同辈互相恭贺新禧，说声新年好。此日要讲吉利话，禁忌吵嘴骂人。初二开始，亲戚朋友互相往来拜年。初五接财神，燃放烟花爆竹，商店开始营业。2000年后，国家规定春节放假7天，列为“黄金周”，外出旅游度假者增多。一些家庭或随旅游公司组团旅游，或自驾外出游玩。正月十五元宵节，家家户户吃元宵、馄饨，挂灯笼，小孩子牵兔子灯；有的单位或部门举办灯会、谜会；社区开展各项文体活动，有舞龙舞狮、唱歌跳舞、腰鼓秧歌、拳操舞剑，一片欢乐喜庆景象。

【清明节】 一般每年公历4月5日为清明节，如遇农历有闰年、闰月，公历日期略有变动。清明节要“过清明”祭祖，境内西南部农村还盛行吃青团子。人死后第一个清明节谓之“新清明”，要办酒祭奠亡者，有的在这一天将骨灰盒下葬或送往公墓。1986年后，清明扫墓风渐趋盛行，无论城乡，家家户户要到祖先坟前扫墓，插一束花，填一抔土，并焚化纸锭冥币，寄托哀思。很多旅居外地的人，回乡扫墓，借此兄弟姐妹团聚。机关、单位，特别是学校，组织人员、学生到烈士墓扫墓，敬献花圈，缅怀革命先烈。

【端午节】 农历五月初五为端午节，以往民间要挂菖蒲、艾草、野菊花、紫苏、荠菜花等，小孩要戴香包，以驱病辟邪。后此种习俗渐淡，但吃粽子的习俗依然盛行。农村多数家庭自己动手采摘芦苇叶包粽子，并在亲戚邻里间互相赠送；城镇居民多数到商店购买粽子。

【中秋节】 农历八月十五为中秋节，人们在节前准备好月饼等食物，互相赠送贺节。晚辈向长辈送月饼、水果，孝敬老人。家家户户吃馄饨。晚上，全家人围坐在一起边吃月饼、水果，边赏月。有的社区、单位还组织文体活动，演出节目，欢度中秋。

【重阳节】 农历九月初九为重阳节，登高望远的习俗已经不在，太仓人以吃重阳糕取代。重阳节被江苏省定为敬老日、苏州市定为老年节后，成为老年人的节日。每年重阳节，党政机关、企事业单位都要开展敬老活动，慰问老人，向老年人送慰问金、慰问品，并号召全社会发扬尊老爱老的光荣传统。涉老部门和社区组织老年人开展各项文体活动，庆祝老年人自己的节日。

【其他传统习俗】 除传统节日外，一些传统习俗较为流行，如立夏要“称人”（称体重），夏至要吃“夏至粥”（赤豆、麦粒、红枣、大米等掺在一起煮成的粥），七月初七“七夕”女孩子要染红指甲，农历七月十五“鬼日”要祭祖，十月初一“十月朝”要祭祀，冬至要“过冬至”祭祖，新丧人家要过“新冬至”等。

【婚嫁】 青年男女通过自由恋爱，或通过介绍人牵线，再经过一段“谈恋爱”时期，然后结婚。在农村，恋爱初期，男方请女方“吃馄饨”，谓之“走通”；恋爱成熟后，办酒席，请亲朋好友吃酒，谓之“定亲酒”；定亲以后，选定吉日，正式结婚。20世纪80年代至90年代初期，结婚一般双方都办酒，男方给女方彩礼，女方要备脚盆、马桶、箱柜、被褥、日用品、家用电器等嫁妆。在结婚当天由男方派人去女方家拿嫁妆，称为“扛嫁送”，有十八扛或二十四扛，越多越显得有气派。男方用汽车或摩托车迎娶新娘举行婚礼。90年代中后期起，随着居住和生活条件改善，大多数人家不需要脚盆、马桶、箱柜，日用品、家用电器大多自备，“扛嫁送”不复存在。结婚时用彩车迎亲，在家中或在酒楼宾馆举行婚礼。婚礼由司仪主持，主婚人、证婚人向新郎新娘表示祝贺，并提出希望；新婚夫妇向双方父母鞠躬行礼，新婚夫妇之间互送戒指等礼物，互表忠诚，还要接吻拥抱。亲朋好友送礼金以示喜庆。结婚仪式一般都拍摄录像，制成光盘，留作纪念。

【丧葬】 亲属为逝者设立灵堂，悬挂白布幛联，全家举哀，昼夜守灵，女眷哭灵或放哀乐。20世纪80年代，农村普遍推行新式丧礼，开追悼会，由队里干部、家属代表讲话，亲友戴黑纱或白束腰，晚辈亲属穿白衣服向逝者鞠躬或唱喏致哀。90年代，旧式葬礼复现，要请道士念经、做道场，还要扎库焚化，请乐队吹奏哀乐、唱哀歌。丧礼完毕后，由亲属护送灵柩至火葬场火化并将骨灰带回家中灵台供奉，至第二年清明或腊月进行土葬。在城镇，人死后一般直接送到殡仪馆，由殡仪馆进行沐浴、穿衣、整容，隔天请亲属和生前好友到殡仪馆举行追悼会，然后火化。骨灰安放于公墓或埋葬。2000年后，部分村建造“安息堂”，骨灰不再土葬，统一放在安息堂。

【寿庆】 孩子一周岁时过“搭纪”（亦称“纪过”），办酒席宴请亲朋好友，吃生日蛋糕。亲朋好友送礼祝贺。孩子10岁时，要过“十搭纪”，也要办酒席宴请。平时无论大人、小孩过生日并不太看重，或一家人吃面、吃蛋糕以示纪念，或请至亲庆贺一番。老年人过60岁、70岁、80岁大寿，少数家庭举办庆寿酒。

【其他喜庆习俗】 生小孩要“送糖”，亦称“送舍姆羹”，并办“送糖酒”，宴请亲朋好友，亲朋好友送礼品或礼金恭贺；青年参军办“参军酒”；子女考上大学办“状元酒”；搬家办“乔迁酒”；农村修造新房要办“造房酒”（或称“上梁酒”）。20世纪90年代后期，出现“谢师宴”，即初、高中毕业生为感谢老师的培育，宴请老师。此风流行至今。

（市史志办）

太仓特产

【太仓肉松】 太仓肉松历史悠久。清光绪十二年（1886年），太仓开设倪鸿顺肉松店，其肉松为官方礼品，驰誉四方。民国4年（1915年），获巴拿马国际博览会甲级奖。太仓肉松挑选优质太湖瘦肉型猪宰杀，佐料讲究，炒制工艺先进，采用全封闭式机械化生产，洁净卫生，由于水与脂肪成分比例控制合理，因此肉松保质期得到有效延长。太仓肉松以其独特风味享誉四方。

【太仓糟油】 糟油创制人为清乾隆年间的李梧江。清代袁枚《随园食谱》写道：“糟油出太仓，愈陈愈佳。”《太仓州志》记载：“色味佳胜，他邑所无。”太仓糟油具酱色、糟香、鲜美等特点，能解腥除异味、提鲜增香、开胃增食。

【长江四鲜】 太仓地处长江入海口，江海交汇之处，鱼类品种甚多，较为著名的有合称为“长江四鲜”的银鱼（另有一说为河豚）、刀鱼、鲥鱼、鲫鱼。2019年2月1日起，农业农村部停止发放刀鲚（长江刀鱼）、凤鲚（凤尾鱼）和中华绒螯蟹（河蟹）的专项捕捞许可证，禁止上述三种天然资源的生产性捕捞。

银鱼，古称“脍残鱼”，鱼形细长，身透明，体光滑，长约一指。喜栖息于近海长江口，学名长江间银鱼，当地人称“面杖鱼”。因其明莹如银、细骨无鳞、肉质鲜美，深受食客青睐。

刀鱼，其状似刀形，故称刀鱼。刀鱼“狭薄而长头”，与凤鲚有相似之处，但比凤鲚个大，也称江鲚。个大者有一尺（约33厘米）来长。刀鱼肉质细腻鲜嫩，入口即化，但细骨较多。清明前上市；清明后，其细骨变硬，价格下跌。

鲥鱼，亦称鮠鱼，俗称“白戟”。其吻圆突，口腹部，体无鳞，个大者长达1米。现产量急剧减少，大鲥鱼不易捕捉。鲥鱼肉质肥美，可精炖可红烧。其鳔肥厚，可制鱼肚，历来为上等食用鱼类。

鲥鱼，古称“魱”。形秀而扁，似鲂而长，长约70厘米，银白色，腹部具棱鳞。一般三四龄成熟，春夏之交，溯江而上，主要产于太仓长江入海口至南京燕子矶一带的下游地段。其味极为鲜美，宜不去鳞清炖，为长江鱼类中极品，可惜近年濒临绝迹。

【中华绒螯蟹】 国家著名特色水产品，具有味鲜美、营养价值高的特点。太仓市临濒长江口，繁育和养殖中华绒螯蟹有着得天独厚的优势，不但蟹种正宗，而且蟹的纯度高、生存力强、易养殖，成蟹只型大、产量高。太仓蟹养殖以浮桥镇为中心，分布在浏河镇、璜泾镇、沙溪镇等地。

【太仓梅山猪】 梅山猪是太仓市最具地方特色的优质种质资源之一，是太湖猪的主要品系之一，以肉质鲜美、繁殖量高而著称，曾多次被国家领导人作为国礼赠送友邦。2011年5月，太仓市种猪场被授予“国家级太湖猪（梅山猪）保种场”称号。

【双凤爊鸡】 双凤爊鸡为太仓著名的传统食品。早年的双凤大户人家乃至普通农家几乎都有一只多代相传的锅，每当入冬腊月，过年过节，则活杀自养之鸡，煮至半熟，稍加冷却后，放入有老汤的锅中，然后按秘方放入茴香、花椒等多种佐料，以文火焖煮。制成后鸡皮色亮，丰腴肥实，香气沁人。

【双凤羊肉】 太仓双凤养羊、食羊的习俗有数百年历史，双凤羊肉专选品质上乘的山羊为原料，皮肥肉酥，味道鲜美。在昆山、嘉定、宝山等周边城市开有多家太仓双凤羊肉食品店。2007年起，每年举办双凤福地文化羊肉美食节活动。2008年9月，双凤镇被中国烹饪协会冠名为“中国羊肉美食之乡”。

【双凤肥羊面】 双凤肥羊面为太仓餐饮文化中的特色品种之一，以酥、浓、香、肥著称，为地方上的冬令特产名吃。专选品质优良的太仓本地上等山羊为原料，辅以10多种调味品、中草药，文火焖煮2小时以上而成红烧羊肉。味入骨肉，皮肥肉酥，汤汁鲜美而绝无膻味。面汤用烹羊原汤熬制，浓而不浊、油而不腻。面则以手工制作，经多次压滚，细、柔、滑、韧，入水便熟，口感极好。

【太仓白蒜】 始种于清代，于20世纪60年代在太仓大面积种植。太仓白蒜蒜头肥硕结实，蒜瓣大而匀称，色泽洁白，味道辛香，为蒜中精品。与上海嘉定白蒜、山东苍山白蒜、新疆白蒜齐名，并称为中国“四大名蒜”。2015年10月，“太仓白蒜”获评国家地理标志证明商标。2020年12月，“太仓白蒜”获太仓首个国家农产品地理标志认证。

【新毛芋艿】 芋艿为太仓特色传统蔬菜品种之一，具有悠久的种植历史和优良独特的品种资源。新毛芋艿不但外形圆整，而且带有特别的香味，吃口糯滑，享誉苏、浙、沪。用其制作的“桂花糖芋艿”更是风味独特，是江南人家八月中秋必不可少的名点佳品。太仓常年种植芋艿约533公顷，年产颇丰。2014年6月，“新毛芋艿”成为太仓首件地理标志证明商标。2021年6月，“新毛芋艿”获国家农产品地理标志认证。

【太仓紫葛叶】 紫葛叶（又名紫果叶、紫角叶）是太仓民间一种不起眼的植物，其历史甚为悠久。紫葛叶含有丰富的维生素、皂素以及胶质等多种营养成分，质地肥嫩爽口、鲜美清香，可清炒，可入汤，被赞誉为“蔬菜皇后”。

红烧河豚 （市委宣传部供稿）

新毛芋艿　　（市农业农村局供稿）

紫葛叶还有一定的药用价值，具有清血凉血、消热解毒、润燥滑肠、解郁除积、接骨止痛等多种功效。紫葛叶病虫害较少，几乎不使用农药，是绿色珍蔬的代表。1990年第11届北京亚运会期间，紫葛叶被列为指定蔬菜，价格上涨，出现在苏州、上海等各大宾馆的宴席上。

【板桥西瓜】 太仓板桥历来有种植西瓜的习惯，由于土壤肥沃，气候适宜，栽培技术先进，板桥西瓜以其皮薄、品质优、果型适中而闻名苏州、上海等地。主要品种有京欣一号、早佳84—24和小型礼品瓜（拿比特、万福来、红小玉、黄小玉、早春红玉等）。这些品种的共有特点是品质优良，皮花，果实圆形或椭圆形，中心糖分占12%以上，礼品瓜1~1.5千克/个，常规瓜2.5~4千克/个，商品性极佳。

【太仓毛板青蚕豆】 色青粒大、板子宽阔、尾有凹痕、肉色白净、味鲜而糯、易酥不腻，百粒重130~135克，比一般品种高20克左右，并含有多种营养成分，为蔬菜食品的佳品。毛板青蚕豆食用方法较多，除青食外，还有煮、氽、炒、蒸、拌、汤等食法，且其皮可入药，故深受群众欢迎。太仓毛板青蚕豆是江苏省名贵农特产品，为蚕豆品种中的上品。因产于毛家市（现太仓市城厢镇新毛管理区）周围，故名之，别称“宣公豆”。上海特产老城隍庙五香豆即以毛板青蚕豆为原料。2015年10月，“太仓毛板青蚕豆”获评国家地理标志证明商标。

【太仓牛踏扁毛豆】 种植历史悠久，是百姓欢迎的传统青食良种。其荚形大，粒扁平，皮青色，味鲜洁，吃口糯，晚熟。产品以毛豆形式销售，主要销往上海、苏州等周边大中小城市，销路颇广，供不应求。2015年10月，“太仓牛踏扁毛豆”获评国家地理标志证明商标。

【太仓大米】 种植历史悠久，其糯性强，支链淀粉含量高。蒸煮后米饭晶莹剔透，口感柔软滑润，富有弹性，冷而不硬，食味品质极佳。太仓地区为沙壤土质，养分含量高，适宜大米种植，用本地区种植的特种稻加工的优质袋装米、粉以及制作精美的八宝饭、点心等，在上海、厦门、苏州等地销售良好。2015年10月，“太仓大米”获评国家地理标志证明商标。

【太仓山药糕】 将山药蒸至酥烂，捣成山药泥，拌入糯米粉、糖，将果料在碗壁内摆放成图案形，再把拌好的山药泥放入碗中，将豆沙放在山药泥中间，上笼蒸熟。口味微甜，软糯滑爽。

【太仓长江蟹】 太仓长江蟹系长江水系中华绒螯蟹，产区天然，蟹种纯度高，是国内享有盛名的特色水产品。其壳青色有光泽，隆起明显且坚硬，脐腹呈乳白色，金爪黄毛，腿长爪尖，双螯强健，八足有力，反应敏捷，行动迅速。可食部分肉实体丰，品质白嫩，口味鲜甜，黄多膏厚，无土腥味或其他杂味。蟹苗与成蟹的外部特征相似，形似纽扣，又名“扣蟹”。太仓长江蟹养殖主要以浮桥镇为中心，辐射浏河镇、璜泾镇、沙溪镇等地，蟹苗除自养外，大部分销往全国各养蟹地区。

【新湖番茄】 太仓新湖地区种植番茄始于中华人民共和国成立初期。20世纪70年代末至80年代初，产业结构调整，番茄种植面积逐步扩大，栽培方式从露地栽培发展为小环棚双膜栽培，20世纪90年代探索成功大棚三膜栽培，一年三茬（番茄—丝瓜或苦瓜—莴苣或芹菜）高效套作模式。新湖地区土壤类型为脱潜型水稻土中的乌栅土，质地重壤，耕层黏粒含量20%左右，保肥性能好，土壤肥力高，有机质含量高达35.9克/千克。2005年，新湖番茄成功申报无公害产品。新湖番茄果型适中，单果重250克左右，表皮薄、洋红色、沙瓤、微酸、甜度适中，自然成熟，口感好，凉拌、炒菜及做水果食用皆宜。

【麦秸画】 精选麦秸为原料，经过除膜、切片、劈丝等加工处理，运用拼贴、镂刻、镶嵌等制作方法，按照平面、浮雕、立体等构图造型，利用麦秸原有的光泽、独有的纹理，巧妙设计，精工细作，通过麦秸的明暗、深浅、厚薄、疏密等搭配和点、线、面的合理布局来制作麦秸画工艺品。史仁杰经40多年研究，制作麦秸画的工艺日益成熟。品种包括山水风景、花鸟鱼虫、人物走兽、房屋建筑等，图案华而不媚、素而不俗。

（市文体广旅局、市农业农村局）

人居环境

自然资源和规划

【土地空间规划】 2021年，太仓市结合“十四五”发展规划，衔接落实长三角一体化、虹桥国际开放枢纽等重大区域政策。对接江苏省、苏州市国土空间规划，推进2035年国土空间总体规划编制，构建形成“双心驱动、多极带动”发展格局。年内，《苏州市轨道交通线网规划太仓专篇》通过专家评审，“5+1”轨道交通网络［“5”指沪苏通铁路一期、沪苏通铁路二期、南沿江铁路、北沿江铁路、苏锡常城际铁路，“1”指上海嘉闵线（北延伸至太仓）］加快形成。综合交通规划形成中期成果，城市地下空间开发利用专项规划形成专家论证成果，城市管线综合规划通过专家论证。市资规局协调推进各镇开展村庄规划编制工作，解决宅基地安置、基础设施和公共服务设施建设等民生问题。科学编制国土空间规划近期实施方案，落实规划指标393.33公顷，包括新增建设用地规模60公顷，规划流量333.33公顷，重点保障产业、民生、经营性用地、交通基础设施等项目。开展生态空间管控区域优化调整工作，优化调整荡茜河、七浦塘、杨林塘、新浏河等4条清水通道和西庐园湿地公园，衔接国土空间规划近期实施方案、城镇总体规划以及“三线”（生态保护红线、永久基本农田、城镇开发边界）试划工作，确保生态空间“功能不降低、面积不减少、性质不改变”，优化全市生态空间格局。为加快产业转型升级，促进土地集约复合利用，支持新型产业发展，满足新型产业发展所需的特殊空间需求，制定《太仓市新型产业用地（M0/Ma）管理办法（试行）》。启动国土空间规划年度城市体检评估工作，为国土空间总体规划提供决策依据。

【建设用地保障】 2021年，太仓市土地项目共获批31个、总面积264.48公顷。其中：村镇建设用地土地项目5个、总面积49公顷（其中新增建设用地面积25.87公顷）；宅基地土地项目1个、总面积2.4公顷（其中新增建设用地面积2.33公顷）；单独选址项目3个、总面积24.6公顷（其中新增建设用地面积23.07公顷）；增减挂钩土地项目22个、总面积188.47公顷。为年度全市172个重点项目建设做好用地保障服务，完成供地服务项目167个。服务娄江新城发展需求，保障娄江新城重点项目顺利运行，获批城东污水处理厂用地12.13公顷、世外外国语学校用地3公顷及周边3条道路用地2.8公顷、世外住宅项目用地6.67公顷、瑞金医院太仓分院用地5.67公顷和岳鹿路用地5.53公顷。完成太仓市2批29个片区土地征收成片开发方案，总面积2252.78公顷，拟征收面积566.46公顷。全年供应土地517.82公顷，保障江苏省、苏州市、太仓市三级重点项目开工建设。

【耕地资源保护】 2021年，太仓市严格落实耕地保护政策，继续加强耕地数量、质量、生态“三位一体”保护。

2021年4月，浮桥镇加快实施地块拆旧复垦工作　（市资规局供稿）

落实“六严禁”（严禁违规占用耕地绿化造林，严禁超标准建设绿色通道，严禁违规占用耕地挖湖造景，严禁占用永久基本农田扩大自然保护地，严禁违规占用耕地从事非农建设，严禁违法违规批地用地）和“八不准”（不准占用永久基本农田建房，不准强占多占耕地建房，不准买卖、流转耕地违法建房，不准在承包耕地上违法建房，不准巧立名目违法占用耕地建房，不准违反“一户一宅”规定占用耕地建房，不准非法出售占用耕地建的房屋，不准违法审批占用耕地建房），坚决遏制耕地“非农化”，严格管控“非粮化”，加强耕地用途管制。落实耕地保护任务，在确保耕地数量同时提升耕地质量，提高耕地粮食产能。做好永久基本农田整改补划工作，全年补划26.47公顷。集中推进2020年度（含）之前的设施农业用地系统上图入库工作，共计入库270宗、面积100.25公顷。全年完成拆旧复垦416.72公顷，实现全年腾地超666.67公顷。搭建指标交易平台，完成指标交易5期，面积57.86公顷，成交金额15.98亿元。入库“三优三保”（以优化建设用地空间布局保障发展，以优化农业用地结构布局保护耕地，优化镇村居住用地布局保护权益）项目125个，面积343.93公顷；入库增减挂钩项目11个，面积13.66公顷。取得批文面积增减挂钩项目面积216.85公顷。

【节约集约用地】 2021年，太仓市持续推进批而未供消化、供而未建处置、产业用地更新和低效用地再开发工作。年度完成批而未供消化土地94.55公顷，通过促建、协议收回等方式完成处置供而未建土地26宗，总面积67.57公顷。通过提高容积率、增资技改、收回重供、二级市场转让方式，实现原地更新面积216.13公顷。推进低效用地再开发“十四五”专项规划和年度实施计划编制工作，入库总规模976.33公顷。

【土地招标拍卖挂牌出让】 2021年，太仓市坚持“房住不炒”定位，通过“设置房地产开发资质、自有资金要求、热门板块严控马甲”等方式，贯彻落实房地产市场调控政策。全年共挂牌出让国有建设用地93宗、281.91公顷，出让金总额151.88亿元。其中，经营性用地38宗、128.67公顷，出让金145.92亿元；工矿仓储用地55宗、153.24公顷，出让金5.96亿元。办理划拨用地71宗、235.9公顷，保障西北工业大学太仓校区、江苏省太仓高级中学、太仓市第一人民医院、太仓港疏港铁路等民生项目用地需求。

2021年太仓市国有建设用地使用权公开出让分类情况表

表1

土地类别	面积（公顷）	比例（%）
工业及仓储	153.24	54.36
住宅（含安置房用地）	72.36	25.67
商住	29.43	10.44
商服（含商服、公共）	10.56	3.75
公共服务	16.32	5.79
合计	281.91	100

2021年太仓市经营性用地公开出让分类情况表

表2

土地用途	成交面积（公顷）	成交总价（亿元）	成交均价（万元/公顷）	单宗最高成交价（万元/公顷）
住宅（含安置房用地）	72.36	108.20	14953.01	25577.32
商住	29.43	34.54	11736.32	20458.96
商服（含商服、公共）	10.56	2.38	2253.79	7920.46
公共服务	16.32	0.80	490.20	750.28

【土地储备管理】 2021年，太仓市做好土地储备规划、年度土地储备计划与土地出让计划衔接工作，地块上市严格执行“逢拍必储、先储后拍”。全年完成储备地块135宗、363.18公顷。强化前期整备，推出“标准地+双信地”配置模式，做到“三净地”（地上净、地下净、权属净）收储，完成“七评合一”和土地平整的“标准地”供应。7月9日，太仓市政府印发《关于推进“双信地”前期收储、整备工作实施细则》，服务项目43个，实现“标准地+双信地”供应地块24宗。搭建完善事前“标准地”、事中“双信地”、事后“放心地”的“三角结构”，形成

2021年9月14日，太仓市举行“标准地＋双信地”配置模式集中交地仪式，瑞金医院太仓分院等项目完成交地手续　（市资规局供稿）

全链条闭环服务、全领域类型覆盖、全生命周期监管的土地资源配置体系。

【土地规划服务乡村振兴】 2021年，太仓市设施农业项目选址强化规划引领，在坚持农地农用原则下合理选址，科学处理好与耕地保护特别是永久基本农田保护的关系。根据自然资源部以及江苏省自然资源厅相关部署要求，集中推进2020年度及以前的设施农业用地部系统上图入库工作，共计项目270个，面积100.25公顷。

【第三次国土调查】 2021年，太仓市贯彻落实国家、省和苏州市对“国土三调”工作部署要求，推进“国土三调”工作。细化和完善全国土地利用基础数据，查清自然资源变化情况和国土利用状况，完善国土调查、监测和统计制度，实现成果信息化管理与共享。据第三次国土调查数据公报显示：全市耕地21627.39公顷，占总面积的26.7%；园地1415.05公顷，占总面积的1.75%；林地3525.07公顷，占总面积的4.35%；草地1021.97公顷，占总面积的1.26%；湿地345.23公顷，占总面积的0.43%；城镇村及工矿用地24127.07公顷，占总面积的29.79%；交通运输用地4626.76公顷，占总面积的5.71%；水域及水利设施用地24183.2公顷，占总面积的29.86%；其他土地121.18公顷，占总面积的0.15%。

【不动产统一登记】 2021年，太仓市全面推进房地一体农村不动产登记颁证工作，以“应登尽登”“应发尽发”原则，制定系列举措，开展农房宣传下乡、送证下乡等活动，激发群众办证热情，率先完成省级试点县发证任务，实现农房登记3.91万宗。便民利企，推进“互联网＋不动产登记”工作，常态化推行存量房转移登记即时办结制及“交房（地）即发证”不动产登记模式，实现预告登记全线上办理。创新开展抵押登记费季度批量收费服务、“一码＋”交地即发证新模式、出生（入学）一件事不动产联动线上办理。全年共发放各类不动产权证书8.48万本、不动产首次登记信息表3.68万本、不动产登记证明3.62万本，办理各类信访答复450件。走访企业银行20家，持续优化不动产登记营商环境。

【建设用地测绘管理】 2021年，太仓市通过“多测合一2.0”改革，整合规划、房产、宗地验收测绘等，减轻企业负担，缩短业务办理时限，提高办事效率，激发市场活力。“多测合一2.0”改革在原“多测合一”改革基础上拓展测绘项目，将“多测合一”理念延伸至企业取得建设用地使用权后整个建设周期，使建设周期内涉及的所有测绘项目全委托一家测绘单位测绘，实现全建设周期“一站到底”的测绘服务。全年办理“多测合一”业务127宗，覆盖全市所有新建项目。

【地下管网管理】 2021年，太仓市持续推进年度新增地下管线普查，全市地下管线总长度1.15万千米，其中包含给水1276.9千米、雨水1564.5千米、污水1003.9千米、燃气759千米、电力399.9千米，共涉及18类管线、23家权属单位。全年完成建设工程项目64个，规划开工验线单体建筑物542幢；完成高新区“花南小区”安置房项目等86个建设工程项目的规划核实工作，总竣工面积374.24万平方米。

【土地执法监察】 2021年，太仓市继续以“零容忍”态度遏制新增违法用地，做好卫片执法检查。开展违法用地清零行动，落实农村乱占耕地建房问题专项整治。做好历年耕地保护督察整改、历史违法用地三年综合整治工作，取得明显成效。印发《太仓市扫黑除恶斗争自然资源领域整治工作方案》《太仓市关于坚决制止耕地“非农化”行为的实施意见》。市资规局全年共办理行政复议5件、行政诉讼11件（其中一审7件、二审4件），诉讼案件行政首长出庭率100%。接待群众来访来电200余次，登记受理信访投诉请求38件（来信35件、来访3件），复查件1件。受理办结政府信息公开申请60件。办理案件4102件，其中协办件3378件。开展各类安全生产检查、巡查、督导25次。组织《江苏省土地管理条例》《关于进一步加强违法建设快速联动处置工作的实施意见（试行）》专题培训讲座。依托“送法下乡·法润万家”普法品牌，结合“农民工普法宣传周”“4·22”世界地球日、“6·25”全国土地日等主题宣传活动，在西北工业大学太仓校区项目工地、舍弗勒（中国）有限公司、市经贸小学、新闸村、牌楼社区等地开展普法宣传活动30多次。

【林业及湿地保护】 2021年，太仓市高质量推进绿化重点工程建设，打造特色绿化，提高城市品位，发挥城市绿化生态、景观、文化等复合功能。年内，完成太浏快速公路（沪苏通铁路至346国道）绿化工程项目、新浏河（石头塘至346国道）绿化工程项目，完成绿化面积33.6公顷。绿色通道养护面积1108万平方米，绿地涉及全市主要道路和河道，划分标段41个、养护单位24家，落实绿化养护企业主体责任。长效化管护，提高工程期内养护和绿色通道养护整体管理水平。开展"2021绿盾"自然保护地强化监督工作，加强全市重要湿地巡查保护，实施全市湿地面积总量控制，自然湿地保护率72.4%。

【森林资源保护】 2021年，太仓市持续开展植树造林工作，强化森林资源保护，为太仓市生态文明建设筑牢屏障。统筹城乡绿化建设，推进绿化造林工作，加强古树名木保护，培育健康稳定的森林生态系统。全年完成森林抚育面积220公顷，提升森林碳汇能力。全年采伐面积2.1公顷，采伐蓄积量143立方米。完成新增造林36.72公顷。绘制林草湿地资源图，规划全市林地面积4202.78公顷，草地面积1359.98公顷，湿地面积345.36公顷。开展农村古树名木复壮工作和古树名木统一换牌工作。完善"林业有害生物检疫信息管理系统"，开具植物检疫证书1.12万份。加强对美国白蛾、松材线虫病、红火蚁疫区调入苗木及林产品的复查工作。开展全市林业有害生物普查，加强美国白蛾踏查监测。开展全市森林火灾风险普查，加强森林防火巡查。

（吴　双）

基础设施建设

公　路

【概况】 截至2021年年底，太仓市公路总里程1364.48千米，公路桥梁1249座，公路密度220.08千米/百平方千米。其中，高速公路57.54千米，一级公路283.57千米，二级公路496.49千米，三级公路105.82千米，四级公路421.07千米。较上年，一级公路增加10.6千米，二级公路增加1.26千米，三级公路减少0.08千米，四级公路增加1.63千米。全年交通基础设施建设公路完成投资5.7亿元。

【快速路网建设】 2021年，太仓市优化交通布局，构建"一横两纵"快速路网，主要用于衔接主城与港城，城区与各片区之间通过快捷通道连接。12月31日，太浏快速路延伸段（346国道—浮浏线）正式通车，太仓主城与浏河片区串联。推进正夫路西延工程建设。沪宜高速金仓湖互通、256省道（沙溪—双凤段）工程开工建设。204国道太仓停车区建成投运。启动龙江路快速化工程（协鑫路—新港公路）建设。项目路线全长1.9千米，主线高架采用城市快速路标准，双向六车道；地面道路采用城市主干路兼二级公路标准，双向四车道。全部为高架，北起协鑫路，南至新港公路。

【农村公路发展】 2021年，太仓市持续推动农村交通基础设施优化改善。加快推进农路提档升级，实施11.8千米政府实事工程提档升级项目，乡村公路大中修工程19.8千米，农路老桥改造9座。推进沙溪镇项桥中心线、城厢镇独娄路等农村公路改造项目（累计补助乡镇农路资金750万元）。

（陈颖兰）

铁　路

【概况】 2021年，太仓市铁路及配套计划投资24.62亿元，实际完成投资14.89亿元。苏南沿江铁路开工建设，完成投资8.51亿元。苏锡常城际铁路太仓先导段（嘉闵太线北延）完成工程可行性研究文本编制，太仓站开工建设。太仓港疏港铁路建成通车，太仓港迈入铁水联运时代。南沿江城际铁路加快建设，完成总投资97%。沪苏通铁路二期初步设计和北沿江高铁可行性研究报告获批开工。北沿江高铁引入南沿江工程征地拆迁工作启动。

【太仓港疏港铁路】 2021年12月29日，太仓港疏港铁路开通运营。太仓港疏港铁路专用线是国家发改委明确的长江干线12个重点铁水联运设施联通项目之一。开通后以集装箱及适箱货物运输为主，为相关货主企业设计海铁联运物流方案，预测近期货运量388万吨/年，远期603万吨/年。

【苏锡常城际铁路太仓先导段】 苏锡常城际铁路太仓先导段是苏锡常城际铁路与上海嘉闵线对接先导工程，是贯彻长三角一体化发展国家战略、推进虹桥国际开放枢纽建设、实现沪苏同城化发展的典范项目。项目从上海界至太仓站段全长10.3千米，设十八港路站、白云渡路站、太仓站3站及1个车辆段，建设费用约115亿元（含车辆段）。2021年，太仓先导段项目法人单位成立，工程可行性研究报告编制完成，勘察设计及咨询服务招标完成。12月，太仓站主体工程作为太仓先导段的先行开工点，完成前期手续并开工建设。

（陈颖兰）

航　道

【概况】 截至2021年年底，太仓市航道总里程371.21千米，其中三级航道27.76千米，五级航道32.26千米，六级航道24.89千米，七级航道44.62千米，等外级航道241.68千米。全年交通基础设施建设航道计划投资2388.31万元。年内，杨林塘太仓段航道整治工程通过竣工验收。苏浏线航道（污水处理厂段）护岸修复工程完成投资98.6万元。盐铁塘航道郑和路桥南侧左岸护岸修复工程完成投资44.8万元。杨林塘航道（G15高速公路桥）西侧右岸护岸修复工程完成投资27.4万元。盐铁塘航道护岸维修整治工程完成投资269.9万元。全年累计新建、修复护岸193.5米。

【盐铁塘护岸整修】 2021年12月，盐铁塘航道护岸维修整治工程开工，项目建设期8个月。太仓市港航事业发展中心对盐铁塘航道郑和路桥南侧沉降和塌陷护岸按照六级航道标准，采用重力式挡墙结构进行修复。整治盐铁塘航道（苏浏线—新开河段）沿线坍塌护岸和市区段，整治两岸挡墙5065米。

【船舶碰撞桥梁隐患治理】 2021年，太仓市对吴塘、盐铁塘、石头塘、苏浏线上河口桥梁开展专项整治，增设桥梁钢管防撞桩、限高桁架、避碰智能预警系统。年内，基本完成项目方案设计。

（陈颖兰）

运营中的新能源公交车　　（2021年8月摄　市交运局供稿）

公共交通

【概况】 截至2021年年底，太仓市共有公路客运场站9个、长江汽渡1个；城市公交线路47条，投放车辆296辆；城乡公交线路10条，投放车辆43辆；镇村公交线路24条，投放车辆40辆；长途客运班线72条，投放车辆113辆。全年完成公交客运量1759万人次，长途客运量109.3万人次，太海汽渡客运量59.9万人次。全年安全运送旅客1928.2万人次。5月28日，太仓市城市建设投资集团有限公司收购市汽车运输服务总公司所持有的市公共交通有限公司51%股权。市公共交通有限公司股权调整后，市城市建设投资集团有限公司占股51%，苏汽集团有限公司占股49%。

【公交发展】 2021年，太仓市新增纯电动公交车52辆，新增公交线路1条，优化调整公交线路23条。全市公交营运车辆驾驶区域全部安装隔离装置，所有运营车辆均安装主动智能防控视频探头。发展定制客运，开通太仓至上海医疗定制线路。开展交通运输一体化评价工作，被省交通运输厅评为AAAAA级发展水平。

【新能源公交车】 2021年，太仓市加快新型能源车辆投用，全市累计淘汰老旧柴油公交车80辆。全市有清洁能源型LNG液化天然气车64辆、新能源型气电混合动力车45辆、新能源型油电混合动力车20辆、新能源型纯电动车112辆。新型能源及清洁能源公交车占全市公交车总量63.6%。

（陈颖兰）

2021年10月，太仓市城乡公交候车亭智能升级改造项目完工
（市交运局供稿）

交通行业监管

【客运市场监管】 2021年，太仓市加强道路客运执法监管，查获网约车违法案件64起、出租车违章案件71起、两客违章案件232起、危险化学品运输车辆违法案件82起。普通国省干线公路超限超载率控制在0.25%以内。水上交通监管累计检查船舶1491艘次，水上接处警35起，救助遇险船舶13艘。全年共完成网上旅游包车业务审批8618次，完成出租车及客运车辆年审651辆次，办理出租车驾驶员上下岗手续700余次，办理网约车道路运输证378张。贯彻落实长江大保护战略，取缔长江过驳作业，开展浮吊排查和整治工作，完成浏河口6台浮吊的拆解或驶离，实现辖区浮吊清零。持续推进市内河港口码头环保问题整治。杨林船闸全年征收船舶过闸费1743万元，较上年增长23%。9月22日，太仓市交通运输局召开“一大队五中心”（太仓市交通运输综合行政执法大队、太仓市公路事业发展中心、太仓市港航事业发展中心、太仓市交通运输应急指挥中心、太仓市交通工程建设中心、太仓市铁路事业发展中心）转隶组建大会。

【交通信息化建设】 2021年，太仓市继续推进智慧交通信息化建设，全市379辆公交车辆全面安装“主动安防终端系统”，驾驶室安全防护装置安装率100%，并加装一键报警器。建成交通视频联网系统，视频涵盖公交车、出租车、铁路、公路客运场站和危化品运输、内河港口码头、公路、桥梁、水上交通等领域。年内，太仓微公交微信小程序上线。

【交通安全和应急保障】 2021年，太仓市开展危险化学品使用安全专项治理，检查企业116家次，发现并整改隐患227项；加强交通运输行业危险化学品使用环节安全工作，建立健全交通运输领域使用危险化学品的安全管理制度体系。年度排查并整改隐患534条、行政处罚863起。开展防汛、消防、应急救援等演练，提升突发事件的应急处置能力。全年全市交通安全生产事故起数较上年下降57.14%，死亡人数下降85.71%。推动省级安全发展示范城市创建工作，打造交通运输示范点位，在全市交通运输行业领域营造安全环境。年内，市交运局常态化做好重点物资运输保障、重点人员转运、核酸检测、水路口岸新冠肺炎疫情防控等工作。强化“两站一码头”、水路口岸等重点领域常态化防控，实现重点人员现场采样和闭环管理。

（陈颖兰）

供　水

【概况】 2021年，太仓市有水厂2家，分别为太仓市第二水产、太仓市第三水厂，取长江水为水源，日供水能力70万吨，配套建有浏河水源地水库，全市DN100（直径100毫米）以上的供水主管道1496千米。下辖城区（南郊）增压站和乡镇供水管理站9个，负责全市机关、企事业单位及居民的生产、经营和生活用水供应。全市设有主管网压力监测点82个，小区二次供水压力监测点269个，实时监控全市供水管网压力，确保水压稳定。出厂水每6个月送无锡、南京国家水质监测站进行106项指标全分析，均达到或优于国家标准。

【供水保障】 2021年，太仓市巩固供水安全保障格局，推进全市老旧供水设施改造，加强供水水质监管。全年全市供水总量1.13亿吨，售水总量1.03亿吨，漏损率9.23%。其中：居民用水3948.34万吨，占比38.42%；工业用水5180.30万吨，占比50.41%；洗浴等特种用水799.51万吨，占比7.78%；学校、福利院、社区等执行生活用水价格的非居民用水348.10万吨，占比3.36%。完成江南路DN1600管道工程，全市四纵四横供水格局基本形成。新增市政给水管道42.9千米；改造市政给水管道102千米。

（陈婧雯）

供　电

【概况】 2021年，太仓市全社会用电最高负荷195.8万千瓦，较上年增长4.5%；全社会用电总量115.07亿千瓦时，较上年增长10.79%，其中工业用电量90.17亿千瓦时，较上年增长9.09%。年内，市供电公司获2019—2021年江苏省文明单位称号。

【供电安全生产】 截至2021年年底，太仓市实现连续安全供电6302天，供电工作安全生产总体平稳。协调督促沿江地区3座火力电厂稳发满发，落实尖峰电价政策，单次最大错峰35万千瓦，持续精准将负荷控制在限额内，应对夏季严峻电力供需紧张形势，保障供电平稳有序。完成重大活动保电任务，保障电力可靠供应。在未实施有序用电情况下，经受住195.8万千瓦太仓最高负荷考验。应对极端天气，确保电网运行安全稳定。做好太仓市大面积停电事件应急演练工作。完成县级公司安全达标创建工作，开展配农网抢修网点达标创建暨应急能力提升行动，推行输电线路“网格运维”新模式，连续3年未发生220千伏及以上线路外破跳闸现象。严格实施业务外包“负面清单”和“黑名单”管理。加强信息、消防、治安、保密、交通和后勤等安全风险管控。

【电网建设】 2021年，太仓市围绕“双碳”目标和地方发展需求，加快新型电力系统建设。完成编制“十四五”电力发展规划和《太仓市电力设施专项规划（2021—2035年）》。配合做好娄江新城管线综合规划，编制《娄江新城高压输电线路迁改方案》。加快电网建设，保障500千伏太仓变和220千伏寿安变扩建工程投运。推进群星220千伏、海塘110千伏等重点

2021年3月12日，太仓市疏港铁路110千伏1531塘曲线、1532塘九线迁改工程铁塔拼装

（张怡文摄）

2021 年 6 月 8 日，太仓港四期集装箱码头船舶岸电系统进行负载调试（张怡文摄）

输变电工程实施。全年新增变电容量 124 万千伏安，配电容量 31.06 万千伏安，110 千伏输电线路 9.85 千米、配电线路 35.71 千米。开展全市能源大数据中心建设和太仓市电动汽车充换电设施规划。加强新能源的并网消纳能力，全年累计完成光伏并网 4.05 万千瓦。开展“不停电作业”1131次，较上年增加 156.46%，投运首批配网分级保护线路 23 条。

【供电服务】 2021 年，太仓市供电公司走访各乡镇、对接地方发展规划，实行全市 172 个重大项目和 26 个民生实施项目“一张表”管理。配合政府严控“两高”行业不合理用电需求，配合做好“263”“331”整治工作。投入配农网建设资金 1.82 亿元，实施配农网项目 751 个，完成老旧小区供配电设施改造 4 个。开展树线矛盾攻坚行动，解决树线矛盾 1200 余处，修剪树木 2.42 万棵。编制“零碳”数字乡村建设方案，开展粮食电烘干、屋顶分布式光伏和村村充建设，打造电气化服务现代农业和乡村振兴样板。助力港口绿色转型，投运太仓港四期集装箱码头船舶岸电系统。建成中德产业园区一、二、三期“开门接电”示范区和高新区 1 小时供电高可靠性示范区。深化“全电共享”服务模式，推广电力设备模块化租赁服务。在市行政服务中心“太 e 办”微信小程序上线“居民充电桩报装一件事”，落地全省首家居民充电桩报装联网通办。拓宽数字人民币运用实景，实现全省首家县级数字人民币低压电费结算。

（余陈刚）

燃　气

【概况】 2021 年，太仓市供气格局以管道天然气为主、瓶装液化石油气为辅。全市有燃气经营企业 9 家，其中管道燃气经营企业 3 家，液化石油气经营企业 4 家，压缩天然气经营企业 1 家，汽车加气经营企业 2 家（其中浮宅路加气站属于太仓市天然气有限公司）。建有太仓、浏河、疏港高速天然气门站 3 座，城镇天然气高中压管道长度 600 千米，管道燃气用户 23 万户；液化石油气用户 6 万户，车用燃气用户近 800 户。

【燃气安全管理】 2021 年，太仓市持续加强城镇燃气安全监管，研究燃气储存、充装、配送、使用全过程节点管控，明确各镇区属地政府责任、燃气涉及部门的监管责任，加强网格燃气风险隐患排查治理；市住建局探索成立涵盖区镇和街道的“燃气安全网格员体系”，建立政企合作、责任共担、确保安全的燃气管理新机制，借助燃气安全网格员协助住建局做好安全管理工作，为燃气用户筑起安全防线。召开燃气安全生产专题会议 15 次，印发各类通知文件 20 份，研究部署保供保安全、“瓶改管”、管道占压、管线检测、安全保护装置推广安装、第三方防控等重点工作。组织开展各类专项督导 293 次，消除安全隐患 438 处。推进城镇燃气领域安全生产专项整治重点工作，完成全市燃气场站全覆盖巡查 4 轮，消除各类安全隐患 2300 余处。整改完成全市阳光房、集装箱占压及管道圈围隐患 6 处。开展联合执法 9 次，取缔黑气点 3 处，无害化处理气瓶 100 余个。移交各类非法违规案件 27 起，共处罚款 62 万元。落实燃气经营

2021 年 6 月 22 日，太仓市举行 2021 年“安全生产月”城镇燃气应急抢险演练活动（许俊安摄）

企业主体责任，对全市燃气企业开展安全生产标准化建设培训3轮，上报书面考核申请。完成全市燃气企业安全风险辨识管控及风险评估复核，确保各项风险管控措施落实到位。加强燃气用户安全用气管理，开展安全宣传活动60余次，提升全社会燃气安全使用意识。精准服务独居空巢老人、残障家庭等特殊用气群体，免费更换各类配件400余件。印制安全手册30万份，录制宣传影音2则。督促燃气企业入户安检近18万次，消除各类用气隐患1400余处。

【城镇燃气发展规划】 2021年4月，太仓市住建局组织召开规划论证会，会议评审并通过《太仓市"十四五"城镇燃气发展规划（2021—2025年）》方案。规划编制单位上海燃气工程设计研究有限公司就太仓市"十四五"城镇燃气发展规划编制的项目背景及概况、燃气气源及供应规划、燃气设施规划、燃气设施的安全保护、实施计划、保障措施及建议等主要内容作说明。各区镇、市发改委、市资规局、市交运局、市水务局、市应急局、市市场监管局等部门以及各燃气经营企业相关负责人提出意见、建议。专家组对市住建局和规划编制单位在《太仓市"十四五"城镇燃气发展规划》修编过程中所做的工作表示肯定，并出具专家组论证意见，强调燃气规划要按照科学合理、立足长远的原则，充分考虑基础设施、安全生产等城市发展基础因素，合理布局、超前规划、统筹推动，既适应太仓市经济建设和城市总体规划要求，又满足新形势下城市建设与发展需要。市住建局根据专家组以及各属地、部门提出的意见、建议，修改完善规划，构建科学完善的城市燃气规划体系，推动"十四五"期间太仓燃气事业高质量发展。

（许俊安）

垃圾处理

【概况】 2021年，太仓市推进全市域生活垃圾分类片区全覆盖建设，科教新城、沙溪镇、娄东街道建设高质量片区。加快建立分类投放、分类收集、分类运输、分类处理的垃圾处理系统，推进生活垃圾分类全链条管理。评定生活垃圾分类三星小区75个、四星小区22个、五星小区8个。开展生活垃圾分类"闭环提升"工程长效优化管理行动，提升公共机构垃圾分类优秀率，对13个重点行业开展定向执法检查，办理案件2.03万件。加强行业监管宣传，开展系列宣传活动800余场。太仓居民小区厨余垃圾分出率30%。优化分类收运机制，加大收运车辆配备更新力度，新增新能源环卫车辆15辆。开展"互联网+"收运模式，推广"易丢丢"可回收物平台在线预约收运。再生资源综合利用项目和建筑垃圾资源化利用项目加快建设。餐厨废弃物资源化利用和无害化处理项目完成技术改造，建筑装修垃圾资源化临时处置项目稳定运行，探索引入厨余垃圾就地处置设施。年内，全市处置其他垃圾34.08万吨、厨余垃圾7.93万吨、有害垃圾76.07吨、可回收物10.93万吨、餐厨垃圾4.1万吨。其中，太仓蓝德环保科技有限公司收运处置餐厨垃圾3.69万吨；太仓建筑装修垃圾资源化临时处置项目累计处置建筑装修垃圾49.41万吨。

【居民小区垃圾分类】 2021年，太仓市立足民生助推垃圾分类精准深入，在居民小区设立宣传栏和固定回收点，安排垃圾分类督导员1499人次。引导居民单独投放有害垃圾，社区居委会、物业公司等负责管理，有害垃圾收集一周一次，交由再生资源回收利用中心处理。生活垃圾采用"其他垃圾""可收回物"和"厨余垃圾"三分类法，引导居民分类收集、分类投放。印发《太仓市垃圾分类设施设备配置标准》，居民小区设施覆盖率100%。采取"三定一督"（定时、定点、定人督导）模式，投放时间全程督导，精准分类，全市采取"三定一督"模式小区458个。

【生活垃圾处理】 2021年，太仓市新增或改造垃圾收集亭（房）419个、转运站5个，增配垃圾桶4135个，更新分类收运车辆43辆。推进年处理能力1500万吨的太仓再生资源综合利用项目一期工程建设中，配套建设易腐垃圾处理车间和螯合飞灰填埋场各1座，年处理70万吨的市建筑垃圾资源化处理项目开工建设，进入试运行阶段。开发监管平台，实现可回收物预约回收，终端企业稳定运行。按照"四不同"（不同人员、不同车辆、不同去向、不同要求）方法，建立收集队伍，有害垃圾一周收集一次，可回收物一周收集两次，其余垃圾日产日清。严格分类运输，按照不同垃圾专车专运至再生资源中心、协鑫电厂、绿丰公司、蓝德公司等终端处置，确保生活垃圾无害化、资源化处理。

（周书佳）

2021年6月5日，太仓市举行"大件垃圾免费集中投放收集暨生活垃圾随手拍"垃圾分类专项宣传活动（市城管局供稿）

路灯管理

【概况】 2021年，太仓市以精细化管理为抓手，做好全市域城市照明设施管理工作，高标准实施民生亮化工程建设，推动全市城市照明高质量发展。7月1日，印发《太仓市景观照明管理办法（试行）》，建立完善景观照明投建管体制机制，补齐景观照明管理短板，为全市景观照明工作提供根本遵循，推动景观照明管理更加科学化、规范化、精细化。编制《太仓市城市照明专项规划》，为太仓城市照明发展指明方向，推进太仓市城市照明可持续发展。年内，全市域维修照明灯具1.36万盏，维修线路总长48千米，维修配电设施313台，亮灯率始终保持在99%以上，全市照明设施安全稳定运行。

2021年6月，航拍景观亮化改造后市民公园周边夜景 （**市城管局**供稿）

【城市灯光环境整治】 2021年，太仓市实施主城核心区“一核一带一路”景观亮化综合工程，对市民公园周边区域、新浏河风光带、上海路范围内的高层建筑共计183幢及沿河步道进行景观亮化建设，打造主城核心区整体性、连续性、有重点、有层次、交相呼应的夜间景观照明系统，提升城市品位。实施“走基层、暖万家”专项督查行动，走遍每一条主次干道、背街小巷，确保每一盏路灯都亮起来，任何一条城市道路都不留照明死角。改善校园周边交通出行环境，为学生夜间安全出行提供照明保障。

【照明绿色发展】 2021年，太仓市探索城市照明节能机制，编制全市城市照明领域节约用电工作方案，指导全市照明设施开启“节能模式”。加快LED（发光二极管）节能灯具应用，建立节能机制，建设智慧平台等。做好合同能源管理考核工作，17条县级以上道路路灯由传统光源更换为LED光源，节电率66%以上，全年全市共节电1326.54万千瓦时。推进存量照明设施LED改造三年行动，至年底全市照明设施LED灯具占比61%。

2021年太仓市公路亮化工程情况表

表3

序号	工程名称	亮化里程（千米）	总投资（万元）	路灯数量与规格
1	太浏快速公路延伸段（346国道—浮浏线）改造工程	1.4	12000	双臂180瓦/60瓦路灯75套，3火补角灯3套，4火补角灯2套
2	太仓市2020年四好农村路建设工程	4.4	149	单臂120瓦路灯155套
3	正夫路（江申大道—204国道）新建工程	1.4	200	60瓦路灯79套，200瓦路灯96套，280瓦路灯24套，320瓦路灯8套
合计		7.2	12349	双臂180瓦/60瓦路灯75套，3火补角灯3套，4火补角灯2套，单臂120瓦路灯155套，60瓦路灯79套，200瓦路灯96套，280瓦路灯24套，320瓦路灯8套

（周书佳　陈颖兰）

城镇绿化

【概况】 2021年，太仓市坚持现代田园城市建设理念，以生态为基底，以绿道为主线，以田园为基调，以文化为特色，加快构建多层次的生态网络，初步构建“一心两湖三环四园”［以市民公园为一心，以金仓湖和天镜湖为两翼，以盐铁塘、新浏河、娄江河、城北河，盐铁塘、湖川塘、十八港、新浏河，吴塘河、新浏河、石头塘、杨林塘三层水系绿道为三环，以现代农业园（植物园）、菽园、西庐园、独溇小海湿地公园为四园］的城市生态体系。全市城市建成区绿化覆盖面积2186公顷、

2021 年 3 月 12 日，太仓市举行"欢乐植树节 · 全城送绿植"绿植领养活动
（许俊安摄）

覆盖率 41.85%，城市建成区绿地面积 2036 公顷、绿地率 38.99%，城市建成区人均公园绿地面积 14.29 平方米，公园绿地服务半径覆盖率 96.32%。城市绿量充沛，"三绿"（人均绿地、绿地率、绿化覆盖率）指标均达全国领先水平。

【城镇绿化建设】 2021 年，太仓市立足国土空间规划要求，践行"美丽宜居城市"建设理念，致力构建布局合理、生态健全、功能丰富、景观优美的城市绿地系统，打造特色绿化，提高城市品位，发挥城市绿化生态、景观、文化等多种复合功能，为市民百姓提供更多休闲健身的好去处。市住建局统筹推进绿化重点工程建设，兰德游园、世纪苑河畔游园、镇洋小学游园、S 路（桃园二村）口袋公园建成投用。滨河公园及盐铁塘沿线提档改造工程、城北河湿地公园提档改造工程、城北河湿地公园亮化提档工程建设完成。推进万达南地块绿化提档改造工程和菽园公共设施维修工程建设。

【娄江新城绿地系统规划】 2021 年，太仓市编制完成《娄江新城绿地系统规划》（下称《规划》）。《规划》覆盖范围东起沪苏通铁路，西至 G15 沈海高速，南起省界，北至苏昆太高速，规划面积 48.5 平方千米。以"生态太仓、公园之城"为引领，持续丰富生态园林城市内涵，将娄江新城建设成现代田园城市样板区，面向未来的"公园慢城"。《规划》形成"一心六园、六轴九廊"的绿地系统结构。"一心"即三凤湖公园；"六园"即静秋湖湿地公园、新浏河滨河公园、站前休闲公园、长青烈士陵园、海天禅寺、浏岛郊野公园；"六轴"即沈海高速、白云渡路、苏州路、太仓大道、江南路、上海路的道路绿化带及城市绿道；"九廊"即新湖川塘、洙泾河、北浏河、新浏河、十八港、江申泾、横沥河、千步泾、区中河、石头塘九条主要水系。

【园林绿化提升三年行动】 2021 年，太仓市印发《太仓市园林绿化提升三年行动计划（2021—2023 年）》。围绕"门户廊道、道路绿化、城市公园、生态绿地"，打造具有鲜明太仓特色的绿化品牌，推进园林绿地提档与改造，构建"点、线、面、网"相结合的田园城市生态体系，实现城市生态品质持续提升，彰显田园城市新魅力。以"公园+"理念，融合亲子、体育、商业、党建等元素，推进口袋公园建设，全市有街头游园 62 个。结合文明典范城市创建、城市更新等工作，推动一环优化提升工程、城区口袋公园项目建设；重视绿化品质严格监管，落实绿线管理实施细则，完善绿地规划信息管理系统，建立健全绿化企业信用评价体系。市住建局以生态优先、绿色发展，为民服务、惠民利民，创新驱动、智慧管理等原则，开展各类创建复查迎检工作；坚持规划引领，优化绿色空间体系；加快项目建设，打造绿色生态骨架；推进"城市公园绿地十分钟服务圈"规划建设，重点围绕城市公园、生态绿地等建设要求，推进园林绿地提档与改造，助推城市"高颜值"；加强绿化惠民、绿化为民，提升可进入游憩的口袋公园覆盖率，提供休闲游憩、体育健身等多样化的活动空间。

【海绵城市建设规划】 2021 年，太仓市召开《太仓市海绵城市建设专项规划（修编）》专家评审会，规划编制单位介绍海绵城市建设规划背景、现状综合评价、上一版规划执行情况分析、规划目标、海绵城市格局、分区规划、建设方案、保障措施等。太仓市推进全市域海绵城市建设，健全全市海绵城市建设工作推进机制，明确建设项目全过程管控要求。在项目推进方面，新、改、扩建项目全面落实海绵城市建设要求，市民公园、城市双修试点区域改造项目——月亮河绿色社区提档改造工程、七浦塘生态修复工程二期、十八港湿地公园、净水公园等一大批建设项目落实海绵城市建设要求。

（许俊安）

污水处理

【污水处理概况】 2021 年，太仓市共有污水处理厂 9 家，全市污水处理能力 28.5 万吨 / 日，全年污水处理量 6894 万吨，新增年处理水量 1071 万吨，较上年增长 18%。COD（化学需氧量）削减量 1.49 万吨，BOD（生化需氧量）削减 6650 吨，全年污水处理稳定达标排放。其中市水务集团有限公司有城区、璜泾、双凤、沙溪、浏河、岳王、南郊生活污水处理厂 7 家，污水日处理能力 19.5 万吨；港城工业污水处理厂建成，污水日处理能力 3 万吨。年内，太仓市加快污水处理设施建设。完成城区污水厂尾水提标改造主体工程，改造 6 万吨 / 日的处理设施。双凤镇生态湿地工程和城东污水厂尾水湿地项目完成，太仓城东水质净化厂工程、璜泾生活污水处理厂提标改造工程开工建设。

2021 年 3 月，沙溪工业污水处理厂建设现场　　（陈婧雯摄）

【城乡生活污水处理提质增效】 2021年，太仓市精准攻坚“333”（三消除、三整治、三提升。“三消除”指消除城乡黑臭水体、消除污水直排口、消除污水管网空白区；“三整治”指整治工业企业排水、整治“小散乱”排水、整治阳台和单位内部排水；“三提升”指提升城镇污水处理综合能力、提升新建污水管网质量管控水平、提升污水管网检测修复和养护管理水平）行动，全年消除污水管网空白区 4 个、面积 4.41 平方千米，完成“污水处理提质增效达标区”示范建设 46 个、面积 104.5 平方千米，共分解任务 31 类、842 个项目。完成截污纳管项目 1353 个，超过年度任务目标。年内，市水务局紧扣消劣争优、污水处理达标区建设、农村生活污水治理三大任务，整合市河长办、市高治办、市农污办、市黑臭水体办相关职能，成立太仓市治水百日攻坚行动工作专班，全面完成城乡生活污水治理年度任务。

【污水处理效能提升】 2021 年，太仓市依托市水务集团统一建设，实现设计—施工—运维一条龙标准化管理，整合水务管理部门与供排水设施，形成“厂—水—网一体化”的物联网，促进水务系统生产、管理和服务流程的精细化、动态化。年内，启动消除劣五类水体攻坚行动。落实省、苏州市、太仓市 1 号总河长令，启动全面消除劣五类水体攻坚行动。召开市级专项行动部署会，经过专题培训和全面摸排，全市排定劣五类水体 121 条（占全市河道 3.6%），至 2024 年 6 月全面消除劣五类水体，推动全市水环境质量突破性改善和根本性好转。制定问题、责任、项目三张清单，下发劣五类水体整治方案编制大纲，开展月度检查和曝光督查，推进方案编制和项目施工。至 2021 年年底，完成消劣河道 58 条。

（周　婷　陈婧雯）

水利设施

【概况】 2021 年，太仓市境内长江堤防位于长江河口段南岸，北起白茆口，南与上海市宝山区接壤，涉及璜泾镇、浮桥镇和长江口旅游度假区（浏河镇）三镇（区），主江堤长 38.38 千米，闸外港堤 12.52 千米，防洪标准为 50 年一遇洪（潮）水位加堤顶超高（十级风风浪爬高加风雍高加安全超高）。沿江共有浏河、杨林、七浦、新荡茜等通江水闸 12 座，通江涵洞 11 座，构成长江防洪挡潮屏障。太仓市堤闸管理处（市长江防洪工程管理处）承担境内长江防洪工程的运行和维护任务。全市共有水闸 157 座（单闸 78 座、闸站结合 79 座）、排涝泵站 10 座、涵洞 28 座（沿江涵洞 11 座）。

【圩区管理】 2021 年，太仓圩区总面积约 49 平方千米，涉及城厢镇、沙溪镇、双凤镇，共有联圩 10 个，圩区防洪标准按 50 年一遇，排涝标准按 20 年一遇降雨雨后一日排出不受涝。圩堤总长 76.56 千米，排涝闸站 50 座（其中纯排涝泵站 18 座、闸站结合 32 座）、防洪闸 17 座，排涝流量 113 立方米 / 秒，配套功率 5118 千瓦。

【防汛防台减灾】 2021 年，太仓市夯实防汛防台减灾体系，提高抵御台汛等恶劣天气的能力，保障人民群众生命财产安全。12 月 30 日，太仓市政府印发《太仓市“十四五”应急体系建设和综合防灾减灾规划》，建立完善应急管理体系，统筹加强自然灾害综合防治，防范化解重大安全风险，提升应急体系建设和防灾减灾救灾能力。市水务局强化汛前准备，筑牢防洪排涝生命线，提升江堤防洪能力，完成 1 千米护岸加固和新荡茜节制闸维修，加快推进浏河节制闸胸墙加固项目；新建、改建闸站 4 座，完成安全鉴定水闸 6 座，全市 76.5 千米圩堤、59 座圩口闸、53 座排涝站防洪排涝能力显著提高。强化物资储备、队伍建设，全市储备各类编织物袋 35 万只，土工布 2.1 万平方米，长江防汛块石 1.5 万吨；应急发电、排涝、救生设备保持数量充足、质量可靠。全市成立专业抢险队、

智慧水利界面　　（2021 年 8 月摄　市水务局供稿）

民兵抢险队、河道管理抢险队等各类抢险队伍82支，总人数1800余人。提升城镇排水除涝能力，完成老城区易涝积水点整改8处，检测疏通雨水管网210千米，修复破损管网19.5千米，养护窨井1.3万个，制定低洼易涝区域应急抢排措施，确保城市安全度汛。智慧水利一期项目建成投用，其中综合监管、指挥调度和移动应用3个平台直接为防汛服务，实现水雨情信息共享、研判会商、现场可视、救援互动等指挥功能。继续深化智慧水利建设，开展智慧水务建设，提升水治理体系和管理、服务能力。建成全域全天候感知体系、安全可控的水利一张网，集成丰富视频监控资源，建成规范标准的水利数据中心、融合通信集成中心、综合监管平台、指挥调度平台和移动应用平台，健全安全保障体系，在防汛防旱、水资源管理、水工程调度、供排水、公共服务等发挥作用。组织汛前应急演练，开展大学城在建项目防汛排涝应急演练、疏港铁路涉河项目施工度汛应急演练、港口码头防台应急演练、长江堤防护岸加固应急演练等，检验防汛预案可操作性，锻炼抢险队伍应急处置和协调作战能力。

【台风天气防御应对】 2021年，太仓市主要防御台风“烟花”“灿都”。7月23—28日，台风“烟花”影响期间，受强降雨和上游泄水影响，7月27日，主要河道水位全面超警；7月28日，浏河塘城区段水位最高4.10米，超警戒水位0.6米。7月22日，市防指印发《关于做好第6号台风“烟花”防御工作的通知》；7月24日14时20分，启动防台风四级应急响应；7月24日21时50分和7月25日10时30分，防台风应急响应提升至三级和二级。“太仓发布”“太仓融媒”等公众号提前发布防台注意事项。各镇区发送防台预警短信62万余条，增强群众防灾避险意识。全市43家线下教育培训机构停业、在建工地停工806个、企业停产207家、停航回港船只521艘。台风期间通江水闸累计排水1.32亿立方米，出动抢险人员2380人次、抢险机械71台、排涝泵119台，转移安置危房、拆迁户群众及船只、工地人员

2021年8月，太仓市救援人员在积水路段进行清淤和排涝作业
（市水务局供稿）

3.05万人次，未发生人员伤亡。由于上游持续泄水，加之下游高潮位顶托，大量弃水短时间难以排出，导致部分地区农作物受淹，其中水稻受灾21.33公顷，玉米受灾33.33公顷，蔬菜受灾67.05公顷，林果受灾127.67公顷，直接经济损失321.7万元。受大风影响，倒伏树木1600余棵，倒塌工地围挡近300米，积水点28处，全部清理处置。9月12—13日，受台风“灿都”外围影响，9月13日18时，浏河塘城区段水位3.36米，在警戒水位以下。9月12日11时30分，太仓市防指启动防台风四级应急响应；9月12日20时30分，升级防台风三级应急响应。市防指下发《关于做好第14号台风“灿都”防御工作的通知》，派出7个工作组分赴各区镇现场督导防汛防台应对工作，市融媒体中心、市气象局、市水务局、市应急局等通过电视、广播、微信公众号、短信等进行台风预警预报，提升居民自救避险能力。在全市50千米长江堤防、160多座水闸泵站加强巡查值守，预降内河水位（排水7000万立方米）；转移危房、拆迁户群众45人次，疏散船舶109艘，疏散人员663人；梳理巡查全市建筑工地设备、供排水管线，拆除户外广告、标牌18处，施工围挡19平方米，停工停业企业58家、工地259个，无人员伤亡。

【长江堤防和水下地形冲刷监测】 2021年，太仓市贯彻“生态优先、绿色发展”理念，持续推进长江岸线资源保护、整合和集约利用工作。市水务局加强趋势分析和风险预警，组织开展长江近岸冲刷险情原因分析和对策措施研究，持续开展长江太仓段水文地形监测，加强江堤、圩堤沿线巡查，提升日常监管与预警能力，应对太仓冲刷险情，保障太仓堤防安全稳定。8月，省防指办公室下发《关于做好长江太仓段安全度汛工作的通知》，要求加强值守、加密监测、加快应急抢护工程，开展水下岸坡冲淤研究，预判险情、及时预警。

（周　婷）

防震减灾

【概况】 太仓市地处长江三角洲冲积平原，周边地区地震总体活动水平较低，历史上发生最大地震为5级，共发生2次。2021年，太仓市2处地震宏观监测站正常运行，全年无宏观异常上报，群测群防震情上报工作有序开展，全年地震监测数据采集连续率99%以上。太仓累计创建国家级防震减灾科普教育基地1个、地震安全示范社区2个、省级地震安全示范社区5个、省级防震减灾科普教育基地1处及省级防震减灾示范学校1所。

【地震应急避难】 2021年，太仓市坚持依法科学统一、有效实施地震应急避难，最大程度减少人员伤亡和经济

2021 年 4 月 8 日，太仓市住建局在沙溪镇胜利村开展防震减灾知识宣传

（许俊安摄）

损失，维护社会正常秩序。抗震救灾工作坚持统一领导、军地联动，分级负责、属地为主，资源共享、快速反应的工作原则。年内，市住建局加强应急志愿者队伍培训演练，提升地震应急管理能力，整合全市地震应急队伍资源，组织志愿者参与防震减灾宣传服务 4 次。扩大防震减灾宣传效应，深入基层开展广场宣传活动 5 次、地震科普知识讲座 4 场次，开展防震减灾知识竞答活动 1 次，发放知识手册 1 万余册。

（许俊安）

气象科技

【气象监测预报】 2021 年，太仓市地面测报质量优秀，测报质量连续稳定。全年市气象站无错情，无责任性事故发生，各项数据传输顺畅。国家站及时率 100%，到报率 100%，数据可用率 100%；区域站及时率 99.98%，到报率 100%，数据可用率 100%。大气成分、微波辐射、激光雷达等现代化社会保障总体数据到报率 99.28%，质控合格率 99.13%。全年暴雨预报准确率 100%，寒潮预报准确率 100%，高温预报准确率 63.6%，晴雨预报准确率 99.51%，定性预报准确率 99.15%，定量预报准确率 91.08%。

【气象服务】 2021 年，太仓市气象局共制作发布气象预警信号 111 次，发送决策和预警短信 299 条、21.82 万人次，发放各类气象服务材料 149 期，服务市民和地方经济建设。继续推进智慧气象服务平台建设，集气象监测、天气预报、灾害天气预警和气象服务于一体，具备存储、加工、显示、查询、分析等功能，提高预警预报发布效率，便于市民查询。提升监测预警技术，逐步实现精细化预报、网格化预报，做好气象预警精准靶向发布。持续做好气象预警显示终端布设和巡查维护，提升气象预报预警信息“最后一公里”传播率。通过“3·23”世界气象日、“5·12”防灾减灾日、科普宣传日等，开展气象防灾减灾科普宣传，提升市民防灾减灾意识和应对气象灾害的自救技能。

【气象合作】 2021 年 10 月 18 日，上海市宝山区气象局、太仓市气象局签署《沿江气象灾害区域联防联控项目》合作协议，就沿江气象监测信息共享、灾害性天气上下游联防、气象科研项目合作等方面建立全面合作关系，提升沿江气象服务能力和气象灾害防御能力，实现联动式合作、协同化发展，共同服务区域经济社会发展，为长三角区域实现高质量一体化发展提供气象服务保障。10 月 27 日，沿江气象灾害防御工作座谈会召开，太仓港口管委会、港区管委会、太仓海事局、太仓气象局和长江石化、正和国际、现代货箱码头等企业参加座谈会。苏州气象服务中心介绍演示“苏州市沿江气象服务与决策系统”平台系统，展示平台数据可视化显示、区域预报预警、定制航线等功能运用。会议就气象监测网建设、数据汇集共享、灾害性天气联防等工作开展研讨，太仓海事局、太仓气象局就联络协调机制、优化“尽早预警、多方联动”机制、完善水上突发事件应急机制等内容签订战略合作协议，加强推进沿江灾害性天气联防联控。

（王　亮）

2021 年 10 月 18 日，太仓市气象局、上海市宝山区气象局签署合作协议

（赵伟荣摄）

智慧城市建设

【概况】 2021年，太仓市拥有固定电话总数13.92万台，移动电话总数128.8万台，有线电视用户总数35.68万户；通信3G、4G业务用户总数93.5万户，互联网宽带上网用户总数35.98万户。全市光纤总长度774.5万芯千米，互联网总带宽2590千兆。

2021年太仓市信息化基础设施一览表

表4

通信网络设施	电信	移动	联通	广电	总和
固话用户数（万台）	13	0.05	0.87	—	13.92
移动电话用户数（万台）	38.8	64	26	—	128.8
有线电视用户数（万户）	14.9	10.65	0.3	9.83	35.68
有线电视双向改造覆盖用户数（万户）	—	—	—	22.02	22.02
宽带用户数（万户）	21.9	11.68	2.4	4.72	40.7
3G、4G业务用户数（万户）	16.5	56	21	—	93.5
5G基站数（个）	—	1004	805	—	1809
光纤总长度（万芯千米）	75	48.3	634	17.2	774.5
交换机数（万门）	16	—	0.6	—	16.6
互联网接入带宽（千兆）	1820	640	100	30	2590

【太仓“智造”】 2021年4月28日，太仓市举行企业智能化改造和数字化转型大会，加快新旧动能转换，加速推动企业智能化改造和数字化转型。会上，苏州市工业互联网产业联盟太仓办事处揭牌，2020年度省市智能化改造和数字化转型示范企业授牌，一批智能化改造数字化提升合作项目签约。苏州市工业互联网产业联盟太仓办事处的成立推动太仓市工业互联网建设，促进太仓市工业互联网产业和应用快速发展，推动产业数字化转型建设步伐，形成智能制造和工业互联网融合发展的“太仓智造”新格局。太仓市开展“十百千”工程，即创建十大省级以上标杆项目，打造百家苏州市级以上示范项目，实现太仓市千家企业智能化改造和数字化转型应用。

2021年4月28日，太仓市企业智能化改造和数字化转型大会举行
（市融媒体中心供稿）

【数字政务信息化建设】 2021年，太仓市构建数字政府组织体系，成立太仓市数字政府工作领导小组，统筹推进“数字政府”建设工作。编制太仓市智慧城市“十四五”规划，推动太仓市数字政府、数字社会、数字经济高质量融合发展。完善“云、网、端”数字政府基础设施体系，加快实现云资源统一纳管、政务网纵横通达、感知终端无缝接入，政务云覆盖率90%，政务网100%覆盖市委办局和村（社区）。完成太仓“互联网+监管”平台建设，规范完善政务信息资源多级目录，完成调研与普查部门资源目录60个，梳理自建系统249个、政务信息资源6136个、政务信息项13.15万个。构建政务服务“一网通办”数字门户，打造政务服务“一网通办”技术底座，形成政务服务“一张网”标准体系，企业群众享受线上政务服务便利。通过发布太仓政务服务品牌矩阵，推进服务事项全城通办，提供跨镇办理、市镇村三级联办服务，实现服务事项就近办；推动自助终端进社区、园区、商圈、银行等，让更多政务服务事项入驻自助终端，实现24小时不打烊自助服务和

15分钟服务圈。

【城市管理信息化建设】 2021年，太仓市地理信息公共服务平台升级，为全市提供7×24小时在线地理信息服务。开展主城区1∶500大比例尺地形图和优于2厘米高精度实景太仓三维建设，丰富全市基础地理信息数据成果。建设智慧文旅系统项目（一期），构建覆盖全区域、互联互通、便捷高效的立体式公共文旅服务网络平台，提升旅游管理、旅游营销、旅游服务智慧化水平。启动太仓市智慧交通建设项目（一期），启动娄江新城智慧城市建设项目整体方案规划设计，建设西交利物浦大学太仓校区教学区智慧工地项目，建成智慧娄江"一张图"信息管理平台，推动高新区智慧城市建设有序进行。

【公共服务信息化建设】 2021年，太仓市建成"太仓一网通办"总门户，全省首家实现县域"市民中心"上线支付宝平台，63项便民服务"指尖办"。在全省率先实现12个高频"一件事"线上办，"一件事"改革获评全国"智能服务典范"。创办"惠企达"企业线上服务区，实现惠企政策"免申即享"。在全省率先实现26项涉企事项长三角"跨省即办"，123项事项"跨省通办"。建设"太融e" App服务应用，主打本地资讯+城市服务，打造具有太仓特色的一站式便民服务平台，首期涵盖政务服务、智慧教育、交通出行、城市生活、智慧医疗、文化体育六大板块超50项服务应用。建设"云上教育同城帮扶"二期项目，实现优质教育资源普惠共享。建设区域医疗收费电子票据系统，实现医疗收费票据电子化。截至年底，"太仓一网通办"平台注册用户近30万人，总访问量400万次，月均活跃用户近万人。

（张文贝　蒋海斌）

【智改数转建设】 2021年，太仓电信注重基础业务和产业数字化业务协同发展，统筹推进治理数字化、经济数字化、生活数字化，深化共建共享合作，以数字赋能，提升太仓"智"造核心竞争力。配合完成太仓市社会综合治理联动中心指挥平台等核心模块开发，承接多个乡镇综合治理平台建设，完成行政审批、行政执法、社会治理等各领域政务服务一体化办公建设，促进政务服务在线化、智能化、实时化。聚焦5G、人工智能、物联网等新技术应用，推动新一代信息技术与制造业深度融合，帮助30多家规模以上工业企业上云转型，推进智慧园区、智慧港口、智慧工厂、智能仓库等5G+工业互联网典型场景应用项目，在数据云化、数据分析、数据安全等方面赋能企业数字化转型，助力客户实现生产链、供应链、服务链革新。协助镇村打造天翼看家行业版监控平台，在平安乡村综合治理建设中完善监控网络覆盖，实现村补育需求。在智能公交候车亭提档升级项目中，升级改造公交候车亭站点176个、电子智能站牌194个，优化公交候车服务，打造精细化、智能化、人性化的公交服务管理系统。

（胡　笛）

2021年9月23日，江苏省广播电视局验收太仓市城厢镇智慧广电乡村工程建设情况　（周静涛摄）

【智慧广电乡村工程建设】 2021年，太仓广电网络推进智慧广电乡村工程建设，提升乡村广播电视数字化、网络化、智能化水平，助力乡村振兴和数字乡村建设。9月9日和9月23日，城厢镇、沙溪镇、双凤镇、浏河镇、浮桥镇、璜泾镇、娄东街道、陆渡街道8个镇（街道）智慧广电乡村工程建设项目分别通过苏州市级验收和省级复评验收，形成"一镇一品（屏）"电视门户、平安乡村治安监控、新时代文明实践中心、远程司法调解、乡村影院、应急广播体系等一系列服务业态，满足农村基层群众更高更优视听体验，满足农村基层管理和宣传个性化需求。

（闵　靓）

生态环境

生态环境质量

【水环境】 2021年，太仓市有饮用水源地1个，为太仓第三水厂水源地，全年全市集中式饮用水源地取水总量为1.22亿吨，饮用水源地水质监测结果达三类水标准。全市共有地表水国省考断面12个，其中国考断面4个、省考断面8个；4个国考断面分别为长江浏河、浏河塘浏河闸、杨林塘仪桥、七浦塘荡茜河桥断面，8个省考断面分别为浏河塘振东渡口、盐铁塘新丰桥镇、新泾新泾闸、鹿鸣泾鹿鸣泾桥、老七浦塘滨江大道桥、新塘河新塘河闸、浪港浪港闸、钱泾钱泾闸断面。年内，浏河、荡茜河桥、新泾闸、鹿鸣泾桥、滨江大道桥、浪港闸、钱泾闸7个断面平均水质达二类水标准，浏河闸、仪桥、振东渡口、新丰桥镇、新塘河闸5个断面平均水质达到三类水标准。太仓市国考、省考断面水质达标率及优Ⅲ比例均为100%。

2021年太仓市水质监测年平均值统计情况表

表5

断面名称	所在河流	水质类别	pH	溶解氧	高锰酸盐指数	生化需氧量	氨氮	化学需氧量	总氮	总磷	氟化物
			无量纲	毫克/升	毫克/升	毫克/升	毫克/升	毫克/升	毫克/升	毫克/升	毫克/升
浏河闸	浏河塘	Ⅲ	8.00	6.5	2.90	1.40	0.36	12.20	2.16	0.121	0.41
振东渡口	浏河塘	Ⅲ	7.58	6.6	4.00	2.90	0.82	11.90	2.96	0.15	0.51
新丰桥镇	盐铁塘	Ⅲ	7.59	6.6	3.40	2.20	0.53	11.00	2.62	0.14	0.50
仪桥	杨林塘	Ⅲ	8.00	7.4	2.80	1.80	0.27	13.30	1.95	0.12	0.31
荡茜河桥	七浦塘	Ⅱ	8.00	8.80	2.40	1.70	0.08	10.00	1.61	0.07	0.24
新泾闸	新泾	Ⅱ	7.74	8.00	2.80	1.90	0.17	9.10	1.75	0.08	0.28
鹿鸣泾桥	鹿鸣泾	Ⅱ	7.76	8.30	2.40	1.40	0.19	9.60	1.92	0.09	0.29
滨江大道桥	老七浦塘	Ⅱ	7.77	7.70	2.80	1.60	0.24	10.00	1.88	0.093	0.29
新塘闸	新塘河	Ⅲ	7.99	9.00	3.00	1.90	0.16	10.50	1.86	0.12	0.29
浪港闸	浪港	Ⅱ	7.83	8.10	2.80	1.60	0.16	9.50	1.76	0.09	0.28
钱泾闸	钱泾	Ⅱ	7.72	8.10	2.80	1.60	0.12	9.50	1.70	0.08	0.29

【空气环境】 2021年，太仓市环境空气有效监测天数365天，其中优良天数320天，优良率87.7%，较上年上升2.5个百分点；全年污染天数45天，其中轻度污染38天，中度污染7天，未出现AQI指数（空气质量指数）300以上的严重污染天气。细颗粒物$PM_{2.5}$年均浓度26微克/立方米。臭氧浓度为158微克/立方米，较上年下降3.7%。年内，全市共有降尘监测点位2个，分别为监测站点位和气象观测站点位。监测结果显示，2021年监测站点位降尘均值为2.11吨/平方千米，气象观测站点位降尘月均值为2.02吨/平方千米；太仓市降尘月均值为2.1吨/平方千米。全市共采集到降水样品97个，降水pH均值为6.47，未发生酸雨降水，酸雨发生率较上年下降5.4个百分点。

2021年太仓市环境空气质量监测情况表

表6

月份	有效监测天数	一级（优）	二级（良）	三级（轻度污染）	四级（中度污染）	五级（重度污染）	六级（严重污染）
1月	31	2	28	1	0	0	0
2月	28	14	14	0	0	0	0
3月	31	9	20	1	1	0	0
4月	30	6	23	1	0	0	0
5月	31	5	17	6	3	0	0
6月	30	15	11	3	1	0	0
7月	31	16	9	6	0	0	0
8月	31	12	13	5	1	0	0
9月	30	8	17	4	1	0	0
10月	31	17	12	2	0	0	0

续表 6

月份	有效监测天数	一级（优）	二级（良）	三级（轻度污染）	四级（中度污染）	五级（重度污染）	六级（严重污染）
11 月	30	6	21	3	0	0	0
12 月	31	3	22	6	0	0	0
合计	365	113	207	38	7	0	0

【声环境】 功能区噪声。2021 年，太仓市功能区噪声均达到相应类别标准，达标率 100%。

区域噪声。2021 年，太仓市昼间区域环境噪声平均等效声级为 54.6 分贝，等级划分为二级“较好”。

道路交通噪声。2021 年，太仓市昼间道路交通噪声平均等效声级为 63.3 分贝，等级划分为一级“好”。

【土壤环境和生态环境】 2021 年，太仓市土壤环境质量监测区域无土壤点位超标，土壤污染等级均为无污染。全市生态环境状况指数 61.0，处于良好级别，植被覆盖度较高，生物多样性较丰富。生态环境质量较上年无明显变化，生态环境质量状况稳定。

（黄　凯）

2021 年 1 月 11 日，省生态环境厅厅长王天琦（中）到太仓调研督导太仓港城组团污水处理厂尾水生态净化工程和长江太仓港区段生态保护修复情况

（黄　凯摄）

工业污染源

【工业废气】 2021 年，太仓市燃煤总量 1171 万吨，较上年增加 2.3%。电力、热力生产和供应业是煤炭消耗主要行业，耗煤量 1121 万吨，占全市总耗煤量 95.7%。全市工业废气排放总量 1230 亿立方米，较上年增加 8.4%。其中电力、热力生产和供应业是废气排放量最大行业，累计排放量 1000 亿立方米，占全市总量 81.3%。全市工业废气中二氧化硫排放量、氮氧化物排放量、烟（粉）尘排放量分别为 2605 吨、6880 吨、538 吨，较上年分别增加 4.4%、10%、6.5%。其中电力、热力生产和供应业是废气污染物排放第一大行业，二氧化硫、氮氧化物、烟（粉）尘排放量分别为 2592 吨、6711 吨、483 吨，均居全市首位，分别占全市总量 99.5%、97.5% 和 89.8%。

【工业废水】 2021 年，太仓市工业取水量 1.11 万吨，工业废水排放总量 3216 万吨。工业废水排放的主要行业是造纸和纸制品业，排放量 2150 万吨，占比 66.8%。全市工业化学需氧量和氨氮排放量分别为 1632 吨和 124 吨，较上年分别下降 0.4% 和 14.4%。造纸和纸制品业是全市化学需氧量排放量最大行业，排放量 1101 吨，占全市排放总量 67.4%。造纸和纸制品业仍是全市氨氮排放量最大行业，排放量 97.7 吨，占全市排放总量 78.7%。

【工业固体废物】 2021 年，太仓市一般工业固体废物产生量 271.8 万吨，综合利用量 244.8 万吨，综合利用率 90.1%。危废产生量 8.94 万吨，危废处置量（转移）9.05 万吨。危险废物主要产生行业为电镀行业，危废类别为 HW17，存量 3.09 万吨，占危险废物产生量 34.56%。全市共有城镇污水处理厂 9 座，年产污泥量 3.76 万吨，通过制肥、制砖、制造胶凝材料实现全市城镇水处理污泥安全处置率 100%。

（黄　凯）

生态保护

【概况】 2021 年，太仓市以生态优先、绿色发展为导向，围绕建设“现代田园城、幸福金太仓”总目标，统筹推进生态环境保护和经济社会高质量发展，全市生态环境质量持续改善，生态屏障持续巩固，完善“一心两湖三环四园”田园城市生态体系，打造“城在田中、园在城中”城市风貌。年内，在苏州市生态文明建设和打好污染防治攻坚战考核中实现“三连冠”，太仓生态环境局因中央环保督察交办问题整改、环境基础设施建设、生态环境质量改善及生态建设成效明显，获省政府办公厅督查激励。全年全市落实完成重点工程项目 20 项，累计投入资金 11.33 亿元。

太仓市2021年度生态文明建设重点工程情况表

表7

序号	项目名称	建设内容
1	挥发性有机物综合治理项目	完成全市100家挥发性有机物排放重点企业生产全过程综合整治。
2	太仓中集冷藏物流装备有限公司	完成涂装线油性漆改水性漆技改项目。
3	独溇小海生态修复	完成独溇小海1.5平方千米核心区进行生态修复和利用
4	主城区水质提升控导工程	完成洣泾河等14座活动堰
5	太仓城东水质净化厂污水连通管工程	建设城东污水处理厂至城东水质净化厂互联互通管道工程，完成8.8千米管道建设
6	水上绿色综合服务区	完善船舶废弃物接收处理系统建设，建设趸船1艘，新建污染物接收船2艘和交通艇2艘
7	阳鸿石化化学品洗舱水及含油污水接收处置站	建成后化学品洗舱水接收量1万立方米/年，含油污水接收量1万立方米/年，生活污水接收量5000立方米/年，总污水接收量2.5万立方米/年
8	太仓港区石化区水系控制及活水工程	新建水系控制系统，增加河道水动力引排设施，年内完成闸坝4个
9	太仓市城区污水处理厂提标改造工程	提标改造城区污水处理厂6万吨/日处理量，出水尾水达省DB32标准，城区污水厂提标改造主体工程完成
10	配套管网建设	新建全市污水处理配套管网18.2千米
11	太仓市建筑装潢垃圾资源化处理厂	完成项目整体BIM设计；完成1#、2#车间钢结构主体结构及次结构安装、屋面板及墙面板安装；完成3#办公楼及展厅主体封顶，完成砖墙砌筑；设备生产进度完成100%，开展设备交付及安装
12	太仓再生资源综合利用项目	建设规模为处理生活垃圾2250吨/天，协同处置易腐垃圾400吨/天；配套建设一座有效库容约50万立方米的飞灰填埋场，完成主设备及关键辅机招标。 取得电力接入系统立项核准批复，完成初步设计，完成施工图设计，完成燃气高压管线立项申请；河道改造工程竣工；完成渡缘桥等8座桥梁钻孔灌注桩施工及盖梁施工，完成维新A、C、D线水稳层第一、第二层施工
13	太仓市生活垃圾卫生填埋场垃圾渗滤液预处理投资建设运行项目	渗滤液总处理规模为200吨/天，主要处理相关浸出液、垃圾渗滤液等，正式投产
14	太仓市沙溪镇工业污水处理厂	新建处理规模2.0万吨/天的工业污水处理厂1座，土建主体工程完成95%
15	太仓市沙溪镇工业污水处理厂配套管网工程	新建污水管网及相关附属泵站，调整1号、2号监测站用地控规
16	港区化工园区危化品专业消防站	建成占地约1.4公顷、总建筑面积约1.3万平方米危化品专业消防站1座；综合楼主体框架结构封顶，训练塔基础土方回填压实完成，一层排架搭设
17	港区化工园区危化品专用停车场建设工程	项目占地4.8公顷，共设置危化品车辆停车位255个及配套环境处理设施；危化品专用停车场主体工程完成
18	三水厂水源地水站及其预警站设备更新、升级	高标准建设完成三水厂水站设施设备，在水源地预警站增加挥发酚和挥发性有机物监测设备
19	港区化工园区环境管理与监控体系建设项目	建成水质自动监测站4套、空气质量监测站2套、微型空气监测站5套、环境管理系统1套
20	化工园区"一厂一管"工程扩建工程	扩建"一厂一管"工程，完成站房选址、建造工作

【生态文明建设】 2021年，太仓市坚持生态优先、绿色发展，系统推进污染防治和生态修复，坚持气水土协同改善。5月13日，省政府办公厅下发《关于对2020年落实有关重大政策措施真抓实干成效明显地方予以督查激励的通报》，苏州太仓被列为"中央环保督察交办问题整改、环境基础设施建设、生态环境质量改善及生态建设成效明显的地区"，督查奖励600万元，并优先推荐申报中央环保专项资金补助项目。7月5日，省财政厅、省生态

2021 年 3 月 31 日，上海市嘉定区和江苏省昆山市、太仓市签订《大气污染联防联控合作协议》（黄　凯摄）

环境厅下发《关于下达 2021 年省生态安全缓冲区示范项目奖补资金的通知》，给予太仓市生态安全缓冲区示范项目奖补 1500 万元。太仓市深化沪太两地生态环境保护方面合作，签订《嘉太两地跨界国省考断面水质提升合作协议》《嘉昆太三地大气污染联防联控合作协议》《“嘉太同城 生态先行”党建共建协议》，磋商解决环境问题，为共建绿色美丽都市圈打下良好生态环境基础。年内，印发《太仓市 2021 年大气污染防治工作计划》《太仓市 2021 年水污染防治工作计划》《太仓市 2021 年土壤污染防治工作计划》《太仓市生态环境局进一步加强塑料污染治理具体实施方案》《苏州市太仓生态环境局进一步推进生态环境损害赔偿工作的实施方案》《太仓市 2021 年度环境监察工作计划》《苏州市太仓生态环境局推进社会治理现代化工作实施方案》《苏州市太仓生态环境局深化安全生产三年专项整治工作方案》等。

【生态治理】 2021 年，太仓市在全省率先推出“企业环保经理发证”机制，首批持证上岗企业环保经理人 185 人。全市注册使用“环保脸谱”App 企业 2647 家，实现“及时发现问题、严格督促整改、有效督查销号”全流程线上监管。设立“环保贷”产品，发放贷款 3407 万元，覆盖纺织印染、建筑材料、食品加工、塑料制品等行业，助力绿色低碳转型发展。开展全市印染行业综合整治，高标准提升整治 19 家，倒逼关停 15 家。开展入河排污口排查整治工作，长江入河排口 204 个和太湖流域核定排口 772 个。开展“散乱污”企业（作坊）专项整治及国土空间全域整治，累计整治企业（作坊）5498 家，腾出发展空间 550.4 公顷。开展生态损害赔偿实践，签订生态损害赔偿磋商协议 31 件，涉及赔偿金额 126.4 万元。新增国家“绿色产品”4 个、省“绿色工厂”5 家。实现省级生态文明建设示范镇全覆盖，位列全国绿色发展百强县第二。

（黄　凯）

水资源保护

【河湖概况】 2021 年，太仓市水域面积 256 平方千米，其中内陆水域面积 112 平方千米。全市河道分六级，共 4640 条、3402.25 千米，其中流域性河道为长江 36.2 千米；区域性河道 5 条，分别是东西向的浏河塘、杨林塘、七浦塘、新荡茜河等通江河道 4 条和南北向的盐铁塘 1 条，共 123.42 千米。太仓市级河道 20 条、共 209.5 千米；镇级河道 227 条、共 589.19 千米；村级河道 652 条、共 955.32 千米；生产河道 3748 条、共 1491.84 千米。境内主要有水利分区 4 个，分别是吴塘河以西的低洼圩区、吴塘河—盐铁塘之间的半高地、盐铁塘—沪浮璜公路一线的中部平原区以及沪浮璜公路以东的沿江高水片。

【水资源管理】 2021 年，太仓市严格控制水资源消耗总量。全市年度用水量 6.36 亿立方米（按新统计口径），单位地区生产总值水耗 42.26 立方米 / 万元，全年征收水资源费 3397.48 万元。推进落实水利部用水统计调查制度实施工作。按照“应录尽录”原则，全市 80 个自备水源取水户、3 个农业灌区完成用水统计调查系统直报系统名录注册，125 本取水许可证完成电子证照存量转换入库，完成十八港生态水位确定及娄江河生态河湖状况评估。完成国家级县域节水型社会达标建设。推进苏州华苏塑料有限公司等企业节水技术改造。开展各类节水载体创建，全市累计创建节水型企业 55 家、节水型小区 42 个、节水型学校 57 个、节水型公共机构 82 个，水务行业机关全部建设成为节水型机关。

【水系规划体系健全完善】 2021 年，太仓编制完成《太仓市“十四五”水务发展规划》《骨干河道控制线规划》《“十四五”农村生态河道建设规划》《太仓市娄江新城水系治理规划》《太仓市供水专项规划（2020—2035 年）》；修订《太仓市河道管理实施办法》，印发《排水管理办法》，开展《太仓市水利水务基础设施国土空间布局规划》编制，完善纳入空间规划的河道、建筑物工程的红线线位。完成石头塘、十八港、湖川塘、娄江河等纳入省级河湖名录的主要河道保护规划。

【城区水环境提升】 2021 年，太仓市主城区水质提升控导工程 14 座活动堰建成投运，于二环沿线湖川塘、洙泾河、城北河等河道口门处设置 14 座活水控导工程，形成由十八港—湖川塘，经城区河网至盐铁塘—浏河有序流动的活水模式，推进水闸联合调度、精准调度，提升城区河道水动力。完成老城区水生态环境综合治理，原位生态修复治理致和塘、团结河、樊泾河、相公河、东长春河、南城河 6 条河道。

【重点水系治理项目】 2021年，太仓市实施浏泾河（十八港—岳鹿路）治理项目，提升娄江新城水环境，整治河道约3千米，新建护岸总长度6千米，新建堤顶道路1.2千米，年度完成总工程量75%。完成十八港河道拓浚整治工程，长度7千米，拓宽河口宽度至40米，修建生态挡墙及沿河绿道。完成长江随塘河（浮桥段）河道疏浚21千米，完成璜泾涟浦涵洞改建，改建涵洞1座，规模2米×2米。完成双凤镇再生资源水系调整项目，包括新开河道580米、老河拓浚整治620米，配套生态挡墙2260米；新建灌排闸站1座，灌溉渠道760米，圩堤道路900米。开展冬春水利建设，全市疏浚河道189条、长度124千米。

2021年8月，整治后的双凤镇黄泥浜 （市水务局供稿）

【河长制工作深化】 2021年，太仓市持续深化河长制改革，落实河长治水责任担当，召开市镇两级河长制工作推进会64次、河长工作例会127次。完成苏州"一事一办"任务22项、完成率100%，太仓"一河一策"454项、完成率97.2%。全市各级河长巡河8万余次，收到江苏省河长制热线"96082"工作交办单2份、苏州河长制工作交办单14份，下发太仓河长制交办、批办单42份，全部办结。全市共设置水质监测点450个，落实"一月一监测一通报"，督促河长履职尽责。举办短视频大赛、河小青共建幸福河等宣传活动，加大河湖长制工作传播影响力，推进全域治水全民护河格局。太仓市率先在苏州市建立"河长＋检察长"协作机制，推动行政执法与司法检察公益诉讼互促共进、协同发力，合力破解河湖生态治理难题，提升全市河湖治理法治化水平。8月30日，太仓市与昆山市举办昆太跨界河湖联合河长制活动。活动中，太仓—昆山跨界河湖联合河长制公示牌揭牌，开启两地交界河湖生态治理新篇章。昆太两地河长办、检察院通过实地＋无人机巡河等方式，开展联合巡河，并就河道管护、水环境保护领域公益诉讼典型案例开展交流。通过联合印发联合河长制工作四项制度、签订框架合作协议等形式，58条交界河道建立联合巡河、共同保洁、信息共享工作机制，推动长三角区域一体化协同治水。9月3日，太仓市双凤镇、昆山市周市镇、常熟市支塘镇在支塘镇蒋巷村举行"三地共建"深化联合河长制签约仪式。为深入贯彻落实长三角一体化生态绿色发展重大战略，推进河长制改革工作，根据《关于全面建立跨界河道联合河长制的通知》要求，构建跨界河道"联防联治、共建共管"工作机制，联合制定《联合河长制工作制度协议》，明确三方职责，加强三方合作，推进三城跨界河湖水污染联合防治。

【河湖管理和保护】 2021年，太仓市推进涉河建设项目审批流程规范和效率提升，完成太仓市级涉河审批项目10件，出具苏州市级涉水建设项目审查意见15件，出具工业用地预审及用地规划设计要求意见约100份。划定河道长度约235千米。完成河湖管理范围内图斑整改项目8个。持续跟踪违法开工项目水土保持方案补报进度，开展水土保持监督检查。开展水土保持区域动态监测，做好水土保持目标责任考核工作。全年准予水土保持行政许可146个，开展监督性监测项目35个。

【生态美丽河湖建设启动】 2021年1月，太仓市委、市政府签发2021年第1号"总河长令"，重点针对消除劣五类水体专项攻坚行动发出动员令。健全河长制工作机构，配足配强人员，各镇（区、街道）明确不少于2名专职人员负责河长制工作。拉网式动态排查全市域内河道，梳理更新全市劣五类水体清单；强化源头管控和断面监控，采取因河制宜、一河一策、联保共治、长治久清方式，对劣五类水体清存量、遏增量；加大水体污染防治力度，加快河湖生态环境修复，推进生态美丽河湖建设，打造人民身边的幸福河湖。《太仓市生态美丽河湖典型河道设计方案》印发，以河畅、水清、岸绿、景美的太仓美丽河湖愿景为目标，因地制宜全面整治提档河湖面貌，塑造一体化水乡风貌。年内，建成生态美丽河道92条、生态河湖群2个、生态美丽河湖3条，通过苏州市级验收。太仓市以自然生态、集中成片为原则，以综合治理、水质提升为重点，统筹推进生态河湖建设、农村人居环境整治、美丽村庄建设，从群众宅前屋后的镇、村级河道着手整治提档，改善城乡水环境，以美丽河湖串联起美丽城镇、美丽村庄、美丽田园，彰显生态宜居的江南水乡风貌，擦亮太仓市"千河灵水百年港，乐水安居金太仓"的水生态文明城市品牌。

【河道长效管理养护】 2021年，太仓市在受水葫芦爆发严重影响的盐铁塘、七浦塘重点河段设置拦河网

30段，合计736米，全年打捞水葫芦5517吨。升级闸站控制系统，接入45座闸站视频点位200余个、水情站点28个、雨情站点20个和所有闸站运行数据，新建水质监测点9个，流量监测点8个，完成太仓市城区闸站联合调度网页平台、手机移动端以及工控平台建设，实现智能感知、远程自动化测控、闸站联调联控、预警报警、智能运维管理等功能。

【水政监察执法】 2021年，太仓市保持高压态势，严厉打击非法采砂，配合开展"三无船"整治行动。通过拆除采砂机具、劝返原籍、自行拆解船体等方式，彻底消灭域内三无采砂船。全年全市长江水域未发现一艘三无采砂船，未发生一起非法采砂事件，未接到举报电话，长江太仓段水势平稳可控。提升水行政执法水平，全年累计对区镇综合执法局开展业务指导50余次。全年立案查处违法案件1起，罚款2.5万元。组织开展各类专项行动，出动执法艇24航次、执法车256辆次、执法人员781人次，开展联合执法巡查10次，维护太仓水事秩序。

【"水美太仓"新型智库成立】 2021年7月12日，太仓市举行"水美太仓"新型智库成立仪式暨产学研合作基地签约活动。同济大学、河海大学、苏州大学东吴智库等高校院所的11名专家学者被聘为智库首批专家团成员。为深入贯彻习近平生态文明思想，践行新发展理念，抢抓长三角一体化战略机遇，探索沪苏同城化发展新路径，太仓市水务局与上海、江苏各大高校院所探索太仓市水务事业新型智库建设，以"资源共享、优势互补、务实合作、共同发展"原则，发挥高校院所科研、学科、人才优势，深化合作，推进协同创新，实现互利共赢。"水美太仓"智库由太仓市水务局与同济大学、河海大学、苏州大学东吴智库、大运河文化带建设研究院苏州分院、江苏先进无机材料研究院的专家学者共同发起建立，建立水利水务政策研究和决策咨询队伍。"水美太仓"智库依托产学研合作基地，发挥优势资源，在水务人才培养、科学研究等方面开展合作，为水利水务的项目建设、行业管理、水环境治理等热点和难点问题提供智力支撑。

【水务宣传】 2021年，太仓市开展"世界水日""中国水周"系列宣传活动。3月22日，太仓市节水教育基地在城厢镇电站村开馆，发布太仓节水教育基地"吉祥物"——太仓水宝主题形象。基地展厅面积500平方米，设有序厅、认识水、爱护水、节约水和节水营等5个展厅，是集科普与教育、示范与体验、培训与交流、宣传与展示等功能为一体的综合展馆。基地全年共接待参观人员2000余人次、团队15批次、学生1015人次，节水课堂累计授课540分钟。3月22—28日，太仓市开展河道美容志愿护河活动、"水漾青春·水美娄城"环金仓湖骑行、"公益植树·绿色成长"、"跟着河长去巡河"等第34届中国水周系列宣传活动，举办网上水法律法规知识竞答活动，形成爱河、护河、节约用水良好氛围。

（周　婷）

2021年3月22日，太仓市节水教育基地开馆　（市水务局供稿）

污染防治

【概况】 2021年，太仓市开展各项污染防治联合行动，加大高压执法，打好打赢污染防治攻坚战，让"太仓蓝"成为"常态蓝"。全年完成大气污染防治重点工程12项、水污染防治重点工程1项。实现化学需氧量、氨氮、二氧化硫、氮氧化物四项主要污染物分别削减2.71%、1.13%、2.65%、1.27%。

【大气污染防治】 2021年，太仓市坚持"系统、减量、科学、精准"治气，完成大气污染防治年度计划项目1290个，其中：完成产业集群治理183个，综合整治产业园区21个，储罐整治130个，燃气锅炉低氮改造及"回头看"88个，餐饮油烟治理340个，培育完成A级企业10个。严控挥发性有机物无组织排放，开展1000多家涉VOCs（挥发性有机物）企业排查评估，实现VOCs减排量3000吨。做好"车油路企"协同治理，累计开展VOCs走航监测400余次，完成非道路移动机械编码登记7064台，淘汰高污染排放机动车1.06万辆，实现全市范围清洁燃料替代。开展建筑施工扬尘防治检查，坚持日常监管与差别化巡查相结合，实现全领域监管、全过程治理、全方位落实降尘措施，完成扬尘状况评定工地64家，落实扬尘治理检查254次。连续三年在上海进博会期间实施科学有力管控，污染削峰成效显著。2021年太仓环境空气优良率为87.7%，较上年上升2.5个百分点；$PM_{2.5}$平均浓度为25.9微克/立方米，较上年下降1.5%。空气优良率、$PM_{2.5}$平均浓度、臭氧浓度3项指标在苏州均为第一，$PM_{2.5}$平均浓度位列全省第四，空气优良率排名全省第七。

【水污染防治】 2021年，太仓市印发《2021年水生态环境保护工作计划》，落实“河（湖）长制”“断面长制”，实施“水十条”，按照减源、治污、疏堵相结合原则，开展重点断面年度“一断面一方案”攻坚行动，围绕管网建设、河道整治、工业企业污水纳管收集等方面落实各项工程措施和管理措施，做好国省考断面水质保障。针对浏河闸、仪桥、新丰桥镇、振东渡口4个水质不稳定达标断面，加强断面水质调度会商，成立振东渡口、新塘河闸断面水质提升工作专班，实施区域部门联动攻坚，实现闭环管理。高密度监测全市124个高质量发展水环境断面，督办逆序排名靠前的断面和长期不达标河流，加大整治力度，提升全域地表水环境质量。城区污水处理厂、沙溪工业污水处理厂投用，在苏州范围内率先取得城镇区域水污染物平衡核算试点成果。建成生态美丽河湖114条，基本消除城镇黑臭水体。厘清交界河湖58条，破解跨界河道治理难题。全年全市12个国考省考断面优Ⅲ比例100%，主要通江支流水质全部达Ⅲ类及以上水质标准。

【土壤污染防治】 2021年，太仓市持续实施“土十条”，印发《太仓市2021年土壤污染防治工作计划》，完成农用地土壤污染状况详查、土壤污染重点行业企业筛选、关闭搬迁化工企业和涉重企业遗留地块排查，推进原太仓农药厂等地块土壤修复试点项目。强化医疗废物动态监管，确保全市隔离点、涉外码头及医疗机构产生的医疗废物得到分类收集、规范贮存、安全运输、无害处置。在全省率先启动完成化工园区地下水环境状况调查评估工作。推进危险废物收集企业建设工作，实现小微企业危险废物规范化收集、处理。推动危险废物全生命周期监控系统应用，将全市1158家产废单位纳入危废申报系统，完成258家年产危险废物10吨以上企业、18家年产危险废物1000吨以上企业关键位置视频监控联网工作，实现对管理目标的远程可视化实时监控。严厉打击非法转移、倾倒、填埋等固废违法案件，加大跨省转移固体废物查处力度。连续4年农药集中配送率95%、废弃包装物无害化处置率100%。

（黄　凯）

节能减排

【工业节能】 2021年，太仓市坚持以生态文明建设为统领，以推进绿色发展为主线，提高贯彻落实新发展理念的能力和水平，全市节能降耗工作成效显著。全年全市规模以上工业综合能源消费量652万吨标准煤，较上年上升8.87%；规模以上工业万元产值能耗0.22吨标煤，较上年下降6.84%，规模以上工业增加值能耗（当量）较上年下降4.75%。

【工业绿色转型升级】 2021年，太仓市推进“能效对标”活动，评选先进企业3家，其中优秀奖1家、优良奖2家。推进绿色制造体系创建，按照用地集约化、原料无害化、生产洁净化、废物资源化、能源低碳化的绿色制造模式创建绿色工厂，打造一批制造业绿色转型升级的示范标杆，通快（中国）有限公司、苏州瑞高新材料有限公司、苏州华苏塑料有限公司、江苏宝洁有限公司、新大洲本田摩托（苏州）有限公司等5家企业获省级“绿色工厂”称号。组织开展再生资源行业规范企业申报，太仓金钢重机轧辊获废钢铁加工行业准入，对获得行业规范条件的再生资源利用企业加强事中事后监管。

【节能政策支持】 2021年，太仓市鼓励企业申报绿色发展类项目，经审核符合申报要求的项目36项，其中节能技改项目1项（新太酒精沼气+天然气混合燃烧锅炉技改项目，项目总投资645.63万元，年节能量1470.47吨标煤），获得资金支持35.29万元；绿色制造项目1项（华苏塑料中水回用综合技术改造及水性印刷压延膜项目，项目总投资2760.21万元，年可节水量37.78万吨，年削减非甲烷总烃排放量75.26吨/年），获资金支持100万元。

【节能监察执法】 2021年，太仓市健全节能执法体系和流程，严格执行“双随机、一公开”制度，督促企业落实节能主体责任，执行节能法律法规，加强事中事后监管。全年累计配合苏州市节能监察中心开展节能监察企业11家，市节能监察中心完成“双随机、一公开”节能监察合计5家，配合省监察组开展省年耗能量5000吨以上标煤企业节能专项监察合计4家、“两高”项目工信部专项节能监察合计2家，配合苏州开展“两高”技改项目专项核查合计4家。

【公共机构节能】 2021年，太仓市公共机构贯彻落实《太仓市能耗“双控”和“两高”项目有序用能调控工作方案》通知要求，加大公共机构能耗控制工作力度，落实节约型机关创建要求，提升公共机构资源利用效率，完成能耗“双控”年度目标任务。全市各单位以“节能降碳，绿色发展”为主题开展宣传活动，利用电视、广播、报纸等传统媒体以及网站、微信公众号、微博等新媒体，广泛宣传节能减排知识，引导干部职工树立良好生态文明理念，养成绿色消费行为习惯，带动人民群众参与节能减排、践行绿色生活，扩大公共机构节能的社会影响力。年内，发放《江苏省工作人员低碳生活手册》2000余册、各类节能宣传资料2000余份，宣传信息被国家机关事务管理局网站录用3篇。推进节约型机关创建行动，弘扬简素为美、节俭效能的机关文化，发挥节约型机关示范引领作用。开展省公共机构节能示范单位创建工作，发挥示范单位引领垂范作用。推动公共机构节水型单位创建，加强节水管理，推广使用节水新技术、新工艺和新产品，持续发挥示范单位表率引领作用。完成全市378家公共机构的能耗统计和能耗核查工作。成立“双控”督查小组，开展有序用电督查活动，推行“在全市公共机构停开空调、停开3楼以下电梯”活动，落实公共机构节能降耗工作。市委党校获“江苏省公共机构节能低碳示范单位”称号；市行政中心获“江苏省节水型机关”称号。年内，全市节约型机关创建率72%，在苏州各县区排名第一。

【节能宣传】2021年8月23—29日为全国节能宣传周，8月25日为全国低碳日。太仓市节能减排工作领导小组节能办公室印发《关于组织参加“低碳减排·承诺践行”低碳日活动的通知》和《关于开展2021年太仓市节能宣传周活动的通知》，开展“节能降碳，绿色发展”主题节能宣传周活动。全市深入践行习近平生态文明思想，倡导简约适度、绿色低碳的生活方式，各单位结合新冠肺炎疫情防控、核酸预约登记工作开展节能宣传进社区、进企业等系列活动，普及节能低碳知识，树立节约理念。宣传周期间，线上答题活动总计参与2万人次，发放节能宣传册及各类宣传品800余份，营造节能降碳浓厚氛围。

（张文贝　张　跃）

环保监管

【安全生产专项整治】2021年，太仓市严格落实安全生产责任，推进安全生产专项整治，坚决防范遏制重特大安全事故。强化安全责任意识，落实“党政同责”“一岗双责”，强化“人民至上、生命至上”理念，开展安全生产专项整治三年行动。常态化开展“百团进百万企业千万员工”宣讲，扛起安全生产政治责任，严守生态环境安全底线。做好群众投诉处置，针对群众反响强烈重点环境信访问题，分类制定整治方案，包案化解，重点环境信访量下降。全年受理各类环境信访1028件，较上年减少45.2%；其中“12345”电话投诉891件，全国生态环境信访投诉举报管理平台71件，部级转办1件，省级转办19件，苏州级转办12件。强化部门联动，召开环境保护、安全生产联席会议，落实部门联动协商机制、不定期组织联合执法检查等六大生态安全举措。推动生态环境领域安全隐患排查治理、安全隐患线索移交工作机制，开展重点环保设施企业、涉镁铝废屑企业联合检查，落实问题闭环，形成监管合力。坚持高压执法，落实双随机工作制度，规范危险废物收集、贮存、转移、处置及利用，全年消除危险废物隐患问题310处，排查重点污染治理设施732套。全年现场检查企业5900厂次，1.51万人次；发放行政处理通知书634份、处罚金额1772.5万元。

【突出环境问题整改】2021年，太仓市高标准做好中央环保督察及“回头看”、长江经济带、省环保督察等环境问题整改。完成上级交办太仓的整改信访案件136件。做好第二轮省生态环境保护督察迎检工作，每件信访问题均由市政府分管领导现场督办处理。办结第二轮省生态环境保护督察组向太仓市交办的环境信访问题9批14件。随机抽查企业171家，拟立案企业7家。围绕“散乱污”整治、扬尘治理、工业企业排污等问题，加强明察暗访、媒体曝光、跟踪督办等，《太仓新闻》“深入打好污染防治攻坚战，太仓在行动”栏目共曝光环境问题31档、49个，下发督办单40份，推动解决一批长期困扰百姓的突出环境问题。

【环境影响评价】2021年，太仓市优化工业园区规划建设，持续推进工业企业进园入区，加快产业结构调整和布局优化。对现有各类园区开展环境影响评价工作，强化规划环评对项目环评的指导约束作用，规划建设工业集中发展区。提档升级各类园区基础设施，提高排污排水能力，加快工业污水处理厂建设进度。开展工业园区限制限量管理工作，实现园区分类施策精准治理。严控“两高”（高耗能、高排放）项目环评审批，坚决遏制“两高”项目盲目发展，摸排存量“两高”项目，建立清单化、动态化管理台账。下发2021年强制清洁生产审核企业名单32家，完成清洁生产审核验收企业24家。优化太仓政务营商环境，审批建设项目387个，建设单位自行完成备案项目1566个。

【环保宣教】2021年，太仓市树立“山水林田湖草生命共同体”理念，保持生态红线面积不低于146.99平方千米，占全市总面积的18.1%。全市域推进长江大保护，实施长江岸线开发总量控制，确保规划使用岸线零增长，长江干线及洲岛岸线开发利用率控制在50%以下。全市建成区绿地率和绿化覆盖率分别是39%和42%。建成长江生态安全缓冲区11公顷，禁捕退捕工作位列全省前列。港区生态缓冲区被列入省厅A类生态缓冲区，生态环境工作获省政府督查激励。落实码头与船舶污染防治，减少污染物入江总量。遏制高耗能、高排放项目盲目发展，依法依规停运或彻底整改不合规“两高”项目。推进清洁生产工作，完成32家企业清洁生产中期评估工作。以“人与自然和谐共生”为主题开展“6·5”世界环境日系列活动，推送环保公益短信5000条，“全国低碳日”活动线上参与1.6万人。太仓市与上海市嘉定区、苏州昆山市深化跨界区域合作机制，协同推进区域生态环境保护和经济社会协调发展。通过落实区域合作、联合执法检查、跨区域风险防控、应急联控、监测信息共享、定期联席会议与会商机制，形成强大合力，提升区域大气污染防治工作成效。

（黄　凯）

工业循环经济

【概况】2021年，太仓市持续发展循环经济，按照减量化、再循环、再利用原则，推进工业循环经济发展，纳入工业发展和节能规划，重点建设一批循环经济项目，推进一批循环经济示范企业，打造一批循环经济示范样板，推进工业绿色高质量发展，建设资源节约型、环境友好型社会。全市工业循环经济具备一定规模，产业循环链条深化，基本形成电厂废弃物（粉煤灰、脱硫石膏）循环利用、再生资源回收利用、农林废弃物资源化再利用、有机物厌氧发酵沼气利用、餐厨垃圾无害化处置利用、金属冶炼废渣综合利用、管道蒸气长距离集中供热等产业链。年内，太仓市加强对重点用能企业节能监管，通过节能监察、能源审计、能效对标、能源管理体系建设、机电设备能效提升、水效领跑者、绿色制造体系建设等手段，促进工业企业能效、水效的提升，降低能耗、物耗、水耗，推进企业生产源头的资源减量化。

【再生资源综合利用】 2021年，太仓市组织开展再生资源综合利用行业规范企业申报，加强废塑料、废旧轮胎等再生资源综合行业监管，常态化监督检查已公告企业，推进市再生资源综合利用行业规范发展，助力资源节约型和环境友好型社会建设。全年全市公告再生资源综合利用规范企业合计处理废塑料4.7万吨、废轮胎1.2万吨。

【循环经济先进技术推广应用】 2021年，太仓市在化工、造纸、建材、电力等重点行业，加快推进先进技术应用，重点推广资源节约和替代技术、新能源和可再生能源开发利用技术、工业废弃物资源化利用技术等先进技术。对先进企业推荐创建工信部“绿色工厂”和“绿色产品”，对单位产品能耗领先的企业推荐创建省和国家“能效领跑者”企业。鼓励企业实施节能改造和绿色制造项目，新太酒精沼气+天然气混合燃烧锅炉技改项目总投资645.63万元，每年节能1470.47吨标煤；华苏塑料中水回用综合技术改造及水性印刷压延膜项目总投资2760.21万元，每年节水量37.78万吨，每年削减非甲烷总烃排放量75.26吨。

（张文贝）

城市管理

【概况】 2021年，太仓市持续深化城市管理体制和综合行政执法改革，坚持统筹新冠肺炎疫情防控和安全生产，提升城市精细管理水平，城市管理各项重点任务取得进展。推出“善美物业阳光快检”物业督查服务、“红色萤火虫”志愿服务等“我为群众办实事”项目，提升“美丽太仓满意城管”品牌内涵，建设城市管理服务站等纽带阵地。年内，太仓市获评苏州2021年度城市管理工作先进县市。

【综合行政执法】 2021年，太仓市深化综合行政执法改革，推行联席会议、双向考核等制度，组织开展“零点行动”“绿色护考”等执法保障活动。完成城市管理领域权力事项下放，建立联动协调工作机制，推进镇（街道）相对集中行政处罚权工作。与上海市嘉定区、宝山区签订《毗邻区域共同管辖执法协议》，完善沪太城市管理协同发展机制，长三角执法协作持续深化。开发区块链电子证据系统，在苏州城市管理领域率先运用“区块链+公证”行政执法全过程记录模式，全年全市区块链电子证据系统上传音视频4818件，综合执法系统共采用468件作为案件证据，其中一般程序413件、违法建设55件、完成案件公证149件、公证视频287件。全年全市城市管理领域共作出行政处罚决定5.75万件，较上年增加49.1%。年内，市城管局获评2021年度全省住房和城乡建设系统行政执法示范单位、2021年度省住房和城乡建设厅巩固深化“强基础、转作风、树形象”专项行动表现突出单位，在2021年度全省住房和城乡建设行政执法平台应用考核中，太仓市城管局在全省112家县（市、区）城市管理部门中排名第一。

2021年12月22日，常熟、太仓、昆山三地城管部门开展首次执法协作联合整治行动（市城管局供稿）

【市容秩序管控】 2021年，太仓市开展市容“十无十到位”［“十无”是指无流动摊点、无占道经营、无乱扔垃圾、无路面污染、无损绿毁绿、无乱停乱放、无拉挂晾晒、无张贴涂写、无违章广告、无新增违建；“十到位”是指市容环卫责任区制度落实全部到位、市容环卫责任监管系统沿街单位信息采集到位、建筑立面管理到位、破墙开门（窗）整治到位、绿植进店规范到位、接坡地锁整治到位、遮阳（雨）棚统一设置到位、卷帘门见新到位、空调外机规范设置到位、玻璃门腰线规范到位］管理活动和“微执法”专项行动，自查自纠问题7458处，办理城市管理领域轻微违法行为案件5.4万件，教育纠处各类不文明行为6.4万起，深化市容环卫责任区制度。启用智慧城管大数据平台，推广市容环卫责任监管系统，推进市容和广告动态系统使用工作，采集商铺信息2.12万家，商铺市容环卫责任书签订率、张挂率均为100%。完成苏州市市容环境专项整治项目31个，市黄姑塘生态湿地整治提升和庆丰路环境综合整治获评示范项目。落实大气污染防治攻坚，取缔露天焚烧和露天烧烤311起。年内，县府东街创建成为苏州市城市管理示范路，“虞味缘”商户获评苏州第一届市容环卫责任“星级商户”。

【户外广告整治】 2021年，太仓市在苏州市率先启动并完成“发光字”整治415处，主城区经营性高立柱广告设施实现“清零”，推进屋顶镂空字整治工作，累计排查出违规屋顶镂空字279处并全部拆除。打造户外广告特色项目2个。规范校外培训机构户外广告设施设置行为，累计拆除各类违规店招标牌和户外广告设施276处。

开展“迎国庆靓市容”户外广告横幅（标语）专项整治提升行动，清理横幅504条。全年累计拆除各类违章广告1.2万平方米。

【违法建设治理】 2021年，太仓市创新建立市镇村三级“制单、派单、接单、验单”的“三级四单”工作模式，完成违建底数排摸工作。结合国土空间整治、安全隐患治理、污染防治等行动，坚持“拆建管”系统化、一体化治理，全面推进9个大类、14个重点项目、17个挂牌督办案件整治工作。全年拆除违法建设285万平方米。修订违法建设快速联动处置工作机制，小区重大事项自治会议制度在40个小区推广，前移违法建设防控端口。落实违法建设失信联合惩戒，累计限制产权交易1174起。

【环卫保洁作业】 2021年，太仓市启动环卫体制改革试点，加快推进老城区“城市管家”和沙溪岳王一体化保洁项目。深化“厕所革命”质量提升工程，开展全市公厕基础信息调研，制订《进一步推进“厕所革命”工作实施方案》，新建改建公厕185座（含政府实事工程55座）。优化调整《太仓市环境卫生作业督查管理办法》，督查全市主次干道243路次、街巷新村162点次、公共卫生间162座次、垃圾转运站81座次，以督促改提升环境卫生面貌。建设环卫作业取水预处理项目，合理选取点位9处，将河水作为水源净化使用，每天节约优质水资源680吨，环卫作业用水单价从5.7元/吨降低至4元/吨。强化建筑垃圾运输企业目录制管理，推进建筑垃圾（毛垃圾）百日专项整治行动，巡查地块（点位）1685个，设卡检查102次，办结案件56件。

【市政设施管理】 2021年，太仓市推进东港路南延、长春北路新建工程等民生项目。启动太仓首条综合管廊（太仓大道综合管廊）建设，签订太仓大道地下综合管廊及配套工程特许经营协议。建立城市道路桥梁数据库，做好城市桥梁常规定期检测及结构检测工作，完成常规定期检测101座、结构定期检测131座。同步开展桥梁专项修缮工作，修复主城核心区桥梁137座，整治危桥1座。开展市政道路窨井设施专项整治，修复各类井盖519个，3个市政养护工程获评“姑苏杯”优质养护工程奖。

【停车管理】 2021年，太仓市持续挖掘停车资源，共享停车向镇（区、街道）延伸，新增停车泊位1.51万个、公共停车泊位1726个。推进智慧停车建设，与160个机关企事业单位、公共停车场（点）、商业广场、小区共计2.06万个停车位实现数据接入，方便市民快速就近停车。截至年底，平台总注册人数12.73万人，累计共享停车19.4万次，累计过车次数1744.3万车次。开展公共停车收费管理专项整治，治理停车管理乱象，娄东街道创建成为苏州市停车示范管理区（规范管理示范区）。

【数字城管运行】 2021年，太仓市城管局探索数字城管融入网格化联动机制新模式，实现互联互通，统一案件处办标准。利用技术手段打通数字城管平台同市联动平台的数据互通，实现两个平台案件互推互送，使数字城管覆盖范围由原先主城核心区拓展至太仓全市域。完善119个平台案件类别映射调整，调整55类案件处置结案标准，增设“苏州中心下派件”问题来源，对重点疑难案件直接协调、督办，提高案件处置效率。对接市综合指挥中心，厘清部门职责，规范城乡建设类案件处置标准，借助市综合指挥中心高位协调机制，细化明确违建处置部门的职能，制定新工作流程，相关执法资料依托联动平台进行流转，实现多部门联动，提高违建查处效率。处置市综合指挥中心下派案件1248件，向市综合指挥中心推送案件9492件。结合全国文明典范城市创建，对主城核心区23条主次道路、130条背街小巷、86个开放式广场开展静态问题专项普查10轮，排查整改问题4583处。强化运行非法小广告管理系统，录入号码1648个，停机处理903个。全年全市数字城管平台共立案13.5万件，处置13.41万件，处置率99.32%。

（周书佳）

2021年4月，位于四通路郑和路口的主城区最后一座高炮户外广告被拆除
（市城管局供稿）

太仓港

港口码头

【概况】 太仓港地处长江入海口南侧，太仓市东部。口岸位于长江白茆沙南水道，上至白茆河口，下至浏河口下游浏黑屋，中心位置在七丫口，即北纬 31°37′、东经 121°14′。拥有长江岸线 38.8 千米，其中深水岸线 25 千米，距吴淞口 13 海里，是距长江入海口最近的港口。港区范围内岸线基本平直且边滩稳定，终年不冻不淤，深水区开阔、稳定，能满足 10 万吨级船舶回转水域要求，是长江下游地区最佳港址之一。2013 年 1 月 1 日起，太仓港作为沿海港口管理，执行相关行政事业性收费政策。太仓港是全国第一个获批享受海港待遇的内河港。2021 年，太仓港完成集装箱吞吐量 703.8 万标箱，较上年增长 35%，跃居全国第 8 位，全球第 25 位。完成货物吞吐量 2.43 亿吨，较上年增长 12.6%，其中外贸货物吞吐量 9209 万吨，较上年增长 12%；建有泊位 95 个，其中万吨级以上泊位 40 个，集装箱泊位 14 个；新辟集装箱班轮航线 10 条；完成港口项目投资 32.27 亿元，集装箱四期码头建成投用，太仓港疏港铁路专用线开通。《苏州港总规》修编通过部省联合审查。

【航线开辟】 2021 年，太仓港新辟俄罗斯海参崴、东方港等集装箱班轮航线，近洋航线总数增至 30 条，国际航线覆盖 RCEP 协议（由东盟十国发起，邀请中国、日本、韩国、澳大利亚、新西兰共同参加，通过削减关税及非关税壁垒，建立 15 国统一市场的自由贸易协定）签订国家和地区 22 个主要港口。新开天津、钦州等内贸干线，国内航线总数增至 51 条，覆盖 16 个省市的 70 个港口。新增姜堰、阜宁、射阳等内河网点，开辟“苏太快航”。集装箱航线总数增至 216 条，基本形成以近洋直达为主、远洋中转为支撑和沿海全覆盖、长江全通达、内河全联通的国内国际大循环航线格局。

2021 年 12 月 29 日，太仓港疏港铁路专用线开通 （计新海摄）

【太仓港集装箱四期码头启用】 2021 年 2 月 9 日下午，太仓港集装箱四期码头沪太合作签约仪式在太仓举行。江苏省委常委、苏州市委书记许昆林，苏州市委副书记、市长李亚平出席签约仪式并到太仓港调研。上港集团党委书记、董事长顾金山，江苏省港口集团党委书记、董事长王永安出席活动。太仓港集装箱四期工程总投资 40.26 亿元，建设 5 万吨级集装箱泊位 4 个，年设计通过能力 200 万标箱，是江苏省和长江流域第一个堆场自动化集装箱码头。根据合作协议，太仓港与上海港加深合作，发展集装箱运输，优化长江航运体系，促进资源整合和高效利用，为苏南及长江沿线地区企业的货物运输提供服务。6 月 28 日上午，“沪苏同城、沪太同港”太仓港集装箱四期码头启用暨 300 万标箱起吊仪式举行，上海港太仓服务中心揭牌运营。

2021 年 6 月 28 日，太仓港集装箱四期码头启用，上海港太仓服务中心揭牌运营（计新海摄）

【苏太快航精品航线开通】 2021 年 5 月 28 日下午，苏太快航（杨林塘航道）精品航线开通暨恒裕达 1 号首航仪式在苏州园区港举行。苏太快航（杨林塘航道）精品航线是苏州内河港口开辟的首条直达太仓长江港口的常态化集装箱航线，也是太仓港响应长三角一体化发展战略、沪苏同城化发展的重要举措。苏太快航挂港顺序为苏州高新港—苏州园区港—太仓港，由苏申内港线出发，经昆山青阳港和金鸡河航道，再由杨林塘进入长江至太仓港。该航线开通标志苏州进出口企业多一条物流出运新通道。

【太仓港营商环境】 2021 年，太仓港推动成立上海中远海运物流太仓外代苏州营销中心，全年“苏货苏运”箱量较上年增长 26%。配合港区新引进中大联运、昇帆国际物流、彼洋供应链等物贸企业 46 家，中外运华东总部、威露士华东基地、牛卡福华东物贸结算中心等项目在港区落户。太仓港出口汽车顺利运抵欧洲、非洲。12 家公用码头企业全部实现盈利，营收总额、利润总额、利税总额、税收总额较上年分别增长 14%、12%、6%、3.8%。

【太仓港集装箱年吞吐量突破 700 万标箱】 2021 年 12 月 29 日上午，省委副书记、代省长许昆林在南京主会场宣布太仓港集装箱年吞吐量突破 700 万标箱，挂有“太仓港 2021 年第 7022129 标箱”横幅的集装箱被装上“江远幸福号”集装箱船。同时，太仓港疏港铁路专用线首列列车从浮桥装卸作业场出发，发往河南郑州圃田站，标志太仓港结束无铁路接入的历史，迈入铁水联运时代。

2021 年太仓港码头泊位一览表

表 8

码头名称	所属公司名称	泊位名称	泊位数（个）	码头长度（米）	靠泊吨级（吨）	码头前沿水深（米）		泊位性质	投产年份	最大靠泊能力
						实际水深	设计水深			
太海汽渡	—	—	6	—	—	—	—	非生产性泊位	—	—
扬子江海工码头	江苏扬子江海洋油气装备有限公司	1 号泊位	1	928	—	13	9.45	舾装泊位	2016	—
		2 号泊位	1	140	2000	13	9.45	件杂货泊位		
鑫海煤码头	太仓鑫海港口开发有限公司	1 号泊位	1	310	50000	13.5	13.5	煤炭泊位	2016	—
		2 号泊位	1	51	500	2.2	2.2			
		3 号泊位	1	51	500	2.2	2.2			
		4 号泊位	1	51	500	2.2	2.2			
		5 号泊位	1	51	500	2.2	2.2			
原美锦码头		1 号泊位	1	251	50000	14	15.5	通用件杂货泊位	2012	至 2029 年 7 月 18 日，在控制吃水 12 米的情况下可减载靠泊 12 万吨级船舶作业，在控制吃水 11.8 米情况下可减载靠泊 15 万吨级船舶作业
		2 号泊位	1	264	50000	14	15.5			
		3 号泊位	1	260	50000	14	15.5			
		4 号泊位	1	100	1000	6.5	6.5			
		5 号泊位	1	100	1000	6.5	6.5			
		6 号泊位	1	100	1000	6.5	6.5			

续表 8

码头名称	所属公司名称	泊位名称	泊位数（个）	码头长度（米）	靠泊吨级（吨）	码头前沿水深（米）		泊位性质	投产年份	最大靠泊能力
						实际水深	设计水深			
万方码头	太仓万方国际码头有限公司	1 号泊位	1	253	40000	12.8	12.8	通用件杂货泊位	2010	根据航道、回旋水域及停泊水域尺度和到港船舶吃水等情况，可安全靠泊 7 万吨级船舶作业
		2 号泊位	1	186	20000	12.8	12.8			
		3 号泊位	1	182	15000	12.8	12.8			
		4 号泊位	1	170	10000	12.8	12.8			
润禾码头	太仓润禾码头有限公司	1 号泊位	1	361	50000	12.8	12.8	通用件杂货泊位	2017	—
武港码头	太仓武港码头有限公司	1 号泊位	1	372	200000	16.5	15.1	金属矿石泊位	2009	根据航道、回旋水域及港池水域尺度和到港船舶实际吃水等情况，1 号、2 号泊位可减载靠泊 25 万吨级矿石船舶作业（控制吃水 13.65 米），3~6 号泊位可安全靠泊 1.5 万吨级船舶作业
		2 号泊位	1	347	150000	16.5	15.1			
		3 号泊位	1	94	5000	5.5	9			
		4 号泊位	1	94	5000	5.5	9			
		5 号泊位	1	94	5000	5.5	9			
		6 号泊位	1	94	5000	5.5	9			
		7 号泊位	1	100	2000	5	5.7		2012	
		8 号泊位	1	100	2000	5	5.7			
		9 号泊位	1	100	2000	5	5.7			
		10 号泊位	1	100	2000	5	5.7			
华能煤炭储运中心	华能太仓港务有限责任公司	1 号泊位	1	310	100000	15.7	14	煤炭泊位	2013	—
		2 号泊位	1	300	50000	15.7	14			
		3 号泊位	1	142	5000	5.2	5.2			
		4 号泊位	1	142	5000	5.2	5.2			
		5 号泊位	1	142	5000	5.2	5.2			
		6 号泊位	1	144	5000	5.2	5.2			
		7 号泊位	1	80	1000	3.8	3.8			
		8 号泊位	1	80	1000	3.8	3.8			
		9 号泊位	1	80	1000	3.8	3.8			
		10 号泊位	1	80	1000	3.8	3.8			
		11 号泊位	1	80	1000	3.8	3.8			
		12 号泊位	1	80	1000	3.8	3.8			
华能电厂码头	华能太仓发电有限责任公司	1 号泊位	1	260	35000	13	11.5	煤炭泊位	1999	1 号、2 号泊位经码头结构加固改造，并根据航道、回旋水域、停泊水域和到港船舶吃水等情况，可满足 5 万吨级散货船靠泊作业
		2 号泊位	1	275	35000	13	11.5		2006	
		3 号泊位	1	52	1000	5	5	件杂货泊位	2018	
		4 号泊位	1	135	3000	6	5		2009	

续表 8

码头名称	所属公司名称	泊位名称	泊位数（个）	码头长度（米）	靠泊吨级（吨）	码头前沿水深（米）		泊位性质	投产年份	最大靠泊能力
						实际水深	设计水深			
集装箱一期码头	太仓国际集装箱码头有限公司	1 号泊位	1	270	25000	12	12.5	多用途泊位	1998	—
		2 号泊位	1	270	25000	12	12.5		1999	
		3 号泊位	1	195	50000	12	12.5	集装箱泊位	2003	
		4 号泊位	1	195	50000	12	12.5			
集装箱二期码头	苏州现代货箱码头有限公司	5 号泊位	1	275	50000	12.5	13.5	集装箱泊位	2006	在控制吃水 12 米以下可靠泊 7 万吨级集装箱船舶
		6 号泊位	1	275	50000	12.5	13.5			
		7 号泊位	1	275	20000	12.5	13.5			
		8 号泊位	1	275	20000	12.5	13.5			
北三期码头	太仓港正和兴港集装箱码头有限公司	9 号泊位	1	322.5	50000	12.5	12.5	集装箱泊位	2010	根据航道、港池水域尺度和到港船舶实际吃水等情况，经主管部门组织通航安全审查后，可靠泊 10 万吨级集装箱船舶作业。9 号、10 号减载靠泊 15 万吨级集装箱船，有效期至 2028 年 7 月 26 日
		10 号泊位	1	322.5	50000	12.5	12.5			
南三期码头	太仓正和国际集装箱码头有限公司	13 号泊位	1	332	50000	12.5	12.5			
		14 号泊位	1	332	50000	12.5	12.5			
四期码头	港务集团	15 号泊位	1	323	50000	12.5	12.5	集装箱泊位	—	水工兼顾靠泊 10 万吨级
		16 号泊位	1	323	50000	12.5	12.5	集装箱泊位	—	
		17 号泊位	1	323	50000	12.5	12.5	集装箱泊位	—	
		18 号泊位	1	323	50000	12.5	12.5	集装箱泊位	—	
玖龙码头	玖龙纸业（太仓）有限公司	1 号泊位	1	261	50000	13	12.5	煤炭泊位	2005	—
		2 号泊位	1	157	3000	9	9	通用件杂货泊位	2008	
		3 号泊位	1	157	3000	9	9			
		4 号泊位	1	200	30000	13	13		2011	
		5 号泊位	1	154	5000	13	13			
协鑫电厂码头	太仓港协鑫发电有限公司	1 号泊位	1	250	35000	11.8	11.4	煤炭泊位	2003	在控制吃水 10 米的情况下 1 号泊位可利用部分 2 号泊位减载靠泊 5 万吨级船舶作业，2 号泊位可减载靠泊 7 万吨级船舶作业
		2 号泊位	1	280	35000	11.8	11.4		2004	
		3 号泊位	1	65	800	0	0	件杂货	2003	

续表 8

码头名称	所属公司名称	泊位名称	泊位数（个）	码头长度（米）	靠泊吨级（吨）	码头前沿水深（米）		泊位性质	投产年份	最大靠泊能力
						实际水深	设计水深			
长江石化码头	江苏长江石油化工有限公司	1 号泊位	1	299	30000	10.5	10	液体化工泊位	1995	在控制吃水 9 米的情况下 1 号泊位可靠泊 5 万吨级船舶作业
		2 号泊位	1	125	3000	6	6		1999	
		3 号泊位	1	125	3000	6	6			
		4 号泊位	1	136	1000	4.5	4.5		2011	
		5 号泊位	1	136	1000	4.5	4.5			
		6 号泊位	1	290	50000	12.6	10.5		2003	
		7 号泊位	1	140	5000	8	8			
		8 号泊位	1	27	300	0	0		1999	
		9 号泊位	1	27	300	0	0			
阳鸿石化码头	太仓阳鸿石化有限公司	1 号泊位	1	270	30000	12.5	14.8	液体化工泊位	2009	在控制吃水 12 米以下可靠泊 8 万吨级船舶
		2 号泊位	1	175	10000	12.5	14.8			
		3 号泊位	1	125	3000	8	8			
		4 号泊位	1	85	1000	8	8			
		5 号泊位	1	167.5	1000	6.5	6.5		2016	
		6 号泊位	1	167.5	1000	6.5	6.5			
		7 号泊位	1	167.5	1000	6.5	6.5			
		8 号泊位	1	167.5	1000	6.5	6.5			
美孚码头	美孚太仓石油有限公司	1 号泊位	1	229	25000	11	10	液体化工泊位	1997	—
		2 号泊位	1	105	5000	6.8	7.2			
		3 号泊位	1	38	300	4	4			
		4 号泊位	1	38	500	4	4			
合计	—	—	95	—	—	—	—	—	—	—

（任春艳）

港区建设

【概况】 太仓港经济技术开发区位于太仓市东部，陆域规划控制面积 261.8 平方千米，沿长江入海口 38.8 千米黄金岸线呈带状分布，是上海国际航运中心重要组成部分、江海联运中转枢纽港、江苏第一外贸大港——太仓港直接经济腹地。1993 年，太仓港经济技术开发区获批省级开发区，2011 年 6 月，获国务院批准晋级国家级经济技术开发区。2021 年，港区实现一般公共预算收入 35.58 亿元，较上年增长 12.9%；完成规模以上工业产值 1040.53 亿元，较上年增长 21.7%；完成工业投资 38.13 亿元；完成进出口总额 65.39 亿美元，较上年增长 41.4%。新增超 50 亿元产值企业 2 家、超 20 亿元产值企业 4 家。入库工业投资项目 71 个、服务业投资项目 23 个，投资项目入库数全市第一。新增法人企业市场主体 1626 户。年内，港区在全省省级以上开发区综合考评中排名上升至第 15 位，获评江苏省智慧园区。

【港区项目建设】 2021 年，太仓港区完成注册外资及港澳台资 8.04 亿美元，较上年增长 16.0%，完成全年目标 123.8%；实际利用外资及港澳台资 3.37 亿美元，较上年增长 2.2%，完成全年目标 107.1%。新签约重点项目 38 个，总投资 290 亿元，其中星河动力、夸特纳斯、威莱、斯凯奇二期等 7 个项目总投资均超 1.5 亿美元，中外运华东总部、华能煤炭码头二期等 14 个项目总投资均超 2 亿元。引进中科源大数据治理平台、青驭科技等科技

2021 年 3 月 26 日，太仓港区举行春季重点项目集中开工开业活动（徐　楠摄）

人才项目 26 个。通过基金招引项目近 10 个。完成全社会固定资产投资 85 亿元。推进太仓市级及以上重点项目 36 个。竣工投产利洁时全球研发制造中心、达必温汽配、荣庆物流中国总部等项目 17 个，交工验收鸣志智能制造产业基地、之宝中国加工中心、瀚德汽配三期等项目 5 个。

【港区产业转型】 2021 年，太仓港区净增高新技术企业 32 家，入库科技型中小企业 188 家，新增瞪羚企业 6 家。规模以上企业研发经费投入超 25 亿元。有效发明专利拥有量 1019 件。海苗生物获评苏州各县级市首家省研发型企业。同高科技入围江苏省 100 家"最具成长性高科技企业"。扬子三井造船等 3 家企业获评苏州市工程技术研究中心，苏州良浦住宅获评省级工程技术研究中心。获评国家级人才 2 人、姑苏领军人才 6 人、太仓领军人才 17 人，新增人才企业 23 家。新增企业创新人才 4801 人。完善升级港区人才公寓政策，印发《太仓港经济技术开发区天使投资基金管理办法》。营造"亩均产出论英雄"新氛围，建立规模工业、化工园区亩均税收月度监测制度。实施"智改数转"（智能化改造和数字化转型）项目 145 个，获评省星级上云企业 28 家，苏州市级及以上示范标杆 16 个，苏州市级以上示范智能工厂（车间）11 个。获评省、苏州企业技术中心 10 家。旭川化学获评全市首家省"质量标杆"企业。欧美高新技术产业园二期开工建设，太仓港科创园加快推进，生物港三期、太仓港新材料创新中心、港城广场孵化中心投入使用。同高院获评省级科技企业孵化器，亿达 · 太仓港创智中心获评省级众创空间。飞地孵化器建设取得突破，成立太仓港区（同济嘉定）协同创新中心。采用保税加工账册解决大体量设备分批进口业务被列入 2021 年苏州自贸片区联动创新区制度创新案例。在苏州联创区年度考核中，复制推广情况排名第二。太仓港跨境电商产业园加快建设，引进苏州国信集团跨境电商项目，国信天下仓完成淘宝全球购验仓。推进"1120"改革任务（开办企业 1 个工作日内完成、不动产登记 1 个工作日内完成、投资建设项目施工许可 20 个工作日内完成），持续深化"互联网 + 政务服务"，独立开展市场准入、社会事务、投资建设等审批业务。

【港区城乡环境提档】 2021 年，太仓港区启动《太仓港区（浮桥镇）国土空间总体规划》《浮桥镇部分村庄规划》编制工作，推进港城中心区发展战略研究与概念性城市设计。崇文街、尚德街、长江大道等道路建成通车。省太中专港城校区、浏家港中学、金浪派出所等一批民生实事项目建成投运，港城二小、港区幼儿园、港区医院等加快建设。国土空间全域整治拆旧复垦通过验收 63.13 公顷，居全市第一，超过全市验收总量 50%。开展木材加工行业专项整治"百日行动"，关停企业 248 家。深化长江大保护，落实河长制，推进"一厂一管" 5 号站扩容，整治提升新塘河闸断面水质，分类整治入江入河排污口 136 个，建成生态美丽河湖 15 条。完成劣五类河道（无用脏水河道）整治 10 条，销号太仓市黑臭水体 8 条。做好 VOCs（挥发性有机物）综合治理工作。完成化工园区生态范围内拆迁工作，推进港城核心区、浮桥老镇区、龙江路快速化工程拆迁。完成"清零"攻坚地块 8 块、96.67 公顷。办理不动产权证书 1188 套，10 万平方米海韵花园完成分房，18 万平方米静江佳苑安置房结构封顶。

2021 年 5 月 21 日，航拍港城广场（初爱民摄）

【港区民生福祉增进】 2021年，太仓港区打造浮桥特色农业产业，全域推动农文旅融合发展。村均可支配收入1235万元。建成浪港村三明巷等特色康居乡村6个。新增流转土地54.2公顷，累计流转率92.46%。养老服务体系不断深化，完成陆公、时思等日间照料中心（站）建设和六尺社区日间照料中心提档升级，实现80周岁以上老年人享受居家上门服务全覆盖。年内，继续开展安全生产专项整治“三年大灶”，推进危化品使用、城镇燃气、既有建筑等专项治理，危化品专用停车场投入使用，化工专业消防站加快建设，化工园区封闭化管理运行良好。开展“百团进百万企业千万员工”宣讲活动，增强企业安全生产法律意识。建立行政执法“三项制度”，规范执法行为。港区政务中心累计办理各类事项8万余件，按时办结率100%。抓好新冠肺炎疫情精准化防控、文明典范城市创建、综治信访等工作。

【港区新增项目选介】 星河动力项目。星河动力公司成立于2018年2月，是全国获得火箭牌照的四家民营企业之一，也是唯一实现连续两次成功发射火箭的商业航天公司。苏州星河动力液体燃料商用火箭项目总投资约30亿元，占地面积13.33公顷，是2022年江苏省重点项目。项目分两期开发，一期总投资15亿元，注册资本5.2亿元，占地面积6.67公顷，主要建设液体火箭研发中心，火箭发动机、火箭总装基地。

夸特纳斯国际食材集采集配加工销售中心项目。夸特纳斯集团总部位于荷兰，其每年高附加值类农副产品贸易及加工设备销售达34亿欧元，销量位居全球前列。集团在全球30多个国家设有分公司和合资企业，运营总建筑面积300万平方米，年食材加工量200万吨。集团在西安、长沙、武汉、南宁等地均投资建设食材集采集配加工项目。夸特纳斯项目总投资1.5亿美元，注册资本6000万美元，占地10公顷。项目规划设计面积19万平方米的冷链存储分拣中心、国际食材加工中心。2021年，完成公司注册和项目立项。

太仓港欧美高新技术产业园。太仓港欧美高新技术产业园共分两期实施，其中2020年年底竣工投用占地9.2公顷的一期项目，建成高标准厂房6栋及配套综合楼1栋，总建筑面积5.7万平方米，入驻英国利洁时PU项目、德国达必温汽车零部件等欧美项目6个，园区出租率100%。2021年10月，二期项目开工奠基，总占地面积17.27公顷，总建筑面积11.2万平方米，总投资12.81亿元。聚焦高新和战略性新兴产业，重点引入发展航空航天、高端装备、精密制造、智能汽车等优质项目。项目于2021年10月开工奠基。

太仓港区华能煤炭码头二期工程。该项目总投资16.01亿元，占地27.73公顷，水域新建20万吨级卸船码头1座，码头长306米，码头后沿布置5000吨级待泊泊位2座；内线建设5000吨级装船码头2座，码头长328米；陆域总用地面积27.73万平方米，建设煤炭堆场以及相关配套设施。年设计吞吐量3800万吨，其中煤炭卸船2000万吨，煤炭装船1800万吨。项目响应国家发改委做好煤炭储备能力建设，明确苏州港太仓港区华能煤炭码头二期工程是国家煤炭储备能力建设项目之一，列入2021年中央预算内投资计划。

2021年港区世界500强企业基本情况一览表

表9　　　　单位：万元

序号	企业名称	投资方	投资总额
1	埃克森美孚（太仓）石油有限公司	埃克森美孚公司	138776
2	碧辟（中国）工业油品有限公司	英国石油	47144
3	中国石油天然气股份有限公司华东润滑油厂		93000
4	江苏长江石油化工有限公司	中国石油天然气集团	41500
5	太仓中石油润滑油添加剂有限公司		48000
6	江苏宝洁有限公司	宝洁公司	183600
7	太仓中化环保化工有限公司	中国中化集团	63195
8	苏州中化国际聚氨酯有限公司		8000
9	中化蓝天霍尼韦尔新材料有限公司	中国中化集团、霍尼韦尔	69986
10	华能（苏州工业园区）发电有限责任公司		268600
11	华能太仓发电有限责任公司	中国华能集团	375000
12	华能太仓港务有限责任公司		219300
13	中外运物流供应链管理（苏州）有限公司	招商局集团	3000
14	中外运太仓国际物流有限公司		57600

续表 9

序号	企业名称	投资方	投资总额
15	五矿邯钢（苏州）钢材加工有限公司	中国五矿集团	18600
16	国能太仓发电有限公司	国家能源投资集团	503000
17	太仓华电开发建设有限公司	中国华电集团	53000
18	太仓武港码头有限公司	中国远洋海运集团、招商局集团	183600
19	太仓港正和国际集装箱码头有限公司		219000
20	太仓国际集装箱码头有限公司		137000
21	太仓中集集装箱制造有限公司		49468
22	太仓中集冷藏物流装备有限公司		151000
23	太仓中集特种物流装备有限公司	中国远洋海运集团	17460
24	太仓港集装箱海运有限公司		150000
25	太仓中理外轮理货有限公司		1560
26	中国太仓外轮代理有限公司		1500
27	太仓中联理货有限公司		300
28	苏州华苏塑料有限公司	中国海洋石油集团	82751
29	瀚德（太仓）密封系统有限公司	中国航空工业集团	50000
30	江苏京迅递供应链管理有限公司		30000
31	京东健康	京东集团	10000
32	江苏众邮物流科技有限公司		3000
33	利洁时（苏州）有限公司	利洁时集团	320000
34	太仓苏宁易购电子商务有限公司	苏宁易购集团	350000
35	江苏扬子三井造船有限公司	三井株式会社	206032
36	太仓市港城碧桂园房地产开发有限公司	碧桂园控股	58100
37	太仓平伊供应链管理有限公司	中国平安	67000
38	太仓丰安科技有限公司		3000
39	太仓信金宝能科技有限公司	华能集团、中信集团	1000000
40	太仓市港城信金科技有限公司	中信集团	140000
合计	—	—	5422072

2021年港区美资企业基本情况一览表

表 10 单位：万元

序号	企业名称	投资方	投资总额
1	玖龙纸业（太仓）有限公司	玖龙集团	585787
2	玖龙智能包装（太仓）有限公司		15273
3	江苏宝洁有限公司	美国宝洁公司	191420
4	苏州华苏塑料有限公司	华美集团	85985

续表 10

序号	企业名称	投资方	投资总额
5	埃克森美孚（太仓）石油有限公司	埃克森美孚公司	138776
6	艺康（太仓）科技有限公司	美国艺康公司	63000
7	迪皮埃复材构件（太仓）有限公司	TPI	25000
8	太仓泛能拓颜料有限公司	Venator	24734
9	格瑞夫（太仓）包装有限公司	格瑞夫公司	10375
10	太仓宇加纤维有限公司	美国宇加化学纤维公司	8277
11	岱纳包装（太仓）有限公司	格兰达公司	6640
12	中化蓝天霍尼韦尔新材料有限公司	霍尼韦尔	69986
13	明达工业（太仓）有限公司	宇达公司	133630
14	明达码头（太仓）有限公司		118860
15	明达置业（太仓）有限公司		24734
16	明达仓储（太仓）有限公司		49800
17	太仓亨斯曼颜料有限公司	自然人投资或控股	24734
18	波尔亚太（太仓）塑料有限公司	自然人投资或控股	6640
19	太仓朝阳木业有限公司	华朝阳投资有限公司	3998（万美元）
20	宣特金属制品（苏州）有限公司	美国宣特公司	1140（万美元）
21	之宝（中国）户外产品有限公司	ZIPPO	25000
22	之宝（太仓）商务咨询有限公司		700（万美元）
23	太仓思成塑化有限公司	承宝公司	600（万美元）
24	太仓和达塑化有限公司		215（万美元）
25	美轮运动器材（太仓）有限公司	美国美轮运动器材公司	550（万美元）
26	强盛（苏州）金属制品有限公司	自然人投资或控股	490（万美元）
27	依科赛生物科技（太仓）有限公司	自然人投资或控股	227（万美元）
28	太仓金洋实业有限公司	环球贸易公司	166（万美元）
29	瀚笙金属材料（太仓）有限公司	美国昇辉贸易公司	150（万美元）
30	亿斯特工艺品（苏州）有限公司	自然人投资或控股	144（万美元）
31	苏州晃石服装整理有限公司	美国奇佳公司	90（万美元）
32	苏州奥圆生物科技有限公司	自然人投资或控股	98（万美元）
33	苏州申建汽车配件有限公司	美国 AJC 国际有限公司	20.65（万美元）
34	斯凯奇（太仓）商贸物流有限公司	斯凯奇	248000
35	瀚德（太仓）密封系统有限公司	美国瀚德汽车密封系统北美有限公司	5000（万美元）
36	奎克好富顿材料科技（苏州）有限公司	奎克好富顿	15000（万美元）
37	华美新材料（太仓）有限公司	华美集团	7500（万美元）
合计	—	—	1977921

2021年港区中央企业基本情况一览表

表11　　　　单位：万元

序号	企业名称	投资方	投资总额
1	中石油润滑油公司华东润滑油厂	中国石油天然气集团	93000
2	江苏长江石油化工有限公司		41500
3	太仓中石油润滑油添加剂有限公司		48000
4	太仓北新建材有限公司	中国建材集团	45000
5	中建材光电装备（太仓）有限公司		40000
6	太仓中化环保化工有限公司	中国中化集团公司	63195
7	苏州中化国际聚氨酯有限公司		8000
8	中化蓝天霍尼韦尔新材料有限公司		69986
9	华能（苏州工业园区）发电有限责任公司	中国华能集团公司	268600
10	华能太仓发电有限责任公司		375000
11	华能太仓港务有限责任公司		219300
12	国能太仓发电有限公司	国家能源投资集团	503000
13	太仓华电开发建设有限公司	中国华电集团	53000
14	苏州首钢钢材加工配送有限公司	中国宝武钢铁集团	113679
15	五矿邯钢（苏州）钢材加工有限公司	中国五矿集团	18600
16	中外运物流供应链管理（苏州）有限公司	招商局集团	3000
17	中外运太仓国际物流有限公司		57600
18	太仓港正和国际集装箱码头有限公司	中国远洋海运集团	219000
19	太仓中集集装箱制造有限公司		49468
20	太仓中集特种物流装备有限公司		17460
21	太仓中集冷藏物流装备有限公司		151000
22	太仓国际集装箱码头有限公司		137000
23	太仓港集装箱海运有限公司		150000
24	太仓中理外轮理货有限公司		1560
25	中国太仓外轮代理有限公司		1500
26	太仓中联理货有限公司		300
27	太仓华商冷藏物流有限公司	中粮集团	53223
28	太仓检验认证有限公司	中国检验认证集团	300
29	太仓武港码头有限公司	中国远洋海运集团、招商局集团	183600
30	中广核三角洲（苏州）高聚物有限公司	中国广核集团	120000
31	瀚德（太仓）密封系统有限公司	中国航空工业集团	50000
32	太仓平伊供应链管理有限公司	中国平安	67000
33	太仓丰安科技有限公司		3000

续表 11

序号	企业名称	投资方	投资总额
34	上海烟草集团太仓海烟烟草薄片有限公司	中国烟草总公司	108859
35	苏州国林华东商贸有限公司		20000
36	江苏中林森立木业有限公司	中国林业集团	15000
37	中林物资（太仓）有限公司		60000
38	太仓信金宝能科技有限公司	华能集团、中信集团	1000000
39	太仓市港城信金科技有限公司	中信集团	140000
合计	—	—	4568730

（曹前程）

口岸服务

【智慧港口建设】 2021年，太仓港打通与上海港长江平台对接通道，实现沪太两港集装箱相关数据有效衔接。太仓港成为全国首家与交通运输部集优平台对接的港口。船舶调度综合服务平台实现全港全覆盖，锚地、拖轮业务在太仓港一站式申报系统融合。实现全港提还箱业务统一预约预录及在线支付服务，完成全港VGM（核实的集装箱重量）统一申报平台建设和推广。建成太仓港治超系统、太仓港发展服务数据信息化系统。联合太仓海关、太仓海事局开展太仓港智慧水运口岸平台、太仓港港航一体化服务平台等项目建设。

【口岸环保安全工作】 2021年，长江太仓水上绿色综合服务区暨船舶污染物接收转运处置中心、垃圾接收中转站和阳鸿石化化学品洗舱水及含油污水接收处置站投入运行。武港码头一期景观提升工程完工。正和国际、正和兴港、华能港务、现代货箱等一批码头企业获评全国、省级绿色港口称号。推广安装港内车辆主动安防系统，推动安责险港口企业全覆盖，完成全港重大危险源单位风险辨识4家。在全省率先完成国务院水路承灾体普查（第一轮）。全年太仓港未发生环境污染事件。

【长江水上绿色综合服务区试运行】 2021年3月1日，位于太仓港国际集装箱码头下游1000米处的长江太仓水上绿色综合服务区投入试运行。该项目总投资近7000万元，由110米趸船1艘、污染物接收船2艘、交通船2艘和船舶污染物接收转运处置中心、化学品洗舱水及含油污水收集处置站构成，承担船舶污染物免费接收、免费交通、应急救援、便民政务等绿色服务。

【沪太通关一体化】 2021年11月，沪太通关一体化全面落地一周年，该模式累计放行集装箱突破8万标箱，覆盖新能源设备、汽车配件、木材等各类进出口货物近百种，惠及企业100余家，解决转关申报和二次运抵问题，每票货物通关时间平均节约20小时，为企业节约物流成本1600余万元。“货物进了太仓港等同于进入上海港”是太仓港服务长三角一体化国家战略、打造“沪苏同城”示范港的重要举措。

（任春艳）

海　关

【概况】 2021年，太仓市外贸进出口总额突破千亿元，达1104亿元，较上年增长19.9%，高于苏州平均水平6.4个百分点，其中出口599亿元，较上年增长37.1%；进口505亿元，较上年增长4.4%。太仓港集装箱吞吐量突破700万标箱，跻身全国集装箱港口第八位，达703.8万标箱，较上年增长35%，其中外贸集装箱吞吐量386.4万标箱，较上年增长46.6%；外贸货物吞吐量9209.2万吨，较上年增长12.9%。太仓海关征收税款入库152.85亿元，较上年增长12.2%。审结报关单42.67万票，较上年增长26.2%。监管进出口货运量4459.1万吨，较上年增长14.0%；监管进出境总值416.97亿美元，较上年增长49.1%；监管集装箱113.91万箱次，较上年增长16.9%；监管进出境运输工具6773艘次，较上年增长3.8%；验放出入境人员7.64万人次，较上年增长1.4%。检验检疫进出境货物2.74万批、391.21亿元，较上年分别下降58.4%、47.7%；检出不合格货物160批、货值28.6亿元，不合格率分别为0.59%和7.3%；截获检疫性害虫1845批次，较上年增长12.71%，进境船舶船用猪肉检出非洲猪瘟阳性2批；立案涉嫌走私犯罪案件1起，立案行政违法案件122起。

【船舶检疫】 2021年，太仓海关率先推行落实高风险岗位人员“14+7+7”（14天在岗集中封闭管理，7天离岗集中封闭管理，7天居家健康监测）封闭管理模式，坚持“人、物、环境”同防，运用新冠肺炎疫情防控移动工作站、国际航行船舶电子管理系统创新“入境船舶远程检疫”新模式，提升船舶检疫效率。全年登临检疫国际航行船舶1880艘次、船员3.4万人次，完成船员换班检疫338艘次，实施上船出

2021年5月1日，太仓海关关员登轮开展入境船舶检疫工作　（杨泽浩摄）

境检疫1557人、下船入境检疫1426人，妥善处置船员急病就医等异常情况13起。

【固废垃圾入境拦截】2021年，太仓海关加强原进口固废生产型企业风险分析，发挥智能审图系统作用，杜绝影子商品和夹藏嫌疑，开展复查复验、科长实货复核，加大取样送检力度。全年共拦截杂铝锭、樟子松板材、再生铜等固废进境44批次、3438吨，全部退运出境。

【国门安全屏障守护】2021年，太仓海关严防动植物疫情及外来物种入侵，截获检疫性有害生物28种、1845批次，较上年增长7.69%、12.71%。进境船舶船用猪肉检出非洲猪瘟阳性2批。严守商品质量关，检出铁矿重量不合格143批、品质不合格67批，检出煤炭品质不合格14批。守护食品安全，查获并退运存在准入风险的进口大米，查获无合法来源证明冻品案件并移交地方销毁。查获侵犯知识产权案件13起，涉嫌侵权货物4.02万件，货值128.31万元，涉及轴承、床品、服装等商品品牌30余个。

【港口监管查验协同】2021年，太仓海关发挥太仓沿海沿江沿沪区域特点，落实《海关支持长三角区域一体化发展重点举措》，做大做优洋山—太仓港"联动接卸"监管模式，自2020年11月4日起，累计进出口货物9.52万标箱，为企业节约成本近2000万元。加强与重庆海关等长江经济带属地海关沟通联系，推行"口岸外观查验＋目的地综合处置"查验协同，保障放行货物20余票，服务重庆京东方等产业龙头，提升太仓港口辐射力。

2021年11月3日，洋山—太仓港"联动接卸"模式放行集装箱突破8万标箱（计海新摄）

【属地查检改革试点】2021年，太仓海关调研探索"属地查检差别化管理"，优化海关后续监管方案，形成以企业信用管理为基础，货物风险分析为核心的差异化监管模式。全年试点覆盖合规企业50余家，属地查检时长从5个工作日缩短为1个工作日，增强企业满意度。

【通关时间压缩】2021年，太仓海关压缩进出口货物整体通关时间，实现新一代通关作业系统（H2018系统）3.0版本切换，进口整体通关时间压缩50%。推进进口货物"船边直提"和出口货物"抵港直装"，全年放行"船边直提"货物74.15万吨（包括危化品集装箱7572标箱、大宗散货18批）、"抵港直装"货物31.3万吨（包括危化品集装箱6501标箱、大宗散货107批次）。贯彻进口铁矿石"先放后检"模式，节约企业堆存费4545万元，进口铁矿放行时长压缩86.1%。扩大大宗散货重量鉴定检验监管模式改革和铁矿检验方式改革，全年开展大宗散货重量鉴定274批次、铁矿品质检验139批。

【"企业问题清零"落实】2021年，太仓海关依托"问题清零区镇行"平台完成辖区全部区镇走访，通过"企业问题清零"工作管理系统和"关企桥梁"QQ群，全年征集并解决企业问题38个。助力通过AEO（经认证的经营者）高级认证企业3家。为省重点项目、重点招商引资项目做好政策扶持。创新"多方采购"出口原产地证书签证新模式助力辖区制造业出口。推行原产地证书智能审核、自助打印等便利措施，签发出口产地证2.19万份，减免进口关税3981万美元。持续推进对美加征关税商品排除，提供市场化采购排除全程指导，全年进行加征关税排除减免商品货值 23.07 亿元，直接减免税款超 1.3 亿元。

【海关助力综保区发展】 2021 年，太仓港综合保税区共完成进出口货运量 17.89 万吨，金额 11.08 亿美元，货运量较上年上升 39.4%，金额较上年上升 33.2%；新增"增值税一般纳税人"企业 1 家，为企业节省成本 418.2 万元。跨境电商 B2B（企业与企业之间通过专用网络或互联网，进行数据信息的交换、传递，开展交易活动的商业模式）出口业务金额与单量位列全省第二，省内首个综保区淘宝全球购跨境直播平台落户太仓港综保区。

（舒中亚）

长江引航

【概况】 2021 年，太仓引航站保障国内国际双循环港口经济发展需求，抓好引航安全，保障矿砂、化工原料、木材及载运其他物资船舶进口和风电、集装箱等出口。全年引领船舶 8057 艘次（含移泊），较上年增长 11.6%。其中集装箱船舶 2347 艘次，较上年增长 11.9%；受限船舶 1631 艘次，与上年持平；船长 250 米及以上船舶 780 艘次；夜航船 2647 艘次。针对新冠肺炎疫情防控要求及时调整服务措施，完成引领专班和加强防护船舶 5261 艘次，占比 65.3%。

【引航服务】 2021 年，太仓引航站加大夜航力度，在天气影响前将船舶引领至锚地候泊，解决大型船舶积压问题，降低企业物流成本。对载运新冠肺炎疫情防控物资、电煤、成品油等国计民生重点物资船舶优先受理、优先调派、优先直达。为确保重点物资船舶进出和码头利用率，提前引领集装箱、煤炭船舶至锚地检疫。发挥技术优势，对接企业高质量发展需求，制订个性化引航方案，安全引领无动力船舶"地中海能量"轮安全出江，助推太仓修造船产业提质增效；引领"礼诺亚洲"轮载运国产轿车由太仓启航运往欧洲，助推太仓港口经济创新发展。新冠肺炎疫情防控期间，以优质高效"定制式"引航服务保障集装箱班期和集装箱班轮准班准点。重视季节性引航安全工作，开展"安全生产月"活动，开展事故案例警示教育，围绕推进风险隐患双重预防机制建设、落实安全生产责任状，做细做实安全措施。

（刘　源）

海　事

【概况】 2021 年，太仓海事局保障船舶进出港 14.52 万艘次，较上年增长 10%。保障港口货物吞吐量 2.43 亿吨，较上年增长 12.6%，其中外贸货物吞吐量 9209 万吨，较上年增长 12%。保障集装箱吞吐量 703.8 万标箱，较上年增长 35%。全年太仓港各类受限船舶进出港 2094 艘次，较上年增长 20%，其中"好望角型"船舶 613 艘次，较上年增长 1.6%。进出港受限船舶 5 万载重吨以上 1471 艘次，占比 70.2%，15 万吨级以上 593 艘次，占比 28.3%，船舶大型化趋势明显。长江太仓段发生水上较大等级事故 0 起、小事故 5 起，船舶沉没 2 艘，未发生人员死亡（失踪）事件。

【太仓水上安全特别监管区】 2021 年，太仓海事局成立长江流域首个通道安全"共建共治"联盟，构建"四防三建三强"（"四防"即防进江海船失控，防大型船舶脱缆、断缆，防集装箱落水，防非法船舶集聚；"三建"即共建"信用＋智慧"通道安全航段，建立通道安全应急协作机制，建立通道安全应急演练机制；"三强"即强化通道安全共建，强化通道安全基础，强化通道安全应急）长江航运东大门安全机制。建成水上应急指挥决策室、运行船舶智能监控与指挥平台、上线长江权限水文查询服务、探索无人机常态化巡航，闭路电视监控系统实现全域覆盖。启用卡口管理系统，建立河口综合治理新模式。深化太仓港安全诚信一体化建设。建成高质量选船工作体系，优化选船评估奖惩信息系统。实施港航信息一体化一期工程，实现信用管理全链条、激励惩戒全联合。构架全员全域全程全方位风险识别管控机制。项目纳入太仓市 2021 年重大行政决策目录。

2021 年 3 月 16 日，太仓海事局维护 20 万吨级超大型船舶安全靠泊太仓武港码头

（孙鹤鸣摄）

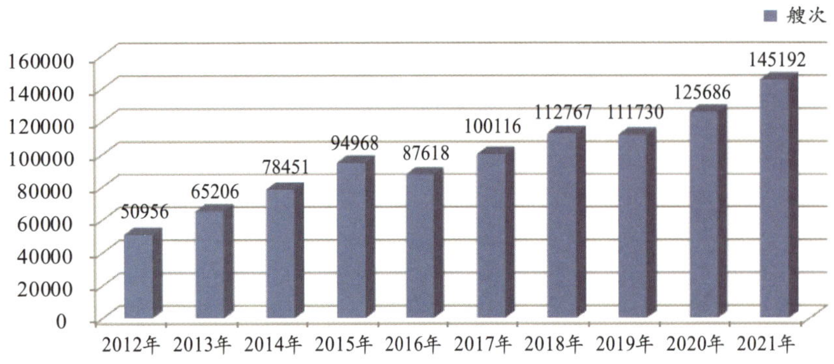

图 4　2012—2021 年太仓港国内航行船舶进出港统计图

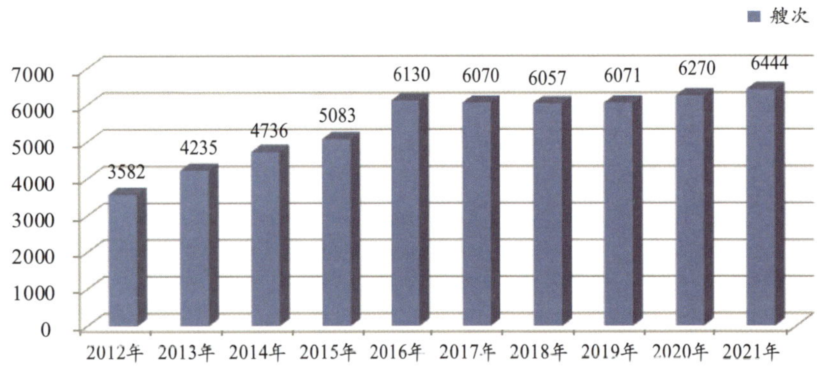

图 5　2012—2021 年太仓港国际航行船舶进出港统计图

2021 年 3 月 1 日，长江太仓水上综合绿色服务区试运行　（冯小青摄）

【长江生态大保护】 2021年3月1日，太仓海事局建成并试运行长江单体最大水上综合绿色服务区，为船舶提供免费接收船舶垃圾、维修、生活服务。太仓港全年接收船舶生活污水 4.16 万艘次、2.53 万立方米，接收船舶生活垃圾 4.87 万艘次、310.4 吨，实现污染物接收"全域全时段"落实。太仓港 14 家非危化品码头 66 套岸电设备信息系统全覆盖，辖区"船 E 行"信息系统（水上智能交通管理与服务系统导航移动客户端应用软件）岸电接入率在长江江苏段率先达 100%，岸电使用量较上年增长 127.4%，使用艘次增长 420.2%。

【港口发展保障】 2021 年，太仓海事局服务集装箱四期码头提前试运行。支持华能港务二期工程建设，对接项目岸线使用审批、方案预评审等工作，保障项目快速落地。指导玖龙码头 5 万吨级和 3000 吨级泊位改造，助力产业转型。破解集装箱船舶在进出口岸审批、调度、靠离泊、锚泊、交通管制等工作中的难点、堵点，开展"冲刺 700 万，我们共担当"活动，制定举措 9 项、解决问题 10 个，助力集装箱吞吐量突破 700 万标箱。实施砂石船舶"八不进、七不出"规则（"八不进"即未通过核准的受限船、砂石来源不明、证书不符、严重缺员、船名标识不规范、不服从交通管制和码头调度、严重失信"黑名单"、选船机制"C 类"等 8 类船舶不允许进港作业；"七不出"即装载不满足干舷要求、未按要求送交生活污水生活垃圾、AIS（船舶自动识别系统）未正常开启、未封舱、违法行为未纠正、未签配员信用承诺、救生衣配备不合格等 7 类船舶不出港），保供砂石安全装卸 2145 万吨。保障进出港电煤船 4.2 万艘次、装卸煤炭 4588 万吨，重点物资水上运输畅通。护航新造船试航 410 艘次。

【水上应急搜救】 2021 年，太仓海事局组织水上搜救行动 187 次，救助船舶 195 艘，成功率 98.98%，救助人员 838 人，成功率 100%。防抗台风"灿都""烟花" 2 次、寒潮天气 7 次。防抗恶劣天气 92 天，其中应对大风（其他风向 6 级以上、东南风 5 级以上）天气 71 天、能见度不良天气（能见度 1500 米以下）21 天。3 月 8 日，成立太仓市郑和水上关爱基金，帮扶在水上突发事件遭遇不幸、生活困难的群众。成立太仓市水上搜救应急救援队伍，建立太仓市水上搜寻救助专家库。印发《长江太仓段水上搜救应急预案》《长江太仓段防御台风专项应急救援预案》《长江太仓段船舶污染事故应急预案》。

（薛德方）

高新区及中德合作示范区

高新区建设

【概况】 江苏省太仓高新技术产业开发区地处太仓市主城区，2018年9月经省政府批复正式设立，管理面积116.74平方千米，常住人口35万人，与科教新城、娄东街道、陆渡街道实施区城街一体化管理，涵盖村（社区）36个。2021年，太仓高新区统筹推进新冠肺炎疫情防控和经济社会发展，全年完成地区生产总值635亿元，较上年增长10.5%；一般公共预算收入90.78亿元，较上年增长15.8%，一般公共预算税收收入83.86亿元，较上年增长11.8%；规模以上工业产值1136.89亿元，较上年增长17.0%；全社会固定资产投资225.67亿元，较上年增长43.5%，其中工业投资39.83亿元，较上年增长31.1%；注册外资和港澳台资8.63亿美元，较上年增长18.3%，实际使用外资和港澳台资3.45亿美元。太仓高新区位列全省高新区创新驱动发展综合评价第二，在推进创新发展和推动“双创”发展两项事项中被省政府“真抓实干推动高质量发展新举措”激励通报，连续四年获评“苏州市推进高质量发展先进地区”，位列太仓市综合考核第一。

【高新区规划建设】 2021年，太仓高新区开展国土空间全域整治，聚焦环天镜湖、娄江新城等重点片区强力攻坚，完成市级“清零”地块20个、区级“清零”地块12个，额外“清零”地块11个，腾地132.8公顷。累计拆除各类违法建筑面积34.7万平方米。加速推进娄江新城建设，总体控制规划发布，“1+5+N”规划体系不断完善。西北工业大学太仓校区一期交付使用，西交利物浦大学太仓校区教学区封顶、生活配套区竣工，智汇谷科技创新园、长江后浪街区等38个新建项目全部开工，科教创新区形态初显。北虹桥国际博览中心、中德创新城医养中心、娄江新城智慧城市建设项目签约。太仓大道西段、滨河新路东延、十八港路北延建成通车。太仓大道地下综合管廊项目启动。提升城市功能环境，复游城项目加快推进，华发广场、铂尔曼酒店建成开业，罗腾堡德国风情街整体结构封顶。完成主城核心区“一核一带一路”景观亮化工程，新建照明建筑111栋。城北河湿地公园景观提升工程、兰德游园等生态工程竣工投用。建成生态美丽河湖6条，完成劣五类河道整治18条。

【高新区招商引资】 2021年，太仓高新区项目引建成效显著，开工建设省市重点项目36个，博泽汽车微电机、陛通半导体设备等17个重点产业项目竣工投产。成立高新区产业招商中心、科技招商中心，举办太仓市重点德资服务业项目签约仪式、高新区重点德资项目集中签约仪式、中国（太仓）首届航空航天精英峰会等集中签约活

2021年5月28日，太仓高新区航空航天产业论坛启动仪式暨高新区“奋战开局年·启航新征程”主题党日活动举行 （高新区供稿）

动3场，新注册和增资总投资超亿美元外资及港澳台资项目9个、超10亿元内资项目23个，引进俄系航空发动机、天航长鹰、穆格飞控等一批优质项目。对德合作持续走深走实，新引进德资企业30家，全国首个中德糖尿病健康管理项目、中德石墨烯及新材料创新中心等项目落地。开拓与北德五州驻华代表机构合作，在德国成立希钛克创新孵化有限责任公司，加快高新区驻德办事处筹备。

【高新区产业发展】 2021年，太仓高新区加速培育重点产业集群，构建以制造业为基础、航空航天为重点的现代产业体系。航空航天产业围绕航空关键零部件、核心材料、航空维修等领域，推进与西北工业大学、商飞上航公司、法国达索等合作，吉太航空科技研究院揭牌成立，入选苏州航空航天产业优选企业培育库28家，成立航空航天产业联盟。新能源智能网联汽车产业围绕电池管理、电机、电控、智能网联等核心技术，持续扩大新能源智能网联汽车产业规模，舍弗勒二合一电驱动桥投产，德国飞势等新能源汽车零部件项目加快建设。生物医药产业围绕新药研发、第三方检测服务、智慧医疗器械等高端环节，发挥中美冠科、康乃德等生物医药企业牵引作用，引进海星生物、德之然等一批生物医药项目，康乃德在纳斯达克上市。培育壮大电竞产业，服务发展工业旅游，提升文旅产业贡献度。

【高新区科技创新】 2021年，太仓高新区创新要素加快集聚。新增苏州市级以上各类人才36人，其中省"双创人才"10人，落户人才项目105个。联合利华入选全球"灯塔工厂"。入选工信部"新两化融合"项目2个，获评苏州"智改数转"标杆企业2家，新增省星级上云企业20家、省市智能示范工厂（车间）15个。认定高新技术企业91家、科技型中小企业357家。多感科技、乐琻半导体等企业入选省市独角兽培育企业，瑞鼎精密机械等15家企业入选省瞪羚企业。成立高新区科技创新载体协会，获评苏州市级以上众创空间5家。太仓激光智能制造创新研究院等科创载体建成投用。

【高新区民生社会事业】 2021年，太仓高新区坚持保障和改善民生，推进民生实事项目39项，洛阳路幼儿园、万和路幼儿园、高新区三小专用教室等3个新改扩建学校项目竣工投用，上海交通大学医学院附属瑞金医院太仓分院开工建设，申宏小区等老旧小区完成改造。横沥花园安置房完成分房，利民五期主体结构封顶。开展"德载高新"文化节、"书香高新"阅读节等群众文化活动。发挥主阵地、主战场作用，推进全国文明典范城市创建工作。多措并举促进就业，制定高新区人力资源保障政策，组织高级工培训班、"留苏优技"项目制培训，举办招聘会86期，提供岗位5万余个，启用劳动保障维权服务中心。加强社会治理创新，"大数据+网格化+铁脚板"工作机制持续完善，创新对大庆锦绣新城实行出租房赋色分级分类管理。做好信访积案化解和初信初访办理工作，社会大局保持和谐稳定。娄东街道司法所获评省优秀司法所。

【高新区企业选介】 和路雪（中国）有限公司太仓分公司。联合利华是世界500强企业，是世界领先的食品、美妆及个人护理用品、家庭护理用品生产商之一，旗下拥有品牌及产品400多个，畅销190多个国家和地区。和路雪是联合利华旗下重要的冰激凌品牌，主要有和路雪、可爱多、梦龙等知名品牌。2021年，联合利华太仓智能工厂（和路雪）建成投用，占地6.29公顷，引进国际先进的冷冻饮品生产设备和蛋卷烘烤设备，主要生产蛋筒类、杯类、棍类等冰激凌，是全球冰激凌行业第一家"灯塔工厂"。至2021年，工厂拥有冰激凌生产线16条、蛋筒烘烤生产线12条，最大可年产冷冻饮品7.6万吨。

博格华纳汽车零部件（江苏）有限公司。博格华纳集团是美国财富500强企业、全球最大的发动机动力总供应商，总部位于美国密歇根州奥本山，2021年全球销售超150亿美元。2013年，博格华纳汽车零部件（江苏）有限公司落户太仓高新区，项目占地面积5公顷，总投资8400万美元，主要生产涡轮增压系统，隶属于博格华纳集团涡轮系统事业部。2021年，公司产值13.3亿元，被评为江苏省高新技术企业。隶属博格华纳集团传动事业部的新项目签约太仓高新区，新项目占地3.67公顷，总投资20亿元，生产P2、双离合变速器等产品。

2021年太仓高新区新增高新技术企业一览表

表12

序号	企业名称	序号	企业名称
1	毕克礼斯精密部件（太仓）有限公司	7	卡哲电子机械（太仓）有限公司
2	大加利（太仓）质量技术检测中心有限公司	8	蓝探科工业自动化（江苏）有限公司
3	高精达光电（苏州）有限公司	9	洛米纳（苏州）电子科技有限公司
4	共建新材料（苏州）有限公司	10	美南精密电机（太仓）有限公司
5	中广核三角洲（太仓）检测技术有限公司	11	帕格曼科技（太仓）有限公司
6	华海（太仓）纸业有限公司	12	苏州倍科自动化科技有限公司

续表 12

序号	企业名称	序号	企业名称
13	苏州必加互联网科技有限公司	35	苏州优筑网络科技有限公司
14	苏州迪维勒普信息科技有限公司	36	太仓艾拉德物流设备有限公司
15	苏州福而康车料有限公司	37	太仓东泰精密机械有限公司
16	苏州福共新材料科技有限公司	38	太仓法斯特汽车配件有限公司
17	苏州格勒普机械有限公司	39	太仓海盾船舶机械有限公司
18	苏州功业肆点零智能科技有限公司	40	太仓宏微电子科技有限公司
19	苏州豪茂包装制品有限公司	41	太仓力山机械设备有限公司
20	苏州佳世峰精密机械有限公司	42	太仓史密斯理查森精密制造有限公司
21	苏州竞奇耀智能科技有限公司	43	太仓市汇丰农业设施有限公司
22	苏州可昱机械设备有限公司	44	太仓市金港植保器械科技有限公司
23	苏州乐仪智能科技有限公司	45	太仓市祥跃运动器材有限公司
24	苏州盟杨机电自动化有限公司	46	苏州格泰普流体设备有限公司
25	苏州诺泰信通讯有限公司	47	太仓思普特车业有限公司
26	苏州诺伊德软件信息有限公司	48	太仓斯迪克新材料科技有限公司
27	苏州谦恒巨环保科技有限公司	49	苏州先创流体控制技术有限公司
28	苏州清乐智能科技有限公司	50	太仓苏易信息科技有限公司
29	苏州市恩创建材科技有限公司	51	太仓太标汽车部件有限公司
30	苏州适度冷暖科技有限公司	52	太仓艺斯高医疗器械科技有限公司
31	苏州外星人电动科技有限公司	53	太仓振业纸制品有限公司
32	苏州笑聪电气设备有限公司	54	太仓众鑫磊精密电子有限公司
33	苏州伊亚制药机械科技有限公司	55	探长信息技术（苏州）有限公司
34	苏州屹胜佳业包装材料有限公司	56	途研（苏州）精密机械科技有限公司

2021 年太仓高新区规模工业企业（不含德企）一览表

表 13

序号	企业名称	行业大类名称	投资来源地
1	江苏莫安迪科技股份有限公司	电机制造	中国
2	雷勃电气（苏州）有限公司	电气机械和器材制造业	美国
3	特灵空调系统（中国）有限公司	电气机械和器材制造业	美国
4	洋保电子（太仓）有限公司	电气机械和器材制造业	日本
5	苏州富士端子有限公司	电气机械和器材制造业	日本
6	多摩川精密电机（苏州）有限公司	电气机械和器材制造业	日本
7	美南精密电机太仓有限公司	电气机械和器材制造业	日本
8	苏州悦贸金属制品有限公司	电气机械和器材制造业	日本
9	德特威勒（苏州）电缆系统有限公司	电气机械和器材制造业	瑞士
10	苏州英翔电子有限公司	电气机械和器材制造业	英国

续表 13

序号	企业名称	行业大类名称	投资来源地
11	太仓摩力伺服技术有限公司	电气机械和器材制造业	中国
12	尤尼梅特电线电缆苏州有限公司	电气机械和器材制造业	中国
13	昊诚光电（太仓）有限公司	电气机械和器材制造业	中国
14	苏州红壹佰照明有限公司	电气机械和器材制造业	中国
15	苏州鑫点石精密机械制造有限公司	电气机械和器材制造业	中国
16	苏州矽美仕绿色新能源有限公司	电气机械和器材制造业	中国
17	江苏昌哲新能源有限公司	电气机械和器材制造业	中国
18	苏州天顺风能设备有限公司	电气机械和器材制造业	中国
19	江苏通领科技有限公司	电气机械和器材制造业	中国
20	太仓年益科技电子有限公司	电气机械和器材制造业	中国台湾
21	麦格纳（太仓）汽车科技有限公司	电气机械和器材制造业	中国香港
22	华利安（太仓）运动服装有限公司	纺织服装、服饰业	美国
23	苏州华钟针织有限公司	纺织服装、服饰业	日本
24	太仓祺美时装有限公司	纺织服装、服饰业	中国
25	江苏大仓集团有限公司	纺织服装、服饰业	中国
26	太仓衣稻服装有限公司	纺织服装、服饰业	中国
27	太仓泰坦体育用品有限公司	纺织服装、服饰业	中国香港
28	横滨丝带（太仓）有限公司	纺织业	日本
29	苏州虹盛印染有限公司	纺织业	中国
30	新丽纤维制品（苏州）有限公司	纺织业	中国台湾
31	卡莱司卓奥斯曼（太仓）建筑材料有限公司	非金属矿物制品业	韩国
32	太仓海螺水泥有限责任公司	非金属矿物制品业	中国
33	苏州弗罗斯复合材料有限公司	非金属矿物制品业	中国
34	苏州久晶光电科技有限公司	非金属矿物制品业	中国
35	苏州太丰玻璃饰品有限公司	非金属矿物制品业	中国
36	华忠金属材料（太仓）有限公司	非金属矿物制品业	中国台湾
37	苏州三和管桩有限公司	非金属矿物制品业	中国香港
38	长富不锈钢中心（苏州）有限公司	黑色金属冶炼和压延加工业	日本
39	丰田通商（太仓）特钢加工有限公司	黑色金属冶炼和压延加工业	日本
40	江兴（太仓）金属制品有限公司	黑色金属冶炼和压延加工业	英国
41	太仓环球化纤有限公司	化学纤维制造业	美国
42	太仓安佑无纺科技有限公司	化学纤维制造业	中国
43	科纺勒特种纺织品（太仓）有限公司	化学纤维制造业	中国香港
44	老虎粉末涂料制造（太仓）有限公司	化学原料和化学制品制造业	奥地利
45	和承特种橡胶（太仓）有限公司	化学原料和化学制品制造业	韩国
46	苏州盛万达塑胶包装材料有限公司	化学原料和化学制品制造业	中国

续表 13

序号	企业名称	行业大类名称	投资来源地
47	疆合材料科技（苏州）有限公司	化学原料和化学制品制造业	中国
48	江苏爱粤建筑粉末涂料有限公司	化学原料和化学制品制造业	中国香港
49	科思泰半导体配件（苏州）有限公司	计算机、通信和其他电子设备制造业	韩国
50	智行畅联科技有限公司	计算机、通信和其他电子设备制造业	加拿大
51	太仓阿尔派电子有限公司	计算机、通信和其他电子设备制造业	日本
52	兴和电子（太仓）有限公司	计算机、通信和其他电子设备制造业	日本
53	苏州希恩碧电子有限公司	计算机、通信和其他电子设备制造业	日本
54	太仓神明电子有限公司	计算机、通信和其他电子设备制造业	日本
55	苏州蔡伦格蒂电子材料有限公司	计算机、通信和其他电子设备制造业	中国
56	日立数据系统制造有限公司	计算机、通信和其他电子设备制造业	中国
57	苏州天积维尔光电科技有限公司	计算机、通信和其他电子设备制造业	中国
58	太仓市同维电子有限公司	计算机、通信和其他电子设备制造业	中国
59	众华电子科技（太仓）有限公司	计算机、通信和其他电子设备制造业	中国香港
60	太仓邝德—友联设备有限公司	计算机、通信和其他电子设备制造业	中国香港
61	太仓海华家具有限公司	家具制造业	中国香港
62	太仓世珍集装箱部件股份有限公司	金属制品业	韩国
63	源文兴车料（太仓）有限公司	金属制品业	美国
64	苏州静冈刀具有限公司	金属制品业	日本
65	苏州萬雷固普五金科技有限公司	金属制品业	中国
66	太仓夏鑫电镀有限公司	金属制品业	中国
67	太仓市国达金属制品有限公司	金属制品业	中国
68	太仓市合泰机械有限公司	金属制品业	中国
69	苏州冠景彩涂板有限公司	金属制品业	中国
70	太仓申立金属制品有限公司	金属制品业	中国
71	太仓锦捷机械有限公司	金属制品业	中国
72	高盟机械（太仓）有限公司	金属制品业	中国台湾
73	美固龙金属制品（中国）有限公司	金属制品业	中国香港
74	苏州新明阳鞋业有限公司	皮革、毛皮、羽毛及其制品和制鞋业	日本
75	苏州一和儿童礼品有限公司	其他制造业	中国
76	驶驰耐精密汽车零部件（太仓）有限公司	汽车制造业	法国
77	和承汽车配件（太仓）有限公司	汽车制造业	韩国
78	太仓世钟汽车配件有限公司	汽车制造业	韩国
79	苏州世珍橡塑有限公司	汽车制造业	韩国
80	平和精工汽车配件（太仓）有限公司	汽车制造业	韩国
81	苏州旭鸿金属制品有限公司	汽车制造业	毛里求斯
82	博格华纳汽车零部件（江苏）有限公司	汽车制造业	美国

续表 13

序号	企业名称	行业大类名称	投资来源地
83	伟速达（中国）汽车安全系统有限公司	汽车制造业	美国
84	新井精密部件（太仓）有限公司	汽车制造业	日本
85	太仓泷田金属制品有限公司	汽车制造业	日本
86	太仓奥托立夫申达汽车安全系统有限公司	汽车制造业	瑞典
87	法因图尔精密部件（太仓）有限公司	汽车制造业	瑞士
88	法可赛（太仓）汽车配件有限公司	汽车制造业	西班牙
89	英明精密机件（苏州）有限公司	汽车制造业	英国
90	万特赛传动系统（中国）有限公司	汽车制造业	英国
91	太仓市联宏电塑有限公司	汽车制造业	中国
92	苏州温橡特种橡胶有限公司	汽车制造业	中国
93	太仓市南丰汽车附件有限公司	汽车制造业	中国
94	合兴集团汽车电子（太仓）有限公司	汽车制造业	中国
95	苏州新沣复合纤维制品有限公司	汽车制造业	中国台湾
96	太仓苏创液化气有限公司	燃气生产和供应业	中国
97	太仓市天然气有限公司	燃气生产和供应业	中国香港
98	三全食品（苏州）有限公司	食品制造业	中国
99	佳格食品（中国）有限公司	食品制造业	中国台湾
100	太仓市水处理有限责任公司	水的生产和供应业	中国
101	凯得爱依安全运动器材（太仓）有限公司	铁路、船舶、航空航天和其他运输设备制造业	日本
102	新大洲本田摩托（苏州）有限公司	铁路、船舶、航空航天和其他运输设备制造业	中国
103	苏州龙跃锂动车辆有限公司	铁路、船舶、航空航天和其他运输设备制造业	中国
104	欧亚马自行车（太仓）有限公司	铁路、船舶、航空航天和其他运输设备制造业	中国台湾
105	天迅金属制品（太仓）有限公司	铁路、船舶、航空航天和其他运输设备制造业	中国台湾
106	太仓信隆车料有限公司	铁路、船舶、航空航天和其他运输设备制造业	中国台湾
107	陇亿车料（太仓）有限公司	铁路、船舶、航空航天和其他运输设备制造业	中国台湾
108	太仓安笙精密金属制品有限公司	铁路、船舶、航空航天和其他运输设备制造业	中国台湾
109	超汇桂盟传动（苏州）有限公司	铁路、船舶、航空航天和其他运输设备制造业	中国台湾
110	翔宇实业（太仓）有限公司	铁路、船舶、航空航天和其他运输设备制造业	中国台湾
111	见诚自行车（太仓）有限公司	铁路、船舶、航空航天和其他运输设备制造业	中国台湾
112	祥力自行车配件（太仓）有限公司	铁路、船舶、航空航天和其他运输设备制造业	中国台湾
113	瑞振车料（太仓）有限公司	铁路、船舶、航空航天和其他运输设备制造业	中国台湾
114	元毅车料（太仓）有限公司	铁路、船舶、航空航天和其他运输设备制造业	中国台湾
115	艾伯纳工业炉（太仓）有限公司	通用设备制造业	奥地利
116	椿中岛机械（太仓）有限公司	通用设备制造业	日本
117	苏州优尼昂精密金属制造有限公司	通用设备制造业	日本
118	苏州东金机械金属有限公司	通用设备制造业	日本

续表 13

序号	企业名称	行业大类名称	投资来源地
119	广濑精密机械（太仓）有限公司	通用设备制造业	日本
120	太仓翱铿梯锻压有限公司	通用设备制造业	日本
121	太仓置田锻压有限公司	通用设备制造业	日本
122	西螺（苏州）精密紧固件有限公司	通用设备制造业	西班牙
123	太仓艾拉德物流设备有限公司	通用设备制造业	意大利
124	固耐重工（苏州）有限公司	通用设备制造业	意大利
125	太仓旭莱自动化机械有限公司	通用设备制造业	中国
126	新歌阀门（太仓）有限公司	通用设备制造业	中国
127	太仓顺天自动化设备有限公司	通用设备制造业	中国
128	大庆油田力神泵业（太仓）有限公司	通用设备制造业	中国
129	罗特液压（太仓）有限公司	通用设备制造业	中国
130	苏州欣科导轨有限公司	通用设备制造业	中国
131	太仓志霖液压机械有限公司	通用设备制造业	中国
132	太仓荣南密封件科技有限公司	通用设备制造业	中国
133	太仓市天致工程技术有限公司	通用设备制造业	中国
134	佳兴紧固件工业（苏州）有限公司	通用设备制造业	中国台湾
135	桂盟链条（太仓）有限公司	通用设备制造业	中国台湾
136	苏州新太铜高效管有限公司	通用设备制造业	中国台湾
137	金益成（太仓）轴承有限公司	通用设备制造业	中国台湾
138	太仓濂辉液压器材有限公司	通用设备制造业	中国台湾
139	实用动力（中国）工业有限公司	通用设备制造业	中国香港
140	太仓宝沃帕克机械科技有限公司	通用设备制造业	中国香港
141	苏州鸿安机械有限公司	通用设备制造业	中国香港
142	江苏中联地毯有限公司	文教、工美、体育和娱乐用品制造业	泰国
143	英特飞模块地毯（中国）有限公司	文教、工美、体育和娱乐用品制造业	中国香港
144	太仓艾格鲁塑料制品有限公司	橡胶和塑料制品业	奥地利
145	展诚（苏州）塑料制品有限公司	橡胶和塑料制品业	日本
146	白特荣塑胶（太仓）有限公司	橡胶和塑料制品业	新加坡
147	苏州新博流体科技有限公司	橡胶和塑料制品业	中国
148	太仓展新胶粘材料股份有限公司	橡胶和塑料制品业	中国
149	苏州裕丰塑胶科技有限公司	橡胶和塑料制品业	中国
150	江苏东泰聚合材料有限公司	橡胶和塑料制品业	中国
151	太仓斯迪克新材料科技有限公司	橡胶和塑料制品业	中国
152	太仓冠联高分子材料有限公司	橡胶和塑料制品业	中国
153	苏州福共包装材料有限公司	橡胶和塑料制品业	中国
154	迪美斯（太仓）窗型材有限公司	橡胶和塑料制品业	中国香港

续表 13

序号	企业名称	行业大类名称	投资来源地
155	挪亚圣诺（太仓）生物科技有限公司	医药制造业	荷兰
156	苏州新波生物技术有限公司	医药制造业	中国
157	史太林格塑胶机械（太仓）有限公司	仪器仪表制造业	奥地利
158	普曼普传动系统（太仓）有限公司	仪器仪表制造业	意大利
159	太仓市建国混凝土制品有限公司	仪器仪表制造业	中国
160	太仓比泰科自动化设备有限公司	仪器仪表制造业	中国
161	太仓市派恩海洋装备科技有限公司	仪器仪表制造业	中国
162	苏州奥智智能设备股份有限公司	仪器仪表制造业	中国
163	太仓联翔佳瑞自动化科技有限公司	仪器仪表制造业	中国
164	沪工智能科技（苏州）有限公司	仪器仪表制造业	中国
165	太仓源凯汽车配件有限公司	仪器仪表制造业	中国
166	实耐格（太仓）包装有限公司	印刷和记录媒介复制业	新加坡
167	苏州天众印刷有限公司	印刷和记录媒介复制业	中国
168	昆山奥博环保科技有限公司	印刷和记录媒介复制业	中国
169	太仓兴宇印刷包装股份有限公司	印刷和记录媒介复制业	中国
170	苏州华南印务有限公司	印刷和记录媒介复制业	中国
171	政伸印刷（太仓）有限公司	印刷和记录媒介复制业	中国台湾
172	太仓市金鑫铜管有限公司	有色金属冶炼和压延加工业	中国
173	苏州撼力合金股份有限公司	有色金属冶炼和压延加工业	中国
174	太仓市凯斯汀精密压铸有限公司	有色金属冶炼和压延加工业	中国
175	太仓华夏精密机械有限公司	有色金属冶炼和压延加工业	中国
176	太仓沪北特种铝材有限公司	有色金属冶炼和压延加工业	中国
177	太仓腾辉金属制品有限公司	有色金属冶炼和压延加工业	中国
178	江苏仓环铜业股份有限公司	有色金属冶炼和压延加工业	中国
179	明达铝业科技（太仓）有限公司	有色金属冶炼和压延加工业	中国台湾
180	太仓升达机械有限公司	有色金属冶炼和压延加工业	中国台湾
181	太仓市岭南纸业包装有限公司	造纸和纸制品业	中国香港
182	奥胜制造（太仓）有限公司	专用设备制造业	奥地利
183	鹿宏电子（苏州）有限公司	专用设备制造业	日本
184	日精塑料机械（太仓）有限公司	专用设备制造业	日本
185	苏州陆钢精密模具有限公司	专用设备制造业	英国
186	太仓久信精密模具股份有限公司	专用设备制造业	中国
187	太仓宙辉五金制品有限公司	专用设备制造业	中国
188	太仓艺斯高医疗器械科技有限公司	专用设备制造业	中国

续表 13

序号	企业名称	行业大类名称	投资来源地
189	太仓创造电子有限公司	专用设备制造业	中国
190	太仓维高模塑有限公司	专用设备制造业	中国
191	太仓维特根机械有限公司	专用设备制造业	中国
192	海美克精密机械（苏州）有限公司	专用设备制造业	中国
193	苏州棠裕塑胶机械有限公司	专用设备制造业	中国
194	苏州五元素机械制造有限公司	专用设备制造业	中国
195	苏州椿桔五金制品有限公司	专用设备制造业	中国
196	太仓明皓精密模具厂	专用设备制造业	中国
197	得泰医疗卫生用品（苏州）有限公司	专用设备制造业	中国台湾
198	固瑞特模具（太仓）有限公司	专用设备制造业	中国香港
199	雅高机械（太仓）有限公司	专用设备制造业	中国香港

（孙鸿宇）

中德合作示范区

综　述

【概况】 太仓市与德国的合作交流源远流长。1993年第一家德企落户太仓，太仓坚持以“中德合作城市典范”目标定位，全面深化对德合作内涵，至2021年年底，全市德资企业总数达413家，形成高端装备制造、汽车核心零部件等主导产业，建成德国中心、德国商会太仓办公室、中德创新园等一批对德合作载体，形成“双元制”教育品牌，城建、科技、商贸、文化等领域双向开放日益频繁，太仓成为中德合作最具代表性城市之一，先后被中德两国政府部门授予中德企业合作基地、中德（太仓）中小企业合作示范区、中德智能制造合作创新园、国家先进制造技术国际创新园、高端装备制造业（智能制造）标准化试点、国际科技合作基地、中德企业合作基地全国专利保护重点联系基地、出口精密机械质量安全示范区等称号。2021年，太仓对德合作持续深化，省政府四部门联合印发《关于支持太仓进一步深化对德经贸合作打造中德中小企业合作示范区的意见》，全国首条中德国际数据专线投运，太仓—柏林创新中心揭牌，签署中德（太仓）绿色低碳合作园区建设协议，世界职业教育大会。中德智能制造双元制教育项目入选工信部试点示范。举办太仓德国中小企业论坛、贝多芬艺术展、太仓啤酒节等系列活动。年内，太仓市加快推进中德四期生命科学园规划建设，提升对德合作层次层级，打造国家级对德合作平台，争取更多国家和省市开放创新政策在太仓中德中小企业合作区先行先试。

【德企特色产业】 太仓市是全国德企投资密集、发展好的地区之一，形成以高端装备制造和汽车核心零部件为主的产业集群，集聚通快、埃马克等德国前十的机床企业及舍弗勒、博世等百余家骨干汽车核心零部件企业。太仓市大力拓展产业合作领域，加快培育

2021年12月8日，魏德米勒—迈创智能制造联合培训中心太仓基地揭牌成立
（太仓高新区供稿）

发展新能源和智能网联汽车、生物医药、航空航天等新兴产业。截至2021年年底，太仓高新区德企数占全市95%以上，总投资超50亿美元，年工业产值超500亿元，其中制造业德企数量占全国近10%，“隐形冠军”德企超50家。德资德企持续看好投资太仓，90%以上的早期落户德资企业完成增资扩产，通快、慕贝尔等多家德资企业将中国区总部或研发中心、销售中心、生产基地等功能型总部设在太仓。同时，德企与民企形成融合发展格局，有600多家民营企业与德资企业在资本合作、市场对接、管理模式互动、研发创新等方面开展深度合作，推动太仓企业产品质量和管理水平同步提升，形成一批具有自主创新、自主品牌的科技创新高成长性民营企业。

2021年太仓高新区规模德企一览表

表14

序号	企业名称	行业大类名称
1	艾森文具用品（太仓）有限公司	文教、工美、体育和娱乐用品制造业
2	欧皮特传动系统（太仓）有限公司	橡胶和塑料制品业
3	裕克施乐塑料制品（太仓）有限公司	橡胶和塑料制品业
4	麦克—恩福流体技术（太仓）有限责任公司	橡胶和塑料制品业
5	宝丽菲姆保护膜（苏州）有限公司	橡胶和塑料制品业
6	瑞好聚合物（苏州）有限公司	橡胶和塑料制品业
7	蓝浦树脂应用技术（太仓）有限公司	橡胶和塑料制品业
8	慕贝尔汽车部件（太仓）有限公司	橡胶和塑料制品业
9	林德纳新型建筑材料（太仓）有限公司	非金属矿物制品业
10	英普瑞格管道修复技术（苏州）有限公司	非金属矿物制品业
11	爱慕莎居家用品（太仓）有限公司	非金属矿物制品业
12	世泰科特种材料（太仓）有限公司	有色金属冶炼和压延加工业
13	太仓威尔斯—克恩·里伯斯新材料有限公司	有色金属冶炼和压延加工业
14	威尔斯新材料（太仓）有限公司	有色金属冶炼和压延加工业
15	汉亨（苏州）包装材料有限公司	金属制品业
16	萨普精密金属（太仓）有限公司	金属制品业
17	通快金属薄板制品（太仓）有限公司	金属制品业
18	必特克刀具（太仓）有限公司	金属制品业
19	高迈特精密刀具（太仓）有限公司	金属制品业
20	克朗斯机械（太仓）有限公司	通用设备制造业
21	毕克礼斯精密部件（太仓）有限公司	通用设备制造业
22	克恩—里伯斯（太仓）有限公司	通用设备制造业
23	安策阀门（太仓）有限公司	通用设备制造业
24	必斯曼冷成型技术（太仓）有限公司	通用设备制造业
25	琵乐风机科技（太仓）有限公司	通用设备制造业
26	舍弗勒（中国）有限公司	通用设备制造业
27	汉德环保设备（太仓）有限公司	通用设备制造业
28	苏州沃特节水产品有限公司	通用设备制造业

续表 14

序号	企业名称	行业大类名称
29	美名格—艾罗（太仓）纺织机械有限公司	通用设备制造业
30	翰备机械部件（太仓）有限公司	通用设备制造业
31	弗里森泵业（太仓）有限公司	通用设备制造业
32	来普乐（太仓）工业科技有限公司	通用设备制造业
33	毅结特紧固件系统（太仓）有限公司	通用设备制造业
34	德珂斯（江苏）自动化技术有限公司	通用设备制造业
35	爱克奇换热技术（太仓）有限公司	通用设备制造业
36	泰创制冷系统（太仓）有限公司	通用设备制造业
37	太仓摩丹卡勒多尼塑料机械有限公司	专用设备制造业
38	温特图尔磨削技术（太仓）有限公司	专用设备制造业
39	贺利氏电测骑士（太仓）有限公司	专用设备制造业
40	乐客精密工具（太仓）有限公司	专用设备制造业
41	勃乐氏密封系统（太仓）有限公司	专用设备制造业
42	海尔曼超声波技术（太仓）有限公司	专用设备制造业
43	太仓威格玛机械设备有限公司	专用设备制造业
44	瑞好环境科技（太仓）有限公司	专用设备制造业
45	太仓克恩—里伯斯纺织元件有限公司	专用设备制造业
46	阀安格水处理系统（太仓）有限公司	专用设备制造业
47	通快医疗设备（太仓）有限公司	专用设备制造业
48	欧亚瑟水艺（太仓）有限公司	专用设备制造业
49	太仓卡兰平汽车零部件有限公司	汽车制造业
50	格堡汽车配件（太仓）有限公司	汽车制造业
51	爱尔卡美特合成材料技术（太仓）有限公司	汽车制造业
52	宝适汽车部件（太仓）有限公司	汽车制造业
53	来达隔热隔音汽车部件（太仓）有限公司	汽车制造业
54	慧鱼汽车系统（太仓）有限公司	汽车制造业
55	欧博耐尔（太仓）汽车技术有限公司	汽车制造业
56	福缔汽车（太仓）有限公司	汽车制造业
57	佩尔哲汽车内饰系统（太仓）有限公司	汽车制造业
58	福立希塑料精密制造（太仓）有限公司	汽车制造业
59	慧鱼（太仓）建筑锚栓有限公司	铁路、船舶、航空航天和其他运输设备制造业
60	太仓英硕空调材料有限公司	电气机械和器材制造业
61	欧托凯勃汽车线束（太仓）有限公司	电气机械和器材制造业
62	和柔电缆制造（太仓）有限公司	电气机械和器材制造业

续表 14

序号	企业名称	行业大类名称
63	威赛家用电器（太仓）有限公司	电气机械和器材制造业
64	康唯特空调（太仓）有限公司	电气机械和器材制造业
65	爱科空气处理技术（苏州）有限公司	电气机械和器材制造业
66	利里达尔线材（太仓）有限公司	电气机械和器材制造业
67	太仓博泽汽车部件有限公司	电气机械和器材制造业
68	飞势管道技术（太仓）有限公司	电气机械和器材制造业
69	博恩斯坦电子（太仓）有限公司	电气机械和器材制造业
70	德恩科电机（太仓）有限公司	计算机、通信和其他电子设备制造业
71	太仓阿托斯电气部件有限公司	计算机、通信和其他电子设备制造业
72	益技欧电子器件（中国）有限公司	计算机、通信和其他电子设备制造业
73	卓能电子（太仓）有限公司	计算机、通信和其他电子设备制造业
74	海瑞恩精密技术（太仓）有限公司	计算机、通信和其他电子设备制造业
75	苏州托克斯冲压设备有限公司	仪器仪表制造业
76	爱固机电（太仓）有限公司	仪器仪表制造业
77	博纳环境设备（太仓）有限公司	仪器仪表制造业
78	英诺太科测试设备（太仓）有限公司	仪器仪表制造业
79	斯德拉马机械（太仓）有限公司	仪器仪表制造业
80	珀金埃尔默仪器（苏州）有限公司	仪器仪表制造业
81	通快（中国）有限公司	仪器仪表制造业
82	巨浪凯龙机床（太仓）有限公司	仪器仪表制造业
83	欧玛执行器（中国）有限公司	仪器仪表制造业
84	伟思富奇环境试验仪器（太仓）有限公司	仪器仪表制造业
85	孚尔默（太仓）机械有限公司	仪器仪表制造业

2021 年太仓高新区新批德资（含奥瑞比卢）企业一览表

表 15

序号	公司名称	批准日期
1	太仓德通企业管理有限公司	1 月
2	德涵新材料（太仓）有限公司	1 月
3	太仓泛欧智能科技有限公司	1 月
4	林辛格贸易（太仓）有限公司	1 月
5	恩航管理咨询服务（太仓）有限公司	3 月
6	英普瑞格管道修复技术（苏州）有限公司太仓分公司	3 月
7	琛维（太仓）贸易有限公司	3 月

续表 15

序号	公司名称	批准日期
8	利格(太仓)工业科技有限公司	3月
9	魏因加特纳贸易(太仓)有限公司	4月
10	太仓市郝赫福斯机机械贸易有限公司	6月
11	太仓市航利浩勒机械贸易有限公司	7月
12	苏州席卜环境科技有限公司	7月
13	思颐建筑设施维护(苏州)有限公司	8月
14	苏州迈德瑞格生物医药科技有限公司	10月
15	亚列克斯表面技术(太仓)有限公司	10月
16	纳蔚德(苏州)智能科技有限公司	11月
17	马丁健康管理咨询(太仓)有限公司	11月
18	太仓优卓科技发展有限公司	12月
19	亿涂(苏州)互联网科技有限公司	12月
20	太仓富莱克斯国际贸易有限公司	12月

2021年太仓高新区增资德企一览表

表 16

序号	企业名称	增资日期
1	通快(中国)有限公司	1月
2	克朗斯机械(太仓)有限公司	3月
3	威世兰(太仓)工业科技有限公司	3月
4	通快(中国)有限公司	5月
5	埃维斯刀座技术(太仓)有限公司	6月
6	世泰科特种材料(太仓)有限公司	7月
7	兹韦克罗睿测试技术(太仓)有限公司	8月
8	林德纳新型建筑材料(太仓)有限公司	9月
9	格堡汽车配件(太仓)有限公司	9月
10	阿库姆咨询(苏州)有限公司	10月
11	都锐(太仓)焊接设备有限公司	12月

【职教合作】 太仓市坚持人才培养与产业经济同频发展、互相融合,2001年率先引入德国双元制教育模式,由太仓高新区、克恩—里伯斯等成员单位共同建立国内首个与德国职业教育同步的专业工人培训中心。此后,太仓依托多方资源,相继建立中德培训中心等双元制教育培训基地10余个,建立国内唯一的AHK中德双元制职业教育示范推广基地,创办全国首个双元制本科项目,制定全国首个双元制职业教育标准,成立全国首个双元制教育研究院,举办全国首个以中德双元制教育为主题的职业技能比赛,太仓双元制本土化创新实践走在全国的前列,累计培养高级管理人才和专业技术人才1万多人。2021年是太仓引入双元制20周年,太仓市进一步深化双元制本土化实践,推动对德合作持续走向深入。12月8日,魏德米勒—迈创智能制造联合培训中心太

2021 年 9 月 23 日，“夜太美”暨第 16 届太仓啤酒节开幕式在太仓软件园举行

（太仓高新区供稿）

仓基地揭牌成立，成为太仓双元制实践团队中的新成员。德国魏德米勒集团是电气联接、传输领域和工业环境领域国际领先的解决方案供应商。成立于 2012 年的苏州迈创信息技术有限公司致力于德国双元制职业教育标准在中国的推广和落地运行，自主研发德国标准工业级、现场级机电控制技术领域的教学、培训设备。魏德米勒—迈创智能制造联合培训中心太仓基地的成立，进一步推进智能制造产教融合战略合作，推进太仓高等教育、职业教育发展，提升客户伙伴智能制造人才培养水平，提升院校学生的就业能力，提升企业员工的技能水平，助力太仓及周边地区制造业的智能化转型升级。

（孙鸿宇）

经济文化交流

【概况】 至 2021 年，太仓市连续 16 年举办富有德国风情的啤酒节活动，创办中德乒乓球友谊赛、中德足球联赛、中德马拉松友谊赛等品牌交流活动。在建设现代田园城市过程中，注重学习借鉴德国城市建设与生态环保理念，融入“德国元素”，注重与中德产业同频共振，开发建成一批具有德国风情的商业街区和生活配套设施，包括引入一批德国酒吧、餐厅、面包房等生活性服务企业，开办太仓中德友好幼儿园等。太仓市开发建设海运堤罗腾堡德风街，引进德国玛丽蒂姆酒店等功能设施。先后与德国莱茵内卡大区、于利希市缔结友城关系，创办全国首家智障人员公益性工厂中德善美公司，越来越多的德国人将太仓当作“第二故乡”，常年在太仓生活的德国人超 1000 人。

【太仓啤酒节】 2021 年 9 月 23 日，“夜太美”暨第 16 届太仓啤酒节开幕式在太仓软件园举行，太仓市企业界代表、部分市民和上海、苏州等周边地区的德国友人参加活动。活动现场发布夜太美“十夜”主题活动，即“夜食”“夜购”“夜游”“夜宿”“夜娱”“夜秀”“夜演”“夜读”“夜赛”“夜跑”，发布夜太美 · 城市微旅行精品线路和夜太美 · 百味图。该届啤酒节活动从 9 月 23 日至 25 日，24 日举办德国商会“商会之夜”，9 月 25 日举办 TRT 之夜。

【罗腾堡德风街项目建设】 2021 年 10 月 29 日，海运堤罗腾堡德风街新建项目整体结构封顶，该工程从开工到整体结构封顶仅用 200 天，充分体现“太仓速度”。海运堤罗腾堡德风街新建项目位于新浏河南岸、人民路西侧，总建筑面积 3.2 万平方米，包括德国 Maritim 玛丽蒂姆酒店以及相关商业配套设施。该项目打造集人文、艺术、年轻潮流、微度假、现代化数字运营、引领新趋势于一体的文旅平台及中德文化交流的舞台，建设中德经贸、文化、教育交流合作载体，促进太仓中德创新合作。

（孙鸿宇）

2021 年 10 月 29 日，海运堤罗腾堡德风街项目整体结构封顶

（太仓高新区供稿）

产业结构

综　述

【概况】 2021年，太仓市落实中央、省和苏州市各项决策部署，坚持稳中求进工作总基调，统筹新冠肺炎疫情防控和经济社会发展，全年经济运行稳中有进、加速向好，社会大局和谐稳定，经济社会高质量发展取得新成效。全年全市实现地区生产总值1574.05亿元，按可比价格计算，较上年增长9.7%。其中，第一产业增加值23.98亿元，第二产业增加值782.38亿元，第三产业增加值767.69亿元，三次产业占比1.5∶49.7∶48.8。按常住人口计算，人均地区生产总值18.85万元。完成农林牧渔业总产值44.31亿元，较上年下降8.8%。实现工业总产值3387.94亿元，较上年增长11.7%，新兴产业产值较上年增长17.2%，占规模以上工业产值的比重57.5%。完成全社会固定资产投资501.54亿元，较上年增长7.0%。全年实现社会消费品零售总额510.47亿元，首次突破500亿元大关，较上年增长20.1%。实现进出口总额170.87亿美元，较上年增长28.4%。

（沈敏亚）

【供给侧结构性改革】 2021年，太仓市巩固“三去一降一补”（去产能、去库存、去杠杆，降成本，补短板）成果，抓住供给侧结构性矛盾要害。“去产能”。全市加快关停淘汰低产能、高能耗企业，去除低效无效供给，关停并转化工企业6家，重点淘汰和整治低端低效产能企业（作坊）67家。整治“散乱污”企业（作坊）623家，其中依法关停609家、整治提升14家。规模以上工业增加值能耗较上年下降4.8%。“去库存”。全市商品房实际登记销售面积较上年增长114.5%，其中商品住房实际登记销售面积较上年增长141.8%。年末全市商品房及商品住房去化周期分别为9.63月和7.39月，较上年分别缩短10.6%和30.3%。“去杠杆”。康乃德生物医药有限公司登陆纳斯达克，迈利德机械等76家企业挂牌新四板。兑现太仓市级上市奖励资金1750万元。全年新增合作子基金6支，总规模45亿元。发行公司债7笔，发行总额20亿元。企业股权融资额11.86亿元，较上年增长388.1%。年末不良贷款率1.12%，较上年下降0.24个百分点。“降成本”。兑现各类税费优惠144.3亿元，较上年增长54.6%。全市累计接入苏州综合金融服务平台企业1.6万家，4274家企业在平台获得授信1.39万笔，授信金额596.43亿元，较上年增长26.5%。新设立“娄城贷”风险补偿资金池，发挥财政资金杠杆作用，引导金融资源支持企业创新发展。“补短板”。全年净增高新技术企业222家。26个民生实事项目全部启动，其中完成项目17个，跨年度项目9个。建成社区卫生服务中心4家。“四好农村路”建设项目提档升级市级农路2.77千米、区镇农路9.07千米。新改建公共厕所55座。“‘救’在身边”红十字生命救助站项目获评2021年度苏州十大民心工程。

（戈冰沁）

高新技术产业

【概况】 2021年，太仓市高新技术产业产值1482.27亿元，占规模以上工业总产值50.4%。全年新认定高新技术企业276家，有效高新技术企业总数893家。新增苏州市高新技术企业培育库入库企业403家、省级民营科技企业339家，科技型中小企业入库数量1173家。新增江苏省潜在“独角兽”企业4家、“瞪羚”企业15家，苏州市“独角兽”培育企业1家、“瞪羚”企业29家。

【创新主体量质齐升】 2021年，太仓市全社会研发经费投入48.17亿元，占地区生产总值比重3.48%，较上年提升0.14个百分点。太仓市坚持高新技术企业培育工作存量增量两手抓，全年高新技术企业数量净增222家，兑现2020年度高企培育认定奖励1.89亿元。2020年度累计为1394家次企业减税13.24亿元，其中174家高新技术企业享受15%税收减免政策减免企业所得税额6.82亿元，1219家企业享受研究开发费用税前加计扣除政策减免企业所得税6.34亿元，1家技术先进型服务企业减免企业所得税0.08亿元。

2021 年太仓市新增各类科技企业一览表

表 17

类别	企业名称	
高新技术企业	苏州天顺新能源科技有限公司	龙帛生物科技有限公司
	法孚低温设备（苏州）有限公司	美轮运动器材（太仓）有限公司
	江苏扬子三井造船有限公司	帕格曼科技（太仓）有限公司
	玖龙纸业（太仓）有限公司	瑞锦电气（苏州）有限公司
	雅本化学股份有限公司	瑞铁机床（苏州）股份有限公司
	中广核三角洲（江苏）塑化有限公司	赛埃孚汽车保修设备（太仓）有限公司
	艾克森（苏州）传热技术有限公司	森玛克精工科技（江苏）有限公司
	百德（苏州）医疗有限公司	苏州爱盟机械有限公司
	鸣志电器（太仓）有限公司	苏州奥神自动化科技有限公司
	尼沃诺斯（苏州）生物工程有限公司	苏州必加互联网科技有限公司
	思柯拉特医疗科技（苏州）有限公司	苏州标图高级座椅有限公司
	苏州榭睿迦医疗科技发展有限公司	苏州博维纳智造科技有限公司
	爱克奇换热技术（太仓）有限公司	苏州长齐精密机械有限公司
	大加利（太仓）质量技术检测中心有限公司	苏州驰伦环保设备有限公司
	固耐重工（苏州）有限公司	苏州椿盟智能科技有限公司
	固瑞特模具（太仓）有限公司	苏州迪维勒普信息科技有限公司
	美南精密电机（太仓）有限公司	苏州东南佳新材料股份有限公司
	明达铝业科技（太仓）有限公司	苏州丰王工贸有限公司
	佩尔哲汽车内饰系统（太仓）有限公司	苏州福而康车料有限公司
	太仓安佑无纺科技有限公司	苏州福共新材料科技有限公司
	太仓戴尔塔精密科技有限公司	苏州格泰普流体设备有限公司
	太仓迪科力科技有限公司	苏州豪茂包装制品有限公司
	太仓宏微电子科技有限公司	苏州好博医疗器械有限公司
	太仓威格玛机械设备有限公司	苏州佳世峰精密机械有限公司
	太仓振业纸制品有限公司	苏州健能新材料科技有限公司
	威尔斯新材料（太仓）有限公司	苏州金莱特化纤有限公司
	研茂智能装备（苏州）有限公司	苏州竞奇耀智能科技有限公司
	众华电子科技（太仓）有限公司	苏州钧锦动力科技有限公司
	合兴汽车电子（太仓）有限公司	苏州可昱机械设备有限公司
	安策阀门（太仓）有限公司	苏州乐仪智能科技有限公司
	迪百仕电机科技（苏州）有限公司	苏州联桓汽车紧固件有限公司
	华海（太仓）纸业有限公司	苏州灵均暖通科技有限公司
	江苏仓环铜业股份有限公司	苏州迈创信息技术有限公司
	苏州创泰电子有限公司	苏州梅克卡斯汽车科技有限公司
	苏州格勒普机械有限公司	苏州诺伊德软件信息有限公司

续表 17

类别	企业名称	
高新技术企业	苏州鸿安机械股份有限公司	苏州浦泰汽配有限公司
	苏州盟杨机电自动化有限公司	苏州轻金三维科技有限公司
	苏州诺泰信通讯有限公司	苏州森隆远电子科技有限公司
	苏州新波生物技术有限公司	苏州圣雷动力机械有限公司
	太仓阿托斯电气部件有限公司	苏州适度冷暖科技有限公司
	太仓海盾船舶机械有限公司	苏州市恩创建材科技有限公司
	太仓荣南密封件科技有限公司	苏州市桑林汽车配件有限公司
	太仓市汇丰农业设施有限公司	苏州泰盛新绿节能环保科技有限公司
	太仓苏易信息科技有限公司	苏州特斯迈智能制造股份有限公司
	太仓艺斯高医疗器械科技有限公司	苏州外星人电动科技有限公司
	伟速达（中国）汽车安全系统有限公司	苏州闻洲包装工业有限公司
	苏州施必牢精密紧固件有限公司	苏州先创流体控制技术有限公司
	苏州新亚科技有限公司	苏州笑聪电气设备有限公司
	苏州睿昕汽车配件有限公司	苏州兴嘉锐智能科技有限公司
	太仓成铭液压机械有限公司	苏州伊亚制药机械科技有限公司
	科品（苏州）特殊钢有限公司	苏州易诺贝新材料科技有限公司
	苏州顶点生物医药有限公司	苏州屹胜佳业包装材料有限公司
	苏州福柯思电气有限公司	苏州莹澳节能科技有限公司
	苏州杰威尔精密机械有限公司	苏州永丰装饰材料有限公司
	苏州捷赛机械股份有限公司	苏州优缘建材有限公司
	苏州金纬机械制造有限公司	苏州优筑网络科技有限公司
	苏州诺迅汽车部件有限公司	苏州中太动力弹簧有限公司
	苏州万润绝缘材料有限公司	苏州泓碧电器设备股份有限公司
	太仓市君盛机械有限公司	苏州睿策汽车零部件有限公司
	太仓泰邦电子科技有限公司	台春节能新材料（苏州）有限公司
	太仓泰新自动化设备有限公司	太仓昂泽威建筑工程材料有限公司
	太仓英诺科高分子材料制品有限公司	太仓博远机械设备有限公司
	亿鸿环保机械（苏州）有限公司	太仓博正数控科技有限公司
	爱克（苏州）机械有限公司	太仓诚联塑料有限公司
	苏州艾航激光科技有限公司	太仓东诚塑胶有限公司
	苏州仓松金属制品有限公司	太仓东立纸业有限公司
	太仓宝仓通风设备有限公司	太仓东泰精密机械有限公司
	光吉（太仓）精密模具有限公司	太仓恩力成密封件有限公司
	佳俊物流设备（太仓）有限公司	太仓法斯特汽车配件有限公司
	龙阔（苏州）生物工程有限公司	太仓高德升降机有限公司
	苏州金远胜智能装备股份有限公司	太仓鸿恩电子科技有限公司

续表 17

类别	企业名称	
高新技术企业	太仓爱森思电子电器有限公司	太仓宏达俊盟新材料有限公司
	太仓久本机械科技有限公司	太仓红马机械设备制造有限公司
	太仓市丰亿环保科技有限公司	太仓金贝宇金属制品有限公司
	太仓舒扬博机电设备有限公司	太仓井泉金属制品有限公司
	太仓舒展机械设备有限公司	太仓巨洲塑料科技有限公司
	太仓越华精密机械配件有限公司	太仓立日包装容器有限公司
	基得康仪器（苏州）有限公司	太仓力山机械设备有限公司
	康峰（苏州）纸品有限公司	太仓欧昌五金机械有限公司
	苏州宜安诺包装科技有限公司	太仓巧洲五金科技有限公司
	太仓海嘉车辆配件有限公司	太仓荣仁工业自动化科技有限公司
	太仓优尼泰克精密机械有限公司	太仓史密斯理查森精密制造有限公司
	星光印刷（苏州）有限公司	太仓市飞鸿塑钢制品有限公司
	安铠迅安全防护设备科技（苏州）有限公司	太仓市富远精密模具有限公司
	太仓金钢重机轧辊有限公司	太仓市锅炉自动化仪表厂有限公司
	宝东（太仓）激光科技有限公司	太仓市华茂金属制品有限公司
	江苏恩纳斯重工机械有限公司	太仓市金港植保器械科技有限公司
	苏州贸港机械配件有限公司	太仓市龙华塑胶有限公司
	太仓市晨启电子精密机械有限公司	太仓市祥跃运动器材有限公司
	江苏申久化纤有限公司	太仓市兴港金属材料有限公司
	太仓市威士达电子有限公司	太仓市兴羿防腐塑料制品有限公司
	太仓营昆机械设备有限公司	太仓市阳光船舶通风设备有限公司
	江苏学泰印务有限公司	太仓市中峰模具塑胶有限公司
	苏州丹运制版有限公司	太仓市众翔精密五金有限公司
	苏州顺革智能科技有限公司	太仓市茜泾化工有限公司
	太仓杰希塑化有限公司	太仓市钜贝精密机械有限公司
	太仓精艺弹簧有限公司	太仓顺达磁力泵科技有限公司
	太仓市洪宇新材料科技有限公司	太仓斯迪克新材料科技有限公司
	太仓市凯德防腐科技有限公司	太仓斯普宁精密机械有限公司
	苏州创扬医药科技股份有限公司	太仓思比科微电子技术有限公司
	苏州多凯复合材料有限公司	太仓思普特车业有限公司
	太仓市锦立得粉末冶金有限公司	太仓太标汽车部件有限公司
	优涂扣紧固件（苏州）有限公司	太仓陶氏电气有限公司
	江苏昊恒纳米科技有限公司	太仓天鹄实业有限公司
	科斯佩特智能装备（苏州）有限公司	太仓祥好塑胶科技有限公司
	苏州彩阳电暖科技有限公司	太仓协大申泰羊毛衫有限公司
	苏州东亦盛材料科技有限公司	太仓意欣智能科技有限公司
	苏州华盟塑化有限公司	太仓优上展示器具有限公司

续表 17

类别	企业名称	
高新技术企业	苏州山沃机械科技有限公司	太仓泽鑫生物科技有限公司
	苏州市万雄机械制造有限公司	太仓至威电线有限公司
	太仓迪阳汽车装备有限公司	太仓中集特种物流装备有限公司
	太仓新宏电子科技有限公司	太仓中新宝智能装备有限公司
	太仓新兰电子有限公司	太仓忠运金属制品有限公司
	太仓新蓬环保设备有限公司	太仓众鑫磊精密电子有限公司
	太仓正信干燥设备科技有限公司	太仓卓高玻璃制品有限公司
	阿特拉斯智能工程（江苏）有限公司	太仓濂辉液压器材有限公司
	艾森文具用品（太仓）有限公司	太仓玮嘉输送机械有限公司
	爱沵库（苏州）试验设备有限公司	太仓鑫祥金属制品有限公司
	奥胜制造（太仓）有限公司	探长信息技术（苏州）有限公司
	宝适汽车部件（太仓）有限公司	途研（苏州）精密机械科技有限公司
	毕克礼斯精密部件（太仓）有限公司	沃尔伯格（苏州）压缩机有限公司
	勃格科技有限公司	笑聪精密机械（苏州）有限公司
	帝悦精密科技（苏州）有限公司	章臣重工（苏州）有限公司
	福玻斯（太仓）物联网科技有限公司	中润海精密科技有限公司
	高精达光电（苏州）有限公司	坂田种苗（苏州）有限公司
	共建新材料（苏州）有限公司	奕瑞影像科技（太仓）有限公司
	浩科机器人（苏州）有限公司	蓝探科工业自动化（江苏）有限公司
	江苏保捷精锻有限公司	洛米纳（苏州）电子科技有限公司
	江苏宝泽高分子材料股份有限公司	苏州安软信息科技有限公司
	江苏汉青特种合金有限公司	苏州倍科自动化科技有限公司
	江苏特宝利尔特种电缆有限公司	苏州功业肆点零智能科技有限公司
	江苏仰熙斋机械有限公司	苏州九尚久电磁设备有限公司
	金普诺安生物科技（苏州）有限公司	苏州谦恒巨环保科技有限公司
	卡哲电子机械（太仓）有限公司	苏州清乐智能科技有限公司
	康沌重机（苏州）有限公司	太仓艾拉德物流设备有限公司
	克恩—里伯斯（太仓）有限公司	洋保电子（太仓）有限公司
	昆宏新材料科技（苏州）有限公司	中广核三角洲（太仓）检测技术有限公司
	凡甲电子（苏州）有限公司	大自然塑胶（苏州）工业有限公司
省潜在“独角兽”企业	赛业（苏州）生物科技有限公司	苏州多感科技有限公司
	苏州欧米尼医药有限公司	苏州好博医疗器械股份有限公司
省“瞪羚”企业	太仓瑞鼎精密机械科技有限公司	太仓市华盈电子材料有限公司
	苏州福柯思电气有限公司	赛业（苏州）生物科技有限公司
	博格华纳汽车零部件（江苏）有限公司	苏州天顺新能源科技有限公司
	辛柏机械技术（太仓）有限公司	太仓顺天自动化设备有限公司
	上海阿美泰克工业设备苏州股份有限公司	红壹佰照明有限公司

续表 17

类别	企业名称	
省“瞪羚”企业	太仓博泽汽车部件有限公司	苏州安软信息科技有限公司
	新中联物流设施（苏州）有限公司	新大洲本田摩托（苏州）有限公司
	苏州优尼昂精密金属制造有限公司	—
苏州市“独角兽”培育企业	苏州乐琻半导体有限公司	—
苏州市“瞪羚”企业	苏州宜安诺包装科技有限公司	苏州华一新能源科技股份有限公司
	瑞铁机床（苏州）股份有限公司	德恩科电机（太仓）有限公司
	中建材光电装备（太仓）有限公司	龙钜超洁净科技（苏州）有限公司
	苏州好博医疗器械股份有限公司	苏州德能电机股份有限公司
	苏州新波生物技术有限公司	太仓丹妮尔模塑汽配有限公司
	太仓市茜泾化工有限公司	太仓安佑生物科技有限公司
	苏州捷赛机械股份有限公司	博纳环境设备（太仓）有限公司
	奥胜制造（太仓）有限公司	太仓求精塑模有限公司
	太仓安佑无纺科技有限公司	科曼车辆部件系统（苏州）有限公司
	安佑生物科技集团股份有限公司	苏州宝骅密封科技股份有限公司
	坂田种苗（苏州）有限公司	苏州科博思流体科技有限公司
	江苏保捷精锻有限公司	苏州瑞高新材料有限公司
	太仓濂辉液压器材有限公司	苏州佩琦材料科技有限公司
	凡甲电子（苏州）有限公司	苏州泰坤检测技术有限公司
	江苏金普诺安生物科技股份有限公司	—

（陈艺欣）

工业经济

综　述

【概况】 2021年，太仓市累计完成工业总产值3387.94亿元，较上年增长11.7%，其中规模以上工业企业实现产值2942.64亿元，较上年增长16.9%。完成工业营业收入3380.51亿元，较上年增长18.3%，其中规模以上营业收入3052.36亿元；实现工业利润总额213.22亿元，较上年增长14.2%，其中规模以上利润总额209.88亿元，较上年增长10.6%。规模工业增加值累计增速14.3%。

【工业企业资源集约利用】 2021年，太仓市完成2020年度工业企业资源集约利用综合评价工作，全市共有参评地块3469个，较上年增加105个；参评单位6127家，较上年增加234家；用地4886.67公顷，较上年增加140公顷。参评单位分类结果在太仓市人民政府网站公示，并公布结果文件。

2021年太仓市各区镇工业总产值一览表

表 18

区镇	工业总产值（亿元）	较上年增减（±%）	区镇	工业总产值（亿元）	较上年增减（±%）
全市合计	3387.94	11.7	沙溪镇	277.80	−2.8
港区（含浮桥镇）	1085.10	8.1	浏河镇	142.19	10.9
高新区	1314.00	17.0	璜泾镇	212.96	6.1
城厢镇	194.79	18.8	双凤镇	161.10	26.6

2021 年太仓市各区镇规模以上工业产值一览表

表 19

区镇	工业产值（亿元）	区镇	工业产值（亿元）
全市合计	2942.64	沙溪镇	208.37
港区（含浮桥镇）	1040.53	浏河镇	106.64
高新区	1136.89	璜泾镇	159.72
城厢镇	151.94	双凤镇	138.55

2021 年太仓市产值百强工业企业一览表

表 20

序号	企业名称	产值（亿元）
1	舍弗勒（中国）有限公司	188.85
2	玖龙纸业（太仓）有限公司	120.54
3	太仓中集集装箱制造有限公司	71.76
4	新大洲本田摩托（苏州）有限公司	62.64
5	埃克森美孚（太仓）石油有限公司	59.45
6	苏州隆兴供应链管理有限公司	54.43
7	江苏宝洁有限公司	49.40
8	江苏仓环铜业股份有限公司	44.17
9	特灵空调系统（中国）有限公司	44.10
10	华能太仓发电有限责任公司	40.19
11	旭川化学（苏州）有限公司	37.59
12	太仓市同维电子有限公司	35.51
13	苏州天顺风能设备有限公司	31.56
14	太仓中石油润滑油添加剂有限公司	30.70
15	江苏扬子江海洋油气装备有限公司	29.34
16	苏州天顺新能源科技有限公司	29.17
17	通快（中国）有限公司	27.50
18	碧辟（中国）工业油品有限公司	25.58
19	江苏申久（集团）有限公司	25.26
20	国能太仓发电有限公司	25.13
21	太仓港协鑫发电有限公司	24.36
22	苏州共能能源有限公司	21.98
23	马森能源（太仓）有限公司	21.58
24	江苏扬子三井造船有限公司	21.41
25	慕贝尔汽车部件（太仓）有限公司	20.58
26	中国石油天然气股份有限公司华东润滑油厂	20.13
27	太仓博泽汽车部件有限公司	18.89

续表 20

序号	企业名称	产值（亿元）
28	太仓中化环保化工有限公司	18.47
29	太仓逸枫化纤有限公司	16.71
30	太仓中集冷藏物流装备有限公司	16.66
31	苏州三和管桩有限公司	16.49
32	怡球金属资源再生（中国）股份有限公司	15.93
33	克朗斯机械（太仓）有限公司	15.84
34	佳格食品（中国）有限公司	15.17
35	太仓阿尔派电子有限公司	14.59
36	太仓中集特种物流装备有限公司	14.44
37	博格华纳汽车零部件（江苏）有限公司	13.26
38	苏州首钢钢材加工配送有限公司	12.34
39	太仓世钟汽车配件有限公司	12.25
40	琪优势化工（太仓）有限公司	11.72
41	卓能电子（太仓）有限公司	11.72
42	太仓斯迪克新材料科技有限公司	11.30
43	长富不锈钢中心（苏州）有限公司	11.28
44	伟速达（中国）汽车安全系统有限公司	11.11
45	苏州华苏塑料有限公司	10.66
46	多摩川精密电机（苏州）有限公司	10.55
47	上海连成集团苏州股份有限公司	9.46
48	太仓海螺水泥有限责任公司	9.37
49	五矿邯钢（苏州）钢材加工有限公司	9.37
50	益技欧电子器件（中国）有限公司	9.36
51	苏州隆祥电子有限公司	9.32
52	麦格纳（太仓）汽车科技有限公司	9.28
53	苏州仓松金属制品有限公司	9.12
54	太仓利泰纺织厂有限公司	9.11
55	苏州贯龙电磁线有限公司	8.89
56	太仓东华能源燃气有限公司	8.48
57	瑞好聚合物（苏州）有限公司	8.32
58	威尔斯新材料（太仓）有限公司	8.28
59	裕克施乐塑料制品（太仓）有限公司	8.13
60	马勒电驱动（太仓）有限公司	8.08
61	太仓市天然气有限公司	7.98
62	江苏冠联新材料科技股份有限公司	7.92
63	法可赛（太仓）汽车配件有限公司	7.87
64	佩尔哲汽车内饰系统（太仓）有限公司	7.84

续表 20

序号	企业名称	产值(亿元)
65	江苏皇冠新材料科技有限公司	7.79
66	雅本化学股份有限公司	7.73
67	苏州新太铜高效管有限公司	7.52
68	江苏东泰聚合材料有限公司	7.49
69	中化蓝天霍尼韦尔新材料有限公司	7.34
70	苏州佳电飞球电机有限公司	7.25
71	中广核三角洲(江苏)塑化有限公司	7.25
72	太仓荣文合成纤维有限公司	7.17
73	奕瑞影像科技(太仓)有限公司	6.78
74	太仓新太酒精有限公司	6.72
75	海瑞恩精密技术(太仓)有限公司	6.67
76	宝适汽车部件(太仓)有限公司	6.58
77	亿迈齿轮(太仓)有限公司	6.38
78	太仓展新胶粘材料股份有限公司	6.31
79	太仓市华盈电子材料有限公司	6.28
80	克恩—里伯斯(太仓)有限公司	6.26
81	红壹佰照明有限公司	6.21
82	德特威勒(苏州)信息技术科技有限公司	6.13
83	太仓世珍集装箱部件有限公司	6.10
84	太仓市金鑫铜管有限公司	5.81
85	老虎表面技术新材料(苏州)有限公司	5.68
86	日精塑料机械(太仓)有限公司	5.53
87	太仓沪北特种铝材有限公司	5.43
88	玖龙智能包装(太仓)有限公司	5.35
89	瑞宏精密电子(太仓)有限公司	5.34
90	明达铝业科技(太仓)有限公司	5.33
91	太仓市创威精密制品有限公司	5.32
92	苏州口水娃食品有限公司	5.31
93	三櫻包装(江苏)有限公司	5.28
94	太仓仲扬金属印刷有限公司	5.24
95	苏州英利汽车部件有限公司	5.23
96	福缔汽车(太仓)有限公司	5.17
97	江苏保捷锻压有限公司	5.06
98	固瑞特模具(太仓)有限公司	5.04
99	苏州天积维尔光电科技有限公司	4.87
100	苏州良浦住宅工业有限公司	4.86

(张文贝)

制造业

【概况】 2021年，太仓市加大有效投入，加快结构调整，创新工作举措，提升高端装备、新材料两个千亿元级产业质效，发展壮大生物医药、航空航天两大500亿元级产业，推动工业经济高质量发展。317家规模新兴产业企业实现工业产值1692.9亿元，较上年增长17.2%，占规模工业比重57.5%；132家规模先导产业企业实现产值579.82亿元，较上年增长11.8%，占规模工业比重19.7%。

【高端装备制造产业】 2021年，太仓市404家规模以上高端装备制造产业企业实现产值1163.97亿元，较上年增长23.44%，拉动全市规模工业产值增长8.8个百分点，占规模工业总产值39.6%。161家汽车核心零部件企业实现产值580.63亿元，较上年增长17.1%。舍弗勒（中国）有限公司全年实现产值188.85亿元，较上年增长16.3%。新大洲本田摩托（苏州）有限公司实现产值62.64亿元，较上年增长27.8%。

【新材料产业】 2021年，太仓市334家规模以上新材料企业实现产值945.04亿元，较上年增长16.45%，拉动全市规模工业产值增长5.3个百分点，占规模工业总产值32.1%。埃克森美孚（太仓）石油有限公司实现产值59.45亿元，较上年增长23.2%。旭川化学（苏州）有限公司实现产值37.59亿元，较上年增长31.6%。

【生物医药产业】 2021年，太仓市41家规模以上生物医药产业企业实现产值120.06亿元，较上年增长4.3%，占规模工业总产值4.1%。其中，医药制造板块实现产值24.14亿元，较上年下降7.2%；医疗仪器设备及器械制造板块实现产值13.65亿元，较上年下降5.5%。

【电子信息产业】 2021年，太仓市25家规模以上电子信息产业企业实现产值105.26亿元，较上年增长12.84%，占规模工业总产值3.6%。太仓市同维电子有限公司实现产值35.51亿元，较上年增长8.4%。卓能电子（太仓）有限公司实现产值11.72亿元，较上年增长35.3%。

【纺织化纤服装产业】 2021年，太仓市203家规模以上纺织化纤服装产业企业实现产值144.71亿元，较上年下降1.22%，占规模工业总产值4.9%。其中，化纤制造板块实现产值153.85亿元，较上年增长6%；纺织板块实现产值39.57亿元，较上年下降17.1%；服装板块实现产值16.48亿元，较上年增长3.1%。

【电力造纸产业】 2021年，太仓市43家规模以上电力造纸产业企业实现产值289.51亿元，较上年增长14.87%，占规模工业总产值9.8%。华能、协鑫、国华三大电厂产值合计89.67亿元，较上年增长6.1%。造纸产业实现产值146.38亿元，较上年增长16.5%，玖龙纸业（太仓）有限公司实现产值120.54亿元，较上年增长18.2%。

2021年太仓市工业主要行业情况一览表

表21

产业	企业数（家）	产值（亿元）	较上年（±%）	主营业务收入（亿元）	较上年（±%）	利润（亿元）	较上年（±%）	利税（亿元）	较上年（±%）	资产（亿元）	较上年（±%）	出口产品交货值（亿元）	较上年（±%）
高端装备制造	404	1163.97	23.44	1226.07	29.40	107.97	46.85	126.26	39.38	994.83	12.87	124.97	−7.85
新材料	334	945.04	16.45	982.36	24.95	50.78	36.52	69.93	30.50	711.36	9.06	113.51	20.01
生物医药	41	120.06	4.30	121.31	4.35	31.22	−12.53	36.75	−9.90	148.23	2.05	12.76	−15.67
纺织化纤服装	203	144.71	−1.22	145.60	7.64	1.71	123.94	3.39	58.36	78.31	6.83	11.11	−0.66
电力造纸	43	289.51	14.87	285.78	12.08	1.95	−92.79	6.61	−81.53	391.71	6.03	2.87	−14.60
电子信息	25	105.26	12.84	108.88	15.30	5.58	3.79	6.99	−0.28	90.15	4.45	25.09	12.70

（张文贝）

工业园区

【太仓市生物医药产业园】 太仓市生物医药产业园位于沙溪镇东北部，毗邻太仓港和沪苏通铁路。该园成立于2012年2月，是统筹全市生物医药产业发展而成立的高科技产业园区，是太仓市高新技术体系核心之一。2015年，市生物医药产业园管委会调整由沙溪镇运作，开启园镇一体化管理模式。园区重点发展新药研发生产、医疗器械和CRO（医药研发合同外包服务机构）服务三大产业，完善研发孵化、中试生产、交易展示、物流配送、生活配套等多元化功能，打造产业集聚发展、跨越发展、创新发展的综合性园区。获国家火炬计划太仓生物医药

2021 年 10 月 18 日，太仓市生物医药产业园规划发布会暨省重大项目聪明制药开工仪式举行 （生物医药产业园供稿）

特色产业基地、江苏省科技产业园、江苏省科技创业孵化链条、江苏省生产性服务业集聚示范区、苏州市特色先导产业园等称号。2021 年，太仓市生物医药产业园招商对接客户 935 家，全年新增落户企业 106 家，园内企业总数超 200 家。其中，与苏州市产研院首个合作研究所项目——苏州思萃免疫技术研究所项目、与江苏省产研院首个合作共建重大产业化项目——特姆威（苏州）医学影像项目等落地；上报昭衍二期、欧米尼项目和国药太仓医疗健康产业基地为 2022 年江苏省重大项目，易康生物、正帆科技、康容生物等多个重大项目签约，博行资本、星药太浩等产业基金投资多个项目。2 月 25 日，太仓星药港糖尿病药械项目培土奠基仪式举行，项目定位长三角糖尿病创新药物和医疗器械产业化聚集高地，计划引入并建设生物医药基金社区、公共服务平台、产学研产业化聚集区、产业化加速定制区等，项目储备一批创新药品与医疗器械项目，包括长效药物平台、干细胞平台、基因技术平台、可植入的医疗设备等。6 月 17 日，太仓市生物医药产业园重点项目集中开工开业仪式在沙溪镇举行，现场进行百因诺生物科技暨生药园重点项目开业仪式和泰应生物暨生药园重点项目开工仪式，集中开业项目 8 个，总投资 15 亿元。10 月 18 日，太仓市生物医药产业园规划发布会暨省重大项目聪明制药开工仪式在园区举行。尼日利亚驻上海总领事馆总领事奇梅奇耶・奥科马・奥古、中国医学装备协会理事长赵自林、江苏省产业技术研究院党委书记胡义东、江苏省生产力促进中心主任赵志强、太仓市委书记汪香元等领导出席活动，该次规划发布会集聚意向客户、协会联盟、投资机构、大院大所、媒体等行业知名机构，参加人数约 300 人。发布会上，太仓市生物医药产业园发布 6 平方千米规划，分 3 个组团：北部组团面积 2.7 平方千米，主要布局生物创新药集群；中部组团面积 1.8 平方千米，主要布局医药合同服务外包集群；南部组团面积 1.5 平方千米，主要布局医疗器械集群。年内，特姆威光声成像重大项目平台、江苏省生产力促进中心（太仓）集成创新服务中心等一批重要服务平台揭牌，一批机构院所和重点项目签约。重点项目涉及产业园核心区配套、城市公园、医疗制剂、药物研发、药械设备、生物技术等，签约总金额 52 亿元。生药园"科创蓝湾"城市公园综合体、核心启动区创智坊一期、邻里中心和基金大厦等配套载体正式签约，江苏省重大项目聪明制药开工。

（倪婷婷）

【太仓市岳王科技创新产业园】 太仓市岳王科技创新产业园位于沙溪镇南部，前身为江苏太仓台资科技创新产业园，成立于 2006 年。园区规划总面积 3.33 平方千米，以先进装备制造为主导产业，规划成为苏州地区重要的高科技产业为导向的现代化工业园区。截至 2021 年年底，园区进驻企业 96 家，其中外资及港澳台资企业 27 家，内资企业 69 家。园区拥有悠远环境、久本机械、柯锐世、英利汽配、布莱史塔粉末冶金等规模以上企业 36 家，实现工业产值 48.3 亿元，较上年增长 11.9%；实现税收收入 2.31 亿元，较上年增长 11.3%。年内，5 个重点项目建设稳步推进，鸿基伟业、久本机械竣工试产，美农生物、平谦产业园主体竣工，桑林汽车部件项目开工建设。

（李甜甜）

【太仓市沙溪镇新材料产业园】 太仓市沙溪镇新材料产业园位于沙溪镇东侧，前身为太仓市沙溪工业开发区，成立于 2001 年 3 月，2011 年经市政府批准，更名为太仓市沙溪镇新材料产业园。园区规划面积 5 平方千米，为拓展园区规模，在沿江高速公路以西、锡太一级公路以北，规划产业配套区 1.37 平方千米。园区重点发展功能性差别化纤维新材料、新型高分子材料、有色金属材料等产业，发挥产业集聚效应，着力于特色化、专业化、集约化、生态化发展，培育一批竞争力强、特色优势明显产业群，形成以逸枫、振辉等企业为龙头的功能性差别化纤维新材料产业，以生富、鑫昌光电为龙头的电子、电气用有色金属材料产业，以德威新材料、环琪塑胶为龙头的高分子电缆料和塑胶管材、板材产业。截至 2021 年年底，园区累计入驻企业 168 家，其中外资及港澳台资企业 19 家，内资企业 149 家。38 家规模以上工业企业全年实现产值 51.57 亿元。企业科技创新成效显著，爱克机械获评苏州市级服务型制造示范企业，生富科技通过江苏省两化融合管理体系贯标评定。

（李甜甜）

【璜泾镇纤维新材料产业园】 璜泾镇纤维新材料产业园位于璜泾镇鹿河管理区，处于太仓港与常熟港 2 个国家级经济技术开发区之间，总规划占地面积3.72平方千米。园区以纤维新材料产业、临江产业和设备制造业作为主要发展方向，以“整合传统工业、接纳外迁企业、催生新兴产业”为思路，分两期打造“百亿级企业、千亿级生态产业园区”。规划开发用地超66.67公顷，可租赁工业载体近16万平方米，以新材料、半导体、环保设施、精密机械、汽车零部件、航空航天、大数据、人工智能等产业为导向，打造高品质现代工业集聚区。截至2021年年底，园区共入驻企业52家，其中规模以上企业24家，年产值59亿元，实现销售额61.37亿元。

（吴妤萱）

服务业

综　述

【概况】 2021年，太仓市服务业经济稳中提质，总量规模持续增长。全市完成服务业增加值767.69亿元，较上年增长9.6%，占地区生产总值比重48.8%。完成服务业投资327.17亿元，较上年增长6.6%，占全社会固定资产投资比重65.2%。实现服务业税收148.69亿元，较上年增长7.8%。

【港口物贸发展】 2021年，太仓市物贸产业规模突破1300亿元。太仓港完成集装箱吞吐量703.8万标箱，较上年增长35%；完成货物吞吐量2.43亿吨，较上年增长12.6%。集装箱四期项目建成投用，打造长江流域首个堆场自动化码头，提升码头效率。完善港区综合交通体系，新辟集装箱班轮航线10条，集装箱航线总数增至216条；疏港铁路专用线开通，提升铁水联运能力。

【服务业政策规划】 2021年，太仓市编制《太仓市“十四五”现代服务业发展专项规划》，引领服务业高质量发展。以“一核两带、三极多点”空间布局，构建“4+3”现代服务业集群，目标到2025年服务业总量规模突破1000亿元。修订《关于推进总部经济高质量发展的若干政策意见》，兑现2020年度奖励资金2332.34万元，新认定总部企业7家，全市总部企业数量累计40家。修订《关于推动现代服务业转型升级创新发展若干政策》，推行政策奖励兑现“免申即享”新模式，兑现2020年度奖励资金1448.04万元。

【服务业对上争取】 2021年，太仓市海通码头和江海物流园两个物流项目获批国家物流枢纽建设中央预算内资金2400万元。苏州康乃德生物医药有限公司新建抗体药物临床前药学研究及工艺开发中试实验室、赛业模式生物研究中心扩建SPF（无特定病原体）级实验大小鼠和太仓苏宁易购电子商务有限公司苏宁环上海电商产业园3个项目共获省级现代服务业发展专项资金1397万元。新增AAA级及以上物流企业8家，全市共有AAA级及以上物流企业16家。中国太仓外轮代理有限公司获评江苏省重点物流企业。太仓市和昭衍（苏州）新药研究中心有限公司分别入选第二批江苏省先进制造业和现代服务业深度融合试点区域及试点企业。

（王佳佳）

商贸流通

【概况】 2021年，太仓市社会消费品零售总额保持良好增长势头。全年完成社会消费品零售总额510.47亿元，较上年增长20.1%。太仓市确保新冠肺炎疫情期间民生保供行业不停业，保障民生商品充足，稳定老百姓“菜篮子”。有序推进大型商场等商贸企业做好常态化新冠肺炎疫情防控工作。构建“上半年五五、下半年双十二，‘夜经济’串联整年”促消费工作格局。加快线上线下融合，提振消费信心，激活内需动力。

【五五购物节】 2021年4月30日，“乐购太仓·畅游娄城——五五购物节”在天镜湖开幕，现场发布“五五购物节”系列活动、太仓红色旅游线路，并启动“嘉昆太”商业诚信联盟。活动现场进行授牌颁奖环节，授牌首批太仓市民宿3家、苏州市级及江苏省级餐饮名店5家、国家级“绿色饭店”6家，表彰2021年太仓市旅游饭店服务技能大赛团体和个人。开幕式设置非遗、文化旅游、餐饮、电商、家装等领域的商户摊位60个，展示各种特色产品。联动开展“品鲜太仓”“走进德国”两大特色主题活动，聚焦商圈消费、夜间消费、新型消费等七大领域，举办特色鲜明的促消费活动16场。6月22日，与上海市宝山区、嘉定区相关部门共同举办“鲜来海上，上海来鲜”太仓美食抖音平台推介会，在线发布沪太美食地图、“品鲜之旅”网红餐饮打卡店、“鲜来太仓”美味必吃榜等。推介会累计吸引在线观看35万人。

【“夜太美”系列活动】 2021年，太仓市夜间经济工作以“夜经济、新消费”为主题，持续推进“夜食”“夜购”“夜游”等十大主题活动，全市两区六镇同步开展“一区镇一特色”夜经济活动。太仓市在苏州夜经济开幕式现场搭建德式特色集市和德式表演舞台。举办“夜太美”暨第16届太仓啤酒节系列活动，拉开2021年夜经济序幕。举办“贝多芬纪念展”“中德文化小夜市”等各类活动。整合全市农旅资源，举办“江海浪玩节”“农民丰收节”“乡村旅游节”等活动。举办“东海开捕节”，开启品鲜之旅。通过举办夜经济系列活动，带动万达、南洋等知名商圈让利促销。联合人民银行太仓市支行启动云闪付消费节。结合太仓肉松、双凤羊肉等特色地域美食，打造太仓美食品牌。

【“双十二”购物节】 2021年12月18日，第二届“双十二购物节—乐购太仓”暨德国风情街开街仪式在市民公园举行，活动围绕“吃、住、行、游、购、娱”六要素，打造餐饮美食消费、休闲娱乐消费、家装家居消费、新型零售消费、农产品消费、汽车消费六大特色消费，培育新经济、工厂店两大消费品牌，突出“线上互动线下、数字赋能实体、平台激活商圈、直播引领消费”特色，将传统节日和商业活动有机融合，促进消费与供给双向互动，形成全社会共同参与的消费氛围。“太仓德国风情街”亮相苏州开幕式，让市民了解德国智能制造在太仓深耕发展，品尝德国啤酒和美食，感受德国风情。推进人民路商圈提档转型，盘活传统商贸企业，注重引进新型业态注入活力，做亮海运堤特色商业街、双凤商旅文融合小镇等特色品牌，形成全市商贸体系错位发展格局。做好各级老字号申报工作。编制完成商业网点规划，形成区域商贸特色。

2021 年太仓市零售额超亿元企业一览表

表 22

序号	企业名称	累计（亿元）	较上年增减（±%）
1	太仓京东健康有限公司	29.27	746.3
2	太仓中升之星汽车销售服务有限公司	7.50	1.2
3	江苏雅鹿品牌运营股份有限公司	6.42	-7
4	佳格投资（中国）有限公司	5.55	-4.3
5	太仓德尚汽车有限公司	5.40	4.8
6	太仓宝诚汽车销售服务有限公司	5.18	7.7
7	苏州丽婴房婴童用品有限公司	3.61	-8.5
8	太仓市森联汽车销售服务有限公司	1.92	-19.4
9	太仓华苏汽车贸易服务有限公司	1.95	-16.1
10	太仓市森誉汽车销售服务有限公司	2.25	2.3
11	太仓华联商厦有限公司	2.06	9.2
12	太仓诚茂汽车销售服务有限公司	1.79	19.9
13	太仓市仓建超市有限公司	1.69	-9.2
14	太仓市森丰盛达丰田汽车销售服务有限公司	1.63	-12.7
15	太仓绿田汽车销售服务有限公司	1.60	1.9

【电子商务发展】 2021 年，太仓市全口径网络零售额 185 亿元，较上年增长 22%。年内，举办全市电子商务业务培训班，培训内容包括电子商务应用相关政策与知识、网络实训操作、直播开设、经营与管理、电子商务发展趋势等，参加商贸企业 150 家，参加培训 200 人。探索电子商务线上与线下相融合的发展方向，开展一系列 O2O 互动体验活动，强化电商人才培训，创建各类示范项目；通过政策引导，促进电商企业在太仓成立分公司、子公司，规范整合电商仓储资源，推动租仓企业注册落户、快递业务本地化承接，提升全市电商快递配送总量，推动快递行业降低资费。年内，共有 33 家企业在苏州市线上综合服务平台注册备案从事 B2B 出口业务，交易数 491 笔，交易金额 5163 万元。推进跨进电商园区建设，全市有太仓港跨境电商产业园和太仓市跨境电商产业园两个园区，提供开店注册、报关报检等专业化综合配套，服务行业主体、平台落户，太仓港跨境电商产业园在 2021 年苏州跨境电子商务综合试验区线下园区总体考核中位列第三。截至年底，太仓市跨境电商产业园入驻企业 35 家，完成进出口额 321.86 万美元。

【住宿餐饮业发展】 2021 年，太仓市住宿餐饮业发展态势回缓。通过旅游文化美食节暨消费促进季和“乐购太仓”购物节系列活动，刺激太仓餐饮业回暖复苏。全年全市限额以上住宿业营业额 2.25 亿元，较上年增加 11.9%；全市限额以上餐饮业营业额 2.71 亿元，较上年增加 9.5%。

（陆骊晨）

金融业

银　行

【概况】 截至 2021 年年底，太仓市金融机构本外币各项存款余额 2106.9 亿元（数据来源：人民银行太仓市支行。下同），较上年增加 176.03 亿元，增长 9.12%；本外币各项贷款余额 2190.23 亿元，较上年增加 314.82 亿元，增长 16.79%。年内，人民银行太仓市支行立足新发展阶段，贯彻新发展理念，以推动高质量发展为主题，以支持构建新发展格局为统领，以深化供给侧结构性改革为主线，优化融资结构和信贷结构，稳固金融对实体经济的支持力度。构建全面推进金融服务乡村振兴工作机制，联合印发《太仓市金融服务乡村振兴示范镇试点实施方案》。以示范镇为抓手，深化创建工作，助力全市率先基本实现农业农村现代化目标。

2021 年太仓市金融机构本外币信贷收支情况表

表 23

项目	年末余额（亿元）	较上年增减（亿元）	较上年增减（±%）
各项存款	2106.90	176.03	9.12
其中：1. 住户存款	862.57	95.58	12.51
2. 非金融企业存款	873.69	60.04	7.38
各项贷款	2190.23	314.82	16.79
其中：1. 住户贷款	704.56	108.04	18.11
2. 非金融企业及机关团体贷款	1482.75	204.47	16.00

【银行机构】 截至 2021 年年底，太仓市共有银行机构 29 家，其中：法人机构 2 家，分别是太仓农村商业银行和太仓民生村镇银行；非法人机构 27 家，其中政策性银行 1 家，大型商业银行 6 家，股份制商业银行 11 家，城市商业银行 7 家，港资银行 1 家，农村商业银行 1 家。全市营业网点 191 个（不含异地机构），较上年减少 3 家，终止营业的 3 家机构分别为邮储银行长春路营业所、太仓农商行凤北路分理处、太仓农商行华夏支行。

2021 年太仓市银行业金融机构不良贷款分类情况一览表

表 24

机构分类	年末贷款余额（亿元）	年末不良贷款余额（亿元）	年末不良贷款率（%）
政策性银行	21.14	0	0
大型商业银行	1232.16	9.22	0.75
股份制商业银行	367.09	3.19	0.87
城市商业银行	252.03	8.34	3.31
农村商业银行	331.08	4.04	1.22
港资银行	1.44	0	0
合计	2204.92	24.79	1.12

说明：1. 农村商业银行贷款余额及不良贷款余额中不包括异地支行的数据
2. 因四舍五入导致分项数与合计数不一致

2021 年太仓市银行业金融机构网点、人员一览表

表 25

机构名称	小计（家）	总行（家）	二级分行（家）	支行（家）	社区支行（家）	小微支行（家）	分理处（家）	营业所（家）	从业人员（人）	备注
人民银行	—	—	—	—	—	—	—	—	34	—
苏州银保监分局太仓监管组	—	—	—	—	—	—	—	—	2	—
农业发展银行	1	—	—	1	—	—	—	—	16	政策性银行

续表 25

机构名称	小计（家）	总行（家）	二级分行（家）	支行（家）	社区支行（家）	小微支行（家）	分理处（家）	营业所（家）	从业人员（人）	备注
工商银行	13	—	—	13	—	—	—	—	237	
农业银行	26	—	1	21	—	—	4	—	420	
中国银行	17	—	1	16	—	—	—	—	505	大型商业银行
建设银行	17	—	1	15	—	—	1	—	308	
交通银行	2	—	—	2	—	—	—	—	48	
邮政储蓄银行	32	—	—	4	—	—	—	28	205	
中信银行	1	—	—	1	—	—	—	—	33	
光大银行	2	—	—	1	1	—	—	—	24	
华夏银行	1	—	—	1	—	—	—	—	27	
招商银行	1	—	—	1	—	—	—	—	37	
浦发银行	2	—	—	1	—	1	—	—	41	
民生银行	2	—	—	1	—	1	—	—	42	股份制商业银行
兴业银行	2	—	—	1	1	—	—	—	21	
广发银行	1	—	—	1	—	—	—	—	14	
恒丰银行	1	—	—	1	—	—	—	—	22	
浙商银行	1	—	—	1	—	—	—	—	28	
平安银行	1	—	—	1	—	—	—	—	11	
江苏银行	2	—	—	2	—	—	—	—	49	
宁波银行	1	—	—	1	—	—	—	—	43	
上海银行	1	—	—	1	—	—	—	—	23	
南京银行	1	—	—	1	—	—	—	—	34	城市商业银行
苏州银行	5	—	—	5	—	—	—	—	69	
浙江泰隆银行	3	—	—	2	1	—	—	—	50	
江西银行	1	—	—	1	—	—	—	—	17	
太仓农商行	56	1	—	30	—	—	25	—	807	农村商业银行
常熟农商行	1	—	—	1	—	—	—	—	15	
民生村镇银行	4	1	—	3	—	—	—	—	74	村镇银行
汇丰银行	1	—	—	1	—	—	—	—	6	港资银行
合计	199	2	3	131	3	2	30	28	3262	—

说明：太仓农商行含异地网点 9 家，人员 136 人

【货币政策执行】2021 年，人民银行太仓市支行贯彻落实稳健货币政策。发挥货币政策的定向引导功能，加大对经济重点领域和薄弱环节支持力度，支持实体经济健康发展。截至年底，个人经营贷款余额 135.36 亿元，较上年增长 39.88%；企（事）业单位中长期贷款余额 801.3 亿元，较上年增长 26.69%；制造业贷款余额 373.94 亿元，较上年增长 13.23%；涉农贷款余额 1290.89 亿元，较上年增长 18.24%；房地产贷款余额 643.56 亿元，增幅下降 5.52 个百分点。

【利率市场化】2021 年，人民银行太仓市支行维护利率定价秩序，推动金融服务实体经济。监督辖内银行机构、小额贷款公司履行人民银行总行

第3号公告，以明显方式标示贷款年化利率，保护其知情权和自由选择权。发挥市场利率定价自律机制作用，规范存款利率定价行为，加强存款管理，通过日监测模式，督促和引导地方法人银行杜绝异地存款和分期付息业务，维护市场公平竞争，保护消费者合法权益。

【金融风险防范】 2021年，人民银行太仓市支行发挥金融稳定工作领导小组协调机制作用，开展金融生态环境建设工作，联合地方政府开展金融生态示范镇创建活动，推动全市镇域经济与金融发展良性互动，为金融支持乡村振兴营造良好的政策和营商环境。2021年，全省69个县域金融生态环境创建排名中，太仓综合评估排名较上年度提升9位，跻身“金融生态达标县”行列。加强对重点领域金融风险的监测和排查，关注重点行业、重点领域生产经营情况，关注地方法人金融机构资产质量变化情况和流动性风险状况，提高金融风险早期预警识别能力。落实大型有问题企业季报制度，关注辖内大型民营企业经营、融资及风险情况。

【国库经理】 2021年，人民银行太仓市支行经理国库业务量463万笔，金额1340.43亿元，办理各项预算收入653.83亿元，其中中央级227.82亿元，省级90.09亿元，地市级22.80亿元，地方级313.12亿元。一般公共预算收入190.02亿元。浏河直接支付业务1.69万笔，金额13.94亿元。全年开销户总计2.35万户，其中新增基本存款账户1.11万户。

【反洗钱工作】 2021年，人民银行太仓市支行加强反洗钱跨部门协作，协调市委政法委、市法院、市检察院、市公安局共同签署反洗钱合作备忘录。走访市纪委、市公安局经侦大队，畅通信息传递及资源共享机制。专人进驻全市打击治理电信网络新型违法犯罪工作止损挖案“百日会战”“百日提质”行动工作专班。组织银行机构倒查案情和警情涉案卡和涉案账户，并约谈辖内银行机构2家。

【数字人民币试点】 2021年，人民银行太仓市支行拓展特色场景，在娄东街道开展数字人民币消费红包发放试点。联合苏州健雄职业技术学院开启首届校园数字人民币购物节活动，推动校园消费升级，打造数字人民币消费新亮点。运用数字货币助力乡村振兴，在沙溪镇开展“舒心夜沙溪·古镇嘉年华”数字人民币推广活动，加快沙溪古镇商户数字人民币的运用普及。

【征信管理】 2021年，人民银行太仓市支行优化信用环境，发挥征信助融作用。发动辖内银行机构广泛开展征信宣传，走进沙溪镇中荷村，沉浸式宣传营造“学征信、懂征信、用征信”氛围，提高企业和市民诚信意识。联合市信用办、市文明办、市发改委举办“信用助力发展·诚信建设万里行太仓在行动”“6·14”信用记录关爱日主题活动，展示全市征信服务及建设成果，并通过普惠小微企业信用贷款现场签约，营造“用征信、助融资、促发展”的良好信用环境。开展动产和权利担保统一登记等征信促融政策和措施宣传，截至年底，共解答各种业务咨询50余次，办理机构常用户审核12笔。

【外汇管理】 2021年，人民银行太仓市支行服务对外开放新格局，促进贸易投资便利化。推进全口径跨境融资宏观审慎管理，全年共为16家企业办理全口径跨境融资业务23笔，合同登记金额19.66亿元。推进跨境金融区块链融资服务，推广出口应收账款融资，共有8家试点银行合计为34家企业办理贸易融资业务256笔，累计放款1.12亿美元。推广出口信保保单融资应用场景试点，共有2家银行开展融资业务12笔，合计融资金额903.61万美元。全年全市结售汇总额71.1亿美元，较上年增加25.11%，其中结汇42.01亿美元，较上年增长32.42%；售汇29.09亿美元，较上年增长15.88%；结售汇顺差12.92亿美元，较上年扩大95.07%。全市跨境收支总额223.66亿美元，较上年增长24.59%，其中跨境收入107.24亿美元，较上年增长39.71%，跨境支出116.42亿美元，较上年增长13.29%。跨境收支逆差9.18亿美元，逆差规模大幅缩小。全市进出口总额187.86亿美元，较上年增长29.81%，其中进口额85.82亿美元，较上年增长14.24%；出口额102.04亿美元，较上年增长46.62%；进出口顺差16.22亿美元。

（王　璇）

【苏州银保监分局太仓监管组】 2021年，苏州银保监分局太仓监管组贯彻落实银保监会决策部署，坚持稳中求进工作总基调，做好服务实体、防控风险、改革创新等各项工作。加强监管引领，优化金融服务。推动金融服务乡村振兴，与市地方金融监管局、市农业农村局等部门和试点乡镇沟通对接，了解金融需求，制定任务清单，形成工作合力。推动保险机构做好社会经济保障工作。引导保险机构推广农业险、安责险产品，扩大承保范围。加强分析研判，防控风险。督促银行机构严控信用风险。制定统计全年不良处置计划，按月跟踪处置进展，建立考核打分制度，确保全辖不良资产处置总量不低于上年。全年全市银行机构处置不良贷款24亿元，较上年多处置14.09亿元。督促银行机构从严做实做好资产分类。截至年底，太仓地区不良率1.12%，比上年减少0.24个百分点。配合地方政府做好大额授信风险防范和化解。推动债权行精准发力、分类施策支持实体经济发展，保全银行资产。指导各债权行妥善处置相关企业授信风险，做好企业、银行、政府及分局间协调工作。助力房地产贷款监测，防控房地产集中度风险。根据房地产贷款集中度管理要求，监测辖内法人银行房地产贷款集中度，督促相关机构重视压降工作。

（陆晓红）

【中国农业发展银行太仓市支行】 截至2021年年底，农发行太仓市支行资产总额20.9亿元，较上年增加5.74亿元。负债总额20.8亿元，较上年增加5.73亿元。年内，农发行太仓市支行立足太仓实情，转变工作思路，发挥政策性银行“当先导、补短板、逆周期”职能作用，服务乡村振兴，服务地方经济，推动支行业务高质量发展。各项贷款余额21.14亿元，较上年增加5.58亿元，增长35.85%，其中短期贷款余额2.38亿元。全年向太仓市粮食购销有限公司投放两季收储贷款2.85亿元，其中小麦储备贷款累计投放1.08亿元，秋粮收购贷款累计投放1.77亿元。两季收购贷款（不含储备）投放较上年实现大幅增长，增长率20.41%。支持中小微企业250万元，并给予利率优惠。中长期贷款余额18.75亿元，较上年增加5.78亿元，增长44.51%。全年累计投放中长期贷款7.37亿元。

（高　颖）

2021年6月4日，工行太仓支行在太仓市朱棣文小学开展“工银大学·星火学堂”进校园活动　（张　玮摄）

【中国工商银行股份有限公司太仓支行】　截至2021年年底，工行太仓支行本外币各项存款余额174.12亿元，本外币各项贷款余额259.54亿元。全市共有营业网点13个、自助银行（点）19个。年内，工行太仓支行抓好金融维稳工作，做好区域风险化解。加强信贷管理，做好不良贷款清收处置和潜在风险贷款压降工作，实现不良额和不良率双降。防范金融诈骗，堵截大额电信诈骗案件2起，金额分别为40万元和58万元。围绕区域经济发展，坚持金融服务实体经济本源，聚焦重点领域，加大投融资力度，累计投放人民币贷款130.09亿元，投放项目贷款14笔、金额33亿元。深耕普惠金融业务，落地辖内首笔“e企快贷”业务、线下公积金小微企业贷业务以及工行小微贷产品，通过小微创业贷助力德国布鲁特面包房落户太仓。加快普惠贷款投放，普惠贷款余额较上年新增24.24亿元，全年累计投放普惠贷款130.08亿元。参加“BEGI·N”（B代表银行，E代表企业，G代表政府，I代表投资方，N代表其他主体）金融沙龙活动，参与重点项目以及省小微贷签约，提升金融服务实体经济能力。助推夜经济消费，与浏河镇、沙溪镇开展消费券合作项目，联合沙溪镇、人民银行太仓市支行共同助推“舒心夜沙溪·古镇嘉年华”数字人民币推广活动，助力乡村振兴。优化人才金融服务，支持太仓市优质人才企业办理人才项目工商注册。作为市人才奖励承办银行，定制专属人才联名卡，提升高端人才金融服务的获得感、专属感。推进“我为群众办实事”实践活动，开展防范金融风险、反欺诈以及“工银大学·星火学堂”进校园等金融知识普及教育。

（钱　健）

【中国农业银行股份有限公司太仓分行】　截至2021年年底，农行太仓分行本外币各项存款总量308.39亿元、各项贷款总量274.58亿元。年内，农行太仓分行对接落地省重大项目、市重点项目，全年累计投放贷款113.34亿元，其中制造业贷款56.62亿元。加大对新基建、大保护、城市更新等领域优质项目支持力度，全年审批项目贷款32个、授信130.68亿元，项目覆盖实体、教育、民生、基础设施等各方面，实现各镇及片区城市更新项目全覆盖，独家牵头、参团的城市更新银团贷款超百亿元。深化普惠金融服务，完善产业集群批量营销新模式，建立汽贸、物流、木业、加弹等产业集群信贷服务项目20个，服务集群内企业超500家；针对辖内大型集团企业的上下游供应链开展综合服务，为100家上下游客户提供金融服务。优化营商环境，驻点行政审批中心为企业办理移动开户业务，在营业网点设立“政

2021年3月3日，农行太仓分行“企业开办一站式服务专窗”投入使用　（龚宇倩摄）

银合作企业开办一站式服务专窗”，依托“全链通”企业开办网上服务平台，服务有需求的创业主体，压缩企业开办时间，提升企业开办便利度。

（龚宇倩）

【中国银行股份有限公司太仓分行】截至2021年年底，中行太仓分行本外币各项存款时点余额282.50亿元，较上年增加30.45亿元。本外币各项贷款余额245.48亿元，较上年增加49.35亿元。年内，中行太仓分行聚焦服务实体经济，投放普惠金融贷款8.77亿元，新增普惠客户231户。服务娄江新城建设发展，强化高效金融服务，牵头疏港铁路项目融资，获批银团贷款9亿元并实现投放。实现首笔国内综保业务，落地国内综保业务2笔、2000万元的。聚焦助力乡村振兴，宅基地分期业务投放1.33亿元，惠及农户400余户，为新农村建设贡献金融力量。对接陕西省永寿县咀头村开展帮扶，完成消费帮扶25.06万元。与市民政局签署“养老+金融”战略协议，响应养老服务号召，打造银发场景，推出太仓地区首家养老特色网点，并向太仓市慈善基金会捐款10万元，用于设立“太仓中银养老护理员关爱基金”，帮扶生活困难的养老机构护理员。响应双拥号召，向太仓市慈善基金会捐款18万元用于设立“太仓中银老兵关爱基金”，帮扶生活困难退役老兵及军烈属。与市人民法院合作推进智慧法院建设，在“融畅”破产案件管理系统推广、党建共建等领域深化全方位合作，探索法银合作新路径，共同推动金融服务与司法工作深度融合。与苏州健雄职业技术学院签订全面战略合作协议，举办太仓市首届校园数字人民币购物节，加快数字人民币在智慧校园中的运用。

（苏莲花）

【中国建设银行股份有限公司太仓分行】截至2021年年底，建行太仓分行本外币一般性核心存款日均余额221.37亿元，各项贷款余额332.7亿元。年内，建行太仓分行融入地方，多渠道支持实体经济，结合太仓新产业、新业态布局，加大智能制造、航空航天、生命健康等重点产业金融支持；参与国土空间全域整治，对接“三优三保”，助力盘活存量土地；参与太仓各区域城市更新项目，助力城市生态环境、空间环境改造。与市住建局开发“智慧工地”平台建设，解决监管工地安全问题，实现施工现场数字化、精细化、智慧化管理。利用“信保贷”“港湾创业贷”等传统线下产品，新增拓展力度，重点支持太仓市各区域普惠制造业客户，深挖核心企业供应链投放；通过“小微贷”产品，加大建筑业客群扶持。围绕“建生态、搭场景、扩用户”理念，打响“智慧”品牌，累计建设“智慧停车场”44个，车位1.62万个。落实非税收缴电子化、社保三代卡、政府机关“智慧食堂”、公安局在押人员资金监管等项目。搭建“智慧校园”，深耕“悦生活”平台，累计为32所学校提供个性化缴费产品，深化银校合作。为辖内21个村上线智慧村务管理平台，实现网格化乡村治理新模式。推进三资平台系统建设，纾解农村集体资金监管的难点、痛点，落实村镇结对帮扶，累计开设“裕农通”服务点50个，打通金融服务进农村的“最后一公里”。

（周自恒）

【交通银行股份有限公司太仓分行】截至2021年年底，交通银行太仓分行各项贷款合计50.66亿元，各项存款合计38.63亿元，存款市场占比提升0.29%。年内，交通银行太仓分行在科技创新、普惠民生等实体经济重点领域加大金融支持力度。科技赋能金融创新，运用数字化转型打通科技小微企业融资通道“最后一公里”。成立科技金融专班小组，累计联系客户1000余家，完成授信审批29家、3.33亿元。成立百强客户攻坚小组，梳理太仓营收前100强客户清单，目标客户联系邀约100%全覆盖，客户群体涵盖大型外资企业、国有企业、上市公司、新能源企业。作为全市唯一一家银行代表参加太仓市第十届创新创业推进月活动开幕式，进行授信合作签约；推进德资企业服务小组工作，开展与欧商会以及德国中心两大重点平台合作，提升交通银行在外企市场上的品牌影响力；对公条线开展全链通业务，获评2021年度“政银合作”服务明星。加快网点建设步伐，优化网点布局。推动太仓港口支行新址装修和本部高柜区及自助银行改造，实现智能化建设全覆盖。做好新冠肺炎疫情防控，保障金融服务畅通。落实监管政策及总行有关支持实体经济的文件精神，支持中小企业共度难关，对受新冠肺炎疫情影响的客户，采取“一户一策”，制订专属服务方案，给予利率优惠，缓解受新冠肺炎疫情影响客户的偿还压力，保障新冠肺炎疫情期间企业金融需求。

（陆　静）

【中国邮政储蓄银行股份有限公司太仓市支行】截至2021年年底，邮储银行太仓市支行本外币存款余额78.47亿元，较上年增长8.1亿元；各项贷款余额69.41亿元，较上年增长8.54亿元。全市有自营网点4个，其中主城区2个，浏河镇1个，沙溪镇1个；邮政代理网点28个。年内，邮储银行太仓市支行服务地方经济发展，扩大太仓企业授信，参与城市更新项目、重点民生、基建等项目。平台客户流贷、长期项目贷款、债券承销等均有所突破，累计投放公司贷款5.52亿元。深耕“三农”、小微金融和“极速贷”“商贷通”“发票贷”“快捷贷”“小微易贷”等贷款产品，满足不同客户需求。开展信用村信用户建设，加强对“三农”的金融支持力度。投放小微企业贷款15亿元，新增小微企业对公开户200余户。

（包丽诗）

【中国光大银行股份有限公司太仓支行】截至2021年年底，光大银行太仓支行本外币存款余额25.51亿元，较上年增加5.99亿元，其中对公存款22.13亿元，较上年增加5.37亿元，零售存款3.27亿元，较上年增加0.59亿元；本外币贷款余额34.81亿元，较上年增加13.06亿元，其中对公贷款33.65亿元、个人贷款1.16亿元。年内，光大银行太仓支行助力区域高质量发展，加大重点领域信贷投放，制造业贷款余额较上年增加1.44亿元，增长23.11%。支持小微企业健康发展，小微企业贷款余额较上年增加4.19亿元，增长65.37%。深耕普惠金融，普惠贷款余额较上年增加0.33亿元，增长25.39%。支持乡村振兴，农林牧渔类贷款余额较上年增加7.03亿元，增长237.5%。深化零售管理转型，推进财富管理转型，加快数字化建设，打造“分层分群、数据驱动、渠道协同、交易转化”零售客户一体化经营体系，通过客户、渠道、场景、科技、协同五项赋能，构建涵盖“财富管理、资产管理、资产托管”为核心的大财富管理生态全链条，提升零售金融价值创造能力和高质量发展能力。

（熊晓峰）

【招商银行股份有限公司太仓支行】截至2021年年底，招商银行太仓支行全折人民币自营存款余额30.67亿元，其中储蓄存款余额4.9亿元；自营贷款余额48.33亿元，其中个人贷款27.64亿元。年内，招商银行太仓支行注重对太仓实体经济、社会民生项目做贡献，支持优质企业及三大主导产业项目的投资建设，深化客户结构转型，重点扶持制造业实体经济，提高授信审批效率，加大对中小企业的贷款投放力度，上线政银通、水电费便民缴费系统等。零售业务发挥自身品牌优势，打造自有“金葵花”品牌，提升客户收益；利用房贷、“白闪贷”、小微贷等产品补充太仓市民个人消费端需求。

（周晓露）

【中信银行股份有限公司太仓支行】截至2021年年底，中信银行太仓支行本外币存款余额47.96亿元，较上年增加7.32亿元；本外币贷款余额61.64亿元，较上年减少0.66亿元。年内，中信银行太仓支行联合信金控股推进太仓港区大数据中心项目建设，发挥中信“投行＋商行”业务优势，深化与市各国资平台合作，为各大平台公司提供综合融资金融服务。与市财政局、太仓海关、市住建局等部门建立合作关系，全年帮助太仓企业发行债券20亿元、投资债券15亿元，存贷投各项数据位列全市股份制银行之首。制定助企纾困政策，与涉疫困难企业、个人客户攻克艰难，为新冠肺炎疫情防控和社会经济发展保驾护航。

（张　超）

【华夏银行股份有限公司太仓支行】截至2021年年底，华夏银行太仓支行本外币各项存款余额37.73亿元，较上年增长4.36亿元，其中单位存款余额28.89亿元，储蓄存款余额8.84亿元；各项贷款余额36.04亿元，较上年增长0.29亿元，其中单位贷款32.80亿元，个人贷款3.24亿元，存贷比95.53%；资产质量保持优良，逾欠贷款率0.36%。年内，华夏银行太仓支行坚持做好各项金融服务工作，服务实体经济。创新产品运用，保障信贷投放。推广“商票保贴”“证租通”产品，实现“客户降本、银行增效”的双赢，全年信贷投放总敞口46.6亿元，较上年增长13.07%。通过“房贷通”“信用增值贷”“信保贷”“龙E贷”等线下线上产品助力普惠金融，支持中小企业发展。推进金融适老服务，宣导反假知识，进行反诈宣传，承担金融机构企业社会责任。

（孙丽芳）

【恒丰银行股份有限公司太仓支行】截至2021年年底，恒丰银行太仓支行各项存款余额合计19.29亿元，较上年增长5.82亿元，增长43.21%。其中，对公存款余额17.83亿元，较上年增长6.19亿元，增长53.18%；储蓄存款余额1.46亿元，较上年减少0.37亿元，减少20.22%。发放各项贷款20.67亿元，较上年增长5.84亿元，增长39.38%。年内，恒丰银行太仓支行重点围绕政信类、科创、药谷、制造业百强四类客户，结合总分行各类“白名单”，加强客户精准营销，做好区域大型龙头客户、战略客户营销推进，促进支行客群倍增工程落地。截至年底，恒丰银行太仓支行累计获得政信类企业授信批单7户，获批金额17亿元；民营企业授信批单3户，金额3.68亿元。累计新增国内信用证投放1户，金额1.33亿元；流贷投放12户，金额13.06亿元；银行承兑汇票开立8.49亿元，信贷投放保持稳步增长。抓住普惠金融有利政策环境，加大实体经济支持力度，集中力量拓宽营销渠道，提升获客能力，推动支行普惠业务发展。围绕零售客户经理产能提升目标，利用多种渠道开展新客户营销、红色信用卡推广等活动，通过组织各类主题沙龙、进入周边社区开展宣传活动等，提升零售客户数和金融资产规模。

（王　青）

【兴业银行股份有限公司太仓支行】截至2021年年底，兴业银行太仓支行本外币存款时点余额38.4亿元，较上年新增4.56亿元。其中单位存款余额33.43亿元，较上年新增3.21亿元；个人存款4.97亿元，较上年新增1.35亿元。年内，兴业银行太仓支行加大服务和支持地方经济发展力度，把控风险，提高信贷质量。推进“我为群众办实事”金融助老行动，针对老年群体，坚持传统金融服务与智能创新相结合。在网点设置无障碍坡道、紧急呼叫按钮、爱心座椅、老花镜、轮椅、雨衣等设施，方便老年人及特殊人群使用。网点开辟“绿色渠道”，设立优先窗口、爱心窗口，特殊人群优先办理业务。网点设有吴语、手语服务团队，对办理业务的老年人、特殊人群提供方言及手语服务。升级网点自助机，上线“刷脸取款”“扫码取款”等系列功能，强化人机交互功能，优化设计ATM渠道界面，采用全触屏交互模式取代原机械按键操作模式，新增交易引导，在原有语音提示基础上，新增交易进度条展示，提示引导老年客户。

（奚艳萍）

【中国民生银行股份有限公司太仓支行】截至2021年年底，民生银行太仓支行存款余额33.58亿元，其中对公存款余额29.99亿元，储蓄存款余额3.59亿元；贷款余额31.35亿元，其中对公贷款余额23.26亿元，小微贷款余额6.4亿元。公司业务表内外投放余额29.74亿元，其中政府平台投放余额10.73亿元（包含债券投资业务），实体企业及其他投放余额19.01亿元，主要投向行业包括装备制造、新材料、生物医药、金属加工、纺织化纤、木材加工、汽车销售及配件制造等。根据企业业务需求，针对企业上下游交易结构提供包括商业承兑保贴、票据包买衍生、国内信用证、信融E、票融E、国内保理、法人账户透支等方式，提供灵活的融资品种，为企业节约财务成本。对辖内企业大金融服务提供多样化的综合金融服务方案，通过上市企业定向增发、股票质押回购、信用债投资、并购基金、同业直投等方式为太仓企业提供资金融通和服务。推广外汇衍生产品和外汇业务便利化措施，为企业提供外汇结算和避险工具。加大科技型企业产品推广和支持，除传统“信保贷”产品外，“萤火计划”面向优质企业提供股权投资业务和全流程综合服务。对小微企业信贷投放额度不设限，加大“云快贷”“云企贷”等特色产品投放，到微贷、增值贷、纳税网乐贷等信用贷产品投放，提供专项额度，给予小微客户信用贷支持；从对符合条件的小微客户持续提供无还本续贷服务，到对确有困难的小微企业通过续贷、展期的方式予以支持，通过各类惠客政策，为客户定制服务方案，降低企业成本，缓解企业资金压力。加大普惠金融支持力度，深化普惠金融服务。全年普惠金融贷款余额8.57亿元，为太仓中小和小微企业提供信贷支持。

（吕晓华）

【江苏银行股份有限公司太仓支行】截至2021年年底，江苏银行太仓支行本外币各项存款余额54.62亿元，本外币各项贷款余额67.86亿元。年内，江苏银行太仓支行保持银政合作关系，稳定政府平台存量规模。资产负债业务中以政府平台为主的贷款占比较高，加强与政府部门的沟通，保持与市资规局、市住建局、市财政局等部门的业务合作。维持政府平台融资存量表内授信敞口余额底线，对重点平台重点营销，维持政府融资平台用信整体余额。调整结构，加强实体企业和机构类存款的营销力度和考核力度。做好各类存款的开源营销工作，走访市检察院，沟通“银检通”；走访市工信局、市科技局联系智能制造贷业务；走访市财政局国库支付中心，了解季度末财政资金入库情况；走访市住建局，完成新增及存量维修资金招标工作；与土地拍卖保证金账户“国土通”对接。做好存量客户维护，抓授信企业结算归行；定期开展客户回访，提前做好存量客户到期管理工作，优化授信方案，做好优质客户挽留工作。加快零售业务转型步伐，提高营销能力和服务质量，做大客户规模。

（姚秋红）

【苏州银行股份有限公司太仓支行】截至2021年年底，苏州银行太仓支行本外币存款期末余额48.99亿元，较上年新增5.32亿元，增幅12.17%；贷款期末余额42.24亿元，较上年新增3.82亿元，增幅9.96%。年内，苏州银行太仓支行围绕“调优业务结构，争先进位”发展目标，以普惠金融为重点，坚持开拓与管理并重，发挥“快抵贷”“征信贷”“娄城智造贷”“信易贷”“房抵经营贷”等产品优势，加强结构调整，促进业务转型发展，加快轻资本化步伐。聚焦客户服务，提高市场营销能力，公私联动初见成效，提高综合收益，深化普惠金融服务。

（邹佳莹）

【江苏太仓农村商业银行股份有限公司】截至2021年年底，太仓农商行各项存款余额431.64亿元，较上年增长40.6亿元，增幅10.38%。其中，对公存款余额129.67亿元，较上年增加3.64亿元，增幅2.89%；储蓄存款余额301.97亿元，较上年增加36.96亿元，增幅13.95%。全行资产规模554.81亿元。各项贷款余额337.29亿元，较上年增加44.32亿元，增幅15.13%。其中，公司贷款（含直贴）212.06亿元，较上年增加19.38亿元，增幅10.06%；零售（不含小贷）贷款余额58.18亿元，较上年增加10.72亿元，增幅22.59%；小贷中心贷款余额35.82亿元，较上年增加10.45亿元，增幅41.19%。全行实现营业收入24.67亿元，较上年增加2.07亿元，增幅9.17%；实现净利润4.04亿元，较上年增加2797.1万元，增幅7.43%。不良贷款率1.30%，较上年持平；拨备覆盖率360.81%；流动性比例50.40%；资本充足率15.32%。各项监管指标符合稳健经营要求。

2021年，太仓农商行坚持“服务三农事业、服务小微和民营企业、服务地方经济”定位，各项业务实现健康发展。聚焦主责主业，夯实客户基础，优化金融服务，启动“深入推进扩面强基，全力服务乡村振兴”专项活动，深化“乡村振兴推进小额普惠信用贷款”“支持乡村振兴特色产品行，推进普惠小微延期持续力”专项竞赛。截至年底，整村授信走访率79.43%，授信覆盖面100%，授信完成率98.69%，户均授信10.6万元，户均信用授信5.9万元，全行年末支农再贷款余额10.7亿元。全年共计完成普惠金融服务点建设42个，其中支付点29个、综合点9个、智能点4个，服务活跃村27个，占比36.99%。坚守小微服务主业，支持中小微企业。全行开展多层次大走访，深挖本地优质实体企业，分行业实施差异化管理，提升小微金融服务质效。向小微企业减费让利，巩固清费减负成果，降低小微企业贷款综合成本，满足小微企业融资需求。截至年底，小微企业贷款余额236.76亿元，较上年增长37.91亿元，增幅19.07%。其中，普惠型小微企业贷款余额78.85亿元，较上年增长21.54亿元，增幅37.59%，高出各项贷款增速22.46个百分点，贷款户数7024户，较上年增长1794户。通过代销理财、保险、基金和贵金属形成特色中间业务，满足客户投资收藏及资产配置需求。优化系统，提升科技支撑能力。依托“收银宝”、移动服务端、微信小程序等工具，将银行服务植入相应需求场景，推广手机银行、小程序等渠道产品组合，提高用户活跃度。全行手机银行客户占比72.44%，优质收单商户总数近3万户。全年新建系统类项目19项，业务改造提升类项目32项，完成业务需求928项。共计上线无纸化场景46个、交易89个。共设立式超柜85台，现金辅柜35台，票据辅柜10台，移动超柜38台，超柜替代率提升至85.87%。升级优化全链通预开户系统、后督及档案系统、账管系统、回单系统、安全数据分析联合实验室建设、监管账户网银支付功能建设等项目，满足各项业务发展需求。单设数字银行部，强化数据治理，挖掘数据潜力，开发数字应用，推进数字化转型。

（谭华舟）

【太仓民生村镇银行股份有限公司】截至2021年年底，太仓民生村镇银行各项存款年日均8.86亿元，较上年增加0.83亿元，增幅10.34%；各项贷款余额9.2亿元，较上年增加0.14亿元，增幅1.55%。年内，太仓民生村镇银行坚持支农支小市场定位，紧跟乡村振兴战略，重点支持太仓"三农"客户，降低"三农"融资成本。各类贷款投放总金额7.28亿元，其中涉农贷款投放3.52亿元，占比48.35%。巩固"小额分散"经营理念，贯彻执行服务经济实体各项政策，发展普惠金融，投放小微信贷。截至年底，普惠小微企业贷款余额6.88亿元，占各项贷款比重超75%。运用苏州综合金融服务平台帮助企业获银行"首贷"，获政策奖励7.3万元，是苏州区域唯一一家获"首贷"政策奖励的村镇银行。保障金融服务畅通，调整授信方案，一户一策制定纾困措施，落实"阶段性延期还本付息"政策，共办理临时性延期还本付息客户130户，涉及本金2.36亿元。

（程依依）

证　券

【概况】　截至2021年年底，太仓市共有证券机构7家，全年累计成交3277.63亿元，较上年增长14.28%。全市证券机构新增证券资金账户数9617户，累计证券资金账户数14.24万户，托管市值178.71亿元，较上年增长10.69%。

（魏天成）

【东吴证券股份有限公司太仓分公司】2021年，东吴证券太仓分公司下属5家营业部累计完成A股成交量1573亿元，较上年增长4.9%，市场占有率0.33‰，较上年下降10.8%，实现利润5284万元，较上年下降2.5%，其中全年新增有效户完成954户，托管资产115.49亿元。年内，东吴证券太仓分公司通过江苏局辅导验收并申报深交所创业板注册IPO（首次公开募股）项目1单，新签IPO项目财务顾问协议1单，在做项目2单，在会IPO项目区域市场占有率50%。发行各类公司债券6单，规模20亿元，实现合同业务收入671万元，发行单数区域市场占有率80。获批和立项项目5单，发行规模60亿元，债券业务覆盖太仓所有市级发债主体及港区、高新区。发行太仓市首单碳中和专项绿色公司债。全年完成公募及资管产品销售1.03亿元，较上年增长18.6%，私募产品销售2.86亿元，较上年增长285.7%。

（曾　英）

【华泰证券股份有限公司太仓太平南路营业部】2021年，华泰证券太仓营业部实现业务收入1267万元，累计股基（A股+基金）交易份额成交量634.21亿元，较上年上升115.16%；实现利润185.29万元，较上年保持稳定。年内，华泰证券太仓营业部继续践行"经纪+机构"双轮驱动战略，在保障经纪业务稳步增长同时，保持和各级政府部门、金融机构及太仓企业合作交流，为企业提供全方位综合金融服务，包括推进企业IPO进程、协助企业解决股权融资、债权融资及科创板、创业板、北交所新规解读等。服务太仓农村商业银行发行全国农信系统收单转股型永续债规模8亿元。

（程广建）

【东吴期货有限公司苏州市太仓营业部】2021年，东吴期货太仓营业部累计成交金额2434.34亿元，较上年增长30%，累计成交390.97万手，较上年增长16.7%。日均权益3亿元，较上年增长60%。年内，东吴期货太仓营业部稳健经营，各项业务有序开展，做好传统业务同时发展综合金融业务、子公司业务及资管业务，拓展产业客户及私募业务。加强与太仓商会及政府经发部门合作，深入相关企业交流，尤其是所在地区龙头企业、上市公司，为企业提供咨询和套期保值服务。开通多个场外期权账户，为企业提供套期保值服务，为企业生产经营提前锁定风险和收益，节省资金成本。

（戴晓妍）

保　险

【概况】　截至2021年年底，太仓市保险业务保费收入29.15亿元，较上年减少2.93亿元，减少9.13%；赔付支出7.76亿元，较上年减少2.05亿元，减少20.9%。全市共有保险机构35家，其中财产保险公司15家，人寿保险公司19家，保险中介机构1家。全市保险从业人员约8000人。

2021年太仓市保险机构一览表

表26

序号	分类	单位名称
1	财产保险	中国人民财产保险股份有限公司太仓中心支公司
2		中国平安财产保险股份有限公司太仓支公司
3		中国太平洋财产保险股份有限公司太仓中心支公司
4		太平财产保险有限公司太仓支公司
5		中国人寿财产保险股份有限公司太仓市支公司

续表 26

序号	分类	单位名称
6	财产保险	都邦财产保险股份有限公司太仓支公司
7		阳光财产保险股份有限公司太仓支公司
8		紫金财产保险股份有限公司太仓支公司
9		中国大地财产保险股份有限公司太仓支公司
10		中华联合财产保险股份有限公司太仓支公司
11		天安财产保险股份有限公司太仓支公司
12		永安财产保险股份有限公司苏州中心支公司太仓营销服务部
13		中银保险有限公司太仓支公司
14		长安责任保险股份有限公司太仓支公司
15		大家财产保险股份有限公司江苏分公司太仓营销服务部
16	人寿保险	中国人寿保险股份有限公司太仓支公司
17		太平人寿保险有限公司太仓支公司
18		中国太平洋人寿保险股份有限公司太仓支公司
19		中国平安人寿保险股份有限公司太仓支公司
20		华夏人寿保险股份有限公司苏州分公司太仓营销服务部
21		中国人民健康保险股份有限公司太仓支公司
22		东吴人寿保险股份有限公司苏州分公司太仓支公司
23		中国人民人寿保险股份有限公司太仓市支公司
24		友邦保险有限公司江苏分公司苏州市太仓营销服务部
25		富德生命人寿保险股份有限公司苏州分公司太仓支公司
26		新华人寿保险股份有限公司苏州中心支公司太仓营销服务部
27		泰康人寿保险有限责任公司江苏苏州太仓第一营销服务部
28		华泰人寿保险股份有限公司苏州中心支公司太仓支公司
29		信泰人寿保险股份有限公司苏州中心支公司太仓营销服务部
30		百年人寿保险股份有限公司太仓营销服务部
31		利安人寿保险股份有限公司苏州分公司太仓支公司
32		国联人寿保险股份有限公司分苏州分公司太仓营销服务部
33		前海人寿股份有限公司太仓支公司
34		中信保诚人寿股份有限公司太仓支公司
35	中介机构	苏州东江保险代理有限公司

（陆晓红）

【中国人民财产保险股份有限公司太仓中心支公司】 2021年，人保财险太仓中心支公司累计为全市提供各类风险保障6315.25亿元，支付各类赔款3.14亿元。配合太仓市政府做好新冠肺炎疫情防控和检查工作，对接市卫健委为20个核酸检测采样点提供风险保障200万元。参与公益慈善，与璜泾镇永乐村等5家单位组建党建联盟，认领老年人民生保险项目，为永乐村100名困难群众额外提供医疗及意外保险保障。推进服务升级，保障服务民生。台风“烟花”影响太仓期间，公司对重点积水路段进行无差别劝导，24小时路段巡查，在积水路段设立警示牌，涉水案件数由2020年的143件减少至19件。扩展乡村振兴保的保险方案管理责任，解决乡村振兴推进过程中各种不确定性带来的风险，为政府部门提供一揽子风险综合解决方案，提高公共服务效率。发挥保障优势，护航地方企业。全年共为123家中小企业、民营企业提供信保贷业务。为全市87家小微出口企业提供小微信用险保障17.95亿元；对标市应急管理局、太仓生态环境局要求，为全市95家企业提供安责险保障53.2亿元，为14家企业提供环污险保障2350万元。

（王慧敏）

【中国人寿保险股份有限公司太仓支公司】 2021年，中国人寿太仓支公司总保费累计完成5.9亿元，较上年增长3.19%；长险首年标准保费完成4267万元，其中首年期交业务完成1.13亿元，较上年增长3.78%；10年及以上期交保费完成5767.72万元，较上年增长15.02%；短期险保费完成3823.03万元，较上年增长16.16%；短期意外险保费完成2227.58万元，较上年增长17.83%；续收保费完成4.38亿元，较上年增长2.05%。年内，中国人寿太仓支公司按照上级金融机构和上级公司部署，风险管控公司业务流程各个节点，树立合规经营意识，严守风险管控底线，抓好风险教育培训工作。规范反洗钱工作，开展可疑交易识别和报告工作，提高公司反洗钱工作质量；加强业务销售人员诚信管理，杜绝销售误导等容易产生不稳定因素的行为，公司专设销售督察岗，具体监督销售人员的销售过程，实行销售预警制度，将不稳定因素化解在前期；客服部门专设服务人员，解答、回访客户咨询。

（熊　辉）

【中国太平洋财产保险股份有限公司太仓中心支公司】 2021年，太平洋财险太仓中心支公司实现入账保费3.39亿元，增速3.66%，市场占有率27.14%。全年承办各类保险42.68万件，提供风险保障6435亿元。全年累计缴纳税款881.2万元，代征车船税2317.4万元。年内，太平洋财险太仓中心支公司参与政府项目合作，承保沪苏通铁路太仓站、西北工业大学太仓校区、西交利物浦大学太仓校区等多个重大项目。做好全市政策性农业保险和民生保险服务。全市有93个村（社区）设“三农”保险服务点，累计开办“三农”保险业务2885笔，保额64.51亿元，承保种植业农业保险2.2万公顷，养殖业保险4.33万羽（头）。民生保险保障全市17.48万个家庭、66.87万名市民居家安全。农业农村部试点项目《探索开展蔬菜气象指数保险、气象灾害违约责任保险和蔬菜收购价格指数保险改革试点》开出首单。与市农业农村局签订《保险服务乡村振兴框架合作协议》，探索保险服务乡村振兴、服务现代农业的新方向。探索企业车队“太好保”风控管理新模式，7个服务门店发挥保险“防重于赔”的管理功能和优势，降低车队业务的交通事故发生率。

（孙　晔）

【中国太平洋人寿保险股份有限公司太仓支公司】 2021年，太平洋人寿保险太仓支公司实现新保保费4421万元，续收保费1.33亿元，合计年度保费收入1.77亿元。全年理赔案件2237笔，赔款1365万元。年内，太平洋人寿保险太仓支公司关注社会弱势群体保障和高危行业风险保障，与市教育局、市卫健委、市残联、市汽车客运站、天然气公司等单位合作，推出“学生平安保险”“优生优育疾病保险”“残疾人人身意外伤害保险”“司乘人意险”“燃气险”“村民险”等保险产品。

（李艳芳）

旅游业

【概况】 2021年，太仓市旅游接待总人数488.51万人次，较上年增长5.1%；实现旅游总收入100.05亿元，较上年增长31.9%。纳入旅游统计范围内的旅游景区接待游客288.89万人次，较上年增长11.1%。截至年底，全市共有省级旅游度假区1家，A级旅游景区4家（其中AAAA级2家、AAA级2家），江苏省乡村旅游重点村1家，全国农业旅游示范点2家。全市共有旅行社17家，其中三星级旅行社4家，二星级旅行社1家，持证导游69人；共有旅游饭店12家，其中五星级2家，四星级2家，三星级4家；共有“太仓假日”品牌签约工厂店17家。

【旅游管理】 2021年，太仓市加强旅游业规划和政策保障，制订《太仓市“十四五”文旅发展规划暨全域旅游规划》，推动全市文化旅游融合发展，指导各区镇文旅产业精准发力，实现城市能级提升，乡村振兴发展，助推区域一体化发展。制定《太仓市民宿、农家乐规范管理实施办法（试行）》，指导各镇区推动民宿备案工作，浏河镇、城厢镇、沙溪镇发出首张民宿备案登记证。加强全市文化和旅游资源的保

2021年9月30日，城厢镇农民丰收节暨电站村“60年回眸”旅游文化节开幕式举行
（市文体广旅局供稿）

护、利用和管理，推进全市文旅高水平融合发展、高质量发展，启动文旅资源普查工作。

【旅游活动】 2021年4月30日，太仓市“乐购太仓·畅游娄城——五五购物节”暨旅游文化美食节开幕，现场发布“五五购物节”系列活动、太仓春季旅游线路，表彰2021年太仓市旅游饭店服务技能大赛团体和个人。文创、非遗、美食等文旅企业在开幕式现场布展销售。年内，举办第五届太仓乡村旅游节，该届乡村旅游节采取市文体广旅局与各镇（区）联合举办的方式，各乡村旅游点根据全市总体方案，推出系列特色产品和活动。包括浏河镇“江海浪玩节”、城厢镇农民丰收节暨电站村“60年回眸”旅游文化节、璜泾镇首届桂花农旅文化节暨农民丰收节、双凤镇“双凤福地品味游”活动、沙溪镇舒心夜沙溪·古镇嘉年华、浮桥镇首届“浮稻万家”农旅文化节等。活动期间，各地共吸引市民游客10万人次，拉动旅游消费复苏，城厢镇电站村旅游文化节带动农副产品、餐饮、住宿及服务业收入300多万元。

【旅游市场】 2021年，太仓市开拓旅游市场，公布多条旅游线路。以“城市微旅行·遇见太仓”为主题，探寻太仓各类宝藏店铺、老字号店铺、网红打卡点、乡村休闲度假好去处、夜生活新方式，组合推出城市微旅行线路8条。发布太仓春季旅游线路视频，整合推出太仓文旅精品线路4条，包括经典人文游线、乡村田园游线、购物休闲游线和廉文化游线。田园休闲线路、滨江漫步线路获评2021年度苏州精品乡村旅游线路。指导香塘艺术田园亲子度假村、浏河七十二家村田园综合体等项目建设，太仓“田园新干线”项目获评2021年度苏州旅游创新产品（业态）。

【文旅宣传】 2021年5月18—20日，太仓市组织多家文旅企业参加长三角文旅惠民市集活动。年内，举办2021年“上海下一站，下一站上海”太仓文旅推介会。完成上海地铁广告、苏州地铁广告、京沪高铁广告、“12306” App广告、上海交通广播广告投放和《消费者周刊》推广。

【智慧文旅体系完善】 2021年，太仓市推进智慧文旅系统开发，建设线上一站式服务总入口，提供旅游信息宣传、咨询与互动服务、旅游套餐预订等服务，完善社交娱乐、大数据分析、数字化管理、游客投诉、在线监察等功能。推动旅游厕所规范化管理，新申报旅游厕所2座，共有AAA+级旅游厕所3座、AA级旅游厕所4家、A级旅游厕所5座。

2021年5月20日，“上海下一站，下一站上海”太仓文旅推介会在上海举行
（市文体广旅局供稿）

太仓市主要旅游景点一览表

表27

类别	名称	级别	颁布年份	地址
度假区	长江口旅游度假区	江苏省级	2012	太仓市浏河镇东部
A级旅游景区	现代农业园	AAAA	2012	太仓市新港路与协星公路叉口
	沙溪古镇	AAAA	2014	太仓市沙溪镇白云路170号
	南园	AAA	2005	太仓市南园东路7号
	弇山园	AAA	2005	太仓市县府西街40号
	张溥故居	AA	2008	太仓市新华西路57号
水利风景区	金仓湖公园	国家级	2009	太仓市新毛区新兴东路100号
	双凤生态园	江苏省级	2014	太仓市双凤双浮线与中心路交叉口
乡村旅游区	现代农业园	★★★★	2011	太仓市新港路与协星公路叉口

续表 27

类别	名称	级别	颁布年份	地址
乡村旅游区	双凤生态园	★★★	2014	太仓市双凤双浮线与中心路交岔口
乡村旅游区	电站村生态园	★★★★	2017	太仓市城厢镇新毛电站村
	永丰村独溇小海	★★★	2017	太仓市城厢镇204国道以南
	半泾村田庐园	★★★	2017	太仓市沙溪镇天竹园山庄西侧
	东林村梦幻农场	★★★	2017	太仓市城厢镇东林村
	吴家湾幸运花海	★★★	2017	太仓市璜泾镇吴家湾
	万丰村三水一宅	★★★	2018	太仓市城厢镇万丰村
休闲农庄	现代农业园	国家级	2015	太仓市新港路与协星公路交岔口
星级农家乐	天竹园生态农庄	★★★★★	2009	太仓市沙溪镇沙南路188号
	嘉乐农庄	★★★★	2009	太仓市昆太路889号
	雅园酒店	★★★	2009	太仓市城厢镇电站村
	川湾饭店	★★★	2009	太仓市新湖镇建湖西路28号
农业旅游示范点	艳阳农庄	国家级	2006	太仓市新港路现代农业园内
	电站村生态园	国家级	2008	太仓市城厢镇电站村
其他景区	郑和公园	—	—	太仓市港区滨江大道与南环路交岔口
	天镜湖公园	—	—	太仓市太平新路与文治路交岔口
	西庐园	—	—	太仓市城厢镇西部昆太路附近
	华丽菲尼克斯度假村	—	—	太仓市双凤镇双园路华丽大道888号
	三市村	—	—	太仓市浮桥镇西侧三市村
	杨漕村	—	—	太仓市璜泾镇杨漕村

太仓市主要旅游饭店一览表

表 28

类别	名称	级别	颁布年份	地址
星级酒店	金陵花园酒店	★★★★★	2005	太仓市城厢镇人民北路11号
	锦江国际大酒店	★★★★★	2008	太仓市上海东路89号
	陆渡宾馆	★★★★	2008	太仓市郑和中路78号
	娄东宾馆	★★★★	2009	太仓市县府街6号
	青草湖度假村	★★★	2004	太仓市浏家港飞马路88号
	港湾假日酒店	★★★	2005	太仓市浏河镇郑和路888号
	香江假日酒店	★★★	2010	太仓市太仓港华苏路18号
	新小地方大酒店	★★★	2013	太仓市浏河镇郑和北路188号
国际品牌酒店	宝龙福朋喜来登酒店	—	2010	太仓市上海东路288号
	华旭假日酒店	—	2012	太仓市新华西路9号
主题酒店	郑和国际酒店	—	2010	太仓市太仓港北环路18号
	玫瑰庄园	—	2010	太仓市新港路现代农业园内

太仓市主要旅行社一览表

表 29

类别	名称	级别	颁布年份	地址
国际旅行社	红太阳国际旅行社	★★★	2013	太仓市县府东街 28-3 号
国内旅行社	顺达国际旅行社	★★★	2013	太仓市长春南路金色江南会所商铺 01 号
	国贸国际旅行社	★★★	2013	太仓市长春南路金色江南商铺 03 号
	新世纪国际旅行社	★★★	2014	太仓市县府东街 55–10
	华夏国际旅行社	★★	2013	太仓市人民南路 30–1 号
	春秋国际旅行社	—	—	太仓市惠阳路 247 号
	山水国际旅行社	—	—	太仓市太平南路 18 号上城国际 430 室
	春之旅旅行社	—	—	太仓市上海西路 44–5 号
	天马旅行社	—	—	太仓市太平南路 18 号上城国际 808 室
	苏州雄狮旅行社	—	—	太仓市县府东街 12–1 号
	青新假日旅行社	—	—	太仓市城厢镇东港路 7–6 号
	交运国际旅行社	—	—	太仓市太平北路 107 号
	莱太旅行社	—	—	太仓市城厢镇城北东路 43 号
	天竹园旅行社	—	—	太仓市沙溪镇半泾村 8 组
	爱特旅旅行社	—	—	太仓市郑和西路 280 号 3 幢 501 室
	携家旅行社	—	—	太仓市朝阳西路 199 号 1309 室
	趣游旅行社	—	—	太仓市沙溪镇归庄区玄恭东路

“太仓假日”签约工厂店一览表

表 30

序号	名称	地址
1	雅鹿工厂店	太仓市郑和中路 318 号
2	都市星期天工厂店	太仓市陆渡北工业区区中路 39 号
3	春竹羊绒工厂店	太仓市浏家港飞马西路 28 号
4	群鸿服饰工厂店	太仓市浏河镇闸南工业园区沪太路旁
5	马氏皮革工厂店	太仓市浏河镇闸南工业区
6	安德露工厂店	太仓市浏河镇南海路 2 号
7	祺美服饰工厂店	太仓市青岛东路 19 号
8	托菲尼户外运动工厂店	太仓市沙溪镇直塘直任路 79 号
9	盛达服饰工厂店	太仓市常胜北路 66 号
10	太仓港进口商品展示交易中心	太仓市太仓港经济技术开发区龙江路五洋滨江广场
11	威利世家工厂店	太仓市双凤镇凤林路 16 号

续表 30

序号	名称	地址
12	锦超服饰工厂店	太仓市浮桥镇老闸区通港路 188 号
13	迪玛·雅居家纺工厂店	太仓市常胜北路 66-1 号
14	康乐家居工厂店	太仓市发达路 100 号
15	拉夏贝尔工厂店	太仓市广州东路 116 号
16	龙辉精品工厂店	太仓市沙溪镇印溪南路 1055 号
17	南洋佰岁工厂店	太仓市富阳路 18 号

（匡芡茏）

房地产业

【商品房建设销售】 2021 年，太仓市完成房地产开发投资 220.77 亿元，较上年增长 3.67%，其中住宅 195.43 亿元，较上年下降 3.99%；商品房销售面积 286.55 万平方米，较上年上涨 39.99%；销售均价 1.5 万元 / 平方米，较上年上涨 0.46%。全市在建商品住房楼盘 79 个，总建筑面积 1211.61 万平方米，其中上市预售房源面积 727.11 万平方米。

【物业管理】 2021 年，太仓市审核预售项目 31 个，涉及面积 296.33 万平方米，物业用房面积 3.36 万平方米；完成项目交付检查 39 个，涉及面积 341.17 万平方米，物业用房面积 4.06 万平方米。完成业委会备案 9 个（城厢镇 4 个、娄东街道办 3 个、科教新城 1 个、沙溪镇 1 个），业委会变更备案 4 个，成立物业管理委员会 2 个。成立太仓市物业服务行业党委，推动党组织和党员在物业服务行业覆盖面，11 家具备条件的物业服务企业组建基层党支部 12 个，涵盖物业服务项目 163 个。城厢镇南洋壹号公馆项目获评党建引领物业管理服务工作省级示范点。实施“善美物业 · 阳光快检”实事项目，调研和督查物业服务企业管理情况，开展专项检查活动 87 次，发出检查通报 44 份，整改问题 266 个。完善信访办理流程，缩短信访件办理期限，提高信访件按时结案率，全年累计受理信访投诉案件 198 件，办结率 100%，市镇两级物业纠纷人民调解委员会累计成功调解并签订调解协议案件 84 件，涉及金额 200 余万元。深化安全生产隐患排查，组织专题讲座 2 场，开展打通“生命通道”等专项行动 4 项，组织消防安全演练 8 场。累计开展物业项目安全专项检查 156 次，累计报送特种设备隐患 176 条，消防隐患 193 条。为物业服务企业打造工作标准和权威模板，建立物管中心、各地物管办、物业服务企业、主管部门在内的工作群实时沟通，形成扁平化管理。组织开展物业管理示范项目、生活垃圾分类示范项目等评优评先活动。裕沁庭、东亭大厦获评省级示范物业管理项目，崇学雅苑、横沥佳苑、中德创新园（航空产业园）、海域天境项目获评苏州市级示范物业管理项目。

【太仓市房地产业协会】 太仓市房地产业协会是在太仓地区从事房地产开发、经营、交易和管理，以及土地研究、房产经纪等相关领域单位自愿组成的全市性行业非营利性社会团体。2021 年，协会新入会单位 4 家，共有会员单位 88 家，其中开发企业 59 家，其他企业 29 家。年内，太仓市房地产业协会规范房地产市场行业，促进房地产市场健康发展。苏州市政协副主席、市工商联主席李赞走访天熙房产有限公司等民营企业，了解企业发展情况，倾听企业发展需求，帮助企业坚定发展信心。太仓市房地产业协会和太仓市实验中学签订协议，2021—2022 年通过太仓市慈善基金会，定向捐赠“太仓市实验中学课程基地建设”30 万元。太仓市房地产经纪机构 2019—2020 年信用评价结果公布。全市 361 家房地产经纪机构完成信用等级评价，其中 A 级企业 2 家、B 级 354 家、C 级 5 家，太仓市金色家园房产经纪有限公司、太仓市佳苑房地产经纪有限公司获评 A 级企业。5 家房地产经纪企业获评 2020 年度苏州市消费者满意单位。2020—2021 年累计发放“经纪人信息卡”2274 张，基本覆盖全市经纪行业从业人员。

（许俊安　周书佳）

建筑产业

【概况】 2021 年，太仓市在建建筑工程 450 个，在建建筑面积约 1500 万平方米。完成苏州市装配式发展目标，新开工装配式建筑面积 264.16 万平方米，新增省级建筑产业现代化示范基地 1 个，获评省级文明工地 47 个、“扬子杯”5 项。

【太仓市建筑行业协会】 太仓市建筑行业协会成立于 2004 年 5 月，由太仓地区从事房屋建筑、市政工程、装修装饰工程、监理咨询、商品混凝土、设计检测、燃气、构配件、安装、园林绿化 10 个专业委员会的企业单位自愿组成的非营利性社会团体。2021 年，协会会员单位获“姑苏杯”24 项、“扬子杯”5 项、“国优”4 项。协会以国家政策为导向，引导督促企业向绿色建造、智慧建造方向发展，组织企业培训、观摩。配合上级协会开展各类评先工作，推荐各类别各等级企业，树立典型。全年继续教育皆采取线上培训，共组织二级建造师继续教育 12 期，参加培训 310 人次。组织首批一级建造师继续教育，参加培训 197 人次；ABC 安全管理三类人员考证 56 期，参加培训 1060 人次；三类人员继续教育 3744 人次；村镇工匠培训及继续教育 2 期，参加培训 349 人次。完成“苏安码”生成与申领共 2.1 万人次。常态化召开企业座谈会、分会座谈会等多种渠道倾听企业意见建议，撰写《太仓市建筑行业发展情况》调研报告。房建分会撰写《关于工程项目押证人员解锁条件修改的申请报告》，装饰装修分会撰写《关于装饰装修项目申办竣工备案表申请报告》，并在市政协十五届一次会议上提交《关于扶持太仓市建筑业发展的建议》提案。设计检测分会商讨并制定《太仓市勘察设计行业自律公约》《太仓市勘察设计行业收费指导价》。构配件分会承办苏州市“红色工匠”（构配件操作工）技能比赛和江浙沪“三一杯”职业技能大赛（上海赛区）。年内，太仓市建筑行业协会和太仓市实验中学签订协议，2021—2022 年通过太仓市慈善基金会，定向捐赠“太仓市实验中学课程基地建设”30 万元。继续为 20 名太仓应届贫困大学生每人每年资助助学金 5000 元。

（许俊安）

物流业

【概况】 2021 年，太仓市货物运输量 2573 万吨，较上年增长 25.9%；货物运输周转量 70.69 亿吨千米，较上年增长 37%；港口吞吐量 2.43 亿吨，较上年增加 12.6%。其中，金属矿石 6051 万吨，较上年增加 2.4%；煤炭及制品 4588 万吨，较上年增加 20.8%。集装箱吞吐量 703.8 万标箱，较上年增长 35%。

【物流企业】 截至 2021 年年底，太仓市列统规模物流企业 96 家，从业人员 2.76 万人，较上年增加 17%。营业收入总额 197.4 亿元，较上年增加 30.3%。其中，太仓港经济技术开发区 66 家，占规模以上物流企业总数 68.75%；营业收入总额 174.8 亿元，较上年增加 32.7%，占规模以上物流企业营业收入总额 88.5%。全市年营业收入超 5000 万元物流企业 45 家；苏州隆兴物流有限责任公司、招商局物流集团苏州有限公司、江苏讯唐物流发展有限公司、中国太仓外轮代理有限公司入选省重点物流企业；全市被评为 AAA 级及以上物流企业 16 家。

【港口物流】 2021 年，太仓港完成集装箱吞吐量 703.8 万标箱，较上年增长 35%；货物吞吐量完成 2.43 亿吨，较上年增长 12.6%，实现近 4 年来首次两位数增长；完成港口项目投资 32.27 亿元，集装箱四期建成投用，太仓港疏港铁路专用线开通，12 家公用码头企业全部实现盈利，营收较上年增长 14%，利润总额较上年增长 12%，利税总额较上年增长 6%，税收总额较上年增长 3.8%。全年新辟集装箱班轮航线 10 条，集装箱航线总数增至 216 条，其中近洋直达航线 30 条，直达近洋 23 个港口；沿海内贸干线 51 条，辐射沿海主要港口；长江、内河支线总数 94 条，向太仓港喂给的长江、内河港口数量 50 余个；至上海港、宁波舟山港外贸支线 41 条，实现“公交化”运营。基本形成以近洋直达为主、中远洋直达为辅、远洋中转为支撑和沿海全覆盖、长江全通达、内河全联通的国际国内大循环航线格局。

【物流园区】 2021 年，太仓物流园区实现主营业务收入 894 亿元，上缴税收 11.32 亿元（不含个税），完成固定资产投资 41.4 亿元。跨境电商业态蓬勃发展，综合保税区完成进出口 11.1 亿美元，较上年增长 33.1%；完成出口额 4.15 亿美元，较上年增长 67.71%，占进出口总额 37.43%；完成进口 6.94 亿美元，较上年增长 18.82%，占进出口总额 62.57%。

【物贸产业发展】 2021 年，太仓物流园区物贸产业发展呈现新面貌。新引进中大联运、昇帆国际物流、彼洋供应链等物贸企业 46 家，促进现代物流、多式联运、城市配送等业态发展。中外运华东总部、威露士华东基地、牛卡福华东物贸结算中心等项目依托航线资源及口岸优势落户港区。太仓港汽车出口业务实现突破，出口汽车运抵欧洲、非洲。

2021 年太仓市营业收入超 5000 万元物流企业一览表

表 31

序号	企业名称	序号	企业名称
1	江苏京迅递供应链管理有限公司	9	太仓阳鸿石化有限公司
2	中国太仓外轮代理有限公司	10	中外运物流供应链管理（苏州）有限公司
3	太仓港集装箱海运有限公司	11	太仓鑫海港口开发有限公司
4	太仓武港码头有限公司	12	苏州龙达国际货运代理有限公司
5	江苏耀华物流有限公司	13	华能太仓港务有限责任公司
6	似鸟（太仓）商贸物流有限公司	14	太仓国际集装箱码头有限公司
7	太仓港福人林产品开发有限公司	15	苏州华航物流有限公司
8	苏州现代货箱码头有限公司	16	太仓锦诚国际船务代理有限公司

续表 31

序号	企业名称	序号	企业名称
17	太仓正和国际集装箱码头有限公司	32	太仓港口投资发展有限公司
18	太仓海皇物资运输有限公司	33	苏州鑫新海运有限公司
19	太仓万方国际码头有限公司	34	太仓玖龙运输有限公司
20	江苏久鼎供应链管理有限公司	35	太仓港国际货运有限公司
21	太仓中远海运船务代理有限公司	36	太仓港宏港物流有限公司
22	弗玛仓储(太仓)有限公司	37	苏州联合船务有限公司
23	太仓市鑫龙运输有限公司	38	太仓润禾码头有限公司
24	太仓港正和兴港集装箱码头有限公司	39	太仓市安路快递有限公司
25	江苏领速物流有限公司	40	太仓港公用集装箱作业有限公司
26	太仓港正和物流有限公司	41	创峰物流(苏州)有限公司
27	江苏长江石油化工有限公司	42	太仓市世通速递有限公司
28	太仓港德润物流有限公司	43	乐凡仓储(太仓)有限公司
29	太仓港长海船务有限公司	44	太仓陆丰国际物流有限公司
30	太仓市中通兴华速递服务有限公司	45	江苏中天润航供应链管理有限公司
31	中国太仓船务代理有限公司	—	—

2021 年太仓市 AAA 级及以上物流企业一览表

表 32

序号	企业名称	评价指标	评定时间
1	太仓港港务集团有限公司	AAAA	2021 年
2	中国太仓外轮代理有限公司	AAAA	2021 年
3	招商局物流集团苏州有限公司	AAAA	2020 年
4	弗玛仓储(太仓)有限公司	AAAA	2020 年
5	苏州龙达国际货运代理有限公司	AAAA	2020 年
6	太仓阳鸿石化有限公司	AAAA	2013 年
7	太仓武港码头有限公司	AAAA	2012 年
8	太仓万方国际码头有限公司	AAAA	2012 年
9	江苏长江石油化工有限公司	AAAA	2010 年
10	太仓新港物流管理中心有限公司	AAA	2021 年
11	江苏久鼎供应链管理有限公司	AAA	2021 年
12	太仓港正和物流有限公司	AAA	2021 年
13	太仓港公用集装箱作业有限公司	AAA	2021 年
14	太仓陆丰国际物流有限公司	AAA	2021 年
15	江苏领速物流有限公司	AAA	2021 年
16	中国太仓船务代理有限公司	AAA	2020 年

(王　晶)

邮政通信

【邮政概况】 2021年，太仓邮政分公司实现收入1.76亿元，其中：邮政业务收入1.46亿元，寄递业务收入0.3亿元。截至年底，全市设有邮政服务网点27个，其中农村21个；设有邮政信筒信箱51个；投递段道167条，全年投递总里程256万千米，上行邮路4165车次，下行邮路1.2万车次，妥投邮件1070.56万件。函件业务量37.97万件，包裹2.97万件，报纸1598万份，流转额2349万元，杂志38.72万份，流转额286.86万元，汇票收汇0.56万张，快递包裹业务量1475万件。邮政综合服务平台建设运营取得进展。依托线下实体网点和“邮掌柜”、邮乐网等线上平台，参与农村电商建设运营，累计发展“邮乐购”加盟店335个，布放“邮掌柜”系统335个，“邮乐购”加盟店农村覆盖率80%；建有社会自提点456个，实现村村通邮。年内，太仓邮政分公司被授予2020年度苏州市文明单位称号。

【市领导调研邮政业务】 2021年8月19日，太仓市副市长郑丙华调研太仓邮政邮件处理中心，了解太仓邮政新冠肺炎疫情防控举措和国际进口邮件防疫流程，包括邮件消杀、人员、车辆以及现场管理，对太仓邮政在疫情期间持续保障服务民生表示肯定。郑丙华询问太仓邮政作业组织流程、总体进出口量、市场占比以及邮件处理能力、收寄安全“3个100%”（100%实名收寄、100%收寄验视、100%粘贴“安检”标识贴）等基本情况，对太仓邮政在快递下乡服务地方经济举措表示认可，提出要在太仓快递市场中发挥网络终端优势，整合邮政、交通、供销社等多方资源，搭建共享平台，建设贯通城乡快递物流体系。

【邮政党员志愿行动】 2021年3月16日，太仓邮政联合“五星政企”党建联盟5家单位，围绕“守护安全，畅通消费”主题，在城市党建融合服务中心联合开展“3·15”党员志愿“1+N”（一支队伍、多种志愿服务活动）护航行动。发放党员倡议书，号召各单位发挥党建联盟平台作用以及维权服务先锋作用，增强党建合力和凝聚力，营造安全消费环境。开设知识普及小讲堂，各联盟单位根据业务分工，分别在消费维权、防电信网络诈骗、消费者权益保护、绿色邮政、安全用电等与居民生活相关方面进行宣传普及。制作并发放邮政服务建议卡，征求市民对邮政服务的意见建议。

【邮政党史教育实践活动】 2021年6月19日，太仓邮政牵头“五星政企”党建联盟单位，联合长江航运公安局苏州分局太仓派出所在长江入海口、郑和七下西洋起锚地共同举办“五星共庆百年华诞，保护长江党员先行”主题党日活动，各单位分管领导、党员代表共70余人参加。该活动通过“重走革命路，重温党的百年历程”徒步活动，以“邮票上的党史”系列图片为背景，设置打卡点8个，采取党史知识答题结合团队模拟实践方式体验中国共产党在不同革命时期的奋斗历程。

【邮政助力新冠肺炎疫情防控】 2021年8月11日，太仓邮政受市红十字会、团市委委托，运送一批防疫物资到新冠肺炎疫情高风险区域扬州市广陵区，该批物资由苏州铃兰医疗用品有限公司捐赠的价值20万元的酒精棉。太仓邮政调配可以进入疫区的车辆和人员，为扬州中高风险地区送去防疫物资845箱。8月16日，安排第二批邮政车辆分别完成太仓市政府、苏州市公安局、相城区政府等6个防疫站点的物资配送工作。

【邮政服务市政“一件事”主题活动】 2021年3月23日，太仓邮政第一封“出生一件事”快件发出，标志着全市“一件事”改革工作正式启动。3月初，太仓邮政对接地方政府“一件事”改革工作要求，为解决市民办理新生儿出生阶段“跑腿多、材料多”问题，提出利用邮政投递网络优势，协同市公安局、市卫健委、市人社局等部门，实现“一次申报办结”服务方案。由同城银行凭证专线作为各部门联络员，负责定期到各助产机构收取“出生医学证明”副页寄送至公安部门，到各派出所、为民服务中心收取户口簿、社保卡寄送至申请人，投递员采用密码投递方式寄送，确保100%预约投递、客户100%安全收件。

（李　睿）

【电信概况】 2021年，中国电信太仓分公司坚持服务民生与助力智改数转（制造业智能化改造和数字化转型），

2022年8月，太仓邮政为扬州市中高风险地区配送新冠肺炎疫情防控物资
（李　睿摄）

2021年9月16日，太仓电信开展台风“灿都”灾后通信巡检保障工作
（胡　笛摄）

全市电信天翼手机用户38.78万户，宽带用户21.88万户。践行网络强国战略，落实提速降费要求，宽带户均网速达310兆，较上年提升103兆，手机上网流量资费和专线资费显著下降。推进5G网络建设，优化4G网络质量，累计开通5G站址662个，精品区域宏基站261个，保障党政机关、楼宇、商圈深度覆盖。贯彻智改数转，助造智慧城市，太仓电信持续服务教育、公安、交通、社区、政务等领域，推进太仓港城中专智慧校园建设、西北工业大学太仓校区核心网络建设、太仓城区智慧候车厅改造项目、疏港铁路沿线监控预警项目等，依托云网融合优势，助力新型智慧城市发展建设。捍卫网信安全，强化溯源监管，以技管结合手段常态推进防范和打击通信信息诈骗工作，定期开展涉诈号卡特征分析优化，在全市打击治理电信网络诈骗犯罪止损控案“百日会战”中，太仓电信获评先进集体。

【网络建设提质】 2021年，太仓电信持续推进5G网络部署和优化，扩大5G覆盖区域，提升5G覆盖质量。至年末，累计开通5G站址662个，主要覆盖核心城区、各乡镇镇区以及主干道路；精品网累计建成宏基站261个，区域覆盖面积20.8平方千米，覆盖率98.37%。持续推进网络升级，4G网络深度覆盖，新建宏站17个、滴灌站71个、室内分布系统19个，完善74个小区地下室信号覆盖，开展4G多频点协同优化、宽带网络质量提升和优化整治工程。

【通信保障工作】 2021年，太仓电信完成全市各类重大活动通信保障工作，包括丝绸之路国际剧院联盟“剧院与城市”论坛活动、全国竞走冠军赛暨全运会资格赛、普通高等学校招生全国统一考试、太仓港疏港铁路专用线开通仪式、苏州新年第一会等现场通信保障任务，做好区域通信网络支撑工作。为提升中德企业国际信息贸易流通效率，太仓电信配合高新区开通全国首条中德数据专线，打通太仓到法兰克福国际数据快速链路，以高速率、低时延、高可靠、大带宽优势，为企业提供跨境生产和研发数据交互、视频会议、国际金融、电子商务、物流运输等信息访问和大数据交互通信服务。

【电信助力新冠肺炎疫情防控】 2021年，太仓电信配合各镇政府、街道办和社区开展防疫专线开通、核酸检测点信号保障、防疫短信发送、隔离点门磁安装、线上教育提速等工作，同心协力搭建“抗疫服务链”。为核酸检测点架设独立宽带超百条，保障检测信息顺利上传平台，开设天翼对讲频道，实现设备人员匹配专用，保障防疫通信。为隔离居住点提供智能门磁600余套，保障实时防疫监测。为公共场所提供健康码核验设备50余套，缓解人工核验压力。太仓电信完善疫情防控应急响应机制，通过提供防疫信息化产品，运用数字化手段助力疫情防控。
（胡　笛）

【广电网络概况】 截至2021年年底，太仓市有线数字电视用户9.83万户，高清互动用户9.02万户，广电宽带用户4.71万户，双向网覆盖率99.19%，覆盖用户23万户，光纤到户覆盖用户11万户。网内传输有线数字电视频道205套，其中标清电视节目142套、高清电视节目63套，并实现45套标清、

2021年6月25日，高新区重点德资项目集中签约仪式现场发布全国首条中德数据专线
（胡　笛摄）

25 套高清频道电视节目 7 天回看。建有覆盖全市的社会面视频监控系统，累计点位 1.68 万个。

【广电网络安全保障】 2021 年，太仓广电网络加强技防、制防、人防建设，强化广播电视安全播出和安全传输能力。成立迎接中国共产党成立 100 周年广播电视安全保障工作小组，完成公司省市县三级数字电视播控平台升级改造，加强太仓地区网络信息安全管理。落实安全播出重保期高等级保障措施，加强线路巡护、施工盯防，加强前端机房等重点部位巡视巡查。全年广电全网未发生安全播出事故事件，完成重要保障期安全播出保障任务。

【党史宣传阵地拓展】 2021 年，太仓广电网络发挥主流媒体主阵地、主渠道作用，在全市高清机顶盒平台上线“学习强国”电视端平台——“强国 TV”“百年恰似风华正茂党史学习教育专区”以及中国共产党在江苏历史展 VR 电视馆版块等中国共产党成立 100 周年宣传内容，依托“一镇一品（屏）”乡镇电视专属平台、本地内容平台，宣传阐释伟大建党精神，为党史学习教育工作拓展全新渠道，助力党史学习教育深入基层、深入人心。

【广电网络服务提升】 2021 年，太仓广电网络提升公共服务能力，丰富荧屏内容供给，为数字电视用户提供更多个性化收视体验。在做好“孝乐神州”“电影院线”“电竞视频”“芒果 TV”“苏州线上教育中心”“炫力少儿”等特色栏目日常运营和推广的同时，与江苏有线互动平台对接贯通，实现最新业务同步落地，年内新增“文广专区”“奇异影视”“学霸宝盒”3 个栏目专区，满足用户群体多元文化需求。

（闵　靓）

【联合通信概况】 2021 年，中国联通太仓分公司新设 5G 宏站 266 个（包含 NR2100），新建 5G 室分 29 个，重点客户覆盖太仓港口、德资企业和工业园区，完成西北工业大学太仓校区 5G 信号覆盖及苏州健雄职业技术学院部分 5G 信号覆盖。同景瑞社区、太仓市明德高级中学、浦发银行太仓支行、太仓市供电公司、太仓市弇贤小学等结对共建，开展“沙溪高地”“社区业务”等微组织行动，将党建工作融入中心工作。打造数字乡村平台，与沙溪镇涂松村、中荷村、项桥村、印北村、岳镇村，浮桥镇新邵村，城厢镇永丰村，浏河镇新闸村等签订数字乡村框架协议并部署平台，利用联通网络资源优势加快农村宽带网络覆盖，为村民提供宽带到户服务。配合各镇村、社区等单位发送新冠肺炎疫情防控公益短信，提供扫码枪、智能门磁、热成像等技术设备保障企业安全复工。年内，中国联通太仓分公司获评 2019—2021 年江苏省文明单位、2021 年度江苏省放心消费创建消费示范企业。

（王晓晨）

【移动通信概况】 2021 年，太仓移动 5G 手机客户 19 万户，家庭宽带客户超 14 万户，集团单位客户超 22 万户，物联网智能连接超 130 万个。DICT（大数据及信息集成）收入较上年增长 85%，国际业务收入增长超 200%。客户综合满意度提升至 85.32。截至年底，建设完成 5G 基站 911 个，实现城区、高新区以及浏河镇、浮桥镇、璜泾镇、沙溪镇、双凤镇等乡镇核心区域 5G 连续覆盖，平均下载速率每秒 600 兆比特；在各类党政机关，万达、南洋等核心商圈，星级酒店，人民医院和中医院等区域开通 5G 室内分布，平均下载速率每秒 1000 兆比特；在太仓港三期码头等地完成 5G 覆盖，用于 5G 物联网应用落地。以 5G 融入百业、服务大众为着眼点，实施“5G+”计划，打造 5G 精品网络。深化网络提速降费，手机上网流量资费下降 50%。年内，太仓移动获评 2019—2021 年江苏省文明单位。

（王岩梅）

供销合作

【概况】 2021 年，太仓市供销合作总社贯彻落实全国农业防灾减灾和秋粮生产视频调度会等相关会议精神，打造服务农民生产生活的综合平台。协调供销系统农资企业及时调运、储备农业生产资料，线上线下相结合开展农资配送工作，按需提供不见面技术服务，多样化打通为农服务“最后一公里”。开展“放心农资下乡”活动，向农户赠送新型化肥有机肥、低毒农药、化肥等春耕物资，提供农技教学和病虫害防治知识。开展水稻病虫害无

2021 年 7 月 30 日，太仓市佳稼农业生产资料有限公司在城厢镇万丰村开展植保无人机“飞防”作业　（杜顺顺摄）

人机飞防植保服务试点示范活动，探索为农服务新模式。指导下属农资企业开展农业社会化服务培训班，组织全市粮食种植大户及农资网点负责人开展农资技术专题培训，全年参训90余人次。

【农资社会化服务】 2021年，太仓市供销合作总社做好肥、药集中采购和统一配供服务，全年农药零差率配送总额5000万元，农药集中配送率95.6%，节约农民用药开支1180万元；全年测土配方肥统一配供总量7000吨，节约农民施肥成本210万元，促进农业生产节本增效。开展绿色生态服务，全年共回收农药废弃包装物665.38万件，无害化处理率100%；回收废弃农（地）膜199.65吨、肥料包装废弃物31万件。

【新型供销便民服务体系】 2021年，太仓市供销合作总社承接托管生活服务中心2个、文化场馆3个、农贸市场6个，初步形成供销便民服务体系网络。创新农贸市场托管工作，管理升级、布局更新，按照"科学设置、方便购买、便于清洁"等要求，加强硬件改造；制定农贸市场管理细则，在垃圾清运、农残检测等方面加强管理，推进农贸市场商超化。加强检查、压实责任，相关职能科室每月对各农贸市场开展常规检查，从严落实落细新冠肺炎疫情防控工作，将检查结果与农贸市场管理人员绩效挂钩。提升服务、便民惠民，针对"马路菜场"等问题，每家供销农贸市场均设置"自产自销区"，低成本向本地农民开放。

【农副产品流通主渠道作用发挥】 2021年，太仓市供销合作总社对照全面乡村振兴和城乡融合发展新要求，坚持内联外引，创新流通方式，整合资源要素，推进多种形式产销对接。发挥供销农副产品便民店平台效应，服务群众生活。组织优质农副产品进社区展销活动7场。"太仓大米"销售总量突破6000吨，推动产业融合发展。

【供销基层组织体系建设】 2021年，太仓市供销合作总社新建为农服务综合体1家、村级供销社便民服务点1处，改造提升基层供销合作社办公场所1家，新增农民专业合作社9家。排摸系统内存量资产，一户一档建立资产信息库，科学谋划资产处置。配合各镇（区、街道）规划要求及国土空间全域整治方案，腾让土地面积9333.33平方米，房屋面积1126.5平方米。定期开展安全生产大排查大整治，确保既有建筑安全。

（方云青）

粮食和物资储备

【粮食两季收购】 2021年，太仓市关注粮食收购市场价格动态，提前部署调研分析，优化收购方案，深入收购现场，督促企业落实收购政策，确保两季收购工作平稳有序。全年收购小麦4.4万吨，累计价外补贴金额358.45万元；收购稻谷7万吨，累计价外补贴金额1289.7万元。

【粮食考核】 2021年，粮食安全责任制指标首次纳入苏州高质量考核。太仓市发改委分析研判考核指标，采取措施推进各项目标任务顺利完成。2021年度太仓市粮食安全责任制水平考核得分0.94，位列苏州各区县第五。

【粮食储备】 2021年，太仓市调整全市成品粮储备，调增成品粮储备2909吨，其中大米2639吨、面粉270吨，储备成品油脂250吨。按照苏州高质量考核静态储备不低于规模数量20%的要求，落实静态储备大米590吨，静态储备食用油50吨。

【物资储备】 2021年，太仓市做好应急救灾物资管理工作。实行公开招标，与中标企业签订协议，落实猪肉储备320吨。按照实际需求保障人口数量300人计算，落实被服类、安置类、救灾装备类、协议储备类等四大类救灾应急物资，各类物资采购补库到位。

【粮油保供】 2021年，太仓市粮食批发市场大米、面粉、食用油交易量分别为10.7万吨、3.1万吨、1.8万吨。经过系统摸排，落实应急保供点30家，实现区镇全覆盖。落实大米应急加工企业5家，日生产能力318吨。

【疫情防控物资保障】 2021年，太仓市保障新冠肺炎疫情防控物资供应，做好一线卡口、窗口、民生单位、镇区和进口冷链食品监管仓库等物资采购、保管、调配和发放等工作。全年发放口罩138万只、防护服1.4万件、护目镜1522副、测温仪237只、消毒物品6097桶及其他防疫物资。

（成文奇）

专项经营

【食盐专营】 2021年，太仓市盐业有限公司践行国企改革三年行动，与昆山市盐业有限公司资源整合后，公司组织机构向扁平化发展。结合太仓、昆山销售资源，完善非盐产品体系，加大与终端客户多产品合作力度，增强终端黏性。执行市场走访维护标准，通过织密终端走访信息，提升市场掌控力度，开展特通攻坚行动，制定专项实施方案，全年实现营业收入3737万元，其中非盐收入1312万元，销售盐产品总量3.96万吨。与太仓市市场监督管理局开展盐业执法工作交流会，协助太仓市市场监督管理局开展市场检查行动，重点打击违法销售行为，净化食盐市场，查获盐业违法案件5起。加强"淮牌"食盐品牌宣传，在太仓大型商超、集贸市场等场所开展品牌宣传活动96次，提升企业和品牌形象。

（高雪兰）

【烟草专卖概况】 2021年，太仓市销售卷烟3.83万箱，较上年增长0.33%；实现销售收入17.3亿元，较上年增长5.1%；含税毛利5.37亿元，不含税4.75亿元，较上年增长5.73%；单箱销售结构4.51万元，较上年增长4.76%；单条价格180.32元，较上年增长4.73%。新办许可证368份，注销、歇业422份，收回30份，截至年底，有正常持证户4825户，较上年减少84户。查获各类涉烟案件227起，违法卷烟1258.91万支，较上年上升20.19%；案值1419.83万元，较上年上升 51.08%。移送司法机关拘留 8 人，逮捕 4 人，判刑 1 人，上报网络案件 1 起，获省局嘉奖令 3 次。

【烟草专卖管理】 2021 年，太仓市烟草专卖局围绕市场秩序规范、“互联网 + 监管”和素质能力提升三大工程，推进规范专卖管理人员行政执法行为三年行动暨“我为市场监管勇担当”主题实践活动，加强法治烟草建设。把“端窝点、断源头、破网络、抓主犯”作为烟草打假打私工作重点，强化案件经营，破获“3 · 4”“3 · 10”“7 · 21”“9 · 26”特大假烟案。开展联合打击寄递渠道涉烟违法活动专项行动，全年查获物流寄递环节案件 18 起，数量 237.2 条，案值 5.7 万元。全年检查零售户近 1.4 万户次，发现违法违规零售户 188 户，处理涉烟投诉 475 起。开展“守护成长”专项行动，清理和劝阻中小学及幼儿园周边售卖电子烟商户，截至年底，全市登记在册电子烟销售实体店 43 户（无证户），持证零售户下架电子烟共计 128 户，率先实现动态清零；在《中华人民共和国烟草专卖法实施条例》将电子烟正式纳入烟草监管体系后，开出苏州首张向未成年人销售电子烟罚单；提前介入电子烟生产企业行政审批，防止电子烟生产企业在太仓落地。加强许可证动态管理，实现许可证稳中有降。与苏州海警局、太仓海关、太仓市公安局水上派出所、长江航运公安局太仓派出所等部门建立协作机制，严防海上假私卷烟从太仓过境或上岸分销。

【烟草营销网建】 2021 年，苏州市烟草公司太仓分公司新增“金丝利 · 通”智慧门店系统客户 54 户，全市共建成“金丝利 · 通”118 户，覆盖率 2.5%。零售客户“家”平台入驻 100%，日均活跃度 84% 以上，平台满足零售户日常订货、客户诚信互助小组活动、店铺管家、金丝利零售学院、金丝利社区等使用需求，成为品牌宣讲、经验分享、政策学习、法律咨询共享服务平台。“金丝利”微信公众号推广工作通过店铺二维码连接消费者，探索推进“会员制营销”，开发微信小商店、智能找店、信用标签应用、五类终端识别，为零售户拓展非烟经营，为消费者提供消费指引。通过信息发布、乐享直播等形式组织开展“烟商贷”赋能活动，缓解客户资金周转困难。按照《江苏省烟草公司苏州市公司新现代终端和加盟终端准入及建成标准》要求，推广加盟“金丝利零售”终端建设“六个统一”（品牌名称、形象标识、管理系统、经营模式、管理标准、会员管理）管理模式，推进传统门店向“四全”（全商品扫码、全店铺管理、全渠道支付、会员制营销）数字化智慧门店转型，全年新建“金丝利零售”加盟店 18 家、新现代终端客户 41 家，全市共建成“金丝利零售”加盟店 20 家、新现代终端客户 98 家。截至年底，全市成立客户诚信互助小组 356 个，发展纳入小组零售户 4709 户，覆盖率 100%。全市小组举办活动 1.3 万次，其中线上活动 1.07 万次，线下活动 0.26 万次，开展“五个一”（一名公司领导及管理员工、一名客户经理、一名专卖稽查员、一名工业营销代表和一个客户诚信互助小组）结对活动 189 场，结合工业品牌培育方案，线上争抢和提报活动需求 133 场。保障“婚庆消费”特色性卷烟消费供应，探索品牌培育新模式，建立面向消费者用烟需求采集、零售客户接单、商业企业响应货源供应机制。结合《苏州烟草文明吸烟环境建设三年规划（2019—2021 年）》要求，推进文明吸烟环境建设，全年完成文明吸烟区 16 个、吸烟柱 200 个，基本做到高铁站、公交枢纽站以及市区主要道路、商业流通区等“四区、三站、两口”重点区域全覆盖。

（朱雪斐）

都市农业

综　述

【概况】 2021 年，太仓市以实施乡村振兴战略为总抓手，加快农业农村现代化步伐，全市三农工作取得新进展。在完成农村人居环境整治三年行动目标任务基础上，接续开展农村人居环境整治提升五年行动，建设美丽乡村，彰显全市田园城市形态，提高人民幸福感。年内，获国务院关于开展农村人居环境整治成效明显的地方真抓实干督查激励。全年全市农林牧渔业总产值 44.31 亿元，其中种植业 24.1 亿元、林业 3.75 亿元、畜牧业 1.83 亿元、渔业 6.42 亿元。粮食、棉花、油料种植面积分别为 2.16 万公顷、10.2 公顷、590 公顷。全市村均集体可支配收入 1080 万元。

【农村人居环境提升】 2021 年，太仓市从“全面、全域、全力、全民”四个维度推进“6+1”［推进村庄规划编辑、美丽宜居村庄建设、村庄清洁、农村“厕所革命”、村容村貌提升、农村环境长效管护专项行动 + 持续深化“五项整治”（交通干线沿线环境整治、“散乱污”企业作坊整治、违章搭建整治、人居大棚整治、畜禽养殖整治）］专项行动，常态化开展“红黑榜”现场调度，创新开展“啄木鸟工程”、娄城人居“随手拍”和“党员干部挂钩联系”等工作，推动村庄从干净整洁向美丽宜居升级。年内，获评苏州市农村人居环境整治提升工作示范镇 1 个、示范村 10 个。

【美丽乡村建设】 2021 年，太仓市推进市政府民生实事项目——特色康居乡村建设。全年新增特色康居乡村 46 个、特色康居示范区 3 个，超额完成实事工程要求的建设特色康居乡村 30 个任务，全市特色康居（宜居）乡村覆盖率 100%。

【“三高一美”建设】 2021 年，太仓市完成年度国家高标准农田建设先建后补项目 9 个、本级高标准农田建设项目 1933.33 公顷、生态型高标准农田试点项目 1 个，实现高标准农田全覆盖。完成苏州下达的高标准菜地建设任务 4053.33 公顷，以及蔬菜播种面积任务 1.28 万公顷。优化渔业产业结构，完成高标准鱼池改造 270.47 公顷。推进苏州市美丽生态牧场创建工作，累计创建 6 家，覆盖率 86%。

【耕地质量提升】 2021年，太仓市制定《太仓市“十四五”耕地安全利用方案》，完成耕地种植和耕地“非粮化”情况摸排。完善耕地质量监测体系，实施耕地地力提升工程，建成省级耕地质量提升示范区1个。推进测土配方施肥工作，推动化肥减量增效示范县建设。推广低积累品种、钝化技术、阻隔技术及水肥调控等措施，耕地安全利用率超90%。组织实施耕地轮作休耕项目，轮作休耕面积1633.33公顷。

【智慧农业探索】 2021年，太仓市对接优势企业、科研院校与新型农业经营主体，加快物联网、大数据等信息技术在农机装备和农机作业上的应用，拓展太仓市智慧农机服务系统功能，并接入太仓市“三农”服务信息化应用平台，实现县域内农业机械化生产、作业、管理、服务数字化管理，提高智慧农机科技示范能力。年内，探索智慧农业新模式，打造农场、蔬菜、渔业、牧场等智慧农业生产场景4个。

（邓　鹏）

农村改革

【概况】 2021年，太仓市推进农业农村各项改革试点任务，加快补短板、强弱项，提升农业农村现代化发展水平，在2021年度江苏省乡村振兴实绩考核中位列第一等次。推进“省级农村集体经济融合发展”改革，建立集体经济联合抱团发展平台26个，开发载体项目35个，增强村级集体经济“造血”功能，年增加村级收益超8000万元。推进“万企联万村共走振兴路”行动，村企联建项目21个，联建覆盖率100%。完成“四网融合”智慧升级，实现太仓市级平台与苏州农村“三资”平台、苏州农村产权交易平台数据对接、融合共享。实现农村集体产权交易全链条线上管理，全年完成交易2105宗，成交金额2.08亿元。扩容提质“e阳光”平台，细化、优化财务公开制度。

【农村综合改革】 2021年，太仓市完成“新型职业农民制度”和“蔬菜保险制度”两项部级改革。推进“激活农村集体建设用地、承包地、宅基地权能”改革，盘活农村土地资源。推进“农村人居环境整治、提升体制机制创新”改革，全市城乡环境面貌持续优化。

【新型职业农民培育】 2021年，太仓市分层分类开展职业农民技能培训，共培训1933人次，认定新型职业农民168人。做好农业委培生培育工作，完成委培生就业安排24人和新生招录签约80人。完善“定制村干”职业体系，遴选农业委培生入额“定制村干”22人。培育壮大新型农业经营主体，入选中国农民合作社500强合作社2家。

（邓　鹏）

种植业

【概况】 2021年，太仓市以水稻绿色高质高效创建、稻麦产业体系建设等项目为抓手，普及工厂化基质育秧、机插稻精确定量栽培、农药减量增效防控等绿色增产技术，推动全市粮食产业绿色、高效、高质量发展。太仓市粮食种植面积2.16万公顷，产量15.25万吨。水稻种植面积1.12万公顷，平均实收单产619公斤，总产10.37万吨；小麦种植面积0.93万公顷，平均单产319.3公斤，总产4.47万吨。建成水稻绿色高质高效创建示范片6个，面积762.67公顷，经苏州测产，各示范片水稻单产均达665公斤。

【果蔬产业发展】 2021年，太仓市加大蔬菜新品种、新技术、新模式示范力度，引进特色优质高效蔬菜苏芋7号等新品种18个，形成规模化发展、标准化种植、产业化经营格局。蔬菜种植面积4053.33公顷（播种面积1.28万公顷），产量41.03万吨。果树面积480公顷，产量0.74万吨。新毛芋艿获国家农产品地理标志认证，新毛芋艿绿色高效种植技术获省特粮特经绿色高产竞赛一等奖。依托泰丰林果基地，开展送苗下乡和技术培训等工作，推动果树产业发展，送出果苗3万株，主要品种有翠冠梨、锦绣黄桃、湖景蜜露水蜜桃等。

【植保植检绿色高效】 2021年，太仓市响应绿色防控号召，创新植保防控技术，加强落实病虫害监测防控措施，示范推广病虫害绿色防控技术，打赢小麦赤霉病防治攻坚战，经防治后赤霉病病穗率1.39%，总体防治效果97%。推进水稻病虫害防治，防治面积2.11万公顷，综合防治效果达

2021年10月，农技员在城厢镇东林村进行稻田杂草种子取样（李　磊摄）

97.3%。加强病虫害监测，设立稻麦监测点 8 个、果蔬监测点 5 个。推进外来检疫性有害生物阻截带建设，设立阻截带疫情监测点 4 个，全年累计定点调查及系统普查近 200 次。开展加拿大一枝黄花、福寿螺、草地贪夜蛾等外来有害生物防控工作。

（邓　鹏）

畜禽业

【概况】 2021 年，太仓市贯彻落实上级稳定恢复生猪生产工作要求，坚持补栏增养和疫病防控两手抓，落实规模猪场扩能增量奖补等政策，非洲猪瘟疫、重大动物疫病防控态势总体稳定。落实生猪稳产保供属地责任，德康农牧有限公司全面投入生产（存栏生猪 2.59 万头）。全市有生产情况稳定的规模猪场 5 家。太仓市与连云港签署协议，域外保供生猪 1.25 万头，存栏生猪共 5.3 万头。推进屠宰行业转型升级，在全面开展肉羊集中屠宰的基础上，推行家禽集中屠宰。

【动物疫病防控】 2021 年，太仓市加强动物检疫监管工作，全市产地检疫生猪 2.14 万头，开具检疫证明 613 张。做好卫生检疫工作，全年累计检查消毒动物运输车辆 2101 车次，消毒动物 25.09 万头，按省规定进行瘦肉精检测，未出现阳性结果。利用现代化信息化手段开展养殖环节监管工作，在做好非洲猪瘟疫情防控工作同时，做好生猪规模化养殖场监管工作。

【绿色畜禽发展】 2021 年，太仓市开展畜禽粪污资源化利用整县推进项目。其中，东林生态养殖专业合作社承担畜禽粪污无害化资源化一体化项目，建设智能有机肥发酵设备 2 套，配套 1000 平方米、200 千瓦太阳能发电光伏系统，打造全市畜禽规模养殖企业智能粪污处理样板工程。全年全市畜禽粪污资源化综合利用率达 99.94%。

【畜禽安全生产监管】 2021 年，太仓市开展兽药和畜禽屠宰行业安全生产暨危险化学品安全综合治理、畜禽屠宰环节肉品质量安全整治等专项行动，累计出动检查人员 200 余人次，发放宣传资料 200 余份。全年全市生猪屠宰企业屠宰量 34.45 万头，共计发放病害猪无害化补贴 85.31 万元。

（邓　鹏）

水产业

【概况】 2021 年，太仓市渔业以转方式、调结构为主线，构建渔业高质量发展空间格局、产业结构和生产方式，推动渔业持续健康发展。全市淡水养殖面积 1000 公顷，产量 7455 吨，海洋捕捞产量 908 吨，全年渔业经济总产值 6.4 亿元。

【水生动物疫病防控】 2021 年，太仓市继续承担省农业农村厅“水生动物病害测报项目”，共完成水产阳性样品检测 44 个和致病菌药敏试验 11 批次。完善建设全市病害监测测报点 10 个，监测面积 123.33 公顷。参与农业农村部 2021 年水生动物防疫系统实验室检测能力验证工作，其中“白斑综合征”项目获评结果满意项目。发放水产安全生产用药明白纸 500 余份，指导水产品安全用药。

【渔业科技推广】 2021 年，太仓市以新型村级渔业经营主体为重点，开展水产生态健康养殖为主体的渔业技术推广服务工作。推进青虾与河蟹等混（轮）养多营养层级生态健康养殖模式，累计推广面积 333.33 公顷，重点推广青虾“三优”生态高效养殖技术和稻田高效生态综合种养技术，双凤地区 80% 以上养殖户开始应用青虾“三优”生态高效养殖技术，沙溪镇、浮桥镇、浏河镇等地建立稻渔综合种养基地 93.33 公顷。城厢镇独溇小海被农业农村部列为水产绿色健康养殖技术推广“五大行动”集中研讨活动观摩点之一。

【长江禁捕工作】 2021 年，太仓市围绕违法垂钓、违法捕捞、“三无”船舶清理、违法交易、处置应对机制、联动执法机制等内容，逐项开展“船、人、物”等涉渔要素信息采集、排摸、梳理工作。市农业农村局联合市人民检察院、市公安局、太仓海事局、市市场监督管理局等单位，开展打击刀鲚非法捕捞“利刃”系列专项执法行动 3 次，打击售卖江鲜、禁用渔具等违法行为“清风”系列专项执法行动 6 次，其他联合执法行动 10 余次。累计清理各类违规网具 354 件，暂扣涉渔“三无”船只 7 艘，查处各类涉及长江禁捕违法案件 98 起。

（邓　鹏）

休闲观光农业

【概况】 2021 年，太仓市以区位条件、乡村旅游资源、地域文化为基础，大力发展乡村休闲旅游，促进农业与文化、旅游等产业融合，培育休闲农业品牌。全市休闲农业观光基地经营收入 4.2 亿元，接待游客 500 万人次。

【休闲农业发展】 2021 年，太仓市推进苏州共享农庄（乡村民宿）创建工作。复评苏州共享农庄（乡村民宿）6 家，庄西村玄恭共享农庄、味稻东林共享农庄申报成为苏州共享农庄。培育休闲农业品牌，独溇小海生态亲子野趣创意园获评江苏省主题创意农园；电站村生态园、香塘村农耕实践基地获评江苏省农耕实践基地，太仓市现代农业园获评江苏省康美基地；城厢镇东林村获评苏州市休闲农业精品村；“太仓市乡村生态休闲度假游”（电站村—东林村味稻公园—太仓市现代农业园区）线路获评 2021 年中国美丽乡村休闲旅游行（秋季）精品线路；“田园休闲、滨江漫步”线路获评 2021 年度苏州乡村旅游精品线路。

【农业园区转型升级】 2021 年，太仓市依托全市农文旅融合发展规划，推进农业园区转型升级，完成《太仓市“十四五”农业农村现代化发展规划》编制工作，城厢镇现代水稻循环经济转型升级示范园区入选 2021 年度苏州市现代农业园区转型升级示范园区。新认定太仓市城厢镇都市休闲农业产业园区、太仓市浏河镇长江口农文旅园区等苏州市级园区 2 个。

（邓　鹏）

农业机械化

【概况】 2021年，太仓市推进农业生产全程全面机械化，开展特色产业农机新产品补贴试点工作，加大国内外先进农机装备引进、示范、推广力度。全市主要粮食作物耕种收综合机械化率98%，特色农业机械化率达65%。年内，申报江苏省2021年农业生产全程全面整体推进县。

【农业机械化推进】 2021年，太仓市增加高速高密度移栽、采收、尾菜处理等关键技术环节机具投入，加快水产和畜牧养殖各生产环节绿色高效农机装备技术及废弃物机械化资源化利用技术推广应用，支持规模化林果基地推广应用中耕除草、精准施药、水肥一体化、残枝处理、田间采运等农机化技术应用，加快发展布局合理的农产品加工业，扶持优势农产品向精深加工发展。全年累计建设苏州市级特色农业机械化示范基地7家、太仓市级特色农业机械化示范基地6家，新增享受财政补贴特色农业机具106台（套），全市增加各类特色农业机具超500台（套）。启动“智慧农机”示范工程，建设太仓市智能农机示范基地5家。

【农机服务组织壮大】 2021年，太仓市帮助一批农机合作社向社会化服务组织提档升级，促进服务规范化、标准化。支持农机服务组织开展横向联合与纵向协作，成立农机合作社联社、区域性农机服务中心等，实现机具共享、互利共赢。完善全市29家“粮食生产全程机械化+综合农事服务中心”建设，支持开展蔬果生产农机社会化服务试点，鼓励农机社会化服务从粮食生产向园艺作物生产、农业农村废弃物资源化利用等领域拓展延伸。加大对农机社会化服务组织信贷、担保、保险支持力度，增强金融支持精准性。

（邓　鹏）

生物科技农业

【概况】 2021年，太仓市贯彻落实中央、省委关于“打好种业翻身仗”部署，开展农业种质资源普查，加强粮食、园艺、生猪等种源保护和创新力度，夯实种业科技创新物质基础。年内，继续开展本地特色种质资源搜集和保护工作，保种创新解决“卡脖子”问题。通过农村田间访谈、调研搜集等，搜集羊眼睛毛豆、金铃子、本地薄荷等本地种质资源110份。完成提纯复壮前期搜集的玉米、蚕豆、南瓜等品种50余个。委托科研单位对太仓白蒜进行脱毒组织培养，通过组培技术保障种质资源质量。实施《太仓市种质资源保护和棉花选育基地仓储配套工程》项目。

2021年3月24日，太仓市农机技术推广站在市农机化服务中心开展农机操作实训（张玉雪摄）

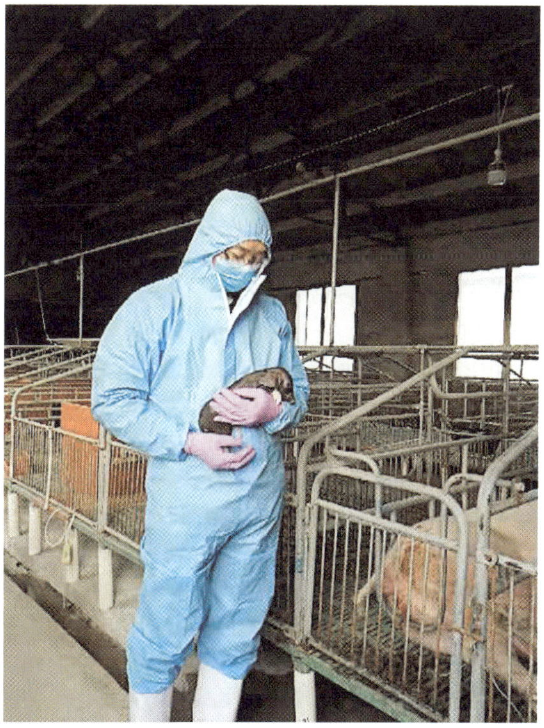

2021年3月，江苏省第一批体细胞克隆猪在太仓诞生（张阳阳摄）

【棉花新品种选育】 2021年，太仓市选育试验棉花材料300余份，主要包括“实践八号”和“实践十号”航天诱变后代材料、钴原子物理诱变后代材料、核不育两系材料等。开展中长绒陆地棉选育和优质多抗新组合配组选育，加强选育多抗新材料，与南京农业大学合作开展棉花叶片光合效能研究。

【湖羊良种繁育体系建设】 2021年，太仓市依托产业体系建设，加强与大院大所合作，推动科技创新与产业集成，实施江苏现代农业肉羊产业体系和蔬菜产业体系建设。开展湖羊优良品种自繁自养，研发和熟化繁殖技术，形成湖羊良种繁育体系。肉羊产业体系核心基地与南京农业大学联合申报，入选江苏省研究生工作站。开展湖羊良种繁育及羊粪堆肥实验，工作站发表学术论文2篇，出版专著1部。

（邓　鹏）

科技创新

综　述

【概况】 2021年，太仓市实施创新驱动发展战略，围绕苏南国家自主创新示范区和嘉昆太协同创新核心圈建设，集聚高端资源、补齐科创短板、激发创新活力，城市创新能级提升，位列全国科技创新百强县第二位、江苏省高质量发展考核第一等次，入选首批江苏省创新型示范县（市、区）建设名单。全年全市地方财政科技经费19.06亿元，较上年增长25.69%。

【机制创新】 2021年，太仓市健全支持科技创新政策体系，推动重点项目、人才、资金一体化配置。举办太仓市第十届科技创新创业推进月活动。制定《关于进一步推进临沪科创产业高地建设的若干政策》《太仓市科技领军人才计划实施办法》，加快推进科技治理能力和治理体系现代化，优化创新服务环境。

【长三角科创合作】 2021年，太仓市成立交大空天技术联合创新中心、交大零号湾飞地孵化基地、张江研究院太仓科创中心、太仓—上海市免疫学研究所联合研究中心、太仓—上海大学医用合金研发中心、同济（嘉定）协同创新中心、复安长三角科创孵化中心等一批全方位、综合性载体平台。组织、承办沪太融合科技活动，举办“苏州日”“中科院沪上专家走进太仓”等主题对接会11场。“沪苏同城国际挑战赛”促成沪太合作项目签约27

2021年10月15日，太仓市科技招商中心揭牌　（市科技局供稿）

个，金额39.6亿元。组织10家数字经济等企业参加第四届长三角科技成果交易博览会。太仓市生产力促进中心作为全国首批10家科技服务机构加入上海技术交易服务生态网络。

【双创服务】 2021年，太仓双创综合服务线上平台提供资讯、政策、人才等服务，实现一站式找产业、找载体、找资金等“10找”功能。平台全年累计发布政策申报资讯4319条、政策解读117篇、视频解读19篇，太仓企业用户1340家，其中实名认证企业542家、认证服务机构27家、认证个人99人；发布会议服务112场、技术供应905条。梦工厂平台根据需求主办或协办人才政策解读、项目融资路演、开放日等主题活动44场，线下服务超1500人次，线上服务超6800人次。全年累计76家企业获批科技金融贷款4.87亿元，其中“苏科贷”1.53亿元，“科技金融服务”专班30家完成授信3.34亿元。太仓双创综合服务平台（线上、线下）项目获2020年度中国生产力促进（创新发展）奖。

【科技惠民】 2021年，太仓市发布各类科技志愿服务活动36场，举办首届“书香浸润童心，科技放飞梦想”科技走进校园活动，开展科技下乡活动3

2021年7月15日，太仓市科技特派员创新服务基地揭牌　（金春雁摄）

期。全市获评省农业科技型企业1家。下达省级项目资金40万元。获批苏州市科技发展计划各类项目17项，下达苏州市级和地方配套经费476万元。举办2021年太仓国际生物医药创新和产业化峰会暨2021年中国蛋白药物质量与技术创新研讨会，组织细胞治疗和基因治疗、抗体蛋白药研发前沿等分论坛8场。在本级科技计划项目中增设乡村振兴类项目，吸引科技人才下乡、专业人才支乡。建立科技特派员创新服务基地，聘请省级专家为特聘科技特派员2人、太仓市乡村振兴科技特派员31人，构建特派员与合作社、农户一对一结对服务模式，提供精准化、专业化服务。

（陈艺欣）

科技项目

【概况】 2021年，太仓市项目制推进关键技术攻关，共争取国家级、省级科技计划项目6个，经费1140万元。争取苏州市级科技计划项目82个，总经费6185.46万元。

2021年太仓市重点科技项目立项情况一览表

表33

项目类别	项目名称	承担单位	项目经费（万元）
国家外国专家项目（高端外国专家引进计划）	依托无血清细胞培养基开发生产的国际化生物医药CDMO	苏州百因诺生物科技有限公司	30
	特姆威新建乳腺癌光声成像仪项目	特姆威（苏州）医学影像有限公司	10
省科技计划项目（国际科技合作）	雅本化学马耳他首仿药研发中心建设	雅本化学股份有限公司	80
省科技成果转化项目	面向高洁净度无尘车间的智能物流成套装备研发及产业化	苏州鸿安机械股份有限公司	1000
省重点研发计划（产业前瞻与关键核心技术）后补助项目	氢燃料电池汽车用气悬浮电动空压机研发	海德韦尔（太仓）能源科技有限公司	10
省引进国外技术、管理人才计划	广谱血液病靶向ADC药（原创靶点）	乾元康安（苏州）生物科技有限公司	10
苏州市科技发展计划（农业科技创新）—农业科技示范	（智慧农场）科技支撑乡村振兴应用示范	太仓市东林农场专业合作社	30
苏州市科技发展计划（农业科技创新）—企业研发后补助	太仓市汇丰农业设施有限公司农业产业关键技术创新工程	太仓市汇丰农业设施有限公司	20
	安佑生物科技集团股份有限公司农业科技创新研发后补助	安佑生物科技集团股份有限公司	20
	太仓飞凤食品有限公司农业产业关键技术创新工程	太仓市飞凤食品有限公司	9
苏州市科技发展计划（农业科技创新）—社会化后补助	璜泾镇设施蔬菜产业便利店	太仓市鹿杨蔬果生产专业合作社	2
苏州市科技发展计划（生物医药产业科技创新政策性资助）—国家项目资助	脊柱退行性疾病小型化智能中医治疗设备关键技术与产品研发	苏州好博医疗器械有限公司	19
苏州市科技发展计划（生物医药产业科技创新政策性资助）—临床试验资助	评价CBP-201在中国健康受试者中的安全性、耐受性、PK/PD的随机、双盲、安慰剂对照、单剂量递增Ⅰ临床研究	苏州康乃德生物医药有限公司	10
	抗胃试管反流病新药X842胶囊Ⅱ期临床研究	江苏省太瑞生诺生物医药有限公司	200
苏州市科技发展计划（生物医药产业科技创新政策性资助）—医疗器械资助	前列腺小体外泄蛋白（PESP）检测试剂盒（胶体金法）的研制与开发	昂科生物医学技术（苏州）有限公司	4
	生物安全柜	太仓艺斯高医疗器械科技有限公司	13
	电动护理床新获二类医疗器械注册证	康辉医疗科技（苏州）有限公司	44

续表 33

项目类别	项目名称	承担单位	项目经费（万元）
苏州市科技发展计划（社会发展科技创新）—实验动物许可证后补助	实验动物许可证后补助（许可证号：SCXK〔苏〕2020-0010）	赛业模式生物研究中心（太仓）有限公司	5
	实验动物许可证后补助（许可证号：SCXK〔苏〕2020-0006）	赛业模式生物研究中心（太仓）有限公司	5
	实验动物许可证后补助（许可证号：SCXK〔苏〕2020-0032）	赛业模式生物研究中心（太仓）有限公司	5
苏州市外国专家工作室	—	苏州宏久航空防热材料科技有限公司	—
苏州市外籍院士工作站	—	西北工业大学太仓长三角研究院	100
苏州市重点产业技术创新（关键核心技术研发）	航天器推进系统复杂管路焊缝检测机器人关键技术研究	浩科机器人（苏州）有限公司	30
	超宽带光子太赫兹无线通信理论与关键技术研发	太仓市同维电子有限公司	30
苏州市科技发展计划（农业科技创新）—乡村振兴	基于村域的“两全高效”优质稻米产业振兴模式示范	太仓市沙溪镇庄西村村民委员会	20
苏州市科技发展计划（农业科技创新）—应用基础研究	太湖流域名特优地方稻种资源收集保存、评价鉴定与创新利用	太仓市农业农村科技服务中心	5
苏州市科技发展计划（医疗卫生科技创新）—应用基础研究	基于蛋白质组学技术探讨葛根汤治疗寒湿凝滞型原发性痛经的 HSP90 调控机制及临床疗效＋临床应用研究	太仓市中医医院	5
2020 年度苏州市柔性引进海外智力“海鸥计划”	非人灵长类（猴）高眼压模型的建立及其在治疗青光眼新药研发中的应用	昭衍（苏州）新药研究中心有限公司	50
	汽车零配件自动化高效生产线	钜亚汽车零部件科技（太仓）有限公司	24
	生物制药、细胞治疗等领域用的 CD 无血清培养基研发与产业化	依科赛生物科技（太仓）有限公司	—
	全新高自动化高效能的智能涂料生产线建设	老虎表面技术新材料（苏州）有限公司	5
	高性能集成高装饰效果系列环保漆改粉产品开发	老虎表面技术新材料（苏州）有限公司	33
	阿迪达斯中底 4D 打印	裕克施乐塑料制品（太仓）有限公司	60
	色彩管理的多工艺精美贺卡的研发及产业化	星光印刷（苏州）有限公司	7
姑苏创业天使计划（种子期企业项目）	太阳能电池的研发及产业化	理天光电科技（苏州）有限公司	10
	VR/AI 全息教育系统平台研发	江苏域圆智能科技有限公司	10
	可变焦 VR 一体机	苏州视趣电子科技有限公司	10
姑苏创新创业领军人才计划	基于负压超低温冷冻隧道技术的肺癌活检及治疗一体化设备的开发及产业化	江苏泰应生物科技有限公司	100
	基于纳米抗体技术的药物与细胞治疗服务平台的构建及产业化	苏州顶点生物医药有限公司	100
	基于国产芯片的新一代 5G 智能网联汽车电子产品的关键技术开发和产业化	苏州智行畅联科技有限公司	100
	结构色光学涂层材料的开发及产业化	苏州宏琦材料科技有限公司	100

续表 33

项目类别	项目名称	承担单位	项目经费（万元）
姑苏创新创业领军人才计划	新能源汽车高强度铝合金结构件成形智能制造技术开发及产业化	纳似韦科技（苏州）有限公司	100
	光学镀膜用高性能材料的研究与产业化	苏州晶生新材料有限公司	100
	特种应用热缩绝缘新材料的研发和产业化	苏州晗普新材料科技有限公司	100
	新型网联光电三维检测装备及数字化应用的研发与产业化	苏州瑞霏光电科技有限公司	200
	智能机器人和智慧物流的研发与产业化	江苏仙珏智能科技有限公司	100
	基于场景数字化识别技术的智能液压系统开发和产业化	苏州鑫旭合智能科技有限公司	100
	高速数字及系统级集成电路自动化测试设备的研发和产业化方案	特赛微（苏州）电子科技有限公司	100
	爱友智中欧跨境数据服务平台研发及产业化	爱友智信息科技（苏州）有限公司	100
	数字型热释电红外传感器的研发与产业化	苏州英瑞传感技术有限公司	100
	面向5G通信的智能化氧化硅波导集成技术及光开关芯片的研发与产业化	苏州科沃微电子有限公司	100
	分子生物学酶类的产品开发与工业化生产	康润景星（苏州）生物科技有限公司	100
	全自动超敏分子检测系统的研发和产业化	苏州尚元医疗科技有限公司	100
	航空机载设备健康实时监测系统的研发与产业化	苏州仓实科技有限公司	100
	高精度超宽带（UWB）室内定位导航系统的研发及产业化	莱讯（苏州）计算机科技有限公司	50
	DolphinBI大数据可视化渲染互动平台	苏州小白和他的朋友们科技有限公司	100
	汽车性能设计参数优化软件研发及产业化	苏州郅荣软件有限公司	100
	无机全固态电致变色智能节能光电薄膜材料的开发及产业化	苏州光昀智能科技有限公司	100
	地下水污染原位修复技术的开发与应用	苏州乾兴环境工程有限公司	100
	用于光学薄膜的功能高分子涂层材料的研发及产业化	太仓申威新材料科技有限公司	100
	超高精度金属3D打印关键技术研发及产业化	云耀深维（江苏）科技有限公司	200
	基于多环路架构和多尺度毛细材料的环路热管散热技术的研发及产业化	苏州圣荣元电子科技有限公司	100
	基于液滴操控技术的印刷增效及盲文打印装备研发	中科纳晨（苏州）科技有限公司	100
	低温热源吸附式制冷系统的研发与产业化	苏州淞岚节能技术有限责任公司	100

续表 33

项目类别	项目名称	承担单位	项目经费（万元）
	面向大功率五轴联动激光加工装备的柔性刀具控制系统研发及产业化	柔胜刚智能科技（苏州）有限公司	100
	MEMS 光学芯片及 VOA 器件制造关键技术的研发及产业化	苏州深水渔半导体有限公司	200
	面向航空航天精密制造的光学三维显微检测设备的研发与产业化	苏州波渺微测科技有限公司	100
	一种靶向细胞白介素 -4 受体 α 的新型人单克隆抗体药物的工艺开发及产业化	苏州康乃德生物医药有限公司	100
	肿瘤靶向药耐药模型数据库及其在耐药机制中的研究及新药开发中的应用	中美冠科生物技术（太仓）有限公司	100
	基于超支化聚合物的单组分、反应型聚氨酯热熔胶的研发及产业化	旭川化学（苏州）有限公司	100
	高酸性含铀废液净化材料的研发	西北工业大学太仓长三角研究院	50
	可再生型水性聚氨酯树脂研发与产业化	旭川化学（苏州）有限公司	100
	用于电解水制氢的纳米多孔高熵合金设计、调控及催化机理研究	西北工业大学太仓长三角研究院	50
	先进航空航天结构的数据驱动研发	西北工业大学太仓长三角研究院	50
	绿色航空分布式电推进系统研究	西北工业大学太仓长三角研究院	50
	高温合金粉末激光熔覆工艺研究及智能装备研发	同高先进制造科技（太仓）有限公司	50
姑苏创新创业领军人才计划	航天姿控发动机的研发及产业化	苏州旗磐科技有限公司	200
	汽车关键零部件先进 RDSC 智能模具制造技术的研发与产业化	西慕智造（苏州）科技有限公司	200
	500 公斤推力级涡喷发动机的研发及产业化	太仓点石航空动力有限公司	200
	汽车动态性能测试评价系统研发及产业化	青驭汽车科技（太仓）有限公司	100
	具有抗强冲击性能的舰船专用低压终端电器研制及产业化	江苏创久电器科技有限公司	100
	基于多模融合技术的农机导航与无人驾驶系统的开发及产业化	江苏俱为科技有限公司	100
	超声速无人飞行器及动力系统技术研发与产业化	新域（太仓）动力科技有限公司	100
	应用于智能载运设备的新型中短距离无线传输 SoC 芯片研发及产业化	苏州纳文摩尔科技有限公司	100
	水面智能无人船的研发及产业化	苏州优世达智能科技有限公司	100
	航空航天复杂管路系统设计及产业化	华易航（苏州）航空科技有限公司	100
	基于物联网和 5G 技术的轨道交通用转辙机智能测控系统的开发及产业化	苏州通汇轨道交通技术有限公司	100
	轨道交通高效能减振平台及系统的研发与产业化	苏州泰铁交通科技有限公司	100

（陈艺欣）

创新载体

【概况】 2021年，太仓市新增省级众创空间4家，省级科技企业加速器1家、孵化链条试点1家，太仓市级科技企业孵化器3家。新增省级工程技术研究中心16家，苏州市级工程技术研究中心15家，苏州市级新型研发机构1家。

2021年太仓市新增各类科技创新载体一览表

表34

类别	载体名称
省级众创空间	中英科技创新中心
	亿达·太仓港众创空间
	太仓 INNOVAX 智巢众创空间
	智帆众创空间
省级“科技企业加速器”	太仓市生物医药产业加速器
市级“科技企业孵化器”	中科（苏州）智慧产研城
	慧溪科技企业孵化器
	璜泾创智谷

2021年太仓市新增苏州市级以上研发机构一览表

表35

类别	公司名称
省级工程技术研究中心	太仓市华盈电子材料有限公司
	苏州鸿安机械股份有限公司
	苏州佳电飞球电机有限公司
	苏州良浦住宅工业有限公司
	苏州瑞高新材料有限公司
	阀安格水处理系统（太仓）有限公司
	中美冠科生物技术（太仓）有限公司
	慕贝尔汽车部件（太仓）有限公司
	椿中岛机械（太仓）有限公司
	三樱包装（江苏）有限公司
	老虎表面技术新材料（苏州）有限公司
	海瑞恩精密技术（太仓）有限公司
	威尔斯新材料（太仓）有限公司
	苏州杰威尔精密机械有限公司
	苏州仓松金属制品有限公司
	爱克（苏州）机械有限公司

续表 35

类别	公司名称
苏州市级工程技术研究中心	江苏华兑金属科技有限公司
	江苏扬子三井造船有限公司
	科曼车辆部件系统（苏州）有限公司
	摩创科技（苏州）有限公司
	苏州施必牢精密紧固件有限公司
	苏州托克斯冲压设备有限公司
	苏州扬信德汽车零部件有限公司
	太仓安美五金机械有限公司
	苏州东南佳新材料股份有限公司
	苏州铃兰卫生用品有限公司
	中广核高新核材科技（苏州）有限公司
	太仓斯迪克新材料科技有限公司
	太仓申昆混凝土有限公司
	辰逸腾工业（苏州）有限公司
	龙杰机械装备（太仓）有限公司
苏州市新型研发机构	苏州中科煜宸激光智能科技有限公司

（陈艺欣）

产学研合作

【概况】 2021 年，太仓市启动科技创新“揭榜挂帅”行动，摸排企业存在的“卡脖子”技术难题，发布“揭榜挂帅”重大需求项目 28 个，发布沪上高校科研院所电子信息、新材料、生物医药、装备制造等产业领域可落地成果近 40 项。主办或组织企业参加沪苏同城国际创新挑战赛、中科院上海专家走进太仓等各类产学研对接活动 11 场。共组织举办技术合同认定登记培训、技术交易交流会等主题培训会 6 场，帮助企业 200 多家。促成产学研合作 202 项，技术合同交易成交额 42.2 亿元。至年末，全市有“大院大所”累计 6 家，苏州吉太航空研究院、思萃免疫技术研究所、天航长鹰创新研究院等创新载体落户太仓，西北工业大学太仓长三角研究院等大院大所引进科研团队 39 支、创新型企业 49 家。

【太仓大学科技园】 太仓大学科技园隶属太仓市科教新城区，位于太仓市最南端，东南与上海市嘉定区接壤，北依太仓市区和高新区，距太仓市中心约 5 千米，距上海市中心约 45 千米，距上海虹桥国际机场 35 千米。园区以上海第二工业大学和苏州健雄职业技术学院为依托，开放式吸引国内外各类高校和科研院所的优质资源，形成“多校一园、一园多区”建园模式。重点发展电子商务、电子竞技、“互联网 +”、节能环保、文化创意、科技研发、服务外包等产业。2021 年，太仓大学科技园获评“苏州市级留学生创业园”“2018—2020 年苏州市文明单位”。太仓 INNOVAX 智巢众创空间、中英科技创新中心获评省级众创空间。知行机器人科技（苏州）有限公司获评省双创人才。全年获评省双创人才 1 人、姑苏领军人才 4 人、姑苏天使计划 1 人，太仓领军人才 10 人。

【西北工业大学太仓长三角研究院】 西北工业大学太仓长三角研究院秉承聚合、复合、融合发展理念，打造先进材料、高端装备及智能制造、精密检测与分析测试、航空航天技术、新一代信息技术等五大科技创新平台，开展研、产、学、服工作，以建成三高两核（高新技术、高附加值、高成长性，核心人才聚集、核心技术聚合）为特色的新型研发机构和一流科技服务机构为目标。至 2021 年年底，研究院培育优质独立科研团队 33 支，其中院士（含发达国家外籍院士）项目 2 个、国字号人才项目 10 个；有人员 92 人，其中固定人员 22 人，柔性引进、科研团队引进人员 70 人，其中研发人员（含兼职）比例 89%。2021 年，太仓市“大院大所”创新绩效年度期间，新增立项省级及以上项目 7 项、苏州市级项目 1 项、地方及企业合作课题 25 项，新增申请专利 11 项，发表高水平论文 80 余篇，累计投入仪器设备 497 台（套），科研经费到款 8420.75 万元（含共建建设经费）；同 10 余家企业在航空航天、智能制造、新能源与新材料、生物医药等领域开展产学研合作，服务地方企业技术改造、产品升级、产业转型需求。

（陈艺欣　周　倩）

科技人才

【概况】 2021年，太仓市新增省"双创人才"13人，较上年增长225%；新增姑苏创新创业领军人才51人，较上年增长88.9%。获评姑苏科技创业天使项目3个。全年资助太仓科技领军人才计划项目126个。获评国家外国专项项目2个、省引进外国人才专项1个。建立太仓市首个苏州市外籍院士工作站。

【科技领军人才】 2021年，太仓市新增苏州市级以上领军人才64人、太仓科技领军人才126人。依托西北工业大学"三航"（航空、航天、航海）优势，加速培育先进载运装备细分产业人才。为本级领军人才开设绿色通道，免去技术评审，直接进入面试答辩环节，提升产业专项人才支持力度。抢抓海外引才"窗口期"、人才"回流潮"，举办国际生物医药创新和产业峰会。联合举办"创赢太仓"全球创业总决赛，落户储备一批海外高端人才项目。

【外国专家工作】 2021年，太仓市新增外国高端人才（A类）60人。至年末，全市有外国高端人才（A类）291人。兑现太仓外国专家引进专项奖励27项。推行用人单位"零跑"服务，基本实现"不见面审批"。全年累计通过外国人工作许可业务590项，完成审批工作量3113次。实现外国人在华办理工作证与外国公民申请居留许可串联办理，办理环节由原先3个减至2个，提交材料由10份减至5份，审核时间缩减65%。

（陈艺欣）

科技镇长团工作

【概况】 2021年，太仓市第14批科技镇长团由上海交通大学、同济大学、西北工业大学等8位教授、学者、投资人组成。全团聚焦人才及科技工作，对接大院大所资源，了解企业技术需求，在产学研合作对接、创新人才引进、科创载体建设等方面取得进展。年内，帮助镇村引进优质粮种、优质蔬菜品种、推进试验基地建设。参与太仓金秋经贸月、太仓第十届创新创业推进月和上海交通大学、西北工业大学"校园苏州日"等重大活动。在《江苏科技信息》杂志发表题为《太仓市强化科技招商工作的实践与研究》论文。

【载体建设推进】 2021年，太仓市科技镇长团协调资源、促进各方洽谈，推进重大载体建设5项。推进上海硅酸盐研究所太仓园区基础设施建设，新能源综合楼和配套人才公寓建设完成。推动长三角生物医药和医疗器械材料创新中心科研楼建设，按计划取得规划和施工许可证。推动太仓港新材料创新中心建设，载体面积1.8万平方米，至年末，入住人才企业2家，洽谈8家。推动太仓港（嘉定同济）协同创新中心建设，载体面积800平方米。推动太仓高新区建成"上海飞地"科技载体，依托上海交通大学，促进高层次人才引进和科研成果转移转化。

【技术合作】 2021年，太仓市科技镇长团累计走访企业、机构79家，发布需求45项、发布供给15项、发布新闻20条、发布活动5次。促成企业与苏州大学、南通大学等高校签订合作项目合同，助力科技成果转化。邀请专家到太仓参加活动、项目对接、洽谈业务21人次。举办包括哈尔滨工业大学马军院士项目组在内的产学研对接7次。帮助苏州华一新能源股份有限公司完成融资金额1.78亿元，并推动企业申报创业板IPO（首次公开募股）。

【人才引育】 2021年，太仓市科技镇长团围绕全市产业发展规划，加强内引外联、产才融合，为太仓航空航天、生物医药、新材料、新能源等领域企业和院所引进创新创业人才9人，帮助企业储备开展相关业务的高端人才。举办人才项目路演、大赛，举办"创赢太仓"项目路演活动、科技人才项目投融资路演、2021年"海智服务基层行"全球创新创业大赛太仓专场线上活动，推动创新创业人才引入。

（陈艺欣）

经贸合作

招商引资

【概况】 2021年，太仓市招商局新引进优质产业项目101个，总投资

2021年1月，德国博可层压机项目签约仪式在太仓举行　（李依婷摄）

211.76亿元，注册资本29.37亿元，注册资本较上年增长28%。引入元气森林、震坤行、如果新能源等引领型重大项目。落户博可层压机、莱茵检测、玛丽蒂姆酒店等德语区项目17个。布局生物医药产业，完成注册含光微纳、思纳福、正帆科技等优质项目36个；拓展航空航天领域，吉太航空、穆格飞控、达索航空等项目壮大产业集群；对接资本，引入凯辉基金、美丽境界资本等设立合作子基金；高效运行产业创新投资金，共计投资1.25亿元，引进特姆威、乐瑺半导体、优游乾坤、四体康宸等项目4个。

【招商举措】 2021年，太仓市招商局主办、承办太仓（深圳）投资说明会、中日韩经贸合作论坛、德商会"商会之夜"等各类招商推介活动14场。开拓素维等一批优质对德合作平台。在上海运营德国中小企业（太仓）飞地孵化中心，落户太仓德企5家。加大与德商会、法商会、荷比卢等商（协）会互动，先后邀请德国、法国、日本、韩国、丹麦、瑞士等国总领事及商会到太仓考察对接，开拓太仓对欧亚合作新领域。升级线上招商，更新投资热力图，新增日韩考察路线，完成全景拍摄产业招商载体15个。增强与各区镇互动，建立项目填报、载体资源搜索、项目流转等各个功能流程，优化"云招商"平台运行。

【招商改革】 2021年，太仓市招商局深化招商机制改革，履行全市招商引资工作领导小组办公室职责，完善项目评价、承接、流转等协同机制，表彰招商引资工作先进区镇及优秀助商护商部门，聘请市政府产业咨询顾问。修订《2021年太仓市区镇招商引资绩效奖励办法》《2021年太仓市招商引资社会化专项激励实施办法》，首次将招商引资基础工作纳入苏州三项考核内容。加强招商队伍建设，对市招商局及招商公司人员实行业绩导向绩效管理考核，激发队伍工作激情。招商公司完成2次公开招聘15人，其中为市科技局选派、招聘专职科技招商人员4人。成立投资管理部，专业化遴选优质项目，全年尽调、评价项目88个。实施社会化专项激励，评选"优秀合作伙伴"及"招商大使"，创新兑付2021年度首批项目信息首报奖31.9万元。兑现生物医药产业政策，发放奖补资金1100余万元。

（王　琳）

对外及对港澳台贸易

【概况】 2021年，太仓市实现进出口总额170.87亿美元，较上年增长28.4%，增速在苏州市排名第二，高于苏州市6.7个百分点。其中，出口92.7亿美元，较上年增长46.7%；进口78.17亿美元，较上年增长11.8%。11月、12月单月进出口超16亿美元。全市外贸运行克服新冠肺炎疫情及贸易摩擦冲击，提升优化贸易主体、结构、市场、份额，全年新增对外贸易经营者备案企业442家。贸易结构优化，一般贸易进出口占比较高。一般贸易方式进出口125.07亿美元，较上年增长32.4%，占比73.2%；加工贸易进出口28.46亿美元，较上年增长15.9%，占比16.7%；保税物流发展，保税区进出境仓储或转口贸易进出口11.08亿美元，较上年增长33.6%。商品结构稳定，高新技术产品出口增长。机电产品进出口92.25亿美元，较上年增长49.5%，占比54%，是全市第一大类进出口产品。高新技术产品出口增长，出口额5.13亿美元，较上年增长34.9%。外资及港澳台资企业实现进出口110.73亿美元，较上年增长25.3%，占比64.8%；民营企业实现进出口59.06亿美元，较上年增长35.1%，占比34.6%。贸易合作发展，新兴经济体进出口增长。对东盟进出口37.38亿美元，较上年增长14.7%。对欧盟（除英国）进出口44.62亿美元，较上年增长51.7%，其中对德进出口23.58亿美元，较上年增长44.3%。"一带一路"沿线国家进出口保持增长，共计进出口57.4亿美元，较上年增长20.1%，占比33.6%。德国、美国和日本列全市进出口总额前三名国家，占全市进出口33.7%。

【外贸企业发展】 2021年，太仓市商务局走访中集集装箱、天扬船舶、天顺风能等重点外贸企业超100家次，拨付外贸企业吊装、移位、仓储费用1052.19万元，畅通国际贸易供应链。举办RCEP（区域全面经济伙伴关系）政策宣讲会3场，组织企业开拓国际市场，组织企业参加线上线下展会200家次。强化政策扶持，修订完善外贸扶持政策，全年为外贸企业争取各级各类资金2000余万元。搭建中小微企业出口信用保险统保平台，化解外贸企业风险。全年对外贸易经营者备案新增442家，办理一般产地证书3277份，优惠原产地证书677份，商事证明书60份。

2021年太仓市进出口主要商品情况一览表

表36

商品类别	进出口		出口		进口	
	累计（万美元）	较上年增减（±%）	累计（万美元）	较上年增减（±%）	累计（万美元）	较上年增减（±%）
机电产品	922523.3	49.5	652143.6	61.0	270379.7	27.5
高新技术产品	128747.8	31.2	51279.0	34.9	77468.7	28.9

2021 年太仓市对外及对中国港澳台地区贸易情况一览表

（按贸易方式分）

表 37

贸易类型	进出口（输入输出）		出口（输出）		进口（输入）	
	累计（万美元）	较上年增减（±%）	累计（万美元）	较上年增减（±%）	累计（万美元）	较上年增减（±%）
全市	1708738.9	28.4	927011.6	46.7	781727.3	11.8
一般贸易	1250746.8	32.4	672564.4	56.7	578182.4	12.1
加工贸易	284613.0	15.9	205558.8	17.7	79054.2	11.4
其中：来料加工	28831.4	−18.8	17499.9	−15.9	11331.5	−22.8
进料加工	255781.6	21.8	188058.9	22.3	67722.7	20.3
保税仓库进出口货物	59828.4	8.4	6882.2	190.7	52946.2	0.2
保税区进出境仓储或转口贸易	110817.1	33.6	41542.8	68.0	69274.3	19.0
其他贸易	2332.5	0.5	452.0	−50.3	1880.5	33.3

2021 年太仓市对外及对中国港澳台地区贸易情况一览表

（按企业性质分）

表 38

贸易类别	进出口（输入输出）		出口（输出）		进口（输入）	
	累计（万美元）	较上年增减（±%）	累计（万美元）	较上年增减（±%）	累计（万美元）	较上年增减（±%）
外资及港澳台资企业	1107321	25.3	521566	47.6	585755	10.4
国有企业	10797	6.8	6948	13.5	3849	−3.3
民营企业	590620	35.1	398497	46.4	192123	16.5

2021 年太仓市进出口主要国家情况一览表

表 39

序号	国家	进出口		出口		进口	
		累计（万美元）	较上年增减（±%）	累计（万美元）	较上年增减（±%）	累计（万美元）	较上年增减（±%）
1	德国	235808	44.3	98160	75.4	137647	28
2	美国	174823	19.3	132596	31.7	42226	−7.9
3	日本	165402	18.2	100795	12.9	64606	27.6
4	越南	141410	−6	26608	39.9	114803	−12.6
5	韩国	78506	7.6	45688	20.5	32818	−6.3
6	印度尼西亚	77521	21.9	16229	45.5	61292	16.8
7	新加坡	66660	58.4	31352	186.1	35308	13.4
8	沙特阿拉伯	40292	0.4	2171	−41	38122	4.6
9	法国	39494	79.7	26722	108.1	12772	39.8

2021 年太仓市进出口前 20 家企业一览表

表 40

序号	企业名称	序号	企业名称
1	耐克体育（中国）有限公司	11	埃克森美孚（太仓）石油有限公司
2	太仓中集集装箱制造有限公司	12	苏州天顺新能源科技有限公司
3	舍弗勒（中国）有限公司	13	苏州国信恒昌供应链有限公司
4	太仓中集冷藏物流装备有限公司	14	太仓港德润物流有限公司
5	江苏长江石油化工有限公司	15	碧辟（中国）工业油品有限公司
6	国信集团（12 家）	16	中集特种物流装备有限公司
7	太仓邦达新物流有限公司	17	太仓中化环保化工有限公司
8	苏州本新国际贸易有限公司	18	太仓市同维电子有限公司
9	通快（中国）有限公司	19	苏州华苏塑料有限公司
10	江苏天扬船舶进出口有限公司	20	益技欧电子器件（中国）有限公司

【外资及港澳台资利用】 2021 年，太仓市利用外资及港澳台资稳量提质。全市完成注册外资及港澳台资 24.07 亿美元，较上年增长 23.68%；实际使用外资及港澳台资 9.39 亿美元，较上年增长 15.22%。大项目带动作用显著，全年新引进外资及港澳台资项目 117 个，新设立超千万美元项目 42 个。增资扩股项目 66 个，增资超千万美元项目 23 个。总部经济壮大，桂盟投资（中国）有限公司、爱科空气处理技术（苏州）有限公司被江苏省商务厅认定为江苏省跨国公司地区总部和功能性机构。特灵空调系统（中国）有限公司研发中心被认定为江苏省符合进口税收政策外资研发中心。举办 2021 年太仓金秋经贸月洽谈会暨重点项目集中签约活动，现场签约项目 36 个，总投资 287.73 亿元。全市约 1500 家外资及港澳台资企业入库税收 102.34 亿元，较上年增长 2.3%。382 家规模以上工业外资及港澳台资企业是经济发展的中坚力量，占规模以上工业企业总数的 33%，完成工业总产值 1520.37 亿元，占规模以上工业企业总量的 51.67%；实现营业收入 1541.74 亿元，占规模以上企业总量的 50.51%；吸纳就业 8.44 万人，实现利润总额 132.2 亿元、利税 159.5 亿元，分别占总量的 50.41%、62.99%、60.09%。

2021 年太仓市注册外资及港澳台资情况一览表

表 41

区镇	新设项目（个）	注册资金（万美元）	较上年增减（±%）
全市	117	240710.40	23.68
港区（含浮桥镇）	29	80449.71	15.95
高新区（含娄东街道、科教新城）	40	86304.10	18.29
城厢镇	18	19740.04	24.19
沙溪镇	14	20364.32	43.48
浏河镇	5	15392.48	61.43
璜泾镇	5	10574.97	46.63
双凤镇	6	7884.84	44.77

2021年太仓市实际使用外资及港澳台资情况一览表

表42

区镇	累计（万美元）	较上年增减（±%）
全市	93875.00	15.22
港区（含浮桥镇）	33728.91	2.21
高新区（含娄东街道、科教新城）	34519.45	0.06
城厢镇	7566.22	25.68
沙溪镇	7505.37	33.70
浏河镇	1248.74	−65.58
璜泾镇	5241.95	24.85
双凤镇	4064.37	−2.21

2021年太仓市入库税收超亿元外资及港澳台资企业一览表

表43

序号	企业名称	入库税收（亿元）
1	耐克体育（中国）有限公司	54.24
2	舍弗勒（中国）有限公司	11.12
3	埃克森美孚（太仓）石油有限公司	3.82
4	玖龙纸业（太仓）有限公司	2.99
5	斯凯奇（太仓）商贸物流有限公司	2.64
6	慕贝尔汽车部件（太仓）有限公司	1.88
7	碧辟（中国）工业油品有限公司	1.64
8	克朗斯机械（太仓）有限公司	1.58
9	特灵空调系统（中国）有限公司	1.45
10	太仓仁力新科技发展有限公司	1.08
11	江苏扬子三井造船有限公司	1.01

2021年太仓市工业总产值超20亿元外资及港澳台资企业一览表

表44

序号	企业名称	工业总产值（亿元）
1	舍弗勒（中国）有限公司	188.85
2	玖龙纸业（太仓）有限公司	120.54
3	太仓中集集装箱制造有限公司	71.76
4	埃克森美孚（太仓）石油有限公司	59.45
5	特灵空调系统（中国）有限公司	44.10
6	江苏扬子江海洋油气装备有限公司	29.34
7	通快（中国）有限公司	27.50
8	碧辟（中国）工业油品有限公司	25.58

续表 44

序号	企业名称	工业总产值（亿元）
9	太仓港协鑫发电有限公司	24.36
10	江苏扬子三井造船有限公司	21.41
11	慕贝尔汽车部件（太仓）有限公司	20.58

（陆骊晨）

境外经济合作

【概况】 2021年，太仓市贯彻中央和省、市关于高水平开放、高质量发展决策部署，落实国家、省、市新冠肺炎疫情防控和复工复产工作要求，保持对外投资和经济合作业务平稳有序发展。全年新设希钛克创新孵化有限责任公司赛业日本株式会社等境外投资项目2个，新增境外协议投资额128.78万美元。

2021年太仓市新批境外投资项目一览表

表 45

项目名称	投资方	投资国家和地区
希钛克创新孵化有限责任公司	太仓高新投资管理有限公司	德国
赛业日本株式会社	赛业（苏州）生物科技有限公司	日本

【服务贸易】 2021年，太仓市服务贸易进出口总额26.12亿美元，较上年增长48.83%，总量在苏州市范围排名第二，增速在苏州市范围排名第一。服务贸易进出口主要集中在知识产权服务、其他商业服务等新兴服务行业，进出口总额24.17亿美元，占服贸总额92.53%，较上年提高3.76%。传统服贸行业（加工服务、运输服务、旅行、建设）进出口额1.95亿美元，占服贸总额7.47%。其中，知识产权服务进出口16.33亿美元，占服贸进出口总额62.52%，其他商业服务进出口7.25亿美元，占服贸进出口总额27.76%。昭衍（苏州）新药研究中心有限公司、中美冠科生物技术（太仓）有限公司、赛业（苏州）生物科技有限公司等3家生物医药领域企业获评省级服务贸易重点企业。

2021年太仓市服务贸易进出口额超千万美元企业一览表

表 46

企业名称	进出口（万美元）	进口（万美元）	出口（万美元）	差额（万美元）	占比（%）
耐克体育（中国）有限公司	175246.88	169640.87	5606.01	164034.86	67.08
舍弗勒（中国）有限公司	15505.17	15424.71	80.46	15344.25	5.93
特灵空调系统（中国）有限公司	3650.97	1244.37	2406.6	−1162.23	1.4
苏州乐瑬半导体有限公司	3540.14	3540.14	0	3540.14	1.36
太仓博泽汽车部件有限公司	2099.03	2089.72	9.32	2080.4	0.8
克朗斯机械（太仓）有限公司	1778.02	691.62	1086.4	−394.79	0.68
江苏宝洁有限公司	1426.42	1426.42	0	1426.42	0.55
马勒电驱动（太仓）有限公司	1417.96	1417.96	0	1417.96	0.54
通快（中国）有限公司	1386.24	685.22	701.02	−15.8	0.53
益技欧电子器件（中国）有限公司	1159.85	860.21	299.64	560.56	0.44
瑞好聚合物（苏州）有限公司	1067.14	521.45	545.68	−24.23	0.41
斯凯奇（太仓）商贸物流有限公司	1052.49	1052.49	0	1052.49	0.4

【自贸联动创新区建设】 2021年，太仓港经济技术开发区和中德（太仓）智能制造合作创新园被认定江苏省自贸区联动创新发展区，对接自贸片区改革经验成果系统集成，根据实际情况复制推广相关经验。复制推广苏州自贸片区经验案例86项和江苏自贸区经验案例72项，复制推广构建人才乐居体系、海关信用"关助融"、建设项目审批代办制等改革试点经验19项。先行先试《苏州自贸片区建设实施方案》任务清单中制度创新经验143项，形成拓展"园区港"功能、建立和完善"市场主导、政府引导"城市更新机制、探索"标准地＋双信地"出让模式融入供地出让双合同监管模式等先行先试成果5项。加快自主创新，形成采用保税加工账册解决大体量设备分批进口业务操作问题、船载危险货物"两抓一重"工作法、打造中德国际数据专线、中德能效网络小组等自主创新成果13项。

【服务外包】 2021年，太仓市完成服务外包接包合同额11.59亿美元，较上年增长5.12%；完成离岸执行额4.48亿美元，较上年增长8.47%；完成在岸执行额4.53亿美元，三项指标均完成序时进度。接包合同额超千万美元企业19家；离岸执行额超千万美元企业13家，在岸执行额超千万美元企业6家。全市服务外包产业结构稳定，企业接包合同主要以KPO（知识流程外包）和BPO（业务流程外包）为主，形成供应链管理服务、研发设计、生物医药等三大优势行业，逐步推动软件开发、信息技术服务等行业发展，服务外包产业结构日益优化。研发设计外包企业主要有特灵空调系统（中国）有限公司，生物医药研发外包企业有中美冠科生物技术（太仓）有限公司、赛业（苏州）生物科技有限公司、昭衍（苏州）新药研究中心有限公司等。重点企业发展态势良好，昭衍、冠科等重点企业发展势头不减。

2021年太仓市服务外包重点企业一览表

表47　　　　单位：万美元

序号	企业名称	接包合同额	离岸执行额	在岸执行额
1	昭衍（苏州）新药研究中心有限公司	28312.06	880.43	9553.12
2	中美冠科生物技术（太仓）有限公司	5448.46	2340.52	1630.03
3	太仓中集冷藏物流装备有限公司	5409.60	5409.60	—
4	苏州雅本化学股份有限公司	5237.00	5047.00	—
5	中国太仓外轮代理有限公司	4332.05	—	3500.00
6	似鸟（太仓）商贸物流有限公司	3374.91	2064.35	—
7	特灵空调系统（中国）有限公司	2282.63	1996.12	—
8	大加利（太仓）质量技术检测中心有限公司	2020.94	—	129.44
9	太仓市华伦高分子材料研究所	1331.31	1331.25	—
10	赛业（苏州）生物科技有限公司	1207.00	129.47	1071.10

（陆骊晨）

经济管理

宏观经济

【概况】 2021年，太仓市坚持稳中求进工作总基调，统筹新冠肺炎疫情防控和经济社会发展，经济运行加速向好，实现"十四五"规划良好开局。全市实现地区生产总值1574.05亿元，较上年增长9.7%，增速位居苏州市第三。完成一般公共预算收入190.03亿元，较上年增长11%，增速位居苏州市第二。其中税收收入164.04亿元，较上年增长11.4%，增速位居苏州市第一。实现工业增加值728.69亿元，较上年增长11.8%，占地区生产总值比重46.3%，较上年提高1.9个百分点。完成规模以上工业产值2942.64亿元，较上年增长16.9%。三大主导产业实现产值2229.07亿元，较上年增长19.2%，占规模以上工业产值比重75.8%，较上年提高1.3个百分点。19家规模以上航空企业实现产值82.39亿元，较上年增长29.2%。实现服务业增加值767.69亿元，较上年增长9.6%。完成社会消费品零售总额510.47亿元，较上年增长20.1%，增速位居苏州市第一。544家规模以上服务业企业实现营收1800.87亿元，较上年增长23.6%。其中物贸产业实现营收1305.47亿元，较上年增长8.3%。新增内资注册资金516.7亿元，较上年增长78.5%。完成注册外资及港澳台资24.07亿美元，较上年增长23.7%。实际使用外资及港澳台资9.39亿美元，较上年增长15.2%。实现进出口总额170.87亿美元，较上年增长28.4%，增速位居苏州市第二。

【重点项目建设】 2021年，太仓市完成全社会固定资产投资501.54亿元，较上年增长 7%；其中工业投资 173.02 亿元，较上年增长 7.9%，占固定资产投资比重 34.5%，增速位居苏州市第二。省重大项目、苏州市重点项目数和年度计划投资均列苏州市第一。全市 7 个省重大项目完成投资 64.5 亿元，投资完成率 104%；嘉闵太线太仓站开工建设，聪明制药等项目加速推进。59 个苏州重点项目完成投资 455.52 亿元，投资完成率 124.1%；太仓生物港、利洁时一期等项目竣工投产。172 个重点项目完成投资 659.01 亿元，投资完成率 118.1%。

【综合改革】 2021 年，太仓市开展“E.S.T”行动［E 代表 5E，即“办事最便捷（Easy）、服务最高效（Efficient）、市场最公平（Equal）、治理最电子化（Electronic）、投资最具活力（Energetic）”，S 代表服务，T 代表太仓］，发布政务服务品牌矩阵。“易企办”便利化登记服务上线，市场准入“1+6+N”实现全城通办，新登记企业法人 9815 户，较上年增长 51.9%，增速位居苏州市第一。深化土地出让“双信三即”模式，重点项目平均审批时间缩短至 7.5 天。“一件事”“零材料掌上办”案例获评全国智能服务典范。兑现各类税收优惠 140 亿元。4274 家企业获得苏州综合金融服务平台授信 596.43 亿元，较上年增长 26.5%。全社会研发经费支出占地区生产总值比重 3.6%。新增省级以上研发机构 35 家。入选省潜在“独角兽”企业 4 家，新增省专精特新小巨人企业 12 家。净增高新技术企业 222 家。入选苏州市级以上各类“人才计划”65 人。新增省级以上科创载体 6 个，新投用科创载体面积 14.11 万平方米。新增高价值发明专利 272 件，万人有效发明专利拥有量 72 件，获评省双创示范基地。年内，太仓市入选全省首批创新型示范县建设城市，位列中国县域知识产权竞争力第六，位居全国科技创新百强县第二。

【社会民生保障】 2021 年，太仓市抓好常态化新冠肺炎疫情防控，重点场所、重点人群、重点环境全面管控。增强核酸检测能力，推进疫苗接种。居民人均可支配收入 6.49 万元，较上年增长 9.2%。新增城镇就业 1.18 万人，城镇登记失业率 1.75%。城乡居民养老金增长 8%，位列中国康养百佳县市榜首。建成保障性安居工程 1081 套，新增保障性租赁住房 2033 套。实施八大类 26 个民生实事项目。新建、改扩建学校项目开工 8 个，投用项目 11 个，新增学位 9135 个。获评省级社区教育示范区、全国科普示范县。市公共卫生中心建成投用。美术馆新馆主体完工，市民文体中心建成，举办全国竞走冠军赛、市第十六届全运会。“能动善治”项目获省基层社会治理创新成果奖，社工站建设经验全省推广，网格化服务管理水平全省领先。生产安全事故起数和死亡人数实现“双下降”。电信网络诈骗案发数较上年下降 30.3%。太仓市获评省食品安全示范市。

（陆函钧）

价格管理

【概况】 2021 年，太仓市明确价格调控目标，制定《太仓市 2021 年价格调控目标责任制实施意见》，分解落实目标任务，及时跟踪问效，确保全年价格总水平涨幅合理。落实调控制度，使用省拨价格调节基金 49.2 万元，统筹做好保供稳价工作，保障困难群众生活。完善监测预警，强化价格形势研判，开展水泥、煤炭、成品油、农副产品、农资、生资、钢材、重点企业产品、居民服务、日用消耗品、新冠肺炎疫情防控用品等 11 个大类商品的价格采集分析工作。

【价格调控】 2021 年，太仓市调整非居民用天然气销售价格，2021 年 4 月 1 日至 10 月 31 日下调 0.26 元 / 立方米；11 月 1 日至 2022 年 3 月 31 日上调 0.81 元 / 立方米。优化居民燃气阶梯气量，居民用气增量不加价，2022 年 1 月起，一档气量由 300 立方米提升为 400 立方米，二档气量由 600 立方米提升为 1000 立方米。调整蒸汽销售价格，5 月 1 日起上调 12 元 / 吨，取消“供汽距离超过 8 千米加收 5 元 / 吨”政策；10 月 1 日起上调 30 元 / 吨；建立煤热价格联动机制，制定《太仓市煤热价格联动管理暂行办法》，12 月 1 日起蒸汽销售价格上调 50 元 / 吨。调整机动车停放服务收费标准，根据《太仓市机动车停放服务收费管理实施细则》，4 月 1 日起全市政府定价、政府指导价机动车停放服务收费执行新标准。落实电力价格改革，执行阶段性降低企业用电成本政策，将政策红利传导至终端用户。提升企业资源集约利用水平，调整工业企业资源集约利用上一年度被评为 C– 类、D 类企业的差别化污水处理费、管道天然气价格和电力价格加收标准，推动工业经济高质量发展。调整全市公办幼儿园收费标准，自 2021 年秋季学期起，公办幼儿园保育教育费收费标准调整为：省优质幼儿园每生每月 600 元、苏州市优质幼儿园每生每月 480 元、合格幼儿园每生每月 410 元。制定新开民办学校收费标准，根据西交利物浦大学附属太仓实验学校办学现状，对其教育收费标准设置 3 年试行期。

【清费减负】 2021 年，太仓市清理违规加价行为，协调降低全市四大通信运营商 5G 基站点位偏高电价，确保终端用户足额享受国家政策红利。适时更新“三个目录”，清理和规范行政事业性收费目录、政府定价管理的经营服务性收费目录、口岸收费目录，优化营商环境。开展收费巡访工作，联合财政部门巡访收费单位 131 家，其中纳入省收费平台动态监管 79 家。2020 年，全市收费总额 6.15 亿元，其中行政事业性收费 3.73 亿元，占比 60.72%；涉企收费 3.2 亿元，占比 52.1%；涉农收费连续 6 年零收费。

【房价调控】 2021 年，太仓市加强房地产市场调控，全年受理商品住宅价格备案 89 批次，备案面积 204.88 万平方米，较上年增加 38.42%。全市商品住宅备案均价 1.98 万元 / 平方米，其中普通住宅备案均价 1.6 万元 / 平方米，非普通住宅备案均价 2.03 万元/平方米，较上年分别上升6.38%、15.77%、4.94%。

【价格服务】 2021年，太仓市开展定价成本监审，执行《江苏省定价成本监审目录》，对实行政府定价、政府指导价的定调价项目，委托第三方开展定价成本监审（调查），开展污水处理成本监审6家、居民燃气阶梯气量调查2家、公办幼儿园保育教育收费定价成本监审8所、民办幼儿园保育教育收费定价成本监审16所，为合理制定价费标准、完善动态调整机制奠定基础。提升价格服务水平，依托"娄东民生价格在线"平台，每日采集并公布全市各区镇13个农贸市场的农副产品价格信息，采集并公布"价比三家"价格信息12期，实现范围广、品类全、平台多的价格信息高质量服务。疏解价格争议，捕捉民生疑点，解读物业、停车、房价等领域价格政策，解决民众困惑。

（鲁　云）

政府采购

【概况】 2021年，太仓市政府采购工作贯彻落实上级有关法律法规，围绕"抓主体责任落实、抓形势分析研判、抓重点环节优化、保市场公平竞争"，狠抓政府采购制度改革，助力优化全市营商环境。全年全市政府采购预算额22.09亿元，采购实际支付额21.48亿元，节约资金6059.27万元，节约率2.76%，采购实际支付额较上年增长12.76%。

【政府采购业务制度化建设】 2021年，太仓市推进政府采购业务制度化建设。全年共梳理制定各类采购文件27个，其中业务政策指导类14个、评审专家管理类4个、代理机构管理类6个、其他业务通知类3个。

【营商环境优化】 2021年，太仓市在市公共资源交易中心平台设置"采购意向公开"专栏，供预算单位公开采购意向，除以协议供货、定点采购方式实施的小额零星采购和由集中采购机构统一组织的批量集中采购外，按项目实施的集中采购目录以内或者采购限额标准以上的货物、工程、服务采购均应当公开采购意向，并同步推送到苏州政府采购网，提高政府采购透明度。

【政府采购脱贫攻坚工作】 2021年，太仓市布置全市预算单位报送《贫困地区农副产品预留份额情况表》，全市193家预算单位将全年农副产品采购总额2154.49万元中的10%（拟预留采购份额221.2万元）作为拟预留扶贫采购金额。对接服务全市预算单位开展政府采购脱贫攻坚工作，全年通过"扶贫832"网站激活采购人账号共计186个，完成率100%；完成采购交易总额223.85万元，占拟预留采购总额101.2%。增强预算单位执行政策的自觉性、紧迫性和主动性。

【政府采购监管】 2021年，太仓市落实行政执法"三项制度"（行政执法公示制度、执法全过程记录制度、重大执法决定法制审核制度），研究制约采购营商环境发展突出问题，创新建立采购代理机构记分监督和考核办法，重点开展采购项目信息公告质量抽查及推动政府采购政策落地。全年共依法办结政府采购涉法涉诉案件26件，其中投诉21件、监督检查3件、举报1件、行政处罚1件，制发《政府采购业务提示函》66份、《采购代理机构记分通知书》32份、《2021年度政府采购监督检查结果》处理决定8份。

（陈　晨）

财政收支

【概况】 2021年，太仓市完成一般公共预算收入190.03亿元，较上年增长11.0%，其中税收收入164.04亿元，较上年增长11.4%，税收占比86.3%。区镇中，城厢镇、沙溪镇和浏河镇税收收入增幅位居前三，分别为19.4%、17.9%和15.7%。太仓港经济技术开发区（含浮桥镇）、太仓高新区（含科教新城）是全市收入的"主力军"，税收收入占全市比重71.3%。年内，太仓市财政局被省财政厅评为"2020年度预算绩效管理工作考核结果优秀的县（市）财政部门""全省法治财政标准化管理2020年度优秀单位和连续三年以上先进单位"等。

2021年太仓市财政收入分项目执行情况一览表

表48

项目	累计收入（万元）	上年同期（万元）	增减（±%）
一、一般公共预算收入	1900268	1711191	11.0
（一）税收收入	1640431	1472080	11.4
1. 国内增值税	694036	481155	44.2
2. 改征增值税	—	146732	−100.0
3. 企业所得税	400876	343885	16.6
4. 个人所得税	52919	41910	26.3
5. 资源税	4	1	300.0
6. 城市维护建设税	85672	83857	2.2

续表 48

项目	累计收入（万元）	上年同期（万元）	增减（±%）
7. 房产税	80478	65216	23.4
8. 印花税	20638	17289	19.4
9. 城镇土地使用税	25909	27810	-6.8
10. 土地增值税	134503	132220	1.7
11. 车船税	9727	9126	6.6
12. 耕占税	8473	4967	70.6
13. 契税	118956	110882	7.3
14. 环境保护税	8193	7045	16.3
15. 其他税收收入	47	-15	-413.3
（二）非税收入	259837	239111	8.7
1. 行政事业性收费	15902	21142	-24.8
2. 罚没收入	9739	36073	-73.0
3. 专项收入	72904	71921	1.4
4. 国有资源（资产）有偿使用收入	146740	67982	115.9
5. 捐赠收入	—	305	-100.0
6. 政府住房基金收入	—	7234	-100.0
7. 其他收入	14552	34454	-57.8
二、政府性基金预算收入	1592318	1493850	6.6
1. 港口建设费收入	7	1366	-99.5
2. 国有土地收益基金收入	77505	72642	6.7
3. 农业土地开发资金收入	1457	2185	-33.3
4. 国有土地使用权出让收入	1467126	1375933	6.6
5. 城市基础设施配套费收入	27951	26724	4.6
6. 彩票公益金收入	2849	—	新增
7. 污水处理费收入	15000	15000	—
8. 彩票发行机构和彩票销售机构的业务费用	423	—	新增
三、国有资本经营预算收入	7536	6506	15.8

2021 年太仓市一般公共预算税收收入分地区执行情况一览表

表 49

地区	累计收入（万元）	上年同期（万元）	增减（±%）
全市合计	1640431	1472080	11.4
港区（含浮桥镇）	330294	298512	10.6
高新区（含科教新城）	838602	750098	11.8
城厢镇	143514	131155	19.4
沙溪镇	100791	85501	17.9
浏河镇	91064	81400	15.7

续表 49

地区	累计收入（万元）	上年同期（万元）	增减（±%）
璜泾镇	33499	33399	0.3
双凤镇	50154	44810	11.9
其他	52513	47205	—

2021 年太仓市财政支出预算执行情况一览表

表 50

预算科目	调整预算（万元）	实绩（万元）	上年同期（万元）	较上年同期	
				增减额（万元）	增减（±%）
地方财政支出总计	3294081	3218177	3142177	76000	2.4
一、一般公共预算支出合计	1743967	1675569	1510606	164963	10.9
一般公共服务支出	191086	168720	141627	27093	19.1
国防支出	12	12	103	−91	−88.3
公共安全支出	117987	116308	110275	6033	5.5
教育支出	299979	287765	260363	27402	10.5
科学技术支出	188296	186638	151676	34962	23.1
文化旅游体育与传媒支出	35459	30254	27621	2633	9.5
社会保障和就业支出	168112	166889	160365	6524	4.1
卫生健康支出	91971	90978	81880	9098	11.1
节能环保支出	36698	30389	32037	−1648	−5.1
城乡社区支出	244460	243494	220226	23268	10.6
农林水支出	120754	112272	111772	500	0.4
交通运输支出	18825	17672	35019	−17347	−49.5
资源勘探信息等支出	27697	25072	25271	−199	−0.8
商业服务业等支出	64705	63616	10191	53425	524.2
金融支出	4113	4113	1231	2882	234.1
援助其他地区支出	4683	4383	4937	−554	−11.2
自然资源海洋气象等支出	11522	11350	9774	1576	16.1
住房保障支出	64151	64151	69916	−5765	−8.2
粮油物资储备支出	2035	2033	3291	−1258	−38.2
灾害防治及应急管理支出	14434	13572	17611	−4039	−22.9
预备费	—	—	—	—	—
其他支出	1100	—	—	—	—
债务付息支出	35807	35807	35264	543	1.5
债务发行费支出	81	81	156	−75	−48.1
二、政府性基金预算支出合计	1545773	1538288	1627509	−89221	−5.5
科学技术支出	—	—	—	—	—

续表 50

预算科目	调整预算（万元）	实绩（万元）	上年同期（万元）	较上年同期	
				增减额（万元）	增减（±%）
文化旅游体育与传媒支出	704	37	30	7	23.3
社会保障和就业支出	—	—	—	—	—
城乡社区支出	1522127	1516041	1535845	-19804	-1.3
农林水支出	—	—	—	—	—
交通运输支出	7	7	2235	-2228	-99.7
资源勘探信息等支出	—	—	—	—	—
商业服务业等支出	—	—	—	—	—
其他支出	4389	3657	38857	-35200	-90.6
债务付息支出	18447	18447	14251	4196	29.4
债务发行费支出	99	99	191	-92	-48.2
抗疫特别国债安排的支出	—	—	36100	-36100	-100.0
三、国有资本经营预算支出合计	4341	4320	4062	258	6.4
社会保障和就业支出	—	—	—	—	—
国有资本经营预算支出	4341	4320	4062	258	6.4

【财政服务经济】 2021年，太仓市深化“放管服”改革，率先推行代理记账资格行政审批告知承诺制，提升政府采购透明度，推动政府采购电子化，实现“不见面”开标占比提升至90%以上。兑现工业经济向中高端迈进、智能化改造和数字化转型等奖补资金3.5亿元，优化稳定产业链供应链，培育壮大数字经济和数字产业化发展集群。实施“大院大所”战略，争取苏州区域重大基础设施建设专项资金1亿元用于高校建设，加速激发名牌高校辐射带动作用。

【财政保障民生】 2021年，太仓市坚持“外防输入、内防反弹”，强化新冠肺炎疫情防控常态化建设，全年累计安排财政资金1.66亿元，提升全市新冠肺炎疫情预防、检测和处置能力，新冠病毒疫苗全程接种率84.4%。社会基本保障供给提质扩面，全年累计发放稳岗返还7921万元，惠及企业1.71万家、职工18.99万人；落实职业技能提升相关补贴政策，全年累计发放企业职工技能培训补贴2518万元、以工代训补贴1222万元、留苏优技补贴342万元。支持教育事业发展，保障义务教育“双减”落实，全年教育支出28.77亿元，较上年增长10.5%，全面涵盖生均公用经费、学校建设、教学设施设备更新、师资队伍建设、促进教育内涵发展等方面。

【财政改革举措】 2021年，太仓市按照“统一规划、安全高效、积极推行、分步实施”原则，完善全市国库单一账户体系建设，试点开展授权支付电子化改革，实现区镇财政资金统一管理。构建“制度+技术”现代管理机制，以贯穿多个部门的一体化专班为依托，打破业务数据壁垒、强化财政管理整体效能。贯彻落实“互联网+政务服务”要求，深化财政票据领域“放管服”改革，对接省财政厅公共支付平台和电子票据系统，实现对医疗、教育、住房等多个领域345家单位全覆盖。

【财政管理机制创新】 2021年，太仓市根据基层“三整合”改革（加强党的全面领导、审批服务一窗口、综合执法一队伍、基层治理一网格、指挥调度一中心，加快形成“集中高效审批、强化监管服务、综合行政执法”的基层治理架构）要求，以事权与支出责任相适应为原则，明确体制下放项目清单，促进城市管理领域权责平稳下放，解决相关领域部分事权与支出责任不匹配问题，推动市与区镇财权事权划分逐步统一，实现城市管理领域体制改革向纵深发展。做好人员经费下划及清单事项收费权下放后的体制调整工作，根据《市政府办公室关于市级收入级次企业税收属地征管的通知》精神，梳理归属市级收入企业，加强与属地资金结算，重新建立市级收入企业清单，清单外企业税收全部属地管理，调动板块工作积极性。

（陈　晨）

地方金融监督管理

【概况】 2021年，太仓市地方金融监督管理工作秉承“服务实体经济、优化金融生态”理念，通过搭平台、提质效、育新态、优环境，为全市经济高质量发展提供金融保障。健全金融体系，机构总数稳步增加，基本形成以银行、证券、保险、期货等传统金融机构为骨干，小额贷款、融资担保、融资租赁等新兴金融业态为补充的金融体系。全市共有各类金融机构100家、地方金融组织20家，其中小额贷款公司8家，融资担保公司4家，融资租赁公司4家，典当公司4家。年内，太仓市做优做亮“BEGI·N”（B代表银行，E代表企业，G代表政府，I代表投资方，N代表其他主体）金融沙龙服务品牌，多形式、多层次、多维度举办金融沙龙10期，服务企业超600家次，达成合作金额超520亿元。推广苏州综合金融服务平台，扩大平台服务企业覆盖面，全市纳入企业服务平台1.6万家，帮助4274家企业在平台获得授信1.39万笔，授信金额596.43亿元，较上年增长26.51%。其中“信保贷”“苏微贷”“小微创业贷”为企业新增授信88.5亿元。创新设立“娄城智造贷”政府增信金融产品，投放7笔，金额2569万元。组织全市300余名金融服务顾问走访企业近5000家，达成新增授信超26亿元。编制太仓市“十四五”金融业发展规划，健全完善银行业服务实体经济绩效考核办法，引导金融机构扩大信贷投放、调优信贷结构。截至年底，全市金融机构本外币各项存款余额2106.9亿元，较上年增长9.12%；贷款余额2190.23亿元，较上年增长16.79%。全市绿色信贷余额141.26亿元，较上年增长71%。普惠型金融领域贷款余额占比12.6%。

【企业融资渠道拓宽】 2021年，太仓市制定《关于推动太仓市金融更高质量服务实体经济的政策意见》及其实施细则，上市奖励标准最高提升至1700万元，全年兑现上市奖励资金1750万元。坚持精准服务上市后备企业，调研走访企业30余家次，协调解决问题50余件，推动康乃德上市。全市上市挂牌企业总数172家。其中，境内外上市企业6家，首发募资51.7亿元、再融资41.28亿元；新三板挂牌企业22家；区域市场挂牌企业144家。基金运作全面提速。修订完善《太仓市产业引导基金管理办法》，发挥各类子基金对创新项目、产业项目的资本纽带作用。全年新增子基金6支，合作金额50亿元。全市共有各类子基金11支，合作金额120亿元。子基金投资项目49个，金额22.64亿元，引导如果新能源等5个优质创新型项目落户太仓。参与设立总规模100亿元的上海长三角产业升级股权投资基金，持续放大沪太“同城效应”。债券发行再创新高。发挥债券直接融资功能，用好企业债券“直通车”机制，推动企业债券发行，全年发行企业债、公司债、银行间债券等各类债券60.5亿元。

【金融生态环境优化】 2021年，太仓市落实民营企业融资会诊帮扶机制，规范使用应急转贷资金，纾解企业流动性困难。坚持一企一策、分类处置原则，畅通政银企沟通渠道，全年召开债委会12次，融资帮扶专题会议16次，缓释企业风险，防范风险传导外溢。加强风险排查，依托“双随机、一公开”工作机制，全年开展涉金融业务类企业排查140家次，持续开展商业楼宇、沿街店面巡查，防范苗头性风险事件。强化金融领域准入管理，落实投融资服务企业会商机制，全年开展投融资服务企业会商工作13家，劝退无意向投资人、投资项目、投资方案的投融资企业3家，从源头上防控非法金融增量风险。开展金融宣传系列活动，推动宣讲活动“进社区、进学校、进机关、进金融机构、进网络”，全年开展集中宣讲15次，组织金融机构开展各类集中宣传近百场，发放各类宣传资料1.7万份，发送手机短信60万条，提升群众金融风险识别能力和鉴别能力。

【金融监管体系完善】 2021年，太仓市开展地方金融组织专项风险排查，全覆盖现场检查地方金融组织20家，依托第三方会计师事务所对正常经营的地方金融组织进行非法金融放贷专项检查，经检查，各企业均不存在非法放贷、委外清收等非法金融活动，完成融资担保、融资租赁、典当行业2021年度监管评级工作。引导地方金融组织发展普惠金融，成立政府性融资担保机构1家，降低担保费率，为普惠金融提供增信。加大财政补贴力度，引导各机构增加金融供给，发放省级普惠金融奖补资金255万元，苏州市级金融支持制造业发展业务补助资金48.66万元，太仓市级奖补资金420万元。截至年底，全市小额贷款公司实收资本6.95亿元，全年累计发放贷款741笔，金额15.16亿元，贷款余额4.62亿元。全市融资担保公司实收资本5.5亿元，全年融资担保业务发生额10.95亿元，在保余额9.14亿元，在保户数149户。全市融资租赁公司实收资本总额2.69亿元，融资租赁资产总额2.28亿元。全市典当公司全年业务发生额1.41亿元，典当余额1082万元。

2021年太仓市新增挂牌企业情况一览表

表51

序号	企业名称	股票代码	挂牌时间	挂牌地
1	迈利德机械（太仓）有限公司	699332	3月9日	江苏股交中心成长板
2	太仓市晨海日用品有限公司	699333	3月9日	江苏股交中心成长板
3	太仓超亿紧固件有限公司	699337	3月9日	江苏股交中心成长板
4	苏州温橡特种橡胶有限公司	699417	3月19日	江苏股交中心成长板
5	苏州绣仓时装有限公司	699461	3月23日	江苏股交中心成长板

续表 51

序号	企业名称	股票代码	挂牌时间	挂牌地
6	太仓欧克仓储设备有限公司	699503	3月31日	江苏股交中心成长板
7	苏州瑞昭丰自动化控制有限公司	699505	3月31日	江苏股交中心成长板
8	太仓大洋外包服务有限公司	699600	4月20日	江苏股交中心成长板
9	太仓捷久人力资源有限公司	699602	4月20日	江苏股交中心成长板
10	苏州群策群力服务外包有限公司	699621	4月21日	江苏股交中心成长板
11	沪金（苏州）实业有限公司	699847	5月7日	江苏股交中心成长板
12	太仓市瑞福尔人力资源服务有限公司	699943	5月14日	江苏股交中心成长板
13	苏州伊斯丹实业有限公司	699946	5月14日	江苏股交中心成长板
14	太仓红马机械设备制造有限公司	650077	6月1日	江苏股交中心成长板
15	永顺和纸业（苏州）有限公司	650266	6月18日	江苏股交中心成长板
16	苏州和福汽车饰件有限公司	650333	6月24日	江苏股交中心成长板
17	兆均精工科技（苏州）有限公司	650376	6月30日	江苏股交中心成长板
18	太仓杰希塑化有限公司	650517	7月19日	江苏股交中心成长板
19	太仓优仕商贸有限公司	650525	7月19日	江苏股交中心成长板
20	苏州图鸿建筑科技有限公司	650526	7月19日	江苏股交中心成长板
21	苏州格勒普机械有限公司	650527	7月19日	江苏股交中心成长板
22	江苏九丰国际物流有限公司	650543	7月19日	江苏股交中心成长板
23	太仓维高模塑有限公司	650558	7月19日	江苏股交中心成长板
24	太仓宏特胶带有限公司	650578	7月26日	江苏股交中心成长板
25	太仓群特电工材料有限公司	650587	7月26日	江苏股交中心成长板
26	太仓市智顺纺织有限公司	650592	7月26日	江苏股交中心成长板
27	伟建实业（苏州）有限公司	650631	7月26日	江苏股交中心成长板
28	苏州飘志华复合材料科技有限公司	650632	7月26日	江苏股交中心成长板
29	苏州缤克印刷包装有限公司	650633	7月26日	江苏股交中心成长板
30	太仓诚联塑料有限公司	650636	7月26日	江苏股交中心成长板
31	太仓远杰机械制品有限公司	650650	7月27日	江苏股交中心成长板
32	苏州腾海供应链管理有限公司	650689	7月30日	江苏股交中心成长板
33	苏州日丰精密金属科技股份有限公司	650755	8月10日	江苏股交中心成长板
34	太仓南丰汽车零部件有限公司	650756	8月10日	江苏股交中心成长板
35	苏州爱盟机械有限公司	650773	8月24日	江苏股交中心成长板
36	太仓华庆汽车配件有限公司	650802	8月24日	江苏股交中心成长板
37	太仓市华茂标识有限公司	650819	8月24日	江苏股交中心成长板
38	太仓市良艳印染有限公司	650875	8月24日	江苏股交中心成长板
39	安纳智热能科技（苏州）有限公司	650887	9月6日	江苏股交中心科创板
40	太仓市美丽纱化纤有限公司	650910	9月6日	江苏股交中心成长板
41	苏州运良机械科技有限公司	651049	9月7日	江苏股交中心成长板

续表 51

序号	企业名称	股票代码	挂牌时间	挂牌地
42	江苏通领科技有限公司	651161	9月15日	江苏股交中心科创板
43	江苏保捷精锻有限公司	651199	9月16日	江苏股交中心科创板
44	江苏学泰印务有限公司	651227	9月29日	江苏股交中心科创板
45	康辉医疗科技（苏州）有限公司	651228	9月29日	江苏股交中心科创板
46	比赫电气（太仓）有限公司	651229	9月29日	江苏股交中心科创板
47	赛埃孚汽车保修设备（太仓）有限公司	651230	9月29日	江苏股交中心科创板
48	江苏润孚机械轧辊制造有限公司	651235	9月29日	江苏股交中心科创板
49	太仓市何氏电路板有限公司	651288	9月29日	江苏股交中心科创板
50	太仓海嘉车辆配件有限公司	651405	10月11日	江苏股交中心科创板
51	江苏敦邦钢结构工程有限公司	651462	10月28日	江苏股交中心成长板
52	苏州永邦自行车有限公司	651463	10月28日	江苏股交中心成长板
53	太仓市富盛化纤有限公司	651470	10月28日	江苏股交中心成长板
54	太仓市承通贸易有限公司	651471	10月28日	江苏股交中心成长板
55	苏州夏洛特智能科技有限公司	651476	10月28日	江苏股交中心科创板
56	太仓昂泽威建筑工程材料有限公司	651483	10月28日	江苏股交中心成长板
57	苏州百狮腾电气有限公司	651503	10月28日	江苏股交中心科创板
58	史杰克西热能设备（太仓）有限公司	651520	11月8日	江苏股交中心成长板
59	苏州考斯丹五金制品有限公司	651552	11月9日	江苏股交中心成长板
60	苏州福柯思电气有限公司	651556	11月9日	江苏股交中心科创板
61	苏州国谱电力建设工程有限公司	651563	11月9日	江苏股交中心成长板
62	太仓丽盛制版有限公司	651578	11月9日	江苏股交中心科创板
63	太仓明昌金属制品有限公司	651579	11月9日	江苏股交中心成长板
64	苏州泰盛设备安装有限公司	651580	11月9日	江苏股交中心成长板
65	太仓沃普特机械科技有限公司	651587	11月9日	江苏股交中心科创板
66	坤锦电子（太仓）有限公司	651612	11月9日	江苏股交中心成长板
67	苏州科博思流体科技有限公司	651616	11月9日	江苏股交中心科创板
68	苏州韦德韦诺电气科技有限公司	651617	11月9日	江苏股交中心科创板
69	苏州多凯复合材料有限公司	651656	11月12日	江苏股交中心科创板
70	太仓市平兴化纤有限公司	651676	11月12日	江苏股交中心成长板
71	太仓正信干燥设备科技有限公司	651680	11月12日	江苏股交中心科创板
72	太仓创造电子有限公司	651695	11月15日	江苏股交中心科创板
73	苏州阿提申机械有限公司	651757	11月18日	江苏股交中心科创板
74	太仓天宇电子有限公司	651773	11月24日	江苏股交中心科创板
75	太仓成铭液压机械有限公司	651775	11月24日	江苏股交中心科创板
76	太仓宏达俊盟新材料有限公司	651872	11月29日	江苏股交中心科创板

（魏天成）

税　务

【概况】 2021年，太仓市共组织入库各项税费收入397亿元，较上年增长20.1%，其中税收收入313.3亿元，较上年增长12.1%；非税收入83.8亿元，较上年增长64.5%；完成一般公共财政预算税收收入164亿元，较上年增长11.4%；税收占比86.3%，累计兑现各类优惠144.3亿元，较上年增长54.6%。年内，太仓市提升税费治理硬实力，企业所得税准期申报率位列苏州市第一，个人所得税申报率在苏州县（市）区局位列第一。

【依法治税】 2021年，太仓市落实“首违不罚”清单，适用“首违不罚”纳税人947户次。强化现金税费征缴“回头看”，累计核查各项疑点数据7万余条，问责追究委托代征人员5人。非税收入划转在苏州市率先实现跨部门事项“一门、一站、一次”办理。制定《太仓市税务局欠税管理操作指引（试行）》，细化欠税追征措施，对欠税金额较大的纳税人落实“一户一档”。探索团队集中型风险应对，实施外资企业分类管理，累计取得应对总成效8.7亿元。实施全过程风险应对执法质量监控，户均质量问题数从5.6条/户下降到2.2条/户。加大税务稽查打击力度，全年立案41户，结案66户，查补入库税款1921.1万元，各项指标均名列苏州第三稽查局前列。

【纳税服务优化】 2021年，太仓市税务局打造“慧治税务”优化办事体验，研究制定《太仓市税务局纳税服务五年规划》，明确智慧税务五大体系、九大目标建设任务。承接苏州税务“智慧答”创新项目试点、苏州税务涉税中介机构监管平台开发任务，打造营商环境数据分析平台。夯实太仓税务微信公众号宣传主阵地，全年累计发布信息499条，总计阅读量超20万人次。依托“太e办”市民服务平台，完善“线上纳税人之家”模块，推出“e企问e企答”推送服务，选取104户集团企业进行首期试点。完成出口退税新系统上线工作，全年累计完成外贸型企业出口退税11.4亿元，生产型企业出口退税31.5亿元，免抵26.5亿元。推进办税便利化改革，实现企业新办“零次跑”，增值税留抵退税24小时内完成，所有线上咨询1个工作日内答复，不动产交易全程无纸化、网上办。

2021年11月10日，太仓市税务局连续8年开展便民办税春风行动
（姚倩茜摄）

【智慧税务建设】 2021年，太仓市税务局依托省税务局税收大数据管理平台，开展智慧太仓税务建设，按照“按季建设，由易到难，循序渐进”步骤，形成专项查询类、风险预警类、主题分析类、数据模型类四大类26个税收大数据应用分析项目，从不同维度为实际工作提供支撑。扩大第三方、互联网数据获取范围，累计采集各类数据185万条，通过分级分类甄别梳理，纳入风险管理日常数据库。筛选17家网店销售风险企业开展柔性提示提醒，指标有效率95%，入库税款500余万元。

（赖　慧）

国有资产监督管理

【概况】 2021年，太仓市国资系统推进国企改革三年行动，探索完善国有资产监管体制机制，做强做优做大国有资本和国有企业。截至年底，市国资办监管全资、控股企业共106家，其中一级企业6家（文旅集团2021年7月成立），二级企业39家，三级及以下61家；综合类6家，商业类45家，公益类55家；信用评级AA+2家，AA级2家。

【国企改革】 2021年，太仓市推动国资优化整合。按照资源相近、业务相关、优势互补、管理协同原则，整合重组市属“六大集团”（市资产集团、市城投集团、市水务集团、市城发集团、市文教投集团、市文旅集团）资产、资源，重新核定“六大集团”主业。贯彻落实国企改革三年行动实施方案。根据中央、江苏省、苏州市关于国企改革的行动部署，制定《太仓市国企改革三年行动实施方案》《关于推动太仓市国资国企改革的若干意见》。按照方案部署，指导各市属国有企业行动，每月召开国企党工委会议，商议讨论国资国企工作中的重难点。开展国企改革三年行动专项督查，对各项改革工作再部署、再推进、再落实。制定《〈太仓市国企改革三年行动实施方案（2020—2022年）〉职责分工》，压实各责任部门分工职责，推动国企改革走深走实。完善市场化薪酬分配制度，建立健全与劳动力市场基本适应、与企业经济效益和劳动生产率挂钩的工资决定和增长机制。

【国资监管】 2021年，太仓市完善国资监管体系建设。围绕“管资本为主”

监管方式，设立中共太仓市国有企业工作委员会、太仓市市属国有企业投资决策委员会、太仓市市属国有企业薪酬考核委员会、太仓市市属国有企业审计监督委员会，并制定文件制度4项，形成“1+3”国资监管模式。5月，成立太仓市国有资产运行服务中心，加强对市属国企监管。完善制度建设，制定《太仓市国资办履行出资人职责清单》，逐条明确国资出资人履行的六大类33项职能；梳理上级及本级国有资产监管相关规范性文件69件，并汇编《国有资产监督管理规范性文件选编（2020年版）》。完善投资监管机制，制定《太仓市市属国有企业投资监督管理实施细则》《太仓市市属国有企业违规经营投资责任追究实施细则》，强化事前、事中、事后追踪管理；制定《太仓市市属国有企业问题整改监督闭环管理实施办法（试行）》，建立问责整改长效机制。完善考核体系，实施《太仓市市属国有企业综合考核细则》《太仓市市属国有企业负责人综合考核评价暂行办法》，突出正向激励和反向约束，强化目标管理、分类考核、差异化考核。印发《关于调整市属国有企业负责人年度综合考核指标的通知》，根据各公司的主业，在共性考核指标外加入个性化考核指标，首次探索建立个性化考核指标。健全薪酬体系，研究制定《太仓市市属国有企业工资总额管理办法》《企业负责人薪酬制度改革实施意见》，规范企业收入分配秩序。

【国企服务高质量发展】 2021年，太仓市推动国资国企向服务实体经济、提升城市能级等领域集中，对标“十四五”期间太仓国资国企主要经济指标翻番目标，围绕改革主线求突破，聚焦工作主责强担当，在推动全市高质量发展中发挥国企力量。市资产集团围绕产业投资，高效运作产业引导基金和专项子基金，新设凯辉二期等子基金6支及星河动力专项基金，基金总规模135亿元。市城投集团致力产城融合，参与胜利村、古松弄等老旧地块更新改造；入股太仓市生物医药产业园有限公司，推进太仓港口型物流枢纽综合功能提升项目；保障沪苏通铁路、疏港铁路、龙江路等交通枢纽建设。市水务集团聚焦打造四纵四横供水格局，持续保障供水安全；聚力“333”工程攻坚、污水处理厂建设提升治污能力。市城发集团服务城市建设，推进城市更新改造，持续推进痘祠堂街道路改造、胜利村改造、梅园社区用房改造、市福利院搬迁工程等项目；优化电动汽车充电站、公共自行车、停车场等功能布局，持续完善城市服务配套。市文教投集团紧盯科创区开发，西北工业大学太仓校区竣工，西交利物浦大学太仓校区主体竣工，推进智汇谷、商业街等项目建设。市文旅集团立足打造全域旅游格局，整合文旅资源，挖掘市场潜力，推进娄东宾馆改造等项目，助力提升旅游服务质量和水平。

（陈　晨）

审　计

【概况】 2021年，太仓市审计工作落实市委审计委员会会议部署，依法全面履行审计监督职责，服务经济社会发展大局。全年完成审计项目22个，融合开展相关专题3个，发现问题252个，发现问题金额27.04亿元，促进被审计单位出台制度25个，审计信息和审计报告被领导批示37篇次。获全省一等奖审计项目1个，在全国审计机关优秀审计项目评选中获二等奖，实现苏州地区审计署优秀项目零突破。年内，太仓市审计局主动对接上海市嘉定区审计局，在融入长三角一体化发展方面做出尝试，与嘉定区审计局签订跨区域合作协议，共同打造嘉太审计党建联盟、人才联盟、业务联盟“三大体系”，建立党建引领、项目合作、成果运用、审计科研、人才培养等常态化交流机制，适应新形势下审计工作。

【政策落实跟踪审计】 2021年，太仓市审计局实施“三聚焦”行动，聚焦政策落地、聚焦政令畅通、聚焦项目引领，加大对优化营商环境、改善生态环境、创新驱动发展、乡村振兴战略等各项政策落实情况审计力度，加大对领导干部任期内重点事项、重点领域、贯彻落实中央关于长三角一体化发展决策部署情况、精简优化行政审批情况等方面审计力度，组织开展太仓港主动对接上海港审计工作专题等，服务太仓市在具备条件的领域率先实现与上海同城化。围绕政府实事工程中娄江新城科创区建设项目情况开展专题审计，着重审查项目用地、投资、进度、质量等方面，针对项目规范有序、投资有效等方面提出审计建议，促进项目建设健康运行。围绕国土空间全域整治工作，制定《关于在国土空间全域整治工作中实施审计容错纠错机制的意见》，坚持微观监督与宏观服

2021年2月24日，太仓市审计人员实地查看新能源充电桩

（市审计局供稿）

2021 年 3 月，太仓市审计人员实地查看西交利物浦大学太仓校区建设现场，关注重大项目建设情况（市审计局供稿）

务并重，找准审计服务国土空间全域整治工作切入点，发挥审计建设性作用，促进国土空间全域整治规范推进。围绕优化营商环境，结合人才专项审计，走访同高先进制造科技（太仓）有限公司、中美冠科生物技术（太仓）有限公司等企业，调查了解创业企业专项资金管理使用情况、企业经营情况、创业人才工作生活情况以及存在的困难和建议，并针对性地提出审计意见建议，助力提升专项资金使用效益，促进企业创新发展。与市纪委、市财政局联动，采取重点项目联合督查方式，开展重大项目稽查，完成太仓市公共卫生服务中心、滨河公园东延工程等项目督查工作，促进建设单位完善制度，服务地方政府重点项目建设。

【财政审计】 2021 年，太仓市审计局完成 2020 年度地方隐性债务和其他债务审计，开展本级预算执行和其他财政收支情况审计。以财政预算执行和财政决算草案审计、港区和高新区 2020 年度预算执行和其他财政收支情况审计为根本点，从预算编制、预算执行、预算绩效多方面出发，关注财政收支结构的增减变化、追加项目预算执行、预算资金管理、预算绩效工作节点任务完成情况，将绩效审计理念贯穿审计工作全过程。截至年底，审计工作报告中涉及的 50 个具体问题，完成整改 47 个、持续整改 3 个；收缴入库非税收入等 22.93 亿元，促进拨付资金 1919.5 万元，收回资金 13.31 万元，账务调整 6.34 亿元，促进各单位制定《太仓市市级财政预算绩效运行监控管理办法（试行）》《太仓市资产经营集团有限公司参股公司委派人员管理办法》等制度 9 项。强化数据及平台分析应用，完成全市一级预算单位数据采集 59 家，实现预算单位审计数据分析“全覆盖”28 家；完善财政、社保、国企分析平台数据，与市市场监管局签订定期数据采集协议，并定期更新发布《太仓市审计局 2021 年度审计电子数据采集目录》。开展网络安全和信息化建设审计单位 35 家，涉及信息系统 100 个，发现问题五大类。组织地理信息系统软件培训、大数据审计培训、竞赛集训等多类培训，共培训人员 200 余人次。2020 年开展的乡镇公立医院运行和政策落实情况的专项审计调查项目获评苏州市 2021 年优秀大数据审计项目。

【民生审计】 2021 年，太仓市审计局紧盯任务安排和资金分配管理使用情况、禁捕退捕资金安全绩效情况和任务完成及政策目标实施情况，配合苏州市审计局做好长江流域禁捕退捕政策落实情况跟踪审计，提升长江禁捕退捕政策跟踪审计监督质效。以保障和改善民生为落脚点，从民生政策落实和民生资金使用出发，关注公立医院综合改革、残疾人就业保障金、最低生活保障金等情况，维护人民群众切身利益。

【经济责任审计】 2021 年，太仓市审计局贯彻落实《党政主要领导干部和国有企事业单位主要领导人员经济责任审计规定》有关要求，开展领导干部任期经济责任审计相关工作。全年共对 12 位领导干部开展经济责任审计，其中离任审计 9 人，任中审计 3 人；涉及浮桥镇、璜泾镇、娄东街道、市工信局、市人社局、市市场监管局、市资产经营集团、市城投集团、市中医医院、江苏省沙溪高级中学 10 家单位。审计发现问题 132 个，发现管理不规范金额 2.34 亿元，提出审计建议 30 余条。起草《太仓市 2021 年地方党委政府和部门主要领导干部经济责任审计工作方案》，明确审计内容、审计重点、审计组织方式与分工等审计要求，提高经济责任审计规范化水平。推进领导干部自然资源资产审计，率先在苏州范围内制定《太仓市领导干部自然资源资产离任审计实施办法（试行）》，以“全覆盖”为目标，制定自然资源资产审计工作年度计划和中长期规划，重点审查地方党委政府生态文明建设责任机制、资金投入、国土资源、水利资源等方面。针对各乡镇自然资源情况特色，重点关注热点问题，在“三个区分开来”（把干部在推进改革中因缺乏经验、先行先试出现的失误错误，同明知故犯的违纪违法行为区分开来；把尚无明确限制的探索性试验中的失误错误，同明令禁止后依然我行我素的违纪违法行为区分开来；把为推动发展的无意过失，同为谋取私利的违纪违法行为区分开来）基础上，强化追责和整改要求，规范太仓市领导干部自然资源资产离任审计工作。

【国企监督指导】 2021 年，太仓市审计局落实国企监事职能，制定国有企业“重大事项备案制”，落实重大事项备案制、企业运营分析制、日常指导联络制、审计监督项目制、提升能力培训制“五大机制”。制定《太仓市国有企业重大事项备案清单》，加强对国企的审计监督和服务指导。

（杜静花）

统　计

【概况】 2021年，太仓市统计工作以围绕服务全市经济和社会发展为重点，按照省、市统计部门工作安排，完成各项统计任务。年内，做好统计调查，提升统计服务，狠抓数据质量，夯实基层基础，提高全市统计工作水平。发布《2020年太仓市国民经济和社会发展统计公报》《太仓市第七次全国人口普查公报》等权威报告。

【统计调查】 2021年，太仓市做好年定报统计工作，执行国家统计报表制度，加强对农业、工业、服务业等专业统计数据质量的审核和评估，完成产值、效益、能源、投资、综合、贸易、劳动工资等专业2020年统计年报和2021年月报、季报常规统计定报工作，反映全市经济社会发展状况。完成专项统计调查任务。开展2021年人口变动抽样调查，涉及村、社区19个，样本块62个，举行培训2次，参与人员150余人次。对20家营运性车辆单位开展年度公路、水路客货运输企业能源调查工作。开展夏粮、秋粮测产和农作物面积遥感调查，运用“三步法”夯实粮食播种面积和粮食亩产数据调查质量。做好经济作物面积调查，加强数据审核和沟通联系，提高调查数据质量。推进劳动力调查、采购经理、工业生产者价格、总部经济等统计调查联网直报工作，执行国家调查制度，确保联网直报调查数据质量。完成2021年度社会公众（含“两代表一委员”）满意度评价调查、2021年度太仓市“作风效能满意度调查”等多项专项调查。落实重点专业统计工作。继续强化地区生产总值统一核算和区镇试核算工作，每月预测全市地区生产总值走势，跟踪把握全市经济发展和行业发展走势，调整核算方案。做好对上和对下高质量发展监测考核工作，研究指标体系和考核方法，撰写相关分析材料，做好对下业务指导和数据通报工作。规范城乡一体化住户调查，执行住户调查工作方案，坚持季度例会和访户制度，完善数据质量审核流程，为高质量考核和富民增收监测等提供精准调查数据。分层推进两大普查后续工作。加快推进全市第四次经济普查数据开发工作，完成《太仓市产业结构演进趋势与优化对策研究》《太仓市基本单位数量与经济增长关系研究》两项课题中期报告，为全市高质量发展提供数据支撑和统计分析。完成太仓市第七次全国人口普查数据审核及编码验收工作，发布《太仓市第七次全国人口普查公报》，确定《太仓市人口发展现状及其变化趋势研究》《太仓市劳动力资源供给问题研究》两项人普课题立项工作。做好统计督察和市委巡察整改督察工作。做好省统计局第三统计督察组对太仓统计督察和市委巡察整改督查工作，以统计督查、整改督查为契机，力抓整改，夯实基层统计基础工作，提高统计数据质量。

2021年5月25日，太仓市开展夏粮测产工作　　（秦　昊摄）

【统计服务】 2021年，太仓市统计局强化监测分析，发挥统计职能作用。加强信息撰写，提升数据活力，全年完成统计快讯92篇、统计分析41篇、调研文章5篇、政务信息127篇。发布《2020年太仓市国民经济和社会发展统计公报》，做好2021年各项月度、季度和年度资料编制工作，全年共发布统计月报10期、服务业季报3期。编印《2021年太仓市情市力》《2021年太仓统计年鉴》，完善各类统计历史资料的归档保存。开展基层调研，把脉经济运行。加强对重点企业、行业龙头企业走访调研，了解新冠肺炎疫情、控电等对企业经营的影响，为企业提供统计业务辅导。全年共走访工业企业33家、投资项目30个、服务业企业21家、贸易企业42家。做好走村入户走访工作，针对有困难有问题的调查户逐一上门，与镇（区）、村（社区）三级联动，全年共走访村（社区）7个、记账户45户。加快信息化建设，促进统计工作现代化。研发统计电子台账财报系统，在原有传统电子台账基础上，引入模块管理概念，企业直接上传财务报表等基础凭证材料，系统自动读取数据并转换成统计报表，上传至国家统计平台完成上报。年内，在部分规模以上工业企业中试用。

【统计法治】 2021年，太仓市统计局完善统计法治建设。建立各专业统计数据质量评估体系，对重要经济数据建立审核、监控和评估制度，建立日常数据质量控制台账。建立防惩统计造假弄虚作假责任制度、强化相关考核评价和问责机制，做好领导干部违规干预统计工作记录台账工作。将统计违纪违法案件查处情况列入年度“太仓市高质量发展绩效评价考核”减分事项和“部门服务高质量发展”减分事项，实行领导干部统计造假“一票否决”制。处理“12345”和“寒山闻钟”平台办件15起，做好咨询回复工作。开展统计执法检查。根据江苏省统计局办公室《关于做好2021年度第一批统计执法“双随机”检查工作的通知》《关于做好2021年度第二批统计执法“双随机”检查工作的通知》要求，制定《2021年太仓市统计行政执法监督工作方案》，于4月、7月分两批开展统计“双随机”执法检查，检查单位36家，统计行政处罚单位1家。对城厢镇、浏河镇的工业、投资、服务业和贸易专业共150家单位开展统计数据质量核查。推进统计法治宣传。利用“三下乡”新时代文明实践集中志愿服务、“9·20”中国统计开放日、《中华人民共和国民法典》宣传月等活动，开展“统计知识进万家”主题普法宣传。市统计局在《政务直通车》《相逢》等栏目解读第七次人全国人口普查主要数据，向社会公众宣传统计法律和第七次全国人口普查开展情况。建立驻村统计服务点，打通统计法治宣传“最后一公里”。邀请苏州市统计局为全市统计人员作《学习贯彻习近平法治思想、努力谱写依法统计新篇章》专题讲座。连续两年实现统计法律法规进党校，推动全市统计法治宣传广覆盖。

（陆　燕）

市场监督管理

【概况】 2021年，太仓市推进各项市场监督管理工作，守牢安全底线，创优营商环境，助推高质量发展，打造现代化市场监管体系。年内，全市新增市场主体2万家，较上年增长9.6%。新设外资及港澳台资企业134家，较上年增长33.7%，德企总数413家。通过“容缺登记”服务受理外资及港澳台资企业登记37家，提升企业开办服务水平，推动全市外资及港澳台资经济高质量发展。突出平台经济领域竞争执法，持续推进公平竞争审查工作。开展商标侵权、长江禁捕、“两反两保”（反倾销、反补贴、保障措施和特别保障措施）、成品油、网络交易等专项整治。立案一般程序违法案件932件，处结案件958件（含历年案件），罚没款入库1100余万元，移送涉嫌犯罪案件43件。深化农贸市场标准化提档升级工作，完成升级改造城区农贸市场11个，打造一批市民喜爱的“网红菜场”。

【质量强市】 2021年，太仓市推进品牌发展战略，新增“江苏精品”品牌认证企业3家，“苏州制造”品牌认证企业4家，获苏州市质量奖企业5家。全年全市有效发明专利拥有量6024件，万人发明专利拥有量72.48件/万人，高价值发明专利拥有量1056件。新增驰名商标1件，驰名商标累计拥有量11件，商标有效注册量累计1.92万件。新增国家标准、行业标准、苏州市地方标准发布实施57项，其中国家标准39项、行业标准17项、苏州市地方标准1项。入选“标准助推苏州高质量发展”十佳典型案例2项，上榜苏州市标准领航百强榜企业7家。

【新型市场监管模式】 2021年，太仓市强化事中事后监管，牵头全市“双随机、一公开”监管工作，通过重点监管、信用监管等方式，依法实施事中事后监管。推进执法监管信息公示工作，全市企业年报率93.9%。优化信用修复管理服务，助力太仓市企业完成信用修复33家。探索包容审慎监管模式，依法不予处罚情节轻微广告案件20件，为各类市场主体特别是中小企业提供宽松的制度环境。优化消费环境，接处各类咨询、投诉、举报、求助共1.66万件，承诺加入苏州实体店无理由退货平台商户7233家，获评2021年度苏州市级放心消费创建先进单位企业17家。

【质量安全监管】 2021年，太仓市严守特种设备安全、产品质量安全底线。特种设备安全监管成效明显，统筹衔接“一年小灶”与“三年大灶”。实施现场监督检查1516家次，发现并消除隐患1252条。落实产品质量主体责任，国家、省、市三级监督抽查不合格企业后处理工作完成率100%。开展民生领域电动自行车、燃气灶具及相关产品、口罩、食品包材等重点产品专项监督检查。完成蔬菜、水果、畜产品、水产品、生鲜乳等七大类食用农产品抽检1365批次，不合格30批次，合格率97.8%。提升绿色优质农产品比重，全市拥有绿色食品认证证书139张，较上年增长27.52%。太仓首批“有机大米”上市。

2021年5月20日，太仓市市场监管局举行“世界计量日”活动（闫佳文摄）

太仓市获认定的中国驰名商标一览表

表 52

商标名称	注册人 / 利害关系人	类别	核定使用商品 / 服务	认定时间
雅鹿	雅鹿集团股份有限公司	25	服装	2002 年
雅鹿 · 自由自在	雅鹿集团股份有限公司	25	服装	2007 年
Yalu & Freedom	雅鹿集团股份有限公司	25	服装	2007 年
乡村树	雅鹿集团股份有限公司	25	服装	2007 年
太仓	太仓肉松食品有限公司	29	肉松	2008 年
图形	江苏德威新材料股份有限公司	1	聚氯乙烯树脂、合成树脂塑料	2009 年
安佑及图	安佑（中国）动物营养研发有限公司	31	猪饲料	2012 年
蓝冰及图	苏州雅鹿控股股份有限公司	25	服装等	2015 年
口水娃及图	苏州口水娃食品有限公司	29	精制坚果仁、熟制豆	2015 年
FrognieZila	苏州佛朗尼齐拉服饰有限公司	25	工作服、皮衣、鞋、帽等	2015 年
多力 MIGHTY 及图	佳格投资（中国）有限公司	29	食用油脂、食用油、玉米油、食用橄榄油、食用葵花籽油、食用菜籽油、牛奶制品、芝麻油、食品用胶	2021 年

2021 年太仓市参与制定（修订）国家标准、行业标准企业（部分）一览表

表 53

序号	标准号	标准名称	参与（负责）起草单位
1	GB/T 309-2021	滚动轴承、滚针	舍弗勒（中国）有限公司
2	GB/T 1002-2021	家用和类似用途单相插头插座 型式、基本参数和尺寸	江苏通领科技有限公司
3	GB/T 1029-2021	三相同步电机试验方法	苏州佳电飞球电机有限公司
4	GB/T 2099.1-2021	家用和类似用途插头插座 第 1 部分：通用要求	江苏通领科技有限公司
5	GB/T 2424.5-2021	环境试验 第 3 部分：支持文件及导则温度试验箱性能确认	伟思富奇环境试验仪器（太仓）有限公司
6	GB/T 2424.6-2021	环境试验 第 3 部分：支持文件及导则温度 / 湿度试验箱性能确认	伟思富奇环境试验仪器（太仓）有限公司
7	GB/T 7991.1-2021	搪玻璃层试验方法 第 1 部分：耐碱性溶液腐蚀性能的测定	太仓新工搪玻璃有限公司
8	GB/T 7991.3-2021	搪玻璃层试验方法 第 3 部分：耐温差急变性能的测定	太仓新工搪玻璃有限公司
9	GB/T 14272-2021	羽绒服装	雅鹿集团股份有限公司 耐克体育（中国）有限公司
10	GB/T 17650.1-2021	取自电缆或光缆的材料燃烧时释出气体的试验方法 第 1 部分：卤酸气体总量的测定	中广核高新核材科技（苏州）有限公司

续表 53

序号	标准号	标准名称	参与（负责）起草单位
11	GB/T 17650.2-2021	取自电缆或光缆的材料燃烧时释出气体的试验方法　第 2 部分：酸度（用 pH 测量）和电导率的测定	中广核高新核材科技（苏州）有限公司
12	GB/T 17651.1-2021	电缆或光缆在特定条件下燃烧的烟密度测定　第 1 部分：试验装置	中广核高新核材科技（苏州）有限公司
13	GB/T 17651.2-2021	电缆或光缆在特定条件下燃烧的烟密度测定　第 2 部分：试验程序和要求	中广核高新核材科技（苏州）有限公司
14	GB/T 18663.2-2021	电子设备机械结构　公制系列和英制系列的试验　第 2 部分：机柜和机架的地震试验	辛柏机械技术（太仓）有限公司
15	GB/T 19216.1-2021	在火焰条件下电缆或光缆的线路完整性试验　第 1 部分：火焰温度不低于 830 ℃的供火并施加冲击振动，额定电压 0.6/1 kV 及以下外径超过 20 mm 电缆的试验方法	中广核高新核材科技（苏州）有限公司
16	GB/T 19216.2-2021	在火焰条件下电缆或光缆的线路完整性试验　第 2 部分：火焰温度不低于 830 ℃的供火并施加冲击振动，额定电压 0.6/1 kV 及以下外径不超过 20 mm 电缆的试验方法	中广核高新核材科技（苏州）有限公司
17	GB/T 19216.3-2021	在火焰条件下电缆或光缆的线路完整性试验　第 3 部分：火焰温度不低于 830 ℃的供火并施加冲击振动，额定电压 0.6/1 kV 及以下电缆穿在金属管中进行的试验方法	中广核高新核材科技（苏州）有限公司
18	GB/T 19290.7-2021	发展中的电子设备构体机械结构模数序列　第 2-5 部分：分规范　25 mm 设备构体的接口协调尺寸　各种设备用机柜接口尺寸	辛柏机械技术（太仓）有限公司
19	GB 21454-2021	多联式空调（热泵）机组能效限定值及能效等级	特灵空调系统（中国）有限公司
20	GB/T 23108-2021	家用和类似用途电热垫性能测试方法	苏州彩阳电暖科技有限公司
21	GB/T 24320-2021	回用纤维浆	玖龙纸业（太仓）有限公司
22	GB/T 24606-2021	滚动轴承　无损检测　磁粉检测	舍弗勒（中国）有限公司
23	GB/T 30104.303-2021	数字可寻址照明接口　第 303 部分：特殊要求　输入设备　占位传感器	红壹佰照明有限公司
24	GB/T 38428.2-2021	数据中心和电信中心机房安装的信息和通信技术（ICT）设备用直流插头插座　第 2 部分：5.2 kW 插头插座系统	江苏通领科技有限公司
25	GB/T 39745-2021	数控冲压激光切割复合机	瑞铁机床（苏州）股份有限公司
26	GB/T 39790-2021	数控回转头压力机数据处理软件及接口要求	瑞铁机床（苏州）股份有限公司
27	GB/T 40171-2021	磁珠法 DNA 提取纯化试剂盒检测通则	苏州新波生物技术有限公司
28	GB/T 40156-2021	梅山猪	太仓种猪场
			太仓市畜牧兽医站
29	GB/T 40200-2021	工业有机废气净化装置性能测定方法	江苏同庆安全科技有限公司

续表 53

序号	标准号	标准名称	参与(负责)起草单位
30	GB/T 40214-2021	流程工业中电气和仪器仪表工程的文件种类	太仓市锅炉自动化仪表有限公司
31	GB/T 40360-2021	不含气饮料金属罐灌装封罐机 通用技术条件	克朗斯机械(太仓)有限公司
32	GB/T 40361-2021	啤酒、碳酸饮料易拉罐灌装生产线 通用技术规范	克朗斯机械(太仓)有限公司
33	GB/T 40372-2021	消毒剂灌装生产线通用技术条件	克朗斯机械(太仓)有限公司
34	GB/T 40379-2021	户用和类似用途组合式空气处理机组	特灵空调系统(中国)有限公司 博纳环境设备(太仓)有限公司 苏州惠林节能材料有限公司
35	GB/T 40399-2021	装配式混凝土建筑用预制部品通用技术条件	苏州良浦住宅工业有限公司
36	GB/T 40465-2021	畜禽肉追溯要求	安佑生物科技集团股份有限公司
37	GB/T 40571-2021	智能服务 预测性维护 通用要求	舍弗勒(中国)有限公司
38	GB/T 40815.2-2021	电气和电子设备机械结构 符合英制系列和公制系列机柜的热管理 第2部分:强迫风冷的确定方法	辛柏机械技术(太仓)有限公司
39	GB/T 40815.4-2021	电子设备机械结构 符合英制系列和公制系列机柜的热管理 第4部分:电子机柜中供水热交换器的冷却性能试验	辛柏机械技术(太仓)有限公司
40	GB/T 40818-2021	带弧形触头的插头、插座和耦合器	江苏通领科技有限公司
41	GB/T 40863-2021	生态设计产品评价技术规范 电动机产品	苏州佳电飞球电机有限公司
42	GB/T 40910-2021	纺织品防水透湿性能的评定	耐克体育(中国)有限公司
43	GB/T 41124-2021	无菌吹灌旋一体机通用技术要求	克朗斯机械(太仓)有限公司
44	GB/T 41144-2021	放射性气溶胶的通风防护衣要求与测试方法	中广核高新核材集团有限公司
45	GB/T 41173-2021	电动辅助站立椅子	康辉医疗科技(苏州)有限公司
46	GB/T 41181-2021	坐姿椅	康辉医疗科技(苏州)有限公司
47	FZ/T 54040-2021	聚对苯二甲酸丁二醇酯(PBT)弹力丝	太仓荣文合成纤维有限公司
48	FZ/T 96030-2021	氨纶卷绕头	苏州金纬化纤装备有限公司
49	HG/T 2131-2021	搪玻璃 30° 弯头	太仓新工搪玻璃有限公司
50	HG/T 2133-2021	搪玻璃 60° 弯头	太仓新工搪玻璃有限公司
51	HG/T 2134-2021	搪玻璃 90° 弯头	太仓新工搪玻璃有限公司
52	HG/T 2135-2021	搪玻璃 180° 弯头	太仓新工搪玻璃有限公司
53	MZ T 174-2021	养老机构康复辅助器具基本配置	康辉医疗科技(苏州)有限公司
54	NY/T 4069-2021	ω-3 多不饱和脂肪酸强化鸡蛋	安佑生物科技集团股份有限公司
55	QB/T 4674-2021	汽车内装饰用聚氨酯束状超细纤维合成革	江苏东泰聚合材料有限公司

续表 53

序号	标准号	标准名称	参与（负责）起草单位
56	QB/T 5595-2021	人造革与合成革工业 节水技术要求	苏州贝斯特装饰新材料有限公司 华伦皮塑（苏州）有限公司
57	QB/T 5596-2021	人造革与合成革工业 废水回收利用技术要求	苏州贝斯特装饰新材料有限公司
58	QB/T 5598-2021	人造革与合成革工业 绿色工厂评价要求	苏州贝斯特装饰新材料有限公司 华伦皮塑（苏州）有限公司
59	SN/T 5379-2021	墨西哥假齿小蠹检疫鉴定方法	太仓海关
60	YY/T 1735-2021	丙型肝炎病毒抗体检测试剂（盒）（化学发光免疫分析法）	苏州新波生物技术有限公司

（寿　芸）

食品药品安全

【食品安全综合协调】 2021年，太仓市坚持“四个最严”（最严谨的标准、最严格的监管、最严厉的处罚、最严肃的问责）要求，落实食品安全属地监管职责，提高从农田到餐桌全过程治理能力。推广食品安全责任保险，提高企业风险防控管理能力。全年食品安全抽检监测1.05万批次，合格率98.70%，千人抽检率12.68批次，不合格核查处置严格落实“五个到位”（产品控制到位、原因排查到位、整改落实到位、行政处罚到位、信息公开到位）。全市建成农产品快检室36个，开展快速检测4.87万批次。开展各类食品安全从业人员培训、讲座82场次，参训人员7000余人。3月20日，太仓市通过创建考评，获“江苏省食品安全示范城市”称号。

【进口冷链食品安全监管】 2021年，太仓市强化进口冷链食品监管，落实落细各项防控措施。强化监督检查，对136家进口冷链食品生产经营重点单位实行监管“一户一档”制度，督促企业严格落实主体责任，做好重点人员定期核酸检测及日常健康监测。在冷库出入口安装视频监控，实现远程监管。“江苏冷链”追溯系统内完成首站赋码进口食品2312批次，录入食品总量1.2万吨，初步实现冷链食品来源可溯、去向可查。落实集中监管，集中监管仓入库货柜83条，入库进口冻品2171吨，抽检样本3313份，排除新冠肺炎病毒传播风险。加强宣传培训，拍摄《进口冷链食品经营单位须知》短视频，通过线上线下相结合方式开展培训宣传。

2021年8月6日，太仓市市场监管人员开展进口冷链食品安全检查

（闫佳文摄）

【食品生产监管】 2021年，太仓市对各食品生产企业开展风险排查，实施风险分级管理，根据风险等级进行监督检查。开展食品添加剂、芝麻油、食醋、肉制品、调味面制品生产专项整治，推行“双随机、一公开”抽查机制，探索跨部门联合检查模式。完善食品生产领域食品安全风险排查防控制度机制，开展第三方风险排查工作，梳理风险点，帮助企业完善管理体系、改进生产工艺、提高产品质量。实施肉制品质量提升行动，鼓励企业建立和实施HACCP（鉴别、评价和控制对食品安全至关重要的危害的一种体系）等管理体系，推动食品产业高质量发展。督促企业定期开展食品安全自查，加强全员、全过程、全链条风险管理，企业自查率100%。督促企业参加食品安全管理员考试，覆盖率100%、合格率100%。构建“指导帮扶、宣传带

2021 年 8 月 27 日，太仓市市场监管人员开展学生用品产品质量监督抽检
（闫佳文摄）

货、文旅融合”三位一体服务体系，助推食品小作坊提档升级，中央电视台四套《中国缘》栏目《与世界对话的小城》系列之《幸福的面包》，专题讲述德国人欧文在太仓经营的面包坊，见证太仓食品小作坊发展之路。

【食品经营监管】 2021 年，太仓市加强食品经营环节监管，坚持问题导向与底线思维，严防各类食品安全事故发生。开展高风险食品业态经营者隐患排查，强化集体用餐配送单位、中央厨房监督检查和抽检，结合“你点我检”“知识培训”“监督抽检”“公示曝光”等举措，强化高风险食品业态经营者主体责任落实。实施校园食品安全守护行动，实现学校食堂评级良好及以上 100%，优秀率 90.2%，获评五常示范单位学校食堂 73 家。实施食用农产品质量安全守护行动，以“苏源 e 码通”平台建设为抓手，加强对江南农副食品城、学校食堂食材配送单位、农贸市场等涉农经营单位指导，强化溯源管理，规范经营行为。开展养老机构食品安全水平提升行动，实现全市养老机构“视频监控式明厨亮灶”覆盖率 100%，完成养老机构食堂食品安全量化评级良好及以上等级率 100% 目标，获评五常示范单位养老机构 4 家。开展重大活动食品安全监管，保障“两会”、竞走赛、高考等 15 场重大活动 282 餐次 8.98 万人次用餐安全。开展网络餐饮专项治理行动，明确“线上线下齐抓共管”原则，以特定网络餐饮服务集中区整治为抓手，督促网络餐饮服务第三方平台提供者及餐饮服务提供者履行食品安全法定义务、规范经营行为。

【药械行政许可优化】 2021 年，太仓市优化药械行政许可、备案流程，增速办事效率，做好政策咨询解答服务，快速受理、审批许可和备案申请，压缩相对人申请审批时间，提升行政审批效能。全年共计核发药品经营许可证 22 家，变更药品经营许可证 187 家，换发药品经营许可证 78 家，完成一类生产企业备案 12 家，二类经营备案 48 家，三类器械经营许可 28 家。全市共有药品批发企业 2 家，注册地在太仓的药品零售连锁企业 3 家，药品零售企业含连锁门店 342 家。有医疗器械批发企业 92 家，零售企业 403 家。

【药品药械安全监管】 2021 年，太仓市排查疫苗管理和预防接种风险隐患，实现全年三轮全覆盖监督检查，压实疫苗配送单位、疾控机构、接种单位主体责任。统筹部署安排药品流通环节专项检查、药品网络销售违法违规行为专项整治、含兴奋剂药品零售专项检查、国家集采中选药品质量监管、中药饮片专项整治等工作。根据医疗器械风险程度、医疗器械经营企业业态、医疗机构级别等次、质量管理水平和遵守法规情况，结合医疗器械不良事件及产品投诉状况等因素，把医疗器械经营企业、使用单位分为不同类别，并按照属地监管原则，实施分级动态管理活动。全年共检查医疗器械经营企业 405 家，综合监管率 205.56%，检查医疗机构 165 家，综合监管率 81.28%，二级及以上医院、乡镇中心卫生院、疫苗接种点实现监管全覆盖。加大对医用口罩、医用防护服、新型冠状病毒检测试剂等防疫物资流通、使用环节监管力度。

【化妆品安全监管】 2021 年，太仓市围绕化妆品安全主题，强化市场监管，突出监管执法，确保全市化妆品市场安全。落实开展“线上净网、线下清源”、儿童化妆品安全等专项行动，加大监管执法力度，重点打击不合格、假冒伪劣、非合法途径进口化妆品等违法行为，开展化妆品不良反应监测工作。

（寿　芸）

就业创业

2021年10月21日，太仓市举办“乐就太仓·百校千企”人力资源供需洽谈会暨职业技能人才培养高峰论坛（陈　苍摄）

【概况】 2021年，太仓市贯彻落实上级稳就业保就业各项决策部署，实施“乐就太仓”公共就业创业服务提质工程，加大基层公共服务公益性岗位开发力度。全年城镇新增就业1.18万人，城镇登记失业率1.75%，应届毕业生就业率97.91%，开发公益性岗位175个，支持成功自主创业2705人，扶持农民自主创业795人，引领大学生创业350人，创业带动就业11348人。

【企业用工服务】 2021年，太仓市贯彻落实“稳岗惠企十条”政策，发放稳岗返还资金7968.52万元。开展强化企业用工服务“八个一”专项行动（开展一次企业用工需求专项调查、完善一项重点企业联系制度、增开一次周末招聘专场、拓展一批新的劳务合作基地、打造“一键直达”就业平台、支持一批企业拓展技能培训、集中开展一次市场秩序整治、开展一系列人社宣传服务），用工备案数30.88万人。安置就业困难人员7952人次，支持城乡就业困难人员就业，再就业7918人。举办“乐就太仓、职等你来”直播带岗活动，召集“百校千企”开展人力资源供需洽谈，构建企业用工风险背调服务平台，深化跨地区人力资源服务和劳务协作交流机制，新建劳务合作基地、校企合作基地25个。开展“砺芒青年发展计划”，组织青年（含高校毕业生）参加就业见习人数386人。

【创业带动就业】 2021年，太仓市承办苏州市SYB（创办你的企业）创业培训师资班，推荐《建立一个好的企业构思，挖掘好的企业构思》创业培训微课在“创响江苏”创业培训讲师大赛获奖并入围国赛，推荐标兵候选人陈舟获江苏省“十大创业标兵”称号。建设“互联网+创业培训”云平台，打造“电子商务进社区”“互联网思维与农业电商”等特色创业培训班，培养一批“善耕种、懂管理、会经营”的新型农创人才，全年开展特色创业培训4期，共计112人次。认定太仓市创业孵化基地4个，在浙江省嘉兴市、上海市举办“红领娄创”创业孵化基地交流活动，发放绩效考核奖励126万元、认定补贴32万元。

【职业技能培训】 2021年，太仓市通过职业技能鉴定取得职业资格证书或职业技能等级证书1.17万人，培养高技能人才6703人，其中技师及高级技师201人。完成新职业“造纸工”的江苏省行业评价规范开发，并被列入国家职业技能标准开发计划。开展职业技能提升行动，受理申报开展岗前培训企业50家、岗位技能提升培训企业123家、新型学徒制培训企业11家，新增职业技能等级认定备案企业70家。开展补贴性职业技能培训4.32万人次，其中“留苏优技”项目制培训1.08万人次，岗前培训2857人次，岗位技能提升培训9220人次，新型学徒制培训350人次，城乡劳动者就业技能培训3554人次，新生代农民工职业技能培训5131人次。职业技能提升行动专户支出4494.71万元。

【劳动权益保护】 2021年，太仓市落实《保障农民工工资支付条例》，劳动保障监察机构受理举报投诉4159件，其中省人社一体化信息平台受理514件，窗口受理486件，“12345”联动平台移送投诉举报违法线索3159条。接收全国根治欠薪平台移送欠薪线索749条，全年办结率100%。开展劳动保障书面审查，涉及用人单位1421家，覆盖15.23万人。开展女职工劳动保护专项检查，抽查用人单位19家，涉及女职工1647人。开展人力资源市场专项整治，检查各类人力资源服务机构77家，现场责令改正10家，要求限期改正1家，当场责令关闭1家。开展危化企业劳动用工专项检查，检查危化品、医药、烟花爆竹企业92家。开展夏季高温劳动保护专项检查，检查企业53家，涉及职工1.16万人。开展根治欠薪夏季专项行动，检查用人单位20家，涉及职工670人。信访部门办理群众来信来访50件，窗口接访714起，“12345”综治联动平台派件2103件。“12333”社会保障咨询平台接听电话14.87万起，接通率69.79%，满意率99.77%。

【事业单位人事管理】 2021年，太仓市录用事业单位工作人员103人、教育系统工作人员361人、卫健系统工作人员95人，公开选聘部分高校优秀毕业生36人。统筹优化、综合设置事业单位职能机构，全年核准事业单位岗位设置方案36家，涉及岗位总量6747个，首次核准教育系统备案制岗位416个。办理事业单位股级职务审核48人，核批“双肩挑”人员（同时在管理岗位和专业技术岗位任职的人员）16人，办理市内外调动25人，核准内部流动20人，办理事业单位解聘97人，合同鉴证5059人，审核事业单位年终考核1.15万人，嘉奖2322人。

【专业技术人员管理】 2021年，太仓市政府和中国德国商会在太仓签署AHK学院战略合作协议，全国首个AHK学院落户太仓，推动太仓双元制职业教育向纵深发展。开展德系职业资格比照认定职称资格和德资企业机械工程类中级职称工作，通过比照认定取得职称证书7人，通过评审答辩取得中级职称16人。7月，发布全国首个中德专技人才评价证书互认目录。举办2021年Meister（工业大师证）现场管理培训班，培养具有国际水平的现场管理人才。全年获评初级职称1736人、中级职称670人、高级以上职称368人。

（吴可菲）

教　育

综　述

【概况】 2021年，太仓市拥有高等职业技术学院1所，在校学生9493人，教职工369人；普通中等职业学校1所，在校学生3617人，教职工356人；普通中学19所（其中高中4所，初中15所），在校学生27022人，教职工2429人；小学39所，在校学生54154人，教职工3395人；特殊教育学校1所，在校学生107人，教职工32人；幼儿园59所，在园儿童22317人，教职工2079人。开放大学1所，老年大学1所，社区教育中心9个，在建普通高校2所。

2021年太仓市教育事业基本情况一览表

表54

学校类型	学校数（所）	班级数（个）	毕业生数（人）	招生数（人）	在校学生数（人）	毕业班学生数（人）	教职工（人）	
							合计	专任教师
高等院校	1	315	1696	2762	9493	3919	369	289
中等职业学校	1	121	1159	1334	3617	1159	356	320
普通中学	19	591	7956	9750	27022	8387	2429	2244
高中（十二年一贯制）	4	164	2125	2710	7316	2262	787	710
初中（九年一贯制）	15	427	5831	7040	19706	6125	1642	1534
小学	39	1283	7365	9433	54154	7919	3395	3124
特殊学校	1	8	19	18	107	25	32	25
幼儿园	59	685	6972	6977	22317	7314	2079	1398
非学校单位	7	—	—	—	—	—	138	—

【教育投入】 2021年，太仓市教育经费总收入34.08亿元，较上年增加3.47亿元，增长11.34%。年内，太仓市教育局谋划“十四五”学校建设规划布局，协助做好10个片区控制性详细规划的编修工作，制定《太仓市“十四五”期间镇（区）新建改扩建中小学、幼儿园项目库》，编制完成《太仓市“十四五”教育设施布局专项规划》，推进城乡学校布局更加合理。推进2021年市人大1号议案及苏州、太仓两级政府实事工程项目建设。推进在建及拟新建、改扩建学校项目45个，建成后新增学位3.21万个。太仓市沙溪镇第一小学、太仓市实验小学高新区校区等11个学校项目竣工投用，秋季新增学位9135个。落实贫困生资助政策，资助学生5531人次，资助金额481.7万元。

【学前教育】 2021年，太仓市推进区域课程游戏化省级项目，召开省级区域课程游戏化项目建设推进会，成立项目研究共同体3个，评选项目领衔园9个，完成项目种子教师工作坊培训2期。推进省、市优质园创建和复审工作，创建省优质幼儿园6所，完成苏州市优质园复审工作幼儿园2所。省、市优质园在园幼儿占比87.5%，在公办和普惠性民办幼儿园就读幼儿占比92.1%。召开太仓市学前教育工作会议，做好国家县域学前教育普及普惠县的创建前期准备工作。

【义务教育】 2021年，太仓市在获评“江苏省义务教育优质均衡发展县”基础上，被省政府推荐为全省首批创建全国义务教育优质均衡发展县。年内，太仓市抓好薄弱项目整改落实，巩固提升创建成果。制定《太仓市幼儿园与小学科学衔接攻坚行动实施方案》，推进“幼小衔接”课程开发与实施。实施小学生“品质培养计划”、初中学校“强校计划”，集团化办学全覆盖。创新课堂形式，革新教育生态，提升区域办学水平和教育质量。

【普通高中教育】 2021年，太仓市召开普通高中全面提高教育质量工作会议，部署2022年高中教育工作重点和主要任务。推进娄江新城高中建设项目前期工作，加快3所四星级高中相关项目建设，在江苏省太仓中等专业学校创设综合高中班，启用江苏省太仓中等专业学校港城校区。推进江苏省太仓高级中学“飞天志远班”办学模式，推进“小初高”贯通一体化培养模式。提升教育教学质量，全市高考特殊类型达线人数875人，达线率52.15%，较上年本一达线率提高9.1个百分点。江苏省太仓高级中学获评2020年度全省教科研工作先进集体，江苏省沙溪高级中学获评江苏省体育特色项目学校，太仓市明德高级中学获评2021年江苏省智慧校园。

2021年8月25日，太仓市初中学校“强校计划”启动仪式在市第一中学举行（顾 珲摄）

【特殊教育】 2021年，太仓市实施第二期特殊教育提升计划，组织教师参与省市特教专职教师培训，建立融合教育工作平台，加强特殊教育专业力量。举办“培智教育育人方式改革创新”研讨会，持续放大特殊教育辐射力、影响力。开展专业教育安置评估，对适龄残疾儿童少年开展义务教育入学情况监测，为每个特殊儿童提供优质教育保障。太仓市特殊教育学校、太仓市城厢镇第四小学、江苏省太仓中等专业学校3所学校获评苏州市特殊教育工作先进集体，获评苏州市特教园丁奖教师6人。太仓市特殊教育学校的《多向“走学”：培智学校育人模式的十年创新探索》获2021年省基础教育类教学成果特等奖。

【职业教育】 2021年，太仓市深化“双元制”教育本土化实践，推进五项提升行动，完成江苏省太仓中等专业学校领航学校建设各项阶段性指标。制定《太仓市中等职业教育高质量办学综合评估考核标准（试行）》，开展中等职业教育高质量办学综合评估督导。太仓市“双元制”教育研究院完成民办非企业单位注册。开启“一校两区”集团化办学新路径，江苏省太仓中等专业学校港城校区与玖龙纸业（太仓）有限公司、奕瑞影像科技（太仓）有限公司等20余家港区企业共建合作平台。亿迈齿轮（太仓）有限公司、慕贝尔汽车部件（太仓）有限公司、昭衍（苏州）新药研究中心有限公司3家企业获评苏州市2021年产教融合型试点企业。与广西壮族自治区容县、天津市北辰区、宿迁市宿城区等地联合开启“企—校—校”跨区域培养“双元制”学徒，获评2021年苏州市级现代学徒制建设项目专业2个。《双元制职业教育，师资队伍人员能力评价规范》立项为2021年度第一批苏州市地方标准。运维教学团队获评省职业教育教师教学创新团队，现代学徒制工作室获评第五批苏州市名师工作室，入选全国行业职业教育教学指导委员会委员教师1人。获2021年江苏省职业教育类教学成果特等奖

2项，一、二等奖3项。推动江苏省太仓中等专业学校与德国ETS缔结友好学校，开展"双元制"工业商务本科项目合作，AHK毕业考试、"1+X"证书考试通过率分别为93%、100%。2021年江苏省太仓中等专业学校对口单招本科达线率提升至38.71%。

【民办教育】 2021年，太仓市制定《关于进一步规范和支持民办教育发展的实施意见》《太仓市民办教育高质量发展专项资金奖补管理办法》，加快技术装备更新改造和提档升级，改善民办学校办学条件。加强民办学校监管，对民办学校、民办幼儿园（非普惠）、普惠性民办幼儿园开展年度办学水平考核，推动民办学校健康均衡发展。引进西交利物浦大学附属太仓实验学校等民办学校，调优公办民办教育结构。

【社区教育】 2021年，太仓市沙溪镇社区教育中心、城厢镇社区教育中心立项为苏州市示范性社区教育中心，沙溪镇、科教新城2个项目获评苏州市社区教育游学项目。太仓市举办第二届社区教育教师能力大赛，获苏州市社区教育教师能力大赛二等奖3项。开展"智学手机·乐享生活"老年人智能手机学习教学系列活动近20场。开展社区教育相关评比，获评省级学习之星、社区教育优秀志愿者、社区教育先进工作者及苏州市"百姓学习之星"各1人。获评第三批社区教育省级"名师工作室"1个，立项江苏省社会教育规划课题2项，《"勤悦育青苗"少儿阅读服务》被评为苏州市社区教育品牌项目。太仓市老年大学沙溪分校获评2021年苏州市"优秀成人继续教育院校"。

【师资队伍建设】 2021年，太仓市制定《太仓市教育系统开展师德师风专题教育活动方案》《关于开展中小学有偿补课和教师违规收受礼品礼金问题专项整治工作的通知》，开展"四史"（中国共产党史、新中国史、改革开放史、社会主义发展史）学习教育等六大系列活动。结合庆祝第37个教师节活动，选树师德师能典型，入选"苏

2021年6月28日，太仓师风馆在太仓市社会实践基地揭牌开馆

（顾　珲摄）

教名家培养对象"2人，入选"江苏省乡村青年教师奖励计划培养对象"2人，获评"江苏省优秀教师"1人，获评"苏州时代新人"1人，获评太仓市"师德标兵"45人，获评苏州、太仓"四有"（有理想信息、有道德情操、有扎实学识、有仁爱之心）好教师团队14个。获评江苏省特级教师3人、江苏省评优课一等奖4人。完成"4225"（3年内引进教育特聘人才40人，选拔培养姑苏教育名家2人、姑苏教育领军人才和省特级教师20人、姑苏青年拔尖人才和苏州市名教师50人）教育人才计划，修订《太仓市教育人才计划实施细则》，全年共引进高层次教育人才10人。加强优秀师资队伍源头储备，完善优秀高中毕业生报考师范类专业奖励政策，实施乡村师范生定向招录工作，签约师范生32人和乡村定向师范生60人，招聘优秀毕业生463人。健全义务教育教师工资随当地公务员待遇调整的长效联动机制。制定《太仓市幼儿园新教师选岗管理办法（试行）》，完成2021年幼儿园新教师积分选岗。优化岗位设置，创新实施岗位总量和设置方案动态管理制度，统筹推进备案制教师纳入全市教师岗位一体化管理，完成第四轮教师专技岗位调整工作535人。推进教师职称评聘改革，完成教师转正定级483人，晋升正高级、高级、中级教师职务分别为3人、66人、164人。优化教师培育顶层设计，完善"四层九级六模式"教师专业发展模式，构建教师专业化培训体系。组织17个名师工作室、20个乡村培育站成果展示，推进第三期名师俱乐部、第四期名师研修班、第五期骨干教师高级研修班线上线下活动。完成新教师职初考核1200余人，激发新教师主动发展意识。江苏省沙溪高级中学等8所学校被评为苏州市教师发展示范基地学校。

【素质教育】 2021年，太仓市围绕《中华人民共和国未成年人保护法》和"五项管理"（手机管理、睡眠管理、读物管理、作业管理、体质管理）对学校的要求，完善未成年人思想道德建设工作联席会议制度，强化部门协同联动、学段融通共享的育人工作衔接，初步形成"政府主导、学校组织、家长参与、社会支持"的育人工作局面。成立市中小学德育工作指导委员会，表彰太仓市教育系统首批教育挚友8个，建立未成年人健康成长服务中心"三位一体"工作机制。建有"社工进校园"试点校18所。全年"林老师"讲师团开展活动48场次，受众近2.5万人次。创新清单式进校园活动管理，有效链接各类资源，完善清单式管理进校园"需求""供给""服务"3份清单，推动服务清单数量较上年下降60%，为教师营造专心从教的良好环境。围绕庆祝中国共产党成立100周年，开展"学四史，知未来""从小学党史，永远跟党走"等系列主题活动，引导青少年坚定回答"请党放心，

2021年4月29日，太仓市青少年党史学习教育暨“童心向党”主题活动启动仪式在双凤镇新湖小学举行（**市教育局**供稿）

强国有我”。江苏省太仓中等专业学校获评省职业院校创新创业大赛党史知识竞赛亚军。抓实“学雷锋”志愿服务活动，获评苏州市优秀教育志愿服务项目9个。江苏省沙溪高级中学、太仓市实验中学等5所学校获评江苏省文明校园，太仓市朱棣文小学等22所学校获评苏州市文明校园。市学生合唱团获世界和平合唱节童声组金奖。“8”字跳绳比赛获全国第14届学生运动会冠军并破全国纪录。太仓市高新区第二小学男足、太仓市双凤小学女篮获省冠军。武术比赛获苏州市团体总分第一名，武术进校园活动在《中国教育报》刊登宣传。获评苏州市十佳阳光团队社团10个。制定《新时代太仓市中小学校劳动教育评价实施细则（试行）》，发布劳动清单4个，推进建设劳动教育实践基地10个，探索劳动教育融合育人。举办第二届学生节、第11届艺术节、青少年党史学习教育“十百千”工程等，构建“班会秀、忆百年”等活动系列和宣传矩阵12个。“德育新时空”品牌获评2020年太仓市精神文明建设“十佳新事”之一。加强德育课程建设，推进学校品格提升工程项目，立项省市级品格提升工程10个。推出“新时空·心课堂”中小学线上课程250节、家庭教育指导精品课程15节，发布红色研学线路4条。实现德育工作“一校一品”中小学全覆盖。加快德育队伍建设，4个苏州市级德育类工作室、11个太仓市功勋班主任工作室常态化开展活动。开展全市思政课骨干教师培训班，举办优质课评比和示范课展示活动。获评苏州、太仓市级各类德育荣誉教师102人。

【**教育信息化建设**】 2021年，太仓市制定智慧校园建设标准，推进学校智慧技防建设项目，优化太仓智慧教育云平台，开展学习图谱精准化教学项目，抓好线上线下融合教学设备保障。创建苏州市四星级智慧校园学校3所，入选苏州市青少年数字公民培育计划项目名单学校7所，参与全国“家校共育”数字化试验区建设学校20所。研制开发全市教育竞赛评比管理平台、教育师资人事综合管理平台，升级太仓教育新生入学信息采集系统和学生课外阅读平台。全年太仓教育微信公众号发布微信552条，总阅读量200万次，关注人数超17.3万人。制定《太仓市云上教育同城帮扶项目实施方案（试行）》，优化升级同城帮扶体制机制，增加主讲、听课教室73间，新市民子女学校听课教室覆盖率超30%。市教育局获评2021年苏州市云上教育同城帮扶工作“先进集体”。

【**“活力教育”建设**】 2012年，太仓市深化“活力课堂”建设，开展“活力研训”“学科半日”等系列主题研训活动，推进课堂教学方式改革。高中历史、高中数学、小学体育、小学心理获省评优课比赛一等奖，初中英语获省二等奖。录制国家精品视频微课30节，承办苏州市初中课改展示活动。推动市级课程衔接研究试点，成立科学课程衔接研究共同体12个。

【**教育科研发展**】 2021年，太仓市成立谈松华教育综合改革研究工作室，启动基础教育重大改革。开展教育部重点课题“政社协同视域下县域教育治理创新的行动研究”专项研究，完成专著初稿撰写。推进各级各类课题申报，全市课题入围省级课题评审39个，超苏州平均水平。太仓市科教新城实验小学获2021年度江苏省教育研究成果一等奖。全年学校发表省级及以上论文935篇，省级及以上获奖142篇。

【**教育拔尖人才培养**】 2021年，太仓市探索完善基础教育与高等教育贯通培育机制。承办基础学科拔尖创新人才培养座谈会，以优秀教师培养、优势学科选育、高端竞赛等项目为纽带，开展市级拔尖创新人才培养示范校设点布局，构建城乡互促的拔尖创新人才格局。强化学校内涵品质提升，全年投入内涵建设项目经费1000万元，获评省市级内涵建设项目73个。获江苏省五大学科类奥赛一等奖9人，二等奖、三等奖128人。获科技类及其他类国家级比赛一、二等奖105人。启动省前瞻性教学改革，推进重大实验项目——区域推进中小学学生发展指导的实践探索，建立首批市学生发展指导实践基地10个，相关工作经验在《光明日报》等媒体宣传报道。

【**教育重点项目质量提升**】 2021年，太仓市建立健全城乡学校创新创优机制。修订完善创新创优评审办法，常态化开展项目化申报、一体化推进、多元化考评，推动教育改革守正创新。江苏省沙溪高级中学、太仓市实验小学等7所学校申报2021年苏州市课程基地建设项目。区域教育教学优秀典型事迹和经验在《中国教育报》、“学习强国”客户端、江苏省教育厅网站等媒体刊登报道31篇。

【“双减”工作】 2021年，太仓市成立“双减”工作领导小组和专班，推进“双减”（减轻义务教育阶段学生过重作业负担和校外培训负担）工作。强化学校教育主阵地作用，提升课堂教育教学质量和作业管理水平，持续推进校本化作业体系建设。开展首届优秀作业案例演讲与答辩比赛，小学数学获苏州市作业设计评比一等奖2个。升级课后服务，推动义务段学校课后服务班级全覆盖，学生参与率82%，开设体艺和科技类社团1839个。协同规范校外培训机构，成立市校外培训规范治理工作专班，牵头召开校外培训机构治理专项工作会议，开展校外培训机构“双随机”检查。指导全市学科类培训机构完成办学分类选择，义务教育阶段学科类培训机构压减率100%。

【教育交流协作】 2021年，太仓市紧扣融入上海战略，引进上海高端化、品牌化教育资源。重构教育联盟集团化矩阵，打造集团化办学升级版，实现义务教育集团化办学全覆盖。探索和完善“一校两区”集团化办学模式。深化“嘉昆太”区域联盟合作，推进江苏省太仓高级中学、太仓市第一中学、太仓市艺术幼教中心与上海名校结对共建，实现优质教育资源互联共享。加强与省内外科研院所合作，探索一体化办班、委托培养、名师带教指导等工作，全年到太仓讲学指导专家225人。深化东西部两地教育深度融合，陆振东、钱月琴等11名骨干教师赴陕西省、新疆支教帮扶。

【教育督导与评估】 2021年，太仓市落实《关于深化新时代教育督导体制机制改革实施意见》，制定乡镇履职任务清单，乡镇履职取得实效。对江苏省太仓中等专业学校、城厢镇第一小学等12所学校开展素质教育综合督导，对太仓市第一中学、双凤中学等9所学校开展督导“回头看”。对太仓市实验幼儿园、太仓市新城幼儿园等12所幼儿园开展办园行为评估。召开中小学专项督查工作部署会，对江苏省沙溪高级中学等27所学校开展“五项管理”专项督查。做好教育质量监测，组织19所中小学部分家长参加苏州市义务教育阶段学生家庭教育状况问卷，45个教育质量监测结果运用优秀案例获苏州立项。

【学校疫情防控工作】 2021年，太仓市坚持新冠肺炎疫情防控和教育教学两手抓。常态化推进新冠肺炎疫情防控工作，织密疫情防控网络、筑牢疫情防控屏障，守住“教育系统防线”。建立平急转换、“一人一台账”等机制，严控大型活动，落实出行报批等制度。推进每周5%核酸检测和3~17岁学生疫苗接种工作，继续实现“零感染”目标。

【校园和校车专项整治】 2021年，太仓市落实智慧技防校园计划，逐步完善校园全景视频监控系统等设施设备配备。一体化推进校车、危化品等安全专项治理行动，开展校园安全专项整治行动38轮，发现并整改隐患问题86个，处置实验室危化品2.28吨。获苏州、太仓“无诈校园”等称号的学校23所。太仓市小学组获苏州市青少年网络信息安全应用能力竞赛特等奖。

（陈　叶）

苏州健雄职业技术学院

【概况】 苏州健雄职业技术学院是一所由太仓市人民政府创办，经江苏省人民政府批准、教育部备案的普通高等学校，主要面向普通高中和中等职业学校招生，以三年制专科生培养为主，兼顾成人教育和社会培训。2021年，苏州健雄职业技术学院普通类招生录取2738人（含社会招生录取116人），有全日制在校生9557人（社会招生全日制学生1808人）。继续教育录取各类新生3515人，社会培训1.51万人次。2021届毕业生就业率98.33%，获“高校毕业生就业工作量化考核A类”嘉奖。年内，苏州健雄职业技术学院被评为江苏省中国特色高水平高职学校建设培育单位。

【学院科系及专业建设】 2021年，苏州健雄职业技术学院设专业34个，设有智能制造学院、生物医药学院、人工智能学院、经济管理学院、艺术设计学院、创新创业学院、中德双元制学院、社会教育学院等二级学院8个。全年新增药学、人工智能技术应用和标准化技术专业3个，其中标准化技术专业是全国高职第一个设置的院校。年内，苏州健雄职业技术学院联合常州大学建设“4+0”本科培养项目1个，联合常熟理工学院、江苏理工学院、无锡太湖学院、常州大学、盐城工学院建设“3+2”本科项目5个。

【师资队伍】 2021年，苏州健雄职业技术学院有教职工395人，其中专任教师295人，高级职称教师占比41%、硕士以上学位教师占比85%（博士学位教师36人，占比12.2%）、双师素质教师占比91%。全年学院高层次人

2021年4月14—15日，苏州健雄职业技术学院承办2021年江苏省职业技能大赛。图为成绩发布会
（健雄学院供稿）

才总量实现翻番，新引进博士教师 25 人、辅导员 9 人。在省级以上人才项目评选中，机电一体化技术团队获评江苏省职业教育教学创新团队，药品生物技术专业教学团队获评江苏省高校“青蓝工程”优秀教学团队。获评江苏省教育系统先进个人（优秀教师）1 人，入选江苏省高校“青蓝工程”人才项目 3 人，获评江苏省技术能手 2 人，企业兼职教师获评江苏省产业教授 3 人，1 人入围江苏省辅导员年度人物，1 人获江苏高校万名团干部思政技能大比武一等奖。

【科技与社会服务】 2021 年，苏州健雄职业技术学院申报“江苏省新型肿瘤靶向偶联药物工程研究中心”获省发改委立项建设，《智能取水栓的设计》项目获批省科技厅产学研合作项目，《多元模块工程改造酿酒酵母代谢途径合成天麻素的研究》立项省高等学校自然科学研究项目，《新时代高校德育与美育协同育人路径研究》立项省教育厅哲学社会科学重大项目，樊奇的著作《全球价值链下中国制造企业运营研究》获江苏省高校哲学社会科学研究成果三等奖。年内，苏州健雄职业技术学院联合上海开放大学（上海工匠学院）成立沪太工匠学院，为新时代产业工人开展技能培训，全年共计参训 3199 人次。获批省安全生产培训示范职业院校建设单位，获评省级中小学职业体验中心 1 个、苏州工匠实训基地 1 个，全年完成社会培训 1.51 万人次。

【产教融合】 2021 年，苏州健雄职业技术学院启动长三角中德双元制国际教育园建设，入选苏锡常都市圈职业教育高质量发展标杆项目。与太仓市华盈电子材料有限公司、昭衍（苏州）新药研究中心有限公司建成企业（产业）学院 2 个，昭衍学院获评苏州市职业院校优秀企业学院。与亿迈齿轮（太仓）有限公司、通快（中国）有限公司、舍弗勒（中国）有限公司等在太仓德企实施双元制合作培养。年内，与亿迈齿轮（太仓）有限公司联合培养的首届双元制班毕业学生 16 人。与苏州口水娃食品有限公司共建电商直播实训室，培养新零售直播人才。编写的《双元制职业教育人才培养指南》获省市场监管局的地方标准建设立项，《双元制职业教育综合标准化试点》获省战略性新兴产业和服务业标准化试点项目，《双元制职业教育培训中心建设规范》作为苏州市地方标准颁布实施。

【对德职业教育合作】 2021 年，苏州健雄职业技术学院入选长三角智能制造中德职业教育产教联盟副理事长单位，获批成立“全国 AHK 德国双元制职业教育联盟”。承办省高职教育热点“德国双元制本土化系统方案设计与实施”专项培训。与上海开放大学和德国哈根远程大学等国内外高校联合成立联盟，共同开发中德开放在线学习平台。与德国马格德堡大学、萨克森安特交通学院签订友好学校，与德国比勒费尔德中等企业应用技术大学签订中德合作办学协议，与亿迈齿轮（太仓）有限公司签约开展联合培养德国短期留学生项目。引进德国职业教育集团，深度参与修订《太仓市对德合作专项补充意见十一条（试行）》，为太仓深入开展对德合作提供建议。

（陆梦朕）

西北工业大学太仓校区

【概况】 西北工业大学（简称“西工大”）太仓校区是太仓市人民政府与西北工业大学响应国家创新驱动、制造强国、军民融合发展战略，围绕人才培养、科研创新、学科拓展、国际交流、产业融合等主题，在太仓市合作共建的具有世界一流标准的校区，是西北工业大学“一校三区”办学格局（友谊校区、长安校区、太仓校区）的重要组成部分。西工大太仓校区聚焦国家重大发展战略需求，锚定增量，错位发展，聚焦民用航空、卫星应用、信息技术、新能源、新材料、智能装备与制造等领域，培养高素质领军人才，建设国家重点实验室集群，推动基础研究与应用研究融通发展，发展新兴交叉学科，开展国际合作，建设具有中国特色、国际影响的创新中心和人才高地，打造学校事业发展新的增长极。目标建设民航学院等专业学院 10 个，设立先进核能材料研究中心等研究中心 10 个，校区可容纳 1 万人，教职员工约 2500 人。西工大太仓校区选址太仓娄江新城科教创新区太仓大道以北、339 省道以南、G15 高速以东、白云渡路以西，规划占地 105.07 公顷，总建筑面积 94.3 万平方米，总投资 50 亿元。按照“整体规划设计、分期建设验收、分期移交使用”总体思路，采取“交钥匙工程”模式合作办学。2021 年 9 月，首批建设的东西教学综合体、文体综合楼、学生宿舍、教师周转公寓等 10 幢建筑交付校方使用。

【校区建设推进】 2021 年 1 月 5 日，西工大太仓校区一期项目土建工程封

2021 年 7 月，西北工业大学太仓校区教学综合体外景　（沈懿婷摄）

顶。1月28日，太仓市成立西工大“保竣工保投用”工作专班。4月6日，举行“鏖战百日庆百年，吹响‘双保’冲锋号”——西工大太仓校区一期项目百日倒计时誓师大会。4月15日，太仓市人民政府与西北工业大学签订共建西北工业大学太仓校区谅解备忘录。5月26日，太仓市组织召开一期项目竣工验收协调暨倒计时50天工作推进会。6月15日，市委组织召开“决战30天”暨开学准备工作现场推进会。7月15日，西工大太仓校区一期建设竣工。9月，西工大太仓校区交付校方使用。

【组织管理架构】 2021年，西工大成立“太仓校区建设领导小组”负责统筹太仓校区建设各项工作。太仓校区党工委作为学校党委的派出机构，负责具体指导太仓校区党组织开展工作，领导太仓校区的思想政治工作、意识形态工作和统一战线工作，领导工会、共青团、学生会（研究生会）等群团组织和学生社团组织。太仓校区管理委员会，具体负责太仓校区建设和管理运行工作。太仓校区教学运行管理中心、太仓校区学生事务中心、太仓校区综合保障中心负责校区相关业务。西工大各职能部门采取职能延伸等方式管理太仓校区具体事务。太仓校区成立软件学院、微电子学院、网络空间安全学院、民航学院，筹建清洁与可再生能源学院、商学院、海洋学院、国际设计学院、中德学院。

【办学和科研能力】 2021年，西工大太仓校区建成包含精雕微米级智能制造实践基地等在内的公共实验室（平台）21个，科研实验设备仪器共计2200台（套）。完成建设多媒体教室77间、公共实验室45间、智慧教室13间、标准化考场54间。年内，人才引育工作成效显著，4个入驻学院招聘专任教师144人，其中国家级高层次人才5人，具有海外博士学位60人，占比41.7%；具有国内一流大学博士学位61人，占比42.4%。新进教师中，世界排名前100名顶尖名校博士学位教师占比20%，前300名高校博士学位教师占比71%，前500名高校博士学位教师占比88%。

（王　斌）

西交利物浦大学太仓校区

【概况】 西交利物浦大学太仓校区（以下简称“西浦太仓校区”）是西交利物浦大学两个校区之一，位于太仓市娄江新城科教创新区太仓大道以南、万金路以西、江南路以北、G15高速以东，总占地36.4公顷，总建筑面积49.7万平方米。按照“整体规划、分步实施”原则开发建设。西浦太仓校区旨在探索培养在人工智能和机器人等领域引领未来新行业高端人才教育模式、未来大学新概念、未来大学校园新模式，建成后将开办不少于7个专业学院，设置不少于7个本科专业及相应的硕士、博士学位授权点。西浦太仓校区各学院2019届、2020届共600名学生完成2021年度行业发展训练计划，截至2021年年底，西浦太仓校区七大学院到岗专任全职教师近40人，并继续面向全球公开招聘教师。企业伙伴关系深化拓展，核心行业合作伙伴稳步增加。各学院行业伙伴数量由初创阶段的8家增长至35家，学校依托企业丰富的学术和业界资源，推出校园竞赛、高峰论坛、行业沙龙、实践课题研究、企业参观等各项活动，推动教育链、人才链、产业链、创新链的相互贯通、协同促进。

【校区建设推进】 2021年1月18日，西浦太仓校区学校生活配套设施用房主体完成验收。1月28日，学校生活配套设施用房装饰开工。3月1日，学校生活配套设施用房市政开工。3月5日，太仓市人民政府与西交利物浦大学召开政校合作发展委员会秘书处3月工作会议。5月8日，教学区主体结构封顶。9月10日，太仓市人民政府与西交利物浦大学召开2021年度政校合作发展委员会全体会议。10月8日，教学区跨河连接体钢结构封顶。11月12日，教学区大圆环建筑合拢。11月30日，学校生活配套设施用房项目竣工。12月8日，太仓市人民政府与西交利物浦大学召开政校合作发展委员会秘书处12月工作会议。截至年底，西浦太仓校区生活区竣工，体育场完工，教学区建筑幕墙、内装、市政工程推进施工。

【教学区项目】 西浦太仓校区教学区项目于2020年6月25日开工建设，一期占地29.18公顷，总建筑面积29.3万平方米，主要建设内容包括周长约1千米的环状学习超市、7幢磁铁形综合教学楼等。教学区以“融合”“共生”为核心设计理念，以大圆环串联起7座U形教学、科研、产业、配套等建筑，形成综合而扁平化空间组合。截至2021年年底，完成混凝土浇筑19万立方米、钢筋绑扎2.7万吨、钢结构吊装1万吨、墙体砌筑4.2万立方米、幕墙安装14万平方米。11月12日，完成教学区大圆环建筑合拢，

2021年11月30日，西交利物浦大学太仓校区生活配套设施用房竣工
（沈懿婷摄）

其中大圆环周长约 1 千米，构架高度 30.66 米，环带宽度 17.4 米，用钢量 1.2 万吨。

【生活配套设施用房项目】 2021 年 11 月 30 日，西浦太仓校区生活配套设施用房项目完成竣工验收。项目占地 4.49 公顷，总建筑面积 15.5 万平方米，其中地上面积 12.5 万平方米，地下面积约 3 万平方米，规划商业配套 1.5 万平方米。项目主要包含学生公寓 5 栋、教师公寓 2 栋、师生食堂、下沉式商业广场、地下停车位等对应配套服务用房，满足 6000 名师生住宿和生活、消费需求。

（王　斌）

卫生健康

综　述

【医疗卫生机构概况】 截至 2021 年年底，太仓市有各级各类医疗卫生机构 315 所，其中，三级乙等综合医院、三级乙等中医医院各 1 所，疾病预防控制、卫生监督、妇幼保健计划生育服务、精神卫生防治、卫生培训与健康促进、采供血、医疗急救机构各 1 所，二级专科医院 4 所，护理院 4 所，区域性医疗卫生中心 5 所，社区卫生服务中心 12 所，社区卫生服务站 101 所。市卫生服务体系健全率 100%。

【医疗机构床位数】 截至 2021 年年底，太仓市医疗机构床位数 5096 张，较上年增加 761 张。其中，医院 3838 张，较上年增加 678 张；社区卫生服务中心及卫生院 1226 张，较上年增加 151 张。全市每千常住人口医疗卫生机构床位数 6.07 张（按 83.9 万人计算，下同）

【卫生技术人员】 截至 2021 年年底，太仓市有卫生技术人员 6171 人。其中，执业（助理）医师 2481 人，较上年增加 145 人，增长 6.21%；注册护士 2604 人，较上年增加 181 人，增长 7.47%。全市每千常住人口执业（助理）医师数 2.96 人，每千常住人口注册护士数 3.1 人。

【新冠肺炎疫情防控】 2021 年，太仓市累计确诊新冠肺炎病例 3 例、无症状感染者 4 例，均为输入性病例，无二代病例和聚集性疫情发生。4 批、137 名太仓医疗队员奔赴南京、扬州抗疫。全市全年完成集中隔离医学观察 5085 人次，居家医学观察 1470 人次。接协查密接函 398 起，涉及协查人员 1646 人，全部协查到位，均落实集中医学观察或排除。太仓市核酸检测基地投入使用，市第一人民医院、市中医医院各建成方舱实验室 1 所，全市具备核酸检测资质机构增至 8 家。全市设置市第一人民医院、市中医医院等核酸采样点 11 个，其中太仓友谊医院、太仓长征医院为 24 小时核酸采样点。全市累计接种新冠病毒疫苗 184.23 万剂次，其中首针累计接种 83 万人，首剂接种完成率 88.53%；基础全程累计接种 79.27 万人，基础全程接种完成率 84.55%；完成加强免疫接种 20.38 万人。

【卫生改革】 2021 年，太仓市调整优化医疗卫生机构布局与功能定位，推进瑞金医院太仓分院建设、三甲医院创建、紧密型区域医共体建设、市级大型医院与基层医疗机构合作建设。推进政府实事工程，建成投用市公共卫生中心，完成市疫情防控检验检测能力提升项目，推进市卫生健康科普体验馆建设。印发《关于加快紧密型区域医疗卫生共同体建设的实施方案》，推进市第一人民医院与港区医院紧密型医联体建设。加强长三角地区医疗合作，推进跨区域医联体建设和专（学）科发展，做好与苏州、上海等地知名医院、医学院校合作对接。加强对德合作，全国首个中德糖尿病健康管理项目落地。加强智慧医疗建设，推进京东健康“互联网 + 医联体”项目建设，市第一人民医院互联网医院上线运行；市中医医院互联网医院完成建设。基层移动护理系统完成招标。全市医疗机构收费窗口信息化系统完成改造，医疗收费电子票据系统上线。

（朱云倩）

2021 年 9 月 28 日，太仓市第一人民医院急诊科技楼工程启动
（市卫健委供稿）

公共卫生服务

【基本公共卫生服务项目】 2021 年，太仓市加强基本公共卫生服务项目督导管理，常住人口基本公共卫生服务项目经费标准为 96 元 / 人。全市累计建立居民健康档案 66.06 万份，建档率 91.60%。管理高血压患者 7.31 万人，规范管理率 65.44%；最近一次血压达标人数 5.03 万人，血压控制率 68.84%。管理糖尿病患者 2.08 万人，

规范管理率 68.03%；最近一次血糖达标人数 1.14 万人，血糖控制率 54.8%。新登记管理肿瘤患者 752 人，累计管理肿瘤患者 6045 人；新登记管理脑卒中患者 1994 人，累计管理脑卒中患者 1.19 万人；新登记管理冠心病患者 499 人，累计管理冠心病患者 3472 人。完成老年人中医药健康管理服务 8.4 万人次；完成 60 岁以上老年人健康体检 11.74 万人次，60 岁以上老年人健康管理率 74.12%。管理肺结核患者 232 人，规范服药率 100%。新建儿童预防接种证 1.03 万份，累计建立 0~6 岁儿童预防接种证 5.49 万份，建证率 100%。产后访视 4413 人，产后访视率 98.20%。开展慢性病报告和死因统计，全年死因监测网络直报死亡人数 4655 例。其中男性死亡 2493 例、女性死亡 2162 例。全年全市居民对国家基本公共卫生服务知晓率 99%、满意度 97%。

【社区卫生与农村卫生】 2021 年，太仓市推进基层医疗卫生机构提档升级建设，科教新城、岳王 2 家社区卫生服务中心完工投用，直塘、归庄、金浪、王秀 4 家社区卫生服务中心完成建设，新塘、牌楼、新湖 3 家社区卫生服务中心完成主体结构封顶，陆渡街道社区卫生服务中心同娄江新城医养中心同步建设。璜泾人民医院、城厢镇社区卫生服务中心达到国家“优质服务基层行”推荐标准，获国家卫生健康委、国家中医药管理局通报表扬；沙溪人民医院、璜泾人民医院获评江苏省第四批社区医院；建成家庭医生工作室 50 个，其中科教新城社区卫生服务中心鹊桥社区家庭医生工作室获评江苏省星级家庭医生工作室；璜泾人民医院新华花园卫生服务站、新塘卫生院张桥卫生服务站获评江苏省甲级村卫生室。全市村（居）民委员会依法设置公共卫生委员会 157 个。家庭医生服务重点人群签约率 78.29%。市公共卫生中心挂牌“江苏省基层卫生人员实训基地（太仓）”。

【妇幼保健】 2021 年，太仓市强化母婴健康管理，提高妇幼健康水平。全市孕产妇死亡率为 0，婴儿死亡率 1.56‰，围产儿出生缺陷发生率 7.78‰，5 岁以下儿童死亡率 2.23‰。爱维叶水岸华府幼儿园、凯信幼儿园、华顿幼儿园 3 家托育机构建成普惠性托育机构，爱维叶水岸华府幼儿园获评江苏省及苏州市示范性托育机构。完成新生儿 29 种遗传代谢性疾病免费筛查 4425 例、新生儿听力筛查 4412 例、儿童先天性心脏病免费筛查 4356 例；完成在园儿童视力筛查 2.04 万例。全市 0~6 个月婴儿纯母乳喂养率 66.13%，剖宫产率 44.17%，孕产妇系统管理率 90.57%。全年 0~6 岁儿童健康管理率 98.40%，3 岁以下儿童保健系统管理率 96.92%。完成乳腺癌筛查 2.47 万人、宫颈癌筛查 2.45 万人，妇女“两癌”（宫颈癌和乳腺癌）检查实现全覆盖。全年婚检率 90.62%，新增叶酸服用人数 2494 人。孕产期艾滋病及梅毒、乙肝检测率 100%。

【老年人健康服务】 截至 2021 年年底，太仓市户籍人口 52.59 万人，全市 60 周岁以上老人 15.84 万人，占全市户籍人口 30.12%；80 周岁以上老人 2.86 万人，占全市户籍人口 5.44%。全市有养老机构（护理院）17 家，其中机构床位（护理型床位）数 3949 张。医养结合机构 12 家，其中医疗床位 695 张，养老床位 1151 张。日间照料中心 201 家，医疗卫生机构与日间照料中心等建立签约合作关系 128 对。推进家庭医生服务，完成签约老年人 9.77 万人。举办全市“孝满娄城夕阳美”敬老月活动、“智享时代 · 银龄生活”幸福关爱行动、百岁老人慰问等活动。推进全国示范性老年友好型社区创建，浏河人民医院、璜泾人民医院、颐悦护理院、颐乐护理院、璜泾九如城护理院 5 家医疗机构建成老年友善医疗机构。年内，《“互助养老”让高龄独居老人不再孤独无助》《为银发族搭建起跨越数字鸿沟的温暖桥梁》获评苏州市“积极应对人口老龄化”优秀实践案例。

【卫生监督】 2021 年，太仓市推进医疗卫生行业综合监管，严格执行行政执法“三项制度”（行政执法公示制度、执法全过程记录制度、重大执法决定法制审核制度）、规范卫生执法行为，全年无行政复议、行政诉讼。开展系列卫生监督专项检查 56 次，检查单位 4339 家次。行政处罚立案 124 件，作出行政处罚决定 107 件，结案 88 件，罚没款 239.3 万元。查处无证行医 17 起，移送公安机关 2 人，申请法院强制执行 2 起。实施对医务人员不良执业行为记分 94 人次，共计 127 分。受理举报投诉 216 件，结案率 100%。完成卫生行政许可现场审查 548 件。完成“双随机”监督抽查国家级任务 172 家、省级任务 296 家，其中完成职业卫生省级随机抽查 130 家。年内，获评苏州市卫生系统优秀案例 1 例。

【职业健康】 2021 年，太仓市完成港区、高新区、璜泾镇、双凤镇等 4 个镇（区）工业企业职业病危害现状调查 1729 家。累计完成职业病危害项目申报单位 4347 家，完成工作场所职业病危害因素检测用人单位 2117 家，完成在岗期间职业健康检查用人单位 1733 家，培训职业卫生主要负责人和管理人员 5001 人。开展粉尘危害专项整治三年行动、职业病防治项目监测、职业健康领域风险隐患排查等专项工作，检查用人单位 500 余家次，实施行政处罚 19 家，罚没款 133.4 万元。

【精神卫生】 2021 年，太仓市做好贫困精神病人免费服药及安全检测工作，减轻精神病患者家庭负担，控制精神病患者病情，推进精神分裂症长效针剂试点工作。全市登记在册严重精神疾病患者 3257 人，检出率 4.52‰；完成随访 2980 人，患者管理率 91.5%；在册服药患者数 2913 人，服药率 89.44%。对纳入严重精神疾病规范化管理的病人，按规定落实每年最高 1200 元 / 人经济补助。加快社会心理健康服务体系建设，市级社会心理服务指导中心挂牌，二级及以上综合医院心理（精神）科设置实现全覆盖。

（朱云倩）

医疗服务

【医政管理】 2021年，太仓市推进发热门诊标准化建设，市第一人民医院通过省发热门诊建设标准（2021版）验收，市中医医院按新版要求持续完善，沙溪人民医院按新版要求异地新建。全年发热门诊累计就诊2.47万人次，累计留观60人次。健全院感防控督查工作机制，建立医疗机构自查、网格化督查互查、卫生行政部门重点督查的三级院感防控督查制度，组织各类防控督查21轮次；开展院感防控专项活动、基层医疗机构院感防控百日专项行动，累计出动检查人员500余人次。推动重点专科建设，市第一人民医院麻醉科、泌尿外科、感染科、儿科新确认为苏州市级临床重点专科，妇科通过苏州市级临床重点专科复核；市中医医院肛肠科通过江苏省中医重点专科复核，眼科新确认为苏州市级中医重点专科。全年全市门急诊总数596.88万人次，较上年增长22.69%；出院9.93万人次，较上年增长0.06%；病床使用率69.85%，平均住院日9.8天。

【中医药事业】 2021年，太仓市持续推进公立中医医院综合改革，提升基层医疗机构中医药服务能力，完善中医药服务体系，通过全国基层中医药工作先进单位复审。推动中医药高质量发展，娄东医学流派传承研究所成立投用，名医堂改造完工投用。沙溪人民医院、浏河人民医院等8家医疗机构的中医馆被确认为三级中医馆；港区医院、城厢镇社区卫生服务中心等4家医疗机构的中医馆被确认为四级中医馆。

【无偿献血】 2021年，太仓市全血采集7969人次，其中300毫升以上占比78.54%，采血量11982单位；采集血小板897个治疗量。按照血液来源，个人自愿献血量5950单位，占采血总量50.34%，较上年减少2.05%。临床用血中，红细胞类使用量10800.5单位，较上年增长5.83%；血小板使用量579.5个治疗量，较上年增加51.11%；血浆使用量5847单位，较上年增长10.74%。临床用血100%来自自愿无偿献血，血液供需基本平衡。

【卫生应急】 2021年，太仓市持续完善卫生应急体系，健全应急机制，提升应急反应速度和院前应急救治能力。接听急救电话11.95万次，较上年增长24.17%；出车1.99万次，较上年增长19.98%；接送病人1.65万人次，较上年增长16.80%，其中救治危重病人2161人，较上年增长7.57%。急救车平均调度时间48秒，平均出车时间83秒。做好医疗保障和应急救援培训，组织医护人员参加重大活动医疗卫生保障工作59次，参加预防安全生产事故演练、有限空间事故应急救援演练、局部聚集性新冠肺炎疫情应对演练等18次。

（朱云倩）

2021年9月23日，全国基层中医药工作先进单位复核评审汇报会在太仓召开　（沈　静摄）

疾病预防控制

【概况】 2021年，太仓市人均期望寿命84.78岁，其中男性82.47岁、女性87.06岁。甲乙类法定报告传染病报告发病率137.04/10万，死亡2例（艾滋病1例、肺结核1例），报告发病率较上年上升11.18%；丙类法定报告传染病报告发病率179.88/10万，无死亡病例，报告发病率较上年上升35.27%。开展职业病危害因素监测30家次，监测物理因素441个岗位，化学因素139个岗位，粉尘23个岗位，超标56个岗位均为噪声作业岗位，合格率90.70%。持续开展学校卫生监测与管理工作，重点开展近视眼、龋齿、营养不良和肥胖等防治工作。开展学生因病缺课监测，网络直报覆盖率100%。开展学校教学环境卫生监测，对13所学校教室开展教学环境卫生监测；对4所小学和3家幼儿园开展教学环境督导，出具教学环境督导意见书。开展多轮次新冠肺炎疫情督导和指导工作，其中涉及托幼机构20所、中小学27所、校外机构52所。全面铺开学生屈光检查，对全市初一住宿新生和高一新生开展结核菌素皮肤试验，实检人数3906人。开展食源性疾病风险监测，共监测271例（含阳性8例），其中副溶血性弧菌3例、诺如病毒5例，阳性率2.95%。接报突发食源性疾病事件17起。开展江苏省营养追踪监测工作，共入户调查家庭455户、1509人，体检1050人，完成家庭问卷1365份、个人问卷1.02万份、体检表959份。

【免疫预防】 2021年，太仓市有儿童、成人预防接种门诊13家、犬伤门诊8家。全市免疫规划疫苗接种13.3万剂次，免疫规划疫苗基础免疫接种率均在95%以上；非免疫规划疫苗接种5.77万剂次，狂犬病疫苗接种6.03

万剂次。开展健康城市“531”免疫规划项目，初三学生麻腮风、适龄儿童水痘、老年人肺炎疫苗共接种4.4万剂次。报告疑似麻疹病例18例，均排除麻疹。报告疑似预防接种异常反应139例，其中异常反应8例，其余均为一般反应。

【艾滋病防治】 2021年，太仓市新发HIV（人类免疫缺陷病毒）感染者/AIDS（艾滋病）31例，较上年减少5例。其中HIV感染者23例、艾滋病8例。太仓市持续拓宽艾滋病干预途径，与社会组织签订干预协议书，加强娱乐场所等重点场所及重点人群干预，干预4319人次，发放宣传资料9130份、安全套1.34万只，检测1330人次。加强在校大学生、外来务工人员艾滋病宣传，普及艾滋病防治知识，促进全社会对艾滋病防治工作的理解、支持与参与。

【结核病防治】 2021年，太仓市登记结核病初诊病人686人，初诊查痰率96.21%。发现活动性肺结核病人232例，其中病原学阳性肺结核病人109例，占比51.66%。登记病人系统管理率100%，活动性肺结核患者完成治疗率94.52%。病人报告率100%，病人转诊率100%。开展免费痰涂片检查6212张。开展高危人群耐药筛查19例，累计开展基因分子生物学检测824人次，未发现利福平耐药患者。及时处置学校结核病散发疫情5起，筛查密切接触者385人次。

【肠道传染病防治】 2021年，太仓市各医疗机构肠道门诊腹泻病就诊数3187人，其中镇级2678人、村级509人。用金标法初筛1089人，检索率34.17%，检查中未发现阳性霍乱病例。全市肠道传染病报告77例，其中甲肝6例、戊肝33例、未分型肝炎20例、细菌性痢疾16例、伤寒1例、副伤寒1例，按照苏州市工作要点肠道传染病监测与防制要求，所有病例均作流行病学调查及疫源地处理。

【血吸虫、地方病、寄生虫防治】 2021年，太仓市完成52个流行村、28个非流行村查螺工作，查螺环境431个，查螺面积180.48万平方米。累计药物灭螺环境9个、灭螺面积2.18万平方米。改造有螺环境3个，改造环境面积1.19万平方米。开展血吸虫病监测工作，监测5125人，未发现血检阳性，血吸虫孵化结果为阴性。救助晚期血吸虫病病人5例，救助金额2.49万元。全市随访体检在册晚期血吸虫病病人83人，病人情况均录入江苏省血吸虫病防治平台。按照《江苏省碘缺乏病监测方案（2019年版）》要求，对太仓市新区第二小学、太仓市浏河镇新塘小学、太仓市沙溪镇直塘小学、太仓市双凤镇新湖小学、太仓市港城小学及同镇居民（户）进行食用盐采样，共采集盐样300份。太仓市居民碘盐覆盖率、碘盐合格率及合格碘盐食用率均保持在94%以上。开展重点地区碘盐抽样监测工作，共采集200名8~10岁儿童和100名育龄妇女的尿样和盐样，儿童尿碘中位数234.65微克/升，孕妇尿碘中位数140.3微克/升。市第一人民医院、市中医医院等21家医疗卫生机构设立的门诊镜检站共对“三热”（疟疾、疑似疟疾、不明发热原因者）病人进行血检648人次，无阳性病例。市疾病预防控制中心督查全市基层医疗卫生机构门诊镜检站工作，覆盖面100%；共复审血片185张，均为阴性，无误诊漏诊，制作合格率100%，染色合格率100%，清洁度合格率100%。

（朱云倩）

爱国卫生与健康促进

【农村改水改厕】 2021年，太仓市持续推进农村“厕所革命”，持续开展公厕改造，加强智能化、信息化技术应用，提升公厕建设管理水平，强化农村户厕长效管护工作，农村无害化卫生户厕普及率99.99%。11月12日，根据国家、省关于农村改厕工作的决策部署和有关会议、文件精神，太仓市农村改厕工作职能由市卫生健康委移交至市农业农村局。

【健康城市建设】 2021年，太仓市获评2020年度全国健康城市建设样板市（县级市）第二名。太仓市持续推进健康场所“531”行动计划，城厢镇永丰村、康乐社区等14个村（社区）建成江苏省健康村（社区），浏河人民医院建成省级健康促进医院，科教新城社区卫生服务中心、城厢镇伟阳社区等18个单位获评苏州市级健康场所。全市新增健康步道、健康小屋等健康场景31个。市卫健委、市妇联命名健康家庭200户，推荐申报苏州市健康家庭20户。太仓市通过国家卫生城市国家级复审评估，被再次确认为国家卫生城市。沙溪镇、浏河镇、璜泾镇等通过国家卫生镇国家级复审评估，被再次确认为国家卫生镇。城厢镇胜泾村、沙溪镇渠泾村等13个村通过江苏省卫生村复审评估，被再次确认为江苏省卫生村。

【健康教育与促进】 2021年，太仓市健康科普馆入选民生实事项目，年内完成展馆基础建设、部分布展和设备安装。以村（社区）为单位的健康自我管理小组实现全覆盖，在景瑞社区挂牌成立社会健康自我管理小组实训基地。开展市民健康素养提升工程，引入青年科普能手参与大讲堂，举办“娄东健康大讲堂”“肿瘤俱乐部”等公益活动152场，受众近万人次。持续做好健康生活方式指导员培训，新增健康生活方式指导员180人，开展健康生活方式指导员继续教育21场次。加强控制烟草危害干预，开展无烟党政机关建设等控烟宣传系列活动，发挥“无烟娄城啄木鸟”控烟监督员队伍作用，加强对重点控烟场所明察暗访，及时发现、上报公共场所禁控烟问题。检查公共场所3260家，下发整改通知书23份，处罚单位50家次、个人4699人次，处罚金额9.99万元。

【病媒生物防制】 2021年，太仓市结合新冠肺炎疫情常态化防控工作，开展环境综合整治、滋生地处置，推动病媒生物防制设施落实。实施“健康太仓灭蚊行动”等，开展灭鼠、灭蟑、灭蚊蝇等集中消杀行动，提高全市病媒生物防控质量，全年无虫媒传染病发生。

（朱云倩）

人口家庭

【“三孩”生育政策】 2021年，太仓市依法实施“三孩”生育政策，落实配套政策措施，做好政策衔接，提倡适龄婚育、优生优育。实行生育登记服务制度，实现生育登记网上办理。全年户籍人口出生1875人，出生性别比106.5。全年办理“一孩”生育登记2088例，“二孩”生育登记1915例，“三孩”生育登记211例。

【计划生育奖励扶助】 2021年，太仓市落实计划生育奖励扶助制度，发放农村奖励金2733.4万元，惠及2.73万人；发放一次性奖励金2149.56万元，惠及5971人；发放特别扶助金1897.14万元，惠及2247人。计划生育公益金一次性救助家庭93户，发放公益金22.6万元。

【计生特殊家庭帮扶】 2021年，太仓市开展计划生育特殊家庭“三个全覆盖”（计划生育特殊家庭联系人制度、家庭医生签约服务、优先便利医疗服务）专项行动，推进精准帮扶，提升服务能力。全市2230名计划生育帮扶对象全部建立双岗联系人制度；被纳入家庭医生重点签约对象范围，实现应签尽签；开通就医绿色通道，施行就医优先优惠政策。加强排摸计划生育特殊家庭重点困难对象，针对性开展生活照料、助医助洁、活动慰问等重点帮扶，协调解决困难和问题。开展传统节日计生特殊家庭走访慰问活动，发放春节慰问品1283份。

（朱云倩）

文　化

文化设施

【太仓市图书馆】 太仓市图书馆位于上海东路100号，国家一级图书馆，总建筑面积1.9万平方米，阅览席位900余个，藏书量153万册，与苏州地区公共馆外购共享中国知网、万方、维普、龙源等数据库15个，自建共建数据库8个，容量共14TB（数据存储单位，1TB=1024GB）。图书馆一层为少儿活动及阅览区域，设有少儿图书借阅室、亲子阅读区、多功能报告厅、4D影院等服务区域，其中少儿图书借阅室收藏少儿图书13万册；多功能报告厅面积150平方米，座位192个；4D影院座位32个。图书馆二层为综合服务区域，设有数字阅读空间、报刊阅览室、盲文阅览室等，其中：数字阅读空间设有非遗文化墙，包含200余种国家非遗资源的介绍，读者体验区配备电脑36台和“超星阅读本”10台；报刊阅览室有杂志665种、报刊141种；盲文阅览室有盲文书籍800余册。图书馆三层为流通区域，设有文学阅览室和社科科技阅览室。图书馆四层设有地方文献室、珍贵文献室、东仓书库、生活阅读空间等。其中：地方文献室陈列太仓地方文献3100余册；珍贵文献室陈列文献3000册；生活阅读空间设立“方寸之间”“立言之境”活动场地2处，举办各类阅读分享活动。2021年，市图书馆接待读者89.3万人次，借阅有效证（含市民卡）52.32万张，办理新证203张，信用借阅电子证7.64万张；新增馆藏书籍6.8万册；全年外借58.12万册次。馆内举办各类活动569场次，联合乡镇分馆举办活动152场次、参与人员16.7万人次。“太仓市图书馆”微信公众号推文882篇，阅览量38.85万次。哔哩哔哩视频网站“太仓市图书馆”账号粉丝关注1283人次，视频播放量2.31万次。

【太仓博物馆】 太仓博物馆是地志类综合性博物馆，成立于1987年，为江苏省内率先创办的县（市）级博物馆。2010年12月，太仓博物馆新馆落成；2011年1月正式开放；2020年12月被核定为国家二级博物馆。该馆地处市行政中心东南侧，建筑面积1.4万平方米，共五层，其中地上四层，地下一层。一层到四层为陈列展览区，地下一层为太仓万丰古船基本陈列，展区面积近7000平方米。主要陈列展览有太仓历史文化陈列、馆藏文物（陶瓷、青铜器等）陈列、大元瓷仓陈列等。另有临展区4个，可承办不同类型和题材的临时展览。太仓博物馆承担全国重点文物保护单位张溥故居和江苏省文物保护单位王锡爵故居的管理职责。2021年，太仓博物馆及下属张溥故居、王锡爵故居共举办临时展览15场，接待游客14万人次，讲解416场次，开展巡展7场次、社教活动25场次。新入库藏品共62件（套），包括书画5件（套），社会捐赠4件（套），重新登记旧藏、传世及出土53件（套）。

【太仓市文化馆】 太仓市文化馆为国家一级文化馆，位于上海东路98号，毗邻太仓大剧院，建筑面积7648平方米。文化馆一层设有小剧场（387座）、化妆间、展示厅、多功能厅、舞蹈戏曲排练厅、录音房等群众文化活动场所。文化馆二层为办公用房。文化馆三层为服装道具间、综合服务部办公室。文化馆配有小剧场、铝合金流动舞台、流动演出车、专业录音棚等现代化演出和技术设备。市文化馆秉承“博学、精专、实干、远志”馆风精神，常年担负组织群众文化活动，开展群众文艺创作、全民艺术普及，收集整理和保护民族民间文化遗产，开展社会公共文化服务和对外文化交流等。馆内常设“娄东戏台”“舞林会友”“太仓乐坛”“新太仓人子女免费艺术培训班”及各门类艺术培训等免费开放项目。2021年，市文化馆举办各类文化活动302场次，开展全民艺术普及185个班次。线下服务群众20万人次，线上服务群众40万人次。

【宋文治艺术馆（太仓名人馆）】 宋文治艺术馆位于太仓市县府东街6号，占地1400余平方米，1989年建成并对外开放。艺术馆主体建筑粉墙黛瓦、古香古色，北临宋文治旧居“松石斋”。艺术馆藏有宋文治捐赠的古代书画、个人书画代表作及古陶瓷器等。除日常开放外，同时开展书画展览、学术研究、艺术交流等工作。

太仓名人馆位于太平南路38号，总建筑面积4050平方米，展厅面积2072平方米。名人馆通过文字、图片、模型、雕塑等媒介，结合声音、影像展示100位太仓名人的风采事略。2013年，宋文治艺术馆与太仓名人馆整合，整合后的宋文治艺术馆（太仓名人馆）由美术展馆转型为集收藏、研究、展览、教育等诸多功能于一体的文化艺术机构。2021年，宋文治艺术馆（太仓名人馆）举办临时书画展览12场，接待观众2.7万人次，开展社教活动17场，新征集书画藏品49件。

【太仓市美术馆】 2021年，太仓市美术馆新馆完成结构封顶，进入内部装修和市政景观施工。太仓市美术馆新建项目位于太仓市半泾河东侧、上海东路南侧、半泾路西侧、朝阳路北侧地块，定位为中等规模美术馆，由展览、办公、库房、学术讨论、公共教育等功能区组成，展览区分为一个主展厅、一个临时展厅和五大陈列展厅。总建筑面积1.65万平方米，地上主体建筑4层，最高建筑23.6米；地下一层主要为停车库和设备用房。

（匡芡茏）

2021年4月29日，第九届“娄东之春”文化艺术节在天境湖广场开幕
（市文体广旅局供稿）

公共文化服务

【概况】 2021年，太仓市浮桥镇、陆渡街道文体活动中心完成改建并运营。沙溪镇文体活动中心完成主体建设。新增西工大、南园“娄东书房”2个，完善城市阅读服务体系。“文化小书场”“公益小剧场”建设启动。拟定《太仓市基层重大公共文化设施建设项目补助资金实施细则》，推进场馆建设。

【文艺精品创作】 2021年，太仓市创作歌曲《党旗最红》《永远的同志》入选“唱支山歌给党听——庆祝中国共产党成立100周年全国群众歌曲征集展示活动”百首优秀作品。《爱没有距离——吴利明原创音乐作品集》入选“学习强国”平台。入选省级展览国画作品4幅。入选国家级展览书法作品1件，入选省级展览书法作品1件。美术作品《华罗庚纪念馆》入展寻踪师矩——民盟历史遗迹中国画作品展，《老有所乐》入展“诗书画影庆华诞——民盟江苏省委庆祝中国民主同盟成立80周年优秀作品展”，《新兵》入选江苏省文化馆“信仰·力量·辉煌——庆祝中国共产党成立100周年全省群众美术书法摄影作品展”，《乡土本色》入展江苏省庆祝中国共产党成立100周年“百年百场”优秀群众美术书法摄影作品巡展。书法《建党一百年诗一首》入围庆祝中国共产党成立100周年“永远跟党走”全国书画大赛，书法《咏太仓港诗一首》入选“翰墨盛世——江苏省群文书法精品邀请展”。

2021年10月1日，“夜太美”太仓江南丝竹音乐会在江南丝竹馆举行
（市文体广旅局供稿）

【电影戏剧】 2021年，太仓市放映农村公益电影1881场次，观众13.64万人次。全市11家影院共放映电影10.22万场次，观众108.16万人次，票房4662.36万元。太仓市作为“季季有影展”品牌活动首个试点县级市，太仓万达影院举办“波兰电影大师基耶斯洛夫斯基作品展”，上座率93.06%。电影《郑和下西洋1：沧海幽冥》获准拍摄。举办“童眼观百年·红色影流传”——《童年周恩来》进家门口暑托班活动，惠及青少年儿童近千人次。举办新时代文明实践·电影党史课337场次，受众2.6万人次。开办线上线下“娄东戏台”戏曲公益栏目25期，开展昆曲、越剧进校园活动。全年送戏下乡500多场次。江南丝竹演出季演出20场次，举办第二届“夜太美”江南丝竹专场演出、娄东新韵《丝竹情》交流音乐会等。《小卫警

官》《星火》两部原创重大题材沪剧，年度演出 20 余场次。沪剧小戏《奶奶的告白》入选第四届苏州市繁星奖大赛获金奖，锡剧小戏《签名墙》、曲艺上海说唱《致敬红马甲》入选第四届苏州市繁星奖大赛获银奖，独角戏《保护长江》、锡剧小戏《神秘的电话》入选第四届苏州市繁星奖大赛获铜奖。原创沪剧《青春烈焰》入选苏州艺术基金扶持项目。举办“学习党史踏歌行、融江追海谱新篇”——学习习近平总书记“七一”重要讲话精神专场文艺演出。举办第二届“江浙沪”娄东昆曲雅集、“互融互通 共建共享”长三角一体化建设之戏曲交流、“诗意田园幸福太仓”戏曲志愿者进百村（社区）、庆祝中国共产党成立 100 周年特别栏目——“星火燎原·一路辉煌”戏曲折子戏专场等活动。

（匡芡芜　夏一凡）

文化市场管理

【概况】 2021 年，太仓市持续净化文化市场环境，遏制违法违规行为，确保文体广旅市场稳定有序。全年共出动执法人员 2390 人次，检查各类市场经营主体 905 家次，受理举报 65 起，开出责令改正通知书 88 份，拆除非法安装的地面卫星接收设施 6 个，收缴非法出版物 2091 册，查扣卡拉 OK 主机设备 79 套、话筒 138 个，立案查处文体旅市场违法违规行为 49 起。

【文化产业融合发展】 2021 年，太仓以“文旅 +”产业融合发展为主线，构建文化旅游与教育、科技、工业、体育、康养等深度融合发展的大产业格局。通过实施文化产业倍增计划，创新发展电竞游戏、数字文创、演艺娱乐等文化产业，为城市发展输入文化活力。太仓共有规模以上文化企业超 45 家，全年完成文化产业增加值 50 亿元以上。太仓市依托天镜湖电竞小镇、天镜湖文化科技产业园，集聚电竞企业 70 余家、知名电竞俱乐部 7 个、相关从业人员 1000 余人；举办电竞赛事千余场次，参与人数过万人，观看赛事直播人数近百亿人次。3 月 31 日，太仓市举办文化产业高质量发展大会，发布《太仓市文化产业高质量发展实施意见》《太仓市“十四五”旅游业发展规划暨全域旅游规划》《太仓市促进电竞产业健康发展的实施意见》文件，构建具有太仓特色和核心竞争力的现代文化产业体系，打造长三角“假日文化”大景区，加速建立“太仓电竞”行业话语权和品牌影响力。4 月 17 日，长三角演艺机构合作联盟演出交易会在太仓举行，全国各省、自治区、直辖市艺术团体、演艺机构负责人和演艺界专家等共同探讨太仓乃至长三角区域公共服务一体化、文化产业高质量发展等课题。同日，丝绸之路国际剧院联盟“剧院与城市”中国·太仓南园论道在南园举行，通过分享不同地区的剧院发展经验，推动城市文化建设的发展。

【文旅市场新冠肺炎疫情防控和安全生产检查】 2021 年，太仓市通过日常巡查、错时检查、集中整治、“双随机”抽查等方式，以文化市场安全和文化经营场所复工复业防控工作检查为重点，全面检查辖区内文化经营场所，确保太仓市文化市场平安稳定有序。1 月 5 日，市文体广旅局组织召开文化市场行风监督员座谈会，党政机关、企事业单位、社会团体、民主党派、媒体和社区代表等文化市场行风监督员 10 人参加座谈会，围绕优化营商环境、改进工作作风、规范行政执法等方面座谈讨论，并就文化安全、规范市场、创新工作、队伍建设、普法宣传等方面提出意见建议。2 月 9 日，太仓市文化市场综合执法大队对全市文旅市场进行新冠肺炎疫情防控和安全生产开展专项检查。检查组实地查看沙溪古镇、双凤镇幸福蓝海影院、雄霸网吧、莱太旅行社、娄东宾馆、王锡爵故居等文旅经营场所、景区景点和文保单位，重点检查经营场所扫码、测体温、戴口罩等防疫措施是否执行到位，以及部分场所最大承载量的执行情况，督促场所严格规范信息实名登记，减少人员聚集和疫情输入扩散风险，核查经营场所的保障物资、消毒用品等防疫物资配备情况。针对部分人员密集场所开展消防安全检查，主要包括场所各项安全制度、安全措施是否落实到位，对检查中发现的个别问题责令场所立即整改。8 月 30 日，太仓市文化市场综合执法大队专项检查全市中小学校周边书店和文具店，核对出版物经营单位及进货凭证，了解员工健康管理、日常消毒清洁等情况，确保校园周边文化市场健康、安全、有序。

（匡芡芜）

媒体融合

综　述

【概况】 2021 年，太仓市持续推进媒体深度融合，构建以内容建设为根本、先进技术为支撑、创新管理为保障的全媒体传播体系。市融媒体中心（传媒集团）作为太仓市域新闻报道和舆论引导主要力量，整合报纸、广播、电视、网站、手机 App 等平台资源，以跨界产业融合发展为路径，实现从功能业务型向创新服务型经营模式的转变。中心设党政办公室、人力资源部、经管财务部、综合后勤部、总编办公室、新闻采访部、报刊编发部、电视编辑部、广播节目部、新媒体运营部、融媒设计部、智慧服务部、综艺活动部、技术保障部、产业经营部、项目拓展部等内设机构 16 个。

【融媒体技术平台建设】 2021 年 11 月，太仓市融媒体中心技术平台投用，项目建设主要包括开发部署融媒协同工作平台、业务生产辅助工具、太仓市融媒移动客户端、原有报纸系统排版升级、原有广电系统升级、基础网络升级及指挥调度、视频监控、公有云资源租用等系统，重构太仓市融媒体中心内容生产流程，完成与省级技术平台对接，满足融媒业务发展需求。依托该技术平台，市融媒体中心实现多源汇聚、多元生产、全媒发布的生产业态，多个栏目建立微信公众号，通过技术平台的新闻线索汇聚以及新闻智能推荐，扩大选题范围，增加微信账号推送条目，提升公众号内容传播力。

【全媒体传播】 2021 年，太仓市加快构建“立体多样、融合发展”现代传播

2021 年 2 月 5 日，省委宣传部、省政府新闻办实地验收太仓市融媒体中心建设　（姚　松摄）

体系，打通“报、台、网、端、微、屏”传播平台，实施“融媒体统筹、新媒体首发、全媒体跟进”运行模式。开设官方微博、微信订阅号、微信服务号、新闻客户端、新闻网站以及各类平台账号 12 个。年内，“太仓发布”“太仓融媒”等微信平台共推送稿件 2003 篇，“太仓发布”“太仓融媒”视频号、抖音号共制作推送原创短视频 1072 条，平台总播放量 2000 万人次。完成“学习强国”太仓通讯站供稿 6606 篇，录用稿件 1703 篇。发挥传统平台渠道作用，强化互联网思维，实现传统媒体和新兴媒体交融并存、网上和网下一体发展态势。举办“致敬吴晓邦——中国太仓·舞蹈之夜”专场演出、“童心永向党·共筑中国梦”太仓市少年儿童歌唱大赛、太仓市 2021 年“欢乐金仓湖”端午龙舟赛、“虹桥北·北虹桥”太仓打造虹桥国际开放枢纽北翼发展极推介会等重大活动全媒体直播 50 余场次；与市人社局联合推出直播带岗活动 13 场次，满足多样化就业招聘需求。

【“媒体＋政务服务商务”融合】 2021 年，太仓市融媒体中心向“新闻＋政务服务商务”型媒体纵深发展，探索“媒体＋政务服务商务”融合模式，依托市、镇两级乡村振兴大数据平台，拓展大数据＋区块技术在农业生产管理、农产品质量追溯、农产品电商营销、农村环境治理、农村集体“三资管理”等领域的应用。市融媒体中心与璜泾镇政府合作，启动璜泾镇智慧农业区块链产业园二期项目智慧农场建设，项目占地面积 13.33 公顷，主要规划建设智能化土肥监测系统、智能化病虫监测系统、智能化灌溉系统、智能化无人农机改造等。完成太仓市、镇乡村振兴大数据中心配套项目太仓市农产品电商直播基地、农产品电商直播培训基地建设。1 月，太仓市县级乡村振兴大数据中心项目获评 2020 年中国报业深度融合发展创新案例，是全国唯一入选的县级融媒体中心项目。

【“太融 e”App 建设】 2021 年，太仓市打造“全省一流的社会综合治理联动机制”，实现“一个平台高位协调、一个号码服务社会、一个 App 管理城市”，全面提升社会综合治理效能。太仓市融媒体中心借助“联动娄城”App 原有应用，扩展新媒体业务，在内部融合基础上，发挥党媒自身核心价值优势，打通太仓市融媒体中心综合性移动客户端“太融 e”与“联动娄城”App 的接口通道。太仓每天发生的政务、经济、民生等新闻，借助“太融 e”App 头条发布，第一时间到达“联动娄城”App；设置“太仓两会”“苏州人家的小康生活”“文明城市创建”等专题栏目，实现新闻价值增量。8 月，太仓市启动“太融 e”App 改版升级，打造城市生活服务总入口。

【第 22 个中国记者节】 2021 年 11 月 8 日，太仓市召开庆祝第 22 个记者节座谈会，探讨新时代新闻事业使命，坚守和弘扬新闻精神，推动全市新闻事业迈上新台阶。会议强调，全市新闻工作者要深刻认识新闻宣传工作的重要性，突出做好新思想的宣传，让新思想传入千家万户，走进人们心坎。紧扣重大活动和重要节点，将更多笔墨、镜头对准基层一线，用小故事诠释大主题，用小切口反映大时代。突出做好城市宣传，提高城市能见度，多方位展示多元的太仓、立体的太仓和太仓的幸福感。突出重大主题的宣传，准确做好政策宣传，回应社会热点，重视报道中的温情表达和人文关怀。推进媒体深度融合发展，建设高素质新闻工作队伍，为拼出“太仓速度”、展现太仓担当、书写太仓精彩提供舆论支持和思想保障。会议举行第 16 届“太仓新闻奖”颁奖仪式，系列报道《扎实推进长三角一体化发展的“太仓作为”》、电视专题《从新毛芋艿“返老还童”看种质资源保护》、新媒体消息《刚刚宣布！太仓，全国文明城市！》等新闻作品获奖。

2021 年太仓市融媒体中心部分创优获奖作品一览表

表 55

序号	主题	主创	奖项
1	联动接卸视同一港·沪太通关一体化全面落地	曹　燕　居红辉	中国广播电视大奖 2019—2020 年广播电视节目奖广播新闻类三等奖

续表 55

序号	主题	主创	奖项
2	《旗帜飘扬 筑就梦想》庆祝新中国成立70周年经典诵读会	张玉平　黄平江 张　琪　王　兴 王　霏　张则喆	中国广播电视大奖2019—2020年广播电视节目奖电视文艺类三等奖
3	服务好百姓要破“信息孤岛”	周　琦　徐盛兵	2020年度中国县市区域报新闻奖一等奖
4	污水管网“潜水员”，一人脏换来万家畅通	计海新　杨　芳	2020年度中国县市区域报新闻奖一等奖
5	扎实推进长三角一体化发展的“太仓作为”	太仓市融媒体中心	2020年度中国县市区域报新闻奖一等奖
6	97年“桶哥”厉害了，坐拥70多间“房”！	刘志婷　陈乙川 陈　玲	2020年度中国县市区域报新闻奖一等奖
7	厉害！太仓企业研发出新型冠状病毒检测试剂盒	周　斌　李孝忠 邢智丰	2020年度中国县市区域报新闻奖一等奖
8	内容＋数据：打造乡村振兴的“黄金仓”	李　华等	第七届全国县市区域融媒体经营成功案例评选银奖
9	太仓市春节电视联欢晚会	高　峰等	第七届全国县市区域融媒体经营成功案例评选银奖
10	“驰骋新时代·逐梦长三角”——沪苏通长江公铁大桥暨沪苏通铁路开通运营	太仓市融媒体中心	2020年度江苏广播新闻奖现场直播特别奖
11	131个残疾人共有一个“家”	周　斌　徐　静	2020年度江苏省县市好新闻奖一等奖
12	一人脏换来万家畅通	计海新	2020年度江苏省县市好新闻奖一等奖
13	江南的花季	张　清　杨丽峰 叶晨恺	2021年度江苏省广播节目录制技术质量奖（语言类）二等奖
14	无压缩IP流虚拟化电视播总控系统设计及实践——太仓市融媒体中心高清电视播总控系统建设	王　曙　俞军峰 赵　江　陈　超 朱炎佳	2021年度江苏省广播电视科技创新奖二等奖
15	太仓市融媒体中心全媒体高清演播室建设	王　曙　赵　江 张　磊　黄晓晨	2021年度江苏省广播电视科技创新奖二等奖

（李晓红）

电　视

【概况】 太仓市建有158米高的调频电视发射塔1座，800平方米综艺演播厅、高清新闻演播厅、全媒体高清虚实结合演播室等18个演播室、直（录）播室、配音间和5.1声道录音棚，拥有8+2讯道高清电视转播车1台。2021年，太仓电视有太仓新闻频道、娄东民生频道、扬帆生活频道、影视娱乐频道等。7月15日，扬帆生活频道、影视娱乐频道停播。截至年底，共开设自办电视栏目（节目）18个，日均首播时长70分钟。公共电视节目播出时间5840小时，全年自制电视节目播出时间2985小时，制作电视节目时间382小时。

【电视新闻宣传】 2021年，太仓电视新闻宣传继续以《太仓新闻》栏目为主，访谈栏目《相逢》、新闻评论栏目《新闻勇报》为延伸补充。《太仓新闻》全年制作365期，其中电视手语新闻节目46期，共播出新闻7000余条。年内，完成太仓市庆祝中国共产党成立100周年、太仓市第十四次党代会、“沪苏同城”太仓合作对接会、城市更新动员大会等重大活动报道。开设《学习三大法宝·厉行三大行动》《奋斗新征程》《践行嘱托开新局》《圆梦全面小康》《追寻红色印记》《抓牢项目引建“生命线”》《打造最优营商环境》《有一种幸福叫太仓》《太仓深耕德国“双元制”教育20年》《我和我的祖国》《国土空间全域整治进行时》《文明就在身边》《我为群众办实事》等新闻专栏和系列报道40余个。全年中央电视台收录太仓新闻稿件16条，江苏台收录太仓新闻稿件80条，苏州台收录太仓新闻稿件758条。

【电视社教综艺节目】 2021年，太仓电视开设社教综艺类节目15个。其中自办节目4个，分别为《太仓闲话》《来赛了，我的娃》《娄城大爱》《娄东戏台》；与市级部门联办节目10个，分别为《光辉太仓》《聚焦三农》《科普新说》《绿色家园》《有事好商量》《市场监管》《发展太仓》《科技创新》《娄江夕阳红》《心的守护》；自办生活资讯类节目1个，即《生活在线》。拍摄制作《益路相随》《我们正青春》《我为城市代言》《火线风采》《诚信在身边》《建设者之歌》《娄东记忆》《前进吧，中国共产党！》《最美河道》《筑牢文明之魂 · 唱响时代之声》《本草飘香娄城》《水美太仓》《和谐娄城 · 幸福家庭》等短视频和宣传片 30 余部，拍摄制作大型纪录片《百年沪太路》。

【电视综艺活动】 2021 年，太仓市举办大型电视综艺活动 30 余场次，主要包括太仓市少儿春晚、太仓市电视春晚、"理论飞燕"好声音暨名师带高徒现场活动、第一期"太仓好人"发布仪式、太仓市纪念五四运动 102 周年暨庆祝建团 99 周年主题团日活动、信用关爱日主题活动、"永远跟党走"庆祝中国共产党成立 100 周年大型主题活动、太仓市第 12 届家庭文化艺术节闭幕式、第二届娄东工匠颁奖典礼、"歌唱祖国 · 踏浪而行"长江好声音职工歌唱大赛等专题活动。

（李晓红）

广 播

【概况】 2021 年，太仓广播共开设广播自办栏目 7 个，全天播音 16 小时。其中《早安太仓》《欢乐晚高峰》《有事我帮忙》《乐活太仓》为直播节目，总时长 5.5 小时。《太广新闻》《把耳朵叫醒》《小城大娱乐》为录播节目，总时长 2 小时。另有转播节目 1 档，时长 0.5 小时，合作翻录节目 8 小时。FM96.7 频率全年运行 5284 小时，其中直播节目 1072 小时。

【广播特色节目与活动】 2021 年，太仓广播实现音视频直播节目常态化。2 月 8 日，FM96.7 太仓广播全媒体直播间亮相，首次全天 10 小时可视化大直播，浏览量 5.5 万人次。由太仓市政府办主办、太仓广播承办的"民声专线 · 政务直通车"节目通过太仓市人民政府网、调频 FM96.7 太仓广播、"太仓融媒"微信公众号、"太融 e" App 同步播出，全年共播出各类主题节目 17 期。4 月 30 日，太仓广播与市人民法院合作开设《法官在线 · 谈"典"说法》栏目开播，邀请法官到直播间为市民讲解法律知识，全年共播出 6 期。6 月 1 日，太仓广播与市委组织部特别策划推出《百年留声》音频故事集，全年共制作播出 30 期。太仓广播与市委宣传部联合推出"娄东之声"公益报时栏目，传播正能量，全年共播出 10 期、200 余条次。太仓广播与市心理协会联合开办"心灵花园"栏目，为市民提供心理疏导，全年共播出 40 余期。太仓广播节目部创作广播连续剧《传奇县长浦太福》3 集，以回忆倒叙方式，讲述中华人民共和国成立后太仓第一任县长浦太福的故事。年内，开展"双减政策下的教育现状""119 消防日特别直播""疫苗接种 Q&A""走近元代古船"等视频直播 10 期，举办"看红色电影，学革命精神""致敬高温下的劳动者""味稻东林，听众乡村游"等广播线下活动 30 余场。

（李晓红）

2021 年 2 月 8 日，FM96.7 太仓广播全媒体直播间上线

（市融媒体中心供稿）

报 刊

【概况】《太仓日报》为对开 8 版全彩周六报，每周出版 44 版以上，2021 年出版 300 期，由苏州日报印务中心承印，太仓市邮政局发行，每期发行量约 2 万份。年内，《太仓日报》以"权威可读、服务互动"为宗旨，创新栏目设置和版式美化，增强与读者互动性，开设《要闻》《民生》《观点》《影像》《深度》《"三农"报告》等新闻版面和《创新》《法治》《小记者》《乐活》《金融》《墨妙亭》等政务、生活周刊。

【报刊新闻宣传】 2021 年，《太仓日报》围绕全市重大项目、安全发展、民生热点等重点，开展新闻宣传报道。开设"奋斗百年路 · 启航新征程"主题专栏，以"学党史 · 悟思想 · 办实事 · 开新局""牢记初心使命""争取更大光荣""圆梦全面小康""我为群众办实事"等子栏目展示百年来中国共产党领导太仓人民取得的成就。开设《践行嘱托开新局》《拼出太仓速度 · 全力振翅高飞》《新春走基层》《让投资创业更舒心》《国土空间全域整治》等专栏。出版《辉煌百年 · 娄东印记——庆祝中国共产党成立 100 周年特辑》，展示太仓在全面实现小康社会和第一个百年奋斗目标进程中所取得的成就经验。

（李晓红）

网络媒体

【概况】 2021 年，太仓市网络媒体行业继续保持稳中向好发展态势，微信、微博平台和抖音、快手等短视频平台因其普及度高、传播力快、互动性强等特点，逐渐成为太仓新闻宣传和信息传播以及网民获取新闻资讯的主要渠道。太仓市推动信息内容和平台终端共享融通，扩大政务服务范围惠及百姓，打造以自然人为对象的城市服务总入口"太融 e" App。"太仓融媒"微信公众号、抖音号等在苏州媒体排名中位居前列。“太仓融媒”微信视频号全年共发布视频信息379条；“太仓融媒”微信公众号全年共发布微信推文842篇，年阅读量312.03万次。“山梨酱”“太仓123”“太仓房天下”微信公众号和“煜哥看房”“山梨酱的打工日常”抖音号紧扣自身定位和用户需求，信息内容覆盖生活、休闲、房产等与民生密切相关的领域，粉丝活跃度良好。

【政务新媒体发展】 2021年，太仓市推进新时代县级融媒体中心建设，多层级、多板块、多部门齐头并进的全域式、立体化政务新媒体格局基本形成。借助大数据、区块链、5G等互联网技术，加强各地各部门政务新媒体规范管理，全方位打造“六镇、一街道、一高新区、一新城”的“多点开花”政务微信格局，全市近半政务微信账号WCI指数（微信传播指数）突破400。“太仓发布”作为太仓市政府新闻办官方微信、微博，微博平台粉丝数突破64万人次，BCI指数（微博传播指数）影响力扩大。微信公众号全年发布微信推文2193篇，年阅读量4381.45万次；视频号全年发布视频号消息483条，通过图文、短视频、vlog（视频网络日志）形式提供最前沿资讯，成为讲好太仓故事、传播好声音的重要窗口。其他职能部门政务新媒体表现突出，教育、公安和市场监管等部门发挥各自职能领域政务新媒体的服务作用，为市民提供及时、权威、全面的政务信息。

（夏一凡）

遗产保护

【物质文化遗产保护】 2021年，太仓市完成省级文物保护单位沙溪雕花厅、市（县）级文物保护单位南园和墨妙亭、盛氏民居、伯勋桥等文物古建保护性修缮工程；启动张溥宅第、钱祠花园及三里庙项目修缮工程；完成张溥宅第、太仓石拱桥保护规划省级评审。加快樊村泾遗址保护性设施暨遗址公园规划建设，设计方案通过专家咨询论证。太仓博物馆元代古船展对外开放。

太仓市文物保护单位、其他不可移动文物基本情况一览表

表56

级别	名称	年代	分类	确定时间
国家级历史文化名镇	沙溪古镇	—	—	—
苏州市历史文化名镇	浏河镇	—	—	—
苏州市历史街区	直塘历史街区	—	—	—
国家级重点文物保护单位（4处）	张溥宅第	明代	古建筑	2006年
	太仓石拱桥—皋桥	元代	古建筑	2006年
	太仓石拱桥—州桥	元代	古建筑	2006年
	太仓石拱桥—周泾桥	元代	古建筑	2006年
	太仓石拱桥—井亭桥	元代	古建筑	2006年
	太仓石拱桥—金鸡桥	元代	古建筑	2006年
	浏河天妃宫遗迹	清代	古建筑	2013年
	太仓海运仓遗址	元代	古遗址	2013年
省级文物保护单位（7处）	王锡爵故居及赵孟頫书法碑	明代	古建筑	2002年
	沙溪雕花厅	清代	古建筑	2002年
	吴晓邦故居	民国	古建筑	2011年
	维新遗址	良渚文化	古遗址	2011年
	宋文治旧居	现代	古建筑	2011年
	新毛粮仓	现代	古建筑	2011年
	樊村泾遗址	元代	古遗址	2019年
市（县）级文物保护单位（40处）	王氏碑廊石刻	元代	石窟寺及石刻	2002年
	墨妙亭石刻	明代	石窟寺及石刻	1986年
	东亭子桥	清代	古建筑	1986年

续表 56

级别	名称	年代	分类	确定时间
市（县）级文物保护单位（40处）	郏亶墓	宋代	古墓葬	1979年
	铁釜	元代	其他	1979年
	通海泉	明代	其他	1980年
	望海峰	明代	其他	1980年
	义兴桥	清代	古建筑	1981年
	浏河阅兵台	明代	古建筑	1979年
	浏河新闸	清代	古建筑	1986年
	保素堂	明代	古建筑	1981年
	流顺桥	清代	古建筑	1986年
	洞庭分秀园	清代	古建筑	2004年
	钱祠花园	清代	古建筑	1980年
	南园	清代	其他	2007年
	新桥	清代	古建筑	1981年
	庵桥	清代	古建筑	1981年
	庵弄桥	元代	古建筑	1986年
	西塔	清代	古建筑	1979年
	吴健雄墓园	现代	古建筑	2004年
	朱氏老宅	清代	古建筑	2004年
	永乐古井	明代	古建筑	1986年
	吴晓邦祖居	清代	古建筑	2004年
	云山塔	明代	古建筑	1979年
	沙溪老花街旧址	清代	古建筑	2004年
	陆京士故居	清末民国初	古建筑	2004年
	曹家祠堂	明代	古建筑	2004年
	沙溪宋碑	宋代	石窟寺及石刻	2004年
	浏河乡政府	民国	其他	2013年
	中国人民银行浏河支行旧址	清末	古建筑	2013年
	西城门水关	明代	古建筑	2013年
	明德楼	现代	古建筑	2013年
	浏河节制闸	现代	古建筑	2013年
	三里庙	清代	古建筑	2013年
	七浦塘浮桥水闸	现代	古建筑	2013年
	茜泾古井群—陶氏宅井	宋—清	古建筑	2013年
	茜泾古井群—倪氏井	宋—清	古建筑	2013年
	茜泾古井群—严家井	宋—清	古建筑	2013年
	茜泾古井群—通江泉	宋代	古建筑	2013年

续表 56

级别	名称	年代	分类	确定时间
市（县）级文物保护单位（40 处）	茜泾古井群—李家井	宋—清	古建筑	2013 年
	海宁寺遗址	元代	古遗址	2013 年
	长安桥	明代	古建筑	2013 年
	新华书店旧址	现代	古建筑	2013 年
	沙溪胡聚丰酒店旧址	清代	古建筑	2013 年
文物古建控制保护单位（32 处）	孔庙月亮河及古树	清代	古建筑	2004 年
	干将墓	元代	古墓葬	2007 年
	王氏墓地石人石马及王原祁孙墓志铭	明代	古墓葬	2004 年
	杨氏南北厅	清代	古建筑	2004 年
	静观堂	清代	古建筑	2004 年
	毕氏祖居	清代	古建筑	2004 年
	盛氏（常氏）居民住宅	清末民国初	古建筑	2004 年
	张国栋故居	清末民国初	古建筑	2004 年
	叶复隆旧址	清代	古建筑	2004 年
	忠王府	清代	古建筑	2004 年
	王伟生古宅	清代	古建筑	2004 年
	利泰旧址	民国	古建筑	2004 年
	璜泾古石桥（万春桥、关王桥）	清代	古建筑	2004 年
	朱氏民居	清代	古建筑	2004 年
	留耕堂	清代	古建筑	2013 年
	浏河永安桥	清代	古建筑	2013 年
	浏河中津桥	清代	古建筑	2013 年
	浏河朱家厅	清代	古建筑	2013 年
	陆渡碉堡群	民国	古建筑	2013 年
	璜泾狄氏宅	民国	古建筑	2013 年
	许镇平、许良图宅	民国	古建筑	2013 年
	河南街张氏宅	清代	古建筑	2013 年
	双凤陈氏宅	清代	古建筑	2013 年
	双凤吴氏宅	清代	古建筑	2013 年
	双凤赵氏宅	清代	古建筑	2013 年
	太仓县抗战指挥部旧址	清代	古建筑	2013 年
	顺宝斋	民国	古建筑	2013 年
	璜泾陈氏宅	清代	古建筑	2013 年
	沙溪周氏宅	清代	古建筑	2013 年
	沙溪花篮厅	清代	古建筑	2013 年

续表 56

级别	名称	年代	分类	确定时间
文物古建控制保护单位（32 处）	直塘凌家祠堂旧址	清代	古建筑	2013 年
	杜缘桥	清代	古建筑	2004 年
古构筑物（3 处）	南郊古井	明代	古构筑物	2004 年
	曹家祠堂内古井圈	明代	古构筑物	2004 年
	岳王古街花窗	清代	古构筑物	2004 年
三普新发现文物点（78 处）	太仓州试院碑	清代	石窟寺及石刻	—
	玄通寺井	元代	古建筑	—
	浏河老浮桥	民国	古建筑	—
	浏河碉堡群	现代	古建筑	—
	浏河傅氏宅	民国	古建筑	—
	浏河朱泾庙遗址	清代	古遗址	—
	泉水亭	清代	古建筑	—
	镇洋县界碑	清代	石窟寺及石刻	—
	陆渡烈士陵园	现代	古建筑	—
	板桥大捷旧址	清末	古建筑	—
	施家宅	清末	古建筑	—
	璜泾钱氏宅	民国	古建筑	—
	璜泾永安桥	清代	古建筑	—
	顾氏井	明代	古建筑	—
	璜泾市河泊岸	明代	其他	—
	璜泾陆氏宅	民国	古建筑	—
	中共太仓支部诞生地	民国	古建筑	—
	璜泾曹家桥	明代	古建筑	—
	上冈桥井	清代	古建筑	—
	双凤金氏宅	清代	古建筑	—
	龚氏鸳鸯楼	清代	古建筑	—
	凤西街张氏宅	清代	古建筑	—
	侯氏宅	民国	古建筑	—
	双凤孟家羊肉面老店	民国	古建筑	—
	双凤施氏羊肉面老店	民国	古建筑	—
	双凤桂香斋号	民国	古建筑	—
	直塘井亭	清代	古建筑	—
	双凤侯宅水桥泊岸	民国	其他	—
	浮桥宋氏宅	民国	古建筑	—
	浮桥闵氏宅	清代	古建筑	—
	浮桥邵家门楼	清末	古建筑	—

续表 56

级别	名称	年代	分类	确定时间
	浮桥王氏宅	清末	古建筑	—
	茜泾恒德堂	清代	古建筑	—
	浮桥马氏宅	清代	古建筑	—
	老闸曹氏宅	清代	古建筑	—
	三家市村	清代	古建筑	—
	茜泾陶氏宅	清代	古建筑	—
	茜泾方家宅	民国	古建筑	—
	伯勋桥	民国	古建筑	—
	总官堂井	明代	古建筑	—
	怀德堂	清末	古建筑	—
	金家坟	明代	古墓葬	—
	王世贞家族墓	明代	古墓葬	—
	太平军保卫太仓战役指挥所遗址	清末	古遗址	—
	新毛老旅馆	民国	古建筑	—
	新毛章家宅	民国	古建筑	—
	新毛梁氏宅	民国	古建筑	—
	新毛李家民居	民国	古建筑	—
三普新发现文物点（78 处）	李时珍、戚继光莅太上岸处	现代	其他	—
	朱棣文祖居旧址	现代	古建筑	—
	唐氏宅	清代	古建筑	—
	重建海宁寺碑	元代	石窟寺及石刻	—
	养老堂	民国	古建筑	—
	杨氏宅	清代	古建筑	—
	太仓清真寺碑	明代	石窟寺及石刻	—
	赵王花园遗址	宋代	古遗址	—
	洞庭分秀碑	清代	石窟寺及石刻	—
	黄姑塘桥	清代	古建筑	—
	沙溪黄氏宅	清代	古建筑	—
	朱氏蜡烛行旧址	清代	古建筑	—
	利泰棉纺厂宿舍楼	民国	古建筑	—
	元昌和店铺	清代	古建筑	—
	沙溪范氏宅	清代	古建筑	—
	沙溪陆氏宅	清代	古建筑	—
	沙溪胡氏宅	清代	古建筑	—
	沙溪新祥泰百货店	清末	古建筑	—

续表 56

级别	名称	年代	分类	确定时间
三普新发现文物点（78 处）	凤和楼	民国	古建筑	—
	永安旅社旧址	民国	古建筑	—
	沙溪西天丰银楼旧址	民国	古建筑	—
	沙溪万春楼茶馆旧址	民国	古建筑	—
	沙溪裕兴昌店铺	清代	古建筑	—
	万兴祥木行旧址	民国	古建筑	—
	直塘同德信旧址	民国	古建筑	—
	直塘广仁堂国药号旧址	民国	古建筑	—
	杨胜利祖居	民国	古建筑	—
	王恒昌米行旧址	民国	古建筑	—
	直塘祥丰米行旧址	民国	古建筑	—
	钱桓家族墓地	明代	古墓葬	—

【非物质文化遗产保护】 2021 年，太仓市完成第一批共 13 名太仓非遗荣誉传承人评定工作，推动红木雕刻、琉璃等非遗项目在第五届中国国际进口博览会“苏作馆”展示。全年开展“非遗”进校园、社区活动 32 场次。筑牢文物安全防线，签订《2021—2025 年文物安全目标责任书》，落实乡镇、街道及基层文博单位文物保护责任。协助基层单位弘扬地方传统文化，帮扶浏河镇开设历史文化陈列馆，协调解决馆藏文物种类数量及陈列布展等问题。拓展宣传手段，推出“太仓革命历史”“太仓乡先贤画像”“画说非遗”等线上展览，配合做好《传承》和中央电视台第四套《国宝发现——瓷影迷踪》宣传片的拍摄推广。打造“江南丝竹”“娄东画派”文化名片。举办太仓江南丝竹传承与发展研讨会，20 多名专家学者共同研讨江南丝竹传承发展之道。开展“非遗”进校园、“非遗”进社区等形式多样的非遗项目展览、展示，扩大文化遗产保护的社会影响。全市共有 18 个项目分别被列入国家、省和苏州市级非物质文化遗产项目名录。全市有省级非物质文化遗产项目代表性传承人 2 人，苏州市级非物质文化遗产项目代表性传承人 17 人（去世 3 人），太仓市级非物质文化遗产项目代表性传承人 71 人（74 人次，去世 5 人）。

太仓市非物质文化遗产情况一览表

表 57

项目名称	种类	保护单位
江南丝竹	民间音乐	太仓市文化馆
滚灯	民间舞蹈	太仓市文化馆
七夕节（太仓七夕习俗）	岁时节令	太仓市文化馆
双凤山歌（吴歌扩展）	民间文学	太仓市文化馆
太仓肉松制作技艺	传统技艺	太仓肉松食品有限公司
太仓糟油制作技艺	传统技艺	太仓糟油食品有限公司 太仓沙溪酿造厂
妈祖祭	民俗	浏河镇文体站
唐调（苏州吟诵）	传统音乐	太仓市诗词学会
堂名（昆曲扩展）	传统戏剧	太仓市文化馆
双凤新湖龙狮制作技艺	传统技艺	双凤镇文体站
渔民号子（浏河渔民号子）	民间音乐	浏河镇文体站

续表 57

项目名称	种类	保护单位
摇大橹	民间舞蹈	浏河镇文体站
双凤羊肉面制作技艺	传统技艺	太仓天盛投资有限公司
璜泾红木雕刻（明式家具制作技艺）	民间美术	太仓市永贵红木家具有限公司、璜泾镇文体站、沙溪镇文体站
打莲湘	传统舞蹈	城厢镇文体站、浏河镇文体站
荡湖船	传统舞蹈	城厢镇文体站、浏河镇文体站
谭氏中医外科	民间医药	太仓市浮桥镇牌楼卫生院
宣卷	曲艺	城厢镇文体站、双凤镇文体站
昆曲	传统戏剧	太仓市文化馆
古琴艺术	民间音乐	太仓市文化馆
利泰高跷	民间舞蹈	沙溪镇文体站
矛子舞	民间舞蹈	浮桥镇文体站
灶头画	民间美术	陆渡镇文体站
抛石锁	传统体育	浮桥镇文体站
陆渡白烧羊肉制作技艺	传统技艺	陆渡镇文体站
双凤玉皇阁道教音乐	民间音乐	双凤镇玉皇阁
沙溪鼎盛祥猪油米花糖制作技艺	传统技艺	太仓市沙溪镇酿造厂
土布制作技艺	传统技艺	太仓市文化馆
姐妹舞	民间舞蹈	浏河镇文体站
倪鸿顺肉松骨头制作技艺	传统技艺	倪鸿顺肉松骨头店
河蚌舞	民间舞蹈	沙溪镇文体站
风筝制作技艺	传统技艺	城厢镇文体站
朱大全刀剪制作技艺	传统技艺	城厢镇文体站
百草梨膏糖制作技艺	传统技艺	城厢镇文体站
竹编	传统技艺	沙溪镇文体站
许氏喉科秘方	民间医药	城厢镇文体站
陆氏全息诊疗法	民间医药	浮桥镇文体站
督脉灸	传统医药	太仓珍宝堂中医门诊部有限公司
陆氏眼药	传统医药	城厢镇文体站
龙狮舞	传统舞蹈	双凤镇文体站
棕藤编织技艺	传统技艺	璜泾镇文体站
闹元宵	民俗	浏河镇文体站
大成拳	传统武术、体育与竞技	大成拳研究会
陈式太极拳	传统武术、体育与竞技	沙溪镇中荷村

续表 57

项目名称	种类	保护单位
白猿通背拳	传统武术、体育与竞技	浏河镇文体站
太仓江海河三鲜烹饪技艺	传统技艺	城厢镇文体站、浏河镇文体站、太仓市浮桥镇老戚浦江鲜馆
西衡兴酒制作技艺	传统技艺	沙溪镇半泾村
阿四马青团制作技艺	传统技艺	沙溪镇半泾村
水火丹制作技艺	传统医药	太仓珍宝堂中医门诊部有限公司
张根木蛇酒制作技艺	传统医药	苏州张根木生物科技有限公司
烧烫伤及其他皮肤外伤愈合膏制作技艺	传统医药	城厢镇文体站
武医伤科	传统医药	浏河镇文体站
杨氏太极拳	传统体育、游艺与杂技	太仓市武术协会
孙氏太极拳	传统体育、游艺与杂技	太仓市武术协会
箍桶制作技艺	传统技艺	太仓市沙溪镇文体站
钱氏中医外治法（银铜杵锤和药酒罐疗法）	传统医药	太仓珍宝堂中医门诊部有限公司
方氏中医外科（皮肤病）治疗技艺	传统医药	太仓市中医医院
蛇串疮及后遗神经痛治疗技艺	传统医药	太仓市娄东街道办
沪剧	传统戏剧	太仓市雅鹿沪剧团
双凤庙会	民俗	太仓市玉皇阁

（匡艾茏）

编史修志

【概况】 2021年，太仓市编史修志工作围绕年度重点，立足史志工作职能，抓好全市党史、地方志、年鉴和史志地情宣传等工作任务。年内，继续完善补充《中共太仓地方史（1978—2012）》第三卷初稿，完成2002—2012年初稿整理编写；以中国共产党成立100周年和全市党史学习教育为契机，编纂出版《百年娄城》一书，成为全市党史学习教育的本土教材；继续推进全市地方志编纂出版工作，全年共有《太仓市扶贫协作和对口支援志》《沙溪镇志》《陆渡镇志（1996—2010）》《太仓市政法志》《浮桥镇志》等志书出版，实现建制镇镇志编纂出版全覆盖；提升年鉴工作质量，编辑出版全市第25部综合年鉴——《太仓年鉴（2021）》，做好《浏河年鉴（2021）》编纂指导，推动《沙溪年鉴（2022）》启动，《太仓年鉴（2020）》获“2021年全省年鉴质量评审二等奖”；继续抓好史志地情宣传工作，编印出版“升级版”《太仓地情历史简本》，面向社会各界赠阅；做好太仓史志微信公众号的推广、发布，在宣传太仓地情的同时，扩大史志工作影响力。

【党史编研】 2021年，太仓市持续推进党史编研，修改完善《中共太仓地方史（1978—2012）》第三卷初稿。结合上级要求和太仓实际，在基本完成1978—2002年初稿基础上，补充完善2002—2012年资料。至年底，基本完成全部初稿。整理编辑《百年娄城》一书，该书从五四运动至2021年，记录中国共产党成立100年来，太仓发生的重大事件和取得的重要成就。7月，该书正式出版，成为全市党史学习教育的本土教材。

【地方志编修】 2021年，太仓市抓好各类志书、地情书的编纂、指导和出版等工作，并实现建制镇镇志编纂出版全覆盖。年内，《太仓市扶贫协作和对口支援志》《沙溪镇志》《陆渡镇志（1996—2010）》《太仓市政法志》《浮桥镇志》等志书出版。至年底，《城厢镇志》《新毛镇志》和中国名村志《电站村志》等志书进入出版阶段，《鹿河镇志》《王秀镇志》《太仓高新区志》《板桥镇志》《中国名镇志·沙溪镇志》《太仓市人力资源和社会保障志》《太仓市工会志》《东林村志》《闸北村志》9部志书持续推进编纂。市史志办加强处于出版阶段4部志书的审稿、督促和验收，确保出版质量。按进度分类指导其他在编志书，推动其加快进入终审阶段。

【年鉴编辑出版】 2021年，太仓市年鉴工作围绕框架微调、组稿编辑、修改审校、出版发行等环节展开，同时做好镇级年鉴的指导和推动。4月，全市首部镇级年鉴——《浏河年鉴（2020）》出版并举行首发式，全书设特别报道、大事记、浏河概貌等类目24个，共有分目131个、条目526个、随文图片136幅，共计45.3万字。《浏河年鉴（2020）》全面客观记述2019年浏河镇的自然、政治、经济、文化、社会和生态等方面的基本情况，具有较好的存史资政作用。12月，全市第25部地方综合年鉴——《太仓年鉴（2021）》出版发行，并同步上线年鉴小程序。全书设视觉太仓、特别报道、大事纪要等类目16个，共有分目65个、副分目173个、条目1140个、正文图表104张、随文图片194幅，约99万字。全书在保持编写框架相对稳定的基础上进行适当微调，在"特别报道"类目中设置有关新冠肺炎疫情防控、脱贫致富奔小康工程、太仓"十三五"发展成就等专文。《太仓年鉴（2021）》一经出版，便面向全市各区镇和机关事业单位赠阅发行，并同步在微信平台发布消息，面向读者少量赠阅。同月，《沙溪年鉴（2022）》完成准备工作，启动编纂。至年底，《浏河年鉴（2021）》完成审稿，进入出版阶段。

【《太仓市扶贫协作和对口支援志》出版】 2021年年初，《太仓市扶贫协作和对口支援志》完成印刷，正式出版发行。该志书于2018年4月启动，全书"设东西部扶贫协作、对口支援、南北挂钩"等内容，共8篇43章逾50万字，全面记述太仓自1975年至2019年援建工作的重要史实。记述内容涉及援建省12个、地级市6个、县市区50个，记录太仓援建干部886人。全书穿插太仓援建工作照片数百张和援建干部口述资料10余份，体现太仓援建干部精准务实、开拓创新、攻坚克难、不负人民的脱贫攻坚精神。该志是苏州市首部出版的综合性援建志。

【《沙溪镇志》出版】 2021年年初，由沙溪镇组织编纂的《沙溪镇志》（一函五部）完成印刷，正式出版，全志包括《沙溪镇志·主卷》和《沙溪镇志·沙溪乡分卷》《沙溪镇志·直塘分卷》《沙溪镇志·岳王分卷》《沙溪镇志·归庄分卷》，共计365.4万字。志首设卷首照片、概述、大事记，志末附地方掌故、民间传说、要带纪略、趣闻轶事、专记等内容。该套志书全面系统记述沙溪镇行政区域内自然、经济、政治、文化、社会和生态等各领域的发展历程，呈现沙溪人民在漫长岁月中奋斗和生活的精神情怀，是认识沙溪、研究沙溪和建设沙溪不可多得的全域地情全书，也是中华人民共和国成立后沙溪镇第一部综合性社会主义新方志。沙溪镇成为太仓市继双凤镇、浏河镇后第三个完成镇志编纂的镇（区）。

2021年4月8日，《太仓市扶贫协作和对口支援志》首发式在市行政中心举行（邢友来摄）

【《太仓市政法志》出版】 2021年年初，由太仓市委政法委组织编纂的《太仓市政法志》完成印刷，正式出版。该书志是太仓市政法系统首部专志。志首设卷首照片、概述、大事记，志末附重要文件、媒体报道等，全书共11章、68.7万字。该志客观系统记述太仓市政法事业70年工作史、奋斗史，用翔实的资料以志存史、以史鉴今，为新时代政法工作发展提供历史智慧和现实借鉴。

【《陆渡镇志（1996—2010）》出版】 2021年，《陆渡镇志（1996—2010）》完成印刷，正式出版。该志为陆渡第二部地方志书，全书门类齐全、内容丰富、史料翔实，共18卷、67章，全面记录陆渡农业、工业、服务业、文化、卫生、社会、人物等方方面面的基本历史和现状，发挥地方志存史、资政、教化的作用。

【《浮桥镇志》出版】 2021年年底，由浮桥镇组织编纂的《浮桥镇志》正式出版，志首设卷首照片、概述、大事记等内容，全书设建置区划、自然环境、农业、工业等20篇、87章、近百万字。《浮桥镇志》以丰富的资料系统记述浮桥镇全域自然、经济、政治、文化、社会和生态的历史与现状，是中华人民共和国成立后浮桥地区首部乡镇志书，为保存浮桥镇经济社会发展历史、传承太仓东北部沿江文化、反映改革开放特别是太仓港开发建设后浮桥镇取得的历史性成就，提供翔实可靠的地情资料和科学借鉴。《浮桥镇志》的出版标志太仓市建制镇镇志编纂出版实现全覆盖。

【史志地情宣传】 2021年，市史志办持续推动党史宣传教育和史志地情宣传。年内，引进由苏州市委党史工办和中共一大会址纪念馆主办的伟大开端——中国共产党创建历史图片展，并在太仓博物馆展出，为全市党史学习教育提供服务。配合璜泾镇做好太仓抗日民主政府、太仓民抗成立遗址——唐家宅和太仓第一个党支部纪念馆改布馆工作，并于年内开馆。配合市档案馆开展太仓市红色档案文献

2021 年 3 月 10 日，伟大开端——中国共产党创建历史图片展太仓巡展在太仓博物馆举行（计海新摄）

展，共展出太仓珍贵红色档案 43 份、历史照片 30 张，回顾在中国共产党领导下太仓百年来的重大事件 53 件、太仓历年召开的 13 次党代会的主要情况等。在太仓史志微信公众号策划推出“最美声音讲述援建故事”和“百年回响”系列文章，彰显在中国共产党领导下，全市在脱贫攻坚中取得的成绩，以及百年来太仓在工业、教育、交通等方面的成就。同时，《文化重磅 · 央视〈国家宝藏〉这期的主角是他们》等多篇文章被“方志江苏”“太仓发布”刊发转载。推出新版《太仓地情历史简本》。该书为 2018 年版地情简本的“升级版”，设概貌总览等五个部分，共有词条 212 条、图照 275 张，新增太仓成陆过程、城市定位、红色印迹、元代崛起、两卫同治、娄东书画、明清文学、风景名胜、名门望族、家风家训、名人与太仓等内容。年内，持续加强史志理论研究。其中，《论专题志书创造性转化、综合性实践》《太仓港发展史略及时代背景分析》《扶贫协作的太仓实践与思考》等论文分别被《江苏地方志》《苏州党史专题集》《太仓社科论坛》刊用。开展史志文化进基层活动。《太仓县志》《太仓市志》《太仓市扶贫协作和对口支援志》《太仓年鉴》《太仓地情历史简本》等史志书籍分别送至各镇区、车站等单位，利用方志资源为民所用。

（邢友来）

档案管理

【概况】 2021 年，太仓市档案管理工作坚持“为党管档、为国守史、为民服务”职责，市档案馆依托馆藏红色档案资源，做好党史宣传教育工作，发挥红色档案宣教功能，强化“存史鉴今 · 资政惠民”服务品牌建设。截至年底，馆藏档案总计全宗群 9 个、全宗 237 个、34.65 万卷、46.85 万件，资料 1.6 万册，书画档案 2079 幅，照片 11.91 万张，底片 2.43 万张。

【档案管理服务】 2021 年，太仓市档案馆接收进驻行政中心单位档案 1661 卷、1.23 万件，婚姻收养档案 2.25 万卷，出生证明档案 469 卷。市档案馆查档窗口提供民生档案查阅 1.2 万人次。市档案馆融入长三角馆际查档一体化服务体系，实现查档可异地、服务更便民，加入省民生档案便民服务平台，与上海签订馆际联查协议，通过网络、邮寄等方式实现基于长三江、辐射全国的跨区域查档服务，全年完成长三角地区异地查档 18 例。实现全市便民服务中心民生档案“1+N”查阅窗口建设全覆盖，发挥档案馆监管功能和公共服务能力，实现档案信息资源最大化利用服务，服务百姓家门口查档 709 人次。

【特色档案征集】 2021 年，太仓市档案馆收集整理新冠肺炎疫情防控档案 8516 件、脱贫攻坚档案 9317 件。征集包俊宜、顾子惠、马士达等名家书画作品 17 件，声像档案近 3000 件，《钱氏家乘》等资料 10 余件。

【档案安全工作】 2021 年，太仓市档案馆严格馆库日常档案安全管理，更新精密空调、存储、监控等设施设备，继续与苏州大学合作，保全全市总计逾 6TB 的档案数据。加强档案安全宣传教育，学习宣传贯彻新《中华人民

2021 年 6 月 18 日，太仓市领导参观“奋斗百年路 · 启航新征程”太仓市红色档案文献展（张梦晨摄）

共和国档案法》。组织开展全市141家单位档案年度检查（评价）工作。

【档案信息化建设】 2021年，太仓市档案馆开展智慧档案2.0管理平台建设，推动档案管理利用全流程智慧化、安全化、高效化发展。启动乡镇档案室档案安全互联网监管平台建设项目，通过实时监控比对档案库房各项数据指标，保护档案资料安全，全市11个区镇完成系统安装。智慧档案管理平台系统采用档案电子化、影像数字化、办公无纸化以及信息网络化等技术，实现包括档案文件、声音、影像、文本在内的多媒体档案资源的存储和查询检索。该平台实现档案收集整理、档案开放审核、档案资源挖掘编研、档案全程利用服务的智能化，开发拓展档案收集整理人工智能辅助、查阅利用多维服务、数据检索一键通达、开放审核全流程管理、全域档案精准统计、原生电子文件长久保存等智慧应用。

【基层档案工作】 2021年，太仓市组织参与各类档案工作教育培训，举办太仓市档案干部能力提升培训班、企业档案工作培训班，开展供销系统、资产集团、高新区下属村（社区）等档案专业培训7场，培训353人次，上门指导服务500余次。开展企业全宗卷、会计档案和项目建设档案管理等各项培训，解答企业档案工作中的实际问题。打造国企档案管理"太仓模式"，指导6家市属国有企业规范化建档；对接太仓市文化教育投资集团有限公司，做实企业档案管理规划和大学城建设工程档案专项服务工作；协助太仓市资产经营集团有限公司启动档案寄存业务，推进全市国资公司全领域全系统规范建档工作。

【档案编研和宣传教育】 2021年，太仓市档案馆贯彻落实习近平总书记关于在党史学习教育中用好红色资源的重要指示精神，挖掘馆藏红色档案资源，做好"档案话百年"主题宣传活动。出版《初心——太仓红色档案选编》，该书收录文档类、照片类、实物类、实录体红色档案及革命烈士档案，其中文档类红色档案28篇，均为首次公开发行。开展"档案话百年"系列主题宣传，举办档案馆开放日活动；摄制《相逢——红色档案文献展》专题电视片；策划"回眸百年百事·砥砺奋进力量"内容在《太仓日报》专版宣传；发布《百年风华》主题视频栏目；开展线上党史知识竞答活动；举办"档案话百年"征文活动。举办"奋斗百年路·启航新征程"太仓市红色档案文献展，以中国共产党在太仓地区创建、成长、奋斗为主线，展出太仓珍贵红色档案43份、历史照片30张，参观近5000人次。

（杜艳艳）

2021年12月28日，江苏省太仓中等专业学校学生在市档案馆参观太仓革命历史展 （张梦晨摄）

【土地档案管理】 2021年，太仓市推动土地档案信息化建设，重新架构档案系统，将各门类档案纳入整个自然资源档案体系，实行统一管理；完成原房产档案数据迁移及数字化项目。做好2020年度档案归档工作，库存档案总量累计78.33万卷、2.44万件。2020年度新增3.58万卷、2241件。其中：综合档案12卷、会计档案177卷，调查监测档案207卷，空间规划档案13卷，保护利用档案402卷，执法监督档案96卷，确权登记档案3.48万卷，声像14卷，照片3卷（138张），文书档案2229件，实物档案12件。

（吴　双）

【城建档案管理】 2021年，太仓市共办理建筑安装工程报建登记项目267个，报建总面积569.13万平方米；市政工程报建登记项目71个。办理建设工程档案移交手续250个，总建筑面积750.24万平方米；市政项目移交67个，所有参加档案验收项目均纳入联合验收行列。全年免费提供城建档案查询1944人次，利用案卷2.95万卷。运用建设档案管理新系统实现电子档案线上全流程验收，为工程建设相关单位提供便捷化服务。提前跟踪服务重点项目，提高档案验收质效。加强对第三方档案整理服务机构的指导，组织档案业务工作培训，安排专人业务指导和监督档案整理公司，提高档案整理质量和工作效率，确保入库档案合格、规范、完整。做好建设档案声像编研工作，拍摄专题片《感念旧时光，奋进新征程》，记录"十三五"期间太仓变化。

（许俊安）

太仓市哲学社会科学界联合会

【概况】 2021年，太仓市社科工作以"为党委政府决策服务，为经济社会发展服务"宗旨，围绕市委、市政府中心工作和省、苏州市社科联工作部署，推动市哲学社会科学工作再上新台阶。市各社科团体和哲学社会科学工作者围绕全市中心工作和经济社会发展中的重大理论与现实问题，开展社科应用研究和探索，普及社科理论知识，提升市民文明素质和人文素养，繁荣发展太仓市社科事业。年内，印发《太仓市社科联2021年度工作要点》，明确重点工作14项。

【社科研究】 2021年，太仓市社科联加强应用对策研究，组织引导全市社科团体和社科工作者学习研究习近平新时代中国特色社会主义思想和中共十九届五中、六中全会精神，营造理论学习研讨氛围。表彰奖励2020年度太仓市社科系统先进单位5家（太仓市委党校、太仓市档案学会、太仓市教育学会、太仓市沙溪镇委员会、太仓市浏河镇委员会）、优秀社科研究课题30个。围绕全市经济社会发展大局，针对创新发展、融入上海、产业升级、改革开放、城市建设、生态环境、民生幸福和党的建设等重点，征集2021年度太仓市哲学社会科学研究课题，立项公示课题85篇。《司法责任制改革背景下基层院推进人才发展机制对策探析——以太仓市检察院实践为例》《法官助理职业发展路径实证研究》等课题分获2020年、2021年“江苏省社科应用研究精品工程”市县专项课题立项。《太仓市社会工作融入社区治理实践探索》《苏州智慧农业发展现状与对策研究》等课题获2021年度苏州市社会科学基金项目（应用对策类）立项。《“童心向党·规划未来”小小讲解员公益夏令营》和《谈“典”说法·普法宣讲》两个项目分获苏州市2021年度社科普及创新二类、三类项目。组织申报江苏省社科界第15届学术大会苏南区域专场征文1篇、2021年度苏州市社会科学基金项目（应用对策类）课题10个、2021年度苏州市社会科学基金项目（江南文化专项研究类）3个、第五届“苏州市社科应用研究精品工程优秀成果奖”5个、第二批苏州市社会科学普及示范基地4个。

【社科普及】 2021年，太仓市传播社科知识、倡导科学思想、弘扬人文精神活动，社科普及宣传工作实施社科惠民行动，构建全方位、多层次、立体化社科普及宣传格局。9月27日，太仓市第16届社科普及宣传周开幕式暨“文明陆渡·至善娄江”迎国庆文艺会演在陆渡街道洙泾村广场举行，宣传周主题“普及党史知识·传承红色基因”，活动包括社科党史知识、全民阅读、创建全国文明典范城市等互动活动，参加群众200多人。牵头组织各人民团体共同开展“永远跟党走·奋进新征程——新时代大家说·群英说”党史学习教育宣讲活动，成立宣讲队伍在全市各基层单位开展党史宣讲，宣讲员19人。继续提升“学客空间”项目，印发《关于进一步深化“学客空间”社科理论宣传项目的通知》。与北京大学、上海外国语大学联合举办“北大—上外丝路学青年论坛”太仓调研活动，近30名专家学者和学生、记者参加活动。申报5部短视频参加省社科联社科宣传普及短视频大赛。彰显《太仓社科论坛》“弘扬主旋律、增强针对性、当好智囊团、发出最强音”办刊理念，刊发理论性、应用性文章近60篇。在“太融e”App“娄东视点”栏目累计发布各类文章200余篇，《太仓日报》刊发“娄东大讲堂”文章7期。

（蒋晓晨）

体　育

综　述

【概况】 2021年，太仓市体育工作秉“增强人民体质，提升城市品质”宗旨，落实健康中国和体育强国战略，坚持体育惠民便民导向，完善公共体育服务体系，推动竞技体育改革发展，加快推进体育各项事业建设，满足市民体育需求，推动城乡公共文化和体育服务一体化，保障好、维护好、实现好人民体育权益。年内，经《2021年度全省县级体育重点工作督查办法》考核评分，太仓市以83.88分排名全省第27位。

【太仓籍运动员】 2021年，太仓注册苏州市级项目有田径、足球、篮球、排球、手球、乒乓球、武术、跆拳道、高尔夫球、网球、轮滑等，总注册人数700余人。注册江苏省级项目有田径、跆拳道、竞走、武术等，总注册人数100余人。年内，太仓市向江苏省少体校输送运动员2人，向省竞走队输送运动员1人，向苏州市体育运动学校输送摔跤运动员1人、自行车队运动员1人、田径运动员2人。全市有5名田径运动员在省队集训，备战第20届省运会。

【体育社会组织】 截至2021年年底，太仓市共有各类体育社会组织54个，其中市级体育社团协会30个、体育俱乐部18个。体育总会、社会体育指导员协会、老年体协、武术协会、门球协会实现镇、街道全覆盖。全市共有AAAA级体育社会组织2个、AAA级8个、AA级4个。太仓市社会体育指导员累计3121人。全年通过三级体育指导员考试248人，参加苏州市二级社会体育指导员培训67人。

【体育设施】 2021年，太仓市持续完善体育公共服务设施，“10分钟体育健身圈”全面建成。实施全民健身设施建设补短板工程，建设各镇（区、街道）全民健身场地。推动体育公园、社会足球场、健身步道、社区健身中心、智能健身房等便民惠民体育空间建设。重点推进市体育中心选址建设。全年全市公共文体设施及无寄宿学校体育场地开放率100%。建成天镜湖公园等苏州三类体育公园3个。截至年底，太仓市共有体育场地3520个，较上年新增场地面积7.11万平方米，累计390.43万平方米，人均拥有公共体育场地面积4.7平方米。更新及新增健身路径及部分篮球架、乒乓球桌和室内健身器材62个点位、40套。新增浮桥镇荷池花园、城厢镇梅园社区篮球场2个；沙溪镇渠泾村、沙溪镇泰西村、沙溪镇涂松村多功能场地3个；沙溪镇涂松村足球场1个；沙溪镇半泾村体育公园1个。

2021 年太仓市体育场地一览表

表 58

序号	项目	单位	数值
1	体育场地总数量	个	3520
2	体育场地面积	平方米	3904312
3	新增体育场地数量	个	215
4	新增体育场地面积	平方米	71106
5	全民健身路径器材数	件	7700
6	人均体育场地面积	平方米	4.7
7	万人拥有器材数	件	92.65

2021 年太仓市各镇、街道体育场地面积一览表

表 59

镇 / 街道	体育场地数量（个）	体育场地面积（平方米）	面积占比（%）
娄东街道	412	1358354	34.79
城厢镇	440	1011807	25.92
浮桥镇	748	453656	11.62
沙溪镇	538	321702	8.24
科教新城	115	193559	4.96
浏河镇	263	185820	4.76
双凤镇	409	168709	4.32
璜泾镇	387	109547	2.81
陆渡街道	208	101158	2.59
总计	3520	3904312	100

2021 年太仓市新增体育场地类型一览表

表 60

序号	体育场地类型	体育场地数量（个）	体育场地面积（平方米）
1	篮球场	39	25536
2	步行道	34	22224
3	小运动场	2	8800
4	全民健身路径	80	2835
5	五人制足球场	2	1026
6	门球场	7	2708
7	健身房	9	1413
8	网球场	3	1364
9	游泳池	1	680

续表 60

序号	体育场地类型	体育场地数量（个）	体育场地面积（平方米）
10	排球场	3	600
11	三人制篮球场	3	590
12	棋牌室	13	530
13	高尔夫球练习场	1	500
14	保龄球馆	1	400
15	五人制足球馆	1	300
16	游泳馆	1	300
17	乒乓球场	5	270
18	乒乓球馆	3	260
19	篮球馆	1	200
20	羽毛球馆	1	200
21	田径跑道	1	160
22	羽毛球场	1	140
23	台球馆	1	70
	合计	213	71106

2021 年太仓市体育场地类型一览表

表 61

序号	体育场地类型	体育场地数量（个）	体育场地面积（平方米）
1	步行道	549	1079764
2	高尔夫球场	1	732600
3	水上运动场	2	662000
4	小运动场	73	367278
5	篮球场	365	320579
6	步行骑行综合道	5	103582
7	十一人制足球场	3	21600
8	田径场	5	71777
9	摩托车运动场	1	69580
10	七人制足球场	5	16108
11	健身房	294	49684
12	篮球馆	41	41702
13	五人制足球场	20	18386
14	排球场	53	38684
15	全民健身路径	954	38420
16	乒乓球馆	338	26277
17	三人制篮球场	89	27746
18	综合馆	24	26292

续表 61

序号	体育场地类型	体育场地数量（个）	体育场地面积（平方米）
19	自行车骑行道	2	25500
20	门球场	40	24376
21	游泳馆	22	18702
22	棋牌室	348	19842
23	网球场	33	18645
24	体育场	1	16000
25	羽毛球馆	21	8248
26	体育馆	5	7798
27	乒乓球场	67	7403
28	体能训练馆	3	6020
29	游泳池	7	5994
30	台球馆	51	3559
31	羽毛球场	18	4293
32	田径跑道	3	4064
33	体操馆	30	3270
34	门球馆	2	2800
35	艺术体操馆	10	1272
36	手球场	3	2308
37	排球馆	4	1920
38	武术馆	2	1500
39	保龄球馆	2	1220
40	高尔夫球练习场	2	1024
41	网球馆	1	800
42	射击馆	3	798
43	地掷球场	1	650
44	电子竞技馆	1	636
45	卡丁车运动场	1	630
46	轮滑场	1	590
47	毽球场	2	540
48	轮滑馆	1	430
49	五人制足球馆	1	300
50	攀岩场	2	260
51	拳击馆	3	260
52	沙滩排球场	2	256
53	跆拳道馆	1	200
54	沙狐球馆	2	145
总计		3520	3904312

（匡芡茏）

全民健身运动

【概况】 2021年，太仓市持续开展全民健身赛事活动，发展篮球、排球、足球、羽毛球、乒乓球、桥牌、门球、围棋等群众普及程度高的太仓市级体育联赛项目，发展户外、冰雪、马拉松、马术等引领性强的时尚运动项目。持续开展全民健身日、假日体育等活动，打造一批群众性特色体育品牌赛事。年内，太仓市依托省级体质测定与运动健身指导站和志愿者服务平台，开展国民体质监测和国民体质测试工作，监测约4000人（不含7~19周岁人群），完善体质监测中心开放制度。

2021年5月14日，太仓市第16届全民运动会举行中小学武术操比赛中学组决赛 （市文体广旅局供稿）

【体育场馆开放】 2021年，太仓市根据《全民健身条例》和《国家体育总局、财政部关于推进大型体育场馆免费低收费开放的通知》文件精神，发挥政府公共体育设施作用，满足市民日益增长的体育健身需求，太仓市全民健身指导服务中心下属体育场馆实行免费、低收费开放。太仓市体育场全年免费开放，太仓市体育馆全年按照物价局标准按时段低收费开放。体育场馆如遇重大比赛、活动或维修期间暂停对外开放。年内，市文体广旅局发挥体育场馆效益，提升公共体育服务，促进全民健身活动广泛开展，全市体育场馆全年开放天数不少于330天；室内场馆每周免费或低收费开放时间不少于35小时；双休日国家法定节假日、全民健身日、学校寒暑假期间每天免费或低收费开放时间不少于8小时；户外公共区域及户外健身器材全年免费开放时间不少于12小时。

【群众体育运动】 2021年，太仓市举办各级各类群众体育赛事活动180余项，参与人数近16万人次，营造全民健身氛围。3—11月，市第16届全民运动会举行，比赛项目24个、91项次。其中镇区组项目15个，参赛2000人次；老年组项目12个，参赛1000人次；残疾人组项目5个，参赛200人次。举办苏州市第15届“千村万人·幸福乡村”篮球、乒乓球总决赛，苏州各区、市13支男子篮球代表队和7支男子、6支女子乒乓球代表队参赛。组织苏州市《国家体育锻炼标准》达标赛太仓分会场暨太仓市第5届《国家体育锻炼标准》达标赛，全市各镇（区、街道）及主办单位12支队伍、300余人参赛，参照国家体育锻炼标准评分办法，大赛设置两大组别、14个比赛项目和武术体育舞蹈等表演展示类节目。以“云”健身为主，宣传全民健身活动，举办江苏省气功八段锦网络比赛、太仓市青少年桥牌网络交流赛、城厢镇第2届“云”运动会等云赛事。举办“安佑杯”孙氏武学全国网络赛，56支队伍、878人参赛，收到点赞127万次，投票数52万票。

【特色品牌赛事】 2021年，太仓市扩大特色品牌赛事规模，开展足球、篮球、气排球、羽毛球、乒乓球、门球、围棋、桥牌等市级体育联赛8个。开展“科教新城杯”第2届3V3篮球精英赛、“夜太美”运动生辉三人篮球争霸赛、科教创新区“文星杯”三人篮球邀请赛；开展太仓市第15届妇女门球赛及市单、双打门球选拔赛；钓鱼协会开展第2届“魅力金太仓、最美钓鱼人”3+1联赛；桥牌协会开展庆元旦“良艳杯”桥牌邀请赛、庆新年“长寿杯”双人赛、第17届“郑和卡杯”夕阳红艺术节老年桥牌赛、第16届“福马杯”市选拔赛；乒协开展第8届“沃尔贝德杯”太仓乒协会员单打积分赛；围棋协会开展少儿围棋定级定段春季赛等比赛；开展“武术进校园”活动，覆盖全市所有中小学校，延续武术特色人才培养工作。打造“娄东乐天”系列积分赛体育赛事品牌，面向全体老年人，组织掼蛋、冰壶球、重阳趣味体育、乒乓球单打等比赛。各镇区相继开展龙舟赛、太仓市10千米黄金联赛（主城区、璜泾、浏河）、璜泾镇第6届乒乓球比赛、浮桥镇第8届社区、企业职工乒乓球联谊赛等品牌赛事。

（匡芡茏）

学校体育

【概况】 2021年，太仓市加强体教融合，探索竞技体育“省队县办”“市队县办”合作模式，提升青少年竞技水平。重点发展市运动学校田径、武术、乒乓球、跆拳道等项目，依托市队校办、业余训练点、体育传统校等训练模式，提升太仓竞技体育水平，向省市输送更多体育后备人才。4月，在2021年江苏省青少年田径锦标赛暨县组田径比赛中，太仓籍运动员李姗姗获女子甲组5000米竞走银牌、3000米竞走铜牌，张静雯获女子乙组100米栏铜牌。

【学生排球比赛】 2021年6月4—6日，苏州市小学生排球赛在太仓市体育馆举行。比赛分男子组和女子组，苏州各市、区共8家单位、233人参赛。工业园区代表队、张家港代表队、太仓代表队分获男子组前三名；工业园区代表队、昆山代表队、太仓代表队

2021 年 6 月 6 日，苏州市青少年阳光体育联赛小学生排球比赛落幕
（市文体广旅局供稿）

分获女子组前三名。7 月 16—19 日，苏州市中学生排球赛初中组比赛在太仓市体育馆举行。比赛分男子组和女子组，苏州各市、区共 11 所学校、214 名选手参加。张家港大新代表队、张家港南丰代表队、昆山陆家代表队分获男子组前三名；园区金鸡湖代表队、张家港大新代表队、昆山陆家代表队分获女子组前三名。

【中学生桥牌比赛】 2021 年 10 月 15—17 日，苏州市青少年阳光体育运动联赛中学生桥牌赛在太仓市陆渡宾馆举行。苏州市 8 所初中、4 所高中、139 名运动员参赛。太仓市第一中学 1 队、苏州市南环实验中学 1 队、苏州市南环实验中学 2 队分获初中组团体前三名。苏州市南环实验中学选手肖瑾文、邹妍，吴海江、李文祥，顾正阳、梁王晨分获初中组双人赛南北向前三名。太仓市实验中学选手徐禹唐、王赵澄，苏州市南环实验中学选手周煜阳、彭佳妍，太仓市实验中学选手刘炀王、施逸洋分获初中组东西向前三名。西安交通大学苏州附属中学代表队、江苏省太仓高级中学代表队和江苏省沙溪高级中学代表队分获高中组前三名。江苏省沙溪高级中学选手王志岚、李希雅，江苏省太仓高级中学选手王思渊、魏易，江苏省太仓高级中学选手王轲阳、江苏省沙溪高级中学选手陈大猷分获高中组双人赛南北向前三名；江苏省太仓高级中学选手王浩、张麟，西安交通大学苏州附属中学选手顾天晔、曹熠辉，江苏省沙溪高级中学选手周磊、霍雨哲分获高中组东西向前三名。

（匡芡茏）

重大体育赛事

【中国淡水钓鱼全明星赛】 2021 年 5 月 15—16 日，中国淡水钓鱼全明星赛（江苏太仓站）比赛在太仓市双凤生态园举行。由中国钓鱼运动协会、太仓市人民政府主办，太仓市文体广电和旅游局、太仓市双凤镇人民政府承办，太仓双凤生态园、快乐垂钓频道协办，在湖南卫视快乐垂钓频道、上鱼 App、中国钓鱼运动协会快手账号现场直播。全国各地 300 人参赛，以混合抽签确定项目及钓位，以六场比赛的总积分排名。所有运动员分别参加手竿钓对象鱼尾数赛、手竿钓对象鱼重量赛、手竿钓混合鱼重量赛等 3 个项目，谢仁、马超、熊寿平分获前三名。该比赛是太仓连续 11 年举办的国家级垂钓品牌赛事，中国钓鱼运动协会授予太仓市国赛垂钓基地旗，表彰太仓市人民政府为中国钓鱼运动做出的贡献；授予太仓市双凤生态园全国钓鱼基地称号。

【全国竞走冠军赛暨全运会资格赛】 2021 年 5 月 8—9 日，由中国田径协会主办，江苏省体育竞赛管理中心、太仓市人民政府、苏州市体育局承办的 2021 年全国竞走冠军赛暨全运会资格赛在太仓举行，476 名运动员参赛。云南代表队尹加星、贵州代表队李克文、山东代表队曾庆存分获男子组 20 千米前三名；广东代表队刘虹、山东代表队马振霞、青海代表队切阳什姐分获女子组 20 千米前三名。内蒙古代表队项浩宇、西藏代表队索南次仁、云南代表队卢绍兴分获男子组 30 千米前三名。重庆代表队贺相红、云南代表队蒙忠凯和胡云江分获男子组 50 千米前三名。云南代表队获男子 20 千米竞走团体冠军，陕西代表队获女子 20 千米竞走团体冠军。

【太仓市全民运动会】 2021 年 5 月 7 日，太仓市第 16 届全民运动会开幕

2021 年 5 月 15 日，中国钓鱼运动协会授予太仓市国赛垂钓基地旗
（市文体广旅局供稿）

2021年5月8—9日，"铁人杯"全国竞走冠军赛暨全运会资格赛在太仓举行（计海新摄）

式在上海东路举行，1200余名来自镇区组、机关组、老年组、学生组、残疾人组的运动员参加大众健步走和竞技健步走活动，展现"竞走福地、底蕴金仓"独特魅力。12月18日，在沙溪镇全民健身活动中心举行闭幕式。该届市运会共设学生部（小学组、初中组、高中组）、成人部（镇区组、职工组、老年组、残疾人组、高校学生组）2个部8个组别，设有田径、篮球、排球、足球、广播体操等90个项次，近5万人次参与。其中宋子倩等7人次破小学甲组女子铅球等田径运动会纪录（含年龄组纪录）8项，洪梓鹏等12人（队）次打破小学组男子1分钟磕踢等市绳毽锦标赛纪录10项。

【"中德友谊杯"足球国际邀请赛】 2021年6月19—27日，招商银行·太仓市第三届"中德友谊杯"足球国际邀请赛在新区足球公园举行。太仓德企、新闻媒体、太仓地方球队等16支球队参赛。太仓U40足球队、太仓公安足球队、舍弗勒足球队分获前三名。

【MAGIC3青少年三对三超级篮球赛长三角公开赛（太仓站）】 2021年7月17—18日，由江苏省体育局等主办，太仓市文体广电和旅游局、太仓市教育局承办，太仓市篮球协会、太仓市万达广场协办，上海洛今投资管理有限公司运营的MAGIC3长三角青少年三对三超级篮球赛在太仓万达广场举行，参赛队伍32支。太仓中专男篮一队获男子组冠军，太仓中专女篮一队获女子组冠军；华顿队和天花板队分获男子组和女子组亚军，以上4支队伍代表太仓赛区赴上海参加总决赛。

2021年太仓市大型比赛一览表

表62

序号	名称	时间	地点	主办单位
1	2021年太仓市第十六届全民运动会	3月20日—11月6日	太仓市	太仓市人民政府
2	2021年全国竞走冠军赛暨全运会资格赛	5月8—9日	太仓市	中国田径协会
3	2021年中国淡水钓鱼全明星赛（太仓站）	5月15—16日	太仓市双凤生态园	中国钓鱼运动协会 太仓市人民政府
4	2021年苏州市小学生排球赛	6月4—6日	太仓市体育馆	苏州市体育局 苏州市教育局
5	招商银行·太仓市第三届"中德友谊杯"足球国际邀请赛	6月19—27日	太仓市新区足球公园	太仓市人民政府
6	2021年苏州市中学生排球赛初中组比赛	7月16—19日	太仓市体育馆	苏州市体育局 苏州市教育局
7	2021年MAGIC3青少年三对三超级篮球赛长三角公开赛（太仓站）	7月17—18日	太仓市万达广场	江苏省体育局等
8	2021年苏州市青少年阳光体育运动联赛中学生桥牌赛	10月15—17日	太仓市陆渡宾馆	苏州市体育局 苏州市教育局

（匡艾笼）

体育产业

【概况】 2021年，太仓市推进体育产业转型升级，推进新动力越野基地、华丽菲尼克斯度假村户外拓展基地建设，推进“中德合作足球学校”项目，支持各领域发展乡村特色体育休闲旅游。全市共有体育产业类企业593家，体育及相关产业总规模68.6亿元。

【体育彩票】 2021年，太仓市共销售体育彩票1.98亿元，筹集体育彩票公益金1470.13万元，纳税留存地方总计188.16万元。年内，太仓市体育彩票公益金支出1492.42万元。其中，开展群众体育工作支出666.38万元，分别包括资助或组织开展全民健身活动73.3万元，建设维护公共体育场地和设施367.69万元，资助群众体育组织和队伍建设206.99万元，组织开展全民健身科学研究与宣传15.4万元，体育产业扶持资金3万元，竞技体育支出826.04万元，主要用于举办2021年全国竞走冠军赛暨全运会资格赛、全国桥牌A类俱乐部联赛总决赛、2021年中国淡水钓鱼全明星赛、太仓市第16届全民运动会等赛事和体育后备人才的输送培养。体育彩票公益金使用坚持“取之于民，用之于民”的公益性，按照预算计划专款专用，促进太仓市体育事业健康、稳定、持续发展。

（匡芡茏）

社会保障

社会保险

【概况】 2021年10月11日，太仓市上线省人社一体化信息平台，实现全省人社业务“一网通办、跨省联办、全省同办、异地可办、就近能办”。年内，太仓市实施全民参保计划，提高社保待遇水平，召开太仓市社会保险监督委员会第一届第二次会议，推动社保基金平稳运行。全年社会保险基金总收入105.79亿元，总支出107.34亿元，当年度赤字1.55亿元，历年累计结余14.38亿元。

【养老保险】 2021年，太仓市累计征缴养老保险基金44.93亿元，累计发放养老保险待遇54.06亿元。其中，企业职工基本养老保险在职参保人数36.31万人，年度净增5292人，享受养老保险待遇16.72万人，养老金待遇水平2171元/月。机关事业单位基本养老保险在职参保人数1.62万人，享受养老保险待遇8677人，养老金待遇水平7935元/月。城乡居民基本养老保险参保人数1474人，享受养老保险待遇2.22万人，基本养老保险保障水平572元/月。

【工伤保险】 2021年，太仓市累计征缴工伤保险基金1.6亿元，其中建筑工伤保险基金2235万元；累计发放工伤保险待遇1.76亿元，其中建筑工伤保险基金1119.36万元。工伤保险参保人数39.75万人。工伤认定总量3275起（含建筑工伤190起），组织劳动能力鉴定20批次，鉴定总人数2593人次，工伤待遇结报4998人次。上海4家工伤康复机构纳入太仓协议范围，实现太仓职工共享上海优质医疗资源。多重劳动关系、超法定退休年龄继续就业等四类特殊人员纳入工伤保险参保范围，为新型劳动关系保驾护航。

【失业保险】 2021年，太仓市失业保险参保人数32.61万人，全年累计征缴失业保险基金1.96亿元，累计发放失业待遇6.26万人次，共计1.03亿元。7月，失业保险金最低标准由每月1568元提高到1643元，最高标准2280元/月。2021年1月1日至12月31日期间，对新增领取失业保险金期满仍未就业的失业人员、不符合领取失业保险金条件的参保失业人员发放失业补助金，对领取失业保险金期满仍未就业的失业人员按照每人每月990元标准、不符合领取失业保险金条件的参保失业人员按照每人每月300元标准发放6个月失业补助金，累计发放失业补助金676.77万元，覆盖1.69万人次。

（吴可菲）

医疗保障

【概况】 2021年，太仓市推进医保市级统筹工作，推动药价招采改革，提升医保公共服务水平。年内，太仓市“自主转诊”实现新突破。开通上海就医免备案直接刷服务，无须办理任何手续，太仓参保群众就能在上海异地联网医疗机构直接结算，享受“沪苏”两地无感就医结算红利。赴沪就医划卡月均6032人次，基金支出共计9651万元。创新实践沪太医保合作项目，在长三角率先开展“沪太互助帮困人员医保服务”合作协议，为该类人群提供免于往返两地报销的便利。截至年底，门诊费用结算9508人次，基金支付132万元。

【医疗保险】 2021年，太仓市医疗保险参保人数68.14万人，其中职工基本医疗保险54.24万人，城乡居民医疗保险13.9万人。职工医保（含生育）、居民医保基金收入分别为20.16亿元、1.69亿元，支出分别为20.96亿元（统筹支出8.95亿元，个账支出5.79亿元，上交苏州新冠疫苗0.8亿元，市级统筹上交苏州5.42亿元）、1.29亿元。累计结余职工医保19.22亿元（含个账12.51亿元，统筹6.71亿元）和居民医保2.13亿元。大病保险基金收入6145万元，支出5161万元，当年结余984万元，历年累计结余6014万元；长护保险基金收入2944万元，累计支出6993万元，当年赤字4049万元；医疗救助基金收入1046万元，支出1330万元，累计结余1169万元，享受医疗救助4242人。生育保险参保人数33.28万人，生育保险基金收入1.76亿元，支出1.76亿元（待遇支出0.96亿元，市级统筹上交苏州0.8亿元），当年结余0元，累计结余2.92亿元。

【医保市级统筹】 2021年，太仓市完成职工医保门诊待遇和退休人员个账划入、居民医保分类缴费、医保结算年度更替、长护结构体系与待遇标准、大龄人员转入职工医保等调整工作。提升参保群众医保待遇，居民医保门诊统筹额度提高到1200元，报销比例提高到65%，住院起付线、报销比例均有较大幅度优化提升。退休职工医保个人账户划入金额下限从500元提升至1350元或1550元（以70周岁为界）。医疗救助范围扩大至15类，更多人群享受相关医保救助待遇。统筹范围延伸扩大，把全市托儿所、幼儿园、小学、初中、高中、技校、中专就读的非太仓户籍人员子女全部纳入居民医保范围并完成征缴工作。规范各项待遇政策，解决住院医保险种归并的历史遗留问题。药品库、诊疗库、耗材库按照苏州新支付规则实施。

【医保目录库规范】 2021年，太仓市基本医保药品和诊疗项目目录范围与苏州实现信息系统的实时更新。通过大范围张贴告参保人员书、拓展医保网站功能等形式宣传，4月1日，药品库、诊疗库、耗材库分别按照苏州新支付规则实施。三库的平稳执行为苏州大市“一卡通”和上线国家信息平台奠定基础。

【医保公共服务水平提升】 2021年，太仓市“医保e路通”民生实事项目建成，异地就医顺畅准确，实现与27个省市区普通门诊费用异地直接结算。升级“一卡通”服务，在苏州全市范围内跨区域就医购药实现零手续直接结算服务。下半年，医保财务与征缴业务从市人社局转移。医保标准化信息化建设实现跨越发展，统筹推进国家15项编码标准贯标、医保信息独立化改造、上线国家医保信息平台三项工作。深入村（社区）、企业、市民广场宣传推广医保电子凭证，全市所有定点医疗机构、定点零售药店均支持扫码支付。截至年底，医保电子凭证激活率60%。拓展医保服务网络，城厢镇为民服务中心创建苏州市级“15分钟医保服务圈”示范点。推行零星报销在银行多点受理，设立市区受理点2处和区镇受理点6处，方便群众医保业务“就近办”。

【医保体系完善】 截至2021年12月15日，2021年大病结算年度参保人享受大病待遇2.55万人次，补偿金额2688万元，大病保险医疗实际报销比例在基本医保基础上，城乡居民医保平均增幅超12.72个百分点，职工医保平均增幅超11.82个百分点，大额医疗费用患者减负明显，为缓解因病致贫、因病返贫发挥作用。健全全市社会保障制度体系，全市长护保险服务机构共计38家，长护保险累计申请3076人，失能评估2973人，累计享受对象6235人，其中重度失能1573人、中度失能4662人。全年长期护理保险结算年度共支付待遇支出4074万元。

【医药价格政策改革】 2021年，太仓市医疗保障局推进医疗服务价格改革贯彻实施。根据上级统一部署，贯彻落实各项配套改革政策，全年涉及医疗服务价格项目新增、完善、调整333项。服务新冠肺炎疫情常态化精准防控工作，降低新型冠状病毒相关检测项目价格3次，核酸检测价格由120元/次降至40元/次，降幅66.67%。支持促进中医药传承创新发展，调整公立医疗机构中医医疗服务项目价格108项，占总开展中医医疗服务项目数80.6%，平均涨幅47%，明确全市各类公立医疗机构中医诊疗项目统一执行三类价格。根据中医技术人员的技术等级，拉开针刺、灸法、推拿疗法技术等级差价，在基准价基础上，副主任医师可上浮不超过10%，主任医师可上浮不超过20%。促进医疗新技术进入临床应用，新增医疗服务项目124项（其中市第一人民医院涉及35项、市中医医院涉及9项），由医疗机构自主制定，试用期2年，试用期内不纳入基本医疗保险基金支付范围，按“丙”类管理。

【药品、耗材集中采购】 2021年，太仓市共组织国家集中带量采购药品5批6轮和省药品集中带量采购1轮，全市21家医疗机构全部参加，涉及品种214个，覆盖高血压、糖尿病、高血脂、慢性乙肝等慢性病和常见病的主流用药，平均降幅53%，合同采购金额4408万元，节约采购资金4907万元，落实药品集采医保基金预付款金额1348万元。全年共组织高值医用耗材联盟带量采购7轮，涉及大类23个，全市8家公立医疗机构参加，平均降幅66%，国采支架平均降幅94%，合同采购金额2123万元，节约采购资金3949万元，落实医用耗材集采医保基金预付款金额663万元。按实际完成量计算，全年全市推行药品耗材集中带量采购节省采购资金超1亿元。

【医保基金监管】 2021年，太仓市通过日常巡查、智能审核、专家病案审核、专项检查等多种方式，达到医保基金监管常态化。全年共处理违规机构189家，追回医保基金、收回违约金、行政罚款共929.64万元，较上年增长857%，解除医保定点协议单位10家，实施行政处罚医药机构2家，公开曝光违法违规案例10件。组建“政策服务医保先行”团队，开展集中宣传活动，实现监管主体、对象全覆盖。开展公职人员使用医疗保障金自查自纠和承诺践诺工作。强化与纪检部门联动，开展专项稽查，移交违规人员名单2批次。模拟国家飞行检查开展基金监督，督促问题整改。开展以打击“三假”（假病人、假病情、假票据）、违规收费为重点的专项整治行动，持续筑牢医保基金安全防线。

（朱　琪）

社会救助

【最低生活保障】 2021年7月1日，太仓市最低生活保障标准从1045元/月调整到1095元/月。截至年底，全市共有低保对象590户、903人，低保边缘对象559户、612人，特困对象102户、104人，困难“二无老人”（60周岁以上、无生活自理能力，且无法定赡养、抚养义务人或者其法定义务人无履行义务能力的老年人）20户、20人，全年累计向低保等困难家庭发放生活救助金1823万元。

【慈善救助】 2021年，太仓市累计募集捐赠资金1682.29万元，接收物资25万件，各类救助支出2023.9万元，惠及困难群众2.2万人次。支援河南抗洪救灾，募集慈善捐款446.97万元。实施“大爱无疆”对口帮扶、“善之行”四季公益行动、“星空下的慈爱”助学、“娄城益帮扶”“童舟共济”等慈善项目，帮扶各类困难群众。新增青少年关爱基金等冠名基金12个，冠名基金累计62个。开展“太仓慈善月”、第二届“太仓慈善奖”等活动，评选表彰一批慈善先进集体和个人，通过树立典型营造良好慈善氛围。实现镇级慈善会、镇级慈善文化主题公园、社区慈善基金三个全覆盖，为慈善助力乡村振兴及基层社会治理打下基础。

【临时救助】 2021年，太仓市发挥临时救助应急性、补充性、过渡性功能，对符合条件的急难型救助对象和支出型救助对象及时予以补助。截至年底，共计临时救助713人次，发放金额104.8万元。

（王歆怡）

社会福利

【残疾人福利】 2021年，太仓市做好“两项补贴”（生活补贴、护理补贴）全国系统线上审核工作，全市享受生活补贴残疾人2331人，护理补贴残疾人4301人。配合江苏省人社一体化系统上线，确保1355名享受社区保补贴政策的残疾人“一个不落”。年内，为全市1923名就业年龄段重残人员和精神、智力（三、四级）无业残疾人共缴纳养老和医疗保险435.14万元。全市6925名重残人员享受医疗救助。2073名残疾人享受城乡居民基本医疗保险保费减免政策。为全市1737名残疾人发放“扶贫帮困送温暖”慰问金173.7万元；为79名残疾人发放生活补贴19.28万元；为899名符合条件的重残人员购买“苏惠保”医疗保险；为2049户重残户交纳有线电视费补贴18.85万元。为8名下肢残疾人发放代步轮椅车补贴1.2万元。为6600名64周岁以下（含）残疾人购买团体综合意外保险33万元。

【妇女儿童福利】 2021年，太仓市启动实施新时代苏州儿童“幸福港湾”实践项目3个，链接社会资源帮扶困境家庭儿童119户。开展第五届妇女儿童家庭公益微创投活动，实施儿童议事会、科学家教普及、预防儿童性侵等创投项目6个。设立“娄城关爱她基金”，帮扶单亲贫困母亲、贫困“两癌”（乳腺癌、宫颈癌）妇女21人，提供帮扶资金7.6万元。深化“希望妈妈”“太仓妈妈”等帮困助学品牌，结对帮扶儿童292人，提供助学金、学习用品等21万元。市妇联联合市卫健委常态化开展适龄妇女“两癌”筛查，共筛查2.2万人。开展贫困全国“三八”红旗手和退职离岗村妇代会主任走访慰问，共计发放慰问金2.6万元。

【困境儿童关爱保障】 2021年，太仓市制定《太仓市困境儿童精准排查和保障工作的实施方案》，开展全市困境儿童精准排查、四色管理和分类保障工作。截至12月，全市共有机构养育孤儿6人、社会散居孤儿8人、事实无人抚养儿童33人、重病儿童86人、重残儿童221人、贫困儿童45人、单人保家庭儿童14人、低保边缘家庭儿童143人，全年共计发放困境儿童基本生活补贴369.8元。市民政局联合市慈善总会（基金会）开展“童舟共济”困境儿童慈善公益项目，为全市困境儿童及其家庭提供以“助医、助困、助学、助乐”为主题的关爱服务，服务困境儿童370余人次，服务时长近420小时。

【福利彩票】 2021年，太仓市福利彩票累计销售1.44亿元，较上年减少1623万元，降幅0.9%。其中：电脑票销量9469万元，较上年增加3448万元，增幅57.26%；快3销量1209万元，并于2月底停止销售；即开票销量3700万元，较上年增加1948万元，增幅111.17%。收到拨付福彩公益金1839万元，福彩公益金用于公益事业1839万元。

（徐　垠　张　丽　王歆怡）

住房保障

【住房公积金管理概况】 2021年，太仓市住房公积金扩面增员创历史最高纪录，资金持续高位安全运行，增值收益突破亿元，住房公积金在支持新市民住有所居、助力优化营商环境、促进全市房地产市场健康发展等方面发挥作用。全年净增缴存职工2.35万人，创历年净增人数最高值，完成年计划的460.3%，占苏州市比重12.5%，年度净增人数增幅列苏州各市（县）区第一。全年新增缴存单位4103家，完成年计划的273.5%；新增缴存职工4.51万人，完成年计划的225.6%。截至年底，全市公积金缴存人数22.4万人，公积金缴存动态覆盖率73.1%，较上年增长6.5个百分点，增幅位列苏州市第一。全年归集公积金33.38亿元，完成年计划的107.67%，完成率在

2021年4月7日，公积金太仓分中心联合太仓高新区人社局举办公积金政策宣讲会

（王　炎摄）

苏州市排名第一，较上年增长9.2%，年末公积金余额74.17亿元。向上争取资金供给，满足缴存职工购建住房需求，年末公积金贷款余额76.1亿元，贷款资金运用率102.58%，为苏州各市（区）最高值，较上年上升1.48个百分点。年末贷款逾期率0.0009‰，低于苏州大市平均值，公积金资金持续保持高位安全运营。全年职工购建、还贷等住房消费类提取公积金21.27亿元，占全年提取总额25.06亿元的84.88%，较上年增加0.88个百分点。全市实现公积金增值收益1.02亿元，较上年增长33%；提取风险准备金5598万元后，可提供全市政府廉租房保障资金3677万元。

【灵活就业人员自愿缴存公积金启动】 2021年，住建部将苏州在内的全国6个城市列为灵活就业人员建立公积金制度的试点城市。4月29日，太仓市政府召开住房公积金工作会议，贯彻落实住建部、苏州市政府工作部署，启动太仓市灵活就业人员建立公积金制度试点工作。公积金太仓分中心加强对业务协作单位培训，指导开展有针对性宣传。截至年底，新增缴存灵活就业人员（个体工商户、自由职业者）职工193人，实现公积金制度供给覆盖更广、制度保障更加公平，适应新就业形态的需要。

【公积金政务服务迈入沪太同城新时期】 2021年6月11日，太仓市实施住房公积金异地贷款政策，在外地缴存公积金的职工同太仓市职工执行相同政策。公积金太仓分中心重点做好公积金“融入上海”工作，构筑并放大公积金事业发展新优势，梳理政策执行，加强政策宣传，优化受理服务举措，保障上海、太仓两地公积金快速融合，实现缴存互认、公积金贷款互查、提取互审代办的同城化机制。6月11日起，异地贷款申请量逐月持续走高。截至年底，受理上海职工购买太仓市住房申请公积金贷款606笔、2.8亿元，贷款申请数量同期占比1/3，促进全市住宅销售面积5.9万平方米，公积金融入上海沪苏同城化效应明显。

【住房公积金助力新市民安居】 2021年，苏州市住房公积金管理中心太仓分中心做好贷款需求预测，在确保风险可控前提下，优化房源准入公积金贷款业务流程，实现全市公积金贷款房源更全覆盖。全年准入公积金贷款房源101批次、楼盘项目42个。全年发放公积金贷款3393笔、金额16.85亿元，较上年增长21.1%，贷款支持商品房销售面积35.22万平方米，其中刚需首次购房贷款91%。推广公积金租房提取新政策，深入36家企业开展租房提取上门宣传和现场服务。走访调研太仓市集宿楼、青年公寓租房情况，上门设摊主动宣传租房提取新政策。在浮桥镇和平花园社区、陆渡街道横沥村设立租房提取批量代办点。全年办理租房提取310笔、金额127.7万元，帮助新市民使用公积金减轻租金现金负担，构建“租购并举”住房新格局。年内，与市住建局对接，做好既有住宅加装电梯提取公积金新政策推介，到物业小区向符合条件的职工宣传加装电梯提取公积金新政。

【住房公积金服务深化】 2021年，太仓市公积金业务系统对接长三角公积金一网通办平台、住建部“全国住房公积金”小程序，施行公积金全国转移接续、部分提取业务跨省通办等服务。苏州市住房公积金管理中心太仓分中心服务大厅设立“长三角服务”和“跨省通办”专窗，受理异地职工在太仓市购房提取公积金申请，实现在线提交申请、异地审核、提取资金实时结算等便捷服务，功能扩大到长三角城市群，顺应职工流动需求。推广公积金五位一体线上服务集群，实现公积金单位业务全生命周期全流程提供线上服务，90%的个人公积金业务项目实现线上服务覆盖。服务大厅设立自助服务区，公积金购房提取、退休提取、离职返乡提取、还贷委托提取、账户密码设置等高频业务线上办理率持续攀升，增强职工群众服务满意度。

【住房公积金助力优化营商环境】 2021年，苏州市住房公积金管理中心太仓分中心落实落细公积金惠企政策，服务受新冠肺炎疫情影响的企业，做好公积金缴存比例下调、缓缴等政策宣传，引导企业用足政策规范缴存，助力企业纾困解难。全年为34家企业办理降比例缴存业务，每月减少成本支出77万元。重视职工维权和社会维稳，对单位不缴、少缴公积金的投诉，推动刚性法规更加柔性执行，全年共受理投诉单位公积金违法案例106起，处结96起，处结率90.6%，无一例矛盾扩散或上升。秉持服务人才就是服务发展大局思路，调整全市享受公积金优惠政策的人才目录，汇总公积金人才特殊政策，向人才及其单位寄送《告全市人才一封信》，走访人才集聚单位，了解需求，宣讲人才的公积金特殊优惠政策，协调解决人才购房使用公积金过程中遇到的疑难问题。全年全市高层次人才购房使用公积金贷款10笔、1056万元，人才申请公积金贷款量列苏州各（县）市之首。

【住房公积金政策调整】 2021年3月26日起，太仓市上调公积金租房提取额度。职工租赁自住住房（含公租房）提取最高限额由每月1100元提高至1500元；职工及配偶租赁同一自住住房提取最高限额由每月2200元提高至3000元。职工租赁自住住房（不含公租房）的，在住房公积金个人账户扣除规定留存额后的可用余额内，每月提取额度按房屋租赁合同（协议）载明的月租金、月缴存额的65%和最高限额三者之间取最小值。4月21日起，开展个体工商户及其雇工参加住房公积金制度试点工作。正常开展生产经营活动、正常参加社会保险的个体工商户可参照企业全员参加住房公积金制度。已缴存住房公积金的个体工商户及其雇工申请住房公积金贷款的或申请提取住房公积金个人账户余额的，参照苏州市住房公积金贷款、提取政策执行。7月20日起，开展自由职业者参加住房公积金制度试点工作。在苏州市以灵活就业人员身份参加社会保险并正常缴纳社会保险费，在法定就业年龄范围内且具有完全民事行为能力的各类自谋职业人员及从事非全日制、临时性和弹性工作的自主就业或非正规就业人员、劳务用工人员可申请设立住房公积金个人账户并缴存住房公积金，符合条件的可以提取公积金、申请公积金贷款。5月8日起，城镇老旧小区改造既有多层住宅加装电梯的出资职工可提取公积金。按照苏州市对既有多层住宅加装电梯的相关规定实施加装电梯的，出资加装电梯的职工可以申请提取住房公积金，用于支付加装电梯个人分摊费用。6月11日起，实施住房公积金异地个人住房贷款新政策。在苏州市以外省市缴存住房公积金且符合苏州市购房条件的职工，在苏州市购买自住住房时，持缴存地住房公积金管理中心证明，可向公积金分中心申请办理住房公积金贷款。贷款额度、期限、首付款比例、利率、担保方式、还款方式等按照《苏州市住房公积金个人住房贷款管理细则》执行。11月19日起，受新冠肺炎疫情影响的企业可降比例、缓缴公积金。受新冠肺炎疫情影响、生产经营困难的企业，经单位职工代表大会或工会讨论通过，可按规定申请降低缴存比例或者缓缴住房公积金。企业申请降低缴存比例的，最低不低于单位和职工各5%，可选择阶段性降低缴存比例或者重新自主确定缴存比例。选择阶段性降比的，降比期限自审批之日起最长至2022年4月30日，期满后恢复原缴存比例。企业申请缓缴住房公积金的，缓缴期限自审批之日起最长至2022年4月30日，缓缴期最长6个月。期满后恢复缴存并一次性或分期补缴全部住房公积金。

（王美洁）

【保障性住房建设与管理】 2021年，太仓市将保障性住房建设工作纳入区镇高质量考核个性指标体系进行考核。完成省政府下达的2021年度保障性安居工程目标任务，全市新开工643套，基本建成1081套，租赁补贴85户，完成率分别为107.17%、108.10%和141.67%。年内，市住保中心完成公租房资格审核350户，其中青年公寓331户、南城雅苑人才公寓13户、租赁补贴6户。完成经适房上市审核14户，收缴差价收益364.44万元。落实保障355户，其中青年公寓配租267户套，租赁补贴发放86户、金额40.65万元，购房补贴发放2户、金额71.76万元。

【城市更新改造】 2021年，太仓市共征收拆迁房屋2132户，建筑面积166.31万平方米，腾地面积269.83万平方米。继续做好房屋征收拆迁“清零”计划，全市共“清零”腾地72块，签约完成233户，释放土地309.75公顷。完成老旧小区综合改造25个，总建筑面积76.09万平方米，共473栋、7178户，总投资1.94亿元。其中，梅园新村老旧小区改造项目被列入住建部试点项目，受到人民网、“学习强国”等多家媒体和平台宣传和报道。全市既有建筑增梯安装完成1台，进入施工阶段10台。

【农村住房建设】 2021年，太仓市村庄住宅竣工面积34.81万平方米。截至年底，村庄实有住宅总建筑面积1052.31万平方米，村庄公共建筑竣工面积1.3万平方米，实有公共建筑面积59.16万平方米。

（许俊安）

养老服务

【老年人口概况】 截至2021年年底，全市60周岁以上老年人口15.84万人，占户籍总人口的30.12%。其中，70周岁以上老人8.41万人，80周岁以上老人2.86万人，百岁老人112人，全市最高龄老人106岁。

【养老服务实事工程】 2021年，太仓市制定《全面做好2021年度养老服务高质量发展实事项目的通知》等文件，细化分解镇（区、街道）任务清单，落实落细项目督查、月度报送等监管工作。市福利中心异地迁建、中德创新城医养中心项目启动。全年新增日间照料中心（站）20家，累计建成数201家。完成老年人家庭适老化改造300户，全市养老机构完成“明厨亮灶”改造工程。全市“城乡一体、普惠优质、高效便捷”的养老服务体系发展均衡。

【养老服务社会化改革】 2021年，太仓市发布《2021年度政府购买养老服务名录》，共涉及养老服务管理、考核等项目161个，购买资金1700万元。加快养老机构公建民营改革，3家区镇公办养老机构完成公建民营改革，日间照料服务中心社会运营比例100%。推广互助养老，“银龄伙伴计划”全面试点，全市建成互助小组500个，打造“银龄餐桌”“银龄助老加油站”等银龄品牌300个。

【老年人关爱保障】 2021年，太仓市借助微信平台，开展全市孤寡、空巢独居、农村留守老年人摸查。指导各区

2021年5月18日，太仓市举办“缘定太仓 为爱减负”第二届新人集体婚礼领证仪式

（陈德宇摄）

镇重点做好600余名高龄、空巢、独居等老年人帮扶关爱，全市90余名重点空巢独居、农村留守老年人更新签订“四方关爱”协议。市民政局联合市综治中心，做好高龄困难老年人网格员上门关爱服务。全年共为12.6万名65周岁以上老年人发放尊老金3900余万元。

（王歆怡）

社会事务

民政事务

【婚姻登记】 2021年，太仓市依法规范开展婚姻登记，全年共办理结婚登记（新领证）2905对，较上年增加365对；补领婚姻登记证2133对，较上年增加87对。启用婚姻登记处新址，打造中西颁证厅、婚姻辅导室、婚俗展示厅等功能厅，为群众提供婚姻一站式服务。推进婚俗改革试点工作，制定《太仓市推进婚俗改革试点工作实施方案》，举办“缘定太仓 · 为爱减负”太仓市第二届新人集体婚礼活动，建立特邀颁证员制度，开展婚姻家庭辅导服务，探索推出移风易俗“4+1”模式，形成婚事新办简办、抵制攀比铺张的文明新风。深化“我为群众办实事”，开展婚姻登记“跨区域通办”试点工作，6月起，共办理跨区域登记302对，提升群众幸福感和获得感。

【收养登记】 2021年，太仓市优化收养登记工作流程，制定《太仓市收养能力评估工作实施细则》《关于进一步完善收养登记流程的通知》，形成“收养评估前公益培训、收养办理中依法依规、收养登记后跟踪回访”的“三位一体”收养工作新模式。组织开展申请收养家庭公益培训，帮助收养申请家庭端正收养动机、转变收养观念、增强社会责任，确保被收养人融入收养家庭。全年依法办理收养登记15件，较上年减少1件。

2021年5月，太仓市举行“兵哥哥”志愿服务大队启动仪式

（市退役军人事务局供稿）

【殡葬管理】 2021年，太仓市殡仪馆火化遗体4713具，为丧户免除基本殡葬收费共计超544万元。开展违建墓地专项整治成果巩固提升行动，制定《太仓市殡葬服务机构考评实施细则》，加强对殡葬服务机构的日常监管，净化殡仪市场。推进散坟整治工作，复耕土地1.9万平方米。制定《关于进一步规范殡葬行为树立文明新风的通知》，加大殡葬改革宣传力度，推进全市“身后一件事”联办改革，在全市村（居）建立红白理事会，殡葬移风易俗纳入村规民约，推行“苏城云祭扫”公益信息平台，倡导无烟祭扫、绿色祭扫、网上祭扫，培育殡葬文明新风。

【地名管理】 2021年，太仓市命名地名64条，其中道路28条、桥梁1条、居民区31条、大型建筑物（群）4条。住宅区更名1条，住宅区调整1条，道路更名1条，道路调整11条，道路注销1条。制定《太仓市地名服务指南》，调整桥梁、隧道地名申报流程，加强地名管理，实现地名标准化、规范化。梳理排查县（市、区）、乡镇（街道）政府驻地迁移历史遗留问题，分批解决。组织开展不规范地名清理整治工作和乡镇地名规划工作，发挥和巩固地名普查成果转化作用，组织和指导各镇（区、街道）利用地名普查力量和普查成果，做好镇级地名规划编制工作，做好“红色地名”征集宣传工作。持续推进吴文化地名保护工作，选取《吴文化地名保护名录（太仓卷）》中具备设置条件的地名，分批装设吴文化地名标志碑（牌），并在标志上设置二维码，推动地名文化保护工作。

（王歆怡）

退役军人事务

【概况】 2021年，太仓市贯彻落实中央关于退役军人事务的方针政策和省委、苏州市委、太仓市委的决策部署，在履行职责过程中坚持和加强党对军人退役事务工作的集中统一领导。市退役军人事务局围绕“让军人成为全社会尊崇的职业”目标，推进拥军优属、就业安置、服务保障体系建设等重点工作。

【退役军人服务保障】 2021年，太仓市巩固“基层基础基本建设年”活动成果，完善市、镇、村三级退役军人服务保障网络。组建太仓市“兵哥哥”志愿服务大队，在退役军人数量较多的市级机关，组建退役军人志愿服务中队9支，在镇级层面组建镇（区、街道）退役军人志愿者中队9支，引导村（社区）建立退役军人志愿者分队，初步形成了“1+9+9+N”志愿服务组织架构。注册退役军人志愿者，开展新冠肺炎疫情防控、义务清扫、志愿巡逻、河道清理、义务植树、垃圾分类、长江大保护等活动300余次。太仓市“兵哥哥”志愿服务大队获评全省“百支优秀退役军人志愿服务队”。区镇、村（社区）两级退役军人服务站均设立独立办公室、老兵调解室，通过融合党群中心、文体中心、人武阵地，打造基层退役军人之家，推进阵地建设，延伸服务触角。璜泾镇杨漕村退役军人服务站获评2021年全省“百家红色精品退役军人服务站”。城厢镇退役军人服务站《“三聚焦”工作法，打造退役军人就业创业新模式》经验做法在退役军人事务部专刊刊登。

【双拥工作】 2021年，太仓市以省级双拥模范城“七连冠”为目标，开展双拥创建工作，深化双拥工作“太仓模式”。落实军地互提需求、互办实事“双清单”制度，召开军政座谈会、双拥工作专题协调会，协调解决部队训练场地、营房改造等事宜，支持部队建设。做好随军家属对口安置工作，发放经费支持随调家属自主就业创业，组织辖区企业专场招聘会，保障“军嫂”就业。针对“军人子女暑期看管”难题，创新打造“兵娃娃暑托班”，优先安排退役军人子女入学入托，解决现役军人后顾之忧，工作做法被《中国双拥》杂志推广。投入基建经费，推进双拥展示馆建设，做好双拥主题公园、双拥一条街等载体建设。在全省创新推出“十个百万拥军项目”“十大拥军工程”“十大特色拥军活动”等惠军项目。开展第十届“双拥杯”军地足球友谊赛，组织军地双方参与双拥女神节、观看电影《长津湖》等活动，开展嘉昆太“双拥同心合力携手共迎百年”退役军人定向赛、“忆光辉历程·听戎耀之声”专场音乐会，营造双拥工作氛围。

【优抚褒扬】 2021年，太仓市为优抚对象发放抚恤补助经费，上调各类优抚对象待遇标准，烈士遗属补助从3959元/月上调至4266元/月，因公牺牲军人遗属补助从3520元/月上调至3792元/月，病故军人遗属补助从3080元/月上调至3318元/月，在乡老复军人补助从2640元/月上调至2844元/月，“两参”人员补助从1320元/月上调至1422元/月，60周岁以上烈士子女补助从610元/月上调至660元/月，60周岁以上农村籍退役士兵的老年生活补助从每服役一年义务兵补助45元/月上调至50元/月，企业退休参战人员慰问金标准从每年8900元上调至9450元。义务兵家庭发放优待金标准从每年30629元上调至31767元。建立困难退役军人“一本账”制度，为全市生活困难退役军人及优抚对象发放临时生活补助。新设立“中行关爱老兵基金”，80余名老兵享受基金关爱。“八一”、春节期间走访慰问困难老兵。为全市重点优抚对象和享受国家抚恤补助对象提供免费健康体检服务。联合市慈善总会设立“兵·无忧”保险，全市重点优抚对象和企退参战老兵实现商业保险“全覆盖”，项目惠及全市二等功臣及以上、重点优抚对象、企业退休“两参”人员及部分家庭困难退役军人。为全市退役军人赠送“苏惠保”医疗保险。落实困难退役军人医疗救助保险服务项目，为全市低保特困退役军人购买医疗保险。按照“普惠加优待”原则，率先实现“十免费十优惠”特色服务，其中“兵哥哥爱心服务车队”开展“特别的爱给特别的您”志愿服务项目，实现全市重点优抚对象提供就医点对点接送“全覆盖”。市退役军人事务局联合市检察院开展全市烈士纪念设施保护行动，发出检察建议2份，指导各镇区（街道）进行修缮维护。开展烈士纪念设施梳理统计工作，对全市9处烈士纪念设施、237座烈士墓（包括独葬烈士墓和合葬烈士墓）安葬的319名烈士（有名烈士176人，无名烈士143人）及其他烈士纪念设施开展信息核查。广泛宣传《中华人民共和国退役军人保障法》，组织参加苏州“我与保障法”微电影微视频大赛，其中浮桥镇公益宣传片《我与保障法》获评最佳作品，沙溪镇微电影《新起点》获评优秀作品。组建“红色英烈宣讲团”，开展红色精神“三进”活动10场，累计参与活动2000人次。

【退役军人就业安置】 2021年，太仓市做优退役军人安置就业、培训创业等工作，提升退役军人获得感、尊崇感。全年接收军转干部，全部安置到机关或参公单位。完成部分退役士兵社保接续收官工作，完成缴费和资金入库。组织退役士兵参加各类学历教育和职业技能培训，应训参训率及就业率均为100%。市镇两级共组织开展线下退役军人专场招聘会10场，向退役军人提供安监员、网格员、辅警、消防员等岗位。开展全市村（社区）“兵支书”（含“两委”委员）建档立卡工作。推进全市镇区（街道）创业基地、创业指导中心提档升级，实现全市“兵哥哥”乐创园基地和就业创业指导中心全覆盖，在孵企业26家。太仓市“兵哥哥”乐创园被评为太仓市创业孵化基地。选送10个优秀项目参加第二届全国退役军人创新创业大赛江苏选拔赛。落实军休干部政治、生活“两个待遇”。高明才、许德兴、顾锡元、周培生、蔡锡元、杜文伟、刘志放等7名军休支部老党员获颁“光荣在党50年”纪念章。“2016式军官离退休证”更换全覆盖。获批省部级医疗待遇军队离休干部1人，获批处级医疗待遇军队退休干部4人，获批医疗优待离休干部2人。

（凌佳南）

社区建设

政社互动

【概况】 2021年，太仓市持续推动政府行政管理与社会自治有效衔接与良性互动，深度改善民生，提高群众获得感。印发《关于深化全市社会组织参与司法行政领域工作创新创业实施办法（修订）》，坚持培育发展与规范完善互补、发挥功能与营造环境并举，构建均等覆盖、功能完善、管理规范、作用明显的司法行政领域社会组织网络。健全项目运作、培育孵化、规范监督、资源供给、人才培育和协调推进为一体的工作机制。形成与全市司法行政发展要求相匹配、与人民群众多样化法治需求相适应的社会组织协同发展格局。

资料链接

"政社互动1.0"时期：太仓市实行法治政府下"清单式管理"。梳理"两份清单"、签订"一份协议"、实行"双向评估"，理顺基层政府与群众性自治组织的权责关系，转变基层政府管理模式，释放基层群众自治活力，实践经验被写入2013年全国村务公开协调小组1号文件。

"政社互动2.0"时期：太仓市实行社会协同下"主导式治理"。以党建引领贯穿始终，出台社会工作人才队伍建设意见，创新"5+X"下属委员会和村（居）委会兼职委员工作等自治制度，丰富治理主体，提升基层治理水平，获民政部评选的"全国农村幸福社区建设示范单位"等荣誉。

"政社互动3.0"时期：太仓市实行协商民主下"能动式善治"。实行村（居）委会兼职委员制度，推行社区"五事"协商制度，开展社区综合网格+社会组织服务，推进基层自治组织规范化"六基"建设，建立实习基地、开展实务技巧培育社工人才，治理实践连续两届被评为"江苏基层社会治理创新成果奖"。

太仓市开启"融合式共治"4.0新阶段，以打造"幸福生活共同体"为目标，以"一核五园"为载体，以"六大行动"为实践路径，通过构筑党建引领、主体多元、权责清晰、协同配合、系统有序、运转高效的城乡社区治理机制，构建人人有责、人人尽责、人人享有的基层治理新模式。

【"政社互动"法治创客文化节】 2021年10—11月，太仓市举行第二届"政社互动"法治创客文化节，以"共抓长江大保护·跑出太仓加速度"为主题，以公益项目为载体，围绕重点区域、重点人群，通过文艺、体育、讲座、志愿者公益活动等，开展重点活动14项，提升《中华人民共和国长江保护法》宣传实效。全市13个社区及学校开展普法宣传活动10余场次，覆盖在校学生、中老年居民、青年志愿者等人群，以法治宣传、以案讲法、文艺会演等多种形式展示全市法治建设成效。

【"政社互动"推进法治乡村建设】 2021年，太仓市开展省级民主法治示范村（社区）建设巩固提升年活动，强化全市省级民主法治示范村（社区）创建和日常管理工作，实行动态管理。对全市75个省级民主法治示范村（社区）集中开展自查自评工作。全市有省级以上民主法治示范村（社区）76个（其中国家级2个），占村（社区）总数比例48.7%，达到省乡村振兴实绩考核指标对省级民主法治示范村比例要求。出台村（社区）"法律明白人"建设意见，制定村（社区）"法律明白人"培育与管理工作指引，壮大村（社区）普法社会力量，打造共建共治共享的乡村治理模式。按照"1+2+N"的梯队格局建设，即1名"法律明白人"加2名普法积极分子和N名普法志愿者。全市504个网格建成524名"法律明白人"、1048名普法积极分子、1209名普法志愿者的梯队格局。

（陈　虹）

基层自治组织

【概况】 截至2021年年底，太仓市共有村民委员会73个，村民小组2807个，社区居民委员会85个，居民小组2216个。年内，全市完成第十三届村民委员会和第七届社区居民委员会换届选举工作，选举产生村（居）委会成员841人，一次成功率100%，书记、主任"一肩挑"率100%。深化基层群众自治，指导城乡社区开展"民主决策日"暨"政社互动"面对面活动，印发《关于加强村规民约和居民公约工作的通知》《关于开展“守公约，爱家园，共建文明典范城”主题系列活动的通知》，发挥村规民约在基层社区治理中的作用，印发《关于开展“海棠邻里驿站”建设，推进城乡基层治理体系和治理能力现代化的实施意见》，全市建成“海棠邻里驿站”64个。加强基层队伍建设，举办村（居）主任培训班、基层治理体系和治理能力现代化专题报告会，印发《太仓市村（居）民小组长和楼栋长队伍建设实施办法》，全市新增楼栋长1450人，推进全科社工队伍建设，开展全科社工业务技能大赛，以赛促学促进服务能力提升。推进幸福社区建设，落实全省现代社区治理创新实验区建设任务，编印《太仓现代社区治理和服务创新纪实——“发展型”幸福社区探析》，开展“发展型”幸福社区评估工作，评定五星级发展型幸福社区5个、四星级14个、三星级16个。

（王歆怡）

2021年太仓市居民委员会一览表

表63

镇（街道、区）	居民委员会名称										数量（个）
娄东街道	惠阳	东郊	太平	洋沙	朝阳	香花桥	太东	太胜	华盛园	滨河	19
	娄江	景瑞	裕珑	柳园	丽景	花北	荷塘	城北	浦溪	—	
陆渡街道	陆渡	东城	珠江	—	—	—	—	—	—	—	3
科教新城	南郊	常丰	鹊桥	学苑	新丰	城南	文渊	良辅	—	—	8
城厢镇	南区	西区	梅园	德兴	康乐	西郊	东区	中区	南园	县府	16
	府东	桃园	弇山	新毛	伟阳	太丰	—	—	—	—	
沙溪镇	东市	西市	利泰	新北	直塘	岳王	归庄	沙东	—	—	8
浏河镇	复兴	渔村	新塘	河北	闸北	紫薇苑	东方	海塘	—	—	8
浮桥镇	浮桥	牌楼	九曲	时思	老闸	茜泾	和平花园	六尺	建红	新城花园	14
	浮南	新港花苑	戚浦	陆公	—	—	—	—	—	—	
璜泾镇	银杏	西塔	王秀	玉影山	—	—	—	—	—	—	4
双凤镇	双凤	湖川桥	新川苑	凤雅	新苑	—	—	—	—	—	5
合计	—										85

2021年太仓市村民委员会一览表

表64

镇（街道、区）	村民委员会名称										数量（个）
陆渡街道	小桥	岳南	红庙	横沥	洙泾	陆渡	—	—	—	—	6
城厢镇	电站	万丰	东林	胜泾	新农	永丰	—	—	—	—	6
沙溪镇	涂松	印北	洪泾	半泾	中荷	泥桥	虹桥	泰西	胜利	松南	20
	凡山	香塘	渠泾	项桥	庄西	太星	岳星	新建	塘桥	岳镇	
浏河镇	东仓	何桥	新闸	闸北	浏南	万安	张桥	新塘	—	—	8
浮桥镇	浮桥	七丫	新邵	丁泾	茜泾	马北	时思	浪港	方桥	绿化	11
	三市	—	—	—	—	—	—	—	—	—	
璜泾镇	新华	新联	荡茜	永乐	王秀	孙桥	荣文	孟河	杨漕	新海	13
	新明	长洲	雅鹿	—	—	—	—	—	—	—	
双凤镇	庆丰	凤中	黄桥	勤力	泥泾	维新	新湖	新卫	新闾	—	9
合计	—										73

社会组织管理

【概况】 截至2021年年底，太仓市登记社会组织523家，其中社会团体222家，民办非企业单位300家，基金会1家，备案社会组织1678家。2021年，全市新增登记社会组织28家，注销94家。年内，太仓市加强社会组织扶持力度，落实岗位补助政策，对2家重点领域社会组织给予人才经费补贴3万元，对6家重点领域社会组织给予一次性开办资金补贴18万元。完成社会组织历史档案数字化归档工作，共归档数字档案2243份。印发《关于加强社区社会组织培育发展的实施意见》，促进社区社会组织规范健康发展。强化社会组织监管，开展社会组织年检，年检合格率91.4%。对30家社会组织进行“双随机”抽查。推进社会组织等级评估，截至年底，全市获评等级社会组织164家，其中AAAAA级社会组织2家，AAAA级社会组织18家，AAA级社会组织90家，AA级社会组织46家，A级社会组织8家。加强社会组织执法，取缔非法社会组织1家，撤销社会组织4家。

2021年太仓市新增等级社会组织一览表

表65

序号	单位名称	等级
1	太仓市启航青少年事务服务中心	AAAAA
2	太仓市义工联合会	AAAA
3	太仓市慈善总会	AAAA
4	太仓市老伙伴社会工作服务发展中心	AAAA
5	太仓市瑞恩社会工作发展研究中心	AAAA
6	太仓市老年人体育协会	AAAA
7	太仓市老年协会	AAAA
8	太仓市福建商会	AAAA
9	太仓市河南商会	AAAA
10	太仓市双凤镇商会	AAA
11	太仓市特种设备学会	AAA
12	太仓市卉贤小学	AAA
13	太仓市艳阳社会工作服务中心	AAA
14	太仓市童心阅读亲子俱乐部	AAA
15	太仓市德生社会工作服务中心	AAA
16	太仓市利群社区发展促进中心	AAA
17	太仓市太阳法治文化艺术团	AAA
18	太仓市建筑装饰家居商会	AAA
19	太仓市校园足球俱乐部	AAA
20	太仓市食品行业协会	AAA
21	太仓市娄东中医流派研究会	AAA
22	太仓市耀华学校	AAA
23	太仓市钓鱼协会	AAA
24	太仓市篮球协会	AAA
25	太仓市武术协会	AAA
26	太仓市桥牌协会	AAA
27	太仓市溪山琴社	AAA

续表 65

序号	单位名称	等级
28	太仓市港区商会	AAA
29	太仓市璜泾镇残疾人创业就业促进会	AAA
30	太仓市城厢镇中区社区阳光艺术团	AAA
31	太仓市法律工作者协会	AA
32	太仓市黄金珠宝商会	AA
33	太仓市劳动模范协会	AA
34	太仓市浏河镇商会	AA
35	太仓市女企业家联谊会	AA
36	太仓市沙溪镇球类运动协会	AA
37	太仓市园林绿化行业协会	AA
38	太仓市周易文化研究会	AA
39	太仓市作家协会	AA
40	太仓市百川源源足球俱乐部	AA
41	太仓市城建技术培训中心	AA
42	太仓市城厢镇府东社区红霞艺术团	AA
43	太仓市城厢镇光辉志愿者之家	AA
44	太仓市德资企业专业工人培训中心	AA
45	太仓市方克艺术培训中心	AA
46	太仓市红星少儿围棋培训中心	AA
47	太仓市欢欣燕爱心陪护中心	AA
48	太仓市娄城单车公益俱乐部	AA
49	太仓市娄东医派中医药展示馆	AA
50	太仓市启悦特殊儿童康复中心	AA
51	太仓市沙溪镇第二小学青少年奥林匹克体育俱乐部	AA
52	太仓市西区社区温馨家园合唱团	AA
53	太仓市天卓才艺培训中心	AA
54	太仓市梧桐树文化艺术培训中心	AA
55	太仓市星爵艺术团	AA
56	太仓市璜泾镇永乐村爱心服务社	AA
57	太仓市互联网协会	AA
58	太仓市培德堂孝文化传播中心	AA
59	太仓市智腾美术馆	AA
60	太仓市档案学会	AA
61	太仓市羽毛球协会	AA
62	太仓市围棋协会	AA
63	太仓市毽绳协会	AA

续表 65

序号	单位名称	等级
64	太仓市广播电视学会	AA
65	太仓市摄影家协会	AA
66	太仓市星光文化教育培训中心	AA
67	太仓市阅读推广协会	AA
68	太仓市江西商会	AA
69	太仓市浏河镇心桥服务社	A
70	太仓市爱乐合唱团	A
71	太仓市邢少兰艺术馆	A
72	太仓市沙溪镇印溪平安法治服务社	A
73	太仓市合美社会工作服务中心	A
74	太仓市乐仁乐助社会工作与公益发展中心	A
75	太仓市郝姐调解工作室	A

2021 年太仓市新登记社会组织一览表

表 66

序号	单位名称	登记日期	性质
1	太仓市浮桥镇慈善会	1 月 4 日	社会团体
2	太仓市无人机行业协会	1 月 13 日	社会团体
3	太仓市城厢镇慈善会	2 月 25 日	社会团体
4	太仓市沙溪镇慈善会	3 月 19 日	社会团体
5	太仓市航空运动和模型运动协会	4 月 1 日	社会团体
6	太仓市双凤镇慈善会	4 月 1 日	社会团体
7	太仓市璜泾镇老年协会	4 月 20 日	社会团体
8	太仓市娄东街道慈善会	6 月 24 日	社会团体
9	太仓市广场健身舞运动协会	8 月 24 日	社会团体
10	太仓市陆渡街道慈善会	8 月 27 日	社会团体
11	太仓市浏河镇慈善会	9 月 15 日	社会团体
12	太仓市科教新城慈善会	10 月 12 日	社会团体
13	太仓市工业互联网行业协会	10 月 21 日	社会团体
14	太仓市冷链行业协会	11 月 01 日	社会团体
15	太仓市生物医药产业协会	11 月 12 日	社会团体
16	太仓高新区科技创新载体协会	12 月 13 日	社会团体
17	太仓市掼蛋运动协会	12 月 28 日	社会团体
18	太仓市双元制教育研究院	1 月 8 日	民办非企业
19	太仓市善行公益服务中心	1 月 14 日	民办非企业
20	太仓市维德社会工作服务中心	2 月 24 日	民办非企业

续表 66

序号	单位名称	登记日期	性质
21	太仓市沙溪镇香塘村古香堂陶瓷艺术馆	3月15日	民办非企业
22	太仓市安居志愿服务社	5月20日	民办非企业
23	太仓市安祎残疾人服务社	5月26日	民办非企业
24	太仓市康馨养老服务中心	5月26日	民办非企业
25	太仓市华南残疾人艺术团	6月23日	民办非企业
26	太仓市浮桥镇九曲社区竹园民俗艺术馆	7月1日	民办非企业
27	太仓市西浦附属实验学校	8月26日	民办非企业
28	太仓市启新社会工作服务社	10月20日	民办非企业

（王歆怡）

信　访

【概况】 2021年，太仓市深入学习贯彻习近平总书记关于加强和改进人民信访工作的指示要求，深入化解信访突出矛盾问题，多措并举解民忧、帮民困、化民难、聚民心。全年全市信访工作呈现总体平稳、结构向好、秩序规范、质效提升、群众满意的良好态势。市信访局统筹推进信访工作，使一批信访矛盾化解在基层。完成信访保障任务，全市“信、访、网、电”登记总量1940批、2724人次，较上年下降30.74%。年内，市信访工作高质量考核综合指数在苏州市范围位列第一，太仓市获评“全省信访工作示范县（市、区）”，市信访局被省信访联席办通报表扬为“规范越级进京访秩序专项整治工作成效显著单位”，获评全省人民建议征集工作先进单位。

【信访工作基层基础建设】 2021年，太仓市深化市、镇、村三级信访接待场所建设，整合联合接访、访调对接、访援对接、法律服务等资源力量，将人民满意窗口建设质量提升工程向乡镇（街道）延伸、向职能部门拓展，打造沙溪镇泰西村、浏河镇闸北村、城厢镇伟阳村等一批各具特色、富有成效的信访服务站，确保群众来信来访“随有随接、及时处理”。标准化推进“信、访、网、电”业务开展，通过召开全市信访业务培训交流会、不定期进行信访事项处理流程抽查、跟踪督导等方式，提升信访事项受理办理质效。全年全市信访事项及时受理率、按期办结率均为100%，信访部门满意率95.95%，责任单位满意率93.63%。

2021年5月21日，太仓市举办“依法信访、理性维权”法治信访宣传活动
（沈晴霓摄）

【领导干部接访下访】 2021年，太仓市委、市政府班子成员坚持把开展领导干部接访下访工作作为党政负责干部了解社情民意的“必修课”，以“息诉停访”“事心双解”为目标，带头深入矛盾多、问题多、困难多的地方调研走访。年内，市领导接待群众150批、213人次，化解信访矛盾143件，增进党和政府同人民群众的密切联系，提高信访事项办理质量和效率，推动一批疑难复杂信访矛盾的化解。

【矛盾纠纷多元化解机制建设】 2021年，太仓市以“信访代理代办”为主旨，以信访服务站建设为特色亮点，以强化第三方社会组织力量参与信访工作为抓手，推动信访积案化解调处，调动全市168名信访代理员积极性，整合资源力量健全完善多元化解工作机制，打造市、镇、村三级信访服务平台。组织有关职能部门、第三方、信访代理员、调解员与诉求反映较为突出的信访群众面对面沟通，集中宣讲政策、答疑释惑27次，实现80%的信访问题化解在村（社区）、15%的矛盾纠纷化解在乡镇，畅通信访群众的信息

2021 年 12 月 10 日，太仓市委书记汪香元（中）接待来访群众，现场调处信访问题 （沈晴霓摄）

渠道。依托各村（社区）党群服务中心，拓展信访服务功能，打造一站式基层信访服务平台，将信访接待、法律咨询、信访代理、矛盾调处等功能统一融入"信访服务站"，为辖区群众解决纠纷提供一条龙式的咨询、调解、代理代办服务，让群众有诉求直接向村（社区）反映。年内，"信访矛盾多元化解综合体系"获评全省优秀法治信访建设创新项目。

【信访专项行动】 2021 年，太仓市以"机制更优化"作为信访工作突破点，以"处置更妥善"作为信访工作着力点，以"人民更满意"作为信访工作落脚点，提升信访工作能力水平。持续推进重复信访治理、越级进京信访整治、城乡建设领域信访问题治理三大专项工作。实行"一名领导包案、一套方案化解、一个专班兜底"工作机制，推动重点矛盾攻坚化解，对上级交办件做到不局限于现有结论和处理意见，部署开展"回头看""重头查"，调阅案卷、调查取证，掌握第一手资料，一案一策，一案一档，逐件理清案情脉络、分清历史缘由，建立"重复信访协作化解机制"，探索联动治理工作机制。

【信访工作规范化建设】 2021 年，太仓市坚持信访工作与基层党建工作融合，开展"党群连心，共解民忧"信访服务活动，提升群众满意度高。利用"网格 + 网络"共享性、时效性等特点，第一时间化解各类矛盾纠纷。在全市打造以"老娘舅志愿服务社"为代表的特色信访工作室，实现矛盾化解"只进一扇门，就找一个人"。开展"最优基层信访部门、最优基层信访干部"创建活动，规范信访业务流程，提升"太信服"网上信访服务品牌。以创建线上线下"人民满意窗口"为动力，以"群众满意"为目标导向，落实首接首办责任，优化流程、缩短时限，提出"五心"服务承诺（热心接待群众、细心聆听诉求、耐心沟通交流、诚心帮扶救助、信心化解矛盾），推广"33311 接访工作法"，即做好"沏一杯热茶、展一张笑脸、讲一番礼貌用语"3 项准备，厘清"主要事实、基本依据、最终诉求"3 个要素，用好"依法逐级、诉访分离、分类处理"3 条原则，征求一次接待满意度评价，完成一趟似家人、亲人般礼送，让群众体验有温度的信访服务。创新形成"N+5"满意度工作法（进行 N 次沟通交流，开展一次实地调研，安排一次见面交流，组织一次协调会商，征求一次意见建议，组建一个网上交流群）在苏州、省信访系统宣传推广。

（郭奕斐）

社会法治

人大法律监督

参见 253 页"地方组织机构 · 太仓市人大 · 法律监督"。

政法工作

【概述】 2021 年，太仓市政法工作履行维护国家安全、社会安定、人民安宁重大责任，在服务发展、维护稳定、社会治理、依法治市等方面取得成效，为经济社会高质量发展提供政法保障。

2021 年 7 月 9 日，太仓市召开政法队伍教育整顿总结大会 （王 超摄）

年内，太仓市平安、法治、政法队伍教育整顿在苏州考核中全部获第一等次；省测法治满意度93.71%，连续三年苏州第一、全省前十；群众安全感指数99.38%。

【平安太仓建设】 2021年，太仓市推进维护国家安全、政治安全系列专项行动，严防经济、社会等风险向政治安全领域传导，维护政治安全。落实风险防控四项机制（风险研判、风险评估、防控协同和防控责任），推进矛盾纠纷大排查大化解、信访积案化解、农民工欠薪网格化治理等专项行动，维护社会稳定。“9445”（明确人员排查九类重点对象、查人控事四种方法策略、人员管控四大推进路径、工作落实五项重点要求）和“一图两表三机制”［一张“排管化”闭环流程图，两张标准化明细表（标准化重点人员档案表、标准化走访调查登记表），三项工作机制（联席会议、三级管控、工作督导）］工作模式在苏州全市推广。推动专项斗争和综合治理常态化，推进“无黑城市”建设和教育、医疗、金融放贷、市场流通等四大行业领域整治，打击治理电信网络诈骗工作。政法领域公共安全监管整改道路交通隐患1984处，连续32个月保持“331”领域火灾事故零亡人。全市政法机关实施“乡村振兴法治同行”项目，建立嘉昆太三地法院服务保障长三角一体化司法战略协作机制和三地检察院企业合规案件办理协作机制，打造“沪苏同行·守护长江”特色品牌，保障国家重大战略实施。建立完善产权保护联席会议、企业破产处置“府院联动”（政府与法院的协作互动）和“执转破”（执行案件移送破产审查制度）衔接等机制，成立商事纠纷调解中心，落实涉企“免罚轻罚”案件563件，组建“护商暖商”法律服务团队，法治化营商环境指数位列苏州第一。加大环境污染、拆迁拆违、安全生产等重点领域打击保护力度，配合推进国土空间全域整治、木材行业整治、城市更新、创建文明典范城市等重点任务，护航经济社会发展。常态化推进扫黑除恶斗争，依法打击“盗抢骗”“黄赌毒”“食药环”等涉民生违法犯罪。深化打击治理电信网络诈骗犯罪，通信网络诈骗案件发案数较上年下降51.7%，经济损失数较上年下降57.6%，破案数较上年上升10.6%，抓获犯罪嫌疑人较上年上升30.1%。

【社会治理现代化】 2021年，太仓市提升社会治理能级，健全完善平安建设协调机制，印发《太仓市社会治理现代化工作计划（2021—2022年）》，推进“八心工程”（党建引领凝心工程、风险防范安心工程、公共服务舒心工程、科技赋能慧心工程、矛盾化解顺心工程、社会参与同心工程、网格治理聚心工程、心理健康暖心工程）重点项目。推动城乡社区治理现代化，打造市级社会工作服务指导中心、镇级“邻里家园”社工服务站、村社区社工室等“三个平台”，成立市社会治理现代化综合指挥中心，打造“一网统管”集约化平台建设模式，提升社会治理效能。挖掘太仓社会治理内涵，实施政社互动4.0版。深化公共法律服务均等化改革，推行公共法律7S服务模式（建设集“全域Space、服务Service、指引Store、保障safeguard”和“智能Smart、共享Share、社群Social”为一体的全时空全业务公共法律服务“7S”站），推进未成年被害人“一站式”司法保护、“打工小镇”提档升级、“有事好商量”协商议事等项目，形成安居、安商、安旅的社会治理现代化工作之路。太仓市平安建设成果展示中心入选苏州市首批5个社会治理现代化实训基地。太仓市综合治理联动平台入选《法治日报》“智慧治理”创新案例。沙溪镇半泾村获评全国乡村治理示范村。创新推进大数据+“雪亮工程”建设，成立市视频办，研究制定新一代雪亮技防工程建设方案，推进智慧技防小区和校园建设。探索“互联网+调解”新模式，建立线上线下互动的智能化调解服务体系。加大平安志愿服务力度，通过资源融合、活动推广、品牌培育和项目订制，开发平安志愿品牌项目。探索创新铁路护路“123”工作机制，即1套工作规范：《太仓市铁路护路专职巡防队伍工作规范（试行）》，2个考核办法：《太仓市铁路护路专职巡防队员日常管理考核办法》《太仓市铁路护路沿线智能监控系统日常管理考核办法》，3张流程图表：铁路护路巡防大队日常训练流程表、铁路沿线低路基段违法入侵处置流程表、太仓市铁路护路巡防大队日常巡线处置流程表。开展法治政府建设示范创建，在全省率先建立法治建设履职情况述职、法治建设人民群众满意度末位约谈制度和法治建设群众满意度综合评价体系。编制实施法治太仓建设“十四五”规划和“八五”普法规划，开展“关爱民生法治行”“十大行动”，10个市级重点项目和68个法治惠民项目取得实效。建立“法律明白

2021年11月5日，太仓市政法系统岗位练兵辩论赛（决赛）在市委党校举行（王 超摄）

人”、普法积极分子和普法志愿者队伍，建成执法办案中心、青少年民法典体验基地、电站村法治乡村主题公园，提档升级“一站式诉讼服务中心”。推进司法责任制综合配套改革、民事诉讼程序繁简分流改革试点和执法司法权监督制约体系建设，建立检察公安侦查监督与协作配合办公室。

（王　超）

社会综治联动

【概况】2021年，太仓市综合指挥中心丰富网格化社会治理内涵，开发新场景应用体系，配合全国文明典范城市创建、新冠肺炎疫情防控演练、反诈宣传等工作，助推全市国土空间整治工作落地见效。立足“一网通用”“一网通办”“一网统管”协同发展，统筹推进全市大数据建设工作。年内，市联动指挥平台共受理各类群众诉求及网格事件99.6万件，成功处置99万件，处置率99.4%，办件满意度99.5%。

【工地治欠网格化运作】2021年，太仓市印发《关于建立全市工程建设领域欠薪纠纷网格化预警排查化解工作机制的实施意见》，防范欠薪风险，严厉打击恶意欠薪行为。市综合指挥中心依托网格化联动平台，开发全市工地欠薪网格巡查平台，构建“行业监管+网格巡查+综合执法”网格化运作机制，打通预警、巡查、监管、执法各环节，融合执法资源，形成“根治欠薪”行政监管和刑事打击合力，依法打击涉嫌拒不支付劳动报酬犯罪行为，构建和谐稳定的劳动关系。截至年底，巡查走访工地842次，抽查工人889人，及时上报处置各类隐患问题29起，解决拖欠农民工工资问题，守好基本民生底线。

【网格+社会服务】2021年，太仓市推进社会组织融入网格服务“1+3”政策体系，建立市级社会工作服务指导中心+镇级“邻里家园”社工服务站+社区社工室三级运行架构。组建“专职网格员+楼栋长”走访队伍。以网格重点人员走访为切入点，制定“行为特征识别”和“关注上报问题”两份清单，通过预设“阈值”实现专业力量精准服务处置，依托网格化联动平台实现服务闭环，全年共发现并开展个案服务210次。

【网格走访工作】2021年，太仓市围绕国土空间全域整治和既有房屋安全排查中心工作，前移物业服务关口，推行“小区装修前置服务”模式，在业主装修前由网格员联合物业上门指导服务，有效预防违章搭建、损坏房屋承重结构等隐患问题，减少后续执法压力。年内，市综合指挥中心共开展服务3156户次，发现、制止各类违规行为9次。9月，明确规范餐饮场所燃气安全前置服务工作流程，网格巡查员第一时间发现上报，案件全流程闭环，签订安全用气承诺书，提高经营者燃气安全防患意识，从源头上压降燃气使用安全隐患，规范新增餐饮场所393家。

【企业服务“一体化”平台建设】2021年，太仓市根据《苏州市12345“一企来”企业服务一体化平台建设实施方案》要求，做好“12345”热线平台知识库、专家库建设，构建共享共用知识库、专家库，实现企业政策咨询、办事诉求全天候服务，优化企业与各级涉企部门专家“三方通话”快速响应机制。11月，市综合指挥中心按照“一号一案”制定归并方案，完成本级“12345”热线归并整合工作，推动“12345”热线“接得更快、分得更准、办得更实”。做好“省市县一体化”归口分类标准统一，完善企业群众诉求精准记录。

【智能系统助力国土空间全域整治】2021年，太仓市上线人工智能违建识别系统，依托大数据分析研判，抓拍上报违法建设行为，结合网格巡查、小区装修前置，以“人防+技防”手段实现新增违建第一时间发现。同步开发全市违法建设管理系统，共享资规数据，通过对比航摄图像数据，精准识别违法建筑。通过联动机制高效流转，打造集底数登记、动态更新、举报受理、处置流转、综合督查等功能于一体的违法建设管理模式，实现信息互通和数据共享，助力国土空间全域整治。

【城市运行综合指挥】2021年，太仓市汇聚“智慧交通”“智慧水利”“数字城管”等部门专业系统数据，构建以数据为核心的城市管理体系，通过对交通车流状况、重点车辆运行动态、环境质量生态状况、水资源水生态状态、城市管理状况等数据的实时监测、分析研判和风险预警，结合GIS（地

2021年6月25日，太仓市工程建设领域欠薪纠纷网格化预警排查化解工作部署会召开

（陈丹蕊摄）

2021 年 8 月，太仓市综合指挥中心网格员走访排查房屋安全隐患
（陈丹蕊摄）

理信息系统）实现对全市城市运行状态一屏总览，为全市指挥调度、业务协调和辅助决策提供大数据支撑。依托“大数据 + 网格化 + 铁脚板”机制，聚焦企业安全生产管理，完善数据分析应用，对企业分类、风险点、标准化建设等数据进行分析展示；依托 GIS 实现企业风险点、企业自查、网格巡查、处罚信息等数据一图展示、实时调看；通过数据分析，实现危化企业的超范围、超量生产和存储的专项预警；依托执法事项部门处置“内循环”+ 联动平台指挥“外循环”的安全生产“一网统管”运行机制，形成以“广覆盖、高智能、强专业、大联动”为特点的“多网融合、一网统管”安全生产监管治理模式，打造太仓市安全生产治理体系现代化样板。

（张姝敏）

全面依法治市

【概 况】 2021 年，太仓市坚持依法治市、依法执政、依法行政共同推进，统筹法治太仓、法治政府、法治社会一体建设，贯彻《法治中国建设规划（2021—2025 年）》《法治江苏建设规划（2021—2025 年）》和《法治苏州建设规划（2021—2025 年）》，印发《法治太仓建设规划（2021—2025 年）》（以下简称《规划》），提升法治核心竞争力，使法治成为最好的营商环境，以法治力量提升群众满意。《规划》的实施，标志太仓法治建设履职情况述职制度正式建立。太仓市实行法治建设满意度末位约谈机制，推进法治政府主体工程，实施法治社会基础工程，深化法治建设的太仓实践。年内，太仓法治建设满意度再次位居苏州榜首，连续 3 年入选全省前十。

【依法治市格局架构系统推进】 2021 年，太仓市将法治建设工作纳入全市经济社会发展总体布局，法治建设成效纳入全市高质量发展综合考评体系，法治建设督察列入市委督查内容，依法行政纳入区镇政治生态预警评价体系。市委常委会召开会议专题研究全面依法治市工作。市委全面依法治市委员会办公室主任会议研究具体法治建设工作。9 月，太仓市委全面依法治市委员会办公室主任（扩大）会议召开，会议部署法治政府、4 个协调小组业务领域工作，会议审议通过《法治太仓建设规划（2021—2025 年）》《2021 年度太仓市委全面依法治市工作监测评价实施办法》。依法治市初步形成“党政负责、政法统筹、司法协同、社会广泛参与”工作格局，法治太仓建设呈现“党委与政府双重引领、区域与领域双线推动、纵向与横向结对帮建、基层与机关同频共振”态势。

【法治建设体制机制充实完善】 2021 年，太仓市坚持党领导全面依法治市工作，贯彻落实习近平法治思想，市委理论学习中心组、全市各级党政领导干部、各地各部门党委（党组）开展习近平法治思想专题学习 60 余场次。建立法治建设履职情况述职制度实施办法，压实各镇区（街道）法治议事协调机构和 4 个协调小组工作责任。构建法治满意度综合评价体系，考量班子守法、政务服务、执法司法、法治氛围等内容，建立法治建设满意度末位约谈制度，推动各地各部门法治建设

2021 年 9 月 18 日，太仓市委全面依法治市委员会办公室主任（扩大）会议暨深化法治政府建设工作推进会在市行政中心召开
（姚建平摄）

目标任务有效实施。

【法治政府主体工程重点突出】 2021年，太仓市深化"放管服"改革，首创"双信三即"服务模式，"标准地 + 双信地"实现"成交即发证、交地即开工、竣工即登记"。全面优化法治化营商环境，依法审慎办理涉企案件，全年563个案件共减免金额3369万元。25个重大行政决策项目全部实行目录化管理和网络化运行，7个市政府规范性文件和61个市级文件吸收听取法制审查意见270余条，向社会公布现行有效规范性文件164个。镇街综合执法改革稳步推进，依法下放行政处罚234项、行政强制措施40项。推进"双随机、一公开"监管工作，全市32个政府部门组织开展各自领域双随机监管任务342项。市政府作为被告的各级行政诉讼未出现败诉，行政首长出庭应诉率持续保持100%。

【司法公正多元化保障】 2021年，太仓市探索民事诉讼繁简分流改革试点"太仓经验"，执行实际执结率、完毕率等关键核心指标均位居苏州前列。以认罪认罚制度落实为起点，最大限度保障未成年人合法权益。智慧警务实战能力提升，立足实战，优化网格资源，全市违法犯罪警情连续14年保持稳步下降，被公安部誉为"打破外来人口增多发案增长定律"的"太仓现象"。《中华人民共和国民法典》宣传深入人心，村（社区）"法律明白人"实现全覆盖，推进"援法议事"活动，拓展"访援对接""诉调并进"办案思路，创新"苏解纷"新模式，总体实现矛盾纠纷就地解决。

【法治社会基层基础巩固】 2021年，太仓市组织开展群众法治满意度提升专项活动、"关爱民生法治行""十大行动""法治为民 · 我说你评"主题实践活动，全市10个"关爱民生法治行"市级重点项目和68个一般项目全面铺开。城乡社区援法议事实现"一村一品"，法治宣传文化阵地遍布全市，群众性法治宣传活动辐射人群50万人次，市镇两级各部门集中展示法治建设成果，增强群众对法治建设的知晓率、获得感和满意度。

（居丽莉）

公　安

【概况】 2021年，太仓市公安系统开展全警实战大练兵，组织政治轮训，开展公安队伍教育整顿，统筹推进新冠肺炎疫情常态化防控和维护社会稳定，依法严惩各类违法犯罪，保障经济民生发展，确保全市长治久安、社会安定有序、人民安居乐业。全年全市接报违法犯罪类警情1.19万起，较前三年平均值下降9.5%。刑事案件发案3772起，较上年下降9.4%；刑事案件破案1490起，破案率39.5%，较上年上升5个百分点。现行命案全部快侦快破。全年未发生危害国家政治安全的重大案事件、暴力恐怖案件和规模群体性事件。年内，市公安局获评江苏省文明单位、"法治苏州"先进集体，在全市政府工作部门及直属事业单位考核中位列第一等次。市公安局大数据建设应用大队立集体二等功。

【社会稳定维护】 2021年，太仓市完成庆祝中国共产党成立100周年、中共十九届六中全会等重大活动的安保任务，打造情报预警，化解处置全周期链条，化解一批突出涉稳风险。推进"防风险、守底线、建清单、除隐患"风险大排查大化解，探索创新"一图两表三机制"工作策略，"警格 + 网格"联动，个人极端风险隐患动态清零。市公安局会同有关部门处置恒大地产、教育培训、木材整治、征地拆迁等重大不稳定事端。全年全市未发生惊扰性、有影响力的个人极端案件。

【违法犯罪打击】 2021年，太仓市贯彻"专业打职业"警务改革，利用各类警务资源，实现一体化作战，构建打击犯罪新格局，推动刑警数字侦查中心、网安超警中心融合，侦破公安部挂牌督办案件5起。常态化推进扫黑除恶斗争，破获九类（聚众斗殴、强迫交易、寻衅滋事、敲诈勒索、非法拘禁、组织卖淫、强迫卖淫、开设赌场、故意损坏财物）涉黑涉恶案件146起，打击处理70人。持续开展"缉枪治爆"专项行动，捣毁制枪窝点1个，收缴枪支20把，刑事处理13人。推进反诈防骗"百日会战""百日提质"专项行动，电信网络诈骗案发数较上年下降30.32%，经济损失数下降39.46%，破案数上升14%，抓获犯罪嫌疑人数上升50%。破获公安部挂牌督办"12 · 19"特大跨境网络投资诈骗案，全链条捣毁一个境外"公司化"运营搭建虚假MT4（市场行情接收软件）平台职业诈骗团伙，抓获"股东""项目经理""客户开发""质量监督""技术""客服""财务""保安"等八个层级的诈骗嫌疑人32人，串并全国范

2021年10月20日，长三角区域警务一体化——打击非法捕捞实战演练在浏河长江口举行　　（市公安局供稿）

围内诈骗案件156起，涉案资金8000万元，依法查扣涉案金额882万元。该案是2021年全省全链条侦破案值最大、单笔挽损金额最高、抓获偷越国（边）境人员最多的一起特大跨境网络投资诈骗案。持续推进长江流域打击非法捕捞专项整治，确保“十年禁渔”取得实效，强化打、防、管、控、宣各项措施，构建立体化、信息化水域治安防控体系，长江流域非法捕捞违法犯罪态势得到明显遏制。开展禁毒专项行动，构建全链条打击毒品犯罪体系，铲除毒品犯罪滋生土壤。推进“飓风行动”，严厉打击娼赌违法犯罪，加大治安复杂场所整治力度。完善“122”（交通事故报警电话）工作机制，严打跨境赌博、新型网络违法犯罪。打击非法集资等经济犯罪，严防金融风险，维护金融生态环境。

【数据战“疫”】 2021年，太仓市新冠肺炎疫情防控坚持“外防输入、内防反弹”方针，运用大数据实现数字防控，建设数字化疫情防控平台体系。市公安局加强国内中高风险地区及入境到太仓人员的管控，强化人员安全有序流动；加强重点部位、重点场所管理。开展全链条精准防控，配合落实核酸检测、监测预警、流调溯源等措施，常态化做好“531”机制核查管控，全年核查涉疫数据41万条，排查相关人员90.5万人次。打破不同主管部门信息壁垒，集合管理、防疫、查验等权限，研发“娄城防疫”小程序，实现风险地区到太仓人员“来能预警、动知轨迹、走明去向、全程掌控”，实现核查管控精准落实。“娄城防疫”小程序累计申报39万人次，预警风险地区到太仓人员3.7万人次，全部及时流转社区落实闭环管控。

▲资料链接

“531”机制是苏州市精准核查管控疫情风险地区到苏人员的总体策略和创新战法。“5”是指盯牢五类核查人员，“3”是指织密三道防控网络，“1”是指做实一套保障架构。“531”平台即社区防疫管理系统，是依靠大数据核查风险地区人员信息，通过电话或上门等方式核查到苏州时间，到苏州前地区，到苏州途径、方式，行程码，苏康码，核酸检测情况，在苏州居住地址，到苏州原因等，并落实管控措施，从而阻断疫情传播。太仓市公安局运行“大数据＋网格化＋铁脚板”机制，成立“531”专项行动工作专班，滚动开展社区摸排，实现社区管控精准有力、重点部位防控全面周密、应急处置快速有序。

【治安防控】 2021年，太仓市建立健全“情报、指挥、勤务、舆情”（以下简称“情指勤舆”）一体化实战化运行机制，做强派出所综合指挥室，建设“预知预警、精准制导”情报指挥体系。组织开展实战演练，提升现场处置能力水平，现行案件抓获率较上年上升21%。搭建智能感知防控体系，以升级版技防城建设为载体，加强智慧小区、智慧校园建设，构建高空、街面、无人机、5G移动图传等覆盖全空间的立体化智慧感知体系。借力“一网统管”“一网通用”建设，汇聚城管、住建、教育等领域基础数据，提升情报预警、维稳处突、案件侦查及交通管理等各项治安防控能力。深化科技信息化场景应用，首创寄递业OCR（光学字符识别）面单识别系统、智能卡口建设等场景应用。建立完善陆路、水路卡口查控勤务模式。嘉太省际公安检查站实现警务一体化融合、资源集约化配置、能效最大化提升，太仓市公安局和上海市公安局嘉定分局分别在检查站安检大厅和综合指挥室架设各自通信电台和网络专线，打破信息壁垒，实现数据互联互通，实现异地联动指挥，统一调度。年内，太仓市公安局南郊检查站建成苏州市公安局社会治安防控体系样板工程。

【智慧警务建设】 2021年，太仓市坚持改革强警与科技兴警，推进智能化升级与数字化转型，创新完善合成化、扁平化、可视化接警指挥体系，构建“110”工作智能化、数字化新生态。市公安局打造智慧数据中心，建设以蜂巢数据中心为核心的太仓公安“集群化”数据赋能、平台应用体系。统筹推进雪亮技防工程建设，全市视频联网共享平台共汇聚视频监控4.09万路，完成一类监控高清化、数字化，实现全域覆盖建设。推进智慧交通建设，构建交通运行协调指挥中心，打造重点车辆管控平台、智慧公交、智慧停车项目，创新探索无感车驾管服务、交通大联动建设等场景。

【公共安全监管】 2021年，太仓市持续创建省级安全发展示范城市，公安监管领域安全形势持续平稳。开展“涉车类”违法犯罪集中整治“百日行动”，道路交通亡人事故数、亡人数持续双下降。布建ETC（电子不停车收费系统）物联感知围栏云卡口，全市“两客一危一校”（从事旅游的包车、接送学生专用车、三类以上班线客车和运输危险化学品、烟花爆竹、民用爆

2021年11月，太仓市在省界道口开展24小时安检工作

（市公安局供稿）

炸物品的道路专用车辆）重点车辆违法率下降28.23%。推进“在社区”警务，持续重点整治“三合一”场所（人员住宿场所与加工、生产、仓储、经营等场所在同一建筑内混合设置）、群租房、电动自行车违规停放、充电等现象，做好火灾风险防范化解工作，全年未发生较大以上火灾事故。落实危险品、寄递物流、重点目标、公共水域、公共交通、大型活动等安全监管措施，推进无人机、民宿、楼宇经济、共享经济等新业态监管。

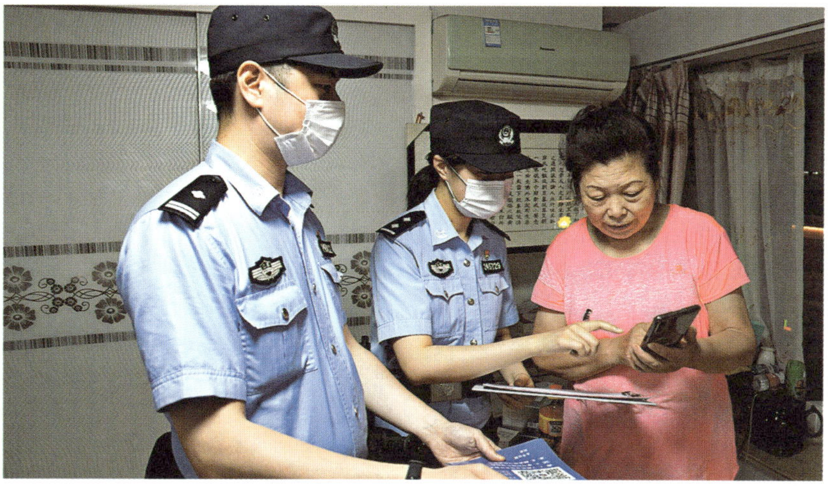

2021年6月，太仓公安民警上门开展反诈宣传与反诈教育

（市公安局供稿）

【警民共建和谐社区】 2021年，太仓市公安局持续推进“枫桥式公安派出所”创建，优化综合指挥室、社区警务队、执法办案队横向三级体系，强化综合指挥室派出所警务“中枢”建设，确保工作指令落地、民警负担减轻、工作质态倍增。优化警力资源配置，推动机关“瘦身”、警力下沉，壮大基层警务力量，拓展基层民警职务职级晋升渠道，引导民警扎根社区警务。建立以二维码门牌为“数据根”的“一标多实”数据采集巡查机制，掌握人、房、地、事、物、单位等综合治安要素。加强平安前哨三级指挥体系建设，协调社区、物业、网格员、志愿者等网格力量参与社会治理。

【公安服务管理】 2021年，太仓市开展公安政务服务提升攻坚行动，优化升级长三角城市之间户政业务“一网通办”“异地通办”。市公安局创新推出“出生一件事”等8项便民服务措施，提升惠企便民服务水平。长三角区域内跨省户口网上迁移便民措施启动，户口在上海、浙江、江苏、安徽的户籍居民在长三角区域内办理跨省迁移户口时，只需在迁入地申请办理即可。设立外国人“一窗式”服务窗口，实现“外国人工作许可”“外国人居留许可”两项许可事项无缝对接。深化“你的出入，我的境”普法品牌内涵，全年受理中国公民出国（境）申请2462人次，服务临时到太仓的境外人员4116人次，办理涉外案件223起，其中“三非”（非法入境、非法居留、非法就业）案件31起。建设“一窗受理”沙溪综合服务窗口，获评市级机关单位作风效能建设“十佳示范窗口”。运行“8+X”道路交通事故综合处理服务中心，实现交通事故线上云处理。完善安商护企措施，强化知识产权保护。推进警方公共关系建设，开展“非凡警营”大篷车太仓站专场巡回反诈宣传，市公安局联合市实验小学、市朱棣文小学成立少年警校，开展安全防范进校园系列活动，警校联手增强学生安全意识，提高安全认知能力。

【公安执法规范建设】 2021年，太仓市推进公安规范执法责任体系、警务运行机制和勤务制度改革，推进执法队伍专业化、执法行为标准化、执法管理系统化、执法流程信息化，提升公安机关严格规范公正文明执法水平，提高社会治安基础防范水平和源头治理能力，促进社会公平正义，维护人民合法权益。市公安局推动“431”法治改革（“4条关键路径”：法制机构升格、力量配强、派驻统筹、调优机制；“3个关键环节”：重塑办案机制、重造办案流程、重组办案主体等；“1个关键载体”：建设应用执法办案管理中心），推行“执法办案、监督管理、服务保障”一体化执法运行模式。建立案管中心、基层案管室两级案件管理体系，落实执法“三清”（警情日清零、立案月清仓、积案季清底）工作机制。开展全市公安队伍教育整顿，深化执法顽瘴痼疾整治，察实情、访民意，铁腕治警、正风肃纪。创新实施源头执法“引航”计划，变处警后纠错为处警中指导，以案明纪、以案释法、以案促改。推进法制“双随机”（随机抽取检查对象、随机选派执法检查人员）检查，实现案件针对性抽取、随机分配、网上电子阅卷、网上考评录入、网上问题反馈、网上法制复核一网式操作，聚焦法治公安建设目标，提升公安工作法治化水平和执法公信力。年内，市公安局推进建设“1+N+16”（1个实训基地，N个特色随岗基地，16个基层派出所训练角）模块化实战训练综合体，获评苏州市公安机关县级示范训练基地；推进建设太仓公安特色大监督格局，获评苏州市公安局2021年度“十佳项目”。

（武玲玲）

检　察

【概况】 2021年，太仓市人民检察院围绕“为大局服务、为人民司法”工作主题，全面履行检察职能，共办理刑事、民事、行政、公益诉讼、诉讼监督、司法救助等各类案件2092件。报送《太仓市人民检察院充分发挥能动作用，全面贯彻落实〈中共中央关于加强新时代检察机关法律监督工作的意见〉的报告》获市委主要领导批示。年内，市人民检察院获评全省检察机关扫黑除恶专项斗争先进集体。

【社会环境平安稳定】 2021年，太仓市人民检察院依法办理严重暴力犯罪、黄赌毒、盗抢骗、食药环等犯罪案件274件、406人。常态化推进扫黑除恶斗争，结合政法队伍教育整顿，开展涉黑涉恶案件线索倒查，发现问题线索24条。参与全市打击治理电信网络新型违法犯罪止损控案百日会战行动，依法办理公安部督办的“12·19”特大跨境网络投资诈骗案，推动追缴犯罪所得720万元、返还涉案资金320万元。对毒品邮递和农贸市场、小商品市场等人员密集场所私拉电线、圈占消防栓等问题，分别向所属镇区和相关职能部门发出风险提示函和检察建议，推动解决安全风险隐患。

【法治化营商环境建设】 2021年，太仓市人民检察院依法办理非法经营、强迫交易、合同诈骗等破坏社会主义市场经济秩序犯罪案件44件、106人。依法审慎处理涉民营企业案件，不起诉64人，适用认罪认罚从宽制度300人，尽量保障涉案企业正常经营。办理的陈某某虚开增值税发票案经验做法被最高检《走进人民检察第二季》报道。探索开展企业合规试点工作，嘉昆太三地检察机关联合签订企业合规案件办理协作机制，对2家涉案企业启动合规考察并分别作出不起诉和建议缓刑的从宽决定。5月，开展“亲清检企”大走访活动，发挥检察机关司法服务职能，提升检察工作服务经济社会高质量发展的能力和水平。走访调研企业30家，促进检察履职与服务企业深度融合，帮助企业防范法律风险，提升企业人员法律素养，护航企业发展。

【安全生产法律保障】 2021年，太仓市人民检察院依法惩治群众反映强烈、社会影响广泛的道路交通、危化品、消防、城市建设、危险废物、易燃易爆物品等安全生产领域犯罪案件390件、395人。联合市应急管理局、市法院、市公安局会签安全生产“两法”衔接机制。对农村自建房施工存在安全隐患、有限空间作业管理、城市窨井盖治理等问题，向职能部门发出检察建议，督促及时整改。开展安全生产领域风险预防和法治宣传，拍摄安全生产警示教育微视频，深入施工现场开展警示教育。

【“沪苏同行·守护长江”特色品牌建设】 2021年，太仓市人民检察院成立长江生态检察办案团队，实施“提前介入+捕诉一体+修复治理”一体化办案，共办理涉长江生态环境保护案件5件、28人，提起刑事附带民事公益诉讼5件，支持起诉1件。与四地六家单位共同建立长江航运东大门通道安全“共建共治”联盟，与南通启东市、上海市崇明区开展“三警联动”协作。建立“河长+检察长”机制，开展昆太跨界河湖联合保护活动，会同市长江办、海事、渔政等部门开展巡查、走访座谈10余次。与市污防攻坚办、太仓生态环境局、市水务局等开展联合执法检查。调查支流支浜非法设置鱼罾、鱼簖、地笼网等捕捞设施挤占河道问题，向相关区镇制发检察建议12份，推动开展河道“清障滤网”专项整治，清理河道39条，清障1100余处，清理河堤垃圾56吨。联合上海市嘉定区、苏州昆山市共同加强生态环境保护、优化水资源联合调度和应急事件协同等举措被写入《江苏省苏州市·上海市嘉定区高质量推进嘉昆太协同创新核心圈建设战略合作框架协议》。

【未成年人司法保护】 2021年，太仓市人民检察院坚持对侵害未成年人犯罪“零容忍”，共批捕7人、起诉7人。实施防性侵“星辰计划”，通过完善亲职教育内容、畅通司法救助渠道、建立防性侵课程体系等持续落实“一号检察建议”。加强检校共建，15名法治副校长与校方会签检校共建协议。深入校园周边开展走访摸排，发出检察建议督促纠正儿童个人信息泄露、校外培训机构违反“双减”政策、成人性用品商店设址不当等现象。办理的一起校园电信网络诈骗案入选最高检、教育部联合发布的在校学生涉“两卡”电信网络诈骗犯罪典型案例。“彩虹桥工作室”检校共建项目获评2021年度苏州市政法系统“八心工程”。

【检察工作助力社会治理现代化】 2021年，太仓市人民检察院持续落实“群众来信件件有回复”等制度，办理群众信访212件、化解信访积案13件。建立司法救助与社会救助衔接融合机制，引入“娄东检爱慈善基金”对8名刑事被害人或其家属开展司法救助。王某某等5人司法救助案件被评为江苏省检察机关国家司法救助助力脱贫攻坚典型案例。落实“一案一建议”“一案一整改”制度，紧盯行业

2021年8月30日，昆山市、太仓市共同开展“河长+检察长”双联合巡河活动 （黄谱泓摄）

乱象、监管漏洞，向市政府报送治理对策、向相关单位发出检察建议，达到“办理一件、治理一片”成效。开展“精准普法月月行”活动，“阳光检察”宣讲团成员深入基层宣传法律法规和检察职能，促进提升群众风险防范意识和自护能力。

【公益诉讼】 2021年，太仓市人民检察院落实最高检《关于积极稳妥拓展公益诉讼案件范围的指导意见》、省人大常委会《关于加强检察公益诉讼工作的决定》，依法办理公民个人信息、扬尘、噪声污染、无障碍设施等领域公益诉讼案件73件。紧扣生态环境、历史文化遗产、食药安全、社会保障等社会公共领域，以检察调查为手段，制发检察建议73份，督促行政机关履行职责，提升保护公共利益的效果。召开苏州市首例控制保护建筑行政公益诉讼诉前程序公开听证会，邀请涉案职能部门负责人、文化界人士等参与公开听证，听取专家意见，完善建议内容，发出诉前检察建议，督促开展修缮保护工作。

【检察监督】 2021年，太仓市人民检察院落实最高检、公安部工作意见，与公安机关建立侦查监督与协作配合办公室，健全刑事犯罪指控“1+N大控方”体系。落实“少捕慎诉慎押”刑事司法政策，对不构成犯罪或证据不足的决定不批捕362人、不起诉300人。强化刑事诉讼活动监督，监督立案、撤案80件，纠正漏捕、漏诉40人，对诉讼活动违法书面提出纠正50件。深化认罪认罚从宽制度适用，适用认罪认罚人数占比92.4%，确定刑量刑建议采纳率99.5%。办理的郑某某过失致人重伤案入选江苏省检察机关深化适用认罪认罚从宽制度典型案例。坚持依法监督与维护司法权威并重，共办理民事监督案件130件，行政生效裁判监督案件3件，行政非诉执行监督案件16件，行政审判违法监督案件8件，发出行政非诉执行监督检察建议5件。对不符合条件的，依法作出不支持监督申请决定，同步做好释法说理、服判息诉工作。联合市司法局制定《关于建立支持起诉协作配合机制的实施意见》，支持农民工等弱势群体提起民事诉讼31件。

2021年12月3日，太仓市人民检察院首次召开羁押必要性审查听证会
（黄谱泓摄）

【刑事执行监督】 2021年，太仓市人民检察院对看守所监管、社区矫正、财产刑执行等活动中存在的不规范情形发出纠正违法通知书122份，发出执行监督检察建议23件，全部得到采纳。与市法院签订《建立办理暂予监外执行案件衔接机制意见》，解决沟通与衔接不畅等问题。在村（社区）“两委”换届选举工作中，及时发现并监督收回一名被剥夺政治权利人员的选民证，保障村（社区）“两委”换届选举工作依法、平稳、有序进行。针对服刑人员违规领取养老金制发检察建议，推动市人社局联合公检法司五部门建立规范服刑人员参保和基本养老金管理协作机制。

（金　蕾）

法　院

【概况】 2021年，太仓市人民法院坚持服务大局、司法为民、公正司法，深化高质量司法实践，持续推进司法改革，维护社会公平正义、社会大局稳定。全年共受理各类案件1.79万件（含旧存2335件。根据最高人民法院《关于调整执行案件司法统计标准的通知》要求，恢复执行和财产保全执行活动不再纳入人民法院司法统计的案件统计范围），审执结1.56万件，较上年分别上升7.01%、8.87%，解决争议标的额84.79亿元。持续优化案件审判质效，其中结收案比、一审服判息诉率、法定审限内结案率、案件平均审理天数等七项主要质效指标位居苏州基层法院首位，为太仓经济社会高质量发展提供司法服务保障。

【刑事审判】 2021年，太仓市人民法院依法打击各类刑事犯罪，审结各类刑事案件874件、1059人。常态化开展扫黑除恶斗争，健全完善线索摸排、协同办案等长效机制，促进“无黑城市”创建。开展“净网”“断卡”等专项行动，审结电信网络诈骗案件21件、29人，为群众挽回经济损失544万元。依法惩处各类经济犯罪，审结诈骗、合同诈骗、虚开增值税发票等经济犯罪案件21件、38人，为国家和集体挽回经济损失1238万元。依法惩治腐败犯罪，共审结贪污贿赂、挪用公款等职务犯罪案件11件、11人。强化人权司法保障，推进刑事案件律师辩护全覆盖，对于犯罪情节轻微、社会危害不大，具有自首、立功等法定从宽情节的，依法从宽处罚。

【民事、商事审判】 2021年，太仓市人民法院全面贯彻实施《中华人民共和国民法典》，强化民事权利保护，依法审结各类民事、商事纠纷1.01万件。

2021年10月22日，太仓市人民法院召开执行领域突出问题集中整治推进会暨局务管理工作现场会（吴羽娴摄）

印发《关于建立消费纠纷多元化解机制的实施意见》，创立“保驾护行”品牌，获评苏州中院、苏州消保委消费纠纷联动化解品牌建设二等奖。健全裁审对接机制，妥善处理拖欠农民工工资、涉新业态模式等劳动争议纠纷，仲裁向诉讼案件转化率连续三年保持低位运行。加大对妇女儿童权益的保护力度，健全“护家”家事调查中心工作机制，发挥家事调查员、家事调解员和心理疏导员作用，推动家事联动解纷协作机制走深走实，提升家事纠纷化解效果。联合“护家”行动入选“我为群众办实事”实践活动太仓重点项目。

【行政审判】 2021年，太仓市人民法院强化司法审查职能，坚持监督与支持并重，审结行政诉讼案件39件。化解涉及国土空间整治过程中发生的相关矛盾纠纷，对非诉行政执行案件裁定准予执行27件。坚持府院联席会议制度，邀请市级机关领导干部、执法骨干现场旁听行政诉讼案件。与市住建局建立建设工程案件违法线索移送反馈机制，促进司法与行政良性互动，提升行政诉讼诉源治理成效。

【案件执行】 2021年，太仓市人民法院推进源头综合治理执行难工作，健全执行协作机制，共受理执行案件5412件，较上年下降0.35%；执结4558件，较上年上升3.71%。开发执行“智务”管理系统，完善立审执协调配合、财产集中处置、案款往来管理等机制。规范强制执行手段，完善失信分级分类惩戒机制，常态化开展“天网行动”集中会战，强化打击拒执犯罪威慑力，推进综合治理执行难大格局实质运行。优化以法官为主导的执行团队办案模式，加强长期未结案件管控和清理，结合教育整顿开展办案竞赛、集中执行、法警突击等系列活动，提升执行案件办理速度。

【法院工作服务经济发展】 2021年，太仓市人民法院围绕长三角一体化重大战略，与上海市嘉定区法院、苏州昆山市法院共签《服务保障长三角一体化发展司法战略协作框架协议》及《执行协作协议》，提升服务长三角一体化发展的司法贡献度。制定《关于建立商会商事调解机制的实施意见》，成立商事调解中心，丰富商事纠纷化解渠道。完善企业破产府院联动、“执转破”衔接等机制，以破产审判助推供给侧结构性改革。新收破产清算案件33件，审结33件，促成32家企业退出市场，清理债务53.68亿元，释放土地21.86万平方米，盘活资产5.03亿元。贯彻落实知识产权最严格司法保护原则，健全知识产权行政执法与司法审判协作机制，促成行业协会、律师协会共签《知识产权保护协作共建框架协议》，营造全社会共同保护知识产权氛围。

【司法为民】 2021年，太仓市人民法院实体运行“一站式”多元解纷和诉讼服务中心，推出立案诉讼服务十项公开承诺，设立24小时自助诉讼服务区域，通过人工导诉提供适老诉讼服务，优化群众诉讼体验。法“HUI”驿站服务品牌获评苏州市政法系统“我为群众办实事”优秀项目。发挥人民法庭“桥头堡”功能，增加乡村社区司法资源供给，推出服务保障乡村振兴十项举措，为促进乡村振兴和农业农村现代化提供法治保障。以智慧法院建设精准对接新时期群众即时解纷需求，新增多个网络法庭，推广适用电子

2021年11月4日，上海市嘉定区人民法院、昆山市人民法院、太仓市人民法院联合召开“嘉昆太”法院服务保障长三角一体化司法战略协作签约仪式暨工作推进会（龚思文摄）

送达，推动电子诉讼活动规范化、常态化。全年共办理网上立案1770件，完成电子送达5.34万次，开展在线诉讼4002场次。

【司法改革】 2021年，太仓市人民法院深化民事诉讼程序繁简分流改革试点，健全完善工作机制，促进简案快审、繁案精审。畅通诉调对接渠道，派驻人民调解员编入速裁团队，加强诉前调解业务指导，诉前委派成功调解案件2620件。拓宽司法确认适用范围，搭建司法确认网络专线，完成司法确认案件692件。加大小额诉讼程序和简易程序适用力度，规范程序转换机制，提升简案快审效率。一审简易程序适用率95.09%，案件平均审理天数57.63天/件，均位居苏州各县市法院首位。坚持“规则引导、示范推导、协同疏导”工作思路，打造群体性纠纷示范调判“升级版”，形成“个案精审、类推调判、快审快结”新型审判模式，入选江苏法院2021年司法改革典型案例。

（郑金硕）

2021年5月27日，太仓市举行《中华人民共和国民法典》颁布一周年宣传活动（任宵敬摄）

司法行政

【概况】 2021年，太仓市律师行业办理各类案件3878件，较上年增加30%，业务收费1.26亿元，较上年增加26%。基层法律服务行业办理各类案件751件，较上年减少6%，业务收费919.6万元，较上年增加10%。太仓市公证处办理各类公证5492件。全市各类人民调解委员会及两级调处中心共调解纠纷1.38万件，涉及人员2.8万人次，涉及金额1.44亿元，调处成功率100%。全年全市累计接收社区矫正对象397人，衔接刑满释放人员280人。截至年底，全市在册社区矫正对象331人、刑满释放人员1161人。市法律援助中心办理各类法律援助案件1633件，完成来电来访法律咨询7831人次。

【法治宣传教育】 2021年，太仓市印发《关于开展法治宣传教育的第八个五年规划（2021—2025年）》，组织开展习近平法治思想、《中华人民共和国民法典》（以下简称《民法典》）、《中国共产党组织工作条例》等法律法规学习。举办“宪法宣传月”“《民法典》宣传月”“第七届法治文化节”等群众性法治宣传活动，受益人群50万人次。《民法典》宣传片《小熊那些事儿》被“学习强国”苏州学习平台录用。全市2万余人参与“习近平法治思想”音频学习大赛，参与度位列苏州各县（市、区）第二。印发《全市重点单位法治宣传教育工作责任清单》，列举普法责任清单212项，制定“三单两书”（年度普法责任清单、普法重要工作提示单、普法重点任务督办单、履行普法责任报告书、履行普法责任评价书）制度，完善考核评估和激励机制，推动“谁执法谁普法”普法责任制落实。贯

2021年太仓市基层法律服务所一览表

表67

序号	单位	地址
1	太仓市娄江法律服务所	太仓市城厢镇东仓北路8号
2	太仓市城厢法律服务所	太仓市城厢镇郑和西路46号
3	太仓市浏河法律服务所	太仓市浏河镇东港路3号汇金坊102室
4	太仓市沙溪法律服务所	太仓市沙溪镇白云路
5	太仓市双凤法律服务所	太仓市双凤镇凤林路18号105室
6	太仓市璜泾法律服务所	太仓市璜泾镇园林路2号
7	太仓市浮桥法律服务所	太仓市浮桥镇中兴南街

彻落实中央和省厅关于“法治乡村”建设实施村（社区）“法律明白人”培养工程的部署，从建队伍、明责任、强能力、促合力四个方面推进村（社区）“法律明白人”培育工程，壮大基层普法社会力量，打造共建共治共享的乡村治理模式。依托基层网格化治理体系，构建“1+2+N”的梯队格局，即1名“法律明白人”加2名普法积极分子和N名普法志愿者。培育“法律明白人”524人，形成一支素质高、结构优、能力强的村（社区）法治带头人队伍，实现“法律明白人”连网成片、以点带面，覆盖所有基层治理网格。印发《关于加强法治乡村建设的实施意见》，开展省级民主法治示范村（社区）建设巩固提升年活动。打造江南法治文化产业群集群，开展法治文化建设示范点创建工作。联合沙溪镇打造太仓市青少年《民法典》体验基地。

【公共法律服务】 2021年，太仓市印发《关于开展全域化公共法律服务“7S”工作意见》，建设集“全域、服务、指引、保障”和“智能、共享、社群”一体的全业务全时空公共法律服务“7S”服务体系，优化升级互联网公共法律服务中心功能，推进实体、热线、网络平台深度融合。发挥公职律师和法律顾问在重大政策、重大项目中的决策服务作用，对重点强基工程项目开展专项“法治体检”。深化城乡社区公共法律顾问工作，开展“党建+产业链+公共法律服务”共建，持续做实做优“暖阳一号”“五月的阳光”等公共法律活动，开展“乡村振兴·法治同行”活动，助力乡村振兴。完成全市157个村（社区）公共法律顾问签约工作。组建太仓市对德合作法律服务团，发挥太仓涉外法律服务人员的业务优势和职能作用，推进全市对德经贸合作法律服务快速发展。

2021年太仓法律服务机构一览表

表68

序号	单位	地址
1	江苏金太律师事务所	太仓市娄东街道上海东路168号
2	江苏广浩律师事务所	太仓市郑和中路309号工业发展大厦
3	江苏众谊律师事务所	太仓市上海东路86号世纪财富大厦
4	江苏孙剑良律师事务所	太仓市上海东路86号世纪财富大厦
5	江苏周瑞昌律师事务所	太仓市上海东路5号华侨大厦
6	江苏德龙律师事务所	太仓市城厢镇人民南路132-3号
7	江苏新中远律师事务所	太仓市郑和中路309号工业发展大厦
8	江苏名仁（太仓）律师事务所	太仓市上海东路77号五洋国际广场
9	江苏新天伦（太仓）律师事务所	太仓市县府东街万达广场
10	江苏娄东律师事务所	太仓市上海东路5号华侨大厦
11	江苏至誉律师事务所	太仓市县府东街万达广场
12	上海利歌（太仓）律师事务所	太仓市人民南路95号华旭财富中心
13	上海市光明（太仓）律师事务所	太仓市朝阳路科尔雅大厦8楼
14	江苏镇洋律师事务所	太仓市娄东街道上海东路
15	江苏华保律师事务所	太仓市城厢镇东仓北路2号
16	上海市汇业（苏州）律师事务所	太仓市城厢镇太平南路28号
17	江苏勤本律师事务所	太仓市上海东路333号
18	江苏尚修律师事务所	太仓市城厢镇人民南路95号
19	江苏策霖律师事务所	太仓市娄东街道郑和中路319号兰德东亭大厦
20	上海融力天闻（太仓）律师事务所	太仓市上海东路168号汇金大厦

【社区矫正和安置帮教】 2021年，太仓市贯彻实施《中华人民共和国社区矫正法》，强化特殊人群精准规范管控，引导优质专业社会力量参与教育帮扶。开展社区矫正“执法规范年”活动，规范执法、完善机制。对暂予监外执行对象开展病情诊断，对假释对象、企业矫正对象、外国籍矫正对象开展专项执法督察。组织全市社区矫正对象开展“长江大保护·社区矫正百日行”专项活动。防范化解风险隐患，做好重点时段安保维稳工作，组织排查“两类人员”（社区矫正对象、安置帮教对象）中的高危重点人员，签订三包责任书、重点帮教协议书。常态化开展扫黑除恶工作。推进“智慧矫正中心”创建工作，依托大数据推进矫正工作信息化，运用远程视频会见302人次。完成省司法厅首批安置帮教社会适应指数评估试点工作，实现评估覆盖率100%。制定社区矫正工作“三张责任清单”（江苏省司法行政机关社区矫正刑罚执行权力清单、江苏省社区矫正工作机构责任清单、江苏省社区服刑人员义务清单），强化特殊人群岗位责任。走访慰问经济困难“两类人员”家庭及其未成年子女50余人次。

2021年4月1日，江苏省政法队伍教育整顿领导小组驻苏州指导组在太仓市公共法律服务中心调研指导
（任宵敬摄）

【法律援助】 2021年，太仓市完成“12348”法律援助热线坐席升级，增设电话线路，加强接听培训，提升群众满意率。实施“法援惠民生”实事工程，放宽经济困难标准，法律援助覆盖人群逐步拓展至低收入群体。扩大援助事项范围，对追索劳动报酬、工伤赔偿、遭受家庭暴力等多种受援情况免予经济状况审查，实施法律援助事项范围负面清单制度。加强重点群体援助，实施保障群众就地过年“八项举措”，开展农民工讨薪专项行动，畅通群众维权“绿色通道”。开展法律援助宣传活动16场次，发放宣传资料5800余份。完善基本法律文书样本，包括劳动类、合同类、房产类、民事类和诉讼仲裁类5类11种，提供个人借款民事起诉状、物业管理责任书、买卖合同等范本。市司法局与市检察院联合印发《关于建立支持起诉协作配合机制的实施意见》，完善支持起诉工作联系协作机制，建立“访援对接”长效机制，完善劳动争议解决联动机制。制定《开展法律援助证明事项告知承诺制工作意见》，推行公民申请法律援助证明事项告知承诺制，从案件受理开始，至审批、指派、指定律师、立案、开庭、判决、结案、归档等全部流程结束，均明确具体责任人工作职责和工作时限。

【人民调解】 2021年，太仓市司法局与上海政法学院（司法部调解理论研究与人才培训基地）共建成立太仓市调解理论研究与人才培训中心。中心系集调解领域科研、实践、培训、服务“四位一体”多功能综合机构，旨在继承发扬“枫桥经验”。通过政府购买服务方式，由社会组织——太仓市光辉调解法律服务中心负责日常具体运作。太仓市专职人民调解员（法律明白人）第一期——人民调解理论与实务培训班开班，提高人民调解员职业化专业化法治化水平。探索“调解+法律服务”人民调解新模式，印发《关于加强专职调解员队伍建设促进社会治理体系和治理能力现代化的意见》，推出调解为民15件实事。矛盾纠纷多元化解体系持续完善，非诉解纷服务质效提升，依托“苏解纷”微信小程序和远程视频调解系统，开展基层“解纷”活动，累计化解社会矛盾纠纷1.38万件。开展“疫情防控·调解同行”矛盾纠纷大排查大化解专项行动、涉法涉诉信访积案化解排摸工作和铁路沿线涉路矛盾纠纷排查专项整治行动，推动人民调解工作融入依法防控、依法治理。

【公证服务】 2021年，太仓市推行“全生命周期”公证服务，民生类公证增长较快。持续推行公证简证便民举措，扩大“最多跑一次”公证事项范围，对残疾人、老年人等特殊群体开辟“绿色通道”，实行优先服务，在符合办证程序前提下提供便利或上门服务。推进“公证+区块链”建设，利用公证信用和区块链技术信用双重背书，规范行政执法行为。完善公证日常行为规范、岗位责任制管理，健全工作考核评价机制、监督机制和责任追究机制，推行公证服务征求意见制度，建立健全公证员质量档案，提高公证服务质量。

（陈 虹）

劳动仲裁

【概况】 2021年，太仓市有专兼职调解员70人、仲裁员44人（其中专职仲裁员11人、兼职仲裁员33人）。常态化发放仲裁建议书，实现全市镇区劳动保障维权“一窗式”服务和仲裁巡回庭全覆盖。太仓市劳动人事争议仲裁委员会创新举措、延伸服务，开辟

"便民快车道"，开设"周末仲裁庭"，利用休息日开庭审理仲裁案件。加快推进案件处理，及时解决劳动纠纷，维护双方当事人合法权益。太仓市仲裁委继续启动"周末仲裁庭"，推动周末庭审制度化建设，促进劳动争议案件高效处理，织密公共服务立体网。年内，太仓市劳动人事争议仲裁院与太仓市人民法院举行劳动人事争议裁审衔接长效工作机制签约仪式，签署《关于建立劳动人事争议裁审衔接长效工作机制的意见》，建立交流互动机制，增强彼此理解认同；建立办案协作机制，运用信息手段，加强判决反馈，提升纠纷化解效能；建立协同治理机制，推进劳动人事争议多元化解，建立共建、共享、共治的联动化解机制。

2021 年太仓市镇"一窗式"劳动保障维权服务平台一览表

表 69

序号	市 / 镇（区）	所在场所	具体地址
1	太仓市	市人社局信访接待大厅	太仓市柳州路 38 号
2	港区 / 浮桥镇	党群服务中心一楼大厅	太仓市港口开发区北环路 12 号
3	高新区	人力资源市场二楼大厅	太仓市高新区常胜北路 16 号
4	科教新城	便民服务中心一楼大厅	太仓市科教新城健雄路 20 号大学科技园 8 号楼
5	城厢镇	组织人事和社会保障局 101 室	太仓市城厢镇长春路 238 号
6	沙溪镇	行政中心一楼信访大厅	太仓市沙溪镇仁溪站 88 号
7	浏河镇	综合行政执法局一楼大厅	太仓市浏河镇东港路 1 号
8	璜泾镇	公共法律服务工作站大厅	太仓市璜泾镇园林路 2 号
9	双凤镇	综合执法局一楼办事大厅	太仓市双凤镇凤北路 188 号

【劳动仲裁处理】 2021 年，太仓市共立案处理劳动人事争议案件 1188 件，涉及职工 1188 人，其中劳动报酬争议 303 件、社会保险争议 216 件、解除终止劳动合同（经济补偿金、赔偿金、二倍工资）争议 497 件、人事争议案件 26 件、确认劳动关系争议 125 件、其他争议 21 件。全年结案 1178 件（含上年度未结案件 29 件），其中裁决 420 件、调解 538 件、撤诉 220 件，为劳动者挽回经济损失 4512.32 万元，调撤率 72.32%，案件结案率 96.8%。处理 10 人以上集体劳动争议 14 件，涉及劳动者 305 人，为职工挽回经济损失 1027.18 万元，其中含 50 人以上集体劳动争议 2 件，涉及劳动者 120 人，为职工挽回经济损失 530.24 万元。

【劳动保障维权】 2021 年，太仓市构建以市人社局平台为中心、覆盖全域 9 个镇区（街道）的"15 分钟"服务平台体系，设"来访接待""维权受理""法律咨询""争议调解""法律援助" 5 个窗口和调解室、集访接待室。"一窗式"平台全年共接访 1.2 万人次，受理维权申请 1824 件，其中移送劳动保障监察机构 744 件、申请劳动仲裁 605 件、调解成功 475 件，涉及调解金额 972 万元。接受劳动人事争议法律援助申请 138 起，参与重大疑难劳动维权案件的论证、化解、处置 20 次，为劳动者挽回经济损失 156 万元。通过定期开展典型案件巡回审理、定期发布典型案例、仲裁及司法建议书等方式，引导劳动者合法合理维权，纠正用人单位存在的违法行为。

（吴可菲）

公共安全

应急管理

【概况】 2021 年，太仓市共发生生产安全事故 12 起，较上年下降 52%；死亡 4 人，较上年下降 66.67%，生产安全事故起数和死亡人数降幅大于苏州全市平均水平，未发生较大以上和有重大社会影响的生产安全事故。太仓市应急系统全面使用江苏省安全生产行政执法管理系统开展行政执法和处罚，依法打击安全生产领域非法违法行为，事前处罚立案 690 起，较上年上升 0.73%；实施经济处罚 1884.98 万元，较上年上升 10.95%；查处涉嫌安全生产犯罪案件 4 起，全部移送公安机关。全年三级政府挂牌督办重大事故隐患 51 项，全部按时整改完成，投入整改资金 1.46 亿元。编制《太仓市"十四五"应急体系建设和综合防灾减灾规划》和《太仓市"十四五"安全生产规划》，经多次征求意见、专家评审、市政府常务会议同意，由市政府发布。全市应急条线出动执法检查人员 370 人次，检查木材企业 81 家，自主拆除不合规设施设备并搬迁退出木材企业 63 家，其余企业全部采取严格管控措施；查封扣押不符合安全生产国家标准、行业标准的设施设备 513 台（套）。

【安全生产三年专项整治】 2021 年，太仓市委、市政府印发《关于进一步深化安全生产三年专项整治工作的意见》，推进落实全市 21 项、市重点行业领域95项和各镇区32项重点工作任务。至年底，市级完成18项，重点行业领域完成89项，各镇区完成31项。各镇区、各部门成立专项整治检查组366个，开展督导检查783次，检查单位1777家，督导问题387处，排查隐患4.32万处，行政处罚2830次，罚款2444.08万元；责令停产整顿52家，约谈警示638家。开展“一年小灶”（2020年开始的国务院对江苏省安全生产问题进行的专项整治行动）回头看，对照回头看90项清单内容，排查2020年“一年小灶”期间工作落实方面的弱点盲点，至2021年年底整改完成89项。

2021年9月29日，太仓市开展木材行业专项整治行动

（市应急管理局供稿）

【安全生产专项整治联动督导】 2021年，江苏省安全生产第五督导组对太仓安全生产专项整治开展情况督导3次、反馈问题19个；苏州市安全生产第三督导组对太仓督导13次、反馈问题24个，全部按时整改完成。太仓市安全生产专项整治专班及7个太仓市级督导组定期督导各镇区和20个重点行业领域的安全生产专项整治开展情况，反馈问题76个，全部按时整改完成。

【工贸企业安全监管】 2021年，太仓市取缔无安全设施“三同时”手续（建设项目安全设施必须与主体工程同时设计、同时施工、同时投产使用）从事金属冶炼活动企业2家，取消冶炼工艺企业1家，停产2家，技术改造1家，至年底，全市有金属冶炼企业80家。全市共有重点有限空间作业企业462家，组织第三方深度检查215家，立案查处违法违规企业81家；对污水池等容易发生有限空间事故的重点风险部位落实围栏、上锁、安全员专人保管钥匙等管控措施；督促企业遵循“先通风、再检测、后作业”原则，落实有限空间作业审批制度。关闭涉氨制冷企业1家，从老城区整体搬迁至新工业园区1家，至年底，全市共有涉氨制冷企业11家。开展深度核查粉尘涉爆企业2轮，关闭木粉企业1家，取消涉粉工艺企业1家，至年底，全市共有粉尘涉爆企业275家。

【危险化学品企业安全监管】 2021年，太仓市清退不符合安全生产条件的区外危险化学品企业3家，至年底，全市共有危险化学品企业45家（生产型企业33家、带储存经营企业12家）。查处危险化学品领域安全生产违法案件21起，罚款286万元，没收违法所得45.9万元。推动危险化学品企业实施自动化改造、数字化转型和智能化提升，完成相关改造压减目标企业8家。危险化学品企业建设集重大危险源监测预警系统、可燃有毒气体监测报警系统、企业安全风险分区系统、生产人员在岗在位系统和企业生产全流程管理系统“五位一体”的企业安全生产信息化管理平台，48家企业全部验收通过。完善太仓市危险化学品风险监测预警系统，全市12家构成重大危险源的危化品企业的视频监控和感知数据均接入检测预警系统。

【工业企业安全生产风险报告】 2021年，太仓市市、镇两级协同推进工业企业安全生产风险报告工作，对企业逐家走访、逐一辅导。5月，全面完成风险报告规模以上企业1128家；10月，全面完成风险报告规模以下企业5126家；共核销无生产企业7856家；依托第三方开展风险报告核查审计企业6254家，实现企业填报率、无生产企业核销率、风险报告核查审计率“3个100%”。8月、10月，分别开展风险报告专项执法行动，检查未完成风险报告企业、“零风险”报告企业213家，责令停产停业整顿1家，立案处罚87家，罚款273.7万元。

【危险化学品专项治理】 2021年，太仓市应急管理局成立专项治理联席会议办公室，统筹推进治理行动。各镇区和17个相关部门在20个行业领域开展危险化学品使用排查摸底，共排摸危化品使用单位2957家，涉及使用的危化品种类370种，初步形成全市危化品使用“一张表、一张图”。全市危化品使用单位开展自查，发现风险点5571处、隐患167处，隐患全部整改完成。各镇区、各部门对所监管地区、行业、企业和相关单位、场所危化品使用情况开展排查治理，共检查危化品使用单位3195家次，发现一般隐患4680处，整改完成4678处；立案查处10起，罚款94万元。

【第一次全国自然灾害综合风险普查】 2021年上半年，太仓市成立普查领导小组及办公室，应急、住建、城管、气象、交运、水务、资源规划等牵头部门成立普查工作专班7个，按照“全市统一部署、部门分工协作、各方共同参与”原则实施普查。7月，全面启动自然灾害综合风险普查工作，普查涉及的自然灾害类型主要有地震灾害、地质灾害、气象灾害、水旱灾害、森林

2021 年 9 月 27 日，太仓市开展国庆节前安全生产检查

（市应急管理局供稿）

火灾等。普查内容包括主要自然灾害致灾调查与评估，人口、房屋、基础设施、公共服务系统、三次产业、资源和环境等承灾体调查与评估，历史灾害调查与评估，综合减灾资源（能力）调查与评估，重点隐患调查与评估，主要灾害风险评估与区划以及灾害综合风险评估与区划。各镇（区、街道）、各部门开展普查对象数据清查，并通过档案查阅、实地访问、现场调查、推算估算等方法调查清查对象，获取普查数据，逐级审核上报。至年底，全市全面调查阶段工作任务全部完成。

【民生灾害综合保险】 2021 年，太仓市降低民生灾害综合保险保费，人身意外险保费由每人每年 3 元调整为每人每年 1.4 元，房屋保费由每人每年 7 元调整为每人每年 5 元。全年为 50.18 万户籍人口和 14.93 万社保缴满 1 年以上人口购买自然灾害团体人身意外险，为房屋购买自然灾害房屋保险 16.45 万户。提高理赔金额，人身意外险赔偿限额由死亡 6 万元、伤残 6 万元上调为死亡 10 万元、伤残 10 万元，房屋赔偿限额由 4 万元上调为 5 万元，生活设施限额由 0.8 万元上调为 2 万元。全年理赔人身意外保险 10 起，赔偿金额 37.5 万元；理赔房屋灾害保险居民 150 户，赔偿金额 19.73 万元。

【化工（危险化学品）安全技能实习实训基地建设】 2021 年 9 月，太仓市在苏州健雄职业技术学院建设太仓市化工（危险化学品）安全技能实习实训基地，属苏州市首家。通过调整提质和新建升举方式建设，新建的主要内容有太仓市安全教育体验馆、化工安全专项技能培训中心、化工安全技能仿真培训中心，改造提质的主要内容为化工安全通用技能培训中心，项目涉及建筑面积 7800 平方米。

【应急管理信息化建设】 2021 年，太仓市建设完善太仓应急管理综合应用平台，新建安全生产监管、应急指挥、融合通信、安委办通知公告等系统。其中安全生产监管系统建设依托工业企业安全生产风险报告工作，同步排摸全市工业企业底数，采集企业风险点，共采集企业 6397 家，全部录入安全生产监管系统，建立企业基础信息档案，并在全省首创一般以上风险库，确定一般以上风险点 1505 项，采集风险点 11.3 万条。建立“1+2+3”风险管控制度，即企业每个月自查，专职安全员每 2 个月巡查，市应急管理局和镇区安监部门对重点领域企业每 3 个月巡查，形成企业、专职安全员、安监部门三级风险管控模式，该创新举措获省应急管理厅肯定。

（徐诗铭　顾婷婷）

消防救援

【消防隐患排查】 2021 年，太仓市消防救援大队对标应急救援主力军和国家队定位，推进消防治理体系和治理能力现代化。加强全域火灾隐患排查整治，有序衔接“一年小灶”和“三年大灶”，加大对高层建筑、大型商业综合体、大型医疗建筑、地下人员密集场所等重点场所检查力度，加大高发时段、高危部位力量布控，建立完善长效监管工作机制，消除消防安全监管领域盲区漏点。通过网格巡查排查、行业集中排查、消防监督抽查、政府暗访督查，列出隐患清单和责任清单，确保“对单销账”，实行“清零管理”，保持火灾隐患排查治理高压态势。全年共检查单位 2922 家次，发现火灾隐患或违法行为 4801 处，督促整改火灾隐患或违法行为 4753 处，净化全市消防安全环境。

【消防责任落实】 2021 年，太仓市依托市消防安全委员会平台，完善党委政府定期研究消防工作常态机制，推进落实市、镇两级消防安全委员办公室实体化运作，明确相关工作机制、办公场所及专职人员等内容，推动落实消防安全委员会会商督办、成员单位履职报告等工作机制，厘清消防安全委员会成员单位职责，落实部门消防安全源头管控、行业管理和协同治理责任。强化消防监督执法，实施联合惩戒，提升社会单位消防安全意识和素质，打通消防安全责任落实“最后一公里”。

【消防安全督导检查】 2021 年，太仓市以大型商业综合体达标建设、人员密集场所消防安全管理示范建设为抓手，采用集体约谈、召开现场工作会形式，督促指导社会单位开展“自评、自查、自改”活动，突出“管理、检查、扑救”关键环节，强化落实火灾风险指南，规范和提升企业单位日常消防安全管理。消防监督员在全市社会单位推广“三自主两公开一承诺”（“三自主”指自主评估风险、自主检查安全、自主整改隐患，“两公开”指向社会公

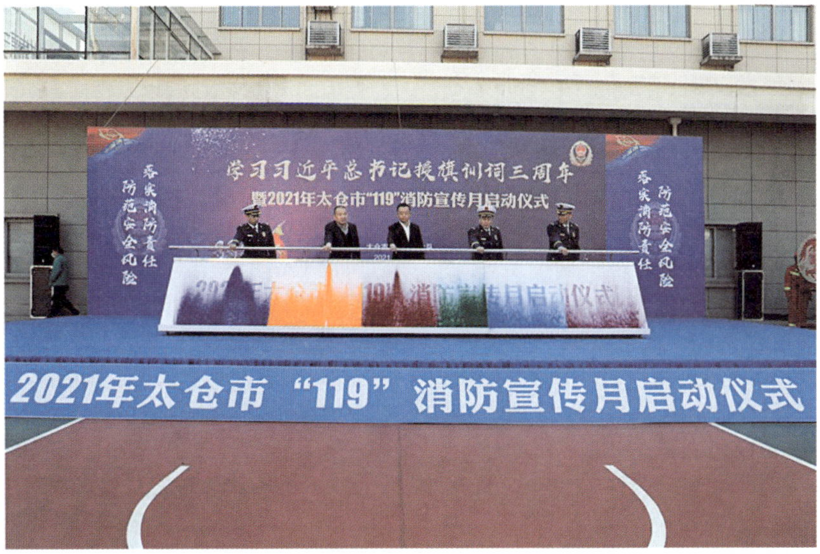

2021 年 11 月 9 日，太仓市举行“119”消防宣传月启动仪式　（叶　奕摄）

开消防安全责任人、管理人，“一承诺”指承诺本场所不存在突出风险或者已落实防范措施）做法，深化社会单位“四个能力”（检查消除火灾隐患的能力、扑救初级火灾的能力、组织疏散逃生能力、消防宣传教育能力）建设。深入社区、街道、企事业单位、九小场所、农村偏远地区开展消防安全专项检查指导，帮助强化消防安全管理水平，提升本质安全。

【消防助推国土空间全域整治】 2021 年，太仓市将国土空间全域整治行动与消防安全隐患治理工作相结合，成立专项工作小组，建立健全联络员机制，用好法律手段助推拆除违章建筑。行动期间共出动消防车 254 车次、消防员 1270 人次，配合乡镇街道拆除违章建筑 300 余家，处理散、乱、污企业火灾 45 起，抽调消防协管员 20 人协助镇区开展专项行动，指导检查单位 304 家，发现消防隐患 131 处，助力专项整治行动。

【营商环境优化】 2021 年，太仓市深化“放管服”改革决策贯彻落实，开展优化消防执法营商环境专项行动，对企业坚持严格执法与热情服务相结合，助力企业复工复产。年内，对全市复工复产企业开展监督检查指导 252 家次，现场帮扶指导 192 家，帮助完善防火预案 300 余份，解答消防安全疑难问题 500 余个，开展实地演练 21 家，举办企业消防安全宣讲 80 余场次。简化公众聚集场所投入使用、营业前消防安全检查报批流程，在市行政服务中心消防窗口做好告知工作，完善优化营商环境服务各项措施，对拟上市公司等重点项目开辟绿色通道，在消防法律法规范围内为企业提供“一站式”服务，协调解决企业遇到的消防困难和问题，为企业发展保驾护航。

【消防宣传】 2021 年，太仓市通过各种渠道和形式开展社会面消防宣传，推动应急消防科普教育基地和消防主题公园建设，利用各类新兴平台开展专题宣传，加强火灾案例警示，强化重点目标人群消防安全培训，分批次、分类别组织重点人群开展消防教育培训，树立全社会消防安全观念。全年在固定宣传阵地播放、张贴消防宣传广告和标语 12 万条，深入社区、学校、企业等场所开展各类宣传活动 160 余场，设置沿街公交站台、公共自行车宣传海报 80 余块，受益群众 20 万人。

【消防队伍专业能力提升】 2021 年，太仓市针对消防改制面临的新形势、新任务和新要求，强化队伍建设。全体消防救援人员对标“全灾种、大应急”职能定位，做好“灭大火、打恶仗、救大灾”准备，开展各类大练兵、大比武活动，围绕“一高、一低、一大、一化工”（高层建筑、地下建筑、大型综合体、石化企业）等重大课题开展研训研练，落实实战化训练，建实建精专业攻坚队伍，完善国家队、专职队指挥调度体系，提升队伍应急处置水平和灭火救援实战能力。探索解决制约消防队伍向前发展的瓶颈问题，强化技防物防措施，落实车辆装备专项购置经费，推进灭火救援装备结构向“高、精、尖”升级转型，推进双凤、岳王、璜泾以及港区化工专业消防救援站等队站建设。

（叶　奕）

2021 年 3 月 29 日，太仓市消防救援大队“火焰蓝鸽”服务队到企业提供消防服务指导　（叶　奕摄）

“331”专项治理

【概况】 2021年，太仓市市镇两级贯彻落实习近平关于防范化解重大风险重要指示精神，坚持人民至上、生命至上，围绕构筑消防安全“331”治理新机制，聚焦“331”全领域突出隐患，深化排查整治，坚持刚性执法，强化科技助力，严防“小火亡人”（火灾中经济损失小、过火面积小、受灾户数和人数相对较少，但又造成人员死亡的火灾事故）事故，推进年度各项重点工作。全市共排查四类隐患5.37万处，整改4.94万处，“331”领域未发生较大火灾及亡人事故，太仓市连续四年在苏州市“331”综合考核中位居前列。5月，成立太仓市消防安全“331”治理机制领导小组，领导小组下设“331”机制办公室，负责日常工作。

【四类隐患场所安全整治】 2021年，太仓市以开展“飓风行动”为抓手，聚焦“三合一”（住宿与生产、仓储、经营一种或一种以上使用功能违章混合设置在同一空间内的建筑）、出租房（群租房）、电动车、“九小场所”（小商店、小学校、小医院、小餐馆、小旅馆、小棋牌室、小歌舞厅、小网吧、小美容院）等四类隐患场所，通过个体纠违、单位自查、联合执法、交叉互查等方式，结合社会及社区新冠肺炎疫情防控，全天候组织开展检查、督查、夜查“三查”行动。累计出动检查人员2.1万人次，排查显性隐患5.3万处，现场整改4.9万处，限期整改4000余处，拆除各类违章建筑127万平方米，实施停产停业停租停电2399家，搬离违规停放充电电动自行车1.04万辆，扣留煤气钢瓶803个，约谈隐患场所当事人185人次。查处“两类主体”违法案件（非法生产、销售、改装电动自行车的单位违法案件和履行电动自行车停放管理职责不到位的物业企业违法案件）79起，处罚71万元，查处租赁、消防违法案件178起，处罚24万元，四项执法数据在苏州市领先。

【三级挂牌重点隐患攻坚】 2021年，太仓市分4批次对隐患风险高、存续时间长、整治难度大的30处隐患实施“三级挂牌督办”，按照“整治一家、销号一家”原则，确保整治措施落到实处。浮桥镇六尺社区拆迁小区出租房隐患、娄东街道城北社区华盛园安置小区出租房综合隐患、沙溪镇胜利村出租房隐患等重点挂牌隐患全部按期清零销号摘牌。

【安防基础设施建设】 2021年，太仓市以“331”专项治理、全国文明典范城市创建为切入点，推进党政机关企事业团体“满电下班”工程，全年新建电动自行车充电头1.23万个，完成考核目标102%；提档升级电动自行车充电头9700个，完成考核目标97%。推进“331”领域示范创建建设，以VR实景上线模式打造高标准出租房、商业街区作为样板间，以点带面，全市创建申报示范（老旧）小区10个、示范商业街区8个、示范村（社区）10个，“331”办联合市教育局完成心防校园建设24个，推动镇区完成社区心防建设12个。全市入库物防技防工具库项目6个（电梯识别光幕、智能烟感、电动车禁入电梯系统、燃气智能探测器、阻断电动车入楼道硬隔离设施、智能充电系统），数据赋能模型3个［“9+1”场所（“九小场所”及小微企业）安全监管平台、电气火灾探测系统、智慧消防］，推广“双库”（物防技防工具库、数据赋能库）应用54处。全年新增“2+N”（“2”指以企业和用工单位为主导，统一改造新建员工居住房，改建成租赁式集体宿舍；“N”指鼓励社会多方力量，因地制宜采取多种方法做好企业员工宿舍建设疏导工作）床位3456个，安装烟感器1.22万个。

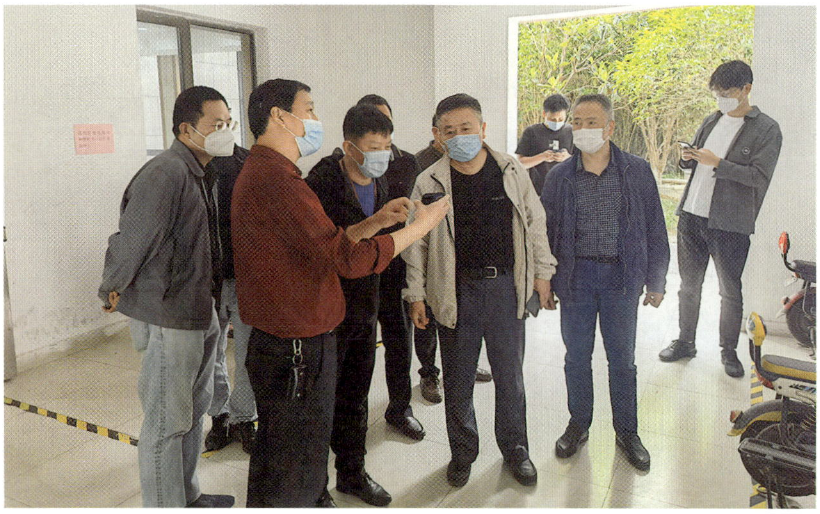

2021年5月18日，苏州“331”机制办到太仓开展电动车隐患整治专项行动（王钰杰摄）

【安全宣传教育】 2021年，太仓市深化“百团进百万企业千万员工”活动，先后对全市房产中介、物管企业、业主代表1400余人开展以“释放‘331’机制新效能，共筑火灾防控大格局”为主题的安全生产专题宣讲。开展火灾警示教育，上门入户发放消防安全告知书，在户外显示屏全覆盖播放“331”典型火灾案例警示片，在社区宣传栏张贴提示场所火灾风险和消防管理要求，利用“两微一端”（微博、微信以及客户端）开展警示教育，全年组织消防安全宣传活动897场次，发送短信提示10万余条，发放各类宣传资料12.7万份，组织居民群众、单位业主互动体验1.7万人次。

（周　斌）

人民武装

【概况】 2021年，太仓市人民武装工作适应军事斗争准备、新冠肺炎疫情防控和国防动员系统改革总体形势要求，以习近平强军思想为指引，完成以战备训练、兵役征集、疫情防控为重点的各项工作任务。年内，市人武部发挥民兵力量平时服务、急时应急职能作用，选派民兵干部骨干担任教官，完成全市5所院校6446名新生军训任务。发动市人武部机关及各镇（区、街道）民兵力量，参与驻地疫情防控和排涝抢修以及“5·14”龙卷风灾害、第6号台风“烟花”汛情应对工作，台风“烟花”过境期间，民兵力量在堤坝加固、巡河巡堤等任务中发挥积极作用。

【党管武装】 2021年，太仓市委、市政府统筹谋划武装工作与经济社会发展。市委书记对年度武装工作计划提出明确要求，市长组织研究推动年度征兵任务、国防教育训练基地迁建等工作。各镇（区、街道）党委落实党管武装责任，落实党管武装各项制度，组织领导辖区武装工作。将基层武装部和民兵营连规范化建设作为年度重点工作加以推进，达到预期目标。各镇（区、街道）升级改造“三室一库”（办公室、资料室、执勤室、战备器材库），按编制购置配齐相关装备器材，其中双凤镇、娄东街道、陆渡街道腾出独立院所用于武装部办公场地，提升阵地建设规范化水平。年内，调整专武部部长，优化基层武装部长年龄结构；专题开展民兵营长队伍建设调查，在各镇（区、街道）支持下，规范部分村（社区）民兵营长配备工作，开辟退役军人招聘绿色通道，拓宽遴选范围。选送专武干部参加省军区、军分区组织的任职资格训练考核，组织全体专武干部述职述廉，综合考评年度履职情况，促进专武干部履职能力整体提升。

【练兵备战】 2021年，太仓市人武部坚持聚焦备战打赢目标和战斗力标准，先后组织各类民兵分队参加集中轮训，组织全体专武干部和应急连进行综合演练和实弹射击考核。应急分队参加军分区比武，成绩优良。

【国防动员】 2021年，太仓市优化民兵整组，采取统一部署、分级实施、统一标准、集中会审的办法，完成年度民兵编组任务并通过检查验收。开展征兵宣传和国防教育，加大征兵进高校和征兵进企业宣传力度，营造热爱国防、参军报国的浓厚氛围。全年完成新兵征集任务，兵员征集数质量稳中有升，未出现非廉洁征兵问题。提高国防动员效能，适应国防动员体制机制改革要求，围绕援战职能和精准要求，制定本级国防动员总体方案，指导完成各分支动员方案拟制工作。组织开展国防动员潜力调查，经济、科技、交通等条线潜力数据翔实、规范。落实上级专项任务，撰写提交潜力运用认证报告。

（刘培艺）

武　警

【概况】 武警苏州支队执勤二大队太仓中队（简称武警太仓中队）隶属中国人民武装警察部队江苏省总队，主要负责太仓市看守所外围武装警戒，担负处置突发事件、抢险救援等临时性任务。2021年，武警太仓中队坚持把军事训练作为和平时期提高部队战斗力根本途径，按照科学组训提高官兵军事训练素质和应急处置能力，开展应急综合训练，提升反恐处突和遂行多样化任务能力。

【执勤训练】 2021年，武警太仓中队注重战术研判，开展反恐处突演练，完善武器装备，不定期开展以万达广场、汽车客运站等重点区域为中心的城市武装巡逻任务，确保社会安宁、人民安居乐业。夏季汛期，武警太仓中队立足“防大汛、抗大洪、抢大险、救大灾”要求，完善抢险救援物资器材，模拟开展防汛抗洪演练。年内，武警太仓中队响应强军号召，探索新时代训练方法，打牢官兵基础体能素质。在太仓市科教新城实验小学开设国防教育课，促进小学生们了解军营文化。

（孙广振）

边防检查

【概况】 2021年，太仓出入境边防检查站围绕建党百年安保和长江南岸防范重大风险“两条主线”，聚力打造维护国家政治安全重要屏障、经济社会发展重要窗口、新冠肺炎疫情防控重要方面军“三大支柱”，捍卫国家政治安全和政权安全，提升口岸管控效能。全年共检查出入境（港）船舶6000余艘、员工11万余人次，服务夜航船舶700余艘。

【边检服务】 2021年，太仓出入境边防检查站对标长三角一体化发展战略，立足服务对外开放，深化“我为群众办实事”实践活动，护航长三角一体化发展。助力港口型国家物流枢纽建设，强化警力配置，精简机关充实基层，配齐配强一线执勤警力，打造“预警核查、快速服务、执法办案”特色执勤队。优化行政许可，结合太仓港27条近洋航线特点，简化审批材料，推行“网上办、指尖办、预约办、现场办、电

2021年11月11日，太仓出入境边防检查站开展口岸应急处突演练

（邵志佳摄）

话办”便民举措，创新一体化验放通关模式，落实国际船舶出入境手续一次告知、一次办结。持续优化“放管服”举措，深化便企利民措施，融入沪太同港化战略，落实促进服务航运企业发展十六项新举措、长三角航运枢纽建设十项新举措以及“便企利民”八项措施，推进“单一窗口”“港口系统”应用。靠前服务对外开放，召开服务政策宣介会、寻计问需座谈会，主动服务保障协鑫电厂码头2号泊位省级对外开放验收和四期码头开放工作。开展“深化边检服务、促进企业发展”大走访，了解服务对象、辖区企业困难，为口岸企业开工复工提供精准高效服务，解决服务对象的操心事、烦心事。

（顾　俊）

海　警

【概况】 2021年，苏州海警局把握稳中求进总基调，立足严防新冠肺炎疫情海上输入目标，加强海上巡逻管控，全年累计航时5000余小时，航程近2万海里，登临检查船舶300余艘次。年内，撰写沿海基础信息调研报告，推动信息采集工作制度化、常态化、规范化；开展执法调研3次，建立完善执法基础信息数据库；与苏州市签署《苏州市公安局、苏州海警局执法协作办法》。走访党政机关和企事业单位，打开与地方单位协作新局面。贯彻实行“以老带新、交流办案、全员参与”办案模式，以警情引导警力，利用实战教学提升海上执法办案队业务水平。

【海上管控】 2021年，苏州海警局集中开展“净边2021”“碧海2021”“亮剑2021”等专项行动，落实网格化巡逻管控制度，完成太仓“两会”“七一”和第四届中国国际进口博览会等安保任务。办理刑事案件7起，查扣涉案船舶12艘，采取强制措施107人，查获不明来源海砂9.3万吨、煤炭4600余吨。10月，办理“长江大保护”工作首起系列非法捕捞案件，保护长江生态环境。办结“5·7”走私国家禁止进出口货物案，涉案资金超亿元。联合苏州市公安局侦办特大涉砂类案件“1·18”非法采矿案，涉案船只20余艘，涉案人员100余人。

【规范执法】 2021年，苏州海警局全部录入执法专网案件卷宗21起，实现所有办案流程经系统流转，保证执法程序依法依规。年内，结合办案进度动态召开通案会，实时报告案件进程、分析侦办难点、讨论解决疑难。全年研究制作执法案件示范卷5份，提升办案质量。

（唐　怡）

人民防空

【人防工程建设管理】 2021年，太仓市落实人防工程“应建必建”、人防易地建设费“应缴必缴”要求，推进结建人防工程中长期规划落实。全年发放人防工程平时使用证15张。筑牢全市“地下长城”，对全市在建续建及竣工人防工程项目实行全过程跟踪，监管人防工程底板、墙板及顶板等关键环节施工质量。执行《江苏省人民防空工程维护管理实施细则》相关要求，确保工程战备功能完好。

【人防指挥通信体系建设】 2021年，太仓市新增防空警报器4台，淘汰报废警报器2台，防空警报器累计50台，实现太仓城区、乡镇警报设置全覆盖。完成省人防信息平台警报App管理线上、线下全覆盖和全市人防警报志愿者实操培训全覆盖，实施警报志愿者人身意外保险制度全覆盖。“9·18”防空警报鸣响率100%。完成2021年度人防专业队整组任务，整组抢险抢修、医疗救护、交通运输、消防、治安、通信、防化、信息防护、心理防护、伪装设障等专业队10支，新增燃气抢修抢险人员20人，总计397人。制定《太仓市人民防空方案》，健全防空组织指挥体系，修编基本方案1个、行动方案9个、保障方案10个，细化战时人口疏散接收安置方案。

【人防宣传教育】 2021年，太仓市通过巩固老阵地、开辟新阵地，深化人防宣传“五进”（进机关、进学校、进社区、进企业、进网络）工作。以科普教育馆、村镇、社区等为主要阵地，全年开展系列科普宣传活动8次，提升广大市民文明素养，宣传人防法律法规和防空防灾知识。在做好新冠肺炎疫情防护前提下，民防科普教育馆全年累计接待9628人次，接待团队18批次、640人次。做好人防知识进学校工作，落实全市58所中小学1.5万册《人防知识》教材统一采购和发放工作，在太仓市高新区第三小学和太仓市第二中学开展多媒体教学活动，做到全市中小学校开课年级受训学生全覆盖。指导太仓市浮桥中学、太仓市科教新城实验小学建设校园人防宣教馆2处，签订人防合作共建协议书2份。年内，太仓市浮桥中学获评江苏省人防知识示范学校。

（许俊安）

2021年7月21日，“苏锡常”人防机动指挥通信系统跨区域联训在太仓电站村举行

（杨　希摄）

地方组织机构

中共太仓市委

综　述

【概况】 2021年，中共太仓市委贯彻落实上级各项决策部署，围绕“现代田园城、幸福金太仓”目标定位，抢抓长三角一体化发展等战略机遇，强化项目引建，提升产业质效，增强创新驱动，统筹新冠肺炎疫情防控和经济社会发展。年内，太仓市位列中国县级市基本现代化指数第五位，中国县域高质量发展百强第六位，连续六年位列中国最具幸福感城市县级市首位；获国务院“开展农村人居环境整治成效明显的地方”督查激励。

【项目引建提速】 2021年，太仓市开工市级以上重点项目172个，竣工投产项目61个。完成全社会固定资产投资501.54亿元，较上年增长7%，其中工业投资173.02亿元，较上年增长7.9%。引进夸特纳斯、乐琻半导体、莱茵检测等项目347个，总投资1879亿元。高端装备、先进材料、生物医药产业实现规模以上产值2229.07亿元，较上年增长19.2%，现代物贸产业规模1300亿元。大飞机苏州（太仓）航空产业园揭牌，引进吉太航空、天航长鹰等项目75个。完成“智改数转”项目771个，入选工信部“新两化融合”项目数位居全省第一，新增省星级上云企业141家、省专精特新小巨人企业12家。净增高新技术企业224家，获批省级以上研发机构35家。万人发明专利拥有量71.99件，位列中国县域知识产权竞争力第六位。新增苏州市级以上各类“人才计划”65人。持续打造全链条创新创业生态体系，做优“太舒心”营商服务品牌，实施“人才强市”战略，11月入选第4批省级双创示范基地，12月入选首批省创新型示范县建设名单。

【改革开放深化】 2021年，太仓市推进国资国企改革，优化调整组织架构等，启动国资“翻一番”计划，推动国资国企做大做强，发挥国资国企服务大局作用。太仓市文化旅游发展集团有限公司（文旅集团）成立，注册资本20亿元。新增省级跨国公司地区总部和功能性机构2家。全市完成注册外资及港澳台资24.07亿美元，实际使用外资及港澳台资9.39亿美元，分别较上年增长23.7%、15.2%。实现进出口总额170.87亿美元，较上年增长28.4%。举办“虹桥北·北虹桥”上海推介会等活动，引进上海项目259个，总投资229.79亿元，较上年增长124.3%。对德合作入选第三轮中欧区域政策合作中方案例，全国首个AHK学院落户太仓，德国中小企业（太仓）孵化中心在上海开业，在太仓的德企总数413家。引进威露士、中外运等产业项目，太仓港集装箱四期码头投用，疏港铁路专用线开通，太仓港集装箱吞吐量突破700万标箱。

【营商环境优化】 2021年，太仓市抢抓“沪苏同城”时代机遇，锁定“全国一流”目标追求，创新实施优化营商环境“E.S.T”［E代表“5E”，S代表Service（服务），T代表太仓，即“最高级的‘5E’服务在太仓”，营造办事最便捷（Easy）、服务最高效（Efficient）、市场最公平（Equal）、治理最电子化（Electronic）、投资最具活力（Energetic）的营商环境］行动，持续擦亮“5E·太舒心”品牌，制订“E.S.T”行动实施方案，明确具体措施32项及其责任单位。对照世界银行营商环境评价指标，项目化推进优化营商环境举措落地生效，提升“5E·太舒心”服务品牌影响力和竞争力。持续深化土地出让“双信三即”（“双信”即“政企互信+政企守信”，“三即”即“成交即发证、交地即开工、竣工即登记”三个“即日办”）模式、工程建设项目审批“全链改革”，重点项目平均审批时间7.5天。新增法人企业数9815户，较上年增长51.86%。累计兑现税收优惠144.3亿元。做优做亮“BEGI·N”金融沙龙服务品牌（B代表银行，E代表企业，G代表政府，I代表投资方，N代表其他主体），帮助2800多家企业获得授信125亿元。运作产业引导基金及其子基金，新增子基金6个。拓展“沪太一网通办”事项，实现26项涉企事项“跨省即办”。强化人才安居保障，累计建成各类人才公寓超1万套。推进国土空间全域整治，完成拆旧复垦416.73公顷，清零地块72块，腾退土地309.73公顷。开展木材行业专项整治“百日行动”，整治非法木材加工集聚点，改善环境面貌和消除安全隐患。年内，太仓市获评全省“资源节约集约利用综合评价成绩优异的地方”，获省政府新增建设用地计划指标奖励16.67公顷。

【城乡统筹建设加速】 2021年，太仓市国土空间总体规划形成中期成果。娄江新城科教创新区形态初显，西北工业大学太仓校区一期竣工，西交利物浦大学太仓校区主体结构封顶，智汇谷科技创新园加快建设。复星复游城项目加速推进，罗腾堡德风街整体结构封顶。嘉闵太线太仓站开工建设，太仓大道西段、太浏快速路东延段建成通车。太仓大道地下综合管廊启动。完成市民公园周边、新浏河风光带等区域景观亮化工程，建成开放口袋公园4个。生活垃圾分类实现片区全覆盖。乡村振兴战略深入实施，新建高标准农田1933.33公顷，主要粮食作物耕种收综合机械化率98%。新增特色康居乡村46个，推进香塘村、七十二家村等农文旅项目，推进“万企联万村·共走振兴路”行动，实施村企联建项目21个，村均集体可支配收入1080万元。12月，太仓市获评“四好农村路”全国示范县。

【生态环境改善】 2021年，太仓市持续抓好长江大保护，落实“十年禁渔”任务，常态化开展长江禁捕联合执法，全方位打击破坏长江生态环境的违法行为，守牢长江生态环境底线，构建长江保护屏障。深化河长制改革，建立健全河湖日常监管常态巡查机制。市委、市政府签发2021年第1号“总河长令”，重点针对消除劣五类水体专项攻坚行动发出动员令，确保太仓市全面“除黑、消劣、争优”三步走，加快河湖生态环境修复，推进生态美丽河湖建设，实现河畅、水清、岸洁、景美目标，打造人民身边的幸福河湖。年内，国考省考断面和主要入江支流水质优Ⅲ比例均为100%，全市建成生态美丽河湖92条。$PM_{2.5}$年均浓度25.9微克/立方米，空气优良比率87.7%，均位居苏州第一、全省前列。全市建成区绿地率和绿化覆盖率分别是39%和42%。新建污水管网79.9千米，建成污水处理提质增效达标区46个，消除劣五类水体58条。城区污水处理厂主体工程完工，建筑垃圾资源化利用项目建成试运行。

【民生福祉增进】 2021年，太仓市居民人均可支配收入较上年增长9.25%，城乡居民收入比为1.85∶1。城镇新增就业人数1.18万人。异地就医直接结算由住院扩展至门诊。太仓市实验小学高新区校区等11个新改扩建学校项目建成投用，新增学位9135个，获评省级社区教育示范区。瑞金医院太仓分院推进建设，市公共卫生中心建成投用，完成提档升级基层医疗卫生机构4家。日间照料中心城乡覆盖率位列中国康养百佳县市榜首。太仓市美术馆新馆基本建成。城市更新工作加快推进，古松弄、胜利村、原城三小地块更新启动，完成改造老旧小区25个，梅园新村改造项目被列入住建部试点。

【社会治理效能提升】 2021年，太仓市做好新冠肺炎疫情常态化防控，与港口联防联控，严格落实人物环境同防、全流程闭环管理、专班管理等措施，持续提升核酸检测、集中隔离、应急处置等能力。全市累计接种新冠疫苗184万剂次，全年未发生本土新冠肺炎病例。社会治理现代化水平持续提升，“能动善治”社会治理项目获省基层社会治理创新成果奖，网格化服务管理水平全省领先。法治建设群众满意度位列全省首位。全市信访形势总体平稳，信访矛盾化解率、群众满意率等指标位居苏州前列。推进重大消防安全风险防范化解，构建全灾种大消防应急救援体系，生产安全事故起数和死亡人数实现“双下降”。3月，太仓市获评江苏省食品安全示范县（市、区）。

【党建引领加强】 2021年，太仓市开展中共十九届六中全会精神宣传宣讲，组织开展党史学习教育，引导广大党员坚决拥护“两个确立”，坚定做到“两个维护”。“两在两同”（同人民想在一起、干在一起，风雨同舟、同甘共苦）建新功行动、“我为群众办实事”实践活动取得实效。太仓市连续三年获评省基层党员冬训工作示范市。全面落实意识形态工作责任制，网络综合治理中心项目入选省级试点。镇党委、村（社区）“两委”完成换届工作，提拔“85后”科职干部26人，其中“90后”科职干部4人。开展“奋进百年·海棠花红”系列活动，推进党群服务中心规范化建设，构筑覆盖全市的“海棠花红”先锋阵地群。太仓市联合上海市宝山区、嘉定区、奉贤区启动“沪太同城·党建先行”工程，发布市级重点项目25个。持之以恒治“四风”（形式主义、官僚主义、享乐主义和奢靡之风）、树新风，坚持巩固拓展作风建设成果，始终坚持执政为民，做密切联系群众的表率。完成对村（社区）巡察全覆盖，启动十四届市委首轮巡察。坚持党委总揽全局、协调各方，支持市人大及其常委会和市政协履职尽责，统一战线、人民武装、双拥、群团等工作取得新成效。

（马　帅）

【调查研究】 2021年，中共太仓市委以“深入研究影响和制约科学发展的突出问题，深入研究人民群众反映强烈的热点难点问题，深入研究党的建设面临的重大理论和实际问题，深入研究事关改革发展稳定大局的重点问题，深入研究当今世界政治经济等领域的重大问题”为指导，聚焦对党的全局工作具有指导意义的新矛盾、新情况、新问题，着眼工作中的重点难点焦点，组织开展调查研究，提高科学决策水平，解决群众实际难题。太仓市委研究室坚持群众路线，了解民情、掌握实情、实地调研，坚持决策调研论证制度，坚持实事求是工作方法，准确把握问题的本质和规律，研究透彻解决问题的思路和对策。年内，组织开展2021年度市领导、镇（区、街道）领导和市级机关（部门）重点调研，形成并汇编重点调研报告101篇，部分调研成果直接转化为市委、市政府政策措施。紧扣市委决策部署，动员相关职能部门围绕经济社会重大问题、热点难点问题开展调查研究，调研成果在《调研参考》上刊发，为市委、市政府决策提供参考，全年共刊发《调研参考》10期。

（蔡卫军）

重要会议

【中共太仓市第十四次代表大会】 2021年7月26—28日召开，会议应到代表300人，实到代表294人。会议通过大会"选举办法"，选举产生中共太仓市第十四届委员会委员、候补委员，中共太仓市第十四届纪律检查委员会委员和出席中共苏州市第十三次代表大会代表。会议通过《中国共产党太仓市第十四次代表大会关于十三届市委报告的决议》和《中国共产党太仓市第十四次代表大会关于市纪律检查委员会工作报告的决议》。汪香元代表十三届市委作《奋力拼出"太仓速度"、勇担使命跨越发展，激情谱写社会主义现代化建设太仓精彩篇章》报告。

大会肯定十三届市委的主要成就，指出太仓向后五年要高举习近平新时代中国特色社会主义思想伟大旗帜，贯彻习近平总书记"七一"重要讲话精神，落实习近平总书记对江苏工作重要讲话指示要求，着眼"争当表率、争做示范、走在前列"，坚持稳中求进工作总基调，以推动高质量发展为主题，围绕"现代田园城、幸福金太仓"目标定位，紧扣"两个高于"工作导向，传承弘扬苏州"三大法宝"，奋力拼出"太仓速度"，继续做好融入上海、对德合作、以港强市"三篇文章"，统筹抓好经济社会发展各项工作，提升党的建设质量和水平，把"上海下一站"的区位优势转化为"下一站上海"的奋斗追求，加快打造虹桥国际开放枢纽北翼发展极，谱写社会主义现代化建设太仓精彩篇章。

大会明确，向后五年全市发展的具体目标是产业体系更趋完善、改革开放纵深推进、城市能级加速跃升、生态环境更加优良、民生福祉不断增进、党的建设持续加强。一是集中力量做好"三篇文章"，打造沪苏同城"桥头堡"、对德合作"示范区"、以港强市"升级版"，加快构筑区域发展新优势；二是坚定不移推进创新转型，筑牢项目建设硬支撑、构建产业集聚强磁场、提升创新发展驱动力、推动文化产业大发展，激发经济发展新动能；三是对标一流优化营商环境，提供高效智能的政务服务、营造最具活力的市场环境、强化精准优质的要素保障，打造投资兴业新高地；四是更大力度提升功能品质，提高规划建设水平、狠抓城市精细管理、深化城乡融合发展，持续彰显田园城市新魅力；五是系统深入抓好生态建设，强化污染防治攻坚、狠抓生态保护修复、推进绿色低碳发展，绘就全域全景新画卷；六是用心用力增进民生福祉，提高富民保障水平、优化公共服务供给、提升社会治理能力，丰富提升幸福太仓新内涵。

【中共太仓市第十四届委员会第二次全体会议】 2021年12月30日召开，市委常委会主持，出席会议的市委委员26人、候补委员4人。全会听取并审议通过汪香元代表市委常委会作的《稳中求进、勇攀新高，在现代化建设新征程上扛起光荣使命》报告，审议通过《中国共产党太仓市第十四届委员会第二次全体会议决议》。

全会肯定2021年全市经济社会发展取得的成绩，指出2022年是中共二十大召开之年，做好各项工作具有特殊重要意义，要重点抓好六个方面：一是更大力度做深"三篇文章"，全方位加快融入上海，全领域拓展对德合作，全维度深化以港强市，全面放大区域特色优势；二是更快节奏抓好转型升级，掀起项目引建热潮，强化创新引领作用，加速产业升级步伐，增强民营经济活力，全力构筑产业创新集群；三是更深层次推进改革开放，推动重点领域改革向纵深发展，推动开放型经济水平向更高攀升，推动营商环境向最优迈进，释放发展动力活力；四是更高标准优化功能品质，提升规划建设水平，强化城市精细管理，加快乡村振兴步伐，提升城乡融合水平；五是更严要求加快生态建设，打好污染防治攻坚战，塑优生态环境高颜值，彰显绿色发展新成效，做优做亮城市鲜明底色；六是更富成效抓好民生事业，全面提升富民增收成效，不断优化公共服务供给，持续加强社会治理创新，坚决守牢安全发展底线，持续提升幸福太仓内涵。

【中共太仓市第十三届委员会常委会会议】 2021年，中共太仓市十三届常委会共召开常委会会议19次。

第104次常委会。1月5日召开，讨论有关人事安排。

第105次常委会。1月7日召开，学习贯彻中共中央总书记习近平在中央政治局民主生活会上的重要讲话精神。听取《政府工作报告》起草情况汇报、《太仓市国民经济和社会发展第十四个五年规划纲要》起草情况汇报、2020年度市人民武装工作情况汇报、太仓市2020年预算执行情况与2021年预算草案汇报。

第106次常委会。1月24日召开，学习贯彻中共中央总书记习近平在省部级主要领导干部学习贯彻十九届五中全会精神专题研讨班开班式上的重要讲话精神。讨论有关人事安排。

第107次常委会。2月2日召开，学习贯彻中共中央总书记习近平在十九届中央纪委五次全会上的重要讲话精神。听取关于十三届省纪委六次全会精神和十三届市纪委六次全会报告起草情况的汇报。

第108次常委会。2月7日召开，学习贯彻中共中央总书记习近平在中央政治局会议上的重要讲话精神。讨论《关于进一步加强统计基层基础工作的意见》《太仓市党政机关办公用房管理办法》《太仓市党政机关公务用车管理办法》。传达学习国家、省、苏州市宣传部长会议精神。听取2020年度太仓市改革创新"特别奖"项目评选情况汇报、2020年度镇（区、街道）和市级机关单位综合考核情况汇报、2020年巡察工作情况和2021年巡察工作计划汇报。讨论2020年度市级机关作风效能建设先进建议名单、太仓市2020年度"担当作为好干部"建议人选名单。

第109次常委会。3月1日召开，

学习贯彻中共中央总书记习近平在党史学习教育动员大会上的讲话精神。听取市人大常委会、市政府、市政协、市法院、市检察院党组2020年工作情况汇报，书面审议《中共太仓市委常委会2021年工作要点》。听取市关工委2020年工作情况和2021年工作安排汇报，听取关于2021年江苏省劳动模范推荐评选情况汇报、市人大常委会2021年度工作要点汇报、市政协2021年度工作要点和协商工作计划汇报。

第110次常委会。3月18日召开。学习贯彻中共中央总书记习近平在全国两会期间有关重要讲话精神和全国两会精神。听取关于庆祝中国共产党成立100周年活动安排相关事项的汇报。讨论《关于开展作风效能建设“开启新征程、担当新使命”主题活动的实施意见》。专题研究全市政法队伍教育整顿工作。专题学习中央办公厅《关于加强巡视巡察上下联动的意见》，传达省委第十一轮巡视动员部署会精神、苏州市委第十一轮巡察工作动员部署会精神，研究太仓市贯彻落实意见。

第111次常委会。3月25日召开，学习贯彻中共中央总书记习近平在中央财经委员会第九次会议上的重要讲话精神。传达学习全国、全省文明办主任会议、苏州市文明委全体会议精神，听取太仓市新一轮深化文明城市建设三年行动计划汇报。书面审议《中共太仓市委关于开展党史学习教育的实施方案》，听取太仓市党史学习教育开展情况汇报。传达学习省、苏州市关于换届工作有关政策及听取太仓市镇换届工作汇报。审议2020年度市管干部年度考核结果。书面传达学习全国、省、苏州市统战部长会议精神。

第112次常委会。3月27日召开，讨论有关人事安排。

第113次常委会。4月11日召开，学习贯彻中共中央总书记习近平在福建考察时的重要讲话精神和国务院总理李克强在江苏考察时的讲话精神。听取关于《关于进一步深化安全生产三年专项整治工作的意见》《2021年度镇（区）党（工）委、人民政府（管委会）、安委会成员单位履行安全生产工作责任考核评价指标》起草情况的汇报。讨论有关人事安排。

第114次常委会。4月23日召开，讨论《2021年太仓市生活垃圾分类工作行动方案》。专题研究全市政法队伍教育整顿工作。讨论《关于实施“沪太同城·党建先行”工程的意见》。讨论有关人事安排

第115次常委会。5月7日召开，学习贯彻中共中央总书记习近平在清华大学考察时的重要讲话精神。讨论《2021年度市委领导班子落实意识形态工作责任制主要职责任务》《2021年度市委领导班子成员意识形态工作责任清单》《2021年度全市意识形态工作重点任务清单》。听取关于市委换届工作计划安排的汇报。

第116次常委会。5月25日召开，学习贯彻中共中央总书记习近平在河南南阳考察调研时的重要讲话精神。听取关于《太仓市关于防范和管控非法宗教活动的行动方案》起草情况的汇报，关于全市党史学习教育开展情况和“我为群众办实事”重点项目、巡回指导工作安排建议的汇报。传达学习全国巡视工作会议暨十九届中央七轮巡视动员部署会精神。讨论镇党委换届人事安排。讨论换届考察会议推荐参考人选建议名单。

第117次常委会。6月17日召开，学习贯彻中共中央总书记习近平系列重要讲话和指示批示精神。专题研究全面依法治市工作，书面传达中央全面依法治国工作会议和省委全面依法治省工作会议、苏州市委常委会专题研究全面依法治市工作精神，听取关于全面依法治市工作及《2021年太仓市委全面依法治市工作要点》《关于建立法治建设履职情况述职制度的实施办法》《关于建立法治建设人民群众满意度末位约谈制度的实施意见》《关于2019—2020年法治太仓建设先进集体和先进个人的通报》起草情况的汇报。研究太仓市加强未成年人思想道德建设相关工作。学习贯彻《新时代爱国主义教育实施纲要》《新时代公民道德建设实施纲要》，研究太仓市贯彻落实“两个纲要”工作计划。听取关于《关于贯彻落实〈苏州市推进数字经济和数字化发展三年行动计划（2021—2023年）〉的实施方案》起草情况的汇报。讨论太仓市优秀共产党员、优秀党务工作者和先进基层党组织建议名单。讨论有关人事安排。

第118次常委会。6月23日召开，讨论有关人事安排。

第119次常委会。7月12日召开，学习贯彻中共中央总书记习近平系列重要讲话和指示批示精神，包括习近平在庆祝中国共产党成立100周年大会上的重要讲话精神、习近平在“七一勋章”颁授仪式上的重要讲话精神、习近平在中央政治局第三十一次集体学习时的重要讲话精神等。听取关于《太仓市工业企业资源集约利用综合评价实施细则（2021年修订）》起草情况汇报、《太仓市市属国企高级经营管理人才招聘工作方案》起草情况汇报。审议新一届市委委员、候补委员、纪委委员初步人选安排原则。听取关于太仓市出席中共苏州市第十三次代表大会代表候选人预备人选有关情况汇报。通报市委换届人事安排、讨论市纪委换届人事安排。

第120次常委会。7月16日召开，讨论决定新一届市委委员、候补委员和纪委委员候选人预备人选。

第121次常委会。7月20日召开，学习贯彻中共中央总书记习近平系列重要讲话和指示批示精神，包括习近平在中国共产党与世界政党领导人峰会上的重要讲话、习近平在中央全面深化改革委员会第二十次会议上的重要讲话精神。听取关于市第十四次党代会筹备工作情况的汇报。讨论十三届市委报告（审议稿）、纪委工作报告（审议稿）。听取关于市第十四次党代会组织领导机构建议名单的汇报。讨论市第十四次党代会选举办法（草案）、市十四届委员会第一次全体会议选举办法（草案）、市十四届纪委第一次全体会议选举办法（草案）。讨论《关于全市党费收缴、使用和管理情况的报告》。

第122次常委会。7月22日召开，传达省委常委会暨省委应对疫情工作领导小组会议。省疫情防控工作领导小组暨涉外联防联控指挥部紧急电视

电话会议及苏州市委常委会会议相关精神。听取太仓市新冠肺炎疫情防控工作汇报。

【中共太仓市第十四届委员会常委会会议】 2021年，中共太仓市十四届常委会共召开常委会会议16次。

第1次常委会。8月2日召开，学习贯彻中共中央总书记习近平系列重要讲话和指示批示精神、中共苏州市委十二届十三次全会精神，传达学习《中共中央关于加强对“一把手”和领导班子监督的意见》主要精神。专题研究党建和全面从严治党工作。听取关于《2021年度党的建设考核及高质量发展考核方案》起草情况汇报、关于《太仓市推进长三角一体化发展、融入虹桥国际开放枢纽建设2021年工作要点》起草情况汇报、关于《太仓市国企改革三年行动实施方案（2020—2022年）》《关于推动太仓市国资国企改革的若干意见》起草情况汇报。听取关于十四届市委首轮巡察工作建议方案及下半年巡察重点工作打算的汇报。讨论有关人事安排。

第2次常委会。8月18日召开，讨论有关人事安排。

第3次常委会。8月18日召开，学习贯彻中共中央总书记习近平对当前新冠肺炎疫情防控工作的重要批示精神，传达上级疫情防控工作相关会议精神。学习贯彻习近平总书记系列重要讲话和指示批示精神。听取关于《“苏州制造”品牌建设太仓三年行动计划》起草情况的汇报。讨论有关人事安排。

第4次常委会。8月25日召开，专题研究安全生产工作，听取关于既有建筑安全管理工作情况汇报、关于危化品安全管理工作情况汇报、关于特种设备安全监管工作情况汇报、关于全市深化安全生产专项整治“一年小灶”回头看工作发言、关于化工园区安全管理工作发言。

第5次常委会。9月16日召开，学习贯彻中共中央总书记习近平系列重要讲话和指示批示精神。学习贯彻省委十三届十次全会和省委书记娄勤俭在苏州调研时的讲话精神。听取关于太仓市核酸检测预约登记演练和能力建设情况的汇报。听取关于全市坚决遏制“两高”项目盲目发展、强化能耗双控工作情况的汇报。书面审议《太仓市2021年度东西部协作及对口支援工作要点》。传达学习中央巡视办和苏州市委关于巡视巡察上下联动试点工作有关会议精神。听取关于做好全市市镇两级人民代表大会换届选举工作意见的汇报、关于推动“有事好商量”协商议事工作常态长效的情况汇报、关于《在全市党员干部中开展“两在两同”建新功行动实施方案》起草情况的汇报。听取关于民革太仓市委、民建太仓市委新一届领导班子候选人建议方案的汇报。

第6次常委会。9月29日召开，学习贯彻中共中央总书记习近平在陕西榆林考察时的重要讲话精神、苏州市第十三次党代会精神。听取关于国资国企改革系列文件起草情况的汇报、关于《解除恒大框架协议的法律分析实施意见》起草情况的汇报。

第7次常委会。10月12日召开，学习贯彻中共中央总书记习近平在中央政治局第三十三次集体学习时的重要讲话精神。讨论有关人事安排。

第8次常委会。10月21日召开，讨论有关人事安排。

第9次常委会。10月28日召开，学习贯彻中共中央总书记习近平系列重要讲话和指示批示精神。听取关于开展深化全国文明城市建设实地模拟测评情况的通报、关于新冠肺炎疫情防控工作情况的汇报、关于全市安全生产工作情况的汇报、关于《太仓市既有建筑安全隐患大排查大整治专项实施方案》起草情况的汇报、关于《太仓市生态环境保护责任清单》起草情况的汇报、《关于在全市公民中开展法治宣传教育的第八个五年规划（2021—2025年）》起草情况的汇报、关于文化交流中心项目相关情况的汇报、关于娄东宾馆改扩建项目相关情况的汇报。传达学习中央巡视办主任王鸿津到苏州调研讲话精神和全国新任职县级巡察办主任提级培训班精神。听取有关案件处理意见的汇报、《关于政协太仓市第十五届委员会人事安排的意见》起草情况的汇报、关于太仓市工商联新一届领导班子候选人建议方案的汇报。

第10次常委会。11月11日召开，讨论有关人事安排。

第11次常委会。11月15日召开，学习贯彻中共十九届六中全会精神。学习贯彻中共中央总书记习近平系列重要讲话和指示批示精神。听取关于《太仓市“十四五”工业发展规划》起草情况的汇报、关于《法治太仓建设规划（2021—2025年）》起草情况的汇报、关于全市社会治理现代化和平安太仓建设工作情况的汇报、有关案件处理意见的汇报。讨论有关人事安排。

第12次常委会。11月29日召开，学习贯彻中共中央总书记习近平系列重要讲话和指示批示精神、省第十四次党代会精神。听取关于《市委常委会成员、市政府领导班子成员2021年安全生产重点工作清单》起草情况的汇报。学习贯彻全国加强换届风气监督工作电视电话会议和省、苏州市相关会议精神。讨论市人大代表候选人初步建议人选名单。讨论有关人事安排。

第13次常委会。12月10日召开，学习贯彻中共中央总书记习近平系列重要讲话和指示批示精神、近期苏州市委相关会议精神。听取关于召开市十七届人大一次会议相关情况的汇报、关于召开市政协十五届一次全会相关情况的汇报。书面审议《关于市政协党组工作情况和解决“两个薄弱”问题的汇报》。讨论苏州市人大代表候选人初步人选建议名单。

第14次常委会。12月13日召开，讨论有关人事安排。

第15次常委会。12月20日召开，学习贯彻中共中央总书记习近平系列重要讲话和指示批示精神。传达《关于广州市大规模迁移砍伐城市树木有关问题的通报》有关情况。听取《关于全面推行林长制的工作方案》起草情况汇报、《太仓市卫生人才计划实施细则》起草情况汇报。传达省、苏州市意识形态领域情况通报精神，听取太仓市意识形态领域情况的汇报，《2021年度太仓市年终综合考核工作方案》起草情况汇报，古松弄、胜利村、原城三小地块城市更新工作情况汇报和有关案件处理意见的汇报。听取政协太仓市第十五届委员会委员、常务委员建议名单和政协苏州市第十五届委员会委员太仓拟推荐人选名单的汇报。通报市人大政府政协换届人事安排。

第16次常委会。12月27日召开，学习贯彻中共中央总书记习近平系列重要讲话和指示批示精神。传达贯彻省委经济工作会议精神。听取贯彻苏州市域社会治理现代化工作决策部署和“防风险、守底线”工作情况汇报、2022年民生实事候选项目安排情况汇报、市委十四届二次全会报告起草情况及会议方案汇报、《政府工作报告》起草情况汇报。书面审议《关于太仓市2021年国民经济和社会发展计划执行情况与2022年国民经济和社会发展计划草案的报告》。听取太仓市2021年预算执行情况与2022年预算草案汇报、有关干部人事安排的汇报。

（汪倩倩）

巡 察

【概况】 2021年，太仓市学习贯彻中共中央总书记习近平关于巡视工作重要论述，贯彻落实中央和省委、苏州市委、太仓市委关于巡视巡察工作最新部署要求，推动巡察工作高质量发展，为营造风清气正政治生态提供坚强保障。太仓市精准落实政治巡察要求，在推进常规巡察基础上，在全省率先出台《对村（社区）巡察整改指引》，建立“村情民意调查大数据平台”“巡察‘码’上受理信访平台”、巡察机构和监察员办公室协作配合机制，创新方式方法，灵活运用专项巡察、机动巡察、巡察“回头看”和对村（社区）巡察等，完成一届党委任期内巡察全覆盖任务。年内，太仓市作为全国唯一一个县级市在全国新任职县级巡察办主任提级培训班上授课，交流分享太仓巡察工作经验和特色做法。

【巡察组织领导】 2021年，太仓市总结十三届市委巡察工作经验和特色成效，筹谋“十四五”期间巡察工作规划。8月31日，市委召开全市巡察工作会议暨十四届市委首轮巡察动员部署会议，市委书记、市委巡察工作领导小组组长汪香元出席会议并作动员讲话。市委把巡察工作作为履行全面从严治党主体责任的重要抓手，写入市委全会报告，列入市委每月重点工作安排，召开市委常委会会议5次、书记专题会3次、市委巡察工作领导小组会议8次，学习传达中央和省委、苏州市委关于巡视巡察工作最新部署及上下联动试点工作会议精神，研究部署巡察工作。市委书记履行“第一责任人”责任，多次主持召开会议听取巡察情况汇报，传达有关会议精神，对巡察工作作出批示指示，集中约谈市级机关2次、国有企业和村（社区）党组织“一把手”书记65人，压实责任推动整改。

2021年10月20日，太仓市在全国新任职县级巡察办主任提级培训班上授课交流太仓巡察工作经验 （市委巡察办供稿）

【巡视巡察上下联动】 2021年10—11月，太仓市配合苏州市委开展巡察工作指导督导和开发区高质量发展专项巡察，协同推进省市涉粮问题联动巡察。探索推进上下联动试点工作，承接试点任务，选派干部参加省市联动巡视巡察，组建联动巡察组，同步对太仓高新区所辖陆渡街道党工委和20个村（社区）党组织开展联动巡察，加强市县协同配合，探索建立联动机制，形成深化对开发区联动巡察举措16条。与苏州市委巡察指导督导组协同推进个别访谈、实地走访、下沉调研、现场指导、问卷调查等工作，组织开展专题培训辅导4次，建立完善工作制度16项，提升巡察工作规范化、制度化水平。协助省市开展涉粮问题专项巡视巡察，指导督促涉粮职能部门和单位履行支持配合职责，推动涉粮问题立行立改、快查快处。发挥巡察综合监督作用，深化巡纪、巡监、巡组、巡审等协作配合，建立健全与统计、信访、群众等协调机制，印发《市委巡察组与被巡察党组织主要负责人沟通情况的工作机制（试行）》《关于建立巡察监督与统计监督协调协作机制的意见（试行）》等。

【巡察工作收官、开局】 2021年是市委换届、巡察工作“收好尾”“开好局”的承上启下之年，全市共开展巡察2轮，发现各类问题225个，移交问题线索23件，形成专题报告6份，巡察工作实现圆满收官、良好开局。3月10日，市委召开十三届市委第十二轮巡察工作动员部署会，市委常委、市纪委书记、市监委主任、市委巡察工作领导小组副组长杨庆出席会议并作动员讲话。市委常委、市委组织部部长、市委巡察工作领导小组副组长施敬宣布市委巡察组组长授权任职及任务分工。按照不低于10%的比例要求，对市融媒体中心、市住建局、市文体广旅局、市供销合作总社4家机关党组织以及城厢镇万丰村、浏河镇东仓村2个

2021 年 8 月 31 日，太仓市巡察工作会议暨十四届市委首轮巡察动员部署会议在市行政中心召开
（市委巡察办供稿）

村（社区）党组织开展巡察“回头看”。围绕市委书记批示要求，协同市纪委监委开展专项监督，对市水务集团党委开展“机动式”巡察。市委换届后，启动十四届市委首轮巡察，对陆渡街道、浮桥镇、城投集团、城发集团 4 家单位党组织开展常规巡察，紧扣市委中心工作强化政治监督，探索对“一把手”和领导班子监督的有效路径。

【对村（社区）巡察全覆盖】 2021 年，太仓市完成对娄东街道、陆渡街道、浮桥镇、璜泾镇、双凤镇 5 个镇（街道）党（工）委所辖 50 个村（社区）党组织巡察，发现问题 519 个，移交问题线索 20 件。以沙溪镇为试点，打造村情民意调查大数据平台并推广建设，开展村情民意“三表”调查，持续深化市委巡察机构与市监委派出监察员办公室协作配合，开发巡察“码”上受理信访平台，开展送“廉戏”进被巡察村（社区）活动，贯通运用“铁脚板 + 大数据 + 第三方”方式，构建“自查、反馈、整改、督查、报结、评估”等巡察整改工作闭环。组织开展巡察监督，重点查找乡村振兴各项政策落地、农村党组织担当尽责、为民服务及集体资产管理保值增值等情况，加强对被巡察村（社区）党组织巡察整改情况的评议质询、实时跟进、督促整改，确保长治长效。完成全市 155 个村（社区）党组织巡察全覆盖。年内，村情民意调查大数据平台建设入选全省巡察工作重点项目。

【巡察整改“后半篇文章”推动】 2021 年，太仓市压紧压实巡察整改责任，创新建立市委书记和纪委书记“双约谈”机制，协调市委巡察工作领导小组副组长和成员参加巡察动员会、反馈会，发函提醒 11 位新任职被巡察党组织主要负责人履行巡察整改政治责任。用好巡察整改《太仓市委巡察整改工作指引（试行）》和《太仓市委对村（社区）巡察整改工作指引（试行）》“两个指引”，抓牢巡察整改沟通、反馈、约谈、监督等各环节，协调市纪委和市委组织部派员列席专题民主生活会，牵头审核整改方案和整改报告 60 份，提出修改意见建议 226 条。协同推进巡察整改日常监督和专项督查，开展巡察“回头看”，强化巡察整改示范点培育，推动巡察整改收效见效。创新建立巡察整改质效群众评判机制，通过“五维度”质效评估、“面对面”评议质询、“背靠背”满意度测评等方式，邀请群众参与整改、监督整改、评判整改，相关做法被中央纪委国家监委网站宣传报道。12 月，组建巡察整改专项督查组 4 个，对太仓市人民法院、市委宣传部、市委统战部、市委政法委、市委老干部局、市接待办、市发改委、市公安局、市司法局、市财政局、市资规局、市城管局、市退役军人事务局、市应急管理局、市审计局、市统计局、市医保局、市信访局、市金融监管局、市综合指挥中心、市侨联等市委第十轮、第十一轮 21 家被巡察党组织巡察整改情况开展专项监督检查，形成巡察整改督查报告 1 份和督查清单 21 份，推动长效落实整改。

（王由酉）

组织工作

【概况】 2021 年，太仓市组织实施“两在两同”建新功行动，引导全市各级党组织和党员干部担当实干。开展庆祝中国共产党成立 100 周年系列活动，召开庆祝座谈会，集中评选表彰一批“两优一先”（优秀共产党员、优秀党务工作者、先进基层党组织）。年内，加强组织领导，依法有序推进市镇两级领导班子换届选举工作；重视培养、选拔优秀年轻干部，建设一支忠实贯彻习近平新时代中国特色社会主义思想、符合新时期好干部标准、忠诚干净担当、数量充足、充满活力的高素质专业化年轻干部队伍。以“六才工程”（江海引才、慧眼识才、淬火育才、实战铸才、赛场选才、制度促才）为抓手，加快年轻干部培养选拔。截至 2021 年年底，全市共有基层党组织 2131 个（党委 184 个、党总支 72 个、党支部 1875 个），其中直属市委管理党组织 39 个。全市共有党员 4.18 万人，其中女性党员 1.25 万人；35 岁以下党员 9119 人；60 岁以上党员 1.6 万人；大专以上学历党员 2.13 万人。

【建党百年系列活动】 2021 年，太仓市召开庆祝中国共产党成立 100 周年座谈会暨市“两优一先”表彰会议，会议学习贯彻中共中央总书记习近平在庆祝中国共产党成立 100 周年大会上的重要讲话精神，回顾党的光辉历程，传承党的优良传统，评选表彰优秀共产党员 100 人、优秀党务工作者 100 人、先进基层党组织 100 个，为老党员代表颁发“光荣在党 50 年”纪念章，大会向“攻坚先锋”代表授旗。太仓

2021 年 5 月 14 日，太仓市党性教育“心源”馆暨陆渡街道党群服务中心启用仪式举行
（市委组织部供稿）

市组织开展“奋进百年·海棠花红”十大系列活动，通过知识竞赛、主题党日、海棠电影节、经典诵读会等形式，弘扬党的优良传统，展示新时代党员良好精神风貌，推动党建惠企、乡村振兴、国土空间全域整治等中心工作，激励党员在中心工作和重点任务中主动作为，党建与中心工作融合发展。全市 2000 余个基层党组织、4 万余名党员参与，形成庆祝建党百年、砥砺奋进前行的良好氛围。9 月，太仓市党员党性教育“心源”馆、太仓市城厢镇党群服务中心、太仓市浮桥镇三市村“红立方”党员驿站入选苏州市级“海棠花红”先锋阵地。

2021 年太仓市“奋进百年·海棠花红”十大系列活动一览表

表 70

序号	活动名称	主办单位	承办单位	时间
1	太仓市党性教育“心源”馆暨陆渡街道党群服务中心启用仪式	市委组织部	陆渡街道	5 月 14 日
2	“知行百年·匠心筑梦”——全市“两新”党组织庆祝中国共产党成立 100 周年主题党日	市委组织部 市委宣传部	港区	5 月 26 日
3	“叩问百年·世纪之答”全市党史党章党规知识竞赛	市纪委 市委组织部 市委宣传部	市财政局	6 月 3 日
4	“攻坚先锋”专项行动项目发布仪式暨五星级党支部和党员评选表彰活动	市委组织部	娄东街道	6 月 11 日
5	“薪火相传十百千”专项行动启动仪式暨“赓续红色血脉”新党员培训示范班开班仪式	市委组织部	市委党校 陆渡街道	6 月 15 日
6	“党的光辉照我心”长三角一体化红色经典诗文朗诵会	市委组织部	市文体广旅局	6 月 19 日
7	太仓市庆祝中国共产党成立 100 周年座谈会暨市“两优一先”表彰会议	市委	市委办 市委组织部	7 月 2 日
8	“传承红色基因·践行初心使命”优秀党课评选	市纪委 市委组织部 市委宣传部	科教新城	7 月 6 日
9	“光影百年·砥砺奋进”庆祝建党百年公益广告首映礼暨“海棠电影节”活动启动仪式	市委组织部	高新区	7 月 19 日
10	“百年沐暖阳”党内关爱帮扶行动主题党日	市委组织部	浮桥镇	8 月

【“两在两同”建新功行动】 2021 年，太仓市在全市党员干部中深入推进“两在两同”建新功行动，践行《“两在两同”建新功·“太仓速度”勇担当——致全市各级党组织和广大党员的倡议书》，恪守“想在一起、干在一起”的信念，树牢“干则一流、战则必胜”的决心，激发“担当有我、建功在我”的锐气。全市各级党组织带头攻坚，争先作为筑牢坚实堡垒；领导干部带头示范，争先担当发挥表率作用；全体党员带头行动，争先奉献认真履职尽责。各级党组织制定一份行动方案，完成一个攻坚项目，建立一批行动支部，组织一次集中学习，开展一次主题党日；领导干部开展一次走访调研，解决一批难点问题，进行一次一线体验；全体党员参与一次集中攻坚，争当一名先进典型。引导全市基层党组织和广大党员聚焦中心、实干担当。开展“攻坚先锋”专项行动，确立市级重点攻坚项目 49 个，举办攻坚主题党日 5000 多场次，参加攻坚行动 10 万余人次。举办“‘两在两同’建新功·攻坚有我勇担当”全市村（社区）书记“工作讲坛”，开展“勇毅担当践使命·奋发有为启新程”岗位练兵大比武竞赛 4 场。

2021 年太仓市“两在两同”建新功行动清单一览表

表 71

序号	责任主体	任务	行动内容
1	各级党组织	制定一份行动方案	紧扣市第十四次党代会工作部署，围绕“奋力拼出‘太仓速度’，勇担使命跨越发展”目标，结合各地各部门重点工作，明确“时间表”、画出“作战图”、细化“任务书”，决战三季度、决胜四季度，推动各项工作取得更大成效
2		完成一个攻坚项目	将“两在两同”建新功行动与“攻坚先锋”提升行动结合起来，围绕沪太同城化发展、争创全国文明典范城市、国土空间全域整治等全市中心工作进行重点攻坚
3		建立一批行动支部	围绕太仓市项目建设、产业转型、民生保障、生态建设、社会治理等重点工作建立一批行动支部，发挥党组织战斗堡垒作用
4		组织一次集中学习	各党委（党组）召开中心组理论学习会，交流领导干部调研情况
5		开展一次主题党日	全市基层党支部围绕“两在两同”建新功行动开展“5+X”主题党日，学习习近平总书记最新重要讲话和指示批示精神
6	领导干部	开展一次走访调研	各级领导班子成员以“四不两直”方式深入农村、社区和企事业单位，开展实地走访，掌握社情民意，形成调研报告和民情日记
7		解决一批难点问题	各级领导班子成员主动认领重要改革事项或实事项目，聚焦问题短板、薄弱环节和风险隐患，开展大排查大整治，解决一批重难点问题
8		进行一次一线体验	各级领导班子成员深入重大项目、审批服务、民生服务现场，体验检视本单位业务流程，查找工作差距，提升群众满意度
9	全体党员	参与一次集中攻坚	参与“攻坚主题日”，通过“践行诺言我作为”“亮成效比贡献”等活动，到项目一线集中攻坚
10		争当一名先进典型	突出履行岗位职责、主动融入中心大局，勇挑重担、勇于奉献，形成全市广大党员干部响应伟大号召、立足岗位建功立业的浓厚氛围

2021 年太仓市“攻坚先锋”专项行动重点项目一览表

表 72

序号	项目名称	责任单位
1	推进百亿级清洁能源数字产业园项目建设	港区
2	打造中德创新城，建设率先同城第一高地	高新区
3	推动国土空间全域整治攻坚项目	科教新城
4	国土空间全域整治勇发力，打好优化发展空间攻坚战	城厢镇
5	“印溪先锋”国土空间全域整治专项行动	沙溪镇
6	推进娄江新城高铁商务区浏河片区动迁安置	浏河镇
7	全域共治，一线攻坚	浮桥镇
8	“泾旗红杨”践初心，攻坚克难争先锋	璜泾镇
9	我家“新”双凤，“闯”出大格局	双凤镇
10	“三清三拆”红色先锋行动	娄东街道
11	农村家庭小作坊集中整治	陆渡街道
12	“红色引擎”促项目，发改先锋勇攻坚	市发改委
13	率先成为全国义务教育优质均衡发展“第一城”	市教育局

续表 72

序号	项目名称	责任单位
14	科技领军人才数攀高计划	市科技局
15	红色引航重点工业投资项目	市工信局
16	涉车类违法犯罪集中整治	市公安局
17	推动养老服务提质增效实事工程项目	市民政局
18	建设“乡村中国·法典生活”太仓市青少年法治游学体验基地	市司法局
19	组建成立“市统筹指标交易公司”	市财政局
20	深化太仓—上海交大博创中心建设	市人社局
21	国土空间全域整治——存量异地建设用地拆旧复垦	市资规局
22	推进城厢镇梅园南弄西侧地块改造工程	市住建局
23	开展“治违红先锋”集中攻坚行动	市城管局
24	党建赋能，铸就龙江路“精·致”工程	市交运局
25	推进浏泾河（十八港—岳鹿路）治理工程	市水务局
26	打造美丽田园，建设特色康居乡村	市农业农村局
27	推动省四部门支持太仓对德合作意见文落地落实	市商务局
28	聚力攻坚，助推文化产业高质量发展	市文体广旅局
29	共筑免疫屏障	市卫健委
30	加快瑞金医院太仓分院建设	市卫健委
31	攻坚“双信地”，推进国土空间全域整治	太仓生态环境局
32	创建江苏省级安全发展示范城市	市应急局
33	政务服务急先锋“三极”项目审批优化行动	市行政审批局
34	提升知识产权服务效能，助力社会经济高质量发展	市市场监管局
35	医保 e 路通	市医保局
36	打造资本市场“太仓板块”	市金融监管局
37	“大数据＋网格化＋铁脚板”：创新网格化社会治理机制	市综合指挥中心
38	探索对德飞地招商新模式	市招商局
39	时代金融大厦	市资产经营集团
40	2021 年城乡公交候车亭智能化升级改造	市城投集团
41	中欧智能装备项目	市城投集团
42	城区污水处理厂扩建及提标改造工程	市水务集团
43	新建双浮公路西延段（太沙路—204 国道）DN800 给水管	市水务集团
44	“电机厂地块”树先锋，党员攻坚在行动	市城发集团
45	星耀百年——百日攻坚促“双保”，百炼成钢淬“标杆”	市文教投集团
46	构建太仓水上安全特别监管区	太仓海事局
47	突出“最佳体验”深化服务创新，全力优化营商环境建设	太仓税务局
48	“太舒心电力”助力太仓发展谱新篇	太仓供电公司
49	推进住房公积金制度更广覆盖，更好保障职工合法权益	太仓公积金中心

【"沪太同城 · 党建先行" 工程】 2021年6月18日，太仓市联合上海市宝山区、嘉定区、奉贤区举办 "开启新征程 · 奋进新时代" 沪太同城主题党日，启动 "沪太同城 · 党建先行" 工程，发布包括 "共建创新中心" 在内的 "沪太同城 · 党建先行" 工程太仓市级重点项目25个。发布 "沪太百年红飘带" 活动，该活动是太仓、宝山、嘉定、奉贤四地围绕庆祝中国共产党成立100周年，集中四地革命遗址、科创载体、产业园区等100个不同领域党员教育红色点位，打造信仰、奋斗、复兴主题线路3条。太仓启动实施 "沪太同城 · 党建先行" 工程，作为党建引领推动太仓高质量建设 "两地两城" 的支撑性工程、打造苏州对接上海重要枢纽门户城市的牵引性工程。该工程包含组织覆盖、党性锤炼、能力提升、先锋引领等子工程4项，重点推进 "一带六圈 · 五方协同"（"一带" 即组建 "沪太同城党建融合带"；"六圈" 即紧扣规划、交通、产业、科创、生态、民生等六大关键环节，打造党建生态圈，畅通资源要素双向流动；"五方" 即镇村、街道社区、机关、国企、"两新" 组织分类推进，全面增强沪太党建同城化发展整体效应）工作体系，搭建全方位合作平台。实施 "对接上海 · 党建先行" 书记项目，在党建、规划、交通、科创、产业、人才、生态、民生 "八个同圈" 工作路径中，促进跨区域协调联动。

2021年6月18日，"沪太同城 · 党建先行" 工程启动 （市委组织部供稿）

【党建引领乡村振兴】 2021年，太仓市开展深化 "红色领航 · 百村振兴" 专项活动，开展村（社区）党组织领导班子任期规划工作。坚持党建引领基层治理，建立完善党建引领 "网格吹哨、部门报到" 工作机制，推行基层治理 "融合式共治4.0"，相关工作获评江苏基层社会治理创新成果奖。坚持党建引领优化营商环境，深化 "暖商护商 · 党建惠企" 专项行动，擦亮 "太舒心" 营商环境品牌，做好 "美美薪传" 新生代企业家挂职培养。《太仓 "定制村干"：推进乡村振兴的主力军》作为全省集中宣传的100个优秀组工品牌、组工项目之一入选 "光辉百年 · 江苏组工那些事"。

【市镇两级党委换届】 2021年，太仓市完成市镇两级党委领导班子换届。新一届镇党委领导班子成员平均年龄39.8岁，较换届前下降3.6岁；本科及以上学历占比96.9%，较换届前上升4.7%；乡镇领导班子中35岁以下年轻干部33人，占比33%，其中 "90后" 年轻干部13人，占比13%。

【年轻干部培养】 2021年，太仓市以 "六才工程" 为抓手，推动优秀年轻干部成长，推动形成梯次合理、结构优良、素质全面的优秀年轻干部梯队。开展 "专业化青年人才定岗特选计划"，推进年轻干部选拔工作制度化、规范化、科学化。深化年轻干部 "一线工程"，注重加强实践练兵，选派16名有培养潜力的年轻干部到发展一线、民生一线等基层岗位挂职锻炼、提升素质。提拔使用能 "破冰"、善 "突围"、敢 "亮剑" 的优秀年轻干部。全年全市提拔 "85后" 科职干部26人、"90后" 科职干部4人。

【公务员综合管理】 2021年，太仓市将公务员工作同干部工作相结合，确保干部选育管用有效贯通。建立新招录公务员谈心谈话全覆盖机制，起步

2021年10月11日，太仓市年轻干部成长强化班结业仪式举行
（市委组织部供稿）

阶段强化源头监督管理。贯彻落实公务员招录各项政策，做好公务员考录工作，围绕产业发展需求、基层实际，编制职位计划，做好新冠肺炎疫情防控常态化下的公务员考录工作。全年全市累计招录公务员134人。

【人才强市】2021年，太仓市树立“抓人才就是抓发展”理念，营造一流人才发展生态，激发人才创新活力，打造长三角科创人才高地，为苏州建设中国人才发展现代化强市贡献太仓力量。年内，新增苏州市级以上领军人才65人，较上年增长85.7%，其中新增省“双创人才”13人，A类优质项目入选数居全省各县市区第一位。紧扣“11155”产业（优化提升高端装备制造、新材料、物贸总部经济3个千亿元级产业，培育壮大生物医药、航空航天2个五百亿元级产业）发展方向，在全国率先出台航空航天、生物医药产业专项人才政策，加大项目资助、生活补贴、空间保障等支持力度，集聚产业发展急需的高层次人才。推进高端人才奖励计划，重点支持德企人才在太仓留驻，享受人数、金额、占比均位列苏州各板块第一位。“太仓人才政策一点通”微信程序上线，实现政策信息“一站通晓”、供需对接“一键匹配”、补贴兑现“一机通办”。加快布局“沪太人才港”、上海交大零号湾孵化基地等人才飞地，成立全球高校上海校友联盟太仓科创中心等载体平台，承接上海科创人才资源溢出。举办“精英周”“创赢太仓”“全英创赛”等系列招才引智活动，引进人才企业300余家。开展校园引才活动，实施青年人才定岗特选，用好“首年生活补贴”“首次考察补贴”等创新政策，壮大人才队伍。持续优化人才生态，成立52亿元“娄城人才贷”，成立2亿元科创人才培育基金，完善“拨+投+贷”联动机制。启动高品质人才社区建设，一体化完善人才公寓、国际学校、三甲医院等生活配套，统筹解决人才子女教育、医疗保障、家属安置等，营造“近悦远来”人才发展生态。

【作风效能建设】2021年，太仓市印发《关于开展作风效能建设“开启新征程、担当新使命”主题活动的实施意见》，围绕“勇立潮头敢为先、紧抓快赶不停步、担当实干善作为、践行宗旨守初心”4个目标任务，明确工作举措18项（坚持政治引领，筑牢思想根基，推动落实执行，激励担当有为，勇于攻坚克难，提升实干能力，强化典型示范，做优营商环境，强化护商保障，注重考核激励，提升监管质效，密切联系群众，优化公共服务，创新社会治理，营造平安环境，深化作风建设，严格监督执纪，推进公开透明）。在市级机关单位中开展作风效能建设“勇毅担当践使命、奋发有为启新程”主题实践活动。开展“三牛”（为民服务孺子牛、创新发展拓荒牛、艰苦奋斗老黄牛）精神大讨论、“岗位练兵大比武”。开展“新征程新担当”——攻坚突破专项行动、“沪太同城我先行”活动。组建“护商暖商”服务团队40个，开展“护商暖商无止境”活动，实施“惠民助企解难题”活动，助力企业纾困解难，稳定扩大就业。开展市级机关作风效能建设“十佳示范窗口”“十佳先进科室”和“十佳先进个人”争创评选活动，组建市级机关作风效能建设先进典型事迹宣讲团，在市级机关开展先进事迹巡讲活动。开展“服务先锋岗”“效能示范岗”评选命名，激励和引导市级机关单位转变服务观念、提升服务效能。

（高中亚）

宣传工作

【思想理论武装】2021年，太仓市坚持学习宣传贯彻习近平新时代中国特色社会主义思想，开展中共十九届六中全会精神宣讲。举办市委中心组学习18次，上海市嘉定区、苏州昆山市和太仓市开展中心组联组学习。实施党员冬训样板工程，推进“多元融创·一体冬训”项目20个，获评2020年度全省基层党员冬训工作示范县（市、区）。发挥“理论飞燕”进万家IP效应，培育“飞燕”理论宣讲员6类、230余人。开展“百年辉煌·百名飞燕·百场宣讲”2000余场，“新时代大家说”系列活动线上观看100万人次。打造沙溪古镇、城厢镇东林村等新思想线下网红打卡点6个，组建“庭院课堂”学习组450个，发放“乡音收音机”1000台、“有声学习”明信片2.9万张。建好用好“学习强国”学习平台，承办“学史力行·强国有我”——“学习强国”苏州学习平台线下系列活动，全国、省、苏州市三级平台全年累计录用稿件1800余篇。太仓市获评2020年度“学习强国”学习平台供稿工作先进通讯站。

【党史学习教育】2021年，太仓市推进全市党史学习教育，按照“学史明理、学史增信、学史崇德、学史力行”

2021年4月，“理论飞燕”好声音暨名师带高徒活动在市融媒体中心综艺演播大厅举行

（市委宣传部供稿）

2021 年 7 月 1 日，“永远跟党走”——太仓市庆祝中国共产党成立 100 周年大型主题活动在市融媒体中心综艺演播大厅举行　（市委宣传部供稿）

目标要求，紧扣“六专题一实践”（专题学习、专题培训、专题党课、专题宣讲、专题研究宣传阐释、专题民主生活会和组织生活会，“我为群众办实事”实践活动），通过强化组织保障等，做到学党史有声有色、悟思想入脑入心、办实事用情用力、开新局先行见效。印发《关于开展党史学习教育的实施方案》，成立市委党史学习教育领导小组及办公室，组建专项工作组 5 个、巡回指导组 8 个，深入全市 79 家参学单位累计开展巡回指导 500 余次。学好用好《论中国共产党历史》等学习材料，学习宣传贯彻习近平总书记系列重要讲话精神。全市各级党委（党组）举办中心组学习 778 次、学习读书班及专题培训班 4000 余次、专题党课 887 次。在各级各类媒体发布报道 2500 余篇，编发党史学习教育简报 193 期，推出市镇村三级“我为群众办实事”实践活动重点项目、微实事项目 1360 项，建立健全党史学习教育各项长效工作机制 133 项，组织开展基层大调研走访 3186 次、各类志愿服务活动 6.1 万次，惠及群众 70 万人次。

【新闻宣传】 2021 年，太仓市组织新华社、《人民日报》、中央电视台等媒体开展“太仓——中国幸福城市典范”集中采访活动，围绕“太”幸福品牌，制作短视频、海报等新媒体产品，解码“幸福太仓”。围绕重点德资服务业项目签约仪式等对德合作项目，组织中央、省、苏州各级主流媒体集中宣传报道 10 次，做好太仓啤酒节、商会之夜、第 400 家德企落地太仓等专题报道，丰富“太仓——中德合作典范城市”品牌影响力。完成《三联生活周刊》关于太仓“双元制”教育的封面报道，做好“双元制”教育宣传推介工作。拍摄央视专题纪录片《与世界对话的小城》，并在中文国际频道首播。协助新华社全球连线栏目拍摄《德味太仓》中英双语版宣传片并于全球平台展播。紧扣庆祝建党百年，推出“奋斗百年路·启航新征程”“追忆红色印记”等全媒体系列报道，以优质融媒产品献礼党的百年华诞；制作快闪短视频《唱支山歌给党听》，累计点击量 5 万次、点赞量 1400 人次。2021 年是“十四五”规划开局之年，宣传思想战线把握新形势新任务，深化实施高质量宣传工作体系。开设“践行嘱托开新局”“抓牢招商引资‘生命线’牵好项目建设‘牛鼻子’”等专栏。央视《新闻联播》聚焦太仓 3 次，播出《江苏培育开放新优势·助力高质量发展》《形成强大国内市场·构建新发展格局》《区域发展跨上新台阶》等报道。年内，市委宣传部策划推出“百年沪太路·启航新征程”纪念展、虹桥高铁站太仓城市形象展，制作专题宣传片《百年交汇·沪太同城》，引流运营“上海下一站·下一站上海”微博话题，组织“江南宝藏金太仓”抖音挑战赛，展现沪太交融、加速蝶变的城市发展史。

【新闻管理】 2021 年，太仓市开展第 16 届“太仓新闻奖”评选活动，展示年度新闻工作成果。市融媒体中心深化融合改革，通过县级融媒体中心省级验收，验收组肯定太仓积极探索、推进融媒体中心建设取得的成效，认为太仓市融媒体中心发展基础好、团队精气神足，媒体融合成果显著。市融媒体中心组建新闻媒体专班，确保全市重大项目、重点政策、重要活动宣传报道到位。组织市融媒体中心开展新闻质效提升会议。健全完善辟谣机制，增强群众辨谣识谣能力，发挥主流媒体职责，坚持正确舆论导向，营造不信谣、不传谣、不造谣的舆论宣传氛围。年内，市融媒体中心获评“第九届全国服务农民、服务基层文化建设先进集体”，是江苏省唯一入选的县级融媒体中心。

【新闻发布】 2021 年，太仓市将“太仓发布”微信公众号作为展示太仓城市形象的重要平台，围绕市委市政府中心工作和各项重大活动，精心组织策划，第一时间发布权威信息，实现“一日多推”，优化“策、采、编、审、发”制作流程，建立重大活动“一小时快发”机制。突出文明创建、幸福城市、城市更新等主题，系统性谋划发布内容，推出“文明就在身边”“城市更新让生活更美好”“有一种幸福叫太仓”等系列栏目 6 个。上线“小布在线”专栏，倾听群众呼声，将百姓的烦心事变成工作的“头等大事”。11 月、12 月连续 2 次登上苏州市微信排行榜月榜政务类（区县）第一、三次登上双周榜第一，总阅读量 300 万人次，关注数 21 万人。

【网信工作】 2021 年，太仓市组织召开太仓市网络安全和信息化委员第三

2021 年 5 月，太仓市举行“智享时代·银龄生活”幸福关爱行动暨老年人智能手机使用和网络电信反诈骗培训 （市委宣传部供稿）

次会议，出台网络综合治理统筹协同联席会议制度，构建“5+10+N”联合治网工作格局，建设太仓市网络综合治理中心暨网络安全应急指挥中心，项目成为年度省级网络综合治理创新试点项目。网络综合治理项目“把握数字文明脉搏·构筑网络综合治理崭新格局”获评苏州市 2021 年度网信工作创新案例。针对直播领域开展实地督导检查和依法约谈，《网络主播发布赛事博彩信息·太仓网信办对直播平台依法约谈》案例入选 2021 年度江苏省网络举报受理处置十大经典案例，并在中央网信办举报中心微信公众号上刊发。举办“百年辉煌 e 路行·江南宝藏金太仓”2021 年太仓市网络文化节活动，开展“江南宝藏金太仓”抖音挑战赛等子活动 100 余项。策划“智享时代·银龄生活”幸福关爱行动，组织线下公益培训教学活动 200 余场，惠及老年人 1 万人次，项目获 2021 年苏州网络文化季苏美奖。举办“自强圆梦·助残共享”微视频大赛，参赛作品《永不妥协》获 2021 年苏州网络文化季苏巧奖、2021 年江苏省社会主义核心价值观主题微电影（微视频）征集展播活动三等奖。组建网聚人心“凌云燕”普法宣讲团，推出网络普法宣讲精品课程，开展网络普法“五进”系列宣讲活动近 30 场，覆盖单位近百家，覆盖群众 1 万人次。设计原创网信动漫人物“清清朗朗”，配套定制徽标和表情包，推出“E 法 E 视界”短视频普法栏目和“漫画清朗”动漫普法栏目。与苏州市委网信办联合主办 2021 年苏州网络安全“校园日”——走进西北工业大学系列活动，开展太仓高校网络空间安全创新创业大赛，揭牌太仓市网络空间安全创新创业人才培养基地和江苏省首个在网络空间安全领域的众创空间“航小天”，举办校政企产学研融合发展交流会。组织实施“网聚娄城，先锋护网”联合检查督查行动暨“网安 2021”太仓专项行动，举办 2021 年太仓网络安全宣传周活动，开展“嘉昆太”网络安全技能竞赛、嘉昆太网络安全创意海报征集活动、嘉昆太网络安全曲艺巡演活动、嘉昆太网络安全知识全民挑战赛等活动。成立大数据专业委员会，强化行业自律，协同发展大数据产业。中共太仓市互联网行业委员会揭牌成立，是苏州首个挂牌成立的互联网行业党委。

【文明城市创建】 2021 年，太仓市印发《太仓市深化文明城市建设三年行动计划》《太仓市深化全国文明城市创建工作专项提升行动实施方案》，修订《太仓市创建全国文明城市工作问责办法》。健全“每日一检查、每日一例会、每日一通报、每日一整改”制度，完善“发现问题—反馈问题—解决问题—回头复查—验收交接”处置闭环，实行每日“暗访、督查、反馈”，开展“销号式”管理制度，每天对全市实地考察点位开展全覆盖检查和复查销号，每月对各地各部门创建工作情况进行综合排名。做好市领导“四不两直”（不发通知、不打招呼、不听汇报、不用陪同接待、直奔基层、直插现场）现场督察各项准备工作，组织开展模拟实战演练、每月模拟测评，实地协调解决“飞线凌乱”“卫生死角”“设施损坏”“车辆乱停”等问题。全覆盖专项检查集贸市场、社区居委、中小学校、交通场站、医院、大型商场等，开展实地测评。实地检查创建点位 2011 次，发现问题 2.73 万个，整改率 100%。建立每月创建工作提示告知制度，每月提醒各职能部门按标准开展工作，做好台账资料收集整理。针对主城区 30 个重点社区开展问卷抽样调查，每日通报问卷情况，做好问卷测评结果归类分析。坚持文明创建为人民，推进“文明创建我行动”办实事项目。累计推进电动车上牌 5.98 万辆，新增机动车位 3999 个、非机动车位 2702 处，拖移违停车辆 9749 辆，贴单 3.39 万张（次），捕捉安置无主犬 466 只。

【文明培育】 2021 年，太仓市以理想信念教育和公民道德建设为抓手，印发《太仓市贯彻落实〈新时代爱国主义教育实施纲要〉的工作计划》《太仓市贯彻落实〈新时代公民道德建设实施纲要〉的工作计划》。组织开展“永远跟党走”群众性主题宣传教育活动，全市设置中国共产党成立 100 周年公益宣传 3 万处，营造爱党、爱国、爱社会主义氛围。组织“节日里的党史教育”，开展“电影党史课”“同吃国庆面·共筑中国梦”等活动 1500 余场次。年内，获评 2019—2021 年江苏省文明镇 6 个、文明单位 30 个、文明校园 4 个、文明村 18 个、文明社区 5 个，获评 2018—2020 年苏州市文明镇 6 个、文明单位 75 个、文明校园 19 个、文明村 25 个、文明社区 17 个。常态化开展“我推荐、我评议身边好人”

活动，新入选中国好人1人、江苏好人3人、江苏最美人物1人、苏州时代新人5人、太仓好人30人（组）。推进文明行为养成工程，推出“太仓文明365”市民文明公约2.0版本。启动村规民约修订工程，深化文明家庭诚信积分管理工作，提升全市乡风文明水平。加强青少年思想道德建设，组织“扣好人生第一粒扣子”“童心向党”“请党放心·强国有我”等主题教育活动。表彰2021年“新时代太仓好少年”“文明小义工”“优秀小公民”85人。

太仓市入选“中国好人榜”一览表

表73

序号	入选时间	姓名	推荐类别
1	2011年8月	闵知行	助人为乐
2	2011年9月	朱建国	孝老爱亲
3	2011年10月	郭　跃	诚实守信
4	2011年10月	范依萍	孝老爱亲
5	2012年3月	杨建清	孝老爱亲
6	2013年1月	陆丁兴	敬业奉献
7	2016年2月	王振球	诚实守信
8	2016年6月	钱惠新	诚实守信
9	2017年4月	顾文忠	敬业奉献
10	2018年5月	魏晓云	见义勇为
11	2019年8月	胡学雷	乐于助人
12	2020年12月	王耀宏	孝老爱亲
13	2021年7月	陆庆权	诚实守信

2021年7月，太仓市城厢镇德兴社区居民、“保守半个世纪秘密的核试验老兵”陆庆权入选“中国好人”（诚实守信） （市委宣传部供稿）

【新时代文明实践中心全国试点】 2021年，太仓市推进新时代文明实践中心全国试点工作，印发《2021年度太仓市首批新时代文明实践服务清单》，深化与苏州科技大学马克思主义学院合作共建，启动“娄城飞燕进万家——政策汇”活动，面向基层提供政策宣讲服务93项。梳理全市新时代文明实践“资源库”“项目库”“需求库”。“文化太仓”云平台访问量26万人次，发布活动2.02万场，开展新时代文明实践志愿者培训10场。评选2020年度太仓市新时代文明实践优秀案例4个、创新工作案例12个。深化“家在太仓·情暖娄城”志愿服务品牌内涵，培育太仓市新时代文明实践重点志愿服务项目20个，评选太仓市文明实践最美志愿者40人、最佳志愿服务团队20个、最佳志愿服务项目15个、最佳“金乡邻”志愿服务社区10个。太仓市青年志愿者协会获评“苏州市最佳志愿服务团队”，“益路书香·点亮人生”助力民工学子阅读推广志愿服务项目获评“苏州市最佳志愿服务项目”，娄东街道景瑞社区获评苏州市最佳“金乡邻”志愿服务社区。全年累计开展各类志愿服务 6.5 万场次，志愿服务时长总计 387.4 万小时。

【城乡文明融合发展】 2021 年，太仓市以争创全国文明典范城市为抓手，推行文明家庭诚信积分制，激发家庭在文明共建中的积极性，培育文明乡风、良好家风、淳朴民风。发挥好人力量，签订移风易俗承诺书，树立文明淳朴健康的新时代乡风。打造“古韵新风”文明街区、“文明号”田园新干线、“寻味”文明实践馆等一批乡风文明标杆典型实践阵地。创新基层自治方式，把城乡社区治理和精神文明有机融合，搭建协商议事会，设立“HUI”法官工作室、“慧·家”家事服务等社会组织服务平台，打造“政社互动”品牌。提档升级城乡基础设施，城乡居民共享经济社会发展文明成果。加快文化一体发展，完成基层综合性文化服务中心标准化建设，“农家书屋”覆盖率 100%。开展美丽宜居乡村建设、农村“厕所革命”、村容村貌提升等工作，优化群众居住环境。

【全民阅读】 2021 年，太仓市举办“阅百年风云、读今日华章”第 16 届阅读节，通过网络直播方式举行启动仪式，推出阅读惠民活动 210 项，覆盖城乡、持续全年。年内，获评 2021 年度苏州市全民阅读先进单位 6 家、先进个人 3 人、优秀组织奖单位 1 家、优秀活动奖活动 6 项；获评 2021 年度“夜读苏州”优秀项目 1 项；获评苏州市优秀阅读推广组织 2 家、优秀阅读推广人 2 人、优秀阅读创新项目 3 个。市阅读办发布《太仓市全民阅读地图》，覆盖阅读网点 205 个。新建 24 小时自助图书馆（娄东书房）3 家、24 小时自助借阅娄东书柜 2 个；全市首家 24 小时自助有声图书馆建成。推动农家书屋与新时代文明实践活动融合，利用农家书屋主阵地，举办农家书屋主题阅读活动 300 余场。开展“我的书屋·我的梦”农村少年儿童阅读实践活动，收到作品 241 件，获奖作品 9 件。

【文化惠民】 2021 年，太仓市举办“欢乐文明百村（社区）行”活动，完成政府点单派送演出 78 场。全年为全市 21 家文化书场配送评弹演出 180 档（2700 场），惠及听众 20 万人次。办好免费开放栏目，举办“娄东大讲堂”8 期、“太仓乐坛”7 期、“舞林会友”15 期、“娄东戏台”4 期，开设“娄东戏台”大家唱线上展播 10 期。启动基层文艺培训工程，开设“七彩夏日·快乐暑期”少儿培训班、基层文艺辅导班 5 期、线上文艺辅导课堂 15 讲、太图公益培训 57 期。各文博场馆开展阅读推广活动 248 场、社教活动 139 场，完成送戏下乡 243 场次、展览进基层 30 场。全年开展各类文化惠民活动 4000 余场次，惠及群众 80 万人次。

【文艺创作】 2021 年，太仓市印发《太仓市重大主题文艺项目扶持管理办法》，围绕中国共产党成立 100 周年主题，创作推出沪剧《青春烈焰》、长篇小说《信仰》《天堂沃土》和歌曲《从胜利走向胜利》《党旗最红》《永远的同志》等精品力作。草书《太白诗〈独不见〉》获第五届江苏省文华书法奖，歌曲《党旗最红》《永远的同志》入选全国群众歌曲征集展示活动百首优秀作品，沪剧《青春烈焰》、纪录片《先生子健》入选苏州艺术基金扶持项目。

【文化产业发展和出版市场管理】 2021 年，太仓市召开全市文化产业高质量发展大会，集中签约文化产业项目 23 个，签约总金额超 50 亿元。印发《太仓市文化产业高质量发展实施意见》《太仓市促进电竞产业健康发展的实施意见》，明确文化产业高质量发展的突出重点、政策要求、扶持办法。修订《太仓市文体旅产业引导资金管理办法和实施细则》，加大文化产业项目扶持力度。总投资超 6 亿元的星合梦想软件公司完成注册，腾讯天美电竞太仓赛事孵化基地落地太仓，远见文旅集团打造沙溪古镇数字文化孵化基地。《郑和下西洋》电影项目获批拍摄。组织出动“扫黄打非”等行动检查人员 2352 人次，检查印刷企业 258 家次、出版物经营单位 45 家次，检查报刊亭、快递点和印刷发行等渠道 232 家次；宣传张贴复打印点、发行网点专项治理海报，开展宗教活动场所非法出版物专项检查 8 次。收缴非法出版物 2091 件，查处相关案件 9 起。开展“清朗”系列等专项整治行动 15 项，依托新媒体开展预防未成年人网络沉迷宣传活动，处置网络有害信息 9.86 万条，督促网站、平台关闭违规账号 3739 个，办理相关案件 3 起。开展校园周边出版物市场专项集中行动 36 次，组织系列“护苗”宣传活动 89 次，发放相关宣传品 6123 份。

【宣传文化人才建设】 2021 年，太仓市强化宣传文化人才理想信念教育，举办全市宣传文化系统干部培训班，提升宣传文化系统干部政治素养、拓宽发展视野、创新工作思路，聚焦大事要事，提升宣传思想文化工作“指向性”“能见度”。开展“新四力”（新能力、新活力、新动力、新合力）教育实践活动，推动全市宣传思想文化战线学习领悟习近平新时代中国特色社会主义思想，提高政治判断力、政治领悟力、政治执行力。推动习近平新时代中国特色社会主义思想学习宣传走深走实，坚持党管人才政治导向，打造一支适应经济社会发展需要的高水平宣传文化旅游人才队伍。组织 2020 年度太仓宣传文化旅游人才评选工作，评选文化名家 2 人、领军人才 1 人、重点人才 6 人。《年有余闲》系列中国画创作、太仓智慧美术馆建设和发展研究等 9 个项目入选太仓宣传文化旅游人才计划，资助总额 105 万元。

（夏一凡）

统战工作

【概况】 2021 年，太仓市学习传达中共中央总书记习近平在中央民族工作会议和全国宗教工作会议上的重要讲话精神及全国、省、苏州市统战部长会议精神，研究部署政协换届、各民主党派及工商联换届等相关工作。年内，召开第五次市委统一战线工作领导小组全体会议。完善民营经济统战工作协调机制和新阶层统战工作联席会议制度等。全年各民主党派、统战团体共发展新成员 52 人，其中各民主党派 27 人、市无党派知识分子联谊会 7 人、市留学人员联谊会9人、市新的社会阶层人士联谊会9人。市委统战部贯彻落实新修订的《中国共产党统一战线工作条例》,把思想政治建设摆在首位,引导统一战线成员开展“四史”(中国共产党史、新中国史、改革开放史、社会主义发展史)宣传教育;加强履职能力建设,引导统一战线成员围绕太仓落实“十四五”规划和构建新发展格局献计出力。深化“民企店小二”服务品牌内涵,建立民营经济统战工作协调机制。发现培育大院大所中党外高级知识分子代表,加强党外知识分子工作。构建“娄东新力量”品牌矩阵,深化“实践创新基地+品牌创建”模式,加强市、镇(区、街道)新联会互动,做好新的社会阶层人士统战工作。

【统一战线政治思想基础】 2021年,太仓市组织引导统战干部和统战成员学习领会中共十九大、十九届历次全会精神和习近平总书记关于加强和改进统一战线工作的重要思想。将统战知识和理论政策的学习纳入全市党组织理论学习中心组学习内容,列入宣传工作计划和党校教学内容。贯彻学习《中国共产党统一战线工作条例》,开展学习培训27次,培训人员近4000人次。开展“永远跟党走·启航新征程——嘉昆太各界人士百年百队‘骑行娄城·共学党史’定向赛”,上海市嘉定区和苏州昆山市、太仓市三地的100支队伍400位骑行爱好者参赛。开展“奋斗·启航”红色家书展、打卡“红色五公里”等活动30余场。举办统战课堂16期、太仓市首届优秀民营企业家理想信念报告会暨颁奖典礼。强化统一战线意识形态工作,做好宗教领域意识形态工作,确保社会主义核心价值观在宗教活动场所的宣传贯彻落实。

【多党合作】 2021年,太仓市制订政党协商安排计划,召开专题民主协商会,强化协商意见建议的落实反馈。协助民革太仓市委、民建太仓市委和民进太仓基层委完成换届,九三学社太仓支社完成换届并成立九三学社太仓市基层委。完成新一届政协委员推荐提名、资格审查等工作。支持民主党派和无党派人士参与人大协商、政府协商、政协协商。各民主党派、无党派知联会共提交集体提案80件、个人提案52件、人大建议13件。被列为市政协十四届五次会议重点提案9件。召开各界人士情况通报会4次,收集关于政务服务、市域空间规划、智能制造、娄江新城建设等工作专题性意见建议58条。推进领题调研活动,开展各民主党派、无党派知联会及统战团体领题调研暨特色支部创建专题交流会。

【党外代表队伍建设】 2021年,太仓市做好党外代表人士的发现储备、教育培训、实践锻炼工作。做好政协换届党外委员人事安排,协助做好人大换届党外候选人推荐提名。建立完善组织部、统战部党外干部工作联席会议制度。将优秀党外中层干部纳入市年轻干部成长强化班培训。通过定期走访,掌握和推进党外中层干部配备、培养情况,持续更新党外领导干部和中层干部信息数据库。4月21—23日,举办党外人士参政议政业务培训班,提高民主党派、无党派人士的政治素质、理论修养及参政议政能力,参训人员55人次。完善《太仓市新的社会阶层人士统战工作联席会议制度》,相关党政部门、群团、社会组织建立新阶层人士工作机制。重点联系单位党组织将新阶层人士统战工作纳入重要工作职责。建立《太仓市新阶层人士联谊交友五项制度》。6月2日,第三届“嘉温昆太”新的社会阶层人士统战工作协同创新峰会暨“Y4新友梦想”制造业智能化改造和数字化转型主题论坛在昆山举行,参会人员150余人。上海市嘉定区、浙江省温州市、江苏省昆山市和太仓市四地统战部联合举行“同心党建联盟”签约仪式。10月18—22日,“嘉昆太”新的社会阶层人士“凝聚新力量·筑梦新时代”主题教育联学联训培训班举办,参训人员100人。

【民族宗教工作】 2021年,太仓市召开市委民族宗教工作领导小组全体会议。开展民族团结进步宣传月活动。全年举办各类民族团结进步宣传活动25次,指导开展“民族团结进步示范基地”和“红石榴家园”创建工作,获评苏州市示范基地4家,城厢镇获评省级“红石榴家园”。组织民族宗教政策法规培训,全年举办宣传教育培训15次。开展“两个专项”(抵御境外基督教渗透、非法宗教渗透蔓延)行动工作,将整治非法宗教活动纳入市综治联动中心平台和“12345”便民热线,利用市联动中心监管系统、综治网格信息系统、雪亮工作等技术手段,开展群防群治。开展“国旗、宪法和法律法规、社会主义核心价值观、中

2021年6月2日,“嘉温昆太”制造业智能化改造和数字化转型生态合作伙伴计划启动
（市委统战部供稿）

华优秀传统文化”进宗教活动场所的“四进”活动，各宗教团体及活动场所开展“四史”学习27场次。举办全市民族宗教界“献礼建党百年”系列庆祝活动。以信息互动、联合检查、应急处理、场所管理“四项”管理机制为抓手，定期分析研判，协调开展联合执法，巩固宗教工作督查成效。推进宗教活动场所安全工作专项整治三年行动。加强宗教工作依法管理，巩固党群基层阵地。市宗教活动场所在做好新冠肺炎疫情常态化防控前提下有序开放。

【非公经济统战工作】 2021年，太仓市以促进民营经济健康发展和民营经济人士健康成长的“两个健康”为工作主题，构建“亲”“清”新型政商关系。继续贯彻落实《关于进一步促进民营企业健康发展八项措施的实施意见》。擦亮“民企店小二”服务品牌，举办民营企业家沙龙2期。6月22日，举办太仓市首届优秀民营企业家理想信念报告会暨颁奖典礼，评选优秀民营企业家10人。组织年轻一代民营企业家开展专业能力素质提升培训。搭建共享平台，开展“互联、互访、互享”企业行活动2期。通过统战官微推送各级各类涉企政策335条，发布政策汇编16篇。完成市工商联换届工作。发挥商会党建指导员作用，指导全市商（协）会基本实现党建工作全覆盖。引导非公经济人士尤其是政协委员做好参政议政、社会服务工作。10月16日，太仓市生物医药产业协会成立，首批会员企业54家，通过打通政策链、产业链、人才链等，共同建造太仓生物医药一体化产业生态圈，壮大太仓医药产业群体。

【港澳台统战工作】 2021年，太仓市加强与港资企业、台资企业和在太仓的港澳台同胞联络联谊。举办“妈祖缘·三地情”联谊暨天妃宫慈善周活动。太仓市台湾同胞投资企业协会完成换届工作。“太仓台协”官微发布涉台政策、台协工作动态等文章215篇。

【留学生及海外统战工作】 太仓市留学人员联谊会（以下简称“市留联会”）由在太仓工作或长期居住的中国籍归国留学人员自愿组成，是具有统战性、联合性和服务性的非营利性社会组织，至2021年在册会员97人，会员留学国家包括德国、英国、美国、法国等，行业领域分布广泛。市留联会以“团结太仓归国留学人员，服务太仓高质量发展”为使命，围绕对内团结服务、对外联络交流、内部核心善治三条主线开展工作。累计建立归国留学人员会合点11个，健全理事会—专业组—会合点三级工作网络，营造支持、爱护华侨华人和留学人员创新创业的社会氛围。举办“光辉照我心”——太仓市华侨华人、留学人员创新创业展，是太仓首次以海外人才创新创业为主题的集中展示。年内，太仓市建立市侨办、侨联联动机制。连续四年举办“海外文轩文学奖”评选，推动和吸引更多海外有影响力的作家、诗人、艺术家关注了解太仓。洽谈对接华侨华人到太仓创业项目21个，为精准对接海外高层次人才项目。市留联会被江苏省留学人员联谊会（省欧美同学会）授予2020年度“先进集体”称号。

（龚莺莺）

【太仓市无党派知识分子联谊会概况】 2021年，太仓市无党派知识分子联谊会（以下简称“市无党派知联会”）设城乡建设组、社会事业组、财经组和新阶层组等界别组4个，每个界别组设组长1人，由理事兼任。年内，新增会员7人，共有会员93人。会员中有苏州市政协委员1人、太仓市人大代表5人（其中人大常委会委员3人）、太仓市政协委员18人（其中政协常委6人）。

【市无党派知联会思想建设】 2021年，市无党派知联会突出思想政治引领，持续深入开展“不忘合作初心，继续携手前进”主题教育活动。开展以中共党史为重点的“四史”学习教育。组织学习全国“两会”精神、中共中央总书记习近平“七一”重要讲话精神、中共十九届六中全会、省十四次党代会精神等内容，集中观看庆祝中国共产党成立100周年大会，赴中共一大会址、新四军太湖游击队纪念馆、太仓第一个党支部纪念馆开展党史参观学习活动。推荐8名骨干会员参加市委统战部举办的2021年太仓市党外人士参政议政业务培训班。根据市委统战部“统战课堂”开放式讲座活动要求，会员夏建东开展《中医四季养生与治未病》专题讲座。组织会员观看爱国电影《1921》、“唱支山歌给党听”庆祝中国共产党成立100周年合唱音乐会，组建“知联骑士队”参加“永远跟党走·启航新征程——嘉昆太各界人士百年百队‘骑行娄城·共学党史’定向赛”等各类特色活动，引导会员

2021年6月22日，“奋斗百年路·赓续新辉煌”太仓市首届优秀民营企业家理想信念报告会暨颁奖典礼在市文化馆小剧场举行 （市委统战部供稿）

知史爱党、知史爱国。

【市无党派知联会参政议政】 2021年，市无党派知联会坚持把围绕中心、服务大局作为履职参政的重要任务。通过领题调研、对口联系等活动，深入基层把脉社情民意，问诊民生热点难题。全年共完成课题调研4个，各课题组参加统战部领题调研成果专题交流会，汇报调研情况。调研报告转化为人大建议、政协提案，发挥领题调研工作成效，为市委、市政府科学决策提供参考。“两会”期间共提交人大建议、政协提案18件，其中集体提案《关于加快太仓城市绿道建设的建议》《关于进一步推进文旅融合的建议》分别被市政协评为2021年度重点提案、优秀提案。市无党派知联会鼓励会员深入基层察实情、汇民意、出良策，明确“人均一篇以上建言成果、一次以上调研走访”工作要求，搜集新会员社情民意信息21篇。其中《关于推进农业供给侧结构性改革的几点建议》等信息被苏州政协、太仓政协录用。在市委统战部开展的“凝聚统战力量 · 推动沪太同城”金点子征集活动，会员陈喜撰写的《关于积极推进沪太交通设施同城化建设的建议》获二等奖。

【市无党派知联会社会服务】 2021年，市无党派知联会结合“书香知联”主题读书活动，连续第8年开展“书香进校园活动”。每年坚持向1所学校捐赠适合学生阅读的书籍、画报，传递知识与爱心。11月，市无党派知联会向浏河镇新塘小学捐赠价值近2万元的图书，促进书香校园建设。按照市委统战部“特色支部”活动要求，以“突出特色、培育品牌、示范带动、提升水平”为目标，知联会4个小组围绕优势属性，开展一系列更贴近时代、更贴近会员的小组活动。财经组、城乡建设组分别围绕创建“学习型”“参政议政”特色小组参加特色支部专题活动交流会。全体会员立足本职工作，发挥专业特长，承担社会责任，热心参与公益事业，展现知联会会员风采。会员袁蕴玉为市总工会作财经纪律专题培训；会员陈艳红在双凤小学开设非遗（双凤山歌）传统文化讲座；会员

2021年11月24日，太仓市无党派知联会在浏河镇新塘小学开展图书捐赠活动 （金庆苏摄）

宋世良、夏建东送医进村进社区，通过讲座、义诊、健康咨询等公益性活动普及健康知识；会员陆宁初、张璟发挥律师专业优势，受聘担任民法典讲师团成员，送法进机关、进企业、进校园、进社区，开展妇女维权、保证合同等普法专题宣讲；会员顾燕出版《“精彩童年”微型课程：成就童年的精彩》；会员提丽娜获苏州市“最美巾帼奋斗者”称号、2021年度苏州“最美劳动者”称号。

（金庆苏）

全面深化改革

【概况】 2021年，中共太仓市委全面深化改革委员会（以下简称“市委深改委”）持续深化各领域改革创新，以更高站位把准改革方向，聚焦要素市场化配置、生态环境保护、共同富裕、义务教育“双减”等重点领域，结合太仓实际加强基层实践，全力推动改革任务落地见效；以更宽视野谋划改革工作，聚焦做深“三篇文章”（融入上海、对德合作、以港强市）、推进创新转型、优化营商环境等关键重点，研究推出一批牵引作用大、体现太仓特色的改革事项。以更实举措深化改革攻坚，聚焦经济发展、社会治理、民生领域的突出问题，强化系统思维，提高改革综合效能和整体效应，在国资国企改革上，强化国企对全市发展的支撑作用。全年全市推进重点改革任务26项，致力创新转型，激活高质量发展源动力。年内，太仓对德合作入选“第三批中欧区域政策合作中方案例”。

【经济体制改革】 2021年，太仓市围绕营造办事最便捷（Easy）、服务最高效（Efficient）、市场最公平（Equal）、治理最电子化（Electronic）、投资最具活力（Energetic）的营商环境，创新实施优化营商环境制定“E.S.T”行动实施方案，推出具体措施32项及特色创新项目13个，丰富“5E · 太舒心”品牌内涵。推进“放管服”改革，编制标准化办事指南，市镇村三级政务服务体系健全完善，政务服务“好差评”国家试点持续深化；建成“一网通办”总门户，全省率先实现“出生”“入学2.0”等8个高频“一件事”掌上办，一件事“零材料掌上办”案例获评全国“智能服务典范”。上线“易企办”便利化登记服务，新增法人企业数9815户。优化企业发展和项目建设服务机制，升级政策计算器、企业服务总入口功能，创新实施“双信地+标准地”供应模式，项目审批全流程“一网通办”，重点项目平均审批时间7.5天。创新设立“娄城贷”政府增信金融产品，在苏

州率先推出“苏科贷”全覆盖贴息政策，“BEGI·N”金融沙龙常态开展，帮助企业获授信110亿元。高效运作产业引导基金及其子基金，新增子基金6支，基金合作总规模120亿元。推进知识产权保护与利用改革，加快建设苏州知识产权保护中心太仓分中心。市属国企改革持续深化，全市国企紧扣“翻一番”任务，推动总资产、净资产、利税等主要指标再上新台阶。

【城乡一体化改革】 2021年，太仓市深化城乡一体化改革，以改革和创新精神破解城市建设管理难题。《太仓市国土空间总体规划（2020—2035年）》形成中期成果，娄江新城建设提速，西北工业大学太仓校区交付使用，胜利村、古松弄、原城三小等重点地块更新启动，梅园新村改造项目被列入住建部试点；实施“拆建管”一体化治理机制，拆除违法建设298万平方米；生活垃圾分类片区实现全覆盖；太仓大道地下综合管廊启动；城区城市管理领域财政事权改革实施。夯实农业农村优先发展制度体系，农业生产体系现代化建设持续强化，主要粮食作物耕种收综合机械化率98%；开展“万企联万村、共走振兴路”行动，实施村企联建项目21个，村均集体可支配收入超1000万元；完成三批30个乡村振兴示范村建设，新增特色康居乡村46个、特色康居示范区3个。农村人居环境整治获国务院大督查通报表扬，入围全国城乡交通运输一体化示范创建县。完成新型职业农民制度改革等国家级试点2项。完善生态环境治理体系，制定落实长江沿线“三无”船舶长效治理、危险废物专项整治三年行动、污水治理提质增效三年行动等实施方案；创新推行“河长+检察长”协作机制，国考省考断面、主要入江支流水质优Ⅲ比例保持100%；推进碳达峰碳中和工作，关停木材、化工等低端低效企业586家；在全省率先实施“企业环保经理发证”机制，实现省级生态文明建设示范镇全覆盖，生态环境工作获省政府督查激励。

【社会民生改革】 2021年，太仓市开展“乐就太仓”公共就业创业服务提质工程，城镇新增就业人员1.1万人次。健全分层分类的社会救助体系，“特困人员照料护理制度”获评“江苏省社会救助领域创新实践最佳案例”。全国示范型退役军人服务中心（站）实现市镇两级全覆盖。开展全国义务教育优质均衡发展县（市、区）创建，建成投用新改扩建学校项目11个，义务教育集团化办学全覆盖，落实“双减”（减轻义务教育阶段学生作业负担和校外培训负担）政策，建设高质量教育体系，强化学校教育主阵地作用，深化校外培训机构治理，构建教育良好生态，促进学生全面发展、健康成长。“中德智能制造双元制教育”入选工信部示范项目。市一院、市中医医院三甲医院创建全面推进，市公卫中心建成投用，异地就医直接结算由住院扩展至门诊，太仓市获评全国健康城市建设示范市。“10分钟体育健身圈”实现全覆盖，完善全民健身公共服务体系。深化养老服务综合改革，4家镇级公办养老机构启动公建民营改革，日间照料中心社会运营比100%，推进省级居家和社区养老服务创新示范建设，建成家庭养老夜间照护床位600张，太仓市位列“2021中国康养百佳县市”榜首，连续6年位列中国最具幸福感城市（县级市）榜首。

【社会治理改革】 2021年，太仓市完善新冠肺炎疫情常态化防控机制，强化与港口联防联控，开展全员核酸检测登记、港口聚集性应急演练，核酸检测、应急处置等能力持续提升。深化网格化治理体系建设，网格化服务管理水平全省领先，“12345”便民服务热线完成归并整合，处置各类诉求及网格事件98万件，满意率99.6%。创新推进“政社互动4.0”，深化“发展型”幸福社区建设，“能动善治”项目获省基层社会治理创新成果奖第一名。推进“数字政府”建设，建设“云、网、端”数字政府基础设施体系，推进“一网通用”“一网通办”“一网统管”，打造“太融e”“太e办”“一网统管（集成指挥）”平台。落实安全生产责任制，全省率先上线安全生产监管信息平台，构建安全生产动态监管模式。深化民主法制领域改革，打造综合行政执法改革太仓样板。深化法治太仓建设，在全省率先建立群众法治满意度综合评价体系，法治建设群众满意度位列全省首位。开展行政复议体制改革，信访服务站向基层延伸。推进司法责任制综合配套改革，完善一站式多元化解和诉讼服务体系，民事诉讼程序繁简分流改革试点完成。

【党的建设制度和纪检监察体制改革】 2021年，太仓市统筹推进党的组织制度、干部人事制度、基层组织建设制度、人才发展体制机制改革，开展“两在两同”建新功行动，推出“我为群众办实事”微实事项目1360个。“理论飞燕进万家”“乡音收音机”等特色项目在苏州全市范围内推广。落实意识形态工作责任制，网络综合治理中心项目入选省级试点。开展“奋进百年·海棠花红”系列活动、“攻坚先锋”专项行动。实施“对接上海·党建先行”工程，开展各类共驻共建活动289次。推进纪检监察体制改革，“四项监督”［纪律监督、监察监督、派驻监督、巡视（巡察）监督］贯通协同形成合力，提升监督实效。

（杨志栋）

机构编制

【概况】 2021年，太仓市委编办全面贯彻《中国共产党机构编制工作条例》，按照规定权限、规则、程序开展机构编制工作，推动党管机构编制原则落地见效，确保机构编制工作规范高效。推进各项改革工作落实，构建完善权责统一、协同高效的社会治理体系，助力提升基层治理体系和治理能力现代化水平。围绕服务全市经济发展和民生事业，在对德合作、大数据管理、教育、医疗卫生、综合执法、住房保障和房产管理、安全生产和生态环保、基层治理等领域精准配置机构编制资源，提升机构编制管理规范化建设。

【党政机构改革】 2021年，太仓市持续深化党政机构改革，推进机构编制法定化。市委编办制订市公安局、市档案馆“三定”（定部门职责、定内设机构、定人员编制）规定，明确机构属性、内设机构、人员编制等机构编制事项。调整市扶贫工作机构设置，在市农业农村局挂“太仓市乡村振兴局”牌子，不再保留“太仓市政府扶贫工作办公室”牌子。

【基层“三整合”改革】 2021年，太仓市持续推进基层“三整合”（乡镇街道整合审批、服务、执法力量）改革，打造优化协同高效的基层治理体系。市委编办指导涉改镇街拟订“三定”规定，调整优化镇街职能配置、机构设置和人员编制，以党内法规形式明确涉改镇街的一揽子机构编制事项。联合多部门印发对镇街和相关市级部门综合执法工作的联动考核方案，创新开展镇街、市级放权部门双向监督考核。督促指导镇街实施精准整改和高效提升，在苏州市委编办组织的复查抽查中取得良好成绩。指导乡镇争创全省基层“三整合”改革示范点，推进苏州市基层集成指挥中心标准化试点工作，打造可复制、可借鉴的改革样板。推广“1+4”模式，即以加强党的全面领导为核心，下放审批权限、整合统筹执法服务资源，推动镇街机构深改，建立基层“集中规范审批、深化监管服务、综合行政执法”治理新模式。

【机构编制督查】 2021年，太仓市委编办按照“机构清、编制清、领导职数清、实有人员清”要求，推进全市第二次机构编制核查工作。年内，全口径核查机构批复和实际设置情况、编制核定及实有人员情况、领导职数核定及配备情况、实名制数据等。

【市级机关服务高质量发展（绩效管理）考核】 2021年，太仓市委编办科学构建考核体系，系统谋划市级机关服务高质量发展考核办法，制定《太仓市市级机关单位服务高质量发展（绩效管理）考核工作实施方案》，将机关部门在安全生产、公共卫生、环境保护等方面产生的重大失误或风险事件，制定负面清单和扣分细则。年底，根据市考核办统一部署，落实开展2021年度市级机关服务高质量发展（绩效管理）考核工作。

【事业单位登记管理】 2021年，太仓市完成全市392家事业单位2020年度报告公示工作。全年设立登记事业单位19家，变更160家，补领证书4家，注销17家。全年新申领统一社会信用代码证书31家，变更43家，换证1家。年内，市委编办联合市发改委、市教育局、市卫健委等单位，对全市49家公办中小学和21家公立医疗卫生服务机构开展信用等级评价工作。经评价，5家公办中小学和2家公立医疗卫生服务机构评定为A+级，8家公办中小学和3家公立医疗卫生服务机构评定为A-级，其余为A级，评价结果同步在“太仓机构编制网”和“信用太仓”公示，接受社会公众监督。

（王春鹰）

保密工作

【概况】 2021年，太仓市树立做好新时代保密工作就是保党的长期执政地位、保国家安全、保人民幸福、保民族复兴的大局观念，加强党管保密、依法治密、科技强密建设。发挥党管保密优势，将保密工作纳入党委工作规划，定期研究部署保密工作，印发全市保密工作要点，谋划解决全年保密工作重要问题、重大事务。完善领导体制机制建设，调整市委保密委员会成员单位及分管领导，定期向保密委员会汇报工作并传达领导批示。

【保密工作规范化】 2021年，太仓市严格遵守各项保密法律法规，开展保密行政执法资质考核，扩大执法队伍。完成年度党政机关定密事项报备工作，推进定密工作制度化、规范化。落实涉密人员保密管理办法，做好岗前教育、在岗培训、离岗离职脱密等工作，抓好涉密岗位、涉密人员信息报备等事项。加强专项保密管理，开展邮箱使用规范、微信泄密整治等行动，指导机关、单位做好新冠肺炎疫情防控期间保密工作，组织开展中考、高考、学业水平测试等国家统一考试的保密安全监督检查，确保考试安全平稳有序进行，营造公平、公正、安全、放心的考试环境。

【保密监督管理】 2021年，太仓市加强保密监督管理，全市机关、单位接入苏州市监管平台，各单位涉密单机全部安装“三合一”管理终端（U盘单向导入装置、专用涉密U盘和涉密计算机防非法外联的组合产品）。丰富保密检查技术手段，开展首次远程保密检查。加大保密科技创新力度，依托市政务系统升级改造，开发部署保密备案等功能应用。加强保密技术服务能力建设，组织参加苏州涉密信息系统“三员”（系统管理员、安全保密管

2021年12月17日，江苏省数据安全管理试点城市工作展示活动在太仓举行
（市委网信办供稿）

理员、安全审计员）培训，参训人员全部获得“三员”资格认证。提升涉密载体分类销毁服务保障水平，持续优化销毁操作流程、完善工作机制。

【保密宣传培训】 2021年，太仓市组织各地各部门参加省、市保密技能竞赛，创新开展保密知识微信有奖竞答。召开全市保密主官培训、保密工作专题培训。开展保密形势教育、反窃密防泄密教育、典型案例警示教育等活动，为全市机关、单位提供保密指导服务，落实保密制度，建立长效机制。4月，组织开展“4·15”全民国家安全教育日系列保密宣传活动，印发保密书刊、宣传品3000余份，全市投放公益屏200余块，营造“国家安全、人人有责、人人知晓、人人参与”社会氛围。

【数据安全】 2021年9月1日，《中华人民共和国数据安全法》（以下简称《数据安全法》）施行。太仓市解读宣传《数据安全法》，落实市委、市政府关于数据安全的工作要求，增强全社会数据安全法治意识和风险防控意识，为建设苏州数字经济和数字化发展保驾护航。规范数据处理活动，保障数据安全，促进数据开发利用，保护个人、组织的合法权益，维护国家主权、安全和发展利益。3月30—31日，太仓市举办首届“网络安全官”培训班开班，提高网络安全官安全意识、增强网络完全技能。通过个体网络安全素质的提升，提高全市网络安全防护水平，落实全市网络安全工作责任制，打造全市健康网络安全生态。12月17日，江苏省数据安全管理试点城市工作展示活动在太仓举行，关注数据安全和隐私保护，探索数据安全治理经验，探索建设网络强市。

（黄　琼）

老干部工作

【概况】 截至2021年年底，太仓市共有离休干部113人、市管退休干部1287人。市委老干部局深化“余晖红”党建品牌影响力，召开庆祝中国共产党成立100周年暨全市离退休干部党建推进会，表彰“示范支部”6个和“银发好书记”8人。全市建有市区级规范化离退休干部党支部示范点12家，港区老干部党支部被市委表彰为优秀基层党组织。探索“互动融合”离退休干部党建工作模式，市检察院与港区老干部党支部开展党建结对共建活动。围绕“回望百年路、助力新征程”主题指导全市离退休干部党支部开展主题党日活动70余场次，展示老一辈革命者的奋斗精神和生活态度。年内，市委老干部局获评2018—2020年苏州市文明单位。

2021年6月，市委老干部局开展“回眸百年·聆听初心”之红色故事会活动，退休干部邢高前（中）在市新区第二小学作“传承红色基因，当好革命事业接班人”宣讲
（夏琳娜摄）

【老干部思想政治学习】 2021年，太仓市委老干部局组织离退休干部开展政治理论学习，加强和推进离退休干部的政治理论学习及思想政治建设，丰富老干部精神文化生活。组织离退休干部听党课、看直播、悟思想活动70余次，召开“我看建党100周年新成就”座谈会12次，组织老干部学习网上专题报告会8次，引导老党员参与党史知识线上竞答活动，提升党史学习教育覆盖面。加强思想建设，各老干部党支部开展“沉浸式”党史学习教育，组织老党员参观太仓第一个党支部纪念馆、观看革命历程图片展等。全市52个离退休干部党支部、近1000名离退休党员干部参与红色教育，举行重温入党誓词近100次。举办全市离退休干部党支部书记培训班，开展党务知识培训和党史学习教育宣讲，参观太仓家风馆和西北工业大学太仓长三角研究院，感悟党的创新理论的真理力量、实践力量、人格力量，实现“学党史、悟思想、办实事、开新局”。

【老干部引领作用发挥】 2021年，太仓市委老干部局围绕加快建设“现代田园城、幸福金太仓”目标，制订《关于在全市离退休干部党员中开展“两在两同”建新功行动的实施方案》，规范和革新志愿服务，为老干部发挥作用创造机会、搭建舞台、做好保障。开展“回眸百年·聆听初心”之红色故事会，受教育党员6000人次。拍摄的《足迹》《赓续》《传承》红色故事在156个站点播放714次。年内，市委老干部局与城厢镇电站村签订为期3年的老干部助力乡村振兴合作协议书。老干部经济研究组定期调研。开展“我看建党百年新成就”系列活动，组织老干部参观娄江新城规划展示馆，就紧抓长三角一体化发展战略机遇、创新对德合作、提升城市品质、优化民生福祉等方面建言献策。组织老

2021 年 10 月，市委老干部局组织老干部开展“魅力电站行”活动
（夏琳娜摄）

干部摄影组与电站村开展“幸福电站”活动，组织老干部书法组下乡送春联活动，丰富居民精神文化生活。年内，“培乐党员调解室”参与解决邻里纠纷 52 件，南区社区余晖红党支部书记诸培乐被推荐为“太仓好人”。“金丽萍调解室”、闵玉琴通过“互联网＋人民调解”手段，化解各类矛盾 3000 余件。老干部胡国芬连续 10 年每年捐资助学 2 万元。

【老干部服务管理】 2021 年，太仓市委老干部局组织老干部参观考察 2 次。开展“致敬·赓续”大走访活动，走访全市离休干部 125 人。采用“一人一策”“分类管理”方式，为老干部提供精准化个性化服务。接待老干部来信来访 40 余人次。重点帮扶高龄、独居、重病和有特殊困难的老干部。加强党内关怀，全市各级党组织为 5500 余名老党员颁发“光荣在党 50 年”纪念章。开展“助太仓速度、展余晖风采”干部荣誉退休仪式，提升退休干部荣誉感、归属感、获得感，引导新退休干部离岗不离党、退休不褪色。组织开展“常青藤”品牌系列活动，在新冠肺炎疫情影响和阵地限制的情况下，以小型多样、定制化的方式开展活动。结合“我们的节日”开展“我的幸福生活——端午品粽”、趣味运动会等活动。开展“魅力电站行”“厢遇金秋，欢庆重阳”“辞旧迎新学精神”等活动，共吸引 600 余人次参加。承办“奋斗·启航”庆祝中国共产党成立 100 周年苏州市老干部书画笔会。举办“为老办实事——聚焦小美好，提升幸福力”生活收纳学、生活美学、现代园艺等系列培训。组织老干部书法、象棋等比赛活动。

（环素珍）

党校教育

【概况】 2021 年，中共太仓市委党校筑牢理论宣传主阵地，夯实教育培训主渠道，建强科研资政智囊库，发挥“干训阵地、资政智库”作用。年内，市委党校完成各类培训班 303 期，参训学员 1.19 万人次，其中主体培训班次 17 期，参训学员 3551 人次；服务线下全市领导干部理论知识讲座 5 期，参训干部 2503 人次；指导和监管委托培训办班 286 期，参训学员 8402 人次。全年新开发党史学习教育系列课程 25 门。开展“红色讲堂”“微型党课送基层”“优秀党课送基层”等活动，为各单位、村（社区）提供党课宣讲 350 余场次，参与学习 1.8 万人次。全年出版《实践》4 期，刊发反映太仓经济社会发展实际的调研文章近 60 篇。完成省级课题 4 项，苏州市级课题 5 项，校级重点课题 7 项，一般立项课题 7 项。

2021 年太仓市领导干部理论知识讲座（线下）一览表

表 74

序号	讲座名称	日期	主讲人	人数（人）
1	听总书记讲党史故事的感悟	3 月 23 日	奚洁人	615
2	学习贯彻“十四五”规划 以改革创新为动力推动高质量发展	4 月 29 日	杨上广	517
3	全面推进乡村振兴	5 月 13 日	孙耀武	476
4	百年奋斗，百年辉煌 ——习近平总书记“七一”重要讲话精神解读	7 月 23 日	王金定	525
5	守牢网络意识形态阵地 ——突发事件应急处置与媒体沟通	11 月 12 日	裴增雨	370

2021 年太仓市委党校（行政学校）干部培训主体班次一览表

表 75

序号	班次名称	日期	联办单位	人数（人）
1	太仓市“奋进百年·薪火相传”思源工程发展对象培训班（第一期）	4 月 6—8 日	市委组织部	298
2	太仓市“奋进百年·薪火相传”思源工程发展对象培训班（第二期）	4 月 12—14 日	市委组织部	120
3	太仓市“奋进百年·薪火相传”思源工程发展对象培训班（第三期）	4 月 14—16 日	市委组织部	248
4	太仓市“奋进百年·薪火相传”思源工程发展对象培训班（第四期）	4 月 19—21 日	市委组织部	376
5	太仓市现代产业体系建设专题培训班	5 月 25—27 日	市委组织部 市工信局 市科技局	70
6	太仓市“赓续红色血脉”新党员培训示范班（第一期）	6 月 15—17 日	市委组织部	60
7	周至县科级领导干部能力素质提升班	7 月 12—17 日	市委组织部	36
8	2021 年太仓市“赓续红色血脉”新党员培训班（第二期）	7 月 21—23 日	市委组织部	433
9	全市基层纪检干部业务培训班	6 月 23—25 日	市纪委监委	203
10	太仓市“奋进百年·薪火相传”思源工程发展对象培训班（第五期）	9 月 8—10 日	市委组织部	219
11	2021 年度市级机关入党积极分子培训班	9 月 15—17 日	市委组织部	162
12	太仓市“奋进百年·薪火相传”思源工程发展对象培训班（第六期）	9 月 22—24 日	市委组织部	166
13	2021 年太仓市年轻干部成长强化班	9 月 14—26 日	市委组织部	32
14	太仓市 2021 年新录用公务员初任培训班	10 月 18—29 日	市公务员局	130
15	2021 年太仓市“赓续红色血脉”新党员培训班（第三期）	11 月 3—5 日	市委组织部	289
16	2021 年太仓市“赓续红色血脉”新党员培训班（第四期线上培训）	11 月 11—12 日	市委组织部	569
17	太仓市 2021 年事业单位新录用人员岗前培训班	11 月 9—12 日	市人社局	140

【年轻干部成长强化班】 2021 年 9 月 14—26 日，太仓市委党校与市委组织部联合举办太仓市年轻干部成长强化班，参训学员 32 人次。培训班以强化政治能力、提升专业本领为导向，设置党的基本理论教育、党性教育、专业化能力培训、知识培训等四大教学模块，集中安排专题教学 8 次、市情导读 6 次、自我教学 9 次及体验式教学、现场教学、视频教学等。主要教学专题包括《以史为鉴开创未来的政治宣言和行动纲领——深入学习贯彻习近平总书记“七一”重要讲话精神》《习近平法治思想概论》《传承弘扬三大法宝，激励担当干事精气神》《长三角地区更高质量一体化发展》《数字经济、新基建与地方产业转型升级》《太仓“十四五”发展战略解读》《太仓航空航天产业发展前景与展望》等。授课教师主要是太仓市领导干部和全国高校专家学者，来自上海社科院、北京科教科学研究院、华东政法大学、上海中军投资集团有限公司、苏州市委党校等。培训通过体验式教学、现场教学、分组讨论、辩论赛、主题演讲等方式，加强对年轻干部的思想淬炼、政治历

2021 年 9 月 14 日，太仓市年轻干部成长强化班开班 （张懿琳摄）

练、实践锻炼和专业训练。

【年度科研立项课题结题】 2021年，太仓市委党校完成省级课题4项、苏州市级课题5项、校级重点课题7项、一般立项课题7项，出版社科期刊《实践》4期，刊发反映太仓经济社会发展的文章近60篇。苏州市委主要领导圈定重大课题《苏州加快集聚重大平台型企业（机构）的建议》获省委常委、苏州市委书记曹路宝批示。入选苏州党校系统“庆祝中国共产党成立100周年”征文2篇，其中《中国共产党百年奋斗历程中化“危”为“机”的历史经验及启示》获评优秀论文。调研文章《加强革命文物保护，助益党史学习教育》获评太仓市“学习百年党史·汲取奋进力量”征文优秀作品，评论文章《答好“共同富裕”新考卷》在中共江苏省委组织部网站发表。

【基层理论宣讲工作】 2021年，太仓市委党校强化政治意识和服务意识，争做学术科研“尖兵”和理论宣传“先锋”。把学习宣传习近平新时代中国特色社会主义思想和中共十九大、十九届六中全会精神作为首要政治任务。围绕党史学习教育，推出系列专题课程40余门，创新探索网络直播、云课程等线上理论宣传载体。参与“娄城飞燕”巡回宣讲活动，组织开设《中国共产党党史的四个阶段及其特征》《拼出“太仓速度”，谱写精彩篇章》等专题课程4门，通过“飞燕云讲堂”网络平台、“太仓市委党校”公众号向全市发布。开创理论宣传新阵地，推出“太仓党史故事”“共产党人精神家园”等专题栏目，满足全市党员群众理论学习需求。建立“共产党人精神家园”党史志愿宣讲队，依托“新时代文明实践理论宣讲”“红色讲堂”“优秀党课送基层”等平台在全市范围内开展党课宣讲350余场次，全年宣讲活动服务对象累计1.8万人次。

【党校师资队伍建设】 2021年，太仓市委党校推进培育“青年教师培养”和“品牌教师培育”计划，完善教师学习进修、交流锻炼等培养机制。组织开展“共产党人精神家园”党史系列课程评审暨教学竞赛活动，开展校内示范课和新课程磨课等教学活动6次，“百年红史，百年诗史——从毛泽东诗词品读党史和中国共产党人的情怀”“从百年历史性变革中感悟中国共产党百年历史性成就”“遵义会议精神及其时代价值”等25门新课程通过评审认证。组织青年教师参加全省党校（行政学院）系统党史学习教育专题师资培训班、第2期全省党校系统教研骨干研修班、苏州市基层理论宣讲骨干培训班。组织科研骨干参加2021年度苏州市党校系统科研咨政能力提升专题培训班、苏州市党校系统深入学习习近平总书记“七一”重要讲话精神学术研讨会、苏州市党校系统深入学习市第十三次党代会精神研讨会，参加苏州市委理论学习中心组学习会暨“智论苏州”报告会。组织教师参加全国党校（行政学院）系统深入学习贯彻中共十九届五中全会精神教研骨干培训班、全国党校（行政学院）系统“中共党史”专题师资培训班、中共十九届六中全会精神专题网络师资培训班等线上培训。深化与长三角地区党校（行政学院）的交流合作，推进师资交流、合作办班、异地教学等工作，吸引党校系统资深名校到太仓办班授课，实现教学点、示范点升级。

（王子铭）

老区开发建设

【概况】 2021年6月18日，太仓市老区开发促进会、太仓市扶贫开发协会、太仓市合作经济研究会（以下简称市扶贫“三会”）召开第六届第一次会员大会。会议审议通过第五届理事会工作报告，审议通过章程修改案，选举戴锦明为第六届理事会会长，倪一飞、朱丹为副会长等。会议强调，市扶贫“三会”开展调查研究，助推实施乡村振兴战略；开展扶弱帮困工作，巩固脱贫攻坚成果；加强沟通对接，争取更多资金促进老区发展；宣传传承红色基因。6月22日，太仓市老区开发促进会召开庆祝中国共产党成立100周年座谈会，离退休干部代表、革命老区代表、革命后代代表等30余人参加。

【城区水环境整治调研】 2021年6月，太仓市扶贫“三会”就城区水环境整治工作展开调研，提出“通江达河，自主引清；循环畅流，活水自流；河道清淤，截污控源；科学调度，长效管理”等整治建议4条。8月4日，市扶贫“三会”向市委、市政府提交《关于改善太仓城区水环境的建议》，市领导作出批示，要求相关部门完善“十四五”治水专项规划，加快实施重点项目、关键项目。

2021年6月22日，太仓市老区开发促进会召开庆祝中国共产党成立100周年座谈会
（市扶贫“三会”供稿）

【红色资源保护利用】2021年，太仓市老区开发促进会结合党史学习教育，联合市史志办开展红色资源普查工作，深入老区考证核实、增补革命遗址遗迹名录，分析革命遗址遗迹保护利用状况，提出“深化党史学习教育活动，提高红色资源保护意识；编制红色资源保护利用总体规划，全面科学保护红色资源；整合相关部门职能，建立红色资源专项保护制度；协调相关部门单位，因地制宜保护利用红色资源”等保护利用红色资源的措施建议。联系遗址遗迹所在地镇、村，协助制订革命遗址保护利用实施方案，推进红色旅游项目建设，为革命老区人民办实事、做好事，助力革命老区乡村振兴。邀请苏州工艺美术职业技术学院教授协助浮桥镇方桥村制订革命遗址开发利用规划；协助璜泾镇雅鹿村做好太仓县政府、太仓民抗成立大会旧址纪念馆布馆工作。

【村级爱心服务社建设】2021年，太仓市扶贫“三会”推动全市各镇（街道）在有条件的村和涉农社区调动社会资源，建立村级扶弱关爱专项资金，建立扶贫帮困长效机制，促进社会公平正义。3月18日，在璜泾镇永乐村召开推广建立村（社区）扶弱关爱基金现场推进会，要求在全市村和涉农社区因地制宜建立村级公益性组织。9月，全市92个村（涉农社区）全部建立村（社区）村级爱心服务社，29个服务社开始募集基金，15个服务社向资助对象展开服务。市扶贫“三会”确定将“扶弱关爱基金”统一为“××爱心服务社”，印发《太仓市村级爱心服务社管理办法》，明确“服务社设立、资金募集、资金管理、救助原则、救助对象、资金监管”等规定，规范运作扶弱关爱专项资金，确保资金使用合法、规范、安全、高效、透明。双凤镇党委政府重视支持建立村级爱心服务社工作，每村拨付5万元并要求村委会配套拨付5万元作为村级爱心服务社启动资金，实现村级爱心服务社全覆盖。10月20日，市扶贫“三会”在双凤镇黄桥村召开全市村级爱心服务社工作推进会，推广双凤经验。城厢镇、沙溪镇、浏河镇、璜泾镇等爱心服务社启动资金列入财政预算。

【扶弱帮困】2021年，太仓市扶贫“三会”对困难农户实行动态管理，探索建立扶弱帮困工作长效机制，继续开展开发式扶弱帮困工作。镇（街道）分会全面摸排辖区内困难农户，全市农村共有人均年收入1.3万~2.1万元的困难家庭403户。通过镇（街道）分会落实帮带载体66户，市扶贫“三会”拨付载体奖补资金32.24万元，镇（街道）分会拨付配套资金48.36万元。各基层分会和帮带载体开展调研指导，督查帮带协议落实情况，被帮扶的困难家庭户均增收超2万元。精准助学困难学生43人，拨付助学资金16.3万元。联合市教育局、太仓农商行继续开展“滴水·筑梦”助学工程，资助20人，共6万元。协助碧桂园“沪苏一对一”帮扶基金资助困难学生10人，每人5000元。

【“三会”组织向村（社区）延伸】2021年，太仓市探索建立村（社区）“三会”工作站，扩大“三会”组织覆盖面。3月，在全面建好镇（街道）分会基础上，市扶贫“三会”要求在全市村和涉农社区建立村级“三会”工作站，明确要求村（社区）工作站负责人由村（社区）党组织书记兼任，成员由村（社区）工作人员、村（社区）退休干部、企业代表及其他爱心人士组成。9月，全市各村、涉农社区全部建立“三会”工作站。10月13日，苏州市“三会”系统基层组织建设现场会在璜泾镇永乐村召开，推广太仓经验。年内，双凤镇分会获苏州市优秀镇（街道）“三会”分会称号；城厢镇电站村、沙溪镇半泾村、璜泾镇永乐村、浮桥镇方桥村“三会”工作站获苏州市优秀“三会”工作站称号。

（章昌健）

关心下一代工作

【概况】2021年，太仓市关心下一代工作贯彻《江苏省关心下一代工作委员会工作规则》和《关于完善和落实“党建带关建”工作机制的意见》精神，落实“党建带关建”工作机制，参与青少年思想道德建设，重视青少年心理健康教育，营造青少年健康成长良好氛围，用好校外教育辅导站，打造青少年健康生活乐园，充实各级关工委工作班子，提高“五老”（老干部、老战士、老专家、老教师、老劳模）队伍综合素质，凝聚关心下一代工作强大合力。全年全市52所中小学征订《关心下一代周报》4.39万份。至年底，全市10个镇（区、街道）、157个社区（村）及所属村（居）民小组、65个市级机关部门、79所学校、6个农技站、1034个企业建立关心下一代工作组织。年内，市关工委、娄东街道关工委获评江苏省关心下一代工作优秀集体。

【关工委队伍建设】2021年，太仓市共有“五老”志愿者7000余人，其中“五老”讲师团成员470人、网吧义务监督员101人、“五老”帮教员878人、“三扶两创”（扶志、扶技、扶创业，创建创业示范基地、评选创业之星）老科技工作者19人，参加校外辅导“五老”1084人、其他志愿者（含大学生村官）1163人。全年“五老”网吧义务监督员对全市57家网吧（游戏房）开展日常监督，查访6901人次。加强企业关工委情况调研，太仓港港务集团、城厢镇沿江物业等开展企业关心下一代工作推进试点。大科园企业关工委组织开展“少年创客训练营”等活动。市关工委推进“立德树人、以文化人、实践育人”教育，组织开展“颂建党百年、做时代新人”主题教育活动。1月26日，调整市关工委青少年思想道德、法治教育讲师团成员。2月24日，组织部分“五老”志愿者编写2021年《颂建党百年、做时代新人主题教育专辑》，发放2500本。3月4日，组织开展“童心永向党·筑梦新辉煌”演讲比赛。3月17日，组织开展“童声齐颂建党百年”主题征稿活动。3月18日，全市主题教育活动在市烈士陵园启动。5月7日，市关工委举办党史教育暨“五老”志愿者工作培训班。6月25日，全市校外教育中心辅导站建设暨“颂建党百年、做时代新人”主题教育推进会在浮桥镇中心辅导站召开。7月2日，太仓市

2021 年 7 月 9 日，太仓市关工委面向青少年开设党史教育课
（市关工委供稿）

"七彩夏日" 暑期系列活动启动仪式暨 "颂建党百年，做时代新人" 老少同台展演在市文化馆举行。7 月 30 日，"青少年教育实践基地" 揭牌。全年全市关工委系统有主题宣讲员 470 人，编写材料 303 篇，听讲 13.2 万人次。年内，市青少年活动中心、市朱棣文小学获全省中小学 "童声齐颂建党百年" 主题征稿优秀组织奖。

【校外辅导站建设】 2021 年 4 月，太仓市关工委开展重点 "调研月" 活动，推进镇（区、街道）中心站发挥示范引领作用。8 月，陆渡街道校外教育中心辅导站揭牌。市关工委协同团市委，依托校外教育辅导站等平台，继续办好 "爱心暑托班" 惠民工程。7 月 5 日至 8 月 20 日，分两期举办暑托班，每期共设 21 个班，每班招收学员 35 人，共 1470 人。校外教育辅导站坚持线上线下相结合办活动，线上活动内容丰富、形式多样，线下活动以少聚集、低频次、短时间、强防护要求开展。全市 401 名在职教师和 1163 名 "五老"、大学生志愿者在辅导站上课 2200 课时。全市共举办校外教育活动 3602 场次，参与人数总计 13.6 万人次。年内，太仓市校外教育辅导站工作经验入选省关工委《新时代全省关工委创新成果汇编》。

2021 年 6 月 25 日，太仓市校外教育中心辅导站建设暨 "颂建党百年、做时代新人" 主题教育活动推进会在浮桥镇召开
（市关工委供稿）

【青少年法治宣传教育】 2021 年 7 月 26 日，太仓市关工委学习贯彻《中华人民共和国未成年人保护法》和《中华人民共和国预防未成年人犯罪法》。8 月 12 日，市关工委与市委政法委、市公安局召开公安派出所关爱工作站建设推进会。全市共设置公安 "护学岗" 121 个。市公安局城中派出所关爱工作站成为 "苏州市首批示范关爱工作站"。市关工委联合市委政法委印发《太仓市精准关爱帮教重点未成年人工作意见》。全市关工系统建立帮教小组 263 个，参与帮教 "五老" 人员 878 人。年内，41 名帮教对象成功转化 39 人，转化率 95.12%。

【结对帮教】 2021 年，太仓市关工委摸底全市贫困学生，常态化帮扶特困家庭。儿童节期间，分组走访慰问全市特殊学校、民工子弟学校，发放助学慰问金及学习用品近 10 万元。全市 25 人获《关心下一代周报》冰凌花奖学金 1.25 万元；发放省关心下一代基金会 "2021 年千人助学计划" 金额 9000 元，助学 9 人。市关工委 "关爱未来、扶贫助学" 项目获评太仓市政府第二届 "最佳慈善项目"。5 月，市关工委赴灌南县孟兴庄镇中心小学开展捐资助学活动，赠送电脑 4 台和助学金 2 万元。动员社会热心人士、离退休干部与特困优秀学生结对助学。

【"三扶两创" 工作】 2021 年，太仓市帮扶立志创业和创业有困难的青年农民，通过帮扶为青年创业创新提供政策咨询、规划设计、技术指导等服务。帮扶团根据农时季节、就地就近、发挥所长、量力而行的原则，与青年农民结对，适时开展关爱帮扶活动。市关工委与市农业农村局联合评选 "太仓市青年农民创业示范基地" "太仓市青年农民创业之星" 各 10 个。9 月，市关工委与市农业农村局等联合举办 2021 年农技修理工职业技能竞赛，市关工委拨付奖励经费 1.5 万元，促进各类人才投身乡村振兴。11 月 17 日，市关工委与市农业农村局联合在璜泾镇召开全市“三扶两创”现场推进会，参观璜泾镇“智慧农业产业园”，观摩先进生产机械现场操作，表彰“创业示范基地”10个、“创业之星”10人。全市40多名退休和退线农技专业人员组成帮扶队，帮助青年农民做好田间作物管理。（陶陵夏）

太仓市人大

综　述

【太仓市人大常委会概况】 2021年，太仓市人大常委会全面贯彻落实中央人大工作会议精神，强化使命担当，依法履职尽责。全年共召开常委会会议9次、主任会议16次，开展执法检查2次、视察5次、专题询问2次，听取和审议“一府一委两院”专项工作报告29项，作出决议决定19项，任免国家机关工作人员129人次，听取政府组成人员报告履职情况4人次。截至年底，太仓市第十六届人民代表大会共有代表231人，在太仓的江苏省人大代表2人，在太仓的苏州市人大代表41人。

【人事任免】 2021年，太仓市人大常委会坚持党管干部和依法任免有机统一，认真行使人事任免权，任免市人大常委会及其工作机构19人次，市人民政府及其工作部门48人次，市监察委员会4人次，市人民法院、市人民检察院58人次。

市十六届人大常委会第35次会议决定任命王莉萍为市人民政府副市长；第37次会议决定接受汪香元辞去市人民政府市长职务的请求，决定任命胡卫江为市人民政府副市长、代理市长；第39次会议决定接受许超震、邵建、张顺辞去市人民政府副市长职务的请求，决定任命祝真旭为市人民政府副市长（挂职）；第41次会议决定任命倪嘉臻、陈磊、张展为市人民政府副市长，张晓江为市人民法院副院长、代理院长，张云东为市人民检察院副检察长、代理检察长。

（朱予成）

2021年1月12日，太仓市第十六届人民代表大会第五次会议在市行政中心开幕（市人大办供稿）

重要会议

【太仓市第十六届人民代表大会第五次会议】 2021年1月12—15日，太仓市第十六届人民代表大会第五次会议召开。应到代表235人，实到代表229人。会议听取和审议市人民政府市长汪香元作的《政府工作报告》；听取市人民政府关于制定《太仓市国民经济和社会发展第十四个五年规划纲要（草案）》的说明，审查批准《太仓市国民经济和社会发展第十四个五年规划纲要》《太仓市2020年国民经济和社会发展计划执行情况与2021年国民经济和社会发展计划》《太仓市2020年预算执行情况和2021年预算》；听取和审议市人大常委会主任陆卫其作的《太仓市人大常委会工作报告》、市人民法院院长吴岚作的《太仓市人民法院工作报告》和市人民检察院检察长董启海作的《太仓市人民检察院工作报告》；会议通过上述各项报告的决议和《实施学校基础设施提升工程，切实加大优质教育资源供给》议案的决议。经全体人大代表票决确定2021年太仓市民生实事项目26项。会议决定接受陆卫其辞去市人大常委会主任职务的请求，选举钱文辉为市人大常委会主任。

【太仓市第十六届人大常委会会议】 2021年，太仓市第十六届人大常委会共召开常委会会议9次。

第33次会议。1月15日召开。审议通过市人大常委会2021年度工作要点。

第34次会议。3月29日召开。听取和审议2021年民生实事项目启动情况报告、2020年度生态环境质量状况和生态环境保护目标完成情况报告、市人民检察院关于检察建议工作情况的报告；通过市监察委员会、市人民检察院有关人事任免事项。

第35次会议。5月7日召开。决定任命王莉萍为市人民政府副市长，通过市人大常委会、市人民政府、市人民检察院有关人事任免事项。

第36次会议。5月31日召开。听取和审议加快推进教育高质量发展情况报告；听取部分政府组成人员履职情况报告；通过市人民法院有关人事任免事项。

第37次会议。7月7日召开。决定接受汪香元辞去市人民政府市长职务的请求，决定任命胡卫江为市人民政府副市长、代理市长，通过市人大常委会、市人民政府有关人事任免事项。

第38次会议。7月30日召开。听取和审议2020年度本级预算执行和其他财政收支的审计工作报告、2020年度市级决算草案及2021年上半年预算执行情况报告，作出相关决议；听取和审议2021年上半年国民经济和社会发展计划执行情况报告、持续放大人才集聚效应情况报告；审议通过《中华人民共和国固体废物污染环境防治法》执法检查报告；通过市人民法院、市人民检察院有关人事任免事项。

第39次会议。9月27日召开。听取和审议太仓市2020年度国有资产管理情况综合报告、《太仓市探索率先基本实现农业农村现代化三年行动计划（2020—2022年）》推进情况报告、市人民法院关于多元化纠纷解决机制工作情况的报告；审议通过关于设立市镇两级选举委员会的决定，关于太仓市第十七届人民代表大会代表名额分配和市镇两级人大换届选举有关问题的决定，关于重新确定全市各镇人民代表大会代表名额的决定；听取和审议市十六届人大五次会议议案实施情况报告，代表建议、批评和意见办理情况报告；审议通过《中华人民共和国职业病防治法》执法检查报告；决定接受许超震、邵建、张顺辞去市人民政府副市长职务的请求，决定任命祝真旭为市人民政府副市长（挂职），通过市人大常委会、市人民政府、市监察委员会、市人民法院有关人事任免事项。

第40次会议。11月24日召开。听取和审议市人民政府关于实施“七五”普法情况报告和关于开展第八个五年法治宣传教育的决议草案的说明、2021年市级预算调整报告，作出相应决议；对市人大常委会审议意见落实情况开展满意度测评；通过市人大常委会、市人民政府有关人事任免事项。

第41次会议。12月29日召开。审议通过市十七届人民代表大会代表的代表资格审查报告、个别代表的代表资格审查报告、关于表彰2021年度优秀代表建议和代表建议办理先进单位的决定；听取和审议2021年太仓市民生实事项目实施情况报告，开展满意度测评；审议通过2022年民生实事候选项目；审议通过关于召开市第十七届人民代表大会第一次会议的决定和准备工作情况报告、市人大常委会工作报告；决定任命倪嘉臻、陈磊、张展为市人民政府副市长，张晓江为市人民法院副院长、代理院长，张云东为市人民检察院副检察长、代理检察长，通过市人民政府、市人民检察院有关人事任免事项。

【太仓市第十六届人大常委会主任会议】 2021年，太仓市第十六届人大常委会共召开主任会议16次。其中第59次、第62次、第66次会议、第68次会议主要内容如下：

第59次会议。4月30日召开。听取重复信访治理专项工作情况报告、娄江新城规划建设情况报告。

第62次会议。6月30日召开。听取全市工业企业资源集约利用综合评价工作情况报告、“菜篮子”工程蔬菜保供基地建设情况报告。

第66次会议。8月30日召开。听取医保经办服务工作情况报告、违法建设治理工作情况报告。

第68次会议。10月27日召开。听取深化分级诊疗建设情况报告、2020年度审计发现问题整改情况报告。

（朱予成）

法律监督

【法律法规实施监督】 2021年，太仓市人大常委会组织开展《中华人民共和国固体废物污染环境防治法》（以下简称《固体废物污染环境防治法》）执法检查，推动《固体废物污染环境防治法》贯彻执行。4月，召开主任会议制定执法检查工作方案。5月17日，举办《固体废物污染环境防治法》讲座暨听取市政府关于《固体废物污染环境防治法》贯彻实施情况汇报会；市人大常委会执法检查组分组执法检查《固体废物污染环境防治法》贯彻实施情况，重点检查《固体废物污染环境防治法》学习宣传普及情况、相关配套政策和规划制定情况、城乡生活垃圾分类制度落实情况、快递外卖等行业包装物制造和回收利用等。6月7日，《固体废物污染环境防治法》贯彻实施情况座谈会召开。7月30日，市十六届人大常委会第三十八次会议审议通过《固体废物污染环境防治法》执法检查报告。开展《中华人民共和国职业病防治法》（以下简称《职业病防治法》）执法检查，推动《职业病防治法》贯彻执行。8月，召开主任会议制定执法检查工作方案。8月26日，举办《职业病防治法》讲座。8月30日，听取市人民政府关于《职业病防治法》贯彻实施情况的汇报，执法检查组分组执法检查《职业病防治法》贯彻实施情况，检查重点包括《职业病防治法》学习宣传普及情况，相关配套政策、规划的制定等情况，企业劳动过程中的防护与管理情况，政府和相关职能部门法定责任落实和执法监管情况等。9月27日，市十六届人大常委会第三十九次会议审议通过《职业病防治法》执法检查报告。配合开展《江苏省公共交通治安管理条例（草案）》《苏州市文明行为促进条例（草案）》《苏州市优化营商环境条例（草案）》《江苏省人民代表大会议事规则（修订草案）》《苏州市人大常委会关于贯彻实施〈江苏省各级人民代表大会常务委员会规范性文件备案审查条例〉的若干规定（修订草案修改一稿）》立法调研，召开各类群体代表座谈会，对相关草案提出合理化建议，为上级立法机关法律法规草案的起草和法案审议提供参考。

【司法监督】 2021年，太仓市人大常委会听取和审议市人民法院关于多元化纠纷解决机制工作情况的报告，要求加强诉源治理，把多元解纷与网格化治理相结合，发挥司法宣传引导作用，集聚共治合力，畅通各类非诉解纷方式之间程序衔接机制，构建“内外联动、前后衔接、上下融合”的多元解纷工作新格局。听取和审议市人民检察院关于检察建议工作情况的报告，要求持续提升检察建议质量，注重政治效果、社会效果、法律效果相统一，严格规范检察建议制发程序，提升检察人员专业水平，完善建议后续跟踪机制，推进检察建议规范化。组织人大代表旁听法院庭审、见证执行、指导调研和走访座谈等活动26次，参与代表142人次，推动司法公开。

【法治政府建设推进】 2021年，太仓市人大常委会听取和审议市人民政府关于实施“七五”普法工作情况和“八五”普法规划情况报告，作出《关于开展第八个五年法治宣传教育的决议》，推动"八五"普法高质量开展，夯实依法治市社会基础。听取重复信访治理专项工作情况报告，推动信访工作发挥联系人民群众纽带作用。健全规范性文件备案审查制度，备案审查市政府报备文件9件，较上年备案审查数增长250%，基本实现行政规范性文件备案审查全覆盖。受理人民群众来信来访及涉诉涉法事项，依法受理群众来信35件，接待群众到访25人次，维护人民群众合法权益。

（朱予成）

2021年9月27日，太仓市人大常委会视察"实施学校基础设施提升工程，切实加大优质教育资源供给"议案实施情况（市人大办供稿）

工作监督

【经济工作监督】 2021年，太仓市人大常委会坚持贯彻新发展理念，聚焦关键重点，加强履职监督，为全市抢抓战略机遇、实现跨越发展提供有力支持。听取审议上半年国民经济和社会发展计划执行情况报告，专题听取娄江新城规划建设情况报告，助力打造沪苏同城"桥头堡"，深度融入虹桥国际开放枢纽北翼发展极。紧盯要素配置，专题听取工业企业资源集约利用综合评价工作报告，审议持续放大人才集聚效应情况报告，推动催生产业高质量发展新动能。加强对财政预决算、国有资产管理、审计发现问题整改的审查监督，批准2020年决算和2021年预算调整方案，提升财政资金运行质效。

【民生工作监督】 2021年，太仓市人大常委会回应社会关切问题，抓住民生热点难点开展监督，推动全民共享发展成果。加大监督力度，深化监督形式，全过程监督和跟踪问效太仓市民生实事项目年度建设情况，促进项目按质按量按期建设落地。督办《实施学校基础设施提升工程，切实加大优质教育资源供给》议案，听取加快推进教育高质量发展情况报告，持续提升全市教育文化服务水平。听取医保经办服务工作、深化分级诊疗建设情况等报告，优化医疗资源服务供给。审议全市率先基本实现农业农村现代化三年行动计划推进情况、"菜篮子"工程蔬菜保供基地建设情况报告，助力乡村振兴，促进公共服务水平提升。审议环境状况和环境保护目标完成情况、违法建设治理工作情况报告，开展以"三消除、三整治、三提升"为主的城镇污水处理提质增效精准攻坚"333"行动专题询问，推进城市治理水平提升，促进生态保护，加快推进美丽太仓建设。

（朱予成）

代表工作

【代表议案建议督办】 2021年，太仓市十六届人大五次会议表决通过楼浩平等11名代表提出的《实施学校基础设施提升工程，切实加大优质教育资源供给》议案为大会议案。市人大常委会加强督办力度，实行全过程跟踪把关，提升议案办理成效，推动教育优质均衡发展再上新台阶。市十六届人大五次会议期间，代表提出书面建议、批评和意见88件，其中10人以上代表联名的议案转为建议、批评和意见的3件。其中：农业农村方面9件，工业环保方面6件，财税金融方面1件，水利水务方面1件，交通运输方面10件，教育卫生方面9件，规划建设管理方面23件，文化体育方面4件，政法民政方面11件，社会保障方面3件，其他方面11件。常委会及时交办代表提出的建议，确定重点建议7件，加强跟踪督办，听取办理情况，广泛征询代表意见，督促政府及各承办部门加大办理力度，提高办理质量，推动代表提出的问题得到解决。截至年底，代表对建议办理表示满意86件、基本满意2件。市政府在政府门户网站代表建议栏公开建议办理情况，接受社会监督。开展争先创优活动，组织评选表彰优秀代表建议8件、代表建议办理先进单位8家。

2021年太仓市人大常委会主任会议重点处理建议一览表

表76

序号	建议编号	建议内容	建议人
1	9	关于推进高标准农田建设的建议	唐维青
2	46	关于促进政企合作，加强人才培育的建议	魏建良

续表 76

序号	建议编号	建议内容	建议人
3	48	关于发展生物医药产业的建议	顾振清
4	63	关于改善204国道交通拥堵情况的建议	张学军
5	69	关于加强公共卫生突发事件应对能力的建议	施　静
6	74	关于太仓高铁站进站段沿线环境面貌提档改进的建议	马志刚
7	81	关于优化营商环境，推进集宿楼建设的建议	马丽珍

【代表履职服务保障】 2021年，太仓市人大常委会加强代表履职培训，增强代表履职能力，扩大代表对常委会活动的参与，组织代表聆听讲座、列席常委会会议、参加视察调研。扩大代表对“一府一委两院”重要工作、重大活动的参与，增强部门与代表的联系，拓展代表知情知政渠道。完善代表履职管理系统，线上履职平台与线下人大代表之家相互补充，及时通报代表活动及工作动态，促进代表履职高效便捷。

【社情民意渠道畅通】 2021年，太仓市人大常委会推进常委会组成人员联系代表、代表联系群众工作深入开展。组织开展代表接待选民日活动，159名各级人大代表和23名议政代表参加活动，接待选民315人次，收集选民建议意见196件。坚持市人大常委会主任接待日制度，围绕加快沪太同城化进程、推进教育高质量发展、城乡生活污水治理、乡村振兴等议题开展主任接待代表日活动，邀请相关代表座谈，通报相关工作情况，征求代表建议意见，了解社情民意。

【民生实事项目代表票决制实施】 2021年，太仓市十六届人民代表大会第五次会议首次由代表票决确定市级民生实事项目，排定民生实事项目由教育文体、医疗卫生、健康养老、就业创业及社会保障、公共交通、城市管理、生态环境、公共服务和配套八大类26个项目。全市各镇、街道继续实施开展民生实事项目人大代表票决制工作，6个镇、2个街道确定民生实事项目78个。2021年是太仓市实行民生实事项目人大票决制的第一年，太仓市根据票决结果，完善责任落实、实施推进、后续管理、考核考评等工作机制，组织实施民生实事项目，开展落实监督和评估，确保项目顺利开工和快速建设。

（朱予成）

2021年7月23日，太仓市人大常委会调研防汛防台工作准备情况

（市人大办供稿）

重要工作

【市镇两级人大组织换届选举】 2021年，太仓市人大常委会贯彻“党委领导、人大组织、各方配合”原则，组织实施市镇两级人大换届选举工作，调查选举工作面临的新情况、新问题，提出换届选举工作意见，制定选举工作方案，成立市、镇选举委员会和各级选举工作机构，通过调研、培训、督查、召开阶段性会议等，加强对换届选举工作的组织和指导。9月27日，召开常委会第39次会议，审议通过关于设立市镇两级选举委员会的决定、关于太仓市第十七届人民代表大会代表名额分配和市镇两级人大换届选举有关问题的决定、关于重新确定全市各镇人民代表大会代表名额的决定。9月30日，协助市委召开全市人大换届选举工作会议，对市镇两级人大换届选举工作作具体部署。10月11日，市选举委员会召开第一次全体会议，讨论决定市选举委员会办公室各组和联络组工作职责及人员名单、市镇两级人大换届选举工作日程安排意见、市镇两级人大换届选举选民登记办法，决定设立太仓港经济技术开发区、太仓高新技术产业开发区、娄东街道、陆渡街道、科教新城和市级机关选举工作领导小组并通过有关人员名单。10月12—17日，市人大常委会、市委组织部、市委宣传部分条线组织换届选举工作业务培训。11月12日，市选举委员会召开市镇两级人大换届选举

2021年7月23日，太仓市人大常委会视察非物质文化遗产保护和传承工作情况
（市人大办供稿）

工作第一次转段会议，部署提名和推荐代表候选人阶段工作。11月30日，市选举委员会召开第二次全体会议，讨论通过《太仓市选举委员会召开代表候选人与选民见面会办法》。同日，召开市镇两级人大换届选举工作第二次转段会议，部署组织介绍代表候选人和投票选举阶段工作。12月2—7日，各选区开展代表候选人与选民见面活动，380名市人大代表候选人和783名镇人大代表候选人分别赴各自选区与选民见面，见面率分别为98.2%和99.2%。12月8日，全市125个市代表选区和223个镇代表选区选举产生新一届市人大代表262人、镇人大代表573人，市镇两级人大换届选举工作平稳推进、圆满完成。

【基层人大指导工作】 2021年，太仓市人大常委会每季度召开镇人大主席、街道人大工委主任、市代表小组组长工作例会，部署全年工作安排，对换届选举工作、人民代表大会代表会前活动、镇人代会准备工作等提出指导意见。6月29日，市人大常委会党组书记、主任钱文辉赴沙溪镇开展"百村千企万户行"基层调研活动，进村入户、深入企业，了解群众和企业需求，解决他们的困难和问题，推动党史学习教育走深走实。

【人大调研宣传】 2021年，太仓市人大常委会围绕"十四五"时期太仓市实现更高质量和更充分就业路径研究，太仓市"社会组织+综合网格"治理模式探索，新形势下市镇两级人大换届选举工作思考，加强开发区人大工作思考，加强全市检察建议工作思考，以文化提升法治城市能级、助推市域社会治理现代化，长三角一体化上升为国家战略背景下深化对接上海，工业企业资源集约利用情况，聚力长三角一体化、谱写交通空间布局新篇章，防治固体废物污染、推进生态文明建设，全市粮食安全保障体系建设情况，全市气象灾害防御情况、发展全民健身、建设体育强市，全市非物质文化遗产保护，利用和传承情况等课题开展调查研究。"太仓人大"公众号、太仓人大常委会网站及时发布人大工作信息，报道常委会工作动态，扩大人大工作影响力，提高人大工作社会认知度，彰显人民代表大会制度优越性。

【地区人大常委会协作】 2021年，上海市嘉定区、江苏省昆山市和太仓市三地人大常委会围绕长三角一体化发展国家战略和三地党委构建"嘉昆太协同创新核心圈"决策部署，聚焦交通互联、乡村振兴、产业发展、科技创新等领域，通过听取政府专项工作报告、开展专题调研、组织联合视察等形式，依法监督、建言献策，推动"嘉昆太协同创新核心圈"建设相关工作举措的落实。3月25日，上海市嘉定区、江苏省昆山市和太仓市三地人大常委会第四次主任联席会议在嘉定区召开。会议就2021年度嘉昆太三地人大常委会协作工作计划进行研究并达成共识。与会人员围绕"促进产城融合，加快打造协同创新核心圈"主题，考察上海保利大剧院、上汽大众新能源汽车工厂以及ev-ai智行港，了解嘉定新城未来城市功能和空间布局，以及在产城融合发展、汽车"新四化"、生态文明建设等领域的数字化转型发展规划。联席会议指出，三地人大常委会要加强常态化沟通，完善协作机制，促进"面对面"联系更加紧密；要找准人大履职着力点，聚焦新城建设协同发力、生态环境协同保护、社会治理协同推进等方面，加强监督推动，实现"点对点"对接更加精准；要突出法治保障，把协议内容转化为"实打实"工作举措，形成工作合力。

（朱予成）

太仓市政府

综 述

【概况】 2021年，太仓市坚持稳中求进工作总基调，践行新发展理念，全市综合实力持续攀高，开放活力持续迸发，城市魅力持续彰显，幸福张力持续延展，治理能力持续提升。全年全市完成地区生产总值1574.05亿元，实现一般公共预算收入190.03亿元、一般公共预算支出167.56亿元。年内，太仓市位列中国县级市基本现代化指数第五位、中国县域高质量发展百强第六位。

【经济发展新突破】 2021年，太仓市统筹推进产业招商、科技招商、资本招商，在上海、深圳等地举办招商洽谈活动69场。新增内资注册资金516.7亿元。完成注册外资及港澳台资24.07亿美元，实际使用外资及港澳台资9.39亿美元，引进夸特纳斯供应链等投资超亿美元项目11个。事达同泰等项目开工，科方生物等项目竣工，博泽微电机等项目投产，生物港三期等载体投用。完成全社会固定资产投资501.54亿元，增长7%；其中工业投资173亿元，增长7.9%。省重大、苏州重点项目数及年度投资均位列苏州第一。实现规模以上工业产值2942.64亿元，增长16.9%。引进航空航天项目47个、生物医药项目155个。完成"智改数转"项目771个，入选国家"新两化融合"项目3个，获评省工业互联网标杆工厂2家、省级智能制造示范车间6家、省星级上云企业141家。新增全国AAAA级物流企业4家、省跨国公司地区总部和功能性机构2家。引进腾讯天美等文旅项目30个。完成社会消费品零售总额510.47亿元、进出口总额170.87亿美元。金融机构本外币存、贷款余额分别增长6.6%、16.1%。全社会研发经费支出占地区生产总值比重3.6%。入选省潜在独角兽企业4家、瞪羚企业15家。新增省专精特新小巨人企业12家。净增高新技术企业224家。新增省级以上研发机构35家，科创载体总面积100万平方米。参与制定（修订）国家标准39项、行业标准17项。万人发明专利拥有量72件。新增苏州市级以上各类"人才计划"65人，较上年增长85.7%。入选全省首批创新型示范县建设城市。获评省双创示范基地。位列中国县域知识产权竞争力第六位、全国科技创新百强县第二位。政务服务品牌矩阵发布。新登记法人企业数9815户，较上年增长51.86%。重点项目平均审批时间7.5天。市科技招商中心成立。产业引导基金合作总规模120亿元。兑现各类税收优惠140亿元。资源节约集约利用工作获省政府督查激励。太仓市获评全国企业家幸福感最强市（区）。

【对外合作新格局】 2021年，太仓市航空产业、铁路轨交等11项内容纳入虹桥国际开放枢纽建设总体方案。"上海下一站 · 下一站上海"城市标识发布。嘉闵太线太仓站、瑞金医院太仓分院开工建设。举办"虹桥北 · 北虹桥"和"沪苏同城"合作对接会。引进上海项目259个，总投资229.79亿元，较上年增长124.3%。赴沪就医实现免备案医保卡直刷。入选第三轮中欧区域政策合作案例。落户莱茵检测等德资项目41个。德国中小企业（太仓）孵化中心在上海开业，太仓—柏林双向创新中心投用。罗腾堡德风街整体结构封顶。举办中国德商会"商会之夜"、啤酒节等活动。全国首个中德糖尿病健康管理项目落地，全国首条中德国际数据专线投运，全国首家AHK学院落户。太仓港集装箱吞吐量超700万标箱，新辟航线10条。集装箱四期码头投用。太仓港疏港铁路专用线建成通车。上海港太仓服务中心揭牌运营。中外运华东总部等项目落户。省太仓中专港城校区投用，港城二小、港区医院、皇冠假日酒店等功能配套完善。"十四五"规划体系健全。政府机构改革、基层"三整合"改革持续深化，下放行政执法权限274项。"放管服"改革深入推进。港区、高新区成为首批省级自贸联动创新区。政府性债务管理持续加强。推动完善太仓市国资国企改革发展三年行动方案，助推国有企业做大做强，市文旅集团成立。

【城乡融合示范发展】 2021年，太仓市编制国土空间规划实施方案，推进地下空间、综合交通等专项规划。娄江新城建设提速，西北工业大学太仓校区交付使用，西交利物浦大学太仓校区生活配套区竣工。科教新城功能完善，复游城加快推进，华发广场、铂尔曼酒店建成开业。启动古松弄、胜利村、原城三小地块等3个地块城市更新工作。南沿江高铁加快建设，沪宜高速金仓湖互通、256省道（204国道—太沙路）开工，太仓大道西段、太浏快速路东延段通车。主城区水质提升控导工程投用，北横沥河、十八港等拓浚整治工程完工。新改建供水管网30千米。改造老旧小区25个。完成"一核一带一路"景观亮化工程。违建治理成效明显。生活垃圾分类片区全覆盖。建筑垃圾资源化利用项目试运行。新改建公厕103座。提档智能公交候车亭527座，新增新能源公交车52辆、停车泊位1.5万个。新建高标准农田1933.33公顷，改造养殖池塘270.07公顷。粮食产量超1.5亿千克。生猪存栏5.3万头。长江禁捕退捕工作全省领先。入选国家级农村创业园区（基地）9家。全市土地流转率93%。村均集体可支配收入超1000万元。新增特色康居乡村46个、特色康居示范区3个、特色精品乡村试点3个。疏浚农村河道123千米。农村人居环境整治工作获国务院督查激励。入围全国城乡交通运输一体化示范创建县。做好第二轮省生态环境保护督察整改工作。$PM_{2.5}$年均浓度、空气质量优良天数比率均为苏州市最优。港区化工区生态缓冲区建成。完成截污纳管项目1025个，建成污水处理提质增效达标区104.5平方千米、生态美丽河湖92条。国考省考断面、主要入江支流水质优Ⅲ比例保持100%。关停木材、化工等低端低效企业586家。新增国家"绿色产品"4个、省"绿色工厂"5家。位列全国绿色发展百强县第二位。生态环境工作获省政府督查激励。

【民生福祉增进】 2021年，太仓市新冠肺炎疫情防控坚持"外防输入、内防反弹"原则，加强重点场所、重点人群、重点环节全面管控。启动建设健康驿站2个，规范建设发热门诊4家，设置新冠肺炎救治定点医院1家。日最大核酸检测能力5.5万管。新冠疫苗全程接种率84.4%。加快实施8大类26个民生实事项目。投用学校项目11个，新增学位9135个。获评省级社区教育示范区。市公共卫生中心投用，市一院互联网医院上线。全市开展文体惠民活动超4000场次，建成市民文体中心。举办全国竞走冠军赛、市第十六届全运会等。居民人均可支配收入增长10%以上。新增城镇就业超1.1万人，发放稳岗返还资金近1亿元。救助站新站建成。发放尊老卡近16万张，城乡居民养老金增长8%。太仓市位列中国康养百佳县市榜首。建成保障性安居工程1081套，新增保障性租赁住房2033套。净增公积金缴存职工2.3万人次。全国示范型退役军人服务中心（站）市镇两级全覆盖。深化文明城市建设。“能动善治”项目获省基层社会治理创新成果奖第一名。社工站建设经验全省推广。启动“八五”普法。“12345”热线完成归并整合，处置各类诉求及网格事件98万件。加快推进“新一代雪亮工程”。网络综合治理中心入选省级创新试点。扫黑除恶斗争常态化开展。第一次全国自然灾害综合风险普查全面启动。安全生产监管信息平台建成。推进危化品、既有建筑、道路交通等领域专项治理。获评省级食品安全示范城市。苏州市首家危化品安全技能实训基地揭牌。岳王消防站投用，璜泾消防站竣工。常态化开展“百团进百万企业千万员工”宣讲。生产安全事故起数和亡人数分别下降52%、66.7%，全年未发生较大及以上和有重大影响的生产安全事故。

【政府建设加强】 2021年，太仓市健全依法决策机制，清理市政府规范性文件211件，政务公开事项目录体系建成。接受市人大法律监督、工作监督和市政协民主监督，定期向市人大报告工作、向市政协通报情况。办理人大议案建议83件、政协提案160件，满意和基本满意率100%。推进“一网通用”“一网通办”“一网统管”。推出“两个免予提交”事项998项。实现1466项行政权力网上办、63项便民服务“指尖办”、13项“一件事”省心办。政务服务“好差评”满意率全省第一。开展“我为群众办实事”实践活动、“两在两同”建新功行动。持续开展审计监督、政务督查等，压降“三公”经费，严格执行中央八项规定及其实施细则精神

（瞿　晨）

重要会议

【市政府常务会议】 2021年，太仓市人民政府共召开常务会议14次（第53次至第66次）。

第53次常务会议。1月6日召开，布置2021年春节期间新冠肺炎疫情防控工作。审议《太仓市新冠病毒核酸扩大检测工作方案》《太仓市国民经济和社会发展第十四个五年规划纲要（草案）》《关于太仓市2020年国民经济和社会发展计划执行情况与2021年国民经济和社会发展计划草案的报告》《关于太仓市2020年预算执行情况与2021年预算草案的报告》《关于推进制造业智能化改造和数字化转型的若干措施》《太仓市促进商务经济转型升级若干政策（修编）》《太仓市创新投资专项资金管理办法》。学习《保障农民工工资支付条例》，审议《政府工作报告》。

第54次常务会议。1月30日召开，传达全国安全生产工作视频会议、省安全生产视频会议精神，部署安全生产工作。审议《太仓市突发事件预警信息发布管理办法》《关于推动太仓市金融更高质量服务实体经济的政策意见》《太仓市排水管理办法》《关于进一步加强和规范住宅小区物业管理工作的实施意见》《关于进一步健全太仓市物业纠纷调解工作机制的实施意见》《太仓市机动车停车场管理实施细则》《太仓市机动车停放服务收费管理实施细则（草案）及收费标准调整方案》《关于进一步加强统计基层基础工作的意见》。听取关于深化工业企业资源集约利用综合评价改革有关情况的汇报。审议《关于加强专职人民调解员队伍建设，促进社会治理体系和治理能力现代化的意见》《关于推动企业品牌、标准等高质量发展的若干政策》《太仓市党政机关办公用房管理办法》《太仓市党政机关公务用车管理办法》。听取关于复游文旅城项目I-04-10号和I-04-14号地块增加投资并调整部分规划指标的情况汇报。审议2021年政府主要工作任务和民生实事项目分解落实情况。

第55次常务会议。3月25日召开，审议《关于进一步深化安全生产三年专项整治工作的意见》《2021年镇（区）党（工）委、人民政府（管委会）和安委会成员单位履行安全生产工作责任考核评价指标》《2021年太仓市生活垃圾分类工作行动方案》《太仓市生物医药及健康产业高质量发展行动方案》《关于生物医药健康产业发展的若干政策（2021年版）》《太仓市全面深化服务贸易创新发展试点实施方案》《太仓市土地指标有偿使用交易实施细则》《太仓市文化产业高质量发展实施意见》《关于促进太仓市电竞产业健康发展的实施意见》《太仓市级电子政务项目管理办法》和《2021年度市政府常务会议学法计划安排》。

第56次常务会议。5月7日召开，讨论市政府领导分工安排。审议《太仓市进一步加强违法建设治理行动方案》《2021年太仓市违法建设治理行动实施计划》《太仓市景观照明管理办法（试行）》《太仓市关于全面推行农村公路“路长制”的实施意见》《太仓市深化农村公路管理养护体制改革实施方案》《关于进一步推进临沪科创产业高地建设的若干政策》《2021年度太仓市政府重大行政决策事项目录》。学习《中华人民共和国民法典》。

第57次常务会议。5月25日召开，审议《2021年太仓市深化“放管服”改革优化营商环境工作要点》《关于推进总部经济高质量发展的若干政策意见》《关于推动现代服务业转型升级创新发展若干政策》《关于贯彻落实〈苏州市推进数字经济和数字化发展三年行动计划（2021—2023年）〉实施方案》《关于建立全市工程建设领域欠薪纠纷网格化预警排查化解工作机制的实施意见》《太仓市产业引导基金管理办法（试行）》《太仓市生态文明建设规划（2020—2030年）》《关于打造航空航天、生物医药等重点产业人才高地的若干措施（试行）》。听取《关于2020年度太仓市行政诉讼工作情况报告》。审议《太仓市镇（区）土地统筹指标交易实施办法》《关于嘉闵太线江苏省界至太仓站城际铁路项目有关主体设立建议方案》《太仓市政府购买服务实施细则》。学习《江苏省优化营商环境条例》。

第58次常务会议。6月25日召开，学习贯彻中共中央总书记习近平对湖北十堰燃气爆炸事故作出的重要批示精神，全国、全省、苏州市安全生产电视电话会议精神，省安委会会议及苏州市委常委会精神，并听取太仓市安全生产工作落实情况汇报。审议《关于太仓市优化营商环境“E.S.T”行

动的实施方案》《关于推进“双信地”前期收储、整备工作实施细则》《太仓市2021年政务公开工作要点》《太仓市工业企业资源集约利用综合评价实施细则》《太仓市进一步深化对德经贸合作，打造中德中小企业合作示范区“十四五”实施方案》《太仓市对德合作专项支持意见（试行）》《太仓市区镇招商引资绩效奖励办法（修订）》《太仓市招商引资社会化专项激励实施办法（修订）》《太仓市生态环境损害赔偿资金管理使用办法》《关于市级收入级次企业税收属地征管的通知》《太仓市级预备费管理办法》。学习《中华人民共和国长江保护法》。

第59次常务会议。7月31日召开，传达学习中共太仓市第十四次代表大会精神。审议《太仓市推进长三角一体化发展、融入虹桥国际开放枢纽建设2021年工作要点》《关于全面推行证明事项告知承诺制的实施方案》《“苏州制造”品牌建设太仓三年行动计划》《太仓市促进航空航天产业发展若干政策》《太仓市新型产业用地（M0Ma）管理办法（试行）》《太仓市园林绿化提升三年行动计划（2021—2023年）》《太仓市重点行业（领域）牵头部门和镇（区）安全生产职责边界清单》《太仓市人民政府关于调整市区禁止使用高排放非道路移动机械有关规定的通告》《2021年度太仓市年度综合考核“1+5”文件》《太仓市娄江新城太仓大道地下综合管廊及配套工程特许经营项目实施方案》。

第60次常务会议。8月20日召开，传达学习7月30日召开的中共中央政治局会议精神、中共苏州市第十二届委员会第十三次全体会议精神。审议《太仓市人才公寓建设管理实施意见（试行）》《关于进一步加强违法建设快速联动处置工作的实施意见（试行）》《太仓市工业厂房出租管理办法》《关于推进政务服务“太e办”改革，全面实现“一网通办”的工作方案》。听取《2020年度太仓市本级预算执行及其他财政收支审计情况和整改建议的汇报》《太仓市新一代雪亮技防工程项目建设相关情况汇报》《太仓市智慧交通建设项目（一期）相关情况汇报》。审议《江苏省太仓市人民政府、西北工业大学共建西北工业大学中德学院框架协议》《江苏省太仓市人民政府、西北工业大学基础教育提质与创优战略合作框架协议》。

第61次常务会议。9月9日召开，学习新修订的《中华人民共和国安全生产法》。审议《关于进一步规范和扶持民办教育发展的实施意见》《太仓市“十四五”期间镇（区）新建、改扩建中小学、幼儿园项目库》编制情况及《专项资金管理办法（暂行）》。听取《太仓市机关事业单位养老保险参保编外人员转企方案》《江苏省人社一体化信息平台太仓市上线切换工作开展情况》汇报。

第62次常务会议。10月14日召开，审议《2021年太仓市消防安全委员会工作任务清单、各镇（区、街道）政府（管委会、办事处）消防工作任务清单和消防安全委员会成员单位消防工作任务清单》《太仓市“十四五”文旅发展规划暨全域旅游规划研究》《太仓市生态环境保护责任清单》《太仓市突发公共事件医疗卫生救援应急预案》《太仓市突发公共卫生事件应急预案》《太仓科技领军人才计划实施办法》《太仓市既有建筑安全隐患大排查大整治专项实施方案》《太仓市“十四五”现代农业农村发展规划》《太仓市进一步推进“厕所革命”工作实施方案》。讨论《799泉融享基金、美丽境界基金、衍盈叁号基金和弋盛国信基金立项方案》。

第63次常务会议。11月1日召开，传达学习《许昆林同志在省政府季度工作会议上的讲话》。审议《做好今冬明春全市电力保供工作若干措施》《太仓市“十四五”工业发展规划》《太仓市“十四五”生态环境保护规划》。听取关于全市中小学德育工作情况、省人社一体化信息平台上线后太仓市人社领域部分差异化政策执行问题、全市城镇垃圾处理费征管事项调整情况的汇报。讨论《星河动力基金实施方案》《凯辉二期基金、元生三期基金、启高二期基金立项方案》。听取关于城厢镇开展城市更新工作的情况汇报。

第64次常务会议。11月22日召开，审议《太仓市新〈安全生产法〉任务分工清单》《太仓市“十四五”安全生产规划》《太仓市“十四五”应急体系建设和综合防灾减灾规划》《太仓市市属国有企业投资监督管理实施细则》《太仓市推进全国社会治安防控体系建设示范城市创建工作方案》《市政府领导班子成员2021年安全生产重点工作清单》。

第65次常务会议。12月13日召开，传达学习焦建俊、王玉华、曹路宝在省第二生态环境保护督察组督察苏州市工作动员会上的讲话精神，听取关于第二轮省生态环境保护督察准备工作情况、进一步加强当前和向后一段时期重要民生物资保供稳价工作情况的汇报。审议《太仓市煤热价格联动管理暂行办法》《太仓市工业经济高质量发展若干扶持政策》《太仓市“十四五”科技创新规划》《太仓市产业用地更新实施方案》《关于全面推行林长制的工作方案》《太仓市河道管理实施办法（修订）》《太仓市污水治理提质增效三年行动实施方案》《太仓市“十四五”文化和体育发展规划》《太仓市关于促进托育服务高质量发展的实施细则》《太仓市卫生人才计划实施细则》《关于建立太仓市城市管理领域综合行政执法协作配合工作机制的实施意见》。讨论《西北工业大学太仓校区一期项目移交使用协议书》。

第66次常务会议。12月26日召开，传达学习全省新冠肺炎疫情防控工作电视电话会议、全省安全生产电视电话会议暨安委会全体（扩大）会议精神，传达《关于广州市大规模迁移砍伐城市树木有关问题的通报》有关情况。审议《太仓市开展新型城市基础设施建设试点工作方案》《太仓市“十四五”社会信用体系建设规划》。听取关于2022年民生实事候选项目安排情况的汇报。审议《太仓市“十四五”现代服务业发展专项规划》《太仓市商业网点布局规划（2020—2030年）》《关于进一步加强全市人才公寓工作的实施意见》《太仓市“十四五”金融业发展规划》《太仓市“十四五”人力资源和社会保障事业发展规划》《进一步深化太仓市环卫体制改革的指导意见》。听取关于江苏省太仓高级中学新建综合楼项目方案调整、港区泰鑫佳成房地产（苏州）有限公司地块开发建设方案调整、太仓市2021年预算执行情况与2022年预算草案编制情况的汇报，审议《关于太仓市2021年国民经济和社会发展计划执行情况与2022年国民经济和社会发展计划草案的报告》《政府工作报告》。

【全市性重要会议】 2021年1月17日，太仓市召开全市征兵工作会议。2月7日，召开全市公安工作会议。2月8日，召开国土空间全域整治工作动员会。3月11日，召开全市教育工作会议暨争创全国义务教育优质均衡发展县（市、区）推进会。7月7日，召开太仓市第一次全国自然灾害综合风险普查动员部署会议。7月20日，召开全市安委会（扩大）会议暨安全发展示范城市创建工作推进会。9月8日，召开全市安全生产工作会议暨新《中华人民共和国安全生产法》宣贯培训会。11月3日，召开太仓市农村公共基础设施管护体制改革工作领导小组会议。

（瞿　晨）

外事工作

【概况】 2021年，太仓市继续保持友城交往热度，创新涉外服务途径，提高外事管理水平，抓好涉外新冠肺炎疫情防控，做优对德特色工作，发挥桥梁纽带作用，拓展对德合作深度与广度。全年全市完成外事接待任务17批、322人次，主要有德国驻上海总领事、法国驻上海总领事、德国巴符州驻华代表等。年内，市外事办获苏州“人文交流贡献奖”。

2021年太仓市部分重要外事活动情况一览表

表77

序号	日期	主要来宾
1	1月14日	德国驻沪总领事馆代总领事唐孟思
2	3月16日	德国前国防部部长、社民党主席、莱法州州长鲁道夫·沙尔平
3	4月12日	德国巴符州驻华代表处首席代表 Bernhard Weber（魏博）
4	6月4日	奥地利驻上海副总领事
5	6月11日	法国驻上海总领事纪博伟
6	6月28—29日	日本驻上海总领事馆副总领事福田高干、韩国驻上海总领事馆商务官朱原奭
7	9月24日	德国驻上海总领事贺德满
8	10月14日	法国驻上海总领事纪博伟
9	10月27日	德国驻上海总领事贺德满
10	10月28日	丹麦驻上海总领事林朗

【涉外新冠肺炎疫情防控】 2021年，太仓市对接上海转运工作总体平稳有序，共接转入境返太仓的中外人员1053人次。开通24小时中英文咨询服务热线，累计答复问题千余次。印发《太仓市“外防输入”联防联控机制外事协调组工作方案》《太仓市“外防输入”联防联控机制对接上海转运协调组工作方案》，强化外事协调作用，做好市“外防输入”常态化防控及应急处置工作。8月，市外事办下沉港口一线，筑牢太仓水路口岸涉外疫情防线。通过媒体向海外人士及时发布国内防疫政策“温馨提示”。

2021年10月27日，市委书记汪香元（左三）会见德国驻沪总领事贺德满（左二）
（计海新摄）

【涉外管理】 2021年，太仓市建立健全市处置涉外突发事件应急机制，提

2021 年 10 月 14 日，太仓之夜 · 江苏——法国经贸合作交流会举行

（计海新摄）

高市涉外突发事件应急处置能力，保障外国在太仓境内机构和人员的生命财产安全与合法权益，保持良好对外开放环境。发挥市涉外事（案）件领导小组作用，多部门配合处置涉外事（案）件 6 起。为出国留学生群体组织领事保护公益讲座，介绍归纳当前新形势下留学人员主要面对的安全风险，提醒准留学生注意生活安全、社交安全、经济安全和政治安全。市外事办按照上级工作要求，完成“苏州市荣誉市民”“苏州之友荣誉奖”“苏州之友纪念奖”评选工作，表彰鼓励在太仓市经济建设、社会发展和对外交流与合作等方面作出突出贡献的外国公民，增强在太仓的外籍人士的归属感和获得感。舍弗勒投资（中国）有限公司大中华区首席财务官尹嘉侠（Francesco lngarsia）、安软科技集团总裁尤新强（Brian Xingiang You）入围苏州之友荣誉奖。

【友好交流】 2021 年，太仓市与友城开展“云交流”，加强与各友城之间的线上交流，持续深化彼此友好情谊。苏州健雄职业技术学院与意大利马切拉塔定期开展线上文化交流。太仓市参加北德经济代表团云访长三角生态绿色一体化发展示范区活动。加强与中国驻汉堡总领馆的沟通，重点推进与北德五州的友好合作关系，实现对德合作地域全覆盖。

【外事服务企业】 2021 年，太仓市通过“太仓发布”微信公众号发布《疫情防控通告》，及时告知入境返太人员须按新冠肺炎疫情防控要求采取医学观察等信息。优化拓宽“12345”热线为在太仓的外籍人士服务功能，提供翻译、咨询等优质政府公共服务。为涉外企业申办 APEC（亚太经合组织）商务旅行卡提供“绿色通道”便捷服务，减少办理程序和采取“专人专员，特事特办”原则。支持企业人员特殊时期采取网上方式提报申办材料，实行“不见面”审批，推荐上报 1 家德资企业进入 APEC 商务旅行卡直送企业“白名单”。帮助多家外企做好中国驻外大使馆对投资项目相应文书及公证件的认证工作，确保投资项目顺利进行。

【外事活动】 2021 年 6 月 29 日，由中国国际商会、江苏省贸促会、太仓市人民政府共同主办的“走进太仓——中日韩经贸合作论坛”举行，苏州市副市长杨知评、中国国际商会副秘书长张屹、江苏省贸促会会长尹建庆、日本驻上海总领事馆副总领事福田高干、韩国驻上海总领事馆商务官朱原爽，太仓市委书记、市长汪香元，市委副书记胡卫江等参加论坛。日韩（太仓）产业合作基地、太仓市人民政府驻日本招商代表处揭牌。集中签约项目 24 个，包括似鸟二期扩建、新能源汽车精密电机、深紫外 LED 芯片、扬子三井 LNG（液化天然气）模块、航空零部件和精密器件、和承汽配二期扩建等，总投资 106.46 亿元。10 月 14 日，太仓之夜 · 江苏——法国经贸合作交流会举行，参会中法嘉宾代表 160 余人，携手推动江苏及太仓与法国交流合作迈上新台阶。线上参会人员近 700 人。法国驻沪总领事纪博伟，中国法国工商会会长、雅高集团大中华区营运副总裁乐睿思，江苏省商务厅副厅长孙津，苏州市副市长杨知评，太仓市委书记汪香元，市委副书记、代市长胡卫江等出席交流会。达索（太仓）航空智造创新中心项目、法国凯辉基金太仓合作项目现场签约。

（马一玮）

政务服务

【概况】 2021 年，太仓市政务服务工作围绕政务服务标准化、数字化、便利化、一体化主线，以“极限速度、极智技术、极优服务”持续深化“放管服”改革，深化“太舒心”政务服务品牌，把握企业群众真实需求，全市 40 余家单位政务服务提质增效，惠企利民营商环境见实效。市行政审批局发布“我为群众办实事”十大创新行动，包括“易企办”便利准入行动、长三角“跨省通办”行动、“三极”项目审批优化行动、“中介超市”助力提效行动、“全周期”红色代办行动、政务服务“一网通办”升级行动、“一件事”集成行动、“互联网 + 监管”审管协同行动、“一码畅行”数字政务行动、“一网交易”双提升行动。年内，市行政审批局获评全国节约型机关、江苏省文明单位、苏州市政务服务系统“双争双创”活动改革创新标兵单位。

【工程项目审批服务】 2021 年，太仓市针对工程项目审批存在的部门多、环节多、材料多、时间长等“三多一长”共性问题，推进“三极项目审批”优化行动，在重点项目审批中运用数字技术优化“极速、极智、极优”审批

2021 年 7 月 3 日，太仓市行政审批局发布“我为群众办实事”十大创新行动
（王　雯摄）

服务模式，提升企业满意度。针对企业拿地、图审、招投标等环节时间长难题，推进“全链改革”，在全国首创“两条主链”（土地一条链、报建一条链）平行审批，实现“拿地即开工”。在苏州首推“模拟工程规划许可证”“审图预受理单”，提前图审和招投标，为企业节约至少 60% 报建时间。重点项目可视化平台全程“云监督”助力项目开工，全年全市 172 个各级重点项目平均审批时间 7.5 天。融合“用地预审项目生成系统”“一张蓝图系统”“工程建设项目审批系统”三大系统，实现项目审批申报无纸化、审批智能化、材料共享化、过程可视化、证照电子化。优化“微客厅”服务，建立“7 方微客厅”，为报建项目定制个性化服务，按照时间节点全流程跟踪项目，实现审批服务“零距离”“不过夜”。项目审批全流程 35 个事项全部实现网上报批，32 类电子证照自动归集调用，线上发放证照批复 3422 张。年内，“全链改革”案例获全国金奖。

【企业开办审批服务】 2021 年，太仓市行政审批局升级企业开办“智慧审批”服务模式，“企业开办七件事”（营业执照办理、公章刻制、银行开户、领取发票、社保开户、公积金开户、医保开户）常态化一环节零费用 2 小时内办结，88% 新设企业半日内开办，全市新登记法人企业数较上年增长 94.4%。累计减免刻章费用 603 万元。推进“易企办”便利化登记服务，整合线上线下各类申报途径，建成市场准入“1+6+N”（1 个市政务服务中心，6 个区镇行政审批局，N 个银行网点端“政银合作一体化服务”专窗）全城通办。市场主体多途径申报，个体工商户自助审批全覆盖，企业异地开办全流程“零材料、线上办”。在全省首家实现电子营业执照和电子印章同步发放，拓展智能审批应用。围绕企业开办、经营、注销的关键节点，推出“易企办”“惠企达”“利企退”连环服务，提升市场主体登记便利度，该服务经验在苏州市推广。全年全市新登记法人企业 9815 户，较上年增长 51.86%，列苏州第一。

【太仓一网通办数字门户建设】 2021 年，太仓市推进数字政府建设，推进政府职能转变和“放管服”改革，推动政务服务从政府供给导向向群众需求导向转变，形成整体协同、高效运行、精准服务、科学管理的智慧政府基本框架。市行政审批局持续推进数字政务改革，按照“构建一个服务平台、服务两个生命周期、夯实三项基础支撑、做优四大品牌特色、推进五端交互融合”规划，建成“太仓一网通办”总门户。推进线上线下政务服务流程再造、数据共享、业务协同，形成融合一网受理、协同办理、综合管理为一体的政务服务体系。对面向企业和群众的所有线上线下政务服务事项，逐步做到“一网受理、一次办成”。在全省首家实现县域“市民中心”上线支付宝平台，63 项便民服务“指尖办”，1466 项政务服务事项网上办。线上发证 9658 件。率先上线电子证照库，出生证、身份证、店招批文等 32 项证照线上自动归集调用，施工许可等 998 个事项（含公共服务事项）“免于提交”。年内，“太仓一网通办”作为全省唯一一个县级市项目入选智慧江苏重点工程。

【“一件事”改革】 2021 年，太仓市行政审批局以企业群众办事堵点、难点为突破口，推进“一件事”改革，在全省率先实现“出生”“入学 2.0”“身后”“新房入住”“军人退役 2.0”“婚育”“充电桩报装”等高频“一件事”掌上办，“净地不动产登记”“外国人在华工作居留”等 4 个“一件事”网上办。出生证、身份证、户口本、结婚证等 58 项政府核发证照线上自动归集调用，精准核验，实现“零材料”“省心办”。通过“入学一件事”报名新生 2.28 万人，“出生一件事”办理量占全市新生儿总数 48.47%。年内，“一件事”改革获评全国政务服务优秀案例“智能服务典范”。

【“惠企达”企业线上服务区建设】 2021 年，太仓市创办“惠企达”企业线上服务区，依托企业信息名录库、企业政策资源库和涉企审批服务库，汇集全市惠企政策，梳理涉企审批服务，通过普惠推送、按需供给、智能匹配等方式，实现惠企政策“一秒达”，企业咨询“一键达”，补贴奖励“一步达”。惠企政策“免申即享”功能上线，企业足不出户即可享受惠企政策兑换。

【“政务矩阵”融合】 2021 年，太仓市围绕政务服务标准化、数字化、便利化、一体化主线，打造政务服务品牌矩阵，集合全市三大主品牌 40 个子政务服务品牌，以品牌矩阵效应放大惠企便民质效。召开太仓市政务服务品牌矩阵发布会，发布“太仓一网通办”数字政务品牌、“1+9”市区镇融合服务

2021 年月 11 月 12 日，太仓市召开政务服务品牌矩阵发布会 （王 雯摄）

品牌和“太舒心”机关服务品牌三大主品牌。“太仓一网通办”数字政务品牌聚焦数字政府建设，开展“一网通办”改革，构建“太仓一网通办”总门户。“1+9”市区镇融合服务品牌致力全城通办，深化区镇一体化政务服务改革，建成“1+9”市区镇政务服务体系，即 1 个市级政务服务中心和 9 个区镇（街道）政务服务中心。“太舒心”机关服务品牌深化“放管服”改革，以一机关一品牌为导向，找准定位目标，制定政策协同、职责分明、业务共融的管理机制，构建工作合力，形成品牌叠加效应，扩大政务服务效应。年内，太仓市深化区镇一体化政务服务改革，在建成“1+9+157”市镇村三级政务服务体系（1 个市级政务服务大厅，9 个区镇审批局、街道为民服务中心，157 个村级便民服务中心）基础上，统一全市政务服务办事流程和事项标准，加快推进政务服务市级和区镇（街道）纵向通、区镇（街道）之间横向通的“全城通办”模式。

【沪太一网通办】 2021 年，太仓市发挥临沪优势，打破资源要素地域行政壁垒，构建跨地区、跨部门信息互通、资源共享格局，与上海市长宁区、青浦区、宝山区等地合作，深化“异地受理、无差别办理”服务模式，实现企业和群众高频事项“收受分离、异地可办、即来即办”。市行政审批局持续探索政务服务“沪太联办”新模式，打造“虹桥国际开放枢纽专窗”。以一网通办、自助通办、窗口通办为目标，推出“证照联办套餐服务”，在全省率先实现 26 项涉企事项“跨省即办”，123 项政务服务和便民服务事项“跨省通办”。“太仓一网通办”政务服务平台线上办理业务 10 万件。与上海市嘉定区深化衔接，实现自助终端服务互嵌，嘉定、太仓两地用户可在当地自助终端访问“太仓一网通办”主题服务，办理相关事项。

【公共资源一网交易】 2021 年，太仓市在苏州地区率先实现建设工程和政府采购“双领域”不见面开标。建成网上虚拟交易大厅，升级市县一体化监控平台，推进水利、设计类电子化招标。不见面开标率 80%。全年开出电子保函 4080 单，减少企业资金占用 4.83 亿元。建立统一交易场所，纳入管理的公共资源统一进入区镇交易大厅进行交易，改造现有公共资源交易场所功能布局，为入场交易事项提供专业化场所、设施和服务。建立统一交易平台，建立健全限额以下公共资源交易平台，统一企业诚信信息库，推行电子化交易，推进不见面交易。建立统一规范的交易流程和交易规则，推进公共资源交易平台服务标准化建设和交易场地标准化建设。使用规范的评标专家抽取系统，各区镇建立限额以下评标专家库和语音抽取系统，采用随机抽取方式确定评标专家，减少人为因素干扰。区镇交易公告信息、成交结果信息等同步推送至市平台，统一发布至苏州市公共资源交易平台，实现县市区镇交易数据动态管理。沙溪镇、浏河镇、城厢镇与县市级平台数据互通，全部区镇交易数据定时汇总上传，实现动态管理。

【“好差评”系统】 2021 年，太仓市以政务服务“好差评”国家标准试点为契机，紧扣“评、改、优”三个环节，实现评价全面覆盖、差评全面整改、服务全面优化，让群众成为政务服务“评判员”，让“好差评”成为政务服务“指挥棒”，推动政务服务水平和群众获得感、满意度持续提升。市行政审批局建立政务服务“好差评”系统，创新建立“3553”差评整改提升体系。系统涵盖数据生成、归集、传输、分析、整改、反馈、改进等方面，太仓市“互联网 + 基层政务服务”平台对接省政务服务“好差评”系统，联通“12345”等平台，精确汇集市镇两级办事大厅评价数据，实时传送至省平台。发挥“一次一评”“一事一评”作用，面向企业群众收集关于政务服务机构、政务服务平台、服务事项、工作人员等方面意见建议，实现评价对象全覆盖。通过“先锋导服”全流程收集、“一网通办”平台全时段收集、“12345”平台全方位收集等方式便于企业群众“随时评”，通过短信回访、扫二维码等渠道点对点“精准评”，通过电子评价器、自助服务终端、随机评议表等渠道“背靠背评”，线上线下全融合提高“好差评”收集率。依托“12345”平台对默认好评事项推送短信评价，提升评价数据全面性。联合中国标准化研究院开展“好差评”推动政务服务能力提升行动，开展政务服务评估，建立综合性评价、专业机构评估综合分析机制。实行“曝光台”曝光机制，向社会公开“好差评”服务情况、评价结果及整改情况，通过“曝光台”曝光造成不良影响的案例；线上监管平台警告督办超时办理事项，全程跟进，推动形成“愿评、敢评、评了管用”的社会共识。年内，市政务服务评价满意率99.99%。

（王　雯）

东西部协作与对口支援

【概况】 2021年，太仓市贯彻“上下同心、尽锐出战、精准务实、开拓创新、攻坚克难、不负人民”脱贫攻坚精神，持续推进援藏、援疆、援青和东西部扶贫协作及南北五方挂钩等“三对”工作，助推受援地脱贫。太仓向帮扶地区拨付财政资金1.56亿元（其中陕西省周至县1830万元、江苏省宿迁市1500万元、重庆市云阳县60万元、江苏省连云港市灌南县680万元，西藏自治区、新疆维吾尔自治区、青海省三地合计1.15亿元），社会捐赠366.52万元（其中陕西省周至县340.52万元、贵州省铜仁市玉屏侗族自治县26万元）。年内，市发改委、市人社局、太仓对口帮扶西安市（周至县）工作组3个集体被江苏省委、省政府授予“全省脱贫攻坚暨对口帮扶支援合作先进集体”称号；太仓市对口帮扶周至工作组被陕西省委、省政府授予“陕西省脱贫攻坚先进集体”称号；太仓市对口帮扶铜仁市玉屏县工作组、太仓市对口支援西藏林周县工作组获江苏省委、省政府通报表扬。“太仓东西部消费帮扶模式”入选全国消费帮扶助力乡村振兴典型案例；“太仓帮扶周至工作案例”入选全国东西部协作典型案例。

【东西部协作】 2021年，太仓市对接周至县党委、政府互访2批次、23人次，召开联席会议2次。9月3—4日，太仓市委副书记、代市长胡卫江率太仓党政代表团赴周至县调研，签署《苏州太仓市对口帮扶西安市周至县战略合作框架协议》，召开2021年苏州太仓西安周至东西部协作联席会议。10月18日，西安市周至县和太仓市正式以“统一标准、统一流程、统一材料、统一时限”原则，联合推出政务服务“跨省通办”事项20项。太仓向陕西省周至县投入财政资金4543万元，社会帮扶捐款捐物1473万元，资金支持居全省前列。实施苏陕协作项目76个，直接带动贫困户1858户、贫困人口6271人，惠及贫困人口1.58万人。太仓拨付帮扶资金3470万元，其中苏陕协作资金1640万元，扶持项目14个；额外市、镇两级财政资金1830万元，扶持项目13个。实施帮扶项目27个，带动脱贫人口279户、1024人，其中用于乡村产业振兴1225万元，惠及农村劳动力1551人、脱贫人口1329人；用于就业帮扶528万元；用于教育医疗民生保障492万元。太仓市连续4年每年投入500万元支持“太周创新园”建设。新增落地投产企业7个，投资4.2亿元，吸纳农村劳动力就业178人（脱贫人口41人）。太仓共向周至县派出专技人才30人次。举办乡村振兴干部培训班5期，培训干部150人次。举办乡村振兴专业技术人员培训班3期，培训专业技术人才62人次。全年太仓—周至两地干部人才互访交流9批次、101人，互派交流学习干部47人次，专技人才54人次。建立太仓—周至人力资源市场跨区域公共就业一体化信息平台，共向周至相关镇区发送招聘信息8367次，推送就业岗位信息1.96万条，帮助赴苏州地区就业599人，其中建档立卡贫困户205人。开办贫劳务协作培训班3期，培训农村劳动力150人次，其中脱贫劳动力91人次。在太仓市万达金街、沙溪古镇、浏河古镇等地设立周至农副产品专营店、正达电子商务线下专营店，全市共有周至农特产品销售店5家。助力周至向东部地区销售周至猕猴桃、蜂蜜、醪糟等农副产品价值约4103万元。太仓和周至形成镇镇结对7对、村村结对7对、企村结对11对、学校结对14对、医院结对2对、社会组织结对3对的全社会参与助力周至乡村振兴的立体帮扶体系。11月26日，太仓向周至捐赠防疫物资价值78万元。

【南北五方挂钩】 2021年，太仓市编制《太仓灌南高新技术产业园高质量发展总体方案（2020—2025年）》《太仓灌南高新技术产业园高质量发展规划（2020—2025年）》。年内，园区招商引资签约项目6个，总投资6.53亿元。太仓市拨付帮扶资金500万元，助力灌南县苏口村集体增收、设施提升、环境改善等建设，村集体经济经营性收入稳定在20万元以上。完成灌南县新安镇标准化厂房新建项目，协调镇村明确资产确权、收益分配等事宜，实现苏口村集体资产增加300万元，村集体年增收11.2万元。共建园区强化干部交流和培训工作，协调灌南县2个驻点招商名额，由县经济开发区选派2名年轻干部赴太仓市招商局挂职学习招商引资工作；联合县商务局设立驻太仓招商办公室，对接意向搬迁企业，选派1名干部驻点太仓。太仓市慈善总会等单位参与灌南县北陈集镇中心小学、团县委组织的“梦想小屋”改造计划，累计捐赠40余万元助力灌南教育等公益事业发展，在硕项湖村开展“水秀惠泽·暑蕴嫩苗”爱心暑托班，助力灌南公益事业发展。太仓灌南特色农产品展销中心在太仓挂牌运行，累计销售60万元，为灌南农副产品销售开辟新渠道。以苏口村金顺谷物合作社为平台，在太仓电站村“乡村·漫市集”销售“灌河飘香”灌南特色农产品，累计销售菌菇礼盒、灌南粉丝等农产品约10万元。城厢镇、苏州健雄职业技术学院向金顺谷物合作社采购虾田大米6.32吨，价值6.95万元，两项合计实现苏口村集体经济增收1.2万元。

【对口支援】 2021年，太仓市拨付援藏、援疆和支援青海资金1.15亿元，城厢镇额外拨付西藏林周县唐古乡帮扶资金40万元。9月1日，太仓市委宣传部副部长、市文明办主任王永伟率代表团赴林周县考察交流。林周县委副书记、县政府副县长、苏州市第九批援藏干部领队韦国岭，林周县委常委、宣传部部长焦春壮等陪同考察。太仓市委宣传部、林周县委宣传部与邮储银行太仓市支行签订三方党建结对共建协议，开展结对帮扶工作，实现资源共享，提高党建工作水平。太仓市陆渡街道陆渡村与林周县卡孜乡康姆桑村结对交流，加深太仓和林周两地友谊，深化对口援藏工作。

（潘　坚）

2021年11月，太仓市机关事务中心开展消防应急演练
（市机关事务中心供稿）

机关事务

【概况】 2021年，太仓市机关事务工作以常态化长效化推进文明建设为着力点，加强以“强思想、重服务、明职责、抓创建”为主要内容的机关事务文化建设，助力各项工作取得新成效。年内，市机关事务中心按照“服务+管理”“规范+高效”“稳妥+活力”工作要求，深化“全流程管理”，规范党政机关公务用车、办公用房管理，深化节约型机关建设，提升后勤服务满意度。

【机关后勤服务保障】 2021年，太仓市机关事务中心开展政务诚信活动，做好年度政务公开工作，每半年发函进行服务满意度调查，召开座谈会，举办机关开放日等，听取各单位建议。平安行政中心建设成效显著，法治宣传氛围浓厚，行政中心“宪法广场·普法家园”获太仓市2020年度群众最受关注的普法品牌提名奖。做好市行政中心新冠肺炎疫情常态化防控工作，全年共测温、查验苏康码8.9万人次，登记车辆信息8.3万台次。实施餐饮改革，引进“智慧食堂系统”，完善就餐模式，杜绝食品浪费。规范餐卡管理，严格按照财政预算人数重新核定“一卡通”数量。开展各类安全培训教育及演练26场次，参训参演人员2500余人次。做好接访250余批、4000余人次。完成各类会议接待、会务服务等后勤工作。严格执行外包合同，制定食堂物资采购制度，严格采购入库流程。落实新电子发票管理办法，完成27家单位委托财务服务工作。

【公务用车管理】 2021年，太仓市印发《太仓市党政机关公务用车管理办法》，加强和规范全市党政机关公务用车管理。升级公车管理平台，将全市公务用车纳入平台管理，实现公车管理全覆盖，形成“管理一体化、服务一张网”平台运行模式。强化公车监督和检查，安装北斗智能终端，通过太仓市公务用车综合管理平台调度，所有用车通过手机App操作即可完成。实现高精度定位、轨迹回放等功能，构建透明高效的常态化公车监管体系。通过公车平台实现公车里程、能耗等主要数据的科学统计分析，节约公务出行成本。加强公车购置处置工作，更新车辆86辆。规范车辆处置，组织拍卖会2场，拍卖旧车20辆。加强公务用车加油卡专项检查。根据《太仓市市级党政机关公务用车加油卡管理暂行规定》要求，对部分党政机关事业单位公务用车加油卡使用情况开展专项检查。市机关事务中心查看各单位全年加油记录，核查高油耗车辆和高频次加油的公车加油卡，未发现违规使用加油卡现象。加强公务用车日常管理，实施公务用车“一车一卡”制度，杜绝私车公养；严明纪律，明确车辆管理责任人，落实公务车辆使用管理责任制，节假日期间，非公务活动车辆一律定点停放；做好公务用车标识化管理，新购置车辆统一喷涂标识，主动接受群众监督。

【办公用房管理】 2021年，太仓市严格管理党政机关办公用房，推进办公用房资源公平配置和集约使用。完成全市党政机关办公用房、业务用房、附属用房等100个地址的测绘工作，累

2021年10月，太仓市机关事务中心开展公务用车加油卡定点使用专项检查
（市机关事务中心供稿）

计测绘使用面积约45万平方米，推动形成全市“一张网”新管理模式，对接全省党政机关办公用房平台。为行政中心各单位调整办公用房40余间，推行办公家具二维码数字化管理，开展各类维修5400余项，开通门禁2100余次。完成浮桥镇、沙溪镇、双凤镇等政府驻地迁移审核工作。完成远程会议系统升级、智慧门禁系统采购，档案馆库房监控改造，保安中控室改造，行政中心车棚维修保养，行政中心监控三期改造等项目，提升机关服务品质。

（张　跃）

太仓市政协

综　述

【政协委员概况】 2021年，太仓市第十四届政协委员、常委会组成人员规模及界别设置分别为234人、46人、界别组21个。各界别人数：中共31人，民革7人，民建7人，无党派5人，工商联14人，工会、共青团、妇联、科协12人，侨联、台联8人，文体新闻和艺术界13人，科学技术界8人，教育界9人，医药卫生界11人，经济界49人，农业和农村界20人，社会福利和社会保障界14人，少数民族界、宗教界8人，特邀人士18人。委员中，中共党员委员97人，非中共党员委员137人。政协常委会组成人员46人，其中中共22人、非中共24人。非中共常委中，民革2人、民建1人、无党派2人、工商联2人、科技界3人、文体新闻和艺术界1人、教育界1人、医药卫生界2人、经济界6人、农业和农村界1人、社会福利和社会保障界2人、宗教界1人。在太仓的苏州市十四届政协委员16人，其中民进1人、工会界1人、妇联界1人、文艺界2人、经济界4人、教育界1人、医卫界2人、社会福利和社会保障界1人、特邀人士3人。在太仓的省政协委员2人，其中科技界1人、农业和农村界1人。

【“政协大家谈”活动】 2021年9月24日，太仓市政协举行“政协大家谈”活动，政协委员聚焦“拼出太仓速度，点燃创业激情”主题，交流思想，协商建言，凝心聚力，结合各自专业特长和工作领域，从精神内涵、民营经济、项目招引、行政审批、企业发展、国际形势、民生事业、农业农村等不同维度，就如何“拼出太仓速度”阐述各自意见建议。市政协主席赵建初，市政协党组书记邱震德，市委常委、政法委书记许超震，市政协副主席王国其、周健慧、吕寅、高扬、黄浩忠出席活动。

【各镇、区（街道）政协工委工作会议】 2021年3月5日，太仓市政协召开各镇、区（街道）政协工委工作会议暨“有事好商量”协商议事月启动仪式，推动新时代基层政协工作提质增效。会议总结上年基层政协工作，并就2021年工作提出要求。市政协按照省政协、苏州市政协统一部署和要求，把建好用好“有事好商量”协商议事室，作为推动政协协商与基层协商有效衔接的重要抓手抓实抓好。全市完成示范点建设82个，服务范围涵盖全市所有镇、区（街道）。

【“同心行”党支部主题党日活动】 2021年6月29日，太仓市政协“同心行”党支部与民革界别组共同开展“同心向党”主题党日活动，以“同心行”党支部为“圆心”，辐射带动非中共委员开展党史学习教育，拓展学习半径，确保党史学习教育在政协系统全覆盖。活动包含参观太仓革命历史陈列馆、参观“奋斗百年路·启航新征程”太仓市红色档案文献展，开展“学史明理、学史增信、学史崇德、学史力行”线上党史知识竞答活动。

【“迎国庆·中秋”茶话会】 2021年9月17日，太仓市政协办公室和市委统战部联合举办太仓市各界人士“迎国庆·中秋”茶话会。市委书记汪香元，市委副书记、代市长胡卫江及市领导与各界人士代表同庆佳节，共话发展。汪香元代表市委、市政府向参加茶话会的各界人士代表，向所有关心支持太仓经济社会发展的社会各界人士致以节日问候和祝愿，指出拼出“太仓速度”需要全市领导干部勠力同心、开拓奋进，离不开包括各民主党派、无党派人士在内的社会各界共同努力。

（沈晨宇）

2021年1月11日，中国人民政治协商会议太仓市第十四届委员会第五次会议在市行政中心开幕
（沈晨宇摄）

重要会议

【太仓市政协十四届五次会议】 2021年1月11日，中国人民政治协商会议太仓市第十四届委员会第五次会议在市行政中心开幕。会议应到委员234人，实到219人，符合法定人数。市委书记沈觅作题为《凝心聚力、同心奋斗，开启全面建设社会主义现代化新征程》的讲话。市政协主席邱震德作工作报告。市政协副主席王国其作市政协十四届四次会议以来提案工作情况的报告。

太仓市政协 2021 年度优秀提案一览表

表 78

提案号	提案案由	提案单位或个人
第 5 号	关于保护和开发太仓农业老品牌“太仓白蒜”的建议	浮桥镇政协工作委员会
第 11 号	关于进一步推进文旅融合的建议	市无党派知联会
第 13 号	关于推进智能化转型升级，破解传统制造业发展难题的建议	王文华
第 20 号	关于深度融入长三角，推动“与沪同城”的建议	民进太仓市基层委
第 25 号	关于促进太仓民企和德企融合发展的建议	宁爽黎
第 31 号	关于搭建“1+X”资源集约化平台，助力乡村振兴的建议	民革大科园支部
第 32 号	关于太仓市创新创业载体发展的建议	杨洋
第 36 号	关于大力推行“政务服务区块链”，精准高效服务企业发展的建议	民建太仓市委
第 42 号	关于推动太仓市物贸总部经济高质量发展的建议	汤文英、王益清
第 60 号	关于提高教室照明条件，保护青少年视力的建议	农工党太仓市基层委
第 76 号	关于加强基层医疗卫生服务中心建设的建议	陈俭
第 103 号	关于娄江新城建设高标准地下管网的建议	周洪海
第 106 号	关于优化改造关键交通节点的建议	王文军
第 130 号	关于加强外卖食品安全监管的建议	民盟太仓支部
第 145 号	关于提升老小区应对突发公共卫生事件能力的建议	侨界
第 159 号	关于推动太仓本土养老服务专业人员队伍建设的建议	耿彤彤

太仓市政协 2021 年度提案承办先进单位一览表

表 79

序号	单位名称	序号	单位名称	序号	单位名称
1	市委办公室	5	市科技局	9	市住建局
2	市政府办公室	6	市工信局	10	市城管局
3	市发改委	7	市公安局	11	市文体广旅局
4	市教育局	8	市民政局	12	市卫健委

【常委会会议专题协商】 2021 年，政协太仓市第十四届委员会共召开常委会会议 5 次。

第 25 次常委会会议。1 月 12 日召开。会议讨论选举办法草案。

第 26 次常委会会议。1 月 13 日召开。会议听取各组讨论情况及候选人酝酿协商情况。通过选举办法草案。通过候选人名单。通过选举工作人员建议名单。审议《市政协十四届五次会议决议（草案）》。

第 27 次常委会会议。8 月 11 日召开。市委书记汪香元为政协常委作形势报告，解读市十四次党代会精神。

第 28 次常委会会议。11 月 5 日召开。会议专题协商教育、卫生体系建设。市委副书记、代市长胡卫江出席会议并讲话。副市长顾建康代表市政府作相关情况通报，市政协副主席王国其代表市政协作建议案（草案）说明，市政协副主席吕寅作协商发言。各位委员分别从不同角度，对太仓下阶段的教育、卫生体系建设提出意见建议。协商通过有关事项。

第 29 次常委会会议。12 月 22 日召开。会议听取市政府工作情况通报。听取市政府对《关于完善教育体系，建设现代化教育强市的建议案》和《关于加强医疗卫生体系建设，推动优质均衡发展的建议案》的答复。协商通过市政协十五届委员会人事安排。审议通过《关于召开中国人民政治协商会议太仓市第十五届委员会第一次会议的决定》。审议通过十五届一次会议其他事项。审议通过市政协常委会工作报告（审议稿）和常委会关于提案工作情况的报告（审议稿）。审议通过有关人事事项。

【市政协工作务虚会】 2021年12月3日，太仓市政协召开工作务虚会，强调要把学习贯彻中共十九届六中全会精神与贯彻落实省第十四次党代会精神结合起来，聚焦全市经济社会高质量发展，提升履职水平。会上，市政协交流2022年政协工作思路和履职重点。（沈晨宇）

参政议政

【主席会议专题协商】 听取全市公共就业创业服务情况。2021年3月29日，太仓市政协召开主席会议，专题听取全市公共就业创业服务情况。听取市人社局相关情况通报，市政协主席赵建初指出要围绕“更加充分更高质量就业”目标导向，做优做实就业工作整体规划，优化就业工作组织管理体制，整合发挥人社公共服务、社会保障、劳动关系、职业技能等各块工作的协同保障作用，形成保就业合力。围绕就业、创业、人才各项指标，盯牢政策、环境、服务、活动等关键环节，在完善保就业稳就业政策预案、提升人力资源供求对接匹配等方面多出思路、多出实招，把“乐就太仓”打造成太仓就业工作的金字招牌。

听取全市商务工作情况。2021年4月30日，市政协召开主席会议，专题听取全市商务工作情况。市商务局汇报上年全市利用外资及港澳台资、外贸进出口、商贸消费等工作情况。会议强调抓好外贸和消费对拉动经济高质量发展非常重要，要加快推动外贸高质量发展，加快数字化转型，加快培育外贸新动能，提升外贸竞争新优势。促进内外贸有效贯通，重点支持市场和产品单一、抗风险能力较弱的中小微外贸企业出口转内销，营造支持出口产品转内销的良好环境，实现国内国际双循环相互促进。

听取审计工作情况。2021年5月27日，市政协召开主席会议，专题听取审计工作情况。会议强调审计机关在审计工作中，要坚持高点站位，把牢审计工作正确方向。聚焦重点关键，提高审计监督整体效能。坚持长效管理，凝聚审计工作更强合力。

落实市委学习苏州“三大法宝”考察交流座谈会精神。2021年6月9日，市政协召开主席会议，贯彻落实市委学习苏州“三大法宝”考察交流座谈会精神。会议指出要贯彻落实市委书记、市长汪香元在学习苏州“三大法宝”考察交流座谈会上的讲话精神，提高政协履职实效，助力全市经济社会高质量发展。

听取新的社会阶层人士统战工作情况。2021年6月30日，市政协召开主席会议，专题听取新的社会阶层人士统战工作情况，实现新的社会阶层人士自身成长和全市经济发展互利双赢。赵建初指出要坚持中国共产党的领导，增进新阶层人士政治认同，凝聚最广泛政治共识，汇聚最强大工作合力。要加强队伍建设，发挥新联会组织的规范化建设，调动新阶层人士积极性，打造一支有向心力、有凝聚力、有执行力的新阶层代表人士队伍。要着重品牌建设，扩大“娄东新力量”新阶层人士统战工作品牌效应，推动新阶层人士统战工作向更新更高层次发展。

全市智能化改造数字化转型工作协商。2021年7月20日，市政协召开主席会议，专题协商全市智能化改造数字化转型工作。听取全市智能化改造和数字化转型工作情况通报，并围绕如何加强专业人才队伍建设、创新体制机制、促进德企与民企融合发展等问题交流讨论。

听取全市文化事业和文化产业发展情况。2021年8月2日，市政协召开主席会议，专题听取全市文化事业和文化产业发展情况。听取市文体广旅局相关情况通报，赵建初指出要坚持以人民为中心，推动公共文化服务再攀新高。加大公共文化设施建设力度和速度，优化文化产品供给，满足人民群众日益增长的精神文化需求。把握文化产业高质量发展契机，优化文化产业发展空间布局，特别是在电竞产业化和文旅产业方面寻求突破，打造具有高辨识度的太仓文化产业体系。集中精力挖掘、包装太仓本土文化资源，总结太仓多元文化内涵，讲好太仓故事，持续擦亮“娄东文化”品牌。

听取市华侨文化交流基地建设情况。2021年10月27日，市政协召开主席会议，专题听取市华侨文化交流基地建设情况。市政协主席赵建初指出要坚持高标准、高质量，务求代表性和示范性，把代表太仓文化特色、具有深厚历史底蕴的场所推向海外，打造全市华侨交流基地的现代精品群。要以华侨文化交流基地为矩阵，讲好太仓故事，弘扬优秀传统文化，阐释江南文化新追求。要创新服务模式，更深

2021年8月19日，太仓市政协主席会议专题调研娄江新城开发建设情况
（沈晨宇摄）

层次地探索基地的功能和作用，以建设特色交流基地为目标，重点做好政策宣传服务、联谊交友服务和牵线搭桥服务，为开展宽领域、多渠道、深层次的经贸交流与合作搭建服务平台。

【市政协专题调研视察】“发展型”幸福社区建设调研。2021年4月21日，太仓市政协主席调研视察“发展型”幸福社区建设，实地调研璜泾镇永乐村、沙溪镇半泾村，了解推进“发展型”幸福社区建设方面的具体做法。听取市民政局关于全市“发展型”幸福社区建设工作情况汇报，举行座谈交流。

挥发性有机物治理工作调研。2021年6月9日，市政协主席专题调研视察全市挥发性有机物治理成效工作情况。实地调研太仓中集冷藏物流装备有限公司和太仓中化环保化工有限公司挥发性有机物治理项目。听取太仓生态环境局关于全市夏季臭氧污染防治工作情况汇报，举行座谈交流。

全市历史文化遗存保护工作调研。2021年6月16日，市政协主席专题调研视察全市历史文化遗存保护工作，凝聚共识、整合力量，发挥历史文化遗存在弘扬优秀传统文化、推动高质量发展中的作用。实地调研浏河天妃宫遗迹、中国人民银行浏河支行旧址、樊村泾遗址等地。听取市文体广旅局关于全市历史文化遗存保护利用工作情况的汇报，举行座谈交流。

娄江新城开发建设情况调研。2021年8月19日，市政协召开主席会议，专题调研视察娄江新城开发建设情况。实地调研娄江新城规划展示馆以及西北工业大学太仓校区等地，听取娄江新城规划建设情况通报。

综合交通体系建设工作调研。2021年10月22日，市政协召开主席会议，专题协商全市综合交通体系建设工作。实地调研正夫路工程、太仓公路应急基地等地。召开座谈会，听取市交运局关于全市交通体系建设情况汇报，并作协商建言。

【重点课题专题调研】省政协到太仓开展界别活动。2021年4月1日，省政协副主席阎立率省政协经济界部分委员到太仓，就“进一步优化政策环境，促进民营经济健康发展”开展界别活动。苏州市政协副主席王竹鸣，太仓市委副书记、市长汪香元，市委副书记胡卫江，市政协主席赵建初，市政协副主席周健慧出席活动。阎立一行参观太仓市规划展示馆、太仓市科技创业园暨留学人员创业园，实地考察苏州康乃德生物医药有限公司、苏州安软信息科技有限公司等企业。汪香元介绍全市经济社会发展情况，举行座谈会。

太仓市部分民营企业调研。2021年4月22—23日，苏州市政协副主席陈雄伟一行到太仓，走访调研部分民营企业，摸排发展实情，实地了解企业需求，倾听意见建议，推动解决实际问题。调研组一行走访苏州艾迈实业有限公司、苏州万松电气有限公司、太仓中博铁路紧固件公司、思睿观通科技（江苏）有限公司、太仓逸枫化纤有限公司、苏州利辉制衣有限公司、苏州切浦汽车零部件有限公司等企业，了解企业生产经营情况和发展规划，勉励企业利用大数据，把准市场脉搏，打造行业标杆。

营商环境改善、作风效能转变、民营经济发展等情况调研。2021年5月7日，苏州市政协副主席陈雄伟一行到太仓市双凤镇和沙溪镇，就营商环境改善、作风效能转变、民营经济发展等情况开展走访调研。陈雄伟一行走访宝马油脂设备有限公司、太仓市恒力纺织有限公司，苏州宝骅密封科技有限公司、苏州德能机电有限公司、苏州悠远环境科技有限公司、太仓久本机械科技有限公司、苏州英利汽车部件有限公司等企业，了解企业发展历程、生产经营情况。

长三角一体工作化调研。2021年5月18日，苏州市政协党组副书记、副主席陆留生率调研组到太仓调研长三角一体化工作，实地调研复星文旅项目和娄江新城推进情况。

助推沪苏同城化调研。2021年9月1日，苏州市政协副主席陆留生率调研组到太仓开展助推沪苏同城化专题调研。调研组实地考察斯凯奇物流中心、市生物医药产业园、太仓德国中心、高铁太仓站等地，并召开座谈会，听取高新区、城厢镇、浏河镇等区镇和市发改委、市交运局等相关部门情况汇报。

特色康居乡村建设项目调研。2021年9月18日，太仓市政协专题调研视察特色康居乡村点建设项目。赵建初一行走访浏河镇新塘村、璜泾镇孟河村等地，现场调研全市特色康居乡村点建设情况。召开座谈会，听取市农业农村局相关工作情况通报。

城市精细化管理工作调研。2021年10月12日，太仓市政协主席专题调研视察城市精细化管理工作，赵建初一行走访娄东街道南丁园小区、市数字化城市管理监督指挥中心等地，现场调研城市精细化管理工作开展情况。召开座谈会，听取市城管局相关工作情况通报。

宗教活动场所建设情况调研。2021年11月4日，太仓市政协主席专题调研视察全市部分宗教活动场所建设情况。赵建初一行走访同觉寺、浏河基督堂、崇恩禅寺等地，听取相关情况介绍。

提高政协协商能力和水平专题调研。2021年11月16日，省政协理论研究会会长、省政协原副主席徐鸣一行到太仓，开展提高政协协商能力和水平专题调研，苏州市政协副主席陆留生，太仓市政协主席赵建初、市政协党组书记邱震德、市政协副主席王国其参加调研。徐鸣一行走访城厢镇东林村调研，了解村级经济发展情况，特别是政协协商在乡村振兴战略实施和农业农村现代化建设过程中发挥的作用。

推进政协协商与社会组织协商有机协同的实践与探索调研。2021年11月11日，苏州市政协副主席王竹鸣率调研组到太仓，就太仓市“推进政协协商与社会组织协商有机协同的实践与探索”开展调研。调研组实地调研景瑞社区“有事好商量”协商议事室、市社区和社会组织服务中心等地，并听取相关工作汇报。

港区、高新区经济社会发展情况调研。2021年12月8—9日，市政协主席会议专题调研视察港区、高新区经济社会发展情况。在港区，赵建初一行实地察看利洁时全球研发制造中心项目、太仓港集装箱四期码头、希杰荣庆物流项目、江苏省太仓中等专业学校港城校区，并听取港区经济社会发展情况通报。在高新区，赵建初一行实地视察苏州中科激光智能制造创新研究院、江苏华钛瑞祥科技有限公司、麦格纳（太仓）汽车科技有限公司、城东水质净化厂项目，并听取高新区经济社会发展情况通报。

（沈晨宇）

民主监督

【食品安全民主监督】 2021年6月8日，太仓市政协主席会议聚焦全市食品安全工作，开展专项民主监督。赵建初一行走访镇洋小学，调研校食堂日常管理。走访苏州口水娃食品有限公司，了解食品安全管理措施。召开座谈会，听取市市场监管局关于全市食品安全工作情况的汇报，并结合各自工作实际提出意见建议。

【安全生产专项民主监督工作“回头看”】 2021年10月28日，苏州市政协副主席陆留生、苏州市政协党组成员徐刚率调研组到太仓，开展安全生产专项民主监督工作“回头看”活动。调研组走访西交利物浦大学太仓校区建设现场，进行安全生产实地检查。召开座谈会，市应急管理局、市发改委、市工信局、市公安局、市住建局、市交运局、市消防救援大队等单位分别汇报安全生产相关工作情况。

【国土空间全域整治监督】 2021年8月25日，太仓市政协召开主席会议，协商式监督国土空间全域整治工作。赵建初一行走访城厢镇电站村，实地了解城厢镇国土空间全域整治工作情况。听取全市国土空间整治工作情况汇报。

【老旧小区综合改造监督】 2021年9月13日，太仓市政协召开主席会议，协商式监督全市老旧小区综合改造工作，提高城市宜居水平，确保全市城镇老旧小区改造试点工作开展。赵建初一行走访梅园新村、月亮河新村，调研老旧小区改造试点工作。召开座谈会，听取市住建局关于全市老旧小区综合整治推进情况的汇报。

【政协委员视察民生实事项目推进情况】 2021年11月19日，太仓市政协组织部分委员视察民生实事项目推进情况。委员们参观太仓美术馆建设项目、文体活动中心建设项目和新冠肺炎疫情防控检验检测能力提升项目施工现场，并听取关于民生实事项目推进情况的通报。市政协主席赵建初要求政协委员以高度的政治责任感和主人翁精神，实事求是、客观全面地看待问题，为促进太仓经济社会持续健康发展提出更具针对性和可操作性的意见建议，共同推动政府及有关部门把实事工程办得更好、更实。

【提案工作】 太仓市十四届政协期间，共收到提案992件，经审查，立案925件。立案提案中，集体提案340件，委员提案560件，界别小组提案25件。2021年，市十四届政协五次会议收到提案173件，立案162件，其中已经解决或正在解决的提案（A类）132件，占比81.5%；列入计划拟解决的提案（B类）28件，占比17.3%；留作参考的提案（C类）2件，占比1.2%。收到委员对提案办理结果的反馈意见162件，满意率100%。

【市委书记督办重点提案】 2021年8月11日，太仓市委书记领衔督办重点提案座谈会召开，督促办好由民进太仓市基层委员会递交的提案《关于深度融入长三角、推动“与沪同城”的建议》。市委书记汪香元出席会议并讲话，市发改委通报提案办理情况。汪香元强调，要抢抓发展机遇，加快实现率先“与沪同城”；要强化重点举措，提升提案办理质效；要积极履职尽责，彰显政协当担作为。

【市长督办重点提案】 2021年11月5日，太仓市市长领衔督办重点提案座谈会召开，发挥提案在落实党对政协工作全面领导中的重要作用，深化提案办理协商，提升办理实效。座谈会上，市工信局汇报《关于推进智能化转型升级，破解传统制造业发展难题的建议》提案办理情况，市行政审批局汇报《关于大力推行“政务服务区块链”，精准高效服务企业发展的建议》提案办理情况，市发改委汇报《关于推动我市物贸总部经济高质量发展的建议》提案办理情况，提案者代表与提案承办单位互动交流。

【重点提案督办】 2021年6月30日，太仓市政协召开重点提案督办会议，督办十四届五次会议期间提交的民生

2021年11月19日，太仓市政协召开政协委员视察民生实事项目通报会

（沈晨宇摄）

类提案4件，市文体广旅局、市教育局、市市场监管局、市民政局等提案承办单位对《关于将洞庭分秀园打造成市政协文史馆的建议》《关于提高教室照明条件，保护青少年视力的建议》《关于加强外卖食品安全监管的建议》《关于提升老小区应对突发公共卫生事件能力的建议》4件提案的办理思路、办理进度、办理成效等作情况通报。提案者对参会部门提案办理工作表示满意，并就如何加快提案办理工作及提升办理实效、协调推动全市民生事业以惠及更多人民群众进行交流探讨。8月3日，市政协召开重点提案督办会议，督办十四届五次会议期间提交的2件城乡建设类提案。市政府办、陆渡街道、市住建局等提案承办单位对《关于有效提升陆渡街区品质的建议》《关于加快太仓城市绿道建设的建议》2件提案的办理思路、办理进度、办理成效等作情况通报。提案者对参会部门提案办理工作表示满意，交流探讨如何加快提案办理工作及提升办理实效，如何提升城市品质、完善城市功能以惠及更多人民群众。8月23日，市政协召开重点提案督办会议，督办十四届五次会议期间提交的经济类提案2件。市政府办、市资规局、市文体广旅局等提案承办单位对《关于搭建"1+X"资源集约化平台，助力乡村振兴的建议》《关于规范民宿发展和管理的建议》2件提案的办理思路、办理进度、办理成效等作情况通报。提案者对参会部门提案办理情况表示满意，交流探讨如何加快提案办理工作及提升办理实效。

（沈晨宇）

2021年2月7日，中国共产党太仓市第十三届纪律检查委员会第六次全体会议召开（陈先杰摄）

太仓市纪委监委

综　述

【概况】 2021年，太仓市纪委监委立足职能职责，强化使命担当，发挥监督保障执行、促进完善发展作用，为拼出"太仓速度"、谱写社会主义现代化建设太仓精彩篇章提供保障。市纪检监察机关以新思想引领新实践，开展政治监督，坚持"三不"（不敢腐、不能腐、不想腐）一体推进，持续纠"四风"（形式主义、官僚主义、享乐主义、奢靡之风）树新风，深化政治巡察，提升监督治理效能，加强自身建设，纪检监察工作取得新进展新成效。

【中共太仓市第十三届纪律检查委员会第六次全体会议】 2021年2月7日，中共太仓市第十三届纪律检查委员会第六次全体会议召开，回顾总结2020年纪检监察工作，研究部署2021年重点任务。苏州市副市长、太仓市委书记沈觅出席会议并讲话。市委常委、市纪委书记、市监委主任杨庆作《奋力谱写新时代纪检监察工作高质量发展新篇章，为太仓现代化建设开好局起好步提供坚强保障》工作报告，要求全市纪检监察机关以习近平新时代中国特色社会主义思想为指导，深入贯彻中共十九大和十九届二中、三中、四中、五中全会精神，坚决落实习近平总书记视察江苏重要讲话指示精神，增强"四个意识"、坚定"四个自信"、做到"两个维护"，按照上级纪委全会和市委十一次全会部署要求，坚持稳中求进工作总基调，立足新发展阶段，贯彻新发展理念，构建新发展格局，以推动高质量发展为主题，坚持系统观念、法治思维、强基导向，全面从严治党，履行党章和宪法赋予的职责，发挥监督保障执行、促进完善发展作用，推动中共中央和省委、苏州市委、太仓市委决策部署落实，一体推进"不敢腐、不能腐、不想腐"，推进规范化法治化建设，加强纪检监察干部队伍建设，为太仓"十四五"规划和现代化建设开好局、起好步提供保证。

（周　琦）

全面从严治党

【概况】 2021年，太仓市纪委监委加强对中共中央和省委关于落实全面从严治党党委主体责任有关要求执行情况的跟踪指导和监督检查，协助市委开展全面从严治党工作情况检查考核，召开主体责任述职会。市委主要负责人对62名党组织主要负责人开展提醒谈话。推动政治生态持续向上向好，"衡镜"系统监测评价位居苏州第一。持续对镇（区、街道）、市属国有企业开展政治生态监测评价，做实做细分析评估、成果运用。坚持失责必问、问责必严，依规依纪依法实施党内问责10起、监察问责8起。挂牌督办群众身边腐败和作风问题20件，党纪政务立案10人，其中被授予苏州市纪检监察"我为群众办实事"信访举报优质办结件二等奖1件。

2021 年 6 月 5 日，太仓市纪委监委信访室在村（社区）开展信访宣传和接访活动
（陈　聪摄）

【决策部署监督落实】 2021 年，太仓市纪委监委严明新冠肺炎疫情防控工作纪律"八个不准"，采取"四不两直"（不发通知、不打招呼、不听汇报、不用陪同接待、直奔基层、直插现场）方式对商场、学校、医院等各类场所开展监督检查 611 次，推动即纠即改问题 206 个。开展安全生产三年专项整治监督检查，分类分级监督"小化工"企业、木材行业、既有建筑等领域。开展政府隐性债务专项监督，制发监察建议，稳妥防范并化解风险隐患。常态化开展扫黑除恶工作，保持"打伞破网"高压态势。

【重点工作监督落实】 2021 年，太仓市纪委监委聚焦国土空间全域整治开展专项监督，推动开发信息化监督平台，集中约谈排名靠后的村（社区）主要负责人 10 人和镇分管领导 5 人，对约谈后工作进度仍然滞后的 5 名村（社区）主要负责人实施问责。坚决遏制农村乱占耕地建房乱象，推动解决各类问题 184 个。聚焦农村集体"三资"（资金、资产、资源）监管，实施农村集体经济组织领域专项督查，重点督查农村集体资产违规转租转借、低价出租出借等问题，党纪政务立案 15 人。开展换届纪律督查，保障市镇村三级顺利换届。

【群众诉求反映监督落实】 2021 年，太仓市纪委监委开展欺诈骗取医保基金专项整治，运用大数据精准比对，严肃查处公职人员违规使用医疗保险统筹基金行为，党纪政务处分 20 人，督促监管部门开展自查自纠，追回医保基金 929 万元。整治违规"停车费"，针对公共停车收费管理背后的腐败和作风问题开展监督，推动解决"圈地为场""私分截留"等突出问题 60 个，党纪政务处分 5 人。做好尊老金、退役军人优抚补助违规发放、服刑人员违规领取养老金等专项监督，倒查主管部门及属地政府履职不力、责任缺失等问题，党纪政务处分 13 人，挽回经济损失 205 万元。专项监督基层网格员及行政执法辅助人员在环境整治、人口管理等领域存在的吃拿卡要、以权谋私等问题，党纪政务立案 16 人。

（周　琦）

正风肃纪

【概况】 2021 年，太仓市纪委监委把握"惩、治、防"辩证统一关系，坚持严惩腐败与严密制度、严格要求、严肃教育有机结合，把"三不"（不敢腐、不能腐、不想腐）一体推进方针落实到正风肃纪反腐全过程。聚焦政法领域，立案查处政法干警 35 人，查处市公安局原政委沈某某严重违纪违法问题。在高压震慑和政策感召下，向党组织和纪检监察机关主动投案或说明问题 24 人。聚焦国企领域，深挖粮食购销腐败问题，党纪政务立案 15 人，查办苏州市第一起粮食购销领域留置案件。年内，立案查处乡科级以上干部 40 人，查处"一把手"案件 19 件。全市纪检监察机关共接收信访举报 123 件次，其中检举控告类 96 件次，较上年下降 4.9%。全年立案 288 件，其中自办案件 231 件，党纪政务处分 241 人，移送司法机关 12 人，挽回经济损失 1073 万元。全市纪检监察机关运用"四种形态"批评教育帮助和处理 648 人次，其中第一、第二种形态占比 94.9%。

【监督机制强化】 2021 年，太仓市纪委监委加强对"一把手"和领导班子监督，构建全覆盖制度执行监督机制。制定派驻（派出）机构参加（列席）被监督单位会议制度，列席被监督单位"三重一大"会议 821 次，推动完善各类制度 261 项。深化以案促改、以案促治，聚焦监督办案中发现的系统性、区域性问题，制发纪检监察建议 24 份，推动出台全市党政机关公务用车管理办法、市供销合作总社社有资产管理办法等制度，《关于深化供销社系统全面从严治党加强党风廉政建设的纪律检查建议》得到市委主要领导批示，被苏州市纪委监委评为精品纪检监察建议。严把党风廉政意见回复关，全年回复 7223 人次，提出暂缓或否定性意见 13 人次。

【干部警示教育】 2021 年，太仓市纪委监委协助市委召开全市领导干部警示教育大会，紧盯重点部门、重点领域，分级分类对政法干警、财会人员等开展专题警示教育，制作警示教育专题片 3 部，以案释纪释法，强化警示震慑。在《太仓日报》开设《勤廉半月谈》专栏，制作"太仓廉地图"，打造"廉文化"公交专线，建成太仓监察御史廊及全省首家基层廉勤监督展示馆。《一念之间》入选中央纪委国家监委《廉政微电影》专辑，是全省唯一被选用的县级纪委作品。

（周　琦）

作风建设

【作风督查】 2021年，太仓市纪委监委把监督落实中央八项规定及其实施细则精神作为一项重要政治任务，推动作风建设走深走实。常态化开展元旦春节、中秋国庆等节日期间正风肃纪工作，各地开展各类监督检查221批次，发现问题线索40条，部署开展“吃公函”问题专项监督，发现并推动整改问题56个。全年共查处违反中央八项规定精神案件56起，批评教育帮助和处理80人，通报曝光28起、37人。

【形式主义、官僚主义整治】 2021年，太仓市纪委监委针对转变作风“曝光台”反映的河水发黑发臭问题，召集市职能部门及属地政府现场研究解决对策。查处破坏燃气管道事故多发频发背后存在的失职渎职等行为，追责问责相关责任人。部署工程招投标领域专项监督，查处暗箱操作、弄虚作假等严重问题，党纪政务处分2人，监察问责1人。全年共查处形式主义、官僚主义问题11起，批评教育帮助和处理20人。

【干部严管和激励】 2021年，太仓市纪委监委落实“三个区分开来”（把干部在推进改革中因缺乏经验、先行先试出现的失误和错误，同明知故犯的违纪违法行为区分开来；把上级尚无明确限制的探索性试验中的失误和错误，同上级明令禁止后依然我行我素的违纪违法行为区分开来；把为推动发展的无意过失，同为牟取私利的违纪违法行为区分开来）要求，激发党员干部干事创业内生动力，制定《太仓市纪委监委函询工作指引（试行）》《关于失实检举控告澄清工作的暂行办法》。全年实施容错纠错10人，廉洁风险报备5项，其中“落实‘稳岗返还政策’容错免责案例”入选苏州典型案例。采信告知干部10人，澄清正名干部和党组织19次，回访教育受处分干部78人，让想干事的干部放开手脚，让“亚健康”的干部及时纠错，让“受委屈”的干部挺直腰杆，让受处分的干部轻装上阵。

（周　琦）

执纪监督

【概况】 2021年，太仓市纪委监委探索创新监督方式方法，整合监督力量，运用纪检监察体制改革成果，提升监督治理效能。深化“四项监督”（纪律监督、监察监督、派驻监督、巡视巡察监督）贯通融合，在专项监督中同步开展“机动式”巡察，统筹“室组地”力量合力开展监督检查和审查调查，推动问题解决。派驻纪检监察组全年自办案件36件，较上年增长44%。提升派出监察员办公室履职质效，全年政务立案46件，较上年增长100%。通过交叉监督、协同监督等方式破解基层监督力量薄弱等难题，指导协助各镇（区、街道）纪（工）委完成自办案件57件，较上年增长26.7%。

【案件查办联动】 2021年，太仓市纪委监委发挥市委反腐败协调小组作用，制定《关于推进纪委专责监督与财会监督贯通协同的意见》等制度，完善部门协同联动、双向线索移送等工作机制，形成案件查办合力。处置公安、审计等执法机关移送问题线索，全年党纪政务立案58件。

【执纪监督创新】 2021年，太仓市纪委监委探索运用互联网技术和信息化手段开展监督执纪执法工作，运用检举举报平台、外部信息查询分析平台、巡视巡察工作网络平台，用“数据大整合”助力“监督大贯通”。完成省纪检监察大数据查询研判中心太仓分中心升级改造，被列为全省“一室一中心”建设样板试点县（市）。

（周　琦）

民主党派

中国国民党革命委员会太仓市委员会

【概况】 2021年，中国国民党革命委员会太仓市委员会（以下简称“民革太仓市委”）共有党员124人，下辖支部8个，内设祖国和平统一促进委员会、社会法制和资源环境委员会、经济和“三农”委员会、秘书处、青年工作委员会、妇女工作委员会、理论研究与学习工作委员会、法律服务中心、教科文卫体委员会、老党员联谊会、企业家联谊会、博爱慈善协会等工作职能

2021年10月1日，太仓市纪委监委开展“违规购买商业预付卡”专项监督
（张　健摄）

2021 年 9 月 30 日，民革太仓市委召开第五届委员会第一次党员代表大会
（唐文洁摄）

部门。党员中本科学历占比 89%，中高级职称占比 83%，硕士以上学位占比 32%，其中博士学位 6 人。江苏省特级教师 2 人，“省 333 工程高层次人才”3 人，省“双创人才”1 人，省乡土人才“三带”（带领技艺传承、带强产业发展、带动群众致富）新秀 1 人，姑苏人才 3 人，民革中央第十三届代表 1 人；苏州市人大代表、政协委员 2 人（其中政协常委 1 人）；太仓市人大代表、政协委员 24 人（其中人大常委会委员 1 人，政协副主席 1 人，政协常委 3 人）。

【思想建设】 2021 年，民革太仓市委开展“两会”精神、中共十九届五中和六中全会精神、习近平总书记视察江苏重要讲话精神、“七一”重要讲话精神、辛亥革命 110 周年讲话精神等专题学习会。组织支部运用线上直播、云端知识竞赛打卡等形式，集中观看中山博爱大讲堂，专题研读《中国共产党统一战线工作条例》和《中国新型政党制度》白皮书。以深化“不忘合作初心，继续携手前进”主题教育和庆祝中国共产党成立 100 周年、纪念辛亥革命 110 周年为契机，民革市委班子成员赴上海参观中共一大会址纪念馆和中国共产党创建历史文物陈列馆；组织民革政协界别小组赴太仓图博中心开展“同心向党”主题活动，参观太仓革命历史陈列馆和“奋斗百年路 · 启航新征程”太仓市红色档案文献展；组织党员参加庆祝中国共产党成立 100 周年、纪念辛亥革命 110 周年征文活动、“永远跟党走 · 启航新征程——嘉昆太各界人士百年百队‘骑行娄城 · 共学党史’定向赛”和爱国主义教育观影活动；邀请苏州科技大学社会系主任、社会工作专业学科带头人高钟作《辛亥革命苏州“和平光复”》统战课堂讲座。

【组织建设】 2021 年，民革太仓市委以“三个文件”（《各民主党派中央座谈会纪要》《民主党派代表人士队伍建设规划（2018—2027 年）》《中共中央关于加强社会主义参政党建设意见》）为指导，提升组织建设水平。坚持“以质为重、量质并举”“以德为先、德才兼备”“以特色为主、全面发展”原则，做好党员发展工作，全年发展新党员 6 人。组织 3 名党员参加民革苏州市委举办的新党员培训班。夯实支部组织建设，重视“示范支部”和“特色支部”引领示范，带动各支部组织建设上新台阶。参与“示范支部”和“特色支部”创建工作，大科园支部被民革江苏省委授予民革江苏省示范支部，二支部、健雄学院支部被民革苏州市委评为民革苏州市先进支部。加强支部间沟通交流，一支部与民革张家港市基层委员会二支部建立友好支部，大科园支部与太仓市科教新城良辅社区支部开展结对共建，通过定期互访、信息交流等形式，共同提高支部建设水平。太仓民革首个支部党员之家在太仓市大学科技园建成。加强高层次人才发展和人才队伍建设，落实高层次人才发展“一把手”责任制，有计划、针对性地为组织可持续发展储备人才。组织 2 名党员参加苏州民革举办的民革骨干党员培训，贺延辉等 8 名党员被评为苏州民革优秀党员。民革太仓市委“中山博爱之家”被民革江苏省委评为优秀“中山博爱之家”。年内，完成第五届委员会换届工作，调整专委会设置及职责分工。落实班子成员联系专委会制度，明确民革市委委员挂钩抓专项工作，确保专门工作委员会规范管理、高效运行。

【参政议政】 2021 年，民革太仓市委围绕中共太仓市委、市政府关注的重大问题和发展难题，关注人民群众反应强烈的热点、焦点问题，发挥特色优势和机制优势，提高建言协商质量和水平。依托人大和政协“两会”平台建言献策，为太仓经济社会发展服务。在太仓市十四届政协五次会议上提交集体、个人提案 24 件，大会发言 2 篇。会上三支部的《关于加快太仓港冷链物贸发展的建议》被评为 2020 年度优秀集体提案，费佳玉的《关于培育高层次教师队伍的建议》和朱登明的《关于促进太仓中德企业融合发展的建议》提案被评为 2020 年度优秀提案，朱弃菁撰写的《一网统管，提升太仓市社会治理能力现代化水平》由副主委朱坚代表民革在大会上作交流发言，由王雯、杨洋合写的《关于全市高层次人才创新创业载体发展的建议》作为民革政协会议书面交流材料。在太仓市十六届人大五次会议上贺延辉撰写的《关于加快制订住宅小区高空作业安全规范的建议》被评为 2020 年度优秀代表建议。利用中共太仓市委专题座谈会、情况通报会等平台提出建议观点。上报关于“凝聚统战力量，推动沪太同城”金点子 2 条，为沪太经济发展建言献策。发挥对口联系机制，履行参政议政职能。与市公安局、市住建局、市资产集团等单位开展对口联系工作，针对聚焦问题答疑解惑，针对难点问题沟通交流。发挥党派资源优势开展调研。市委会组织开展领题调研活动，成立专题调研组5个，开展专项调研并形成调研成果。组织10名党员参加太仓市党外人士参政议政业务培训班，提升整体参政议政能力。

【社会服务】 2021年，民革太仓市委用“中山博爱”品牌统筹社会服务，夯实工作基础，以思想政治建设、组织建设、作风建设新成果推动社会服务工作经常化、规范化、基地化。年内，民革太仓市委“博爱”奖学金奖励市第二中学优秀学生30人。发挥民革法律人才优势，开展法律咨询和宣传教育活动，为弱势群体提供帮助。推进志愿服务制度化，为营造法治文化、化解社会矛盾做贡献。市委会根据民革中央办公厅关于开展“我为扶贫下一单”消费扶贫活动通知，为“纳货出山”开展消费扶贫活动。

（唐文洁）

中国民主同盟苏州市委员会太仓支部委员会

【概况】 2021年，中国民主同盟苏州市委员会太仓支部委员会（以下简称“民盟太仓支部”）共有盟员21人，其中本科以上学历20人；中级职称6人，高级以上职称5人；硕士学位6人，博士学位1人。盟员中担任苏州市政协委员1人，担任太仓市政协常委1人。

【思想建设】 2021年，民盟太仓支部通过座谈会、主题活动、撰写心得等形式，组织盟员学习中共中央总书记习近平重要讲话精神，准确把握学习实践活动总体要求，将创建学习型支部与社会服务结合，提高盟员政治思想素质，展现基层支部社会服务功能。坚定走中国特色社会主义道路政治信念，巩固多党合作思想政治基础。提升理论研究水平，组织盟员参加太仓市党外人士参政议政业务培训班和民盟苏州市委举办的骨干盟员中国共产党百年党史暨运河文化主题培训班。开展“不忘合作初心，继续携手前进”主题教育活动，先后赴常州参观华罗庚纪念馆，参观中共苏皖区一大会址；赴太仓博物馆参观伟大开端——中国共产党创建历史图片展，通过实地学习，深化盟员思想洗礼。

2021年6月，民盟太仓支部与民盟金坛区委举办盟务交流座谈会
（邢莉萍摄）

【组织建设】 2021年，民盟太仓支部抓好支部建设，参加“特色支部”创建活动，在中共太仓市委统战部2021年度各民主党派、无党派知联会特色支部评选中获三等奖。开展主题学习活动，与民盟金坛区委举办盟务交流座谈会。

【参政议政】 2021年，民盟太仓支部围绕改革发展大局和全市中心工作，调动全体盟员积极性，发挥党派优势，履行参政党职能，为经济社会科学发展献计出力。注重以政协提案为抓手，提高建议质量。向太仓政协提交集体提案5件，就外卖食品安全监管、智慧养老新模式、道路通行安全、生物医药产业发展提出建议；提交个人提案3件，涉及文化、交通、基层公共服务等群众关心的民生项目。为地方文化发展献言献策，开展“关于提升全市生物医药产业基础能力和产业链水平的路径研究报告”和“打响晓邦品牌，擦亮城市文化新名片”课题调研，形成调研报告2篇。2人参加“凝聚统战力量，推动沪太同城”金点子征集活动，就构建沪太一体化手机App等提出建议，参加各界人士情况通报会。与市文体广旅局开展对口联系活动，了解南园灯光改造和太仓市美术馆新建工程等政府实事工程建设情况。

【社会服务】 2021年，民盟太仓支部立足本职，关注民生，服务社会，形成以“文化＋教育”为特色的社会服务项目。支部依托盟员吴萍梅成立的太仓市同力家庭教育指导中心，开展青少年立体关护。全年共开展讲座60余场，咨询近20场，亲子活动10余场，微信群指导文章200余篇，微信推文24篇，服务1万余人次。支部与市图书馆、市文化馆共同推出雅言读书会，特别策划“百文一剧”读剧会活动，以中国共产党成立100周年为线索，串起文献正能量红线，唤起读者重读激情。将文学经典阅读与舞台表演戏剧融合，通过表演再现历史。民盟成员发挥各自特长与优势，开展戏剧、美术等公益课程，赴市残联为特殊群体未成年人开展绘本故事会活动。

（邢莉萍）

中国民主建国会太仓市委员会

【概况】 2021年，中国民主建国会太仓市委员会（以下简称“民建太仓市委”）下设创业园、工业、财经、商业、机关、文教、卫生、综合、大科园等支部 9 个和参政议政、社会服务、对外交流、文化宣传、企业家、青年、妇女、老年等专门工作委员会 8 个。年内，发展新会员 8 人，共有会员 192 人。会员中有江苏省政协委员 1 人，苏州市政协委员 3 人，太仓市人大常委会委员 1 人，太仓市政协委员 30 人（其中常委 5 人），享受国务院政府特殊津贴 2 人。

【思想建设】 2021 年，民建太仓市委坚持以习近平新时代中国特色社会主义思想为指引，分层组织支部、专委会及时学习中共中央总书记习近平最新讲话精神，研读《中国共产党统一战线工作条例》和《中国新型政党制度》白皮书，强化理论武装，提高“政治三力”（政治判断力、政治领悟力、政治执行力）。以“不忘合作初心，继续携手前进”主题教育和“四史”宣传教育为契机，开展“学党史、观故居”“奋斗·启航，红色家书展”等学习实践活动，班子成员赴黄炎培与徐公桥乡村改进试验区纪念馆进行“党史 + 会史”实境式参观学习。运用线下集中观影、“统战课堂”开放式讲座、云端知识竞赛等形式，增强会员对中国特色社会主义政治发展道路的认识，薪火相传民建的优良传统和信念共识。市委会突出重点引导，分层组织班子成员、企业家会员、专家学者参加各级组织交流培训 23 人次，为会员强化理论武装、提高“政治三力”搭建平台。

【组织建设】 2021 年，民建太仓市委以人才建设为支撑，突出组织力，构筑“一支一品”（一个支部建立一个特色活动品牌）全景。市委会以有利于专委会管理、有利于支部工作开展、有利于会员交流成长出发，探索组织建设工作新思路。完成第三届委员会和各基层支部换届工作，以换届为契机，推动自身建设，调整专委会设置及职责分工。落实班子成员联系专委会制度，明确市委委员挂钩抓专项工作，确保专门工作委员会规范管理、高效运行。坚持以“特色支部”创建活动为抓手，发挥示范支部带动作用，在“一支部一特色”创建活动基础上，推出“一支部一品牌”“红烛文教”“青商共建”“西交利物浦校外导师项目”等特色活动。太仓民建聚力做好“会员之家”建设经验做法被《新华日报》报道。

【参政议政】 2021 年，民建太仓市委以参政议政为核心使命，提升“精品提案”整体质效。在太仓市政协十四届五次会议上，围绕全市资本市场服务体系、人口与城市能级、产业智能化改造和数字化转型、创新政务服务和优化营商环境等方面，共提交集体提案 21 件、个人提案 10 件。其中，《关于大力推行“政务服务区块链”，精准高效服务企业发展的建议》获评 2021 年度优秀提案。发挥与经济界密切联系特色优势，紧扣以港强市、融入上海、对德合作“三篇文章”和市委、市政府中心工作，开展《进一步丰富产业层次、优化产业结构，让太仓成为人才集聚高地》《围绕两个“全生命周期”，深化政务服务“一网通办”》等 6 个课题调研。推进“一支部一调研”创新工作，围绕完善城市智慧管理体系、打造生物医药产业高地、发展文旅产业等议题，分阶段开展实地考察、座谈访问，力促调研成果向高质量集体提案转化。年内，省政协、民建江苏省委采用《建议利用社会网络管理与大数据技术，在苏南等发达地区率先开展农业面源污染的科学治理》等建言信息 11 篇。民建太仓市委升格为“民建江苏省委社情民意信息直报点”。

【社会服务】 2021 年，民建太仓市委以社会服务为工作抓手，在做强做优“萤火虫志愿队”“红烛文教”等社会服务品牌基础上，整合会内各方资源，发挥民建界别优势，拓宽服务半径，丰富社会服务内涵。落实民建中央、民建江苏省委关于做好河北省丰宁县结对帮扶工作精神，组织会员参与民建中央、民建江苏省委发起的重点帮扶项目。承接对口扶贫任务，向丰宁县河东村捐赠价值近 10 万元的爱心物资，用于当地“爱心积分超市”建设和困难家庭帮扶工作。各支部参与民建江苏省委牵头的花园村同心示范梨园认养活动，实现定点帮扶全覆盖。组织开展“我为群众办实事——健康义诊”“思源工程，生育关怀——助学夏令营”等活动，受益群体涵盖社区居民、银龄老人、外来务工人员、残障贫困家庭等，扩大社会影响力。

（王　蕾）

2021 年 6 月 17 日，民建太仓市委组织开展“我为群众办实事”——健康义诊活动　（王　蕾摄）

中国民主促进会太仓市基层委员会

【概况】 2021 年，中国民主促进会太仓市基层委员会（以下简称“民进太仓市基层委员会”）共有会员 148 人，下设文化、教育、高教、医卫、综合、经济等支部 6 个和小组 1 个，集中一批著名书画家、工艺美术家、表演艺术家、教育家、文学家和一部分科技、医卫、经济、司法、政府机关、中介组织的代表人士。会员中有江苏省人大代表1人，苏州市人大代表1人，苏州市政协委员3人，太仓市人大代表3人（其中人大常委会委员1人），太仓市政协委员15人（其中副主席1人、常委4人）。

【思想建设】 2021年，民进太仓市基层委员会组织学习《中国共产党统一战线工作条例》和中共中央总书记习近平重要讲话精神，贯彻落实民进中央“不忘合作初心，继续携手前进”主题教育活动精神，将主题教育活动贯穿各项工作，强化思想建设、带动自身建设。组织参加“忆百年风华，启时代新篇——庆祝中国共产党成立一百周年征文活动”“庆祝中国共产党成立100周年——苏州民进书画作品展”等主题书画展、“永远跟党走·启航新征程——嘉昆太各界人士百年百队‘骑行娄城·共学党史’定向赛”、《1921》爱国主义教育观影活动；组织会员赴太仓革命历史陈列馆、苏州新四军太湖游击队纪念馆、中共一大会址纪念馆、中共绍兴独立支部纪念馆、南湖革命纪念馆等地参观学习，举办“统战课堂”开放式讲座，开展“献礼建党百年，传承红色精神”主题活动，提高会员政策理论水平和思想政治素养；各支部联合开展“习近平新时代中国特色社会主义思想”专题学习、《中国制度面对面》读书会等活动，加强政治引领、思想引导，坚定民进会员牢记使命、不忘合作初心的信念。开展学习传统教育活动，组织会员系统学习党史、多党合作历史、民进会史和会章等，组织新会员培训、座谈，参观严复故居、冰心文学馆、郑振铎纪念馆等会史教育基地，参观伟大开端——中国共产党创建历史图片展，观看党史微纪录片《百炼成钢》，参加苏州民进“学党史、忆会史、走基地、促履职”教育培训团学习，引导会员了解民进光荣历史，做优良传统和高尚风范的传承者。

【组织建设】 2021年，民进太仓市基层委员会以“强组织、增活力、有作为”为目标，完善各项规章制度规范组织发展程序，坚持“人才强会”理念，注重吸引政治素质好、参政议政能力强的优秀人才加入。全年发展新会员8人，共有会员148人，设支部6个、小组1个、“民进会员之家”4个。加强领导班子、后备干部队伍建设，提高自身建设成效，完成换届工作。组织会员参加太仓市党派人士参政议政业务培训班、市委统战部“睿言堂”参政议政骨干队伍；赴浙江省绍兴市民进柯桥区基层委员学习，与民盟太仓支部开展参观座谈活动，学习经验，启发工作思路，增强组织活力。推进创建“特色支部”活动，把创建活动与参政议政、社会服务等各项工作结合起来，树立品牌意识，创建“文化惠民”服务型、“书香育人”学习型、“绿色健康”环保型、“传递真爱”奉献型、“医心为民”服务型、“立德树人”学习型等特色支部6个，在各党派（团体）特色支部（小组）创建活动中成绩显著。各支部围绕创建活动，开展医卫支部参观学习活动、教育支部线上网络书评及线下读书活动、综合支部“党建共建、凝心聚力、共享共治”系列活动、文化支部跨支部跨党派学习交流参观等活动。基层委获评“民进全省社会服务暨脱贫攻坚工作先进集体”、民进全省“虚拟机关”建设工作先进基层组织、民进全省“会员之家”建设工作先进基层组织。

2021年9月16日，民进太仓市第三届基层委员会第一次会议召开
（邢莉萍摄）

【参政议政】 2021年，民进太仓市基层委员会完善参政议政工作机制，依托虚拟机关参政议政处、信息宣传处，征集调研课题，发挥参政议政骨干会员作用，成立调研小组，如期完成调研报告。引导和调动广大会员参政议政主观能动性，发挥党派平台作用，在各界人士情况通报会、“有事好商量”、机关开放日等各类活动中，建言献策，提出合理化建议。在会员中开展“凝聚统战力量，推动沪太同城”金点子活动，收集金点子8个；在2017年后入会的会员中开展撰写一篇调研报告或社情民意建言献策活动，共收集20件；组织骨干会员、新会员参加2021年党外人士参政议政培训班。多篇信息被民进中央采用，信息工作受到民进江苏省委、苏州市委认可。与市卫健委、市人社局、市医保局、市文教投公司等单位开展参观、座谈等对口联系活动，形成“重点工作相互通报、动态信息及时交流、课题调研积极参与、政策宣传主动推进”工作机制，提升会员知情参政能力，提高参政议政针对性和有效性。太仓“两会”期间，共提交基层委集体提案6件，各支部集体提案8件，会员个人建议、提案30件。朱自元代表基层委作大会发言《关于率先实现沪太同城一体化的建议》，提案《关于做强招商引资，助推产业能级提升的建议》《关于全市融入上海对接大虹桥的建议》获评2020年度优秀提案，建议《关于加强全市

灾害应急管理能力的建议》获评2020年度优秀代表建议，《关于深度融入长三角，推动“与沪同城”的建议》《关于将洞庭分秀园打造成市政协文史馆的建议》被列为市政协重点提案。参加市政协举办的五年提案“回头看”之走进城管局活动，活动采取现场察看，发放调查问卷，与提案者、基层干部、市民代表协商座谈等方式，“回头看”智能化停车、生活垃圾分类、小区环境整治3个方面城管类提案6件，其中4件来自民进太仓市基层委员会。年内，基层委围绕推动创新创业、助力脱贫攻坚、促进社会和谐等方面，选择课题制定调研方案，开展调查研究，先后完成省委会关注领题《关于推动长江大湾区建设的建议》，完成领题调研课题5个，形成《打造全国对德合作太仓示范区》《工业低效用地腾退和高效利用》等调研报告6篇，为政府决策提供依据和参考，提高履职建言质量和水平。组织骨干会员赴璜泾镇开展农旅、林场、湿地旅游发展调研，组织新会员赴浏河镇调研美丽乡村建设、农旅融合发展。

【社会服务】 2021年，民进太仓市基层委员会倡导双岗建功、“服务就在身边，人人可参与”微公益理念，把握社会服务新要求，开展各项社会服务活动。在科教新城常态化开展“医心为民”专家义诊工作站，开展“医心为民、健康科教”专家义诊活动，与群众面对面答疑解惑。和民建太仓市委联合组织医生会员赴太仓港协鑫发电有限公司开展“百年风华正青春，接续奋斗新征程——健康义诊”志愿活动。在太仓市双凤中学设立“民进爱心奖学金”。开展精准扶贫活动，为鹿河村患病村民解决常年往返市一院治疗出行难题。与市书法家协会联手打造“春联万家”服务品牌，全年为社区、企业组织活动80余场次，题写春联1万余件。鼓励会员参与社会公益活动，关注民生，服务社会。文化支部会员投身各项公益社会文化活动，开展文化艺术培训、专题讲座，发展、发扬娄东文化，培育文化艺术人才。医卫支部会员通过举办讲座、义诊、会议等活动，普及医学科普知识，提高群众医学常识，全年参加义诊13场次，受益群众700余人次，主持举办专业讲座16场、大型会议3场。综合支部会员参与环保公益活动和文明城市创建。教育支部会员做深做实书香家园建设，在学生、家长、社区开展读书共建活动。经济支部会员以“传递真爱”奉献精神，开展公益讲座、捐资捐物，回报社会。

（邢莉萍）

中国农工民主党太仓市基层委员会

【概况】 2021年，中国农工民主党太仓市基层委员会（以下简称“农工党太仓市基层委”）下辖支部3个，党员50人，年内发展新党员4人。党员中硕士及以上学历占比22%，本科学历占比60%，中高级职称占比72%。农工党苏州市第十四届委员会委员1人，苏州市人大代表1人，太仓市人大代表2人、政协委员4人（其中人大常委会委员1人、政协常委2人）。

【思想建设】 2021年，农工党太仓市基层委开展“不忘合作初心，继续携手前进”主题教育活动，组织党员参观太仓第一个党支部纪念馆，重温太仓革命历史，走访杨漕村、孟河村“菜篮子”基地与乡村建设现场，感受乡村振兴时代新气象新面貌。开展“百年风华、携手同行”中共党史学习教育活动，组织党员参观上海淞沪抗战纪念馆、南湖革命纪念馆、“风雨市长”倪天增故居，重温奋斗历程，领会红船精神。响应农工党苏州市委会庆祝中国共产党成立100周年系列活动部署，组织报送主题征文、主题书画、祝福语，开展中共党史学习教育网络知识竞赛，倪敏玉、周玉萍获主题征文一等奖和优秀奖，基层委获优秀组织二等奖。组织党员组成农工骑行队参加太仓市委宣传部、统战部组织的“永远跟党走·启航新征程——嘉昆太各界人士百年百队‘骑行娄城·共学党史’定向赛”。组织党员代表赴南京社会主义学院参加基层组织负责人培训班；基层委成员代表赴安徽泾县参加中共党史学习教育；组织全体党员学习农工党史。

【组织发展】 2021年，农工党太仓市基层委提升党员队伍质量、履职能力，优化组织架构，组织阵地建设，为更好发挥民主党派参政党作用提供组织保障。做好介绍人结对联系工作，了解新申请入党人员思想活动和工作情况，共发展新党员4人。组织区域组织负责人、基层支部负责人、新党员、宣传信息员等参加培训，提高党员思想素养和履职能力，鼓励党员立足本职、建功立业。年内，农工党基层委主委冯瑞兴获评江苏省先进工作者，沙大喜被农工江苏省委评为“抗击新冠

2021年9月18日，农工党太仓基层委在双凤镇勤力村开展健康咨询活动
（王 莉摄）

肺炎疫情”先进工作者，张绪美获评江苏省“三八红旗手”，张绪美、张永霞、王莉获评苏州“最美劳动者”，孟凡军、张绪美、徐雨虹获评苏州市优秀农工党员，孟凡军获评太仓市参政议政先进个人，方月琴获评“万方数据杯”大赛、技能大赛优秀指导老师，沈倩代表苏州大学参加南京大学第十九届中国 MBA 创业赛获新锐奖，经济科技支部获评 2019—2021 年组织建设先进支部。

【参政议政】 2021 年，农工党太仓市基层委围绕太仓市委、市政府中心工作，聚焦“现代田园城、幸福金太仓”目标定位，在融入大局、服务大局中找准履职尽责的切入点和突破口，为推动经济社会发展献计出力。开展领题调研 2 次，均获评市委统战部领题调研成果专题交流二等奖，其中《农村有机垃圾就近处理及资源化利用的建议》课题被列为中央农作物秸秆综合利用重点县建设项目内容之一。提交《关于全市农村有机垃圾就近处理及资源化利用的建议》等建议、提案 11 件，提交《关于全市立即出台鼓励职工春节留太奖励政策的建议》等社情民意 16 件，组织党员参加各界人士情况通报会、提案建设答复会、机关开放日等活动。徐雨虹《关于提高教室照明条件，保护青少年视力的提案》获评 2021 年度优秀提案；在市委统战部开展的“凝聚统战力量、推动沪太同城”金点子征集活动中，徐海峰《共享优秀卫生资源，共谱医疗新诗篇》、方月琴《关于嘉太同城共育生物医药人才的建议》金点子获评三等奖，农工党太仓基层委获评优秀组织奖。

【社会服务】 2021 年，农工党太仓市基层委与上海市嘉定区、苏州市昆山市开展“同心共谋发展、助力沪苏同城”三地联合调研活动。联合扬州大学园艺教工党支部、市农业农村局机关党委、双凤镇经济发展局第三党支部、双凤镇勤力村党支部等单位在双凤镇勤力村开展结对共建活动。与市城投集团开展共建活动。参加对口联系单位市农业农村局渔业资源增殖放流活动。开展“普法为民、与法同行”“同心聚力建娄城、科技服务兴农村”“同心建娄城、农工送健康”特色活动，开展各类法制公益讲座 20 场，受益群众 460 人次，开设法律问题报纸专栏；联合省、市技术力量组成农业科技帮扶小组，助力“三八红旗手张绪美工作室”与东林农场合作社等签订技术指导结对帮扶协议；特邀苏大附一院、苏州市中医院共同组成医疗服务队在双凤镇勤力村开展义诊活动，在“环境与健康宣传周”期间开展心理健康主题宣讲活动。持续开展“党费一月捐”，共募集捐款 9200 元，向苏州市“前进慈善基金”捐款 3848 元，其余 5352 元购买书籍和乐器捐赠给贵州省铜仁市玉屏县印山民族小学。结对帮扶村双凤镇庆丰村困难家庭学生 5 人。社会法制支部获太仓市委统战部特色支部三等奖。

（王　莉）

九三学社太仓市基层委员会

【概况】 2021 年，九三学社太仓市基层委员会（以下简称“九三学社太仓市基层委”）共有社员 30 人，主要为科学技术、高等教育、医药卫生领域的知识分子。其中，硕士及以上学历占 46.6%，中高级职称占比 63.3%。社员中担任市人大常委会委员 1 人，市政协委员 5 人（其中常委 1 人）。下设一支社、二支社、三支社和青年工作委员会。

【思想建设】 2021 年，九三学社太仓市基层委班子成员领学促学中共十九届六中全会精神、国家新型政党制度等核心内容，用新思想武装头脑、指导实践、推动工作。推进“不忘合作初心，继续携手前进”主题教育和以中共党史为主的“五史”（中国共产党史、新中国史、改革开放史、社会主义发展史、多党合作史）学习教育，组织社员到“南方的延安”安徽泾县、太仓第一个党支部纪念馆等红色阵地实境学习。开展“打卡红色五公里”“学九三前辈，与祖国同行——走访九三学社全国传统教育基地”等活动，引导社员秉承九三学社光荣传统，做中国共产党的好参谋、好帮手、好同事。

【组织建设】 2021 年，九三学社太仓市基层委召开成立大会，完成基层组织换届工作。围绕“立足本职、发挥特长、全员参与、奉献爱心、服务社会”工作定位，强化自身建设，共同打造“九三同行”特色品牌。组织社员参加上级部门组织的各项学习培训与实践交流活动，组队参加市委宣传部、统战部举办的“永远跟党走 · 启航新征程——嘉昆太各界人士百年百队‘骑行娄城 · 共学党史’定向赛”，为社员搭建成长与沟通平台。

【参政议政】 2021 年，九三学社太仓市基层委发挥参政议政“外脑智库”

2021 年 12 月 17 日，九三学社太仓市基层委开展城市更新专题调研

（王　蕾摄）

作用，通过民主协商、专项监督、对口联系“三轮驱动”反映社情民意，回应社会期盼。《关于加强对住宅小区物业监管，完善社区治理体系的研究》课题中标九三学社苏州市委参政议政调研课题，《疫情状态对太仓中德合作战略的影响研究》《太仓停车收费体系对文明城市建设的影响研究》课题中标市委统战部党派领题调研项目。在年初召开的太仓市政协十四届五次会议上，共提交提案5件。其中，提案《关于推进智能化转型升级，破解传统制造业发展难题的建议》获评市政协2021年度优秀提案。九三学社太仓市基层委以对口联系活动为契机，先后与市商务局、市城投集团开展座谈交流，探索新形势下开展对口联系工作的新途径、新方法。组织召开中青年骨干参政议政工作培训，重点围绕“用好科学调查研究方法，推动建言工作落实落细”开展讲座分享。

【社会服务】 2021年，九三学社太仓市基层委着力塑造社会服务“品质感”。发挥九三学社科技医卫特色优势，成立“太仓九三志愿者服务队”，定期开展科技服务、健康义诊、公益普法、帮扶济困等公益活动。九三学社太仓市基层委在市科教新城常丰社区、市级机关开展“红十字生命救助站”应急救护专场培训、中医四季养生等开放式资讯讲座3次，为近80名社区居民开展健康义诊。组织社员参与维护交通秩序、路长值班、社区入户宣传等志愿服务工作。

（王　蕾）

群众团体

太仓市总工会

【概况】 2021年，太仓市总工会新建工会组织210家，其中独立工会53家，联合工会3家，覆盖工会154家；新增工会会员9461人。全年全市累计建会2787家，其中独立建会2338家，联合建会295家，覆盖单位1.14万家。累计会员数29.52万人，其中农民工会员11.46万人。市总工会加强基层规范化建设，推进会员评家［工会会员评议本企业工会开展工作情况、建设职工之家情况以及工会主席（副主席）履行职责情况］、“双亮”（工会组织亮牌子、工会主席亮身份）、“三公开四统筹”（“三公开”指工会组织公开职责、工会干部公开身份、工会工作公开服务项目，“四统筹”指非公企业党、工组织组织统筹建立、人员统筹配置、活动统筹开展、保障统筹落实）活动，指导直属工会完成换届和增替补工作45家。深化党工共建机制，开展党建带工建“三创建两提升”（创建先进党支部、创建模范职工之家、创建工人先锋号，提升政治引领力、提升群众组织力）活动，培育苏州市级示范单位10家。开展“走千企、进万家”调研走访慰问活动，完成“我为群众办实事”市级重点项目1件、本级重点项目2件，党员志愿服务项目1件、“惠民利民微实事”2件。落实非公企业工会主席在职岗位补贴工作，为195名非公企业工会主席发放在职岗位补贴28万余元。全年举办基层工会干部上岗培训4期，参加学习300余人。规范干部选拔任用，加强干部日常管理监督。选优配强镇区社会化工会工作者，建设高素质专业化工会干部队伍。加强工会经费管理，加强预算管理，优化支出结构，组织开展工会财经纪律专题培训，提高财务管理规范化水平。开展市总工会本级工会经费审计、离任审计、基层工会经费管理规范化审查和困难帮扶、送温暖等资金专项审计，确保工会系统财经秩序规范，发挥审计审查促进问题整改、推动工作落实作用。年内，太仓市总工会获评2019—2021年江苏省文明单位。

【网上工会建设】 2021年，太仓市总工会落实苏州市工会网上工会实施管理办法，畅通网上入会通道，为未建工会单位职工加入工会组织建立便捷通道。深化网上工会建设，做好URP（工会综合服务管理）平台、微信公众号、微信小程序以及网站常态化运维和更新工作。结合新工人文化宫启用智能化需求，加快“掌上工会”小程序升级版开发。配合对接“江苏工会服务一张网”，做好会员数据实名认证体系对接工作。

【职工思想引领】 2021年，太仓市总工会举办党史学习教育市总工会宣讲专场和“百名局长百场宣讲”活动，发放“四史”宣传资料7000余册。开展“学党史·守初心”线上学习、答题活动，累计参与人员57万人次。举办庆祝中国共产党成立100周年主题书画、摄影、诵读、歌舞大赛和职工文艺

2021年3月26日，沪太工匠学院成立大会暨揭牌仪式在苏州健雄职业技术学院举行（李佳巍摄）

2021 年 7 月 14 日,"建功'十四五'、奋进新征程"太仓市劳动和技能竞赛启动
（程　杰摄）

汇演,展现经济社会发展成就和新时代职工奋斗风采。推进"劳模工匠进校园、思政老师进企业"工程,组织开展"新时代大家说"主题宣讲活动 4 场。加强对太仓工会网站、"太仓职工微家园"微信公众号等宣传阵地的管理,加强内容审核把关。围绕"网上工会"建设,举办"清朗云中会""网安宣传周""个人信息保护日"等主题活动,提升职工群体文明上网、安全上网意识。做好防范网络电信诈骗专项宣传教育工作。

【产业工人队伍建设改革】 2021 年,太仓市总工会履行产业工人队伍建设改革联席会议办公室牵头协调职责,召开新时代产业工人队伍建设改革联席会议暨工作推进会,汇聚党委政府、联席会议成员单位、各级工会、用人企业等多方力量,突出齐抓共管,形成整体合力。落实苏州产业工人队伍建设改革试点和全市各区镇、部门试点工作 12 项。挂牌成立第一批产业工人赋能站 10 家,培训内容涵盖精密机械、生物制药、数控技术、信息技术等,受训人员近万人次。聚焦长三角一体化战略,结合做深"融入上海"文章,开展沪太合作,与上海开放大学(上海工匠学院)、太仓市人社局、苏州健雄职业技术学院联合共建沪太工匠学院。以沪太工匠学院为载体,组织开展"匠心学堂"培训,通过劳模工匠进校园、沪太工匠交流等活动,推进产业工人职业能力建设。做好苏州工匠实训基地项目申报工作,助力构建苏州工匠实训体系。

【职工素质提升】 2021 年,太仓市总工会组织动员全市职工发挥主力军作用,围绕"十四五"时期重大工程、重大项目、重点产业开展劳动和技能竞赛,把竞赛向中小微企业、非公企业延伸,向车间班组扩展。启动"建功'十四五'、奋进新征程"主题劳动和技能竞赛,开展叉车、桥式抓斗卸船机、核酸提取与鉴定等市级竞赛 15 场、区镇级竞赛 30 余场,参赛职工 10 万余人次。举办"送教进企""职来职往"大课堂和各类技能培训班 20 期,晋升技能等级 90 人次。开展技术攻关、技术革新、发明创造等职工技术创新活动,挖掘职工群众创新潜力,鼓励职工立足本职、岗位创新,解决制约生产发展的热点、难点和关键问题,促进职工科技成果转化。全市职工技术革新、技术攻关、创造发明成果 1700 余项,获批国家专利 4896 个,获国家级职工科技成果奖 7 项。

【劳模精神弘扬】 2021 年,太仓市总工会推荐评选江苏省劳模 8 人、苏州市劳模 24 人。命名太仓市"五一劳动奖章"23 人次。讲好劳模先进故事,推出"了不起的劳动者"系列报道 8 期。深化劳模创新工作室创建活动,评选苏州市级劳模创新工作室 3 家,新建太仓市级劳模创新工作室 2 家,将劳模创新工作室建设成发挥劳模和工匠人才作用、传承精湛技术技艺、培育高素质高技能人才的基地平台。

【职工劳动经济权益维护】 2021 年,太仓市总工会开展专题普法宣传,现场提供法律咨询 300 余人次,发放普法宣传资料 2 万余册。线上提供"无接触式"法律服务,确保"12351"热线、官方微信、URP 平台(工会综合服务管理平台)等渠道畅通。指导企业成立企业平安志愿者队伍,加入职工 4846 人,开展法律宣传、安全生产监督、劳资矛盾调处、慰问帮扶等各类志愿服务活动 13 场,累计服务时长 1214 小时。落实市安全生产委员会成员单位职责,开展"安全生产月"系列活动,深入企业开展"百团进百万企业千万员工"安全宣讲,举办工会干部安全宣讲技能竞赛。深化"安康杯"竞赛活动,全市 289 家企事业单位、3200 多个班组、7 万余名职工参与,开展安全隐患"随手拍",发现并整改重要安全隐患 200 余处。

【和谐劳动关系建设】 2021 年,太仓市总工会开展"集中要约"行动,鼓励探索技术创新、能级工资等激励性薪资政策,5 家企业签订关于薪酬激励的能级工资专项集体合同与职工技术创新专项集体合同。全市集体合同和工资专项合同签订率 95% 以上,覆盖职工 18 万人。培育太仓市级劳动关系和谐企业 92 家,苏州市级劳动关系和谐企业 33 家。成立市、镇区两级工会劳动法律监督委员会组织 1710 个。建立市、镇、企三级劳动关系预警网络组织。设立省劳动关系监测点 5 家,落实数据季度动态管理。强化三方联动机制,关注劳资纠纷,参与集体劳动人事仲裁集体争议 30 起,涉及金额 900 万元。

【职工服务体系健全】 2021 年,太仓市总工会加大职工互助保障工作力度,开展第四期职工互助保障工作,筹集互助金 550.15 万元。为 75 名符合条件患病职工给付保障金163万元。做优做实“四季帮扶”品牌。走访慰问坚守在新冠肺炎疫情防控一线的医务人员、基层生产一线、重点工程和重大项目建设一线及节日期间坚守一线岗位干部职工。组织镇区一线职工360余人参加苏州市内疗休养活动。出台《太仓市总工会困难职工专项帮扶资金管理使用办法》《太仓市总工会送温暖资金管理使用办法》，强化困难职工日常帮扶。用好“苏工惠”平台，开展“共庆百年，工会有礼”太仓工会专场活动，发放总价值10万元的产品2400件。开展职工线上心理健康知识讲座8期。在建成的94家“妈妈驿站”示范点中，创建女职工康乃馨服务站23家。落实“小候鸟”暑期关爱活动。市工人文化宫（市文体活动中心）建成。

【工会助力疫情防控】 2021年，太仓市总工会组织动员全市各级工会和职工遵守新冠肺炎疫情防控各项规定。落实对小微企业工会经费支持政策，对符合标准的小微企业实行工会经费全额返还，在2020年度返还3000万元的基础上，2021度年返还2239.98万元。扩大“工会创业贷”影响力，支持和服务更多职工通过创业圆梦，年内贷款总额1919万元，为创业人员提供贷款贴息63万元。履行市疫情联防联控指挥部企业防控组成员单位职责，到企业一线开展防控宣传、检查督导。

（陈　怡）

中国共产主义青年团太仓市委员会

【概况】 2021年，太仓团市委以党史学习教育为工作主线，提升共青团组织力、引领力、服务力，团结带领全市团员青年为谱写社会主义现代化建设太仓精彩篇章贡献力量，各项工作取得新成效。截至年底，太仓团市委共有下级组织2660个，其中团委42个、团工委9个、团总支47个、团支部2294个、毕业生团组织268个。全市有区镇街道团（工）委11个，学校领域团支部595个，团员28282人、团干部3712人。

2021年4月30日，太仓市“学党史、强信念、跟党走”主题团日活动在市融媒体中心举行（团市委供稿）

【青少年思想引领】 2021年，太仓团市委坚持以党史学习教育引领青少年思想教育，举行市委党史学习教育宣讲共青团专场、“百年薪火铸初心·青春向党建新功”太仓共青团庆祝中国共产党成立100周年主题团日活动，团干部进青商企业、进基层社区集中宣讲党史232次，开展“学党史、强信念、跟党走”“请党放心·强国有我”主题教育活动，党史学习教育全覆盖全市2294个团支部。打造“传薪火·聚青力”青年学习社线路，创新设计青少年实境解谜体验式党史学习课程。推进“青年大学习·一起学党史”专项行动，推送主题学习35期，参学68万人次。加强少先队员政治启蒙，开展“回信记心间·争做好队员”系列主题活动，举办“我唱队歌给党听”“寻访党的百年足迹”等各类活动600余场，累计参与少先队员12万人次。组建市、校两级“红领巾巡讲团”“红领巾讲解员”党史宣讲骨干队伍，厚植少先队员爱党、爱国、爱社会主义情感。举行国旗下成长——长三角青少年庆祝中国共产党成立100周年专场升国旗仪式，推动区域少先队联学联动。新增青年之家5家，利用

2021年6月19日，“智汇太仓·科创未来”首届全球高校创新创业大赛开幕式在太仓举行（团市委供稿）

"青年之家"云平台，常态化发布活动317场，覆盖8523人次。强化"七彩阳光·青春偕行"微信公众号、"青春太仓"视频号新媒体矩阵，太仓共青团工作获中央电视台、新华社客户端、《中国青年报》等国家级媒体报道9次，苏州及省级媒体报道11次，"学习强国"平台录用13篇，其中全国平台录用2篇。

【青年创新创业】 2021年，太仓团市委举办第六届"郑和杯"中德青年创新创业大赛和2021年"智汇太仓·科创未来"首届全球高校创新创业大赛，重点支持航空航天、生物医药、数字经济三大科创领域，吸引参赛项目300个，持续跟踪优质项目23个，在太仓注册落户项目4个。发挥全球高校上海校友联盟"双招双引"平台作用，链接国内外知名高校高端研究机构和复合型人才。举办第三届太仓市农村创业创新大赛，发放"新农菁英贷"1.3亿元，引导青商企业、金融资本进乡村，服务青年人才扎根乡村。开展知名高校大学生到太仓开展暑期实践，组织开展太仓籍优秀大学生暑期实习，链接全市企事业单位为青年学生提供就业见习岗位183个。开展2021年度青年岗位能手寻访活动，评选表彰优秀技能型青年人才60人。深化"百团进百万企业"安全生产专题宣讲，开展青年安全生产示范岗争创活动，获评"苏州市级青年安全生产示范岗"企业2家。

【青年志愿服务】 2021年，太仓团市委开展"手绘乡村"青年志愿专项行动，提升农村人居环境。打造电站村为"青年志愿服务助力乡村振兴"示范村，建设青创坊、青春驿站等阵地，打造青春建功乡村振兴有形载体。评选表彰太仓市"十佳青年志愿者""青年文明号""青年岗位能手"，获评"苏州市级青年文明号"青年集体5个，获评"苏州市级青年岗位能手"5人。举办"益心向党·i在娄城"第六届青年公益大赛，培育引导10家青年社会组织参与基层社会治理，累计发放扶持资金20万元。开展"河小青共建幸福河""i在旅途"太仓高铁站节假日文明引导等志愿服务，服务时长总计2万余小时，引导青年参与全国文明典范城市创建。推动青商会、青年社会组织履行社会责任，开展灌南暑期公益行、慰问新冠肺炎疫情防控一线志愿者等活动，募集防疫物资845箱，价值20万元。指导市青年志愿者协会换届，市青年志愿者协会获评2021年度苏州市优秀青年志愿服务组织。

【青少年发展环境优化】 2021年，太仓团市委落实青年工作联席会议制度，跟踪问效年度青年发展重点工程13项，强化市委领导、政府牵头、部门协同、社会参与的青年工作格局。开展模拟政协、"共青团与人大代表、政协委员面对面"活动，畅通青年建言献策渠道，开展调研15场，覆盖青年300人次。提质升级青年文化交友平台"太友i"，组织线下"青春微聚会"11场，累计参与青年500人次。将青少年权益工作纳入社会治理创新和平安建设大格局，打造青春维权港湾——娄东街道"网格化+权益"服务阵地，升级重点青少年网格走访、智能预警、帮扶介入全流程。团属社会组织启航青少年事务服务中心获评江苏省AAAAA级社会组织。深化"青春偕行·筑梦飞扬"四星级普法品牌，开展普法教育活动60余场，覆盖3000余人次。推进"梦想改造+"关爱计划，帮扶资金23万元。实施"我为群众办实事"首批市级重点项目2021年"七彩夏日"爱心暑托班惠民工程，设立站点21个，累计受益学生1504人次。

【基层团组织建设】 2021年，太仓团市委实施"磐石工程"，规范团组织建设，所有乡镇团委按期换届，集中换届村（社区）团组织157个，加强基层团组织班子建设。以城市团建为抓手，打造"三强化、三聚力"（强化区域协调，聚力目标化行动；强化联动体系，聚力项目化实施；强化服务中心，聚力贡献度提升）联动支部，推进"一团一品"创新创优工程建设，增强基层团组织创新力。提升社会领域团组织覆盖面，新建非公团组织180家、社会领域团组织216家。开展"团建助企"专项行动，发布惠企服务清单25条。严格团干部教育培养，举办2021年全市基层团干部培训班、少先队辅导员培训班，覆盖全市团干部300余人。实施"固本培元"计划，完善团干部密切联系青年机制，规范联青服务站、团代表联络站等阵地建设，常态化开展重点青少年走访慰问、"进非公企业·听青年心声"等活动153场。严把团员发展关，实施"双积双评"［"双积"即基础积分和贡献积分。基础积分坚持"四有标准"，即有远大理想信念、有优秀道德品质、有优良学业水平和有良好实践能力，倡导"四热爱三践行四具备三乐于"；贡献积分主要依据队员所在中队（班级）获得县区级（含）以上表彰、队员本人获得校级（含）以上表彰。"双评"即两次民主评议。推选入团积极分子，需要在中队（班级）中以投票方式经半数以上同学评议推优；推选出团的发展对象，需要在中队（班级）中以投票方式经半数以上同学评议推优］积分入团制度，学社衔接完成率100%，做好"推优入党"工作，全年新发展团员1185人，控制学生团员团学比。

（崔贤朕）

太仓市妇女联合会

【概况】 2021年，太仓市各级妇女组织贯彻落实习近平总书记关于妇女和妇女工作、妇联改革、家庭家教家风建设重要论述精神，围绕市委市政府中心工作和妇女儿童现实需求，履行引领服务联系职责，妇女儿童各项事业取得新成效。截至年底，全市共有乡镇、科教新城、街道妇联9个，港区、高新区妇工委2个，村（社区）妇联157个，机关部门妇联、妇工委（妇委会）49个。

【妇女宣传教育】 2021年，太仓市妇联开展"巾帼心向党，奋进新征程"系列学习宣传活动，举办建党百年主题党日活动，推出"党史百年线上读""百年芳华映初心"微信专栏，排演独幕剧《星火》，举办巾帼大宣讲，开展"学习强国"进家庭、"四史"宣传教育进家庭，培树宣传"最美巾帼奋斗者"等

2021 年 3 月 8 日，太仓市妇联开展主题党日暨“三八”国际妇女节纪念活动（市妇联供稿）

女性典型，激励广大女性立足岗位、争先创优。举办第十二届家庭文化艺术节，开展“颂歌献给党”家庭歌咏赛、“童心永向党，共筑中国梦”少年儿童歌唱大赛、绘本故事达人赛、红色家风故事宣讲等活动，在家庭中唱响爱党爱国爱社会主义的主旋律。开展“最美家庭”寻访活动，培树全国“最美家庭”1 户、省“最美家庭”2 户，苏州、太仓“最美家庭”30 户，太仓“健康家庭”“书香家庭”“平安家庭”等 300 户。联合市纪委监委开展“涵养好家风，争创勤廉家”主题活动和“四史”宣传教育进家庭微感言征集活动，在太仓电视台《太仓闲话》栏目推出家风家训故事 20 期，推动形成社会主义家庭文明新风尚。

【妇女创业就业】 2021 年，太仓市妇联开展创新创业巾帼行动，联合上海市金山区、浙江省平湖市举办 2021 年金平太巾帼创新创业发展研讨会，与人民银行太仓市支行等单位签署合作框架协议，为女企业家开展金融服务活动 3 期，推荐江苏省、苏州市女企业家协会会员 6 人，长三角女性科技工作者联盟成员 3 人，推荐女企业家 8 人参加苏州市女性创业创新大赛，获得二等奖、三等奖各 1 个。开展乡村振兴巾帼行动和“美丽庭院”“美丽菜园”创建，联合市农业农村局开展“建美丽庭院，筑幸福人家”主题摄影赛、“聚焦大美乡村，喜迎建党百年”全市中小学生征文绘画活动，举办美丽庭院建设专题培训班，选树“美丽家园”省级示范点 1 个，苏州市“美丽庭院”示范村 1 个，苏州、太仓市级美丽家庭户、示范户 650 户。举办沪太“智慧兴农”交流培训会，推荐一批民宿女主人加入苏州、长三角民宿女主人联盟，推荐优秀女创客 6 人加入苏州市在线新经济女性联盟，培育“女工匠”“女能手”等新型职业女农民 10 人。开展岗位建功巾帼行动，联合市纪委监委举办纪检监察系统业务技能竞赛，联合市文体广旅局举办旅游饭店服务技能大赛，新增全国巾帼文明岗 1 个，江苏省巾帼文明岗 1 个、巾帼建功标兵 1 个，苏州市最美巾帼文明岗 1 个、巾帼文明岗 4 个、巾帼建功标兵 2 个，太仓市巾帼建功标兵 21 个、巾帼文明岗 53 个。常态化开展女性技能培训，共开设舞蹈、绘画、器乐、家政服务技能等培训班 60 期，培训妇女 1206 人次。

【妇女儿童合法权益维护】 2021 年，太仓市妇联打造“慧·家”家事服务品牌，加强与公安、法院、检察院等部门合作，建立健全特殊人群走访、儿童守护员、家事法律服务、家事心理服务、家事调查员、家事调解员、舞妈舞爸平安志愿队（广场舞队伍参与平安太仓建设，开展群防群治工作）等维权队伍 7 支，多角度全覆盖调处家事矛盾纠纷。全年接待信访 60 件次，举办法律、心理宣讲 78 场次，走访特殊人群 167 人，完成家事调查案件 30 件次，提供庭前心理疏导 106 件次，辅导新婚夫妇 103 对，“舞爸舞妈”平安志愿队开展治安巡逻 100 余次。“慧家进万家 · 点亮她力量”家事服务项目获评苏州市妇联工作创新项目。

【妇女儿童实事项目】 2021 年，太仓市妇联完成“十三五”妇女、儿童发展统计监测，其中妇女、儿童规划达标率分别为 97.1% 和 95.5%，制定新一轮妇女儿童工作委员会实事项目 11 件。推进儿童友好城市建设，开展“我心中的儿童友好城市”徽标设计、绘画、征文比赛等系列活动；在新城花园等 10 个社区试点开展儿童友好社区建设，并列为 2022 年政府实事项目。实施省级妇女儿童公益项目《“保护生态环境，共建美丽‘佳苑’”》并结项。启动实施新时代苏州儿童“幸福港湾”实践项目 3 个，链接社会资源帮扶困境儿童家庭 119 户。开展第五届妇女儿童家庭公益微创投活动，实施儿童议事会、科学家教普及、预防儿童性侵等创投项目 6 个。设立“娄城关爱她基金”，帮扶单亲贫困母亲、贫困“两癌”妇女 21 人，提供帮扶资金 7.6 万元。深化“希望妈妈”“太仓妈妈”等帮困助学品牌，结对帮扶儿童 292 人，提供助学金、学习用品等 21 万元。联合市卫健委常态化开展适龄妇女“两癌”筛查，共筛查 2.2 万人。开展贫困全国三八红旗手和退职离岗村妇代会主任走访慰问，共发放慰问金 2.6 万元。

【家庭教育】 2021 年，太仓市妇联建立健全家庭教育指导服务体系，开展村（社区）家长学校规范化建设专项督查，连接各类优质资源向基层推送科学家教讲座 57 场，各村（社区）开展形式多样的家教指导、亲子活动等 300 余场次。在丽景、梅园等 5 个社区（村）试点实施省“三全”社区家庭教育支持行动，建立家庭档案、组建家教志愿者队伍、开展家教指导服务，培树一批苏州市“家边书屋”示范点和“亲子阅读体验基地”，营造“推门可见、社区可感、家家参与”的社区家教氛围。举办第四届儿童绘本“故事达人”大赛，开展“好爸好妈”父母沙龙、“快乐我和你”亲子活动19场次，线上线下普及科学家教知识。

【巾帼志愿服务】 2021年，太仓市妇联开展新一轮“十百千万”巾帼新时代文明实践项目，在18个村（社区）实施“巾帼花满园”女子学堂、“‘五韵’领+，共建美好家园”等特色项目18个，依托市、镇、村（社区）和“妇女微家”四级巾帼新时代文明实践基地，实施思想政治引领“她宣讲”、家庭文明建设“她文明”、困境群体帮扶“她关爱”、乡村振兴助力“她发展”、权益维护保障“她平安”五大行动，开展各类巾帼志愿活动406场，惠及人数近5万人。开展“我为群众办实事”“两在两同”建新功行动主题实践活动，实施“我为群众办实事”实践项目4个，“惠民利民微实事”项目2个。做好“阳光扶贫”“联村（居）、联企业”和挂钩联系乡村工作，参与学雷锋、三下乡、“爱心包裹”捐赠、“慈善一日捐”、春蕾计划、九九公益日等公益志愿服务。

【妇联组织建设】 2021年，太仓市加强妇联组织网络建设，完成157个村（社区）妇联换届工作，选举产生村（社区）妇联执委2355人，妇联主席100%进村（社区）“两委”。推进镇区妇联换届，6个乡镇完成换届工作，娄东街道、陆渡街道、科教新城改建妇联。推进新兴领域妇联组织建设，新建阳鸿石化、同维电子等企业妇联14个。加强机关事业单位妇联组织建设，新建城投集团妇联，改建市人社局、市供销总社妇联。加强妇联干部队伍建设，举办全市基层妇女干部培训班，建立市妇联执委分组联系制度，实施执委自办领办项目26个。

（张　丽）

太仓市科学技术协会

【概况】 2021年，太仓市科协系统履行科协组织“四服务一加强”（服务科技工作者、服务创新驱动发展战略、服务公民科学素质提高、服务党委政府科学决策、加强自身建设）工作职责，为太仓高质量发展贡献力量。截至年底，全市共有区镇科协9个，社区（村）科协158个，各类学会、协会、研究会26个，企事业单位科协32个，科技服务站、院士专家工作站和企业研发中心13个，注册科技志愿者2000人。

【科学家精神弘扬】 2021年，太仓市科协融合线上线下开展弘扬科学家精神系列宣传，加强太仓籍院士特别是吴健雄精神宣传弘扬。创作科普剧《邮票上的吴健雄》，获第七届全国科技辅导员大赛（华东赛区）选拔赛科学表演赛三等奖，在江苏省第七届科普剧会演活动中获创作表演（青少组）二等奖。面向全市科技工作者开展“苏州科学家日”科技人才沙龙、“5·30”全国科技工作者日暨第九届吴健雄节纪念活动和“我是工程师”系列活动。面向市民开展“太仓籍院士知多少”线上有奖答题和“大科学家的小故事”科学阅读比赛等活动，在科技工作者和青少年中宣传弘扬科学精神和科学家精神。

【科技工作者服务】 2021年，太仓市科协面向科技工作者开展创新创业与领导力培训暨“WOL”（Working Out Loud）大声工作法专题培训。举荐科技工作者参与各级各类竞赛，拓展科技工作者交流成长平台。苏州海苗生物科技有限公司总经理谭淼获评2020年度苏州魅力科技人物。在2021年“科创江苏”创新创业大赛中，获评一等奖1个、三等奖1个；获评苏州市“双杯赛”创新杯优秀项目10个、创业杯优秀项目3个，太仓市科协获评“优秀组织单位”。西北工业大学太仓校区博士张浩获2021年度苏州市科协青年科技人才托举工程项目资助，苏州创泰电子有限公司丁志建获评2021年“科创江苏”企业创新达人。

【科技经济融合】 2021年，太仓市科协举办“复合材料与绿色航空论坛”等重点学术活动8场，邀请中国光学工程学会等7个国家级学会到太仓助力创新发展。联合筹建苏州市航空航天学会，发动苏州各市（区）航空航天相关企业加入学会，合力推动航空航天产业发展。发动所属学会、协会、研究会、“四长”单位（科协组织吸纳以医院院长、学校校长、农技站站长、科技型企业家为代表的“四长”进入科协队伍兼挂职）结合开创高质量建设“两地两城”新局面开展软课题研究，立项软课题19个，围绕数字化采用定向约稿方式立项软课题2个，聚焦高铁时代沪太同城发展，完成专题调查报告。配合开展“苏州科学家日”“太仓科创月”活动，邀请院士施剑林加入苏州科学家委员会和科学家企业家协同创新联盟顾问团，邀请中国科学院上海硅酸盐研究所所长宋力昕加入苏州科学家委员会和科学家企业家协同创新联盟。协助邀请上海市科协党组书记、副主席马兴发等上海专家出席科创月活动。聘请上海市政府参事、同济大学校长助理、国家新能源汽车及动力系统实验室主任余卓平为太仓市创新发展顾问。

【海智和离岸工作】 2021年，太仓市科协成功申报省级海外人才离岸创新创业基地（高新区）；参加离岸基地建设先行先试和创新探索，高新区成功申报中国国际科技交流中心项目，成为中国科协“科创中国”国际机构合作型研发社区（全国3家）。太仓海智基地在2021年度江苏省级海智基地评估中获“优秀”等次。苏州英智汇管理咨询服务有限公司通过苏州离岸创新创业基地服务站绩效评估，成为全市第2家国家海外人才离岸创新创业（苏州）基地服务中心（站）。用好中国国际科技交流中心等海智资源，联合举办弗劳恩霍夫国际创新论坛分析和测量专题活动暨“科创中国”中德分析和测量创新技术合作推介对接会。牵线中国海归创业联盟签约为太仓市科技招商合作伙伴，邀请中国海归创业联盟秘书长刘会波和相关海智特聘专家到太仓专题调研对接海智离岸工作；与中国海归创业联盟签订合作协议，开展主题为“海智汇娄城·科创加速度”的2021年“海智服务基层行”全球创新创业大赛太仓专场活动。

【科普品牌建设】 2021年，太仓市科协策划开展科普宣传周和全国科普日等活动925项，受益群众50万人次，市科协获评2021年全国科普日活动优秀组织单位。沪太科普联动品牌活动“美丽城市”科普行动征集作品颁奖仪式暨环保创意走秀活动获评2021年全国科普日优秀活动。截至年底，注册“科普中国”信息员7.9万人，传播科普信息93万次，注册量和活跃量位居全国县市行政区首位，获评江苏省科普中国信息传播工作优秀组织单位。太仓科技馆“探索与惊奇——行走的课堂”馆校合作综合实践活动接待学校17所、参观学生1.3万人次，被省科普场馆协会评为2021年度十佳科普品牌活动。联合上海嘉定区科协、苏州昆山市科协整合三地优质科普场馆，精选优质科普教育基地25处，编印“科普教育基地参观护照”3万本，免费向市民发放，协同打造嘉昆太一小时精品科普圈。

【新时代文明实践服务】 2021年，太仓市科协依托新时代文明实践中心科技与科普服务平台开展新时代文明实践服务，全年发布活动超5700场次，在全市五大平台（太仓市新时代文明实践中心打造理论宣讲、教育服务、文化服务、科技与科普服务、健康促进与体育服务五大平台）排名第二。其中，科技志愿服务品牌“你点我讲”科普大讲堂举办118场次，受益6100人次，获评2021年度江苏省科技志愿服务项目先进典型。太仓市科技志愿服务大队成为江苏唯一获评2021年度中国科协科技志愿服务队先进典型。结合“我为群众办实事”实践活动，对接“爱心暑托班”，提供优质科普服务、科技课程和科普图书，助力政府实事工程。

【科普阵地建设】 2021年，太仓科技馆获评“全国科普教育基地”，累计开展活动207场，接待未成年人5.25万人次。举办“百年回望”中国共产党领导科技发展主题临展、“仰望星空”科普专题展览，受益人数超23万人次。立项资助重点科普项目13个。新增苏州市级科普教育基地2家、苏州市科普示范社区3个、苏州市科普惠农服务站2个。命名太仓市科普教育基地4家，每月更新全市142块科普画廊。“太仓科技馆”微信公众号推送活动预告、近期动态、志愿服务、参观攻略等内容。4月1日，启用“太仓科协”微信订阅号，发布信息139次、326条，单篇最高阅读量8703次。

【科协组织建设】 2021年，太仓市科协加强团体会员管理，修订完善《太仓市科学技术协会团体会员管理办法（试行）》，规范团体会员管理。指导所属5家团体完成年检年报工作，指导室内设计研究会完成换届。加强对各学会、协会、研究会、企业科协的工作指导和联合协作，立项资助机器人学会等5家单位特色工作项目，促使科协工作触角向基层延伸。

（牛春艳）

2021年7月16日，暑托班“小警娃”在太仓科技馆体验“馆校合作”科学课
（市科协供稿）

太仓市归侨侨眷联合会

【概况】 2021年，太仓市侨联贯彻统战工作条例和侨务政策，加强联系服务，发挥侨务优势，助力中心工作。探索建立“两侨”工作矩阵，市侨办、市侨联机关干部和侨联委员横向、纵向建立工作矩阵，横向按海外联谊、经济科技、参政议政、群众工作（维护侨益）和文化交流五个板块分组，纵向每个组各结对一个镇区、街道或重点园区，走访联络该地（区）归侨侨眷、华侨华人，会同所在镇区开展联谊活动，带动镇区、社区、园区侨务工作。制定“两侨”议事厅每月共商例会制度、“两侨”勤廉季度谈制度，在走访、调研、慰问等方面实施“两侨”联动。优化区镇侨务工作考核内容，推动各区镇加强对本地华侨华人的联系服务。组织重点镇区统战委员赴常熟学习，推进侨联基层组织建设。市侨联与市侨办开展“留联圆桌”等联谊交流活动，介绍太仓招商引资和引才政策；发起社会公益，助力全国文明典范城市创建。

【侨界联谊工作】 2021年，太仓市侨联加强与各镇区和重点园区互动，通过大科园、生药园和创业园设立省级华侨华人创新创业服务中心园区，常态化走访联系海外人才，举办联谊活动。春节前，对不能回国或回家过年的华侨华人集中拜年，举办迎春茶话会；端午节期间，与重点板块共同开展“侨心向党，‘粽’情端午”系列活动；7月1日，与侨界群众共同观看庆祝中国共产党成立100周年大会直播，回顾中国共产党百年光辉历程，凝聚侨心永远跟党走；中秋节期间，与城厢镇共同举办“情暖侨心、共度佳节”侨眷联谊活动；重阳节期间，与高新区开展“侨心向党颂党恩，情暖重阳文明行”侨眷联谊活动。

【为侨服务工作】 2021年，太仓市侨联回应和帮助解决涉侨具体问题，受理和解答具体政策咨询，包括身份认定、防疫隔离、疫苗接种、子女入学、申办国内驾照等。帮助落户人才项目完成人才引荐备案事项，加强同德国华人华侨科技工商协会等商会机构联系合作。咨询和求助实行首问负责制并跟踪落实。5月，组织科教新城实验小学学生向新西兰马尔堡市中文学校学生捐赠中文书籍。6月28日，牵头发起“联动校企、助推产业”——健雄生物医药学院与市生物医药产业园人才交流对接会，推动学院和园区企业初步建立定期沟通机制，为推进深入合作、实现联动打下基础。对接澳大利亚Home789控股有限公司，11月18日，举办Home7892021年度奖教学金颁发仪式。

【侨界招才引智】 2021年，太仓市侨联捕捉和承接项目信息，为有意向到太仓创业的华侨华人做好服务工作。为朱棣文外甥董初琳到太仓考察创业做好服务工作。对接德国德累斯顿工业大学工睿团队，做好前期准备工作。全年牵线落户德国华侨华人科技项目4个，包括港区森岚科技隐形冠军项目。与有资源的侨团建立引才合作关系，先后拜访中日科创中心、新西兰中国国际贸易促进会等，推介太仓引才激励政策。在原有渠道基础上，致力以商引商、以才引才，推动引进中科院光机所偏光片项目，拓展专业投资人渠道，获取德国背景试剂检测、新能源车配件等多个项目信息。年内，太仓市侨联通过各类侨务资源对接项目20个，完成落户1个。

【侨务宣传工作】 2021年，太仓市侨联配合党史学习教育，营造爱侨护侨社会氛围。挖掘基层资源，讲好“侨故事”。全年“太仓侨联”微信公众号共发布原创文章44篇，阅读量1.55万人次。美国邮政署发行吴健雄永久纪念邮票，“太仓侨联”公众号发出推文，阅读、转发量3800余次。组织侨界代表李警钟、朱京涛担任“新时代大家说”宣讲员。策划举办“光辉照我心”——太仓市华侨华人创新创业展，宣传优秀海外人才回国创业成就。

（时海炜）

太仓市工商业联合会

【概况】 2021年，太仓市工商联紧扣“两个健康”（促进非公有制经济健康发展、促进非公有制经济人士健康成长）工作主题，引导广大民营经济人士坚定理想信念，动员商会企业履行社会责任，发展商会组织体系，优化改善营商环境。指导成立市生物医药行业协会、市冷链协会，吸收市电子商务协会团体入会。截至年底，市工商联共有下属基层商会40家，其中区镇商会12家，行业商会18家，异地商会9家，新一代企业家商会1家，共发展会员企业3600余家。太仓市工商联获评全国“五好”县级工商联，下属商会获评全国“四好”商会2家、省“四好”商会6家。雅鹿集团入围2021年中国民营企业500强，位列第456位，与香塘集团共同入围2021年中国制造业民营企业500强。

【思想建设】 2021年，太仓市工商联动员引导基层商会学习贯彻中共中央总书记习近平“七一”重要讲话精神和视察江苏重要讲话指示精神，宣传中央和省、市坚定支持民营经济发展的方针政策。开展首届太仓市优秀民营企业家评选活动，承办理想信念报告会暨庆祝中国共产党成立100周年主题活动，制作10位优秀企业家宣传视频，推选3位企业家代表作理想信念报告。举办太仓市年轻一代民营企业家专业素质能力提升培训班，组织企业家代表赴南通市开展“学习张謇精神”研修活动。

【组织建设】 2021年，太仓市工商联完成换届工作，选好配强工商联领导班子及常执委队伍。抓好基层商会党建“两个全覆盖”（党组织全覆盖、党的组织生活全覆盖），江西商会、湖南商会、酒类商会、港区商会等商会成立党组织。截至年底，全市成立各商（协）会党组织16家，其余商会以党建指导员挂钩联系方式实现党建工作全覆盖。紧扣全市产业发展目标，引导商会发展吸收高端装备、航空航天、生物医药等重点行业企业入会，提升会员队伍综合素质。

【会员服务】 2021年，太仓市工商联开展企业家沙龙、微信群、政策直通车等服务民营企业措施8项。发挥市工商联主席（会长）微信群、市工商联常执委企业家微信群作用，全年累计在群内发布政策信息近50次；举办民营企业家沙龙智能制造专场、璜泾专场，累计举办12期，参加企业家236人，

2021年6月22日，太仓市首届优秀民营企业家理想信念报告会在市文化馆小剧场举行 （邓建红摄）

2021年10月18日，太仓市生物医药产业协会揭牌　（邓建红摄）

收集意见建议155条，全部协调办结。继续开展“百企”走访调研工作，配合做好苏州市领导民企大走访活动。开展规模以上民营企业调研、民营企业营商环境评估及民营经济发展报告组稿等工作。加强与上海市工商联、上海市黄浦区工商联等单位沟通联系，组织企业家代表赴黄浦区工商联企业共享空间学习考察，助力放大沪苏“同城效应”。发挥新一代企业家商会作用，为民营企业和德资企业合作搭建平台。聘请市知名律师作为工商联（总商会）法律顾问，帮助会员企业梳理法律问题，防控风险。加强与太仓市人民检察院日常联系，沟通反馈多起涉民营企业刑事案件意见，探索建立涉案企业合规第三方监督评估运行机制。与市人民法院一起指导市浙江商会成立“商会商事调解中心”，把矛盾纠纷处理在源头。

【社会服务】 2021年，太仓市工商联深化与陕西省周至县、贵州省玉屏县、连云港市灌南县等地对口联系帮扶活动，由苏州市工商联、西安市工商联、太仓市工商联、周至县工商联共同出资120万元建设“佳家美光彩超市”。与市残联共同开展“扶贫助残”公益活动，商会、企业累计捐款捐物20余万元。与娄江社区、凡山村开展对接，为老龄居民安装卫浴扶手。

（施燕秋）

太仓市文学艺术界联合会

【概况】 2021年，太仓市文联坚持“二为”（为人民服务、为社会主义服务）方向和“双百”（百花齐放、百家争鸣）方针，发挥党和政府联系文艺界桥梁纽带作用，带领全市文艺工作者推出精品活跃文艺舞台、丰富文化生活，为全市高质量发展凝聚力量。年内，全市晋升国家级会员1人、省级会员13人、苏州市级会员18人。全年出版文艺专著31部，获苏州市级以上奖项470余件，省级以上发表、入选、入展作品430余件。市文联被中国楹联学会授予全国楹联教育精英二十佳，获评江苏省基层文学工作先进单位、苏州市文联系统优秀集体，太仓市摄影家协会、浏河镇文联获评苏州市文联系统优秀基层组织。

【文艺方向把握】 2021年，太仓市文联举办学习中共中央总书记习近平在中国文联十一大开幕式上讲话精神座谈会，交流学习体会、实践思考。组建“文联轻骑兵”，开展沉浸式主题党日实境教学。组织文联系统年轻党员、文艺家党员代表参加“新时代大家说”宣讲活动，到学校、村（社区）讲述楹联里的党史、书法里的党史等。启动“学党史、访民情、践初心”大走访等活动，通过深入各协会、镇文联，走访艺术家，面对面调研，形成《在文艺界贯彻市十四次党代会精神，助推抒写“太仓速度”的思考》等调研文章。

【文艺主题活动】 2021年，太仓市文联发挥党领导下文学艺术界人民团体优势，组织开展一系列主题文艺活动。围绕中国共产党成立100周年、长三角一体化和江南文化品牌打造开展系列活动。市文联在上海举办庆祝中国共产党成立100周年长三角地区摄影作品首展，《新民晚报》《文汇报》等作报道。举办第14届太仓摄影艺术展、第13届美术书法作品展、“永远跟党走·奋斗新时代”太仓书画院画师作品（嘉兴南湖）展、“唱支山歌给党听”合唱音乐会、“星火燎原·一路辉煌”红色经典戏曲折子戏展演、“奋进百年·传承经典”线上专题灯谜活动、“说党史、诵红联，再上新征程”主题活动等。画家邢少兰创作山水画作《万古长春》等，分别捐赠给太仓市委和浏河镇党委。出版中国共产党成立100周年摄影集、书画集，推出长篇小说《信仰》《天堂沃土》和歌曲《从胜利走向胜利》、大戏《青春烈焰》、山水画《百年红船新起航》、书法《毛主席诗选》、篆刻组印《中国革命十大圣地》、摄影《红心向党，勇开新局》等红色主题文艺作品1300余件。融入长三角一体化发展战略，办好“互融互通、共建共享”长三角一体化建设之戏曲交流活动，加入长三角城市合唱联盟、美术馆联盟，市书法家协会、市美术家协会、市民文家协会、市摄影家协会等与长三角各区市以及相关单位交流合作，举办“嘉昆太”书画联展、“江浙沪”娄东昆曲雅集、“高山景行”纪念高式熊先生100周年诞辰作品展、楹联书法展等多项活动。策划江南丝竹展演，与上海海派文化研究中心成立娄东画派研究会，在宁波设立娄东画派研习社，举办中国新诗论坛十周年活动、“江南画风”中国书画摄影名家邀请展、召开娄东画派专题学术研讨会等，促进江南文化集结和融合。

【文艺精品打造】 2021年，太仓市文联以精神文明“五个一工程”［一部好的戏剧作品、一部好的电视剧作品、一部好的图书(限社会科学方面)、一部好的理论文章(限社会科学方面)、一部好电影]为示范带动,制订重点作品创作规划,构建选题策划、项目推进、人才支撑工作体系,加强引导精品创作。举办第二届当代中国作家书画(太仓)邀请展暨文人书画学术研讨会、江南丝竹传承与发展研讨会、"我为太仓写首诗"全国现代诗歌创作大赛、十月杂志社文学座谈会、"新时代太仓文学发展"研讨会、长三角当代水墨作品巡展系列讲座、中国书法兰亭奖苏州市重点作者调研座谈会、亭林印社篆刻公益师生作品展座谈会、点评会、舞蹈讲座、戏剧讲座、"百文一剧"读剧会、摄影讲座、音乐培训成果展演等,邀请知名艺术家授课、研讨。陈永明、李洁获评苏州市文联系统优秀会员。在太仓宣传文化旅游人才评选中,陈永明、陈解法获评文化名家,金娥获评领军人才,5人获评重点人才。在全国各类文学期刊中发表作家协会会员作品近250篇(部);史仁杰设计,王月英、顾晏如制作的麦秸画作品《梦里水乡》获江苏省文艺大奖·第六届民间文艺奖·优秀民间工艺美术作品奖;靳慧慧书法作品入选第七届中国书法兰亭奖,是全国唯一一位入选女书法家,获第五届江苏省文华奖书法奖,入展省级书法作品届次展会员4人;李鹏漆画《寒山》入选第三届中国青年漆画大展,孙亚芬中国画《乡恋》入展"重温经典"第五届娄东全国山水画作品双年展,获优秀奖,入展江苏省美术作品展会员3人;市摄影家协会在国家级摄影展赛中获奖作品92幅,在国家级核心刊物发表作品32幅,计海新摄影作品《移动的"海上城市"》获第28届全国摄影艺术展览评委推荐作品,宋义勇《风雪中的外卖小哥》入选第四届全国青年摄影大展潜力摄影新人;吴利明创作的歌曲《党旗最红》获庆祝中国共产党成立100周年全国群众歌曲征集最佳作品奖,小百灵合唱团获第11届世界和平合唱节、世界青少年合唱节童声组双金奖等;市摄影家协会、市戏曲家协会、市舞蹈家协会等20余位文艺家获"繁星奖"等,获金奖作品3件。

【文艺惠民】2021年,太仓市文联组织引导全市文艺工作者启动"诗意田园·幸福文艺"太仓市文艺志愿者进百村(社区)入万户新时代文明实践志愿服务活动。市作家协会开展文艺志愿送书进村(社区)活动,赠送各类书籍500余册;市书联家参与万副楹联进万家活动,书写赠送春联3万余副;在镇村云课堂,楹联、灯谜志愿者线上为青少年传授传统文化;市摄影家协会提供志愿拍摄服务,配合镇、街道办摄影比赛;市戏曲家协会组织骨干会员赴各镇区、学校开展培训800余课时,送戏下乡500余场次;市音乐家协会多次赴村(社区)开展文艺演出,参与演出志愿者130余人次;市舞蹈家协会设立舞蹈培训基地,赴社区举办"党旗飘扬·红色律动"中国共产党成立100周年主题舞蹈展演等;书画家为社会主义新农村建设绘制墙画、题字。城厢镇文联开展"文化进万家·奋进新征程"2021年送戏下乡惠民演出活动、"蒲公英"公益课堂、"城里厢"故事会;在沙溪镇举行"古镇诗意与时代气象——走进沙溪"中国新诗论坛十周年纪念活动,沙溪镇文联举办多届诗歌文化活动,在国内诗坛产生影响;浏河镇文联开展"文化书场""百姓舞台""广场电影周周放""摄影进农村,暖心全家福"等文化惠民活动;璜泾镇文联举办"大美璜泾·吴家湾花海之约"全国现代诗创作大赛、"璜泾杯"全国征联大赛;双凤镇文联开展"我们的节日"系列文艺演出。市文联举办"江南丝竹·娄东新韵"丝竹情音乐交流会、第二届"夜太美"江南丝竹纳凉晚会、太仓市首届花鸟画展、娄东戏台、太仓乐坛、舞林会友等文艺活动百余场。

【文艺阵地建设】2021年,太仓市文联强化美术馆、文艺之家和《金太仓》杂志"三大阵地"建设,发挥其载体优势推进各项工作。太仓美术馆举办"吟扬帆六纪,颂建党百年""郑和杯"全国征联墨迹展等精品展16项、长期陈列展3项,全年接待观众2万余人。开展"墨缘火焰蓝"太仓美术馆(太仓书画院)画师走进浏河消防救援站等系列走基层文化活动。市文联新命名工作室19家,发挥文艺骨干示范引领作用。建成文艺之家,解决协会办公无场所、创作无场地、交流无平台问题,发挥文艺之家功能作用,创新服务管理办法途径,为协会涵养人才提供平台。编印《金太仓》杂志、《娄东文艺》专版,指导镇文联推出文艺期刊。

【书法联展】2021年4月29日,"同饮一江水,共颂党恩深"——江苏太仓、安徽无为、湖北监利三地书法作品联展在太仓美术馆首展。该展览由

2021年8月24日,太仓市文联组织开展"诗意田园·幸福文艺"太仓市文艺志愿者进百村(社区)入万户新时代文明实践志愿服务活动 (市文联供稿)

三地政协及文联共同举办，展出三地书法家新近创作的书法作品100幅，用翰墨联展庆祝中国共产党成立100周年。

【中国新诗论坛十周年纪念活动】 2021年5月22日，《扬子江诗刊》、太仓市文联、沙溪镇主办的“古镇诗意与时代气象——走进沙溪”中国新诗论坛十周年纪念活动在沙溪镇举行。活动回顾中国新诗论坛十年历程，研讨古镇诗意与时代气象。全国人大常务委员会委员、中国作协副主席、书记处书记吉狄马加，江苏省作协党组书记、书记处第一书记、常务副主席汪兴国，江苏省作协副主席、江苏省评论家协会主席汪政，中国诗歌学会会长杨克，以及北京、上海等各地鲁迅文学奖获得者参加活动。参会者围绕“中国新诗对古典诗歌传统的再发现”“中国新诗与江南文化”等议题开展讨论交流。

【长三角地区文化交流活动】 2021年5月25日，太仓市文体广旅局、太仓市文联主办，太仓市文化馆、太仓市戏曲家协会承办的“互融互通、共建共享”长三角一体化建设之文化交流活动在市文化馆剧场举办。娄东戏台220期邀请上海、浙江、安徽等地戏曲名家与太仓市戏曲家协会艺术家同台上演沪剧、越剧、黄梅戏、评弹等节目。

【摄影家作品联展】 2021年6月8日，扬帆起航·再创辉煌——庆祝中国共产党成立100周年浦东太仓两地摄影家作品联展在上海中心大厦揭幕。联展由上海市摄影家协会、江苏省摄影家协会、中共上海市浦东新区委员会宣传部、上海陆家嘴金融城发展局、上海城投（集团）有限公司、中共太仓市委宣传部、长三角城市文化馆联盟指导，上海市浦东新区康桥镇人民政府、上海市浦东新区文联、上海市浦东新区文化艺术指导中心、苏州市摄影家协会、太仓市文联、上海中心大厦建设发展有限公司主办。联展共展出摄影作品160幅，记录上海浦东、太仓红色印迹及两地改革开放取得的成就。

2021年6月8日，扬帆起航·再创辉煌——庆祝中国共产党成立100周年浦东太仓两地摄影家作品联展在上海中心大厦揭幕　（市文联供稿）

【童声合唱音乐会】 2021年6月28日，由太仓市委宣传部、太仓市文明办、太仓市教育局、太仓市文联主办，太仓市青少年活动中心、太仓市音乐家协会承办的“最好的未来”——庆祝中国共产党成立100周年太仓市童声合唱音乐会在太仓大剧院举办，音乐会用歌声为中国共产党百岁生日献礼。现场授牌童声合唱联盟学校13所，太仓市青少年活动中心小百灵合唱团命名为“太仓市小百灵合唱团”。

【全国现代诗创作大赛颁奖典礼】 2021年10月23日，太仓市委宣传部指导，上海文学杂志社、中诗网、太仓市文联、太仓市资产经营集团有限公司主办的庆祝中国共产党成立100周年“我为太仓写首诗”全国现代诗创作大赛颁奖典礼在太仓举行。大赛收到应征作品8000余件，获奖作品36件。

（蒋喜桔）

太仓市残疾人联合会

【概况】 2021年，太仓市残疾人工作以改善残疾人生活品质为导向，以推动残疾人事业高质量发展为主题，以促进残疾人全面发展和共同富裕为主线，提升残疾人就业创业、社会保障、托养照护、康复服务、教育文体、权益保障等各项工作水平。至年末，全市共有持证残疾人10391人，其中肢体残疾人5485人，精神残疾人1327人，智力残疾人1204人，视力残疾人913人，听力残疾人825人，言语残疾人56人，多重残疾人581人。

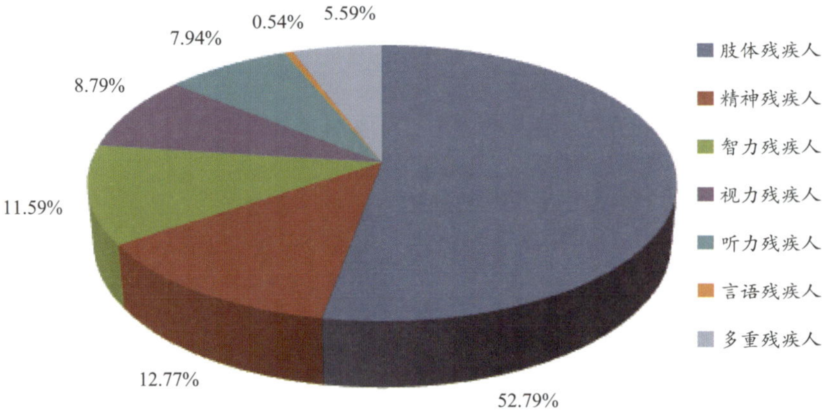

图6　2021年太仓市持证残疾人比例图

【残疾人就业增收】 2021年，太仓市完成10267名持证残疾人基本状况调查摸底工作。做好“两项补贴”全国系统线上审核工作，全市享受生活补贴残疾人2331人，享受护理补贴残疾人4301人。配合江苏省人社一体化系统上线，确保1355名享受社医保补贴政策的残疾人“一个不落”。为全市2482名就业年龄段重残人员和智力、精神（三、四级）无业残疾人共缴纳养老和医疗保险802.55万元。全市享受医疗救助重残人员6925人。享受城乡居民基本医疗保险保费减免政策残疾人2073人。为全市1737名残疾人发放“扶贫帮困送温暖”慰问金173.7万元；为76名残疾人发放生活补贴37.12万元；为899名符合条件的重残人员购买“苏惠保”医疗保险；为2049户重残户交纳有线电视费补贴18.85万元。为8名下肢残疾人发放代步轮椅车补贴1.2万元。为64周岁以下（含）残疾人购买团体综合意外保险33万元。市残联联合市人社局和太仓税务局落实相关扶持政策，明确市“残疾人之家”公益性岗位补贴标准为当地最低工资标准的2.5倍，为2名残疾人及家属发放补贴13.68万元。肢残人宋建清成为苏州市首个获新冠肺炎疫情期间自主创业补贴的残疾人创业者。开展全国联网认证系统人员培训，规范残疾人按比例就业网上年审工作，向112家安置残疾人就业企业发放奖励金70.7万元。全市28家残疾人集中就业企业共安置残疾人785人。搭建线上线下服务平台，开辟就业绿色通道。借助“阳光人才网”和“太仓残联”微信公众号，同步举办残疾人线上招聘会4场，帮助近70名足不出户残疾人实现就业。以补贴服务券和发放防疫物资等方式帮扶全市盲人按摩机构应对新冠肺炎疫情。引入社会力量，开展个性化“定制培训”。根据就业市场和不同类别残疾人需求，先后开展糕点装饰制作、短视频制作、动画设计、电子商务等各类培训42场，帮助170余名残疾人提升专业技能。组织17人参加苏州市第六届残疾人职业技能大赛12个比赛项目，肢残人陆卫国、谢贝尔分别获桌面排版和网页制作项目第一名。

2021年太仓市残联惠残补贴一览表

表80

序号	类别	人数（人）	金额（万元）
1	城乡重度无业残疾人缴纳城镇职工基本养老保险	1009	512.49
2	城乡重度无业残疾人缴纳城镇职工基本医疗保险	924	173.11
3	城乡智力、精神（三、四级）无业残疾人享受特惠政策参加城镇职工基本养老保险	267	64.90
4	城乡智力、精神（三、四级）无业残疾人享受特惠政策参加城镇职工基本医疗保险	282	52.05
5	精神智力（三、四级）成年残疾人生活补助	76	37.12
6	残疾学生和残疾人家庭子女助学补贴	230	41.91
7	托养护理费补贴	58	10.71
8	残疾人自主创业补贴	1	3.43
9	残疾人和托养机构人员免费参加人身意外伤害商业保险	不记名	33.00
10	下肢残疾人代步机动（电动）轮椅车购置补贴	8	1.20
11	残疾人机动轮椅车燃油补贴	77	2.00
12	听力和言语残疾人短信信息费补助	977	33.20
13	0~14周岁残疾儿童康复训练补贴	339	828.40
14	残疾人假肢矫形器补助	91	39.40
15	助听器适配补助	94	44.20
16	听力障碍人员人工耳蜗植入手术费用补贴	3	32.50
17	贫困精神残疾人免费服药	318	4.00
18	辅助器具适配与租借服务	193	9.70
19	残疾人家庭无障碍建设	100	283.37
20	残疾人春节慰问补贴	1737	173.70

【残疾人康复服务】 2020年，太仓市健全残疾人保障政策体系，制定《太仓市贫困精神残疾人免费基本用药实施办法（暂行）》，扩大救助对象范围，共为325名精神残疾人发放基本用药补贴4万元。制定《关于对太仓市视力、听力、言语残疾人发放信息（流量补贴）的实施意见》，提高补贴标准、扩大补贴范围。制定《太仓市“残疾人之家”考评管理办法（试行）》，以星级达标方式推动各镇（区、街道）“残疾人之家”规范化管理。全市共有各类“残疾人之家”28家，辅助性就业210人，累计发放补贴197.91万元。制定《关于调整太仓市残疾学生和贫困残疾人家庭学生教育助学补助标准的通知》，增加特殊教育补助。全年对符合条件的残疾学生和贫困残疾人家庭学生发放助学补贴40万元。优化评残办证服务，制定《评残受理书》，增加公示环节，取消村（社区）盖章环节，缩短办证周期，确保10个工作日内完成。增加评残频次，每月20日开展集中评残，每季度开展一次上门评残服务。残疾人证办理不再受户籍地限制，实现“跨省通办”新办、换领、迁移等事项6个。共开展集中评残10次，为57名残疾人提供上门评残服务，办理残疾人证760本，其中“跨省通办”事项63人。完成换发2022年度有效期满残疾人证433本。完善“中国残联残疾人证管理系统”数据4875条，核查10226名持证残疾人评残档案信息。深化辅具适配服务，按照《苏州市残疾人辅助器具适配补贴实施办法》要求，由传统集中采购发放转为精准服务，借助“苏州市残疾人辅助器具服务网”平台，向社会公开定点机构名单，实现线上申请、线下服务。做好库存辅具清理工作，拍卖辅具2074件，捐赠轮椅444辆。全年共为91名残疾人发放假肢矫形器适配补贴39.4万元；为94名残疾人发放助听器补贴44.2万元；为3名听力残疾儿童发放人工耳蜗植入手术补贴32.5万元；为193名残疾人发放轮椅助行类辅具补贴9.7万元。拓展托养服务方式，残疾人托养由发放补贴转变为购买服务，与福利院、医疗机构对接，利用空余床位开展全日制托养服务，联合推动娄城益帮扶、工伤护理服务、“长护险”服务向重度残疾人倾斜。

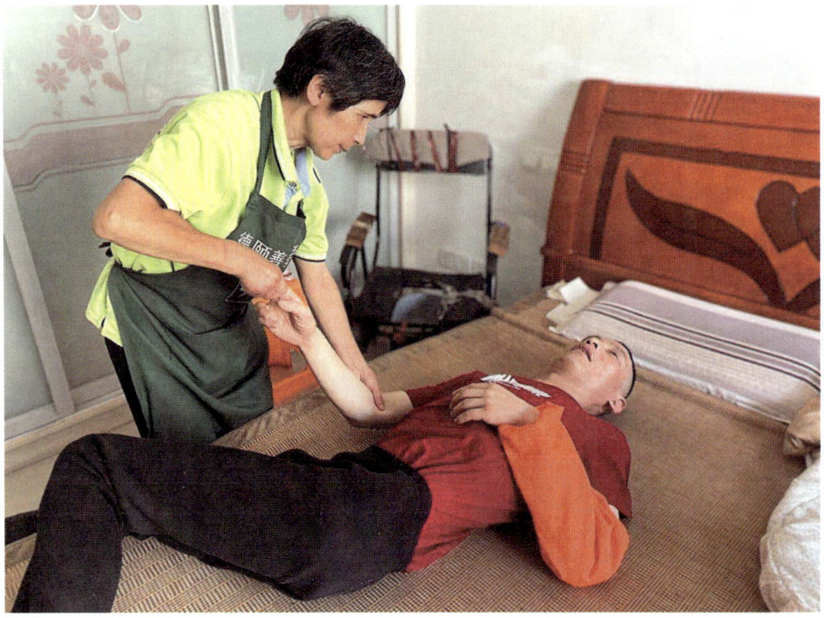

2021年4月，太仓市残疾人托养服务中心为残疾人提供上门护理服务
（王婷婷摄）

【残疾人文体宣传】 2021年，太仓市引导社会公益助残，形成全社会助残爱残氛围。苏州华南印务慈善（助残）基金专项用于慰问残疾人50人。市残联分别与市政协、市志愿者总会和市众商互助会开展“微心愿”圆梦活动，满足近100名残疾人个性化实物需求。联合市文体广旅局举办市第十六届全民运动会残疾人组5个大项32个小项比赛。做好“99公益日”网络捐款工作，发动全市爱心企业30余家和爱心人士70人共捐款24万元，专项用于残疾人助残帮困。与太仓联通公司举办听力言语残疾人畅听王卡试用会。残疾人事业社会影响受到关注。召开“太仓市残疾人庆祝中国共产党成立100周年暨第31次‘全国助残日’系列活动”新闻发布会，策划拍摄《残疾人之家》《对党说句心里话》《手说苏州》等专题宣传片，走进融媒体中心录制《政务直通车》和《相逢》栏目。《太仓市打造残疾人精准就业“太仓模式”》信息被苏州市委办录用。残疾人自主创业典型事例“馨语无声”咖啡登上“央视新闻”微信公众号，并在中央电视台《24小时》栏目报道。肢残人陆晓晨创业典型事例先后被“学习强国”苏州平台、《扬子晚报》、苏州电视台等媒体报道。《苏州日报》记者到太仓市残联报道“手说党史”学习教育专场活动。《江苏太仓：“童绘”百米长卷感恩社会迎接助残日》《江苏太仓中德融创工场：为残疾人托起就业梦想》《托起精神残疾人的“上班梦”》《“残疾人之家”助力残疾人康复》等报道被“学习强国”苏州平台、交汇点、中国江苏网、江苏残联、联播苏州等媒体采用。对外发布市残联“我为群众办实事”重点项目——“让爱同行”扶残爱残行动，聚焦残疾人就业、康复、文化、体育等领域，通过开展送温暖助残行动、就业援助行动、康复捐助行动、文化互助行动等系列活动，推动解决残疾人急难愁盼问题，让党史学习教育成果转化为扶残助残实践。联合市工商联组织发动商会和12家企业为特教学校及“残疾人之家”捐赠18.5万元的急需物资。联合市红十字会、市慈善总会开展“博爱之光”助医项目，全市享受个性化康复治疗服务残疾人66人。联合市人民检察院开展无障碍环境建设公益诉讼专项监督活动。联合市妇联为60余名残疾妇女普及健康知识。联合市卫健委开展残疾预防知识宣传讲座。组织市残疾人艺术团编排文艺节目赴

基层巡演。市残联低收入残疾人家庭“幸福亮居”项目被列为政府实事工程，通过实施家庭无障碍改造、安全隐患排除和厨卫设施功能提升等，帮助100户低收入家庭改善生活品质。

（徐　垠）

太仓市红十字会

【概况】 2021年，太仓市红十字会开展人道救助和服务工作，发挥人道助手作用，完成各项任务。开展献血普及动员活动近60场，完成捐献全血7593人次，献血量1.14万单位，捐献血小板569人次，治疗量877个，联合市卫健委召开2020年度全市无偿献血工作表彰会，表彰一批无偿献血先进集体。新增登记加入中华骨髓库人员213人，全年实现捐献造血干细胞4例。线上、线下新增登记捐遗362人，眼角膜捐献登记548人，器官捐献登记597人，实现遗体捐献4例，眼角膜捐献3例，多器官捐献3例。牵头建设“‘救’在身边”红十字生命救助站，在全市车站、学校、景区、政务大厅等人流密集地投放救助站180座，总投资853.4万元。救助站建设考虑“平时”和“急时”两个作用的发挥，平台搭载自动体外除颤器（AED）、多媒体播放器、急救小药箱等多种设备。项目开展专题培训107场次、培训3000人，同步开发太仓市AED导航系统。

【红十字会救助工作】 2021年太仓市红十字会策划实施“博爱”系列救助项目，共接受社会捐赠款物价值151万元（含下拨），支出款物148万元（含下拨），“点亮生命”“博爱之光”“曙师缘助”慧学等项目帮扶一批困难家庭。融入东西部扶贫“大格局”，持续开展与四川省隆昌市助学活动，资助学生116人，发放助学款9.36万元；陕西省周至县帮扶任务落实款物价值52.61万元。开展连云港市灌南县走访帮扶活动，资助学生40人，发放助学款4万元。

2021年5月7日，“安全科普”公开课首讲仪式在太仓市实验中学举行

（张　燕摄）

【红十字救护工作】 2021年，太仓市红十字会推进应急救护工作。开展全市公益性应急救护培训320场，培训人员1.5万人次，“博爱青春”项目——“助小哥急救，保健康平安”获苏州一等奖，被评为省十佳项目。“‘救’在身边”工作品牌形成系列，“救”在企业，助力企业安全生产，按照“企业所需、红会所能”思路推进企业急救培训工作，全年培训企业200余家，培训人员5000人次；“救”在社区，义诊、救助服务社区居民1000余人次；“救”在学校，配置“救助站”69台，培训一批校医、班主任、体育老师，实现全市中小学全覆盖，与市科协合作，在全市56所中小学开展“安全科普”公开课活动，推进安全教育课程化体系化；“救”在机关，组织党员干部专场培训30余场次。完善应急体系，深化与太仓邮政合作，完成物资储备中心整体搬迁，形成常用库和应急救灾备用库二级模式，开发仓储管理数据系统。落实应急救援队备勤制度和派队机制，引入商业保险，为队员购买意外伤害险。

【红十字宣传阵地建设】 2021年，太仓市建成市级、浮桥和平花园红十字文化广场，新增陆渡社区、和平花园“博爱家园”，建成南郊小学、明德初中红十字生命体验教室，提档升级太仓市中小学社会实践基地“生命健康体验教室”，在学校投放“红十字卫生角”急救箱。在机关单位装备多媒体大屏幕，动态播放各类宣传主题，演示全市AED分布情况。对接西北工业大学太仓校区，加强高校红十字工作。依托邮政系统网络，在网点布置“‘博爱邮路’便民箱”，放置急救用品及“三献”资料，打造红十字“邮政窗口”。

（张　燕）

城镇街道

城厢镇

【概况】 城厢镇位于太仓市域西南部，西接昆山，南临上海，镇域面积52.95平方千米，辖6个村、2个涉农社区、14个城市社区。2021年，城厢镇实现地区生产总值184.09亿元，完成一般公共预算收入15.01亿元，位列全国综合实力千强镇第71名。

【经济发展】 2021年，城厢镇实现规模以上工业产值152亿元，全社会固定资产投资56亿元，其中工业投资26亿元。引进内资新增注册资本82.7亿元，注册外资及港澳台资1.95亿美元，实际利用外资及港澳台资7500万美元。新增太仓市级以上重点项目29个，总投资182.9亿元，开工建设率100%，年内竣工项目19个。累计签约重点项目55个，总投资超110亿元，其中超10亿元项目4个、超亿美元项目2个、超亿元项目3个。获评苏州市级以上"人才计划"7个、苏州市外国专家工作室1个，太仓领军人才立项17个，储备人才项目50余个，新增企业创新人才3660人，净增高新技术企业28家。

【城乡统筹】 2021年，城厢镇以"打造农业农村现代化最美窗口"为目标，实施乡村振兴战略，促进农业高质高效、乡村宜居宜业、农民富裕富足，获评江苏省乡村振兴先进集体、苏州市农村人居环境整治提升工作示范镇。集体掌控土地资源比例98%，新增高标准农田400公顷。优化农村环境，新增康居乡村6个、宜居乡村37个、特色康居示范区1个、省级特色精品乡村1个、苏州市级特色精品乡村1个。增强农村产业活力，十大特色农文旅项目完成投资额1.6亿元。电站村获评省休闲农旅五星级园区，东林生态羊场获评国家级生态农场。农业园区加速转型，北部现代水稻产业园晋级苏州市农业转型升级示范园，西部都市休闲农业产业园入围苏州市现代农业产业园，独溇小海生态农业产业园、电站村生态园入选2021年全国农村创业园区（基地）目录，万丰村获评苏州市"智慧农村"示范村，东林合作农场入围2021年中国农民合作社500强。农村集体"三资"（资金、资产、资源）规范管理，完善"两个平台"（村集体资产交易平台和村集体财务监管平台）功能，全年完成集体资产公开交易141宗，金额3745万元。

2021年5月19日，城厢镇集中签约田园江南农文旅重点项目
（城厢镇供稿）

【生态环境】 2021年，城厢镇抓好拆迁拆违，累计拆除各类违法建设37万平方米，完成康福路、西长泾、太丰花墙片区等重点项目的整治拆违。推进"三优三保"拆旧工作，完成签约64.67公顷，复垦土地57.94公顷，其中产业更新"退二还一"完成48.27公顷，入库复垦项目17个，总面积52.02公顷。完成大气污染防治项目150项，落实重点涉气企业应急减排措施24家。强化水环境治理，实施城

2021 年 6 月 30 日，城厢镇举办庆祝中国共产党成立 100 周年开放式主题党日活动 （城厢镇供稿）

乡生活污水“333”提质增效达标区建设，建立联合河长制，新增生态美丽河湖 13 条。推进“消劣争优”工作，消除劣五类水体 10 条，实现省考振东断面达标。

【公共服务】 2021 年，城厢镇启用盛园幼儿园，增加幼儿园学位 630 个，弇山小学扩容，新增小学学位 540 个，推进城北幼儿园、城厢镇第一小学分校、城厢镇实验小学等工程。养老服务质效并举，新改建老年人日间照料服务中心（站）4 家，推动 80 周岁以上老人居家养老菜单式服务实现全覆盖。按照“信息化 + 特色化”建设标准提档服务场所，全省首创退役军人个性化“一人一档”，获评省优退役军人服务示范站。累计获评苏州市级垃圾分类星级小区 25 个，其中里外滩小区获评苏州市级五星小区。推进“燎原计划”，累计完成居民小区垃圾分类称重设备建设 39 个。丰富群众精神文化生活，推出礼赞建党百年华诞“七个一百”系列活动，策划“百场巡演迎百年”“百册经典颂百年”等七大板块特色活动 21 项。

【社会治理】 2021 年，城厢镇三社融合创新发展中心揭牌启用，累计培育、孵化社会组织 18 家。举办第四届“益心一益”公益项目大赛和创新周系列活动。完善镇级社工站暨“幸福金厢邻”家园项目，建成府东社区、梅园社区等多个“海棠邻里驿站”，构建社区治理创新综合体。推进“发展型”幸福社区建设，城市社区覆盖 100%。推进社会矛盾排查化解、平安法治建设、扫黑除恶斗争，创新矛盾纠纷多元化解机制，累计调处各类民间纠纷 3576 件、4420 人次，按时办结率 100%。围绕上级关于安全生产的决策部署，强化风险意识，树牢底线思维，落实安全生产“党政同责、一岗双责”规定，压实部门监管责任和企业主体责任。引入第三方专业力量，开展企业安全生产“深度体检”，累计排查整改隐患 7000 余条。完善安全监管机制建设，推出“安廉码”，强化安全生产监管执法，提升安全生产水平。

2021 年城厢镇主要经济社会指标一览表

表 81

项目	单位	数值	项目	单位	数值
地区生产总值	亿元	184.09	进出口总额	亿美元	8.79
一般公共预算收入	亿元	15.01	三产增加值	亿元	111.78
耕地面积	公顷	1907.90	镇村主干道	千米	144.55
农业总产值	亿元	1.08	中小学校	所	6
粮食总产值	万吨	1.53	在校中小学生	人	9354
农机总动力	万千瓦	2.60	在职教师	人	580
出栏家禽	万羽	36.72	开通有线电视	万户	1.74
工业企业	家	562	医院	家	3
工业销售收入	亿元	197.72	卫生室	个	12
工业利税	亿元	16.59	农民人均可支配收入	元	41446
注册外资及港澳台资	亿美元	1.95	农民人均住房	平方米	60
实际利用外资及港澳台资	万美元	7500	—	—	—

2021年城厢镇各村（涉农社区）基本情况一览表

表82

村（社区）名	人均可支配收入（元）	户籍人口（人）	户籍户数（户）	村级总资产（万元）	村集体总收入（万元）	村集体可支配收入（万元）
伟阳社区	43426	7007	1241	13154	2326	1321
太丰社区	40440	2835	723	7712	1787	845
新农村	36750	2894	915	5393	3475	985
胜泾村	38700	2969	640	4941	3040	1092
永丰村	38450	3228	1046	5778	2784	1245
电站村	45000	2519	619	8472	5395	2506
万丰村	43500	2464	801	6405	2765	926
东林村	45000	2716	765	25906	6752	3100

2021年城厢镇骨干企业一览表

表83

企业名称	法人代表	销售收入（万元）	利税总额（万元）
上海连成集团苏州股份有限公司	张锡森	101673	13651
苏州隆祥电子有限公司	冈野晋滋	98058	5047
苏州佳电飞球电机有限公司	李雪东	70026	2004
亿迈齿轮（太仓）有限公司	STEVE I-CHUEH HWANG	68234	14360
太仓市华盈电子材料有限公司	黄正华	60110	2867
瑞铁机床（苏州）股份有限公司	汪立新	40729	3455
海德鲁铝业科技（太仓）有限公司	JEFFREY FISHER LEHMAN	37782	4685
苏州金韦尔机械有限公司	辛文胜	37554	10183
资勇五金制品（太仓）有限公司	陈建昆	35317	−1615
苏州杰威尔精密机械有限公司	何海潮	41815	13405
新中联物流设施（苏州）有限公司	张小颐	32235	1691
苏州金纬机械制造有限公司	何海潮	33283	6354
富乐压铸（太仓）有限公司	FRANK UWE KIRKOROWICZ	30933	4822
苏州久和砼有限公司	周文斌	31914	3492
太仓市锦澄混凝土有限公司	于立梅	29084	1338
骏伟塑胶制品（太仓）有限公司	李源昌	28951	495
苏州金纬片板膜智能装备有限公司	何海潮	24970	5251
太仓市青田食品有限公司	梁永清	24436	477
苏州捷赛机械股份有限公司	刘　枫	26050	4337
太仓市兴阳混凝土制品有限公司	殷银平	22493	1017

续表 83

企业名称	法人代表	销售收入（万元）	利税总额（万元）
苏州岩谷金属制品有限公司	室留宏行	22559	2279
苏州宝鼎玉盛砼业有限公司	李守国	20288	1262
苏州东帝士纤维地毯有限公司	郑寿全	20890	−110
格林莱特实业（苏州）有限公司	JEAN-MARIE NAEGELE	19464	−1005
德禄（太仓）家具科技有限公司	伍　力	16659	3308
苏州睿昕汽车配件有限公司	岳胜桥	15334	3537
太仓肇丰电器有限公司	许美玉	16780	1141
科伯舒特（苏州）汽车科技有限公司	HANS-OTTO KROMBERG	15773	−892
苏州施必牢精密紧固件有限公司	杨大泓	15781	812
辛柏机械技术（太仓）有限公司	木信德	16044	409
苏州金纬化纤装备有限公司	何海潮	14253	2526
太仓金煜电子材料有限公司	刘晓萍	15219	3998
上海阿美泰克工业设备苏州股份有限公司	刘哲民	14679	1320
沪金（苏州）实业有限公司	刘林家	13904	1818
敬得（苏州）科技有限公司	廖姿香	12546	−657
苏州安帝尔金属制品有限公司	ROLF MATTHIAS VERSPUIJ	13087	1392
太仓市南丰特种有色合金厂	沈忠华	12505	567
莱斯特瑞兹机械（太仓）有限公司	DANIEL NAGL	12966	1481
太仓华庆汽车配件有限公司	邓荣华	12389	2068
苏州美源达环保科技股份有限公司	周爱成	10523	57
太仓欧亚标准板材有限公司	陈撷盈	11700	395
苏州卓胜工贸有限公司	罗兆忠	10555	492
联禾厚普（太仓）精密机械有限公司	杨文奎	9746	−1070
太仓华易塑业有限公司	刘　刚	10123	552
天永锂电自动化设备（太仓）有限公司	荣俊林	8737	112
太仓长臂猿机器人科技有限公司	林维达	8864	2048
太仓博特精工机械设备有限公司	蔡秀枝	8789	−463
苏州金纬中空技术有限公司	梁瑞强	9527	2027
苏州智丰电器有限公司	陈玉溪	9195	169
美利驰医疗器械（苏州）有限公司	郑明权	8975	60
苏州诺伊曼实业有限公司	王伟卫	8566	299
苏州海力金属粉体材料有限公司	张晓东	7841	251
卡柯洛塑胶科技（太仓）有限公司	ROBERT CHARLES STUTZMAN	7603	1705
苏州鸿仁窗饰有限公司	黄介仁	6950	280

续表 83

企业名称	法人代表	销售收入（万元）	利税总额（万元）
苏州新亚科技有限公司	闻建中	7156	853
苏州舒适家具有限公司	汤若斌	7141	141
太仓神州生物制药有限公司	苏 镇	3691	178
苏州久仓友富电子科技有限公司	周根发	7225	519
苏州天和砼有限公司	朱雄飞	8713	369
太仓市磁力驱动泵有限公司	蔡国华	5372	667
太仓金马智能装备有限公司	马志刚	6036	481
苏州施米特机械有限公司	曾祥迅	5929	669
苏州黄河制药有限公司	苏 镇	6006	3095
苏州东伸汽车地毯有限公司	中川利一	6481	-91
苏州金仕杰金属制品有限公司	郑 辰	5364	96
鲍赫动力总成部件（太仓）有限公司	鲍赫·曼夫瑞德	5276	190
太仓汇丰化学肥料有限公司	吴金鑫	5640	-889
苏州年锋新材料科技有限公司	肖云霞	5266	132

（赵悦豪）

沙溪镇

【概况】 沙溪镇东与港区、浮桥镇相连，西与双凤镇、昆山市周市镇接壤，南与城厢镇毗邻，北接璜泾镇和常熟市支塘镇，镇域面积132.4平方千米，辖20个村、8个社区，户籍人口8.41万人，常住人口14.33万人。2021年，沙溪镇完成地区生产总值140.38亿元，一般公共预算税收收入10.08亿元，较上年增长17.9%；全社会固定资产投资54.6亿元，较上年增长15.4%。

【经济发展】 2021年，沙溪镇实现工业总产值277.8亿元，其中203家规模以上工业企业实现产值208.37亿元，较上年增长7.67%。新设超亿元项目32个。27个市级以上重点项目完成年度投资89亿元，竣工投产投运项目15个。全年完成注册外资及港澳台资2.04亿美元，较上年增长43.5%；实际使用外资及港澳台资7505万美元，较上年增长33.7%。入库国家级科技型中小企业177家，新增省民营科技企业59家，纳入苏州市高企培育库企业73家，净增高新技术企业38家。申报国家级人才计划9人，新增太仓市级以上各类“人才计划”16人，新增企业创新人才2717人。新增有效发明专利91件。生物医药产业园发展取得明显进展，6平方千米规划方案发布，设立博行、宁悦、星药太浩基金3支，新增注册企业106家，获评省级科技企业加速器、科技创业孵化链条和苏州市特色先导产业园等称号。规模以上服务业营业收入87.33亿元。

2021年12月15日，沙溪镇举行“金秋看沙溪”暨年度经济社会发展成果集中展示活动 （沙溪镇供稿）

【镇村建设】 2021年，沙溪镇完成生物医药产业园区控规修编、新材料产业园控规单元调整，修编沙溪镇历史文化名镇保护规划，推进新老镇区控规单元调整、国土空间规划及村庄规划等。出让南部新镇区住宅用地3.93公顷、商住用地13.93公顷。推进“四好农路”建设，完成道路改造10条、通车桥梁4座。高三线在太仓市“最美农村路”评选活动中获评“百姓致富路”。完成农民安置小区扩建、基础设施提档10个，完成河南街、南院一村、利泰经济村等老小区改造。新增天然气入户通气2083户。开展房地一体农村不动产登记颁证工作，制证1.16万户。国家卫生镇、江苏省健康镇通过复审。半泾村入围全国乡村治理示范村。洪泾村枫泾巷健身公园入选2021年度苏州市“十佳美丽乡村健身公园”。

【城乡统筹】 2021年，沙溪镇推进国土空间全域整治，完成拆旧复垦土地94.95公顷，其中“退二还一”75.36公顷，完成市级拆迁“清零”地块9块，拆除违建面积超74万平方米。耕地保护工作获全省表彰。新增高标准农田1200公顷。申报绿色食品面积1413.33公顷，续建绿色优质水稻基地584.47公顷。新增特色康居乡村点位15个，农业农村重大项目7个。粮食生产全程机械化水平97.3%。紧抓“万企联万村”新机遇，完成联建项目31个。依托村级抱团发展公司，集中资源财力，选择优质项目投资，推进“金溪服务型公寓”项目，涂松工业园改造升级项目完成拆迁，拓宽村级经济发展渠道。村均稳定性收入1230万元，农民人均可支配收入4.4万元，分别增长7%、2.4%。聚焦打造最美“江南古镇”目标，整合古镇、田园乡村资源，推进农文旅融合发展。加快沙溪古镇数字文化产业孵化基地及配套项目建设。与乡伴文旅集团共同打造的香塘艺术田园亲子度假村初具雏形，打造野邻LINE FRIENDS露营村。推进七浦水岸文旅街区项目。“梦里沙溪”创意文旅项目签约落地。庄西玄恭酒文化街投用，打造稻酒文化休闲度假体验区。

2021年9月26日，沙溪镇举行“舒心夜沙溪·古镇嘉年华”暨网络文化节活动 （李警钟摄）

【生态环境】 2021年，沙溪镇打好污染防治攻坚战，严控$PM_{2.5}$和臭氧浓度，完成大气污染防治工程项目183个，全覆盖排查涉VOCs（挥发性有机物）工业企业。空气质量优良天数比例85.8%。疏浚河道65条、45.6千米，完成美丽河湖建设15条。截至年底，累计完成农村生活污水治理自然村214个，治理率97.5%。全镇17个水环境监测断面达标率82.4%。推进垃圾分类工作，建设三星级小区5个、四星级小区5个、五星级小区1个，4个垃圾分类达标小区通过省级验收。倚云景苑获2021年首批苏州市生活垃圾分类五星小区称号。木材行业专项整治取得实效，关停木材加工企业及堆场47家。

【公共服务】 2021年，沙溪人民医院建成投用市级核酸检测基地PCR实验室。沙溪镇新冠病毒疫苗累计接种12.1万剂次，全程接种率79.1%。沙溪镇第一小学（迁建）建成投用，印溪幼儿园竣工，推进直塘幼儿园、利泰幼儿园、直塘卫生院等民生实事项目建设，新镇区九年一贯制学校合作管理签约。推进绿色殡葬，镇级殡仪服务中心投运。新建日间照料服务中心3家，村级配比率150%。做好稳就业、促发展等各项工作，提供就业岗位7516个次。新增社保开户企业915家，参保3823人。完成住房公积金扩覆4160人，新办企业公积金社保单位、人数同步率均居全市首位。优化拥军优抚工作，发放各类救助金992万元、优抚慰问金430万元。开展文体惠民活动超400场次。原创舞蹈《一代舞魂》获苏州群众文化“繁星奖”金奖，为太仓舞蹈类作品首次获得该奖项。

【社会治理】 2021年，沙溪镇办理行政审批、公共服务和便民服务类事项26万余件，办结率100%，满意度99.98%。开设政银合作企业开办一站式服务专窗，实现企业开办常态化“七合一”“0.5天零费用”。新增企业法人1368家，较上年增长67.4%。高效运行网格化社会治理联动机制，处置各类网格诉求2.7万件，办结率99.3%，满意率97.3%。处理行政处罚案件5733起，落实涉企免罚轻罚清单9起。受理群众来信来访512批件、转办189件。泰西信访服务站模式村（社区）全覆盖。“新乡贤”议事等社区协商制度逐步建立。中荷村入选全国村级议事协商创新实验试点单位。推进安全生产重点行业领域专项整治行动，围绕燃气、消防、建筑施工等重点行业领域检查发现隐患2054处，整改完成率99%。完成既有房屋安全普查面积约1130万平方米。工业企业安全生产风险报告工作实现全覆盖。安全生产事故起数和死亡人数“双下降”。

2021 年沙溪镇主要经济社会指标一览表

表 84

项目	单位	数值	项目	单位	数值
地区生产总值	亿元	140.38	三产增加值	亿元	67.71
财政收入	亿元	19.03	本乡镇公路里程数	千米	189
耕地面积	公顷	5569.8	电话普及率	%	99
农业总产值	亿元	9.2	科技人员	人	11200
粮食总产量	万吨	4.07	中小学校	所	10
农机总动力	万千瓦	3.14	在校中小学生	人	12303
出栏生猪	万头	1.3	在职教师	人	878
出栏家禽	万羽	4	开通有线电视	户	42179
工业企业	家	2249	医院	家	1
工业总产值	亿元	277.8	卫生室	个	3
工业利税	亿元	15.2	农民人均可支配收入	元	43827
合同利用外资及港澳台资	亿美元	2.04	农民人均住房	平方米	64
实际利用外资及港澳台资	万美元	7505	—	—	—

2021 年沙溪镇各村基本情况一览表

表 85

村名	党组织书记	村委会主任	村级经济总收入（万元）	人均可支配收入（元）	设立时间	面积（平方千米）	户籍户数（户）	户籍人口（人）	可用财力（万元）	总资产（万元）
涂松村	龚利江	龚利江	2122	43512	1983 年 8 月	4.53	828	3288	1810	11858
印北村	张永彬	张永彬	1189	43640	1983 年 8 月	3.68	569	2024	1059	6652
洪泾村	孙燕红	孙燕红	1203	40915	1983 年 1 月	4.2	718	2626	941	6512
半泾村	沈建国	沈建国	2400	46761	1983 年 10 月	5.2	775	2820	2074	16065
中荷村	曹　峰	曹　峰	1481	46276	1983 年 9 月	8.2	1009	3910	1271	13644
松南村	刘文涛	刘文涛	2671	48397	1983 年 10 月	4.81	541	2232	2456	13265
胜利村	汤庆丰	汤庆丰	2435	47619	1983 年 10 月	7.6	1167	4516	2039	11737
泥桥村	蒋洪彬	蒋洪彬	1577	42606	2004 年 1 月	9.7	1464	5292	1134	10937
泰西村	吴莉芳	吴莉芳	1648	47483	2004 年 4 月	7.65	1032	3619	1098	9900
虹桥村	张卫彪	张卫彪	1060	41709	1983 年 10 月	7.11	1090	3705	850	6391
项桥村	朱利兵	朱利兵	1077	42254	1982 年 10 月	7.16	1027	3612	816	5710
庄西村	徐　健	徐　健	1493	42126	2004 年 5 月	9.2	1044	3628	1153	7930
凡山村	洪　庆	洪　庆	1114	39904	2004 年 4 月	5.69	638	2360	886	5230
香塘村	龚志昌	龚志昌	716	43977	1999 年 9 月	2.14	240	914	581	4398
渠泾村	奚卫明	奚卫明	1859	46306	2004 年 4 月	6.24	816	2900	1280	8139
太星村	陆志豪	陆志豪	1340	46892	1983 年 8 月	2.12	240	723	1015	14453

续表 85

村名	党组织书记	村委会主任	村级经济总收入（万元）	人均可支配收入（元）	设立时间	面积（平方千米）	户籍户数（户）	户籍人口（人）	可用财力（万元）	总资产（万元）
岳星村	王秋明	王秋明	1316	45581	1983 年 8 月	5.96	672	2282	1156	6980
新建村	闻　斌	闻　斌	1256	40905	1983 年 10 月	5.4	560	2197	1042	6056
岳镇村	江晓明（主持工作）	江晓明	1002	39508	1983 年 8 月	6.43	1023	3307	842	6070
塘桥村	王哲峰	王哲峰	1487	40184	1983 年 3 月	7.9	885	3046	1095	6626

2021 年沙溪镇骨干企业一览表

表 86

企业名称	销售收入（万元）	利税总额（万元）	企业名称	销售收入（万元）	利税总额（万元）
太仓逸枫化纤有限公司	188532	16121	福玻斯（太仓）物联网科技有限公司	9764	−996
苏州仓松金属制品有限公司	90727	1058	太仓市海峰电镀有限公司	11425	2336
太仓利泰纺织厂有限公司	87717	−2304	太仓俊达塑化有限公司	10781	413
瑞宏精密电子（太仓）有限公司	54055	425	龙钜超洁净科技（苏州）有限公司	11123	1506
太仓仲扬金属印刷有限公司	49488	6429	太仓市明顺和纺织有限公司	11252	99
苏州英利汽车部件有限公司	55446	1359	斯科茨曼制冰系统（苏州）有限公司	11105	106
苏州悠远环境科技有限公司	39423	2174	苏州生富科技金属材料有限公司	9831	915
凡甲电子（苏州）有限公司	46256	11432	太仓市开林油漆有限公司	10876	1189
苏州宏达制酶有限公司	40722	3252	太仓海震金属制品有限公司	10989	248
安佑生物科技集团股份有限公司	38405	20708	苏州市雄林新材料科技有限公司	10783	106
环琪（太仓）塑胶工业有限公司	33038	6500	沃尔伯格（苏州）压缩机有限公司	10390	469
太仓仲英金属制盖有限公司	26527	3293	太仓市月生电镀有限公司	10374	1123
立川木业（太仓）有限公司	27534	759	思睿观通科技（江苏）有限公司	10163	437
苏州艾迈实业有限公司	28706	−1961	创艺卫生用品（苏州）有限公司	9519	1010
太仓宏达热电有限公司	28304	4115	苏州富合创兴汽车科技有限公司	7959	674
爱克（苏州）机械有限公司	29120	776	苏州绿香源食品有限公司	10211	217
太仓安佑生物科技有限公司	28177	3819	太仓市远舰化纤有限公司	9145	160
奥普拉（太仓）塑料制品有限公司	26946	4148	琥珀环保技术（中国）有限公司	9096	1446
苏州青蛱混凝土制品有限公司	25491	1239	康辉医疗科技（苏州）有限公司	8232	1097
丰武光电（苏州）有限公司	21515	1291	太仓大中包装材料有限公司	8703	350
布莱史塔粉末冶金制品（太仓）有限公司	21705	1483	苏州耀田金属制品有限公司	8770	205
太仓市中明化纤有限公司	19587	669	苏州花仙子环保科技有限公司	10101	362
苏州申乐化纤有限公司	18249	194	益昌铝制品（太仓）有限公司	8497	807

续表 86

企业名称	销售收入（万元）	利税总额（万元）	企业名称	销售收入（万元）	利税总额（万元）
太仓中博铁路紧固件有限公司	11257	-114	苏州世禧福食品有限公司	8107	-730
太仓久本机械科技有限公司	15705	4132	苏州莹澳节能科技有限公司	8158	321
苏州上好佳食品有限公司	16956	293	太仓鑫昌光电材料有限公司	7515	343
苏州如德纺织品有限公司	14171	714	太仓市强弟印染有限公司	7852	295
太仓市万隆混凝土制品有限公司	18070	1018	顶淳大厨房食品（苏州）有限公司	7055	415
太仓市骋贸纺织有限公司	14824	327	太仓恩力成密封件有限公司	7394	18
太仓市宇神机械有限公司	12413	695	太仓市沙溪印染厂	6450	164
太仓沪试试剂有限公司	14148	1328	太仓市威士通电子科技有限公司	7299	41
苏州莱尔特清洁器具有限公司	12963	420	太仓市恒兴工艺品有限公司	7216	331
金普诺安生物科技（苏州）有限公司	6636	4318	太仓东诚塑胶有限公司	7061	1122
太仓市龙鑫纺织有限公司	12558	233	太仓驰太电子新材料有限公司	6085	90
苏州华益美生物科技有限公司	11969	2170	太仓铁杉实业有限公司	6855	116
苏州金莱特化纤有限公司	11544	-465	太仓星盛汽车零部件制造有限公司	6794	417
太仓天宇电子有限公司	12050	-618	苏州市桑林汽车配件有限公司	6810	502
太仓市恒力纺织有限公司	11484	-697	太仓市盛龙纺织有限公司	6052	232
苏州特斯迈智能制造股份有限公司	10964	400	苏州苏味轩食品有限公司	6850	729
瑞钢精密模具材料（江苏）有限公司	11503	760	太仓市意诚塑业有限公司	6515	1239

（李甜甜）

长江口旅游度假区

【概况】 长江口旅游度假区（浏河镇）位于太仓市东南部，东临长江，西连太仓主城区，南与上海市宝山区、嘉定区接壤，北靠太仓港。镇域面积68平方千米，下辖8个村、7个社区，总人口近10万人。2021年，长江口旅游度假区实现地区生产总值104.99亿元，完成一般公共预算收入9.45亿元，全国综合实力千强镇排名提升至166位。

【经济发展】 2021年，长江口旅游度假区完成全社会固定资产投资33.67亿元，其中工业投资16.3亿元。实现工业总产值142.19亿元，其中规模以上工业产值106.64亿元。规模以上工业研发经费投入4.39亿元，注册外资及港澳台资1.54亿美元，实际使用外资及港澳台资1248.74万美元。全年引进注册资本超2000万元项目28个，其中超亿元项目4个。13个市级

2021年6月30日，长江口旅游度假区举行“永远跟党走”庆祝中国共产党成立100周年主题活动

（长江口旅游度假区供稿）

以上重点项目开工率100%，投资完成率106.5%，重点项目竣工投产8个。好博医疗入选省潜在独角兽企业榜单。规模以上企业总数首次突破100家。净增国家高新技术企业16家、省民营科技企业29家，获评省专精特新小巨人企业2家、省企业技术中心1家、姑苏领军人才4人、太仓领军人才8人，新增企业创新人才1739人，新增企业法人数699家。有效发明专利拥有量488件。旅游服务业稳步发展，发放首张民宿备案登记证，首个乡镇全域旅游智慧平台投放应用，首届“江海浪玩节”获评苏州市文旅优秀活动，“夜太美·为浏而来”夜经济热度持续攀升。浏河古镇获评“诚信经营星级示范街”。

2021年9月23日，七十二家村田园综合体项目启动

（长江口旅游度假区供稿）

【镇村建设】 2021年，长江口旅游度假区激发农业农村发展活力，新增高标准农田173.33公顷、高标准鱼塘13.33公顷，通过省级验收绿色优质基地313.33公顷。国家级秸秆综合利用项目基本完工，长江口农文旅园区入选苏州市级现代农业园区，瑞何农产品合作社获评“江苏味美菜园”，村均稳定性收入突破1200万元，农民人均可支配收入3.8万元。强化村庄环境长效管理，改善农村环境卫生状况。垃圾分类片区化建设全覆盖，获评苏州市生活垃圾分类星级小区36个，获评省级垃圾分类达标小区6个。实施“厕所革命”，完成改厕27座。新增特色康居乡村4个，新塘村入选苏州特色田园乡村建设示范村。新闸村、河北社区创成省级健康村（社区），浏南村创成苏州市级健康村。

【城乡统筹】 2021年，长江口旅游度假区编制完成《浏河镇水环境提升规划》，启动修编《国土空间总体规划（2022—2035年）》，推进《村庄规划》编制。推进国土空间全域整治，开展高铁商务区、智能制造产业园等重点地块动迁工作，完成清零地块10块，腾出净地29.8公顷，拆除各类违章建筑26.52万平方米，完成拆旧复垦46.87公顷。闸北二区二期1400套安置房完成分房，钱泾安置小区、闸北二区三期安置房工程加快建设。完成3条干道沿线老小区天然气接管工程。闸南路、新塘线等镇村道路提档改造完工。推进新型城镇基础设施建设，地下管线信息化系统和高空热成像鹰眼系统投入使用。太浏快速路延伸段实现通车。推进全国文明典范城市创建工作，开展“净美空间”飞线整治，提升镇容环境秩序。

【生态环境】 2021年，长江口旅游度假区推进污染防治攻坚战，VOCs（挥发性有机物）治理项目完成率100%。木材行业专项整治完成，取缔木材加工企业（作坊）15家。深化“河长制”改革工作，完成“一事一办”“一河一策”工作任务46项，建成生态美丽河湖9条，整治劣五类水体5条，建成污水处理提质增效达标区5个。长江生态修复统筹推进，实施绿化美化工程，新增老浏河等河道绿化景观近3千米，完成星海路、346国道等修治工程。抓好长江大保护工作，与上海市嘉定区华亭镇签订跨省环境污染联防联控合作协议，浏河闸等断面水质达标率较上年提升5.9%，空气质量优良天数比例列全市第一。

【公共服务】 2021年，长江口旅游度假区扩大社保覆盖面，完成养老保险省级统筹工作，落实失业保险返还等各类稳岗补贴888万元。推进“阳光扶贫”等帮困工作，发放慰问救助金、党员关爱资金1179万元。建设民生实事工程，东方幼儿园、滨江幼儿园开园，新塘卫生院异地迁建工程结构封顶。推进钱泾小区、闸北二区三期安置房建设，临江景苑等安置小区完成分房1372套。完成农村不动产证换证办理3051户。浏河古镇、新塘农贸市场等停车场建设完成。颐悦园完成公建民营改革。浏河历史文化展示馆建成开馆。

【社会治理】 2021年，长江口旅游度假区开发“智慧浏河”指挥平台，推广社会治理物联感知。信访接待“人民满意窗口”实现村（社区）全面覆盖，处理各类信访事项583件。人民调解措施得当，挽回群众经济损失超3000万元。加强食药安全监管。深化“331”专项行动。开展既有建筑安全隐患排查整治，推进历史遗留危房拆除销号工作。压实安全生产三个责任，三级政府挂牌督办重大隐患整改销号5项。加强新冠肺炎疫情防控，加强重点场所、重点人群、重点环节管控，完成全员核酸检测预约登记演练，新冠病毒疫苗累计接种16.7万剂次。开展扫黑除恶斗争常态化，遏制电信网络诈骗，完善社会信用体系建设。

2021 年长江口旅游度假区主要经济社会指标一览表

表 87

项目	单位	数值	项目	单位	数值
地区生产总值	亿元	104.99	科技人员	人	1560
财政收入	亿元	19.82	中小学校	所	4
耕地面积	公顷	2894	在校学生总数	人	6114
农业总产值	亿元	2.21	出栏生猪	万头	0.02
粮食总产值	万吨	2.06	工业企业	家	1108
农机总动力	万千瓦	0.92	工业销售收入	亿元	137.65
实际利用外资及港澳台资	万美元	1248.74	工业利税	亿元	9.19
合同利用外资及港澳台资	亿美元	1.54	在职教师	人	357
三产增加值	亿元	58.26	开通有线电视	%	100
镇村主干道	千米	269.00	医院	个	2
电话普及率	%	100	卫生室	个	15

2021 年长江口旅游度假区各村基本情况一览表

表 88

村名	党组织书记	村委会主任	村级稳定性收入（万元）	设立时间	面积（平方千米）	户数（户）	人口（人）	总资产（万元）
浏南村	胡静艺	胡静艺	1555.60	2007 年 5 月	12.9	1913	5165	7012
东仓村	徐默涵	徐默涵	3138.32	2007 年 5 月	2.97	652	2300	16634
何桥村	王叶青	王叶青	614.59	2007 年 5 月	8.5	865	3308	5912
新闸村	顾解龙	顾解龙	1068.39	2007 年 5 月	9.8	1332	4237	7994
闸北村	陈　怡	陈　怡	957.10	2007 年 5 月	7.92	1556	5044	6647
万安村	刘传松	刘传松	893.51	2007 年 5 月	8.2	1250	4630	6489
张桥村	朱春智	朱春智	1032.99	2007 年 5 月	8.4	1211	4217	7540
新塘村	朱　鹰	朱　鹰	523.83	2007 年 5 月	2.6	485	1523	5418

2021 年长江口旅游度假区骨干企业一览表

表 89

单位名称	企业负责人	销售收入（万元）	利税总额（万元）
苏州贯龙电磁线有限公司	郑一帆	107645	7606
江苏保捷锻压有限公司	吕景林	60340	3877
三樱包装（江苏）有限公司	陈子荣	57697	3287
太仓敬富塑胶制品有限公司	黄世彰	35824	1620
太仓市华鼎塑料有限公司	范兴华	32486	2992
苏州巨能发电配套设备有限公司	潘耀东	31217	5221

续表 89

单位名称	企业负责人	销售收入（万元）	利税总额（万元）
太仓意欣智能科技有限公司	宣秋兴	30682	1687
江苏保捷精锻有限公司	葛　泓	27332	2369
苏州铃兰医疗用品有限公司	国枝靖弘	26683	-494
苏州科博尔机床集团有限公司	陈立新	23748	874
太仓南雁新能源传动有限公司	何　剑	23056	1425
奇兴家居（太仓）有限公司	顾品兴	23033	-540
太仓乐盈纸业有限公司	陈永平	22740	542
苏州米汉钠机床有限公司	蒋　伟	22598	615
星光印刷（苏州）有限公司	尤利生	22586	4259
太仓科益精密模塑股份有限公司	CHANENGGUAN（曾荣源）	22558	-121
苏州好博医疗器械股份有限公司	万永钢	22143	8197
太仓海嘉车辆配件有限公司	张　晓	21652	683
苏州宜安诺包装科技有限公司	徐　军	16166	1168
太仓市新塘电镀有限公司	徐振华	14987	2081
太仓优尼泰克精密机械有限公司	夏源涛（SCOTTHSIA）	14390	4262
苏州兴亚钉业有限公司	何永兴	14291	491
苏州巨能雄润新能源科技有限公司	刘雄发	13657	39
太仓富田瑞兰得电机有限公司	陶　骏	12838	2432
太仓力九和塑胶工业有限公司	姚聪明	12815	1324
苏州久鋐电子有限公司	汤慧芳	12407	59
太仓越华精密机械配件有限公司	张晓芳	12358	741
康峰（苏州）纸品有限公司	YUANBO WANG	10728	501
铁王数控机床（苏州）有限公司	陈奕年	10323	297
太仓市新创机电有限公司	郭向红	10228	2298
睿欧启富（苏州）包装科技有限公司	王仁松	9989	556
苏州双慧机械制造有限公司	李建荣	9882	598
东佑服饰科技（太仓）有限公司	万景忠	9468	327
太仓市建港新型材料有限公司	蒋辉华	9411	709
太仓中佑机械工业有限公司	吴永顺	8017	453
苏州英群传动系统有限公司	吕景林	7527	468
吉翔宝（太仓）离型材料科技发展有限公司	於险峰	7484	398
苏州佳可机械工业有限公司	黄正雄	7233	20
太仓市新星轻工助剂厂	卢正洪	6906	297
太仓卓高玻璃制品有限公司	俞秀娣	6846	639

续表 89

单位名称	企业负责人	销售收入（万元）	利税总额（万元）
苏州市鼎盛安防科技有限公司	陈建忠	6753	494
诺浩家具有限公司	森山惠	6598	-1140
太仓海祥家具有限公司	李德忠	6566	870
铼德美装饰材料（苏州）有限公司	沙先才	6369	130
太仓市荣轩铝业有限公司	李　敏	6326	182
苏州优缘建材有限公司	朱玉冲	6244	697
苏州宏夏电讯科技有限公司	萧宇乔	6016	-488
太仓云开有色金属制造有限公司	朱建新	5883	103
福利得超细粉体科技（苏州）有限公司	倪新员	5687	1214
佳隆五金（太仓）有限公司	庄英树	5685	-299
安纳智热能科技（苏州）有限公司	曹　骏	5628	272
太仓盈丰制冷设备配套有限公司	朱大刚	5540	247
苏州柏恩氏电子有限公司	三木正俊	5497	145
苏州丹格韦实业有限公司	HUI HOWARD HONG	5351	149
太仓耀展金属制品有限公司	陈跃明	5220	328
太仓庄正数控设备有限公司	胡建红	5165	274
苏州双鸿服饰有限公司	黄丁其	5111	248
太仓优上展示器具有限公司	许天祥	5032	273

（钱凯佳）

浮桥镇

【概况】 浮桥镇位于太仓市东部，东临长江，位于国家级太仓港经济技术开发区中心腹地，水陆交通便捷，拥有长江黄金岸线20多千米，苏昆太高速、疏港高速、339省道、346国道贯通全镇。镇域面积144.44平方千米，户籍人口7.26万人、2.38万户，常住人口13.68万人。辖浏家港、金浪（九曲）、牌楼、时思、老闸5个管理区及1个老镇区、25个村（社区），其中11个村、6个涉农社区、8个城市社区。2021年，浮桥镇完成地区生产总值75.8亿元。完成一般公共预算收入6.99亿元，较上年增长9.5%，其中税收收入6.41亿元，较上年增长11.3%。

【经济发展】 2021年，浮桥镇完成规模以上工业产值85.3亿元，较上年增长14.9%；完成规模以上工业利润总额4.1亿元，较上年增长12.2%。完成全社会固定资产投资8.22亿元，其中工业投资5.55亿元，较上年增长121.6%；规模以上工业企业研发经费投入1.6亿元，新增注册外资及港澳台资3008万美元。全年净增高新技术企业9家，完成苏州高新技术企业培育入库35家，科技型中小企业入库评价102家；实现高新技术企业产值18.12亿元，新兴企业产值34.48亿元。完成规模以上企业“智改数转”25家，获评省星级上云企业17家，省两化融合贯标企业1家，苏州良浦住宅工业有限公司新建江苏省级工程技术研究中心，产业含“绿”量、含“新”量、含“金”量不断积聚。强化项目建设，推进新建、技改扩建项目14个，完成投资超5亿元，稳固高质量发展根基。

【乡村振兴】 2021年，浮桥镇实现农业产值10.71亿元。村均可支配收入1235万元，较上年增长21.5%，列全市第三。富桥公司年度可分配到村收益超1500万元。建立浮桥镇农业产业发展基金，拨付资金1.5亿元，扶持村级项目88个，为村级经济发展注入活力。推动土地流转，新增流转面积54.2公顷，流转率92.46%，兑现土地流转奖补资金2136万元。深化农村集体产权制度改革，落实股份合作社分红超300万元，惠及8.76万人次。推动新型农业主体发展，共有名录系统内家庭农场517家，列全市第一。加快现代农业发展，完成高标准农田建设420公顷，完成耕地轮作休耕

2021 年 4 月，浮桥镇新邵村高标准鱼池、蟹塘航拍图 （浮桥镇供稿）

267.2 公顷，水稻和小麦种植面积分别为 2653.33 公顷、2240 公顷。提升机械化种植水平，启动"太仓白蒜"种收全程机械化模式试验推广，主要粮食作物耕种收机械化水平 98%。推进美丽村庄建设，投入 2100 万元培育特色康居示范区 1 个、特色康居乡村 6 个，惠及农户 3170 户。方桥村方家桥村落被命名为"苏州市特色精品乡村"。绿化村洋泾环池自然村落获评苏州市"美丽庭院"示范村。

【城乡融合】 2021 年，浮桥镇加快城乡空间释放，完成国土空间全域整治年度任务，"三优三保"拆旧复垦通过验收 63.13 公顷，完成率 133.89%，列全市第一，超全市总量的 50%，其中产业更新"退二还一" 57.32 公顷，完成率 155.2%。完成占补平衡入库 3.85 公顷，总面积全市第一。提升城市发展能级，推进龙江路高架动迁，完成化工园区动迁，老镇区动迁铺开，提升港城整体面貌。动迁安置成效明显，全年完成"清零"攻坚地块 8 块，涉及项目面积 96.67 公顷。完成违法建筑拆除 36.3 万平方米，年度任务完成率 237.5%。累计完成评估 398 户，签约 311 户，支付动迁资金 6665.04 万元。全年共办理不动产权证书 1188 套，完成海韵花园东区等分房 107 户、116 套。

【生态环境】 2021 年，浮桥镇打好污染防治攻坚战，开展专项检查 503 次，下发限期关闭撤离（整改）通知书 376 份，关停散乱污企业 73 家。整治非法木材加工企业 147 家、80.28 公顷。调处环保信访案件 637 件。推进大气污染防治，完成重点企业"一企一策"提标改造 6 家，企业清洁原料替代 8 家，企业有机废气提标改造 25 家。改善水环境质量，完成企业截污纳管 27 家，疏浚河道 38 条、17.46 千米。落实 2021 年苏州"一事一办"任务 5 项，太仓市"一河一策"任务 70 项。实施莫雪泾、黄埔泾等 6 条劣五类水体整治，推进雨污水分流改造工程总承包项目。严抓土壤污染防治，签订重点企业土壤污染防治责任书 6 家。检查企业危废处置 44 家、177 次，发现并整改问题 25 处。实施人居环境整治行动，发现并整改各类人居环境问题 2556 个，整改率 100%。时思社区、老闸社区获评苏州市农村人居环境整治提升工作示范村（社区）。

2021 年 8 月，改造后的浮桥镇方家桥老街 （浮桥镇供稿）

【民生保障】 2021 年，浮桥镇推进九曲幼儿园原址重建、太仓港区医疗保健服务中心等年度四大类 8 项政府实事工程，总投资额 6.46 亿元。镇中路、庆丰路改造，全镇学校基础设施提升项目完工。推进建红小区综合整治、康居花园综合用房等项目。加快建设农村基础设施，新（改）建农村公厕 12 座。维修养护农路 63 条，管养总里程累计 130 千米。完成桥梁建设 7 座，莫雪泾闸站新建工程开工。加大社会保障力度，全年共举办现场招聘 56 场、线上直播招聘 4 场，对接企业用工需求，拓展就业渠道；发放低保、重点优抚等各类慰问补助 1328.55 万元，困难群众精准救助率 100%。全镇适龄儿童入园率、中小学入学率均为 100%，完成扩班招生 585 人。优化群众服务，完成陆公、时思等日间照料中心（站）建设和六尺社区日间照料中心提档升级，80 周岁以上老年人享受居家上门服务覆盖率 100%。

【社会治理】 2021 年，浮桥镇推进"1+2+7"专项整治行动，累计检查企业 2015 家次，完成隐患整改 3737 处。完成企业重大事故隐患挂牌督办 7 个，整改销案率 100%。紧盯重点行业领域，检查危化品经营带储存企业3家、冶金铸造企业4家、粉尘涉爆企业4家、涉及有限空间作业企业19家，发现并整改隐患279处。排查既有建筑9732栋、377万平方米，拆除安全隐患建筑21栋、1.15万平方米。加强安全生产执法力度，安全生产行政处罚立案52起，位列全市第一。全镇基层安监机构能力建设达"优秀"标准。发挥集成指挥联动优势，办结案件2.33万件，结案率99.59%。推进"331"整治，清理车库非法经营23处、车库住人118处，拆除铁栅栏1239平方米，新建电动车充电桩及配套雨棚230套，引入"智慧消防"科技手段消除安全隐患。推进垃圾分类，完成小区信息化建设3个、"亭改房"改造29个。常态化做好新冠肺炎疫情防控，全年累计接种新冠病毒疫苗29.3万剂次，全程接种完成率85.95%，加强针免疫接种完成率69.67%，完成率列全市第一。社区建设成效明显，获评发展型幸福村（社区）10个。

2021年浮桥镇主要经济社会指标一览表

表90

项目	单位	数值	项目	单位	数值
地区生产总值	亿元	75.8	农民人均住房	平方米	90
财政收入	亿元	6.42	镇村主干道	千米	123.5
耕地面积	公顷	5606.9	科技人员	人	3100
农业总产值	亿元	10.71	中小学校	所	8
粮食总产量	万吨	3.66	在校中小学生	人	8966
农机总动力	万千瓦	2.49	在职教师	人	742
出栏生猪	万头	0.33	开通有线电视	户	23000
出栏家禽	万羽	0.6	医院	家	4
工业企业	家	1300	社区卫生服务站	个	18
工业销售收入	亿元	102.11	医保普及率	%	99
工业利税	亿元	9.44	农民人均可支配收入	元	38593

2021年浮桥镇各村（涉农社区）基本情况一览表

表91

村（社区）名	党组织书记	村（居）委会主任	工农业总产值（万元）	人均可支配收入（元）
浮桥村	展益峰	展益峰	37671	42203
七丫村	钱　健	钱　健	17610	31184
方桥村	陈　超	陈　超	12059	40216
时思村	顾世伟	顾世伟	102531	38253
浪港村	庄文迪	庄文迪	11045	41178
绿化村	倪昌铃	倪昌铃	10458	39331
三市村	浦春花	浦春花	7382	40711
茜泾村	陈志强	陈志强	35966	38241
马北村	张正彬	张正彬	24267	34377
丁泾村	陆利平	陆利平	26279	44352
新邵村	王　戟	王　戟	12961	34442

续表 91

村（社区）名	党组织书记	村（居）委会主任	工农业总产值（万元）	人均可支配收入（元）
九曲社区	陆叶青	陆叶青	53956	35953
时思社区	陈奔波	陈奔波	36883	35669
老闸社区	黄学明	黄学明	7724	34833
建红社区	顾　琴	顾　琴	4725	34335
浮南社区	施小峰	施小峰	5686	34816
牌楼社区	单丽婷	单丽婷	37476	38616

2021 年浮桥镇骨干企业一览表

表 92

单位名称	法人代表	销售收入（万元）	利税总额（万元）
怡球金属资源再生（中国）股份有限公司	黄崇胜	173702	27395
太仓巨仁光伏材料有限公司	徐春玲	58823	-3261
苏州良浦住宅工业有限公司	朱卫民	56715	27014
太仓市金鹿电镀有限公司	王琴珍	40942	3530
苏州金汇科技材料有限公司	杨　柳	39237	1140
格瑞夫（太仓）包装有限公司	张文星	32793	2592
太仓上电混凝土制品有限公司	王学芹	23276	1464
苏州良浦天路新型建材有限公司	朱卫民	34463	9445
太仓上建同高混凝土有限公司	朱　锋	19695	-570
苏州茂泰纸制品有限公司	沈陆健	28335	358
太仓祥好塑胶科技有限公司	陈　镐	16192	158
鼎泰铝业科技（太仓）有限公司	洪玉环	21978	2997
太仓市伊丝利化纤有限公司	龚逸平	25590	139
太仓市龙和混凝土有限公司	王国政	14078	373
太仓市远斗铸造有限公司	盛　贵	14143	733

（沈诗旻）

璜泾镇

【概况】 璜泾镇位于太仓市东北部，毗邻常熟经济技术开发区和太仓港经济技术开发区，拥有长江黄金岸线 11 千米，全镇面积 83.55 平方千米，设 2 个管理区，辖 13 个村、4 个社区，户籍人口 4.3 万人，流动人口约 2.5 万人。2021 年，璜泾镇实现地区生产总值 64.13 亿元，一般公共预算收入 4.2 亿元，财政收入 7.96 亿元。

【经济发展】 2021 年，璜泾镇完成全社会固定资产投资 27.04 亿元，较上年基本持平；工业投资 17.68 亿元，较上年增长 17.8%；规模以上工业总产值 158 亿元，新增注册外资及港澳台资 1.06 亿美元，实际利用外资及港澳台资 5255 万美元，均超额完成年度目标。加快项目引建，11 个市级以上重点项目年度投资 32.9 亿元，落户高端装备制造、新材料等超亿元项目 7 个，引进德企 2 家。创新驱动效应凸显，开展“智改数转”项目 135 个，认定星级上云项目 19 个，通过苏州市级及以上示范标杆 6 个。苏州瑞高新材料有

2021 年 5 月，璜泾镇田园风光航拍图　　（璜泾镇供稿）

限公司获评省级工程研究中心，太仓济丰包纸业有限公司装获评省级智能制造示范车间。净增高新技术企业 15 家，新增苏州市级以上领军人才 4 人、太仓领军人才 7 人。飞地科创中心二期建成投运，创智谷 · 科创智造基地获评太仓市级孵化器。

【镇村建设】 2021 年，璜泾镇加速提升功能品质，建管并重焕新城乡面貌。南部新城全面起势，雁月湖生态湿地建设完成，推进星级酒店、商业综合体、写字楼项目。加快城镇更新步伐，启动老街基础设施改造，投资 800 万元整体优化新明村、永乐村、荣文小区。畅通镇村路网，完成园林路北段综合改造，园林南路、玄武路延伸段等 5 条道路竣工通车。开展国土空间全域整治，“清零”地块 10 个，复垦土地 88.93 公顷，拆除违建 51.5 万平方米。推进全国文明典范城市建设，排查整改问题 3000 余处，整治流动摊贩 90 余次。新改建公厕 7 个，新建垃圾分类房 7 个、分类亭 15 个。回购璜泾农贸市场经营权，规范停车和经营秩序，投资 266 万元建设停车场 3 处，新增停车位 246 个。

【城乡统筹】 2021 年，璜泾镇坚持城乡协同发展，乡村振兴亮点纷呈。现代农业蓬勃发展，建成新海、新联片区高标准农田 200 公顷。打造高标准蔬菜基地 333.33 公顷、果树 78.67 公顷，鹿杨蔬果生产合作社获评“江苏味美菜园”。市级梅山猪保种场投用。依托璜泾现代农业园等产业平台，对接“盒马鲜生”等企业，拓展蔬菜加工和冷链配送业务，延伸现代农业产业链。新增特色康居乡村 16 个、特色宜居乡村 35 个，构建长江农文旅示范区。创建美丽乡村路 12 千米，“红色五公里”获评江苏“美丽农村路”。投资 7970 万元整治提升点位 125 个，提升农村人居环境。家庭诚信积分制度启动苏州市地方标准建设，彰显文明乡风。农民收入持续增长，推进吴家湾红色研学基地、长江林场等农文旅项目建设，提升生产性、经营性收入。抱团发展推动共同富裕，村均集体可支配收入 1020 万元，较上年增长超 20%。

【生态环境】 2021 年，璜泾镇优化生态环境，打造绿色宜居家园。关停“散、乱、污”企业 71 家，空气质量达优良天数比例超 90%，位居全市第二。源头管控土壤污染，开展退出化工生产企业“回头看”专项核查行动。实施危废整治 35 次，排查问题 18 个，整改完成率 100%。实施河长制工作，投资 1580 万元建成美丽河湖 17 条，疏浚河道 8.1 千米。建设新华生活污水厂二期，完成工业企业雨污分流改造 32 家。治理劣五类水体 3 条，国省考断面水达标率 100%。深化长江流域禁捕退捕工作，建成太仓市长江生态保护科普教育基地。落实绿化养护，造林 7800 平方米。

【公共服务】 2021 年，璜泾镇把握民生幸福主旨，以高质量公共服务满足人民美好生活需要，发放各类慰问救助金 644.2 万元，精准救助率 100%。参与太仓“直播带岗”活动 5 次，开展就业创业培训 320 人次，提供岗位 300 个。完成社保扩面 2545 人、公积金扩面 1200 人。新建老年日间照料中心 3 所，实施家庭适老化改造 30 户，发放尊老卡 1.8 万张、尊老金超 500 万元，获评“苏州市养老先进集体”。完成学校硬件提档，启动荣文小学改

2021 年 5 月 29 日，太仓市举办第二届“10 公里路跑”黄金联赛（璜泾站）（璜泾镇供稿）

扩建工程。王秀卫生服务中心土建竣工，璜泾消防站建成投用。开展“幸福璜泾·文化惠民”活动17场次，数字电影放映260场次，举办首届桂花农旅文化节暨农民丰收节活动、第五届迷你马拉松比赛暨篝火晚会活动，培育“醉美·吴家湾”夜经济品牌。

【社会治理】 2021年，璜泾镇加快社会治理现代化步伐，提升安全水平。常态化开展新冠肺炎疫情防控，累计排查重点地区人员5000余人次，新冠病毒疫苗接种率占常住人口98.8%，完成全员核酸检测预约登记演练工作。建立太仓市首个一站式矛盾调处服务中心，接待群众3850人次。启动“八五”普法，开展法律援助30起。深化扫黑除恶工作，报送涉黑涉恶线索1条。落实反诈百日会战，“国家反诈中心”App推广进度位列全市第二。集中治理重复信访，完成上级交办件16件。健全大网格管理制度，处置各类诉求1.14万件，满意率98.5%。推进安全生产整治，排查安全隐患2552处，整改率100%。“331”、城镇燃气、木材行业等专项整治持续发力，重点整治华大木业等隐患突出企业，关停拆除违法企业50余家。完善应急体系建设，建成镇防灾减灾应急物资储备库，储备各类物资共计98种，开展应急演练22次。

2021年璜泾镇主要经济社会指标一览表

表93

项目	单位	数值	项目	单位	数值
地区生产总值	亿元	64.13	三产增加值	亿元	29.66
一般公共预算收入	亿元	4.20	农业总产值	亿元	5.24
财政收入	亿元	7.96	粮食总产量	万吨	2.76
耕地面积	公顷	3665	农机总动力	万千瓦	2.38
出栏生猪	头	177	农技服务机构从业人员	人	17
出栏家禽	万羽	2.34	中小学校	所	5
工业企业	家	1564	在校中小学生	人	3714
工业总产值	亿元	212.96	在职教师	人	252
工业销售收入	亿元	216.46	开通有线电视	户	25564
工业利税总额	亿元	5.94	医院	个	2
实际利用外资及港澳台资	万美元	5255	卫生室	个	17
进出口总额	亿美元	1.42	初保普及率	%	100

2021年璜泾镇各村基本情况一览表

表94

村名	党组织书记	村委会主任	设立时间	耕地面积（公顷）	户籍户数（户）	户籍人口（人）	工业总产值（万元）	总资产（万元）
新华村	胡庆丰	胡庆丰	1999年	128	739	2532	141420	9063
荣文村	王旭聪	王旭聪	2006年	376	1212	4048	168464	9140
新联村	赵宏义	赵宏义	2006年	442	1077	3899	264917	15005
永乐村	朱雪琴	朱雪琴	2004年	327	689	2551	315944	10672
荡茜村	浦英杰	浦英杰	1982年	122	166	622	14007	5675
王秀村	高　萍	高　萍	2004年	240	766	2286	142156	6964
孙桥村	赵琼宇	赵琼宇	1999年	235	581	1913	19237	6409
孟河村	刘　娅	刘　娅	2006年	383	980	3192	3164	8994
杨漕村	吴振清	吴振清	2004年	388	1165	3832	3752	12384

续表 94

村名	党组织书记	村委会主任	设立时间	耕地面积（公顷）	户籍户数（户）	户籍人口（人）	工业总产值（万元）	总资产（万元）
新明村	黄晓军	黄晓军	2006 年	225	1001	3448	794713	11827
新海村	周　雅	周　雅	1999 年	236	468	1776	45289	8151
长洲村	何永刚	何永刚	1999 年	301	820	2810	60536	7563
雅鹿村	顾爱东	顾爱东	2006 年	388	1087	3885	30930	22618

2021 年璜泾镇骨干企业一览表

表 95

企业名称	销售收入（万元）	企业名称	销售收入（万元）
江苏申久（集团）有限公司	251718	太仓市威豪化纤有限公司	14778
太仓荣文合成纤维有限公司	72142	苏州申久高新纤维有限公司	14145
江苏长乐纤维科技有限公司	47990	太仓市鑫海纸业有限公司	14010
苏州瑞高新材料有限公司	38128	太仓市晨希化纤有限公司	13681
太仓市美丽纱化纤有限公司	33163	太仓鹿影包装材料有限公司	13379
江苏悦孚油品有限公司	31102	太仓市雄瑞化纺有限公司	13067
华伦皮塑（苏州）有限公司	30112	苏州双友汽车零部件有限公司	13012
苏州秉威科技有限公司	29823	太仓市新磊化纤有限公司	12915
太仓市宏亿化纤有限公司	27629	苏州万鸿化纺有限公司	12867
太仓济丰包装纸业有限公司	26932	太仓市兰顺化纤有限公司	12619
苏州双宏纺织有限公司	26577	苏州图鸿建筑科技有限公司	12192
苏州荣文库柏照明系统股份有限公司	26503	太仓芳怡化纤纺织有限公司	12072
太仓市吉炜化纤纺织有限公司	25768	太仓市展宏化纤有限公司	11586
太仓大田铭博包装容器有限公司	25121	苏州鑫睿达精密机械有限公司	11297
苏州东源化纺有限公司	23955	太仓托普斯特金属制品有限公司	10810
太仓市天之路化纤有限公司	23353	太仓市新佳化纤有限公司	10308
太仓市德隆化纤有限公司	21641	苏州能德化纤有限公司	10265
同臣环保装备科技（苏州）有限公司	18964	太仓市世豪化纤有限公司	9728
太仓市天丝利塑化有限公司	18541	太仓市施美电镀有限公司	9714
太仓市景泰化纺有限公司	18211	太仓市隆纺油剂有限公司	9374
苏州荣文纤维制品有限公司	17310	太仓市贞观化纤有限公司	9143
太仓德力纺织品有限公司	17183	苏州天彩化纤有限公司	9120
太仓市中江化纤厂	17182	江苏学泰印务有限公司	9095
苏州精艺纺织有限公司	15743	太仓市天航化纤有限公司	8836
太仓市锦飞电镀有限公司	15412	太仓市杰畅化纤有限公司	8692
太仓市明正化纤有限公司	15386	太仓市佳业化纤有限公司	8628
太仓市万里化纤有限公司	15298	太仓时代潮化纤有限公司	8517

续表 95

企业名称	销售收入（万元）	企业名称	销售收入（万元）
太仓至纯新材料有限公司	8266	太仓云洁日用品有限公司	6598
苏州高鸿家纺有限公司	8180	苏州市龙誉天化纤纺织有限公司	6540
太仓市华美化纤有限公司	8141	太仓市良艳印染有限公司	6448
太仓市利旺化纤有限公司	8081	太仓有道化纤有限公司	6358
太仓市贝恩化纤贸易有限公司	8072	苏州振跃化纤有限公司	6023
钜亚汽车零部件科技（太仓）有限公司	7974	中润科技股份有限公司	5869
太仓仟羽化纤有限公司	7427	苏州远宏纺织有限公司	5857
苏州木东纺织科技有限公司	7369	太仓市新凯化纺有限公司	5717
太仓市环宇化纤有限公司	7366	太仓鑫仁化纤有限公司	5443
太仓同益化纤有限公司	7259	太仓市文胜化纤有限公司	5411
太仓市桑榆化纤有限公司	7163	太仓市富丝特化纤有限公司	5405
太仓市太荷纺织助剂有限公司	7002	苏州世宝化纤有限公司	5345
伟建实业（苏州）有限公司	6923	太仓樱桃针织服饰有限公司	5330
苏州肖氏化纤纺织有限公司	6794	太仓市万环化纤纺织有限公司	5290
太仓市智顺纺织有限公司	6683	太仓立日包装容器有限公司	5205
太仓市烨烨化纤有限公司	6683	太仓市富润化纤有限公司	5191
太仓市彬彬化纤纺织有限公司	6602	太仓建晖化纤有限公司	5176

（吴妤萱）

双凤镇

【概况】 双凤镇位于太仓市西部，紧邻城区，204国道、339省道、苏昆太高速贯穿全境，全镇总面积62.6平方千米，辖1个管理区，9个村，5个社区，常住人口3.1万人。2021年，双凤镇实现地区生产总值73.28亿元，实现一般公共预算税收收入5.46亿元，较上年增长11.9%。

【经济发展】 2021年，双凤镇127家规模以上企业产值138.55亿元，较上年增长21.1%。全社会固定资产投资29.4亿元，其中工业投资21亿元，较上年增长27.35%。三大重点产业产值101.63亿元，先导产业产值34.83亿元，较上年增长8.61%。销售超亿元企业36家，其中皇冠（太仓）胶粘制品有限公司、马勒电驱动（太仓）有限公司、苏州口水娃食品有限公司3家企业销售超5亿元。高新产业、新兴产业占比分别为44%、55%。完成注册外资及港澳台资7885万美元，到账外资及港澳台资4064万美元。新增规模以上服务业企业5家。完成服务业投资6.3亿元，实现服务业营业性收入15.5亿元，较上年增长42.86%。

【镇村建设】 2021年，双凤镇完成太仓绿色产业园二期规划一路、新卫

2021年9月，双凤镇田园风光航拍图　（计海新摄）

2021 年 7 月，双凤镇子莲文化园一角　　（计海新摄）

路、泥泾外环路东段、双凤老街等 30 个项目建设。新闾公路、泥泾外环路（湖滨路—迎新路段）完工通车，完成桥梁护栏防撞提升改造 15 座。创建八共线、新卫新路等平安放心路共计 5.91 千米，创建纵二路、斜塘路及新卫线等美丽乡村路 8.4 千米。新卫八里桥老年人日间照料服务中心完成建设，完成老年人日间照料服务中心提档升级；建湖路 142 号、凤林路 18 号 2 个老旧小区改造工程竣工。推进美丽村庄建设，通过验收苏州市特色康居乡村 9 个。新卫村、维新村获评苏州美丽乡村村级健身公园三等奖，庆丰村、新湖村完成“苏州美丽菜园”建设，凤中村获评苏州农村人居环境整治示范村。

【城乡统筹】 2021 年，双凤镇新湖片区控制性详细规划和中心片区控制性详细规划通过市政府审批。全镇农民合作社和家庭农场实现高质量发展，村级合作农场自主经营面积 1063.67 公顷，获评太仓示范家庭农场 32 家，获评太仓市农民合作社示范社 9 家。村级抱团发展强龙项目实现稳定分红。新增土地流转面积 80 公顷，全镇土地流转率 92%。小麦种植 677.13 公顷，水稻种植 997.33 公顷，实现粮食稳产增收。勤力村“水之湊”农副产品官方旗舰店发布，线上线下同步销售。村均集体可支配收入超 1000 万元。

【生态环境】 2021 年，双凤镇落实项目审核，开展环境影响评价企业 89 家。狠抓有机废气整治，完成重点企业“一企一策”VOCs（挥发性有机物）废气整治 19 家。取缔散乱污作坊 115 家。针对 10 家环境风险较大及以上企业开展应急重点工作提升行动。完成企业应急预案备案 12 家。排查整治涉危废和六大环保设施企业 176 家。深化河长制改革工作，完成市级河道“一河一策”任务 26 项，完成河道疏浚工程 12 条、总长度 10.11 千米，建成生态美丽河湖 12 条。美化改造双湖路沿路沿线河道 9 条，建设总长 7.1 千米。城乡生活污水处理提质增效精准攻坚“333”项目完成。

【公共服务】 2021 年，双凤镇以“我家双凤”全域文明九大行动、37 个项目为载体，深化文明城市建设。推动“文明创建我行动”为民办实事五大行动、26 个项目及 8 个重点工程。建湖花苑、景秀江南评定省级垃圾分类达标小区。梳理村社便民中心办理事项 93 项，为老年人及残障人士提供绿色办事通道。政府服务一体机实现村居全覆盖。全镇共有日间照料服务中心（站）17 家，社会化服务率 100%。完成新增城镇社会养老保险 1.06 万人，工伤保险、失业保险、生育保险 9786 人，基本医疗保险 1.07 万人。打造村（社区）退役军人星级服务站 5 家，做好各类优抚人员及救助审核报批工作，发放各类优抚对象慰问金 14.1 万元、优待金 80 万元。做好救助工作和残疾人两项补贴动态管理和资金发放，共计发放 424 万元。完成公积金扩覆 1779 人。双凤镇人力资源市场投用，举办招聘会 14 场，提供岗位 1632 个。

【社会治理】 2021 年，双凤镇推进社会综合治理联动机制建设，受理办件 1.74 万件，办结 1.7 万件，办结率 97.6%，满意率 98.5%。提升信访工作专业化水平，受理信访接待 252 批次、652 人次，受理上级相关部门督办件、交办件 84 件。开展安全生产专项整治，检查、巡查企业 4223 家次，发现并整改隐患 7484 处，立案查处安全生产违法行为 49 起。整改完成三级政府挂牌督办重大隐患企业 9 家。安全生产智慧监管信息工程试运行。组织开展企业安全生产各类培训 27 期、2898 人次。开展“援法议事”活动 236 次。调解纠纷 853 件，涉及金额超 2000 万元，镇村两级矛盾纠纷调解率 100%，调处成功率 100%。

2021 年双凤镇主要经济社会指标一览表

表 96

项目	单位	数值	项目	单位	数值
地区生产总值	亿元	73.28	进出口总额	亿美元	4.79
一般公共预算收入	亿元	5.46	实际利用外资及港澳台资	万美元	7885
税收收入	亿元	5.02	新增注册外资及港澳台资	万美元	4064

续表 96

项目	单位	数值	项目	单位	数值
耕地面积	公顷	1347.48	中小学校	所	4
农业总产值	亿元	2.29	在校中小学生	人	4801
粮食总产量	万吨	1.42	在职教师	人	292
农机总动力	千瓦	4126	开通有线电视	户	9305
出栏生猪	万头	1.5	卫生院	个	2
工业企业	家	792	卫生室	个	9
工业总产值	亿元	161.1	初保普及率	%	99
工业销售收入	亿元	166.78	村集体收入	万元	13718
工业利税总额	亿元	7.12	户籍总人口	万人	3.1
三产增加值	亿元	28.08	总人口数	万人	6.5

2021 年双凤镇各村基本情况一览表

表 97

村名	党组织书记	村委会主任	设立时间	耕地面积（公顷）	村集体收入（万元）
庆丰村	马　健	马　健	1983 年 7 月	720	3520
凤中村	金　鑫	金　鑫	1983 年 7 月	285	1175
黄桥村	—	—	1983 年 7 月	443	898
勤力村	高树云	高树云	1983 年 7 月	416	1224
泥泾村	吴　邹	吴　邹	2000 年 7 月	174	652
维新村	顾芳芳	顾芳芳	2000 年 7 月	380	1015
新湖村	张建忠	张建忠	2000 年 7 月	576	1930
新卫村	张建明	张建明	2000 年 7 月	325	1351
新闾村	孙春华	孙春华	2000 年 7 月	493	1171

2021 年双凤镇骨干企业一览表

表 98

企业名称	销售收入（万元）	利税总额（万元）	企业名称	销售收入（万元）	利税总额（万元）
太仓徐氏铜业有限公司	83836	27	太仓市汇湖电镀有限公司	36057	2223
马勒电驱动（太仓）有限公司	81622	1648	苏州富瑞合金科技股份有限公司	35475	111
江苏皇冠新材料科技有限公司	77454	2686	苏州富洲胶粘制品有限公司	32802	851
苏州优鼎新材料科技有限公司	73720	23	伍享汽车配件（太仓）有限公司	29592	870
苏州口水娃食品有限公司	66349	3148	苏州剑派实业有限公司	29270	697
苏州贝斯特装饰新材料有限公司	47096	891	苏州东奕盛材料科技有限公司	28052	41
赛纳（苏州）安防用品有限公司	40310	419	苏州飘志华复合材料科技有限公司	27333	633
勃格科技有限公司	36523	782	太仓新锦表面处理有限公司	25862	2752

续表 98

企业名称	销售收入（万元）	利税总额（万元）	企业名称	销售收入（万元）	利税总额（万元）
苏州市富尔达科技股份有限公司	23914	1168	江苏车视杰电子有限公司	8982	142
太仓大东保健器有限公司	23902	190	苏州佳侣家用电器有限公司	8941	311
江苏优珀斯材料科技有限公司	23347	351	太仓鸿恩电子科技有限公司	8920	56
江苏宏马科技股份有限公司	22988	759	苏州鼎力福机电科技有限公司	8874	146
羽田电子科技（太仓）有限公司	22149	196	辉泰（太仓）汽配有限公司	8855	343
凌云吉恩斯科技有限公司江苏分公司	21465	213	帕萨思汽车零部件（苏州）有限公司	8809	44
苏州地和桩业有限公司	19817	269	苏州吉玛环保科技有限公司	8803	350
苏州健能新材料科技有限公司	19339	251	苏州扬信德汽车零部件有限公司	8800	240
江苏宏马汽车技术有限公司	19146	4	腾禾精密电机（苏州）有限公司	8577	234
苏州维港包装有限公司	18885	617	苏州众铄汽车零部件有限公司	8468	285
苏州伊斯丹实业有限公司	18789	986	苏州市嘉华聚氨酯制品有限公司	8205	107
苏州东南佳新材料股份有限公司	18385	999	苏州巨莹玻璃有限公司	7706	64
苏州德能电机股份有限公司	17721	755	江苏富日精密机械有限公司	7696	242
联冠（太仓）胶粘制品有限公司	15805	85	苏州多凯复合材料有限公司	7601	198
太仓富豪铜业有限公司	15387	6	太仓协鑫垃圾焚烧发电有限公司	7521	1242
科曼车辆部件系统（苏州）有限公司	14758	52	太仓市宝马油脂设备有限公司	7197	257
桑德斯热交换器（太仓）有限公司	14365	213	苏州科博思流体科技有限公司	7085	345
苏州联畅特种纤维有限公司	14077	604	苏州朝露新材料科技有限公司	7085	28
太仓市荟轩机械有限公司	13093	44	太仓新宏电子科技有限公司	6974	272
太仓浦源医药原料有限公司	13034	323	苏州百狮腾电气有限公司	6843	130
苏州华盟塑化有限公司	12659	147	太仓林飞铸造有限公司	6749	182
苏州圣雷动力机械有限公司	12456	45	苏州花蝴蝶新材料科技有限公司	6544	194
聚宝盆（苏州）特种玻璃股份有限公司	12120	301	苏州东翔碳素有限公司	6520	256
太仓欣华盈电子有限公司	11587	42	太仓群特电工材料有限公司	6472	290
格堡汽车配件（太仓）有限公司	11362	231	太仓容赢纺织实业有限公司	6429	−68
苏州创扬医药科技股份有限公司	10815	556	苏州希普拉斯新材料有限公司	6402	150
苏州美享彩科技有限公司	10168	10	苏州宝骅密封科技股份有限公司	6193	874
太仓格利索拉精密金属制造有限公司	10064	98	太仓新奇乐婴儿用品有限公司	6135	438
成煜（苏州）新型装饰材料科技有限公司	9931	31	太仓葆京运动器材制品有限公司	6103	159
太仓市华鑫轧辊有限公司	9818	257	苏州仓庆金属制品有限公司	6081	358
太仓奥德伟尔有色金属零部件有限公司	9589	2768	太仓市华鑫织造厂	6074	84
苏州毅远住宅科技有限公司	9342	366	苏州紫午线新材料有限公司	6011	50
苏州艾郁林精密科技有限公司	9216	453	苏州伟凤达五金制品有限公司	5886	111
布拉诺汽车零部件（苏州）有限公司	9091	93	苏州希诺斯实业有限公司	5812	80

续表 98

企业名称	销售收入（万元）	利税总额（万元）	企业名称	销售收入（万元）	利税总额（万元）
龙博士纺织印染（太仓）有限公司	5743	183	太仓正信干燥设备科技有限公司	5200	159
太仓市华茂金属制品有限公司	5541	87	苏州和昌电子材料有限公司	5127	178
博讷电气（苏州）有限公司	5521	221	苏州华业气体制造有限公司	5125	249
太仓新兰电子有限公司	5405	124	比赫电气（太仓）有限公司	5067	231
苏州园方生物科技有限公司	5332	758	—	—	—

（成鹏宇）

科教新城

【概况】 科教新城位于太仓市西南部，东侧和南侧均至上海市边界，西至204国道，北至新浏河，辖区面积12.6平方千米。2021年，科教新城常住人口5万人，规划总人口约9万人。辖南郊、新丰、常丰、学苑、鹊桥、城南、文渊、良辅8个社区。

【经济发展】 2021年，科教新城服务重点项目建设，推进复星复游城项目。优化环天镜湖区域功能配套，华发广场、天镜湖创新创业广场、铂尔曼酒店、珀丽尚品酒店开业。

【城乡统筹】 2021年，科教新城完善路网、桥梁、水系等基础设施，建成道路13条，投用明之河闸、老浏河闸站。完成施家泾、界河改造。全年共拆迁企业及农户57家。清零“市级+区级”地块10个。推进国道夹弄地块整治。完成“退二还一”拆旧复垦图斑任务5个，拆除乱占耕地建房2.4万平方米。拆除违法建设246处、2.7万平方米。完成农户安置33户，受理安置房不动产证1800余套，建成群星四期、城南二期安置小区。

【生态环境】 2021年，科教新城完成文澜路以东都市田园示范方和高铁南侧都市果园建设，基本建成省考断面周边生态农田20公顷。完成主次干道绿化配套及绿化改造提升工程20个，新增绿化面积18.47公顷。建成生态美丽河湖3条，大镜湖通过苏州市级生态美丽河湖验收。推进南郊老镇区、党校周边综合环境提升。南码头公园加快建设。黄姑塘生态湿地项目、盐铁塘健身步道公园分别获评“苏州市市容环境专项整治示范项目”、苏州市2021年“园林杯”最美口袋公园。编制劣五类河道“一河一策”方案并完成消劣。完成提质增效达标区建设验收2个，盐铁塘及其15条支流建立“一口一档”，高质量发展考核断面水质100%达标。

【公共服务】 2021年，科教新城利民幼儿园办园点开园，良辅中学综合楼、利民五期安置房主体结构封顶，新城产业园村级集体经济抱团发展项目开工。抓好双拥优抚、社会救助等工作，累计发放生活救助金及尊老金200余万元，发放失地补助7644人次。完善大学科技园南区全民健身场地。完成残疾人家庭“幸福亮居”无障碍改造、老年人适老化改造年度任务，推进社区日间照料中心全覆盖，80周岁以上老人居家养老服务率100%。

【社会治理】 2021年，科教新城落实重点人员、重点场所和重点环节排查管控，制定完善新冠肺炎疫情防控相关应急预案。完成社区“两委”换届，实现“两委”班子成员平均学历、年龄“一升一降”。推进区级社会工作服务站、社区社工室、海棠邻里驿站项目建

2021年10月，科教新城航拍图 （谢富春摄）

设，设立大学科技园公共法律服务中心等创新型普法阵地。调处农民工欠薪线索近400件，调处金额3000余万元。化解矛盾纠纷43起，其中苏州市级以上重点信访积案9件。持续推进安全生产专项整治三年行动，深化“1+2+7”系列整治方案。重点领域排查整治1000余家次，整改风险隐患653项。持续推进“331”长效治理，整改火灾隐患262项。排查既有建筑1776幢，拆除赛达海绵等危旧厂房。

（周　倩）

2021年4月12日，娄东街道举行党史学习教育定制线路打卡活动启动仪式

（娄东街道供稿）

娄东街道

【概况】 娄东街道与高新区实行“区街合一”管理体制，行政区域面积25.02平方千米。2021年，娄东街道登记人口19.2万人，管理娄江、太平、惠阳、滨河、景瑞、城北、浦溪、裕珑、丽景、柳园、荷塘等城市社区11个和朝阳、太东、洋沙、东郊、太胜、华盛园、香花桥、花北等涉农社区8个。

【城乡统筹】 2021年，娄东街道完成华盛八园、恒通花园、惠阳新园、恒通佳苑等安置小区分房工作，完成分房2066套，涉及面积22.58万平方米。协调推进腾地工作，全年共完成清零计划地块签约115户，涉及建筑面积6.8万平方米。完成原欧威尔企业地块、家饰佳东侧企业地块、东郊幼儿园东侧地块等14个地块的腾地工作，拆除建筑面积4.8万平方米，释放土地空间38.73公顷。规范运作德民城乡一体化建设发展有限公司，促进村级集体经济发展。推进乡村振兴，发掘省级农业龙头企业1家、苏州市级3家。

【生态环境】 2021年，娄东街道提升街道城乡面貌，改善居民生活品质，推进劣五类水体整治工作，推进“一河一策”“一事一办”，完成横一河、南城河等河道两岸违建拆除工作，恢复岸线1600余米，拆除沿河违建面积近1.7万平方米。完成河道清淤11条，疏浚淤泥4万立方米，增加水体曝气增氧4处。拆除违建1012户，拆违总面积16.37万平方米。深化“厕所革命”，完成厕所改建6座。深化垃圾分类精细化管理，居民厨余垃圾分出率30%以上，生活垃圾回收利用率35%以上，完成垃圾分类片区全覆盖。

【公共服务】 2021年，娄东街道推进公共服务能力提升，完成农贸市场提档改造转型5个，提升农贸市场综合环境。完成一批卫生服务站和社区用房改造提档，娄东街道文化站和图书分馆落地投入使用。娄东街道养老指导服务中心建成落地，实现社区日间照料中心建设全覆盖。持续推进邻里家园项目，街道社会工作服务站启用。引导社会力量参与养老服务体系建设，实现80岁以上老人居家养老服务全覆盖，推进社会化帮扶，走访特扶人员178人，全部与家庭医生签约。

【社会治理】 2021年，娄东街道抓好新冠肺炎疫情防控和文明典范城市创建工作。建立疫情防控常态化机制，优化方案预案，落实500多名入境人员以及百余名中高风险旅居史人员健康管控。推动新冠病毒疫苗接种工作，完成全程接种15.22万剂次，加强

2021年9月18日，娄东街道开展“三清三拆”红色先锋提升行动

（娄东街道供稿）

针接种4.32万剂次。深化文明典范城市建设，获评省级文明社区3家、苏州市级文明社区5家。实现反诈宣传全覆盖，"金钟罩"受保护人数16.91万人，劝阻126起，涉及金额超279万元，获评全市"无诈机关"创建活动示范单位。深化依法治街体系，提升基层治理法治化水平。

2021年娄东街道涉农社区基本情况一览表

表99

社区名	党组织书记	居委会主任	村集体收入（万元）		农户及人口情况		总资产（万元）
			总收入	可支配	户籍户数（户）	户籍人口（人）	
朝阳社区	王中明	王中明	955	563	345	1679	7064
太东社区	苏　林	苏　林	1400	978	336	1425	8214
洋沙社区	夏琳芳	夏琳芳	1661	1466	604	2753	12002
东郊社区	张益民	张益民	760	490	570	2333	4170
太胜社区	张建红	张建红	1031	736	649	2827	6402
华盛园社区	—	—	1436	1159	1940	7200	13941
香花桥社区	孙建春	孙建春	1282	884	1428	5712	10582
花北社区	陈卫红	陈卫红	1022	617	618	2570	8257

（张　懿）

陆渡街道

【概况】 陆渡街道东与浏河镇接壤，西至G15沈海高速，南至上海界，北至S48沪宜高速，区域面积46.7平方千米。2021年，辖区户籍人口2.5万人，流动人口3.5万人，下辖陆渡、横沥、红庙、洙泾、小桥、岳南6个村和陆渡、东城、珠江3个涉农社区。

【城乡统筹】 2021年，陆渡街道完成市级地块清零8个、区级地块清零4个，签约农户31户，拆迁农户69户；评估企业223家，签约企业189家，拆迁120家，额外完成地块清零7个，累计腾地80.67公顷。拆除村集体资产厂房3万平方米，"退二还一"完成复垦土地8.27公顷。保障太仓大道、瑞金医院太仓分院、西北工业大学太仓校区二期等重大功能性项目腾地需求，释放娄江新城建设空间。瑞金医院太仓分院地块搬迁项目获评苏州市平安征收搬迁优秀项目。7个村（涉农社区）村级可支配收入8151万元，19个集体经营合作社资产总额1.4亿元，德民、鑫娄、鼎欣、泾港劳务合作社等抱团公司货币资金4585万元，资产总额7.49亿元，村级经济逐步壮大。建设13个特色宜居乡村点位并通过太仓市级验收。完成夏收小麦面积599.87公顷，夏种水稻面积630.07公顷，保障粮食生产安全。

【生态环境】 2021年，陆渡街道结合文明典范城市创建要求，制定环境整治三年行动方案。推进拆违整治，拆除违建16.7万平方米，完成率270%。深化河长制改革，建成生态美丽河湖6条，清淤河道14条、9.3千米，完成

2021年5月14日，太仓市党性教育"心源"馆暨陆渡街道党群服务中心启用
（陆渡街道供稿）

2021年11月，航拍建设中的娄江新城 （计海新摄）

水系沟通3处。清理河坡垃圾830吨、沉船112条、网簖拦网463处，提优水环境。整治人居大棚、小作坊、违法养殖136处，面积8669平方米，清理宅前屋后垃圾1527吨，提升农村人居环境。理顺文明典范城市管理机制，确定专项工作组10个，网格管理模式5项，依托集成指挥中心闭环管理，提升问题整改率和整改实效。

【公共服务】 2021年，陆渡街道常态化做好新冠肺炎疫情防控，健全疫情防控指挥体系，压实"一办九组"职责，完善全员核酸检测预案，推进新冠病毒疫苗接种，首剂接种率超102.92%。创新强化网格化管理，联动平台处置率99.7%，群众满意率99%。新建临时停车场4个，迁改建陆渡村、陆渡社区党群服务中心，提档升级中市路、集贸市场及周边环境，镇区面貌焕然一新。完成申宏小区等老小区改造，推进综艺花园等小区物业公司进驻，横沥佳苑小区获评苏州市优秀物业示范项目，为全市首个获该荣誉的安置小区。

【社会治理】 2021年，陆渡街道建成投用党群服务中心，启用党性教育"心源"馆，打造集学习、宣传、活动、会议、服务于一体的党建共享阵地。成立司法所，完善街道组织建设，发挥统筹协调作用。妇工委改建妇联组织，为妇女儿童办实事。深化"331"专项行动，组织开展"13+1个领域"安全生产隐患大检查，三级挂牌督办实现清零。太仓市同维电子有限公司电动车充电桩建设项目作为"满电下班"典型被中央电视台《朝闻天下》报道。横沥佳苑消防球灭火项目被苏州电视台宣传推广。搬迁红庙南工业园企业32家，拆除石头塘西侧存在消防安全隐患企业6家，建筑面积约7000平方米。集中整治横沥佳苑小区违规出租房，合规化改造出租房100户。治理白云渡小区、东城一园等小区违规出租住人车库200余间。完成横沥花园分房安置工作，受益动迁户435户。

2021年陆渡街道各村（涉农社区）基本情况一览表

表100

村（社区）名	党组织书记	村（居）委会主任	村集体收入（万元）		户籍户数（户）	户籍人口（人）	总资产（万元）
			总收入	可支配			
陆渡社区	钱丽君	钱丽君	—	—	1100	3200	—
东城社区	朱文荣	朱文荣	—	—	1446	3766	—
珠江社区	许海刚	许海刚	2146	1313	698	2218	19621
小桥村	陈伟刚	陈伟刚	1707	834	1095	4229	15026
岳南村	龚　列	龚　列	1763	1014	624	2366	9471
红庙村	张　婷	张　婷	2077	1261	480	1600	8372
陆渡村	李　晔	李　晔	1310	846	547	1738	11826
横沥村	杨建钢	杨建钢	1030	718	491	5969	8059
洙泾村	张玲琳	张玲琳	1841	1279	236	976	5900

（刘　佳）

附 录

组织机构及负责人名录

（2021 年 1—12 月）

中共太仓市委员会

书　记　汪香元（5 月—）　沈　觅（—5 月）

副书记　胡卫江　徐志强（7 月—）

钱文辉（—1 月）　汪香元（—5 月）

常　委　韦国岭　杨　庆　刘启雄　戚振宇

吴敬宇　施　敬（3 月—）

许超震（7 月—）　毛雅萍（7 月—）

何永林（7 月—）　徐志强（—7 月）

沈玉明（—1 月）　赵建初（—1 月）

施燕萍（—6 月）　王红星（—7 月）

太仓市人大常委会

主　任　钱文辉（1 月—）　陆卫其（—1 月）

党组书记　王红星（8 月—）　陆卫其（—1 月）

钱文辉（1—8 月）

副主任　朱大丰　陆　燕　邹家宏　周鸿斌

太仓市政府

市　长　汪香元（—7 月）

代市长　胡卫江（7 月—）

党组书记　胡卫江（7 月—）　汪香元（—7 月）

副市长　吴敬宇　韩　飚　顾建康　郑丙华

周　强　王莉萍（5 月—）

祝真旭（挂职，9 月—）

倪嘉臻（12 月—）

陈　磊（12 月—）　张　展（12 月—）

许超震（—7 月）　邵　建（挂职，—9 月）

张　顺（挂职，—9 月）

太仓市政协

主　席　赵建初（1 月—）　邱震德（—1 月）

党组书记　邱震德

副主席　王国其　周健慧　吕　寅　朱凤兰

高　扬　黄浩忠

太仓市纪委

书　记　杨　庆

副书记　郑　洁　周亚飞（2 月—）

常　委　程　达　黄建刚　吕　品（7 月—）

浦　强（—4 月）　秦建刚（—11 月）

太仓市监察委

主　任　杨　庆

副主任　郑　洁　周亚飞（2 月—）

委　员　程　达　黄建刚　黄晓春（8 月—）

陈新安（8 月—）　周亚飞（—2 月）

吕　品（—7月）

市纪委监委派驻纪检监察组

组　长　张永强　陈　杰　黄海波
王维军（8月—）　祁殿成（4月—）
单晓风（11月—）　钱　峰　顾惠清
陆艳艳　陆月明　陆晓清　任芳敏
张玉飞　汪　军　张　华（—4月）
胡　敏（—4月）　毛　静（—8月）
王国新（—11月）　汪　俊（—11月）

太仓市人民法院

院　长　吴　岚（—12月）
代院长　张晓江（12月—）
副院长　袁　满　龚红星　陈晓凯
政治处主任　周永飞
党组书记　张晓江（12月—）　吴　岚（—12月）
第十三派驻纪检组组长　陆晓清

太仓市人民检察院

检察长　董启海（—12月）
代检察长　张云东（12月—）
副检察长　张莹玮　杨耀红　李　峰　李兆民
张　飞（4　11月）
政治部主任　孙　倩
党组书记　张云东（12月—）　董启海（—12月）
第十四派驻纪检组组长　任芳敏

市委各部门

市委办公室

主　任　童　刚（8月—）　何永林（—8月）
副主任　赵理平　马　帅（6月—）
陈思啸（6月—）　袁宝峰（8月—）
汪倩倩（8月—）　王　益（—4月）
何晓玲（—6月）　夏家辉（—8月）
第一派驻纪检组组长　张永强

市委研究室

副主任　蔡卫军（8月—）　袁宝峰（—8月）

市委机要局

副局长　徐　震（—4月）

市委组织部

部　长　施　敬（3月—）　沈玉明（—1月）
副部长　王维峰（常务，11月—）
何晓玲（6月—）　冯　谡（8月—）
高　洁（兼职）　王晔豪（—8月）
第三派驻纪检组组长　王国新（—11月）

市公务员局

局　长　王晔豪（—8月）
副局长　冯　谡（—8月）

市委党建工作领导小组办公室

主　任　何晓玲（11月—）
副主任　缪　斌（—8月）

市级机关党工委

书　记　王维峰（—11月）

市委非公有制企业和社会组织工作委员会

副书记　严　俊（—4月）

市委宣传部

部　长　毛雅萍（8月—）　赵建初（—1月）
施燕萍（1—7月）
副部长　张　忠　刘　菊　沈　晖
马千里（11月—）
王永伟（常务，—11月）
第四派驻纪检组组长　黄海波

市精神文明建设指导委员会办公室

主　任　王永伟（—11月）
副主任　马千里（—11月）

市新闻出版局（市版权局）

副局长　刘　芳

市委网络安全和信息化委员会办公室

主　任　刘　菊
副主任　朱　慧

市委统一战线工作部

部　长　毛雅萍（8月—）　施燕萍（—7月）
副部长　杨惠林（常务，11月—）
王孝红（11月—）　顾晓春（11月—）
毛剑峰（兼职，11月—）
沈建青（常务，—11月）
杨建新（—11月）　吴向阳（—11月）
第五派驻纪检组组长　王维军（8月—）
汪　俊（—8月）

市委台湾工作办公室、市政府台湾事务办公室

主　任　沈建青（—11月）
副主任　单晓风（—11月）

市民族宗教事务局

局　长　杨惠林
副局长　时永建

市政府侨务办公室

主　任　杨建新（—11月）

市委政法委员会

书　记　许超震（8月—）　戚振宇（—8月）
副书记　周　强　陈卫平（常务，11月—）
钱振刚（11月—）　袁其桃（8月—）
徐向明（—4月）
沈虹健（常务，—11月）
政治处主任　张沉成（8月—）　袁其桃（—8月）

市委机构编制委员会办公室

主　任　王伟刚
副主任　李　丽　缪　斌（8月—）

市事业单位登记管理局

副局长　钱　峰

市委巡察工作办公室

主　任　秦建刚（—11月）
副主任　孙方金　孙晶凌

市委巡察组

组　长　须永良　马　骏（11月—）
张宏斌　浦　强（4月—）
石　英（—4月）　朱新风（—11月）
副组长　王　茜　张　敏　郁胜宝　江件新
黄建锋　翟金龙　张迎红（—11月）
苏梅芳（—11月）

市委老干部局

局　长　高　洁
副局长　李春皓　王林志（11月—）
施海鹰（—11月）

市委离退休干部工作委员会

书　记　高　洁
副书记　李春皓

市委党校

校　长　徐志强（8月—）　钱文辉（—1月）
胡卫江（1—7月）
副校长　郭亚萍（常务，11月—）　李春生
印春平　邵宁妍（8月—）
毛树兵（—4月）
龚金明（常务，—11月）

市档案馆

馆　长　仇　君
副馆长　张海华　顾江峰　洪良纯（6月—）

市史志办公室

主　任　顾鸿飞
副主任　龚益锋（11月—）　高健彪（—4月）

市接待办公室

主　任　印亚瑜（4月—）　方海宁（—4月）
副主任　周叶萍　王益锋　朱纯钰（6月—）
印亚瑜（—4月）

市融媒体中心

主　任　张　忠
总编辑　朱　慧（11月—）　张　忠（—11月）
副主任　奚海燕　周　斌　山　飚　王　嵘
郁　鹰（—11月）
党委书记　张　忠
纪委书记　毛　胜（—11月）

市人大各部门

办公室

主　任　沈　炯
副主任　秦　昊（8月—）　张伊楠（8月—）
张伟林（—4月）　杨　敏（—8月）

人事代表联络工作委员会

主　任　陈艳萍（11月—）　张顺明（—11月）
副主任　金雯艳

监察和司法工作委员会

主　任　周　华
副主任　姚忆江

财政经济工作委员会

主　任　黄　海（8月—）　左　明（—8月）
副主任　贺　仁

城建环保工作委员会

主　任　杨建新（11月—）　朱柏华（—11月）
副主任　程　澄（—11月）

农业农村工作委员会

主　任　叶俭洁（11月—）　沈　忠（—4月）
顾宇靖（6—11月）
副主任　丁晓红

教科文卫工作委员会
（外事民宗侨台工作委员会）

主　任　杨　敏（8月—）　曹　锋（—8月）
副主任　杨其康

研究室

主　任　浦绍兴（—4月）
副主任　陈艳萍（—11月）

市政府各部门

市政府办公室

主　任　王晨清（12月—）　夏永华（—12月）
副主任　汪志杰　邵　旻　倪明德　赵隽春
毛晓波（兼职，4月—）　丁　曜（6月—）
张贤峰（6月—）　施英杰（8月—）
王志坚（兼职，—4月）　房宇峰（—6月）
蔡　健（—6月）
党组书记　王晨清（12月—）　夏永华（—12月）
第二派驻纪检组组长　陈　杰

市大数据管理局

副局长　杨勇民（兼职，6月—）　马　帅（—6月）

市发展和改革委员会
（市粮食和物资储备局）

主　任　万芬奇（12月—）　王莉萍（—4月）
李　烨（4—12月）
副主任　周　静（8月—）　李　强　倪香萍
顾星球（—4月）　陈伟峰（—11月）
总工程师　凌　喆
党委书记　万芬奇（12月—）　王莉萍（—4月）
李　烨（4—12月）
第六派驻纪检组组长　祁殿成（4月—）
张　华（—4月）

市长三角地区合作与发展办公室

副主任　郁　珽

市教育局

局　长　李广耀（11月—）　王晓芸（—11月）
副局长　吴　健　毛　静（8月—）　顾新华
张跃忠（—8月）

市委教育工委

书　记　李广耀（11月—）　王晓芸（—11月）
副书记　张跃忠（—8月）
第八派驻纪检组组长　毛　静（—8月）

市科学技术局

局　长　郁颖珠（12月—）　万芬奇（—12月）
副局长　朱卫清　刘翔宇（6月—）　何伟伟
沈俊烨（挂职，10月—）
杨　勇（挂职，—8月）
党组书记　万芬奇（—12月）

市工业和信息化局

局　长　方海宁（4月—）　吴忠良（—4月）
副局长　龚锦芳　郁晓蓉（8月—）
丁　曜（—6月）　唐正道（—11月）
党委书记　方海宁（4月—）　吴忠良（—4月）
副书记　王　新（—11月）
第七派驻纪检组组长　单晓风（11月—）
胡　敏（—4月）
汪　俊（8—11月）

市公安局

局　长　周　强
副局长　包顶益　唐　健　施军平（8月—）
王文军　毛晓波（—4月）
刘　文（挂职，—8月）
政　委　胡月林（11月—）　杨伟东（—11月）
副政委　施军平（—8月）
党委书记　周　强
副书记　胡月林（11月—）　包顶益（8月—）
杨伟东（—11月）
督察长　周　强
政治处主任　顾晓红（—8月）
第十五派驻纪检组组长　张玉飞

市新市民事务中心

主　任　包顶益（8月—）

市民政局

局　长　张跃忠（8月—）　黄　海（—8月）
副局长　王娴敏　董志军　周红亚（—11月）
党委书记　张跃忠（8月—）　黄　海（—8月）
副书记　刘友佺

市司法局

局　长　张　翼（8月—）　顾潇军（—8月）
副局长　孙建国　高　峰　徐林峰
陈志群（—4月）
党委书记　张　翼（8月—）　顾潇军（—8月）
政治处主任　颜　浩（8月—）

市委全面依法治市委员会办公室

副主任　金　泉（—11月）

市财政局

局　长　凌晓波
副局长　项建军　吴　艳　金佳敏
潘学远（8月—）　顾莺燕（—8月）
党委书记　凌晓波
第九派驻纪检组组长　钱　峰

市政府国有资产监督管理办公室

副主任　王　燕（8月—）　潘学远（—8月）

市人力资源和社会保障局

局　长　严　枫
副局长　蔡　峻　钱琼瑛　唐志灏　孙小峰
朱文高
党委书记　严　枫

市自然资源和规划局（市林业局）

局　长　李　焱
副局长　王青青　王海波　姚金鑫　缪永华
韩小翔
党组书记　李　焱

市住房和城乡建设局

局　长　陆　江（8月—）　童　刚（—8月）
副局长　曹　宏　李红艳　李文骞
钱建初（—11月）
党委书记　陆　江（8月—）　童　刚（—8月）
副书记　张　英
第十派驻纪检组组长　顾惠清

市人民防空办公室

主　任　陆　江（8月—）　童　刚（—8月）
副主任　曹　宏

市城市管理局（市综合行政执法局）

局　长　严国强
副局长　黄　健　祁建庚　徐　彬（—11月）
党委书记　严国强
副书记　石培红（—11月）
第十一派驻纪检组组长　陆艳艳

市交通运输局

局　长　徐　勤
副局长　倪永良　陈　艇　王文华　卢忠茂
王国文（—11月）
党委书记　徐　勤

市水务局

局　长　房宇峰（6月—）　李　峰（—6月）
副局长　陆振超　吴南山　朱　清（4月—）
周　栋（—11月）
党委书记　房宇峰（6月—）　李　峰（—6月）

市农业农村局（市乡村振兴局）

局　长　　宣　峰（6月—）　顾宇靖（—6月）
副局长　　曹炳华　冯瑞兴　邹　翔　闻　铭
　　朱红华　张　震（—11月）
总农艺师　　彭　盛（11月—）
党委书记　　宣　峰（6月—）　顾宇靖（—6月）
第十二派驻纪检组组长　　陆月明

市委农村工作领导小组办公室

主　任　　宣　峰（6月—）　顾宇靖（—6月）

市商务局（市口岸办公室）

局　长　　刘利民
副局长　　肖伟模　王轶蕊　陈利锋
　　张玦青（—4月）
党组书记　　刘利民
副书记　　张玦青（—4月）

市口岸办公室

副主任　　王　辛（8月—）

市文体广电和旅游局（市文物局）

局　长　　严　浩
副局长　　王　冰　王雪春　陆　坚　费春燕
　　杨冬梅　段　托（—11月）
党委书记　　严　浩
副书记　　王　冰

市卫生健康委员会

主　任　　陆文卫
副主任　　朱　坚　刘　俊　张　英　钱军民
　　张春龙
党委书记　　陆文卫

市退役军人事务局

局　长　　周红亚（11月—）　陈立华（—11月）
副局长　　徐忠诚　蒋建东
党组书记　　周红亚（11月—）　陈立华（—11月）

市应急管理局
（党组改设党委，11月—）

局　长　　徐向明（4月—）　袁志强（—4月）
副局长　　金　鑫　王晓峰　张文明（—11月）
党组（委）书记　　徐向明（4月—）　袁志强（—4月）

市安全生产委员会办公室

专职副主任　　朱　进

市审计局

局　长　　陈伟峰（12月—）　王建平（—12月）
副局长　　张玉柱　杨洪生　袁蕴玉（—12月）
总审计师　　倪敏玉
党组书记　　陈伟峰（11月—）　王建平（—11月）

市行政审批局
（市政务服务管理办公室）

局　长　　蔡　健（6月—）　李　烨（—4月）
副局长　　吴　龙　王　东（4月—）　凌　玲
　　高菊平
总规划师　　董兰兰
党委书记　　蔡　健（6月—）　李　烨（—4月）
副书记　　吴　龙

市市场监督管理局
（市知识产权局）

局　长　　杨伟东（11月—）　周建平（—11月）
副局长　　唐宪中　张　燕　沈　渊　李伟丰
　　方海清　杨理贤（4月—）
　　晏四祥（—11月）
党委书记　　杨伟东（11月—）　周建平（—11月）

市统计局

局　长　　周淑亚
副局长　　苏静妍　廖丽萍（—4月）
　　屠丹平（—11月）
党组书记　　周淑亚

市医疗保障局

局　长　　杨琴洁（11月—）　叶俭洁（—11月）
副局长　　杜凌明　王宇舟
党组书记　　杨琴洁（11月—）　叶俭洁（—11月）

市信访局

局　长　　毛晓波（4月—）　王志坚（—4月）
副局长　　徐国锋　张　健（—4月）
信访督查专员　　顾慧玉
党组书记　　毛晓波（4月—）　王志坚（—4月）

市地方金融监督管理局
（市政府金融工作办公室）

局　长　　胡雪峰（12月—）　王晨清（—12月）
副局长　　杨怀球　朱婉君
党组书记　　胡雪峰（12月—）　王晨清（—12月）

市检验检测中心

主　任　　唐宪中
副主任　　苏　珂　时　连

市金融合作管理办公室
（5月更名为市国有资产运行服务中心）

主　任　　王　燕（8月—）
副主任　　徐建东（8月—）　陆　瑾（8月—）

市招商局

局　长　　陆　征
副局长　　徐　兰　顾　超

市供销合作总社

理事会主任　　张　健（4月—）　杨　俭（—4月）
理事会副主任　　包燕珍　王　辉（—11月）
监事会主任　　浦永明
党委书记　　张　健（4月—）　杨　俭（—4月）

市社会治理现代化综合指挥中心

主　任　　朱弃菁（6月—）　徐向明（—4月）
副主任　　浦卫纲　朱　俊（6月—）
　　朱弃菁（—6月）

市机关事务中心

主　任　　朱晓峰
副主任　　武建国　施海鹰（11 月—）
　　　　　于俊伟（—4 月）

市政协各部门

市政协委员会办公室（与秘书处合署办公）

秘书长　　潘井亚
副秘书长　陈永忠（11 月—）　李永川
　　　　　张　翼（—8 月）
主　任　　张　翼（—8 月）
副主任　　黄　蓉（8 月—）　游　洋

提案委员会

主　任　　朱自元（11 月—）　吴伟红（—11 月）
副主任　　顾钱医　王俭飞（—4 月）

经济科技和农业农村委员会

主　任　　陈永忠（11 月—）　顾振清（—11 月）
副主任　　陈加林　闻　铭（兼职）
　　　　　唐正道（兼职，—11 月）

社会事业委员会

主　任　　朱　坚（11 月—）　钱丁良（—11 月）
副主任　　夏永刚　张跃忠（兼职，—8 月）
　　　　　周红亚（兼职，—11 月）
　　　　　朱　坚（兼职，—11 月）

城乡建设委员会

主　任　　陈立华（11 月—）　严桂清（—8 月）
　　　　　朱自元（8 月—11 月）
副主任　　王丽坚　唐四新　周洪海（兼职）
　　　　　石培红（兼职，—11 月）

港澳台侨（民族宗教）委员会

主　任　　张舒源（4 月—）　展建良（—4 月）
副主任　　顾敏华　杨惠林（兼职）
　　　　　沈建青（兼职，—11 月）
　　　　　杨建新（兼职，—11 月）

文化文史委员会

主　任　　李永川
副主任　　仇　君（兼职）　顾鸿飞（兼职）
　　　　　黄　蓉（—8 月）

研究室

主　任　　张　炜
副主任　　朱自元（—8 月）

民主党派

民革太仓市委

主　委　　黄浩忠
副主委　　朱　坚　陆建清　贺延辉

民盟太仓支部

主　委　　王雪春
副主委　　袁新海

民建太仓市委

主　委　　黄卫东（9 月—）　吕　寅（—9 月）
副主委　　孙建国　杨春雨（9 月—）
　　　　　凌　玲（9 月—）　曹一清（—9 月）
　　　　　孙剑良（—9 月）　黄卫东（—9 月）

民进太仓市基层委员会

主　委　　王　燕（9 月—）　朱凤兰（—9 月）
副主委　　朱自元　邢曦峰　黄冬明
　　　　　郭红玲（9 月—）　王　燕（—9 月）
　　　　　周建明（—9 月）

农工党太仓市基层委

主　委　　冯瑞兴
副主委　　胡永明　倪敏玉

九三学社太仓支社（—9 月）

主　委　　王文华（—9 月）
副主委　　杨成德（—9 月）

九三学社太仓市基层委（9 月—）

主　委　　王文华（9 月—）
副主委　　杨成德（9 月—）　苏青青（9 月—）

群众团体

市总工会

主　席　　楼晓舟（—11 月）
副主席　　顾技峰（11 月—）　王宏宾（8 月—）
　　　　　周惠东　徐昭君　何国清
挂职副主席　王丽娜（—2 月）
兼职副主席　唐志灏　邵维东
党组书记　顾技峰（11 月—）　楼晓舟（—11 月）

共青团太仓市委员会（撤销党组，—11 月）

书　记　　周　骏（11 月—）　陈　颖（—11 月）
副书记　　陆　菲　龚　迪（—4 月）
挂职副书记　曾　妍（—2 月）
兼职副书记　姜春艳　陈　超
党组书记　陈　颖（—11 月）

市妇女联合会

主　席　　胡　敏（4 月—）　张英姿（—4 月）
副主席　　李　黎　朱　丽
挂职副主席　刘　娅（—2 月）
兼职副主席　王娴敏　陆　莺
党组书记　胡　敏（4 月—）　张英姿（—4 月）

市科学技术协会

主　席　　顾熙虹
副主席　　吴　巍　王志萍　严子祥
兼职副主席　周　纯　沈文忠　代作晓
　　　　　李广耀（—11 月）

党组书记　顾熙虹

市归侨侨眷联合会

主　席　杨建新（—11月）
副主席　周　燕
挂职副主席　董　伟
兼职副主席　顾　准　杨　力

市工商业联合会

主　席　汤文英
副主席　毛剑峰（4月—）　朱文强
王益清（—4月）
兼职副主席　于万祥　马志刚　方　凯　叶　锋
朱约辉　刘　枫　许惠忠　杨春雨
闻建中　顾晓磊　顾静良　徐义新
黄韵涛　谢东奎　管星宇　潘锦超
党组书记　毛剑峰（4月—）　王益清（—4月）

市残疾人联合会

理事长　周　栋（11月—）　陈永忠（—11月）
副理事长　许　斌　陆志萍
挂职副理事长　何　逸
兼职副理事长　孙异锋　徐　燕
党组书记　周　栋（11月—）　陈永忠（—11月）

市文学艺术界联合会

主　席　杨喜良
副主席　乐　琦　许正明
兼职副主席　王雪春　邢曦峰
党组书记　杨喜良

市哲学社会科学界联合会

主　席　刘　芳
副主席　金　钰（—11月）
兼职副主席　汪志杰　李春生　夏家辉（—8月）

市红十字会

会　长　顾建康
常务副会长　李云汉
挂职副会长　陆叶萍
兼职副会长　朱　坚　朱燕红
兼职监事会监事长　张玉柱

太仓港经济技术开发区及下属部门

党工委

书　记　沈　觅（—5月）
副书记　汪香元　戚振宇（7月—）
徐志强（—7月）
党工委委员　朱永明（6月—）　王　哲　张培明
凌晓波　吴建国
冯玉良（—3月）　孙旭明（—5月）
纪工委书记　孙旭明（—5月）
纪工委副书记　龚利花

管委会

副主任　汪香元　戚振宇（7月—）
朱永明（6月—）　王　哲
张培明　凌晓波　吴建国
冯玉良（—3月）　徐志强（—7月）
岳海莉（挂职，—8月）
段雪萍（挂职，—12月）

港区党委

书　记　徐志强（—8月）
副书记　王　哲　张培明　孙旭明（—6月）
委　员　张舒源（—4月）　马　骏（—11月）
钱振刚（—11月）　芮　萌（—11月）
胡雪峰（—12月）

党政办公室

主　任　赵　勇
副主任　孙　昉　李　萍　杨　波　韩季琳

宣传办公室

主　任　赵　勇
副主任　李　萍

科学技术局

局　长　王永健（11月—）　钱振刚（—11月）
副局长　陆燕芳　张宗庭（—11月）
臧建彬（挂职）

组织人事和劳动保障局

局　长　徐晓华（11月—）　王孝红（—11月）
副局长　傅锦花　唐利祥　冯金宝（8月—）

规划建设局（城市管理局）

局　长　陆建清
副局长　金　俊　殷海洋　顾　佳（4月—）
杨艳萍（—4月）

经济发展局

局　长　钱　进
副局长　钱　琪　赵　倩　陆利璟（—4月）

安全生产与环境保护局

局　长　卢阳松
副局长　江宏卫　陆健峰　许惠星

行政审批局

局　长　马　骏（—11月）
副局长　王晓军　柯　峤　张　敏

财政局（国有资产管理局）

局　长　顾莺燕（8月—）　王　燕（—8月）
财政局副局长　傅晓斌　顾立峰（8月—）
徐建东（—8月）
国资局副局长　张红友　张　瀚

社会事业管理局

局　长　胡月林（—11月）
副局长　张玉清（11月—）　张玉明（—4月）

化工园区管理办公室

主　任　宋巍伟

副主任　陆　益　曹志强

总工会

主　席　王　浩

太仓港综合保税区管理委员会

主　任　张舒源（—4 月）
副主任　谢伟峰　方　正

招商中心

主　任　芮　萌（—11 月）
副主任　汪华明　张　瀚　顾千慧　郁莺莺

现代服务业发展中心

主　任　胡雪峰（—12 月）
副主任　奚　玲　张艳维

太仓高新技术产业开发区及下属部门

党工委

书　记　何永林（7 月—）　王红星（—7 月）
副书记　李　刚　白　斌　夏家辉（8 月—）
　　　　王维军（—8 月）
纪工委书记　夏家辉（8 月—）　王维军（—8 月）
委　员　陆定峰（—7 月）　王宏宾（—8 月）
　　　　夏远峰（—11 月）

管委会

主　任　李　刚
副主任　陆定峰（—7 月）　王宏宾（—8 月）
　　　　夏远峰（—11 月）　郁颖珠（—12 月）

党政办公室

主　任　夏远峰（—11 月）
副主任　李青玉　征　垚　钱丽丽

党群工作部

副部长　吴炜芬　李慧华（—11 月）

科学技术局

局　长　张荣海
副局长　沈　宁　王永健（—11 月）
　　　　李伟鹏（挂职，10 月—）
　　　　阮　娜（挂职，—8 月）

经济发展局

局　长　屠丹平（11 月—）　孙文彪（—11 月）
副局长　殷　伟　潘国忠（—11 月）

应急管理局

（5 月—，更名为安全生产与环境保护局）

局　长　孙文彪（11 月—）
副局长　吴振键（11 月—）　周　骏（—11 月）

规划建设和环境保护局

（5 月—，更名为规划建设局）

局　长　乘　康（11 月—）　王　彦（—11 月）
副局长　查晓冬　范伟民　张珺晖
　　　　杨凯健（11 月—）

人力资源和社会保障局

副局长　张蓓婷（8 月—）　王秋琼
　　　　马喜斌（—11 月）

农村工作局

副局长　张一帆　乘　康（—11 月）

财政局（国有资产管理局）

局　长　陈　俭
副局长　沙海丰　朱　敏

工　会

主　席　笪文敏

招商局

局　长　胡晓瑜
副局长　段月强　狄建刚（6 月—）
　　　　沈超未（—11 月）

市科教新城

党工委

书　记　韩志敏（8 月—）　陆定峰（—7 月）
副书记　朱　琼（8 月—）　顾凯凯
　　　　韩志敏（—8 月）
纪工委书记　顾凯凯
委　员　龚宣东　袁金华　陈洲洋　陈　佳
　　　　吴振键（—11 月）

管委会

主　任　朱　琼（8 月—）　韩志敏（—8 月）
副主任　龚宣东　袁金华　陈洲洋　陈　佳
　　　　吴振键（—11 月）

娄东街道

党工委

书　记　江芝才（11 月—）　顾技峰（—11 月）
副书记　徐　彬（11 月—）　马喜斌（11 月—）
　　　　朱　琼（—8 月）　江芝才（—11 月）
纪工委书记　莫振宙
委　员　顾永忠　朱建东　莫振宙　颜庭宇
　　　　朱　渊　陈苏燕　金利锋

办事处

主　任　徐　彬（11 月—）　江芝才（—11 月）
副主任　朱建东　马永平　颜庭宇　朱　渊
　　　　陈苏燕　金利锋　王俐君（8 月—）

人大工委

主　任　顾永忠

陆渡街道

党工委

书　记　顾益新

副书记　毛华乾　徐晓锋　周燕晨
纪工委书记　孙　博
委　员　张小宏　孙　博　王乐屏
吴开洋（11月—）　罗　震（11月—）
徐立军（—11月）　徐晓华（—11月）

办事处

主　任　毛华乾
副主任　李慧华（11月—）　李新超
沈丽芳（8月—）　居远志（—4月）
吴开洋（—11月）

人大工委

主　任　徐晓锋

太仓长江口旅游度假区

党工委

书　记　徐洪明
副书记　宋　蔚（11月—）　芮　萌（11月—）
吴　强（11月—）　张　义（—4月）
李　峰（4—11月）　顾晓峰（—6月）
郭亚萍（—11月）　邵立新（—11月）
委　员　朱学锋　杨志刚　陈　晓（11月—）
黄　莉　王　莉　居远志（4月—）
马　震（5月—）　张俊国（—4月）
纪工委书记　陈　晓（11月—）　王　莉（—11月）

管委会

主　任　宋　蔚（11月—）　张　义（—4月）
李　峰（4—11月）
副主任　钱　宇　李　伟　孙　波（4月—）
李　益（6月—）　戴寅盈（8月—）
金　磊（11月—）　钱敏芳（—4月）
王　东（—4月）　周　静（—8月）

太仓大学科技园

管委会

主　任　吴敬宇
副主任　苏霄飞　韩志敏（8月—）
郁颖珠（12月—）　陆定峰（—7月）
万芬奇（—12月）

太仓港口及下属部门

党工委

书　记　曹后灵
副书记　邵建林
委　员　徐卫强　董济文　周晓荷　浦利兵
孙达成（2月—）

管委会

主　任　邵建林
副主任　徐卫强　董济文　周晓荷　浦利兵

纪检监察工委

书　记　孙达成（2月—）
副书记　谢建华（—4月）

党政办公室

主　任　郑国昌（—3月）　李海峰（—3月）
副主任　唐　蔚（—3月）　谢建华（—4月）

发展服务局

局　长　王敏勇
副局长　徐　峰

港政服务局

局　长　方　健
副局长　沈培明　杨　琴

口岸委办公室

主　任　束晨辉

安全生产监督与港政执法局

局　长　徐卫强（兼）
副局长　浦红国　黄春曦

科技与信息化建设办公室

主　任　郭保春
副主任　顾祖旭（4月—）

发展服务中心

主　任　王敏勇（兼）
副主任　徐　峰（兼）

条线部门

苏州海警局

局　长　徐　进（8月—）　常汉军（—8月）
政　委　倪　鸣
副局长　阮伟磊

太仓出入境边防检查站

站　长　叶林军
政　委　忽伟军（3月—）
副站长　徐宝峰　黄　翔
边检处处长　陈国华
政治处主任　周正山
后保处处长　刘　海

太仓市消防救援大队

大队长　王国祥（7月—）　袁　骏（—7月）
教导员　童　斌

太仓海关

关　长　林伟东
副关长　罗建国　范英姿　陈　康　郭　健
江红星
纪检组组长　黄友永（10月—）

太仓海事局

局　长　　赵　震
政　委　　丁安林
副局长　　胡　红　金　波　李泽兵（2月—）
　　　　　王宏宇（—2月）
纪委书记　丁安林

长江引航中心太仓引航站

站　长　　周　彬
副站长　　张　猛　朱建忠

税务局

局　长　　夏　钧（3月—）　王洪斌（—3月）
副局长　　蒋志达　曹敏强　陈　秋（—3月）
　　　　　顾志明（7月—）　赵弇斌（7月—）
　　　　　徐　喆（—7月）
纪检组长　龚莉芳

太仓电信

总经理　　王志勇
副总经理　陆献秋　李　炫　戴萍萍（7月—）
　　　　　陈　峰（—7月）　盛　晓（12月—）
党委书记　王志勇
纪委书记　陆献秋（7月—）　陈　峰（—7月）

太仓邮政

党委书记　蔡永华（8月—）　金　明（—8月）
总经理　　蔡永华（8月—）　金　明（—8月）
副总经理　王彩宾　张亚倩
纪委书记　张亚倩

太仓移动

总经理　　郑　翎
副总经理　吴　佳　费　勤（4月—）

太仓联通

总经理　　赵剑毅
副总经理　张　阳　李志刚

供电公司

总经理　　王晓东
副总经理　沈国民　顾文献　王加臣　龚海华
　　　　　王德峰（3月—）
党委书记　沈国民
党委副书记　王晓东
纪委书记　张　奕（—7月）

太仓公积金中心

主　任　　陆伟光
副主任　　任　燕　胡　倩

烟草专卖局（分公司）

局长（经理）　李宏昌（3月—）　金江洪（—3月）
副局长　　曹　忠
副经理　　贾红霞

盐业公司

执行董事　顾　斌（4月—）　邓　逾（—4月）
经　理　　顾　斌（4月—）
副经理　　叶　伟（4月—）
　　　　　邓　逾（主持工作，—4月）
　　　　　孙　鼎（11月—）
监　事　　陈文华（—4月）
副书记　　陈文华（主持工作，—4月）

气象局

局　长　　钟惠平（—6月）
副局长　　周卫兵（主持工作，6月—）
　　　　　曾山佰　吴　赟（6月—）

人行太仓市支行

行　长　　唐生枝（—7月）
副行长　　林立彬（主持工作，7月—）
　　　　　周立兴　陈平频

苏州银保监分局太仓监管组

组　长　　许　晋（7月—）　陆晓红（—7月）

农发行太仓市支行

行　长　　钱　晓
副行长　　黄　玉　徐栋梁

工行太仓支行

行　长　　徐　军（—9月）
副行长　　何震宇（主持工作，9月—）
　　　　　顾翼飞　周　莉　郑　荣（6月—）
纪委书记　钱　忠（4月—）

农行太仓分行

行　长　　周文杰
副行长　　张琳莹　顾晓中　王　义
纪委书记　陈建国（3月—）

中行太仓分行

行　长　　陈建伟
副行长　　吴海燕　吴戈亮　张　鹏
纪检组组长　胡国龙

建行太仓分行

行　长　　吉长龙
副行长　　王　敏　孙艳丹　殷健明（11月—）
　　　　　殷　勤（—4月）　宋　健（—12月）
纪检组组长　成　冲

交行太仓分行

副行长　　杨　循（主持工作）
　　　　　张　宏　周　刚　高晓静

邮储银行太仓市支行

副行长　　李　壮（主持工作）
　　　　　周利庭　李陈筛

中信银行太仓支行

行　长　　朱广超
副行长　　包　颖
行长助理　黄　南　许　峰

华夏银行太仓支行

副行长　　林　隐（主持工作）　蒋美芬
行长助理　周添逸

招商银行太仓支行

行　长　　顾玉麒（7月—）　廖洪军　（—7月）
副行长　　顾玉麒（—7月）　朱秋华（9月—）
行长助理　凌　伟（9月—）　朱秋华（—9月）

中国光大银行太仓支行

副行长　　成　劼（主持工作）　冯　汇（—11月）
行长助理　唐益菲　陈叶鑫（11月—）

中国民生银行太仓支行

行　长　　俞志钢
副行长　　罗　娟
行长助理　徐　健　时　洁　费　雁（5月—）

兴业银行太仓支行

行　长　　张艺玲
副行长　　肖　丹
行长助理　孙少华

恒丰银行太仓支行

行　长　　李　明
副行长　　黄越鹏（—3月）　金　莹（7—10月）

江苏银行太仓支行

行　长　　李小虎（7月—）　陆　群（—7月）
副行长　　赵　岚
行长助理　吴　雷　吴　燕

苏州银行太仓支行

行　长　　张　锋
副行长　　柳　婷　将宏杰（—5月）
行长助理　黄　亮（8月—）

太仓农村商业银行

董事长　　沈向东
行　长　　王　星
监事长　　冯　建
副行长　　丁　娅　顾必武　夏立军　吴　健

太仓民生村镇银行

董事长　　王盛文
行　长　　王　伟
风险总监　曹兴进（4月—）　秦允胜（—4月）
市场总监　邢立瑞

东吴证券太仓分公司

太仓分公司总经理　张文华
上海东路营业部总经理　林　玲
人民南路营业部副总经理　赵　洪（主持工作）
沙溪镇白云中路营业部总经理　顾卫东

华泰证券太仓太平南路营业部

总经理　　刘李红（10月—）　卢仁艳（—8月）

人保财保险太仓中心支公司

总经理　　彭静梅
副总经理　朱　鸢　齐松松

中国人寿太仓支公司

总经理　　朱李乐
副经理　　孙　峰
总经理助理　陈向楠　冉　云

太平洋财险太仓中心支公司

总经理　　朱煜伟
高级专务　张　渊
副总经理　吕　靖
总经理助理　赵志龙

太平洋人寿太仓支公司

总经理　　周　平
副总经理　闻金平

苏州健雄职业技术学院

党委副书记　苏宵飞
院　长　　苏宵飞
副院长　　张学军　周晓刚

各　镇

城厢镇

党委书记　盛海峰（8月—）　毛雅萍（—8月）
副书记　　顾　强　钱敏芳（4月—）
　　　　　王　益（4月—）
　　　　　秦　超（挂职）　陆　明（—4月）
委　员　　殷　托（11月—）　沈　华
　　　　　赵　健（5月—）　高　成　成　露
　　　　　钱　宸　王　业（4月—）
　　　　　王佑瑞（挂职，8月—）　张俊华（—4月）
　　　　　陆红玉（—4月）　郁卫清（—4月）
　　　　　叶　强（4—11月）
纪委书记　沈　华
人大主席　叶　强（11月—）　张俊华（—4月）
人大副主席　吴　平（—11月）
镇　长　　顾　强
副镇长　　高　成（5月—）　张　寅　陈　晨
　　　　　陈　敏　王文雷（6月—）
　　　　　李俊杰（11月—）　李　健（—4月）
　　　　　赵　健（—5月）

沙溪镇

党委书记　王晓红（9月—）　潘红忠（—9月）
副书记　　王永伟（11月—）　郑　珑（5月—）
　　　　　严　俊（4月—）
　　　　　杨晓勤（挂职，10月—）
　　　　　龚文彬（—4月）　王建春（—4月）
　　　　　刘　春（挂职，—8月）　王晓红（—9月）
委　员　　季春芳　周丽清（11月—）　王建宏
　　　　　吕春燕（4月—）　吴昊波（5月—）
　　　　　陈　承（4月—）　吴　越（8月—）
　　　　　毛剑峰（—4月）　叶　强（—4月）
　　　　　郑　珑（—5月）　曹丹丹（—6月）

	陈　晓（—11月）
纪委书记	季春芳
人大主席	秦建刚（11月—）　袁志强（—11月）
人大副主席	龚小青（—5月）
镇　长	王永伟（11月—）　王晓红（—9月）
副镇长	吴昊波　苏益初　彭　渊 张宗庭（11月—）　尹旸艳 钱　路（11月—）　毛剑峰（—4月） 刘　君（—4月）　张国华（—11月） 彭　盛（—11月）

浏河镇

党委书记	徐洪明
副书记	宋　蔚（11月—）　芮　萌（11月—） 吴　强（11月—）　张　义（—4月） 李　峰（4—11月）　郭亚萍（—11月） 邵立新（—11月）
委　员	朱学锋　杨志刚　陈　晓（11月—） 黄　莉　王　莉　居远志（4月—） 马　震　王　东（—4月） 张俊国（—4月）　周　静（5月—8月）
纪委书记	陈　晓（11月—）　王　莉（—11月）
人大主席	王晓芸（11月—）　楼浩平（—11月）
人大副主席	陈文贤（—5月）
镇　长	宋　蔚（11月—）　张　义（—3月） 李　峰（3—11月）
副镇长	钱　宇　李　伟　孙　波（4月—） 李　益（6月—）　戴寅盈（8月—） 金　磊（11月—）　王　东（—4月） 钱敏芳（—4月）　周　静（—8月）

浮桥镇

党委书记	王　哲
副书记	陈　颖（11月—）　刘　君（4月—） 王国新（11月—） 陆建忠（—4月）　宋　蔚（—11月） 顾晓春（—11月）
委　员	庄　晓（11月—）　顾春兰　张　锋 龚　迪（4月—）　浦春燕 金　钰（11月—）　倪佳柱（4月—） 吴莉华（—4月）　杨琴洁（5—11月） 吕春燕（—4月）　龚益锋（—11月） 许卫国　陆佳斌　童　琛（11月—） 吕春燕（—4月）　龚惠琴（—4月） 杨琴洁（—11月）
纪委书记	顾春兰
人大主席	陆建忠（4月—）　吴莉华（—4月）
人大副主席	龚建国（—5月）
镇　长	陈　颖（11月—）　宋　蔚（—11月）
副镇长	庄　晓　吴建达　王　辉（11月—） 许卫国　陆佳斌　童　琛（11月—） 吕春燕（—4月）　龚惠琴（—4月） 杨琴洁（—11月）

璜泾镇

党委书记	李天一
副书记	张　杰　陆利璟（4月—） 张　震（11月—） 周志强（—4月）　张亮亮（挂职，—8月） 吴　强（—11月）
委　员	李　健　蒋婷婷　周陆彦 龚　易（4月—） 王艳飞　杨佳倩　王曹平（4月—） 郭平原（—4月）　祁殿成（—4月） 姚巍峰（—4月）
纪委书记	龚　易（4月—）　祁殿成（—4月）
人大主席	周志强（4月—）　郭平原（—4月）
人大副主席	陆洪昌（—5月）
镇　长	张　杰
副镇长	李　健　姚巍峰（4月—）　倪伟峰 杨翠珠　虞　斐（6月—） 王旭聪（11月—） 李　阳（挂职，10月—） 杨理贤（—4月）　刘翔宇（—6月）

双凤镇

党委书记	王晔豪（8月—）　盛海峰（—8月）
副书记	陈　凯（5月—）　唐正道（11月—） 徐　震（4月—） 屠　洁（挂职，10月—） 朱　清（—4月）　陆　江（—8月）
委　员	李　健（11月—）　王宜刚 吕　乔（11月—）　沈佳乐 沈　洁（4月—）　段成亮（11月—） 徐建明（—4月）　吴静怡（—4月） 张贤峰（—6月）　张蓓婷（—8月） 周丽清（—11月）
纪委书记	吕　乔（11月—）　张蓓婷（—8月）
人大主席	吴静怡（4月—）　徐建明（—4月）
人大副主席	吴建斌（—11月）
镇　长	陈　凯（8月—）　陆　江（—8月）
副镇长	朱庆兰　杨　政　沈超未（11月—） 沙春明　张彦生（11月—） 吴静怡（—4月）　李　健（4月—11月） 陈　凯（—5月）

（市委组织部、港口管委会、各条线部门）

年度荣誉

先进集体一览表（部分）

表 101

序号	获奖单位	荣誉称号	授予单位
1	太仓市	2020 年落实有关重大政策措施真抓实干成效明显地方（开展农村人居环境整治成效明显的地方真抓实干督查激励）	国务院办公厅
2	太仓市	“四好农村路”全国示范县	交通运输部
3	太仓市	2020 年度全国健康城市建设样板市（县级市第二名）	全国爱国卫生运动委员会办公室
4	太仓市	2021 年重新确认国家卫生城市	全国爱国卫生运动委员会
5	太仓市	2021 年全国基层中医药工作先进单位复审合格	国家中医药管理局办公室
6	太仓市	“中国最具幸福感城市”县级市榜首、企业家幸福感最强市	新华社《瞭望东方周刊》、瞭望智库
7	太仓市	2021 年中国县域高质量发展百强第六位	壹城经济咨询中心（壹城智库）
8	太仓市	2021 年度中国县级市基本现代化指数第五位	竞争力智库、中国经济导报、北京中新城市规划设计研究院等机构
9	太仓市	2021 年度全国综合实力百强县市第七位	中国中小城市发展指数研究课题组、国信中小城市指数研究院
10	太仓市	2021 年度全国绿色发展百强县市第二位	中国中小城市发展指数研究课题组、国信中小城市指数研究院
11	太仓市	2021 年度全国科技创新百强县市第二位	中国中小城市发展指数研究课题组、国信中小城市指数研究院
12	太仓市	2021 年度中国县域发展潜力百强第四位	壹城智库课题组
13	太仓市	中国康养百佳县市榜首	《小康》杂志
14	太仓市	中国县域知识产权竞争力排行榜第六名	中国专利保护协会指、北大新结构经济学知识产权研究院
15	太仓市	第二批城乡交通运输一体化示范创建县	交通运输部运输服务司
16	太仓市行政审批局	全国节约型机关	国家机关事务管理局、中共中央直属机关事务管理局、国家发改委、财政部
17	太仓市沙溪镇半泾村	全国乡村治理示范村	农业农村部
18	太仓市独溇小海生态农业产业园	全国农村创业园区（基地）目录（2021 年）	农业农村部办公厅
19	太仓市城厢镇电站村生态园	入选全国农村创业园区（基地）目录（2021 年）	农业农村部办公厅
20	太仓市沙溪镇	第五批全国“扫黄打非”进基层示范点	全国“扫黄打非”工作小组办公室
21	太仓市沙溪镇中荷村	全国村级议事协商创新实验试点单位	民政部办公厅
22	太仓市沙溪镇集成指挥中心	2021 年智慧城市先锋榜优秀案例	中国智慧城市大会组委会

续表 101

序号	获奖单位	荣誉称号	授予单位
23	太仓市城厢镇东林村	国家级生态农场	农业农村部农业生态与资源保护总站、中国农业生态环境保护协会
24	太仓市文体广电和旅游局	2017—2020 年全国群众体育先进单位	国家体育总局
25	太仓海事局浮桥海巡执法大队党支部	2021 年度交通运输部系统先进基层党组织	交通运输部办公厅
26	太仓市供销合作总社	2020 年度信息报送工作先进单位	中华全国供销合作总社办公厅
27	太仓市人民法院	司法宣传和通联工作先进单位	人民法院新闻传媒总社
28	太仓市璜泾卫生院	2021 年“优质服务基层行”活动中表现突出、服务优质机构	国家卫生健康委办公厅、国家中医药管理局办公室
29	太仓市城厢镇社区卫生服务中心	2021 年“优质服务基层行”活动中表现突出、服务优质机构	国家卫生健康委办公厅、国家中医药管理局办公室
30	太仓市规划展示馆	第 20 届全国青年文明号	共青团中央等 23 家全国创建青年文明号活动组委会成员单位
31	国网太仓市供电公司电力调度控制分中心调控运行班	2021 年电力行业质量信得过班组 AAA 级班组	中国水利电力质量管理协会
32	国网太仓市供电公司输变电运检中心变电检试班	2021 年电力行业质量信得过班组 AAA 级班组	中国水利电力质量管理协会
33	太仓市“十三五”时空基础设施体系建设项目	2021 年地理信息产业优秀工程银奖	中国地理信息产业协会
34	太仓市人力资源和社会保障局	全省脱贫攻坚暨对口帮扶支援合作先进集体	省委、省政府
35	太仓市发展和改革委员会	全省脱贫攻坚暨对口帮扶支援合作先进集体	省委、省政府
36	太仓市城厢镇党委	江苏省乡村振兴先进集体	省委、省政府
37	太仓市对口帮扶铜仁市玉屏县工作组	全省脱贫攻坚暨对口帮扶支援合作工作表现突出的集体（“三对”工作先进集体）	省委、省政府
38	太仓市对口支援西藏林周县工作组	通报表扬	省委、省政府
39	太仓市对口帮扶周至工作组	陕西省脱贫攻坚先进集体	陕西省委、省政府
40	太仓市工商联	全国“五好”县级工商联	中华全国工商业联合会
41	太仓市璜泾镇商会	全国“四好”商会	中华全国工商业联合会
42	太仓市浙江商会	全国“四好”商会	中华全国工商业联合会
43	太仓海事局党群工作部（纪检监察处）	长江海事局 2019—2020 年青年文明号	长江海事局党委
44	太仓海事局船舶监督处	2020 年度长航系统“安康杯”竞赛“安全优秀班组”	长江航务管理局、长江航务工会
45	太仓海事局财务会计处	长江海事局 2019—2020 年规费征稽工作先进集体	长江海事局党委、长江海事局
46	太仓市科技志愿服务大队	2021 年度科技志愿服务先进典型	中国科协
47	太仓市科协	2020 年科普中国信息员队伍建设优秀组织单位	中国科协办公厅
48	太仓市科协	2021 年全国科普日活动优秀组织单位	中国科协办公厅
49	太仓科技馆	首批 2021—2025 年全国科普教育基地	中国科协办公厅

续表 101

序号	获奖单位	荣誉称号	授予单位
50	太仓市	2020 年落实有关重大政策措施真抓实干成效明显的地方	省政府办公厅
51	太仓市	2020 年度全省基层党员冬训工作示范县（市、区）	省委宣传部、省委组织部
52	太仓市	2019—2020 年江苏基层社会治理创新成果奖	省民政厅
53	太仓市	2020 年度农村人居环境整治工作评估第一等次	省农村人居环境整治联席会议办公室
54	太仓市	2021 年度全省推进乡村振兴战略实绩考核结果综合排名第一等次	省委农村工作领导小组
55	太仓市	全省信访工作示范县（市、区）	省信访工作联席会议
56	太仓市财政局	全省财政系统先进集体	省人社厅、省财政厅
57	太仓市财政局	2020 年信息宣传工作优秀县（市、区）财政局	省财政厅
58	太仓市财政局	全省法治财政标准化管理 2020 年度优秀单位和连续三年以上先进单位	省财政厅
59	太仓市财政局	2020 年度预算绩效管理工作考核结果优秀的县（市）财政部门	省财政厅
60	太仓市财政局	2021 年国有企业经济效益月报先进单位	省财政厅
61	太仓市教育局	江苏省义务教育教育优质均衡发展县（市、区）	省教育厅
62	太仓市教育局	2020 年省级社区教育示范区名单	省教育厅
63	苏州健雄职业技术学院	江苏省中国特色高水平高职学校建设培育单位	省教育厅
64	太仓市璜泾镇人民政府	江苏省第七次全国人口普查工作成绩显著集体	省统计局、省第七次全国人口普查领导小组办公室
65	太仓市浏河镇人民政府	江苏省第七次全国人口普查工作成绩显著集体	省统计局、省第七次全国人口普查领导小组办公室
66	太仓市娄东街道司法所	江苏省优秀司法所	省司法厅
67	太仓市娄东街道朝阳社区	江苏省民主法治示范社区	省司法厅、省民政厅
68	太仓市沙溪镇	江苏省生态文明示范乡镇（街道）	省环境保护厅
69	太仓市沙溪镇	江苏省群众体育先进单位	省体育局
70	太仓市沙溪镇	省级耕地保护激励单位	省自然资源厅
71	太仓市生物医药产业园	省级生产性服务业集聚示范区	省发改委
72	太仓市生物医药产业园	江苏省科技创业孵化链条	省科技厅
73	太仓市生物医药产业园	江苏省科技企业加速器	省科技厅
74	太仓市沙溪镇社会事业局	省级“暖心家园示范点”	省卫健委、省计划生育协会
75	太仓市沙溪镇行政审批局	江苏省五四红旗团支部（团总支）	共青团江苏省委
76	太仓市退役军人服务中心	全国示范型退役军人服务中心	省退役军人服务中心
77	太仓市城厢镇退役军人服务站	全省优秀退役军人服务站	省退役军人服务中心
78	太仓市城厢镇退役军人服务站	全国示范型退役军人服务站	省退役军人服务中心
79	太仓市沙溪镇退役军人服务站	全国示范型退役军人服务站	省退役军人服务中心

续表 101

序号	获奖单位	荣誉称号	授予单位
80	太仓市浏河镇退役军人服务站	全国示范型退役军人服务站	省退役军人服务中心
81	太仓市浮桥镇退役军人服务站	全国示范型退役军人服务站	省退役军人服务中心
82	太仓市璜泾镇退役军人服务站	全国示范型退役军人服务站	省退役军人服务中心
83	太仓市双凤镇退役军人服务站	全国示范型退役军人服务站	省退役军人服务中心
84	太仓市娄东街道退役军人服务站	全国示范型退役军人服务站	省退役军人服务中心
85	太仓市陆渡街道退役军人服务站	全国示范型退役军人服务站	省退役军人服务中心
86	太仓市璜泾镇杨槽村退役军人服务站	2021 年度全省“百家红色精品退役军人服务站”	省退役军人事务厅
87	太仓市民政局	全省社会救助领域创新实践最佳案例	省民政厅
88	太仓市福利彩票管理中心	2020 年度全省福利彩票销售十强县（市）	省福利彩票发行中心
89	太仓市沙溪镇	2019—2021 年江苏省文明乡镇	省文明委
90	太仓市浮桥镇	2019—2021 年江苏省文明乡镇	省文明委
91	太仓市璜泾镇	2019—2021 年江苏省文明乡镇	省文明委
92	太仓市城厢镇	2019—2021 年江苏省文明乡镇	省文明委
93	太仓市双凤镇	2019—2021 年江苏省文明乡镇	省文明委
94	太仓市浏河镇	2019—2021 年江苏省文明乡镇	省文明委
95	太仓市双凤镇凤中村	2019—2021 年江苏省文明村	省文明委
96	太仓市双凤镇维新村	2019—2021 年江苏省文明村	省文明委
97	太仓市璜泾镇永乐村	2019—2021 年江苏省文明村	省文明委
98	太仓市璜泾镇杨漕村	2019—2021 年江苏省文明村	省文明委
99	太仓市沙溪镇中荷村	2019—2021 年江苏省文明村	省文明委
100	太仓市璜泾镇雅鹿村	2019—2021 年江苏省文明村	省文明委
101	太仓市浮桥镇牌楼社区（村）	2019—2021 年江苏省文明村	省文明委
102	太仓市浏河镇浏南村	2019—2021 年江苏省文明村	省文明委
103	太仓市娄东街道洋沙社区（村）	2019—2021 年江苏省文明村	省文明委
104	太仓市城厢镇胜泾村	2019—2021 年江苏省文明村	省文明委
105	太仓市浮桥镇三市村	2019—2021 年江苏省文明村	省文明委
106	太仓市浏河镇新闸村	2019—2021 年江苏省文明村	省文明委
107	太仓市沙溪镇半泾村	2019—2021 年江苏省文明村	省文明委
108	太仓市双凤镇黄桥村	2019—2021 年江苏省文明村	省文明委
109	太仓市城厢镇电站村	2019—2021 年江苏省文明村	省文明委

续表 101

序号	获奖单位	荣誉称号	授予单位
110	太仓市璜泾镇孟河村	2019—2021 年江苏省文明村	省文明委
111	太仓市城厢镇南区社区	2019—2021 年江苏省文明社区	省文明委
112	太仓市娄东街道滨河社区	2019—2021 年江苏省文明社区	省文明委
113	太仓市城厢镇梅园社区	2019—2021 年江苏省文明社区	省文明委
114	太仓市娄东街道景瑞社区	2019—2021 年江苏省文明社区	省文明委
115	国家税务总局太仓市税务局	2019—2021 年江苏省文明单位	省文明委
116	江苏太仓港口管理委员会	2019—2021 年江苏省文明单位	省文明委
117	华能国际电力股份有限公司太仓电厂	2019—2021 年江苏省文明单位	省文明委
118	太仓海关	2019—2021 年江苏省文明单位	省文明委
119	太仓海事局	2019—2021 年江苏省文明单位	省文明委
120	太仓市总工会	2019—2021 年江苏省文明单位	省文明委
121	太仓市交通运输局	2019—2021 年江苏省文明单位	省文明委
122	太仓市民政局	2019—2021 年江苏省文明单位	省文明委
123	太仓市公安局	2019—2021 年江苏省文明单位	省文明委
124	太仓市行政审批局	2019—2021 年江苏省文明单位	省文明委
125	太仓市人民检察院	2019—2021 年江苏省文明单位	省文明委
126	江苏省太仓高新技术产业开发区管理委员会	2019—2021 年江苏省文明单位	省文明委
127	太仓武港码头有限公司	2019—2021 年江苏省文明单位	省文明委
128	太仓万方国际码头有限公司	2019—2021 年江苏省文明单位	省文明委
129	中国移动通信集团江苏有限公司太仓分公司	2019—2021 年江苏省文明单位	省文明委
130	国网江苏省电力有限公司太仓市供电分公司	2019—2021 年江苏省文明单位	省文明委
131	中国电信股份有限公司太仓分公司	2019—2021 年江苏省文明单位	省文明委
132	太仓市城市管理局	2019—2021 年江苏省文明单位	省文明委
133	太仓市图书馆	2019—2021 年江苏省文明单位	省文明委
134	中国人民银行太仓市支行	2019—2021 年江苏省文明单位	省文明委
135	中国建设银行股份有限公司太仓分行	2019—2021 年江苏省文明单位	省文明委
136	太仓市青少年活动中心	2019—2021 年江苏省文明单位	省文明委
137	太仓市中医医院	2019—2021 年江苏省文明单位	省文明委
138	太仓市消防救援大队	2019—2021 年江苏省文明单位	省文明委
139	太仓市审计局	2019—2021 年江苏省文明单位	省文明委
140	太仓市财政局	2019—2021 年江苏省文明单位	省文明委

续表 101

序号	获奖单位	荣誉称号	授予单位
141	太仓市人民检察院	2019—2021 年江苏省文明单位	省文明委
142	中国联合网络通信有限公司太仓市分公司	2019—2021 年江苏省文明单位	省文明委
143	太仓市同维电子有限公司	2019—2021 年江苏省文明单位	省文明委
144	太仓市沙溪古镇旅游开发有限公司	2019—2021 年江苏省文明单位	省文明委
145	太仓市欣诚社会工作服务社	2019—2021 年江苏省文明单位	省文明委
146	太仓阳鸿石化有限公司	2019—2021 年江苏省文明单位	省文明委
147	太仓市科教新城实验小学	2019—2021 年江苏省文明校园	省文明委
148	太仓市实验小学	2019—2021 年江苏省文明校园	省文明委
149	江苏省太仓高级中学	2019—2021 年江苏省文明校园	省文明委
150	太仓市实验中学	2019—2021 年江苏省文明校园	省文明委
151	中国电信股份有限公司太仓分公司	江苏省工人先锋号	省总工会
152	中国移动通信集团江苏有限公司太仓分公司	江苏省工人先锋号	省总工会
153	太仓市仓能电力集团有限公司工程业务部	江苏省工人先锋号	省总工会
154	太仓市建筑行业协会	江苏省“四好商会”	省工商业联合会
155	太仓市安徽商会	江苏省“四好商会”	省工商业联合会
156	太仓高新技术产业开发区商会	江苏省“四好商会”	省工商业联合会
157	太仓市双凤镇商会	江苏省“四好商会”	省工商业联合会
158	太仓市房地产业协会	江苏省“四好商会”	省工商业联合会
159	太仓市福建商会	江苏省“四好商会”	省工商业联合会
160	太仓海事局北沿江工作专班	北沿江高铁上海至南通越江段水上勘察工作先进集体	江苏海事局、省交通运输厅、省铁路办公室
161	太仓海事局指挥中心	北沿江高铁上海至南通越江段水上勘察工作先进集体	江苏海事局、省交通运输厅、省铁路办公室
162	太仓海事局海巡 0686 艇	北沿江高铁上海至南通越江段水上勘察工作先进集体	江苏海事局、省交通运输厅、省铁路办公室
163	太仓海事局青年创新团队	第三届江苏海事局青年岗位创新大赛一等奖	江苏海事局
164	太仓海事局浮桥海巡执法大队党支部、政务中心党支部	2020—2021 年江苏海事局先进基层党组织	中共江苏海事局党组
165	中国联合网络通信有限公司太仓市分公司	2021 年度江苏省放心消费创建消费示范企业	省放心消费创建活动办公室
166	中国联合网络通信有限公司太仓市分公司	2018—2020 年江苏省联通公司红船先锋队	中共中国联通江苏省分公司委员会
167	太仓市城厢镇团委	江苏省五四红旗团委	团省委

续表 101

序号	获奖单位	荣誉称号	授予单位
168	太仓市明德高级中学团委	江苏省五四红旗团委	团省委
169	太仓市沙溪镇行政审批团支部	江苏省五四红旗团支部	团省委
170	太仓市中专校电气与汽车工程系团总支	江苏省五四红旗团支部	团省委
171	太仓市科教新城实验小学少先队大队	江苏省优秀少先队集体	团省委、省教育厅、省少工委
172	文教投新建西交利物浦大学太仓校区教学区项目土建安装施工总承包	江苏省青年安全生产示范岗	团省委、省应急管理厅
173	太仓市科协	2020 年江苏省科技志愿服务及科普中国信息传播工作优秀组织单位	省科协
174	太仓市科技志愿服务大队	2020 年江苏省科技志愿服务队先进典型	省科协
175	太仓市科协	2021 年全国科技活动周暨第 33 届江苏省科普宣传周优秀组织单位	省科协
176	太仓市科协	2021 年度科普报刊宣传工作先进单位	省科协
177	太仓市高新区	第二批江苏省海外人才离岸创新创业基地试点	省科协
178	太仓港区	江苏省智慧园区	省商务厅
179	太仓市广电网络有限公司市场运营部	江苏省广电有线信息网络股份有限公司先进集体	省广电有线信息网络股份有限公司
180	娄欣叶网评工作室	第二批省级网络文明素养实践教育基地建设单位	省委网信办
181	太仓市城管局	2021 年度全省住房和城乡建设系统行政执法示范单位	省住建厅
182	太仓市城管局	2021 年度巩固深化“强基础、转作风、树形象”专项行动表现突出单位	省住建厅
183	太仓市人民法院城厢人民法庭	全省优秀人民法庭	省高院
184	通快(中国)有限公司	江苏省“绿色工厂”	省工信厅
185	苏州瑞高新材料有限公司	江苏省“绿色工厂”	省工信厅
186	苏州华苏塑料有限公司	江苏省“绿色工厂”	省工信厅
187	江苏宝洁有限公司	江苏省“绿色工厂”	省工信厅
188	新大洲本田摩托(苏州)有限公司	江苏省“绿色工厂”	省工信厅
189	太仓市公安局科信大队	集体二等功	省公安厅
190	太仓市公安局政治处	集体三等功(民警的“好娘家”)	省公安厅
191	太仓市关心下一代工作委员会	江苏省关心下一代工作优秀集体	省关工委、省文明办
192	太仓市委党校	江苏省公共机构节能低碳示范单位	省机关事务管理局、省发改委、省工信厅、省财政厅、省生态环境厅
193	太仓市行政中心	江苏省节水型机关	省水利厅、省机关事务管理局
194	太仓市人民检察院	全省检察机关扫黑除恶专项斗争先进集体	省检察院
195	太仓市融媒体中心(传媒集团)智慧农业大数据融合创新中心	2020 年江苏省“数动未来”融合创新中心	省工信厅

续表 101

序号	获奖单位	荣誉称号	授予单位
196	太仓市司法局	2020 年度信息工作先进集体	省司法厅
197	江苏周瑞昌律师事务所	全省法律援助工作先进集体	省司法厅
198	太仓市司法局双凤司法所	全省“双争双创”活动优秀司法所	省司法厅
199	太仓市司法局娄东司法所	江苏省优秀司法所	省司法厅
200	舍弗勒（中国）有限公司	2020 年度省级节水型载体	省水利厅
201	苏州虹盛印染有限公司	2021 年度省级节水型载体	省水利厅
202	太仓市计划生育协会	全省计划生育协会工作成绩突出单位（县级）	省计划生育协会
203	太仓市第一人民医院	2021 年药品不良反应监测评价工作优秀的医疗机构	省药品不良反应监测中心
204	太仓市卫生培训与健康促进中心	2021 年度卫生科普先进集体	省健康教育协会
205	太仓市浏河人民医院	江苏省健康促进医院	省卫生健康委员会办公室
206	太仓市沙溪镇卫生院	第四批“江苏省社区医院”	省卫生健康委员会办公室
207	太仓市璜泾镇卫生院	第四批“江苏省社区医院”	省卫生健康委员会办公室
208	太仓市科教新城社区卫生服务中心鹤桥社区家庭医生工作室	2021 年度星级家庭医生工作室	省卫生健康委员会办公室
209	太仓市图书馆生活阅读空间	江苏省“最美公共文化空间”打造对象	省文旅厅
210	太仓市博物馆	江苏省“最美公共文化空间”打造对象	省文旅厅
211	太仓市信访局	规范越级进京访秩序专项整治工作成效显著单位	省信访联席办
212	太仓市信访局	全省人民建议征集工作先进单位	省信访局
213	太仓市建设档案馆	2020 年江苏省示范城建档案馆（复查）	省住建厅
214	太仓市规划展示馆	全省自然资源系统党员教育实境课堂	省资规厅党的建设工作领导小组办公室
215	太仓市自然资源和规划局第五党支部	全省自然资源系统支部书记工作室	省资规厅党的建设工作领导小组办公室
216	太仓市土地学会	2020 年度学会工作先进单位	省土地学会
217	太仓市交通运输综合执法大队	2020 年度全省超限超载运输治理工作优秀集体	省交运厅、省公安厅
218	江苏太仓港口管理委员会	长江江苏段水上过驳专项整治工作先进集体	省长江水上过驳专项整治领导小组
219	太仓市交通运输局	长江江苏段水上过驳专项整治工作先进集体	省长江水上过驳专项整治领导小组
220	太仓市交通运输局公路管理处党总支	2021 年度先进基层党组织	中共江苏省交通运输行业委员会
221	太仓市委办	全省（县、市）信息工作第 5 名	省委办公厅信息处
222	太仓港经济技术开发区	年度经济总量十强	省商务厅
223	太仓市打好污染防治攻坚战指挥部办公室	2020 年度打好污染防治攻坚战宣传工作先进集体	省打好污染防治攻坚战指挥部办公室

（市史志办）

先进个人一览表(部分)

表 102

序号	姓名	单位	荣誉称号	授予单位
1	朱永林	太仓市公安局交警大队陆渡中队	个人嘉奖	公安部
2	王锦波	太仓市农业综合执法大队	“中国渔政亮剑 2021”系列专项执法行动成绩突出个人	农业农村部
3	严　浩	太仓市文体广电和旅游局	2017—2020 年全国群众体育先进个人	国家体育总局
4	李海洲	太仓市公安局禁毒大队	“红蓝对抗 2021 年”第一批次双向查缉比武先进个人	国家禁毒办
5	陶圣梅	太仓市消防救援大队	全国消防救援队伍优秀女文员	应急管理部消防救援局
6	方云青	太仓市供销合作社	2020 年度信息报送工作先进个人	中华全国供销合作总社办公厅
7	顾星球	太仓市发展和改革委员会	全省脱贫攻坚暨对口帮扶支援合作先进个人	省委、省政府
8	陆　超	太仓市农业农村局	全省脱贫攻坚暨对口帮扶支援合作先进个人	省委、省政府
9	严卫中	太仓市沙溪第一中学	全省脱贫攻坚暨对口帮扶支援合作先进个人	省委、省政府
10	曹炳华	太仓市农业农村局	江苏省乡村振兴先进个人	省委、省政府
11	褚　锋	太仓万方国际码头有限公司	江苏省劳动模范	省委、省政府
12	顾新梅	苏州贯龙电磁线有限公司	江苏省劳动模范	省委、省政府
13	金雯芬	马勒电驱动(太仓)有限公司	江苏省劳动模范	省委、省政府
14	潘锦超	苏州锦超服饰有限公司	江苏省劳动模范	省委、省政府
15	曹　峰	太仓市沙溪镇中荷村	江苏省劳动模范	省委、省政府
16	朱永青	太仓市青园农产品专业合作社	江苏省劳动模范	省委、省政府
17	冯瑞兴	太仓市农业农村局	江苏省先进工作者	省委、省政府
18	袁　磊	太仓市中医医院	江苏省先进工作者	省委、省政府
19	王义平	太仓市城厢镇电站村	江苏省优秀共产党员	省委
20	孙　陈	太仓市德颐善社会工作发展中心	江苏省优秀党务工作者	省委
21	褚　锋	太仓万方国际码头有限公司	第三届江苏技能大奖、“江苏工匠”	省政府
22	徐　震	挂职玉屏县扶贫办	全省脱贫攻坚先进个人	贵州省委、省政府
23	邓子成	太仓海事局	2021 年度长航系统优秀共产党员	交通运输部长江航务管理局委员会

续表 102

序号	姓名	单位	荣誉称号	授予单位
24	董　萍	太仓海事局	2021 年度长航系统优秀党务工作者	交通运输部长江航务管理局委员会
25	李　遥	太仓海事局	长航局长江干线船舶和港口污染突出问题整治工作先进个人	长江航务管理局
26	卢　真	太仓海事局	2020 年度长航局“优秀共青团干部”	共青团长江航务管理局委员会
27	周亚飞	太仓市纪委	全省纪检监察系统先进工作者	省纪委监委、省人社厅
28	王国其	太仓市政协	全省政协系统先进工作者	省政协办公厅、省人社厅
29	汪园超	苏州健雄职业技术学院	江苏省教育系统先进个人（优秀教师）	省委教育工委
30	汪园超	苏州健雄职业技术学院	江苏省“高校优秀共产党员”称号	省人社厅、省教育厅
31	王　玉	苏州健雄职业技术学院	江苏省“辅导员年度人物”入围奖	省教育厅、省委教育工委
32	汤雪峰	苏州健雄职业技术学院	全国技能大赛职工组赛项三等奖（江苏省技术能手）	省人社厅
33	程　伟	苏州健雄职业技术学院	全国技能大赛职工组赛项三等奖（江苏省技术能手）	省人社厅
34	江美红	太仓市实验中学	江苏省教育系统先进个人（优秀教师）	省人社厅、省教育厅
35	姜庆荣	江苏省沙溪高级中学	2021 年乡村优秀青年教师培养奖励计划人选	省教育厅、省教育科技工会委员会
36	吴敏敏	太仓市科教新城实验小学	2021 年“苏教名家”培养工程培养对象	省教育厅
37	邱文华	太仓市社会福利服务中心	2021 年度江苏省“最美养老护理员”	省委宣传部、省民政厅
38	陈宝国	太仓市浏河镇人民政府	江苏省优秀司法所长	省司法厅
39	戴新刚	太仓市文体广电和旅游局	2021 年江苏省文化和旅游系统先进工作者	省文化和旅游厅团委
40	张雯媛	太仓海事局	长江海事局 2020 年度保密工作先进个人	长江海事局党委、长江海事局
41	商晶晶	太仓海事局	长江海事局 2020 年度财务工作先进个人	长江海事局党委、长江海事局
42	邓子成	太仓海事局	长江海事局 2020 年度渡船安全监管工作先进个人	长江海事局党委、长江海事局
43	阮成虎	太仓海事局	长江海事局 2020 年度船员管理工作先进个人	长江海事局党委、长江海事局
44	帅　帅	太仓海事局	长江海事局 2020 年度水上交通安全生产专项整治三年行动工作先进个人	长江海事局党委、长江海事局
45	夏华民	太仓海事局	长江海事局 2019—2020 年规费征稽工作先进个人	长江海事局党委、长江海事局

续表 102

序号	姓名	单位	荣誉称号	授予单位
46	赖志尧	太仓海事局	北沿江高铁上海至南通越江段水上勘察工作先进个人	江苏海事局、省交通运输厅、省铁路办公室
47	吉余盛	太仓海事局	北沿江高铁上海至南通越江段水上勘察工作先进个人	江苏海事局、省交通运输厅、省铁路办公室
48	陈治彬	太仓海事局	北沿江高铁上海至南通越江段水上勘察工作先进个人	江苏海事局、省交通运输厅、省铁路办公室
49	王少康	太仓海事局	北沿江高铁上海至南通越江段水上勘察工作先进个人	江苏海事局、省交通运输厅、省铁路办公室
50	卢　真	太仓海事局	2020—2021 年江苏海事局先进青年工作者	中共江苏海事局党组
51	陈　锋	太仓海事局	江苏海事局 2020 年度先进工作者	中共江苏海事局党组
52	杜秉宇	太仓海事局	江苏海事局 2020 年度先进工作者	中共江苏海事局党组
53	胡　红	太仓海事局	江苏海事局 2020 年度先进工作者	中共江苏海事局党组
54	姜建平	太仓海事局	江苏海事局 2020 年度先进工作者	中共江苏海事局党组
55	夏　村	太仓海事局	江苏海事局 2020 年度先进工作者	中共江苏海事局党组
56	肖岐奎	太仓海事局	江苏海事局 2020 年度先进工作者	中共江苏海事局党组
57	姚晓坤	太仓海事局	江苏海事局 2020 年度先进工作者	中共江苏海事局党组
58	汪慧款	太仓海事局	长江江苏段水上过驳专项整治工作先进个人	省长江水上过驳专项整治领导小组
59	兰瑞强	太仓海事局	长江江苏段水上过驳专项整治工作先进个人	省长江水上过驳专项整治领导小组
60	王林豪	太仓市地方海事处	长江江苏段水上过驳专项整治工作先进个人	省长江水上过驳专项整治领导小组
61	沈培明	太仓港口管委会	长江江苏段水上过驳专项整治工作先进个人	省长江水上过驳专项整治领导小组
62	张广平	太仓港创元咨询服务公司	长江江苏段水上过驳专项整治工作先进个人	省长江水上过驳专项整治领导小组
63	陈一帆	太仓市城厢镇电站村合作社	江苏省优秀共青团员	团省委
64	陶震翼	太仓市青年社会组织服务中心	江苏省优秀共青团员	团省委
65	王褚英	太仓农村商业银行	江苏省优秀共青团干部	团省委
66	孙郡彤	太仓市朱棣文小学	江苏省优秀少先队员	团省委、省教育厅、省少工委
67	顾　威	太仓市经贸小学	江苏省优秀少先队辅导员	团省委、省教育厅、省少工委
68	程佳佳	太仓市城厢镇县府社区	江苏省优秀少先队辅导员	团省委、省教育厅、省少工委
69	黄　乐	太仓市科技志愿服务大队	2021 年度长三角优秀科技志愿者	长三角科技志愿服务联盟
70	丁志建	苏州创泰电子有限公司	2021 年度江苏省企业“创新达人”	省科协

续表 102

序号	姓名	单位	荣誉称号	授予单位
71	顾　欢	太仓市广电网络有限公司	江苏省广电有线信息网络股份有限公司先进工作者	省广电有线信息网络股份有限公司
72	王　斌	太仓市广电网络有限公司	江苏省广电有线信息网络股份有限公司先进工作者	省广电有线信息网络股份有限公司
73	蒋　健	太仓市广电网络有限公司	江苏省广电有线信息网络股份有限公司先进工作者	省广电有线信息网络股份有限公司
74	陆振东	太仓市实验中学	脱贫攻坚专项奖励个人记大功	省人社厅
75	陆玖庆	太仓市人民法院	全省法院信息工作先进个人	省高院
76	马红妹	太仓市人民法院	全省法院党建工作先进个人	省高院
77	张朋朋	太仓市人民法院	全省法院扫黑除恶专项斗争先进个人	省高院
78	肖　霄	太仓市公安局治安大队	2020 年全省“扫黄打非”先进个人	省“扫黄打非”工作领导小组
79	位洪明	原太仓市公安局浏河派出所	江苏“最美警察”	省公安厅
80	刘　盛	太仓市公安局刑警大队	全省公安百优刑警	省公安厅
81	包顶益	太仓市公安局	个人二等功	省公安厅
82	寇明明	太仓市公安局城西派出所	嘉奖	省公安厅
83	马　鑫	太仓市公安局巡特警大队	嘉奖	省公安厅
84	刁日强	太仓市公安局巡特警大队	个人二等功	省公安厅
85	罗　涛	太仓市公安局陆渡派出所	全省公安机关成绩突出党员民警	省公安厅
86	顾雨洋	太仓市公安局人口管理大队	江苏省第七次全国人口普查工作成绩显著个人	省第七次全国人口普查办、省统计局
87	杨　律	太仓市公安局交警大队	2020 年度全省超限超载运输治理工作优秀个人	省交运厅、省公安厅
88	武　毅	国网太仓市供电公司	国网江苏省电力有限公司优秀共产党员	中共国网江苏省电力有限公司委员会
89	郁天雄	国网太仓市供电公司	安全生产先进个人	国网江苏省电力有限公司安全生产委员会
90	凌　玲	太仓市行政审批局	全省政务系统“最美政务人”	省政管办
91	谢丽雯	太仓市司法局沙溪司法所	全省法律援助工作先进个人	省司法厅
92	居丽莉	太仓市司法局	2020 年度依法治省工作成绩突出个人	省委全面依法治省委员会
93	王青青	太仓市自然资源和规划局	全省自然资源系统优秀共产党员	省自然资源厅
94	李　鹏	太仓市自然资源和规划局	2019—2020 年全省自然资源信访工作突出个人	省自然资源厅
95	朱　敏	太仓市自然资源和规划局	江苏省巾帼建功标兵	省妇联

（市史志办）

重要文献

奋力拼出“太仓速度”　勇担使命跨越发展
激情谱写社会主义现代化建设太仓精彩篇章

——在中国共产党太仓市第十四次代表大会上的报告

汪香元

2021 年 7 月 26 日

一、砥砺奋进的五年

市第十三次党代会以来，我们坚持以习近平新时代中国特色社会主义思想为指导，全面贯彻党的十九大和十九届二中、三中、四中、五中全会精神，深入落实中央和省委、苏州市委各项决策部署，坚持稳中求进工作总基调，自觉践行新发展理念，团结带领全市人民，抢抓机遇、应对挑战，解放思想、开拓进取，胜利完成市第十三次党代会确定的主要任务，高水平全面建成小康社会，高质量发展迈出坚实步伐。

——五年来，我们致力创新转型，综合实力实现突破。地区生产总值、一般公共预算收入分别达 1386 亿元、171.1 亿元，年均分别增长 6.1%、8.4%，规模以上工业总产值突破 2500 亿元。累计完成固定资产投资 2171.76 亿元。高端装备制造、新材料、物贸总部经济均突破千亿元，生物医药、航空航天产业不断壮大。“两新”产业产值占比达 58.2%、49.3%。高新技术企业数达 676 家。西北工业大学太仓长三角研究院、中科院硅酸盐所苏州研究院等建成投运。高层次人才数超 2.2 万人。万人有效发明专利拥有量达 79.03 件。获批省级高新区。蝉联省推进高质量发展先进县（市、区），跃升至全国县域经济综合竞争力百强县第六位。

——五年来，我们深化改革开放，动力活力持续增强。党政机构改革顺利完成，陆渡街道正式成立，经济发达镇行政管理体制改革走在全省前列。高质量完成基层整合审批服务执法力量改革。国资国企改革稳步开展。“放管服”改革纵深推进，全国首创“双信三即”土地出让模式，工程建设项目审批“全链改革”走在全国前列。位列营商环境百强县第六名。累计完成注册外资 55.8 亿美元、实际使用外资 28 亿美元，进出口总额 651.9 亿美元。在太德企总数达 388 家，中德先进制造园等投入运营。累计引进沪上项目 1233 个，嘉闵线北延太仓段项目加快推进，沪苏通铁路一期开通运营，岳鹿路对接嘉定城北路建成通车。太仓港跃居全国第八大集装箱港口，集装箱四期码头建成启用。获评全省唯一港口型国家物流枢纽。

——五年来，我们统筹城乡建设，功能品质不断攀升。国土空间布局持续优化，城乡规划体系更趋完善。娄江新城全面起势，西北工业大学太仓校区一期竣工，西交利物浦大学太仓校区加快建设。太仓站、太仓南站、太浏快速路等建成投用。公共卫生中心、市民文体中心等完成建设，市民公园、娄江新城滨河公园等建成开放。完成 19 个老旧小区、30 条背街小巷、13 个城区农贸市场提档改造。生活垃圾分类实现全覆盖。累计盘活存量土地 3.8 万亩。高品质“四好农村路”覆盖全域。完成 13 个被撤并镇（管理区）整治提升。获评全国农村集体“三资”管理示范县，农村人居环境整治、土地利用管理工作获国务院通报表扬。

——五年来，我们注重生态优先，环境质量明显改善。全市域推进长江大保护，深入开展“百日攻坚”“2982”等专项行动，累计完成沿江绿化 7000 亩，七丫口郊野湿地、七浦塘生态公园等建成开放。“263”“散乱污”专项整治行动纵深推进。单位地区生产总值能耗下降 18%。$PM_{2.5}$ 年平均浓度下降至 26 微克 / 立方米，优良天数比率提升至 85.2%，位居全省前列。“河长制”“断面长制”不断深化，省考以上断面水质优Ⅲ比例达 100%。完成 5 座污水处理厂扩建提标改造，中蓝危废等 3 个固废处置项目建成运行。“一心两湖三环四园”城市生态体系基本形成。自然湿地保护率全省领先。获评国家生态园林城市、国家生态文明建设示范市。

——五年来，我们坚持人民至上，民生事业全面进步。居民人均可支配收入达 59442 元，年均增长 8%。城镇登记失业率控制在 2% 以内。社会保障体系不断完善，率先实现长三角异地就医“自主转诊”划卡结算。完成新改扩建学校 38 个，新增学位 1.95 万个。获评省义务教育优质均衡发展县（市、区）。市第一人民医院、市中医医院升级为三级乙等医院。疫情防控取得实效。获评全国健康城市建设示范市。养老服务体系建设全国领先。精准扶贫、对口帮扶成效显著。实现全国双拥模范城“两连冠”。社会综合治理网格化联动工作走在全省前列，建设“发展型”幸福社区获评省基层社会治理创新成果奖。法治建设满意度居全省第一。安全生产、扫黑除恶专项斗争扎实推进，公众安全感位居全省前列。

——五年来，我们扛起主责主业，党的建设取得实效。扎实开展党内主题教育，切实增强“四个意识”、坚定“四个自信”、做到“两个维护”。严格落实意识形态工作责任制，牢牢把握工作领导权主动权。健全干部“选育管用”全链条机制，市镇领导班子和干部队伍结构不断优化。建立完善“三项机制”及激励干部担当“1+N”制度体系。城市基层党建“融合力”工程深入实施。村干部专职化管理走在全省前列。完成省委乡村振兴专项巡视整改，实现十三届市委任期内巡察全覆盖。促进各类监督贯通融合，坚定不移推进党风廉政建设和反腐败斗争，正风肃纪反腐取得实效。民主政治建设成效明显，人大、政协作用充分发挥，统一战线、人民武装、老干部、群团等工作取得新进展。

回顾五年来的工作，我们深切地体会到：必须坚决贯彻新思想、新理念。我们坚持以习近平新时代中国特色社会主义思想为指导，全面深入贯彻新发展理念，自觉对标“强富美高”新江苏建设，创造性地抓好各项工作落实，交出了“十三五”发展满意答卷。实践证明，只要坚定坚决以新思想定向领航、以新理念指导实践，就一定能确保各项事业始终沿着正确方向前进。必须高点定位谋全局、促发展。我们围绕“现代田园城、幸福金太仓”目标定位，提出“四大两提一进”“两个高于”“上海下一站、下一站上海”等目标抓手，引领太仓发展不断取得新成效。实践证明，只要坚持从实际出发、往高处攀登、向实处发力，与时俱进优化目标举措，就一定能形成良好预期、取得更大进步。必须集中力量办大事、抓落实。我们坚持项目建设不停步、招商引资不断档，聚焦聚力产业转型升级，举全市之力建设娄江新城，有效提升了产业和城市能级。实践证明，只要步调一致谋发展、心无旁骛抓落实，坚持靶向发力、持续用力，就一定能打开工作局面、实现突破提升。必须坚定不移顺民心、聚民力。我们坚持以人民为中心的发展思想，大力倡导“我为人人、人人为我”，众志成城拿下全国文明城市“金字招牌”，同舟共济筑起疫情防控“铜墙铁壁”，连续五年位列中国最具幸福感城市县级市首位，形成了太仓发展“心更热、水更活、火更旺”的浓厚氛围。实践证明，只要我们坚持一切为了人民、紧紧依靠人民，就一定有底气有实力有办法攻坚克难、化危为机。必须持之以恒抓党建、强引领。我们坚持不懈加强自身建设，充分发挥领导核心作用，不断增强党组织的创造力、凝聚力、战斗力，为太仓发展提供了坚强政治保证和组织保障。实践证明，只要坚持党的领导不动摇，充分调动方方面面的积极性主动性创造性，就一定能开创各项事业新局面。

同志们，过去五年取得的成绩，是中央和省委、苏州市委坚强领导、关心支持的结果，是在历届市委打下的坚实基础上接续奋斗、继往开来的结果，是全市上下团结拼搏、开拓进取的结果。在此，我代表中共太仓市委，向所有为太仓经济社会发展作出贡献的同志们、朋友们，表示衷心的感谢，并致以崇高的敬意！

二、满怀激情谱写新的精彩篇章

未来五年，随着长三角一体化发展、特别是虹桥国际开放枢纽建设加快推进，“沪苏同城化”步伐不断提速，太仓将迎来一个前所未有的黄金发展期。把握黄金期、担当新使命，我们要把多重机遇优势与各种困难挑战综合起来，把上级指示要求与自身目标定位贯通起来，把人民期盼愿望和干事创业动力统一起来，以辩证思维看待发展变化，用实际行动书写好新时代答卷，奋力走好新的赶考之路。面对上级赋予的光荣使命，我们怎么办？习近平总书记赋予江苏“争当表率、争做示范、走在前列”的重大使命，这是党中央对我省的巨大信任和更高要求。“争”的要义在力取，“走”的本义为奔跑。苏州提出建设社会主义现代化强市，并对太仓提出了一系列明确要求。我们必须树立更大志向、展现更强担当，以最早行动、最高效率跑出最快速度，为苏州打造向世界展示社会主义现代化的“最美窗口”贡献更多力量。面对千载难逢的发展机遇，我们怎么办？机遇稍纵即逝，抓住就是良机，错失就是危机。改革开放以来，张家港、昆山、工业园区等地抓住了前几轮发展机遇，赢得了先机。当前，面对长三角一体化这个“家门口”机遇，我们必须比别人看得更准、抓得更早、跑得更快，切实用好并转化机遇，努力变机遇优势为发展胜势。面对日益激烈的区域竞争，我们怎么办？在苏州“群虎相争”的赛场上，不进则退，慢进也是退。“一步抢先步步先，一步迟缓步步缓”，太仓总量规模偏小，如果速度保持一致，差距只会越来越大。必须全程发力、持续提速，用一流加速度不断刷出发展新高度，赶超标兵、甩开追兵、争做排头兵。面对亟需提升的城市能级，我们怎么办？城市能级事关地位问题，更事关要素集聚、影响未来发展。必须进一步强化危机意识和使命意识，以更大手笔、更快速度、更高标准抓好城市建设，加速提升城市综合承载力和影响力，努力在长三角城市群中争得应有地位。面对更高追求的群众期盼，我们怎么办？幸福是客观条件和主观感受的辩证统一。进入新阶段，人民对美好生活的要求不断提高，太仓作为中国最具幸福感城市，必须把速度提得更快、把质量提得更高，在持续领跑中凸显比较优势、在不断进步中提升群众感受，才能赋予金太仓更多幸福内涵。

同志们，时间不等人，机遇不等人，发展不等人。唯有奋力拼出“太仓速度”，勇担使命跨越发展，才能答好发展之问、谱写精彩篇章，切实把总书记的殷殷嘱托率先落实在娄东大地上。

今后五年全市工作的指导思想是：**高举习近平新时代中国特色社会主义思想伟大旗帜，深入贯彻习近平总书记“七一”重要讲话精神，认真落实总书记对江苏工作重要讲话指示要求，着眼“争当表率、争做示范、走在前列”，坚持稳中求进工作总基调，以推动高质量发展为主题，围绕“现代田园城、幸福金太仓”目标定位，紧扣“两个高于”工作导向，传承弘扬苏州“三大法宝”，奋力拼出“太仓速度”，继续做好融入上海、对德合作、以港强市“三篇文章”，统筹抓好经济社会发展各项工作，不断提升党的建设质量和水平，努力把“上海下一站”的区位优势转化为“下一站上海”的奋斗追求，加快打造虹桥国际开放枢纽北翼发展极，激情谱写社会主义现代化建设太仓精彩篇章。**

具体目标是：

——产业体系更趋完善。充分承接上海“溢出效应”，区域间产业协作配套更加紧密，产业能级持续提升，以战略性新兴产业为引领、先进制造业为主体、现代服务业为支撑的产业体系不断优化，创新成为城市鲜明标识和强大动力。

——改革开放纵深推进。重点领域和关键环节改革形成一批标志性、首创性成果。创成国家级高新区。营商环境更加优化，继续保持全国前列。融入上海、对德合作、以港强市“三篇文章”取得重大进展，建立形成更高水平的开放型经济新格局。

——城市能级加速跃升。“5+1”铁路网络加快建设，综合交通体系更加完善。城市发展“中心更集聚、板块更特色”，规划建设管理水平持续提高。名牌高校辐射带动作用不断放大，娄江新城加速成为虹桥商务核心配套区、上海五大新城“姐妹城”。现代田园城市特色进一步彰显。

——生态环境更加优良。美丽太仓建设深入推进，沪太生态环保协同共治不断深化，主要污染物排放总量持续减少，能源资源配置更加合理、利用效率提高，碳排放强度不断下降，生态环境质量、绿色经济发展活力位居全省全国前列。

——民生福祉不断增进。城乡居民共同富裕取得明显实质性进展。承接更多上海优质公共服务资源，基本公共服务优质化、均衡化水平持续提高。文化软实力和贡献度全面提升。城市安全韧性不断增强，治理体系和治理能力现代化加快推进。

——党的建设持续加强。全面从严治党主体责任、监督责任得到严格落实，干部队伍能力素质和专业化水平明显提升，上下贯通、执行有力的组织体系更加完善，党员先锋模范作用充分发挥，党风廉政建设和反腐败斗争深入推进。

实现未来目标、谱写精彩篇章，根本在于解放思想，关键是要拼出“太仓速度”。今日之太仓，是带着“未知数”寻找“最优解”的太仓，是充满“小确幸”拥抱“大未来”的太仓。时代不允许、历史不允许、人民更不允许我们再以“小太仓”自居。“太”变成“大”，就要少一点娇气、小气和傲气；“大”变成“太”，就要多一点勇气、志气和锐气。我们要把解放思想作为一项长期任务坚持不懈抓下去，更大力度、更加彻底地消除与新时代、新要求、新形势、新使命不相适应的思想观念和思维定式，注重从党的百年光辉历程中汲取奋进力量，在弘扬苏州“三大法宝”中找回精神密码，把标杆立起来、把速度拉起来、把激情燃起来，与时俱进地丰富城市精神、彰显城市品格，引领全市各级党组织和广大党员干部群众全力以赴开创美好未来，建设一座更有含金量的幸福金太仓。

（一）拼出“太仓速度”，就是要聚焦争先领先率先，永葆火一样的奋斗激情。从高峰迈向更高的高峰，需要不一样的思想境界。太仓从来是一个稳重踏实、低调务实的地方，但现在我们更需要一场思想大洗礼、观念大更新，把太仓人血脉深处劈波斩浪、扬帆远航的奋斗基因充分唤醒，用速度与激情去夺取新胜利、开辟新境界。一句话，与其安稳守成、缩手缩脚，不如放开手脚、轰轰烈烈地去拼他一场！干他一场！要勇当“尖兵”。坚持把自身发展放到更高坐标系中去审视、谋划和推动，敢于“冒尖”、善于“拔尖”、勇攀“顶尖”，在赶超标兵中甩开追兵，在挑战极限中冲破极限，营造工作争创一流、人人力争上游、全市百舸争流的浓厚氛围，努力创造出更多的“榜样”“示范”和“典型”，争当苏州乃至全省现代化建设“尖兵中的尖兵”。要勇当“猛虎”。始终保持发展有我的豪气和舍我其谁的锐气，锚定“两个高于”不松劲，速度上能快则快、排名上能超则超、荣誉上能夺尽夺，稳稳占据苏州高质量发展“第一方阵”，全力冲刺百强县市“前五座次”，用虎啸风生的气势、虎口夺食的勇猛，展现出太仓虎虎生威的样子。要勇当“黑马”。更加善于从宏观形势变化中捕捉战机，从国家战略实施中找准切口，从自身发展过程中彰显特色，紧扣率先同城、对德合作、文旅产业等重点，于关键处落子布局，在定局前抢先成势，不断打造人无我有、人有我优、人优我特的城市竞争力，努力在万马奔腾中一马当先。

（二）拼出“太仓速度”，就是要坚持苦干实干巧干，淬炼铁一样的责任担当。习近平总书记强调，千难万难，只要重视就不难；大路小路，只有行动才有出路。当前，我们比以往任何时候都更需要迎难而上、勇于攻坚的昂扬斗志，也更需要真抓实干、善作善成的过硬本领。要心往一处想、劲往一处使。推动太仓各项事业发展，没有局外人，任何人都不能当旁观者。太仓所有单位、全体干部，没有二线、三线，只有火线、一线。要紧扣中心大局、紧盯重点难点，敢打头阵、争作贡献、勇担责任，把“跟我上、向前冲”的旗帜更加鲜明地立起来，聚最大合力之功，成最多动能增量，做到“工作不分你我、干活不遗余力、发展不留遗憾”。要吃苦不言苦、知难不畏难。干工作没有条件就要创造条件，不留退路才会拼出血路。要大力弘扬革命加拼命的精神，始终保持“困难面前有我们、我们面前没困难”的精气神，做负重前行的人、披星戴月的人、鞠躬尽瘁的人，想方设法破解每一个难题、抖擞精神打好每一场硬仗，以永不懈怠、永不言败的奋斗，换来永不落幕的精彩。要抓到要害处、点到穴位上。埋头拉车也要抬头看路，用对方法才能事半功倍。要坚持系统化思维，注重规律性把握，善于抓全局的重点、抓重点的关键、抓关键的具体，突出清单化管理、项目化推进、责任化落实，多做借势发力、借船出海的事情，多谋“弯道超车”“换道超车”的招数，努力把“虹吸效应”转换为“溢出效应”，用“溢出效应”构筑起“马太效应”。

（三）拼出“太仓速度”，就是要增强定力魄力毅力，涵养海一样的事业情怀。回顾过去，太仓的每一步发展、每一项成就，无不凝聚着前辈们的心血与汗水，也时刻提醒着后来人要接续奋斗、不负使命。今天的太仓，在厚重务实中迎来厚积薄发，在风生水起中呼唤乘风破浪，唯有沿着正确道路，更加满怀深情地去拼、壮志凌云地去闯，才能不负韶华、不负历史，创造出更大的荣光。要保持“咬定青山不放松”的定力。实践一再证明，只要认定正确道路，坚持不懈创新探索、勠力同心奋勇向前，就没有实现不了的目标、没有创造不了的奇迹。要更加自觉地贯彻新思想、践行新理念，找准上级要求与太仓实际、群众愿望的最佳结合点，毫不动摇遵循既定的正确思路和发展路径，不为短期变化所干扰、不为困难增多所畏惧，集中精力办好自己的事，把建设“现代田园城、幸福金太仓”的光荣事业不断推向前进。要拿出“敢教日月换新天”的魄力。坚持“跳出太仓看太仓”，站上山顶看风景，更加善于想人之未想、做人之未做、急人之未急，用超凡的洞察力、决断力和执行力，在风云变幻中抢占高地、搏击蓝海。要进一步涵养开放包容的胸襟气度，在对标一流中打开思路，在兼收并蓄中聚势赋能，凡是有利于太仓发展的事，毫不迟疑去做；凡是有志于太仓进步的人，必须充分尊重，让这座城市迸发无穷的创造力、展现无限的可能性。要发扬“不破楼兰终不还”的毅力。有志者事竟成。干事业绝不能轻言放弃、更不可半途而废，要充分发扬“钉钉子”精神，始终保持百折不挠的意志和水滴石穿的韧劲，一鼓作气干、一以贯之抓、一往无前冲，尽最大努力，争取最好结果。要大力弘扬奉献精神，多为太仓谋发展、多为群众谋福祉，对工作全身心投入、百分百专注，一天当作两天用、三步并作两步走，在紧张忙碌、有序高效中体现价值、创造价值。

太仓的11个板块是11支精兵劲旅，合在一起就是攻无不克、战无不胜的无敌之师。谱写太仓现代化建设精彩篇章，需要全市上下团结拼搏、共同奋斗，各地也要各扬所长、各美其美，形成各具特色、竞相发展的生动局面。港区（浮桥）要满怀激情、勇立潮头，全速推动量质齐升，全力以赴争先进位，当好主力军、压舱石，迈出“十年再出发、建功现代化”的豪迈步伐。高新区（科教新城、娄东街道、陆渡街道）要拓宽视野、登高望远，跟国内最强比，向国际一流学，拿出责无旁贷、当仁不让的豪气，作出更多全局性、引领性贡献。城厢镇要百尺竿头、更进一步，推动经济更强、环境更美、民生更优，展现“城关镇”的担当作为。沙溪镇要发挥底蕴优势、彰显重镇风范，加速建设“太仓药谷”，打造最美“江南古镇”，更好地发挥硬核支撑作用。浏河镇要拿出江尾海头的胸襟和气魄，抢先一步融入上海、靠前一步拥抱主城，在现代化建设新征程上“蝶变跃升”。璜泾镇要激扬红色精神，推进绿色发展，加速奔跑、多作贡献，奋力当好全市发展生力军。双凤镇要鼓足干劲、力争上游，一着不让扩总量、提质量、强特色，把江南“福地”建成发展“高地”。

三、顽强奋斗推动跨越发展

今后五年，我们要认真贯彻落实中央和省委、苏州市委部署要求，紧紧围绕发展目标，牢牢把握重点任务，全力以赴推动各项事业取得新成效、实现新突破。

（一）*集中力量做好“三篇文章”，加快构筑区域发展新优势*。紧抓各类发展机遇，用好自身资源禀赋，持续做优“三篇文章”，不断放大特色发展优势。一是打造沪苏同城“桥头堡”。主动融入上海城市总体规划与功能布局，全面对接上海“五个中心”“五大新城”，深度参与虹桥国际开放枢纽北向拓展带建设，抓好对接重点、合作区域、关键项目，更多领域更高水平率先实现与上海的同城化。加强沟通衔接、争取更大支持，全力推动嘉闵线北延太仓段与上海段同步建设、同步运营，梯次推进接沪道路打通工程，统筹抓好城市主干道路、公交线路快速衔接，率先形成“同城化都市通勤圈”。围绕生物医药、航空航天、新能源汽车等产业，深化分工协作，形成错位发展、融合互补的产业发展格局。聚焦商务、贸易、会展等重点领域，深度参与虹桥商务区配套协作。深入推进嘉昆太协同创新核心圈建设，强化与沪上科研院所、重大科技平台对接合作，打造上海科技成果重要转化基地。加强社会民生事业合作，更高水平实现公共服务互联共享、生态环境互保共治、社会治理互促共进。二是打造对德合作“示范区”。突出特色更特、优势更优，坚持全领域拓展、全方位提升，推动对德合作上升为国家级平台。重点加强与北德五州合作对接，集聚更多头部德企和“隐形冠军”企业，鼓励在太德企增资扩股，确保2025年德企总数突破500家。争取更多上级政策在中德中小企业合作示范区先行先试，建优建强中德生命科学园等载体平台，建设国内一流、国际知名的中德高科技产业园。推动德资企业与本土企业融合发展，打造更多标杆示范项目。高标准建成罗腾堡德风街、德国玛丽蒂姆酒店等项目，研究布局德国医院、中德学院，营造更浓德国生活场景。深化拓展教育、医疗、环保、文化等领域合作，持续做优“双元制”教育品牌。三是打造以港强市“升级版”。加强与上海国际航运中心的共建互通，高标准建设港口型国家物流枢纽，与上港集团深化航道衔接和港口枢纽合作，不断强化“沪太同港”效应。持续集聚世界500强、央企、欧美企业，打造竞争力强的临江先进制造业基地。抓好苏州自贸片区联动创新区建设，不断提高投资贸易便利化水平。招引更多旗舰型、平台型、税源型物贸总部企业，推动“物流通道”向“物贸基地”转型，实现港口“流量”转变为经济“增量”。加快发展服务贸易和服务外包，培育壮大数字贸易、离岸贸易、跨境电商等新业态。深入研究贯彻国际经贸新规则，加强与日韩、东盟等国家和地区合作，拓展“一带一路”沿线市场。持续完善港城综合配套，进一步构建产城融合发展新格局。

（二）*坚定不移推进创新转型，充分激发经济发展新动能*。坚持创新引领、协同发展，加快构建现代化产业体系。一是筑牢项目建设硬支撑。坚持内外资齐抓并举，用好“投资热力图”等招商利器，统筹开展产业链招商、科技招商、资本招商、载体招商，集聚更多科技含量高、发展潜力大、带动能力强的优质项目，形成大项目连续突破、好项目源源不断的良好局面。始终保持项目建设冲刺冲锋态势，紧盯开工率、投资进度“关键点”，一着不让推动签约项目快开工、开工项目快建设，尽快形成实物工作量。创新项目工作推进机制，完善项目全生命周期服务。二是构建产业集聚强磁场。做优做强高端装备制造、新材料、物贸总部经济产业集群，推动传统产业智能化绿色化转型，加快补链强链延链，实现产业规模、质量“双提升”。对标国内外一流生物医药产业基地，加速生物医药产业园、生物港业态集聚，引育一批行业领军企业，打造长三角特色生物医药产业集群，力争到2025年产值突破500亿元。依托西工大、北航、上海交大等科研优势，加强与中国商飞、中航工业合作对接，加快建设专业化、特色化航空航天产业园，努力打造国际化航空高端制造基地，争当苏州航空航天产业发展的排头兵，力争到2025年产值突破500亿元。大力推动民营企业转型升级，不断激发民营企业活力和创造力。持续加快产业智能化改造和数字化转型步伐，争创更多国家示范试点、省市级智能工厂、标杆企业，助力打响“苏州制造”品牌。加快完善5G、数据中心、物联网等新型基础设施，积极培育人工智能、大数据、区块链等新兴数字产业，努力打造数字经济高质量发展示范区。三是提升创新发展驱动力。深入实施“大院大所”战略，强化名校集聚创新资源作用，更大力度引进一批重大科创载体平台，积极推进长三角先进技术成果转化中心太仓孵化基地建设。强化企业创新主体地位，壮大以民营科技企业和科技型中小企业为基础，以高新技术企业为主体，以“瞪羚”和“独角兽”培育企业为标杆的创新梯队。实施上市培育计划，全力推动优质科创企业登陆境内外资本市场、实现跨越发展。实施新一轮人才工程政策体系，放大两所大学人才引育作用，健全完善招商招才联动、柔性引才机制，到2025年高层次人才数超4万人，科技领军人才数超700人。四是推动文化产业大发展。实施文化产业倍增计划，在苏州“江南文化”品牌中彰显更多太仓元素，到2025年文化产业增加值占比达10%。精心打造城市旅游总入口，建成投运恒大、复星两大文旅项目，丰富提升沙溪古镇、浏河古镇旅游业态，加快推进独溇小海等精品项目建设，创建国家级全域旅游示范区，打造长三角休闲旅游目的地。做足农文旅融合文章，深入实施乡村旅游“一镇一品”工程，高品质打造乡村文化旅游IP。传承江南丝竹、娄东画派、郑和航海等特色文化，融合海派文化元素，走好产业化、品牌化发展之路，使传统文化焕发时代价值。发展数字文化和创意文化产业，加强与头部文娱平台企业合作，壮大电子竞技产业。举办一系列高品质文化活动和高规格国际赛事。

（三）对标一流优化营商环境，全力打造投资兴业新高地。坚持把营商环境作为核心竞争力之一，持续营造市场化法治化国际化营商环境，成为临沪综合性价比最高地。一是提供高效智能的政务服务。深化“放管服”改革，继续做好经济发达镇行政管理体制改革、综合行政执法体制改革。深化行政审批制度改革和“证照分离”改革，探索更多符合实际、太仓首创的新流程新模式。优化企业全生命周期服务，提升政策计算器、企业服务总入口的直达度、便利性。加强智慧政务建设，全面推进“一网通办”，积极推行“就近办、网上办、掌上办”，努力建成标识鲜明、赋能高效的“数字太仓”。深度融入长三角地区政务服务，加强高频事项跨区域互认共享。二是营造最具活力的市场环境。进一步规范市场秩序、促进公平竞争，推动市场环境更加开放、透明、可预期。严格落实“非禁即入”，持续放宽市场准入，吸引内外资企业投资实体经济、基础设施、公共服务等领域。加强事中事后监管，完善新技术、新产品包容审慎监管机制，有效激发市场主体活力。健全重点领域信用奖惩和分级分类监管制度。依法加强对市场主体的知识产权保护，加大知识产权违法行为查处力度。深化国资国企改革，优化国有企业布局。持续构建亲清政商关系，营造亲商安商富商的浓厚氛围，切实增强企业“信心指数”。三是强化精准优质的要素保障。全市域统筹产业空间布局，“一盘棋”开展基础设施、公共服务设施建设，优先保障重点区域、重点项目，推动各类生产要素优化配置和高效集聚。深化国土空间全域整治，推进产业用地更新“双百”行动，腾出更多发展空间，做到“好项目落户不缺土地、好产业发展不缺空间”。建设一批符合产业需求的高标准载体。完善金融服务体系，抓好产业引导基金运作、风投创投基金引育等工作，强化各类基金对创新项目、产业项目的资本纽带作用。优化企业引才用工保障体系，提高人才服务便捷度、人才公寓供应力。

（四）更大力度提升功能品质，持续彰显田园城市新魅力。加快城乡融合发展步伐，增强城市综合承载能力，建设更具内涵、更有魅力的现代田园城市。一是提高规划建设水平。举全市之力加快建设娄江新城，到2025年科教创新区全面建成，临沪国际社区功能形态更趋完善，高铁商务区集聚效应初显，智能制造区建设框架基本形成，“中德创新城”的标识度知名度持续提升，初步建成与上海无缝衔接、高端资源集聚、绿色生态宜居的精品之城。全面建成投用两所大学。高水平编制实施2035国土空间总体规划，做精做细各类规划，加快推进成片开发，构建形成“双心驱动、多级带动”的城市发展格局。高标准做好城市设计，加强对城市家具、景观风貌、建筑样式的规划管控，做优环市民公园、环天镜湖等“城市客厅”，塑造更多打动人心的“城市表情”，让城市更加洋气、更为雅致、更有温度。推进沪苏通铁路二期、南沿江铁路等轨道交通建设，实施沪武高速扩建、沪宜高速金仓湖互通、S256省道工程、龙江路快速化等项目，进一步加密畅通城乡道路，优化城市内部路网，构建高效便捷的综合交通网络。统筹抓好TOD综合开发、地下综合管廊、海绵城市等工作。建设一批大型商业综合体、高端酒店、时尚街区。加快推进城市更新，滚动实施老旧小区改造，把更新区域变成绽放地带。二是狠抓城市精细管理。深入开展“城市体检”，抓实抓细垃圾分类、“厕所革命”、物业管理、停车设施等关键小事，加大市容街景整治力度，强化违法建设、违法用地整改，打造清朗有序的城市空间。实施智慧城市建设行动，加快建设“城市大脑”，推动城市治理“一网统管”，打造数字生活服务体系。不断拓宽群众参与渠道，构建共治共管、共建共享的城市管理新格局。培育和践行社会主义核心价值观，不断赋予城市精神新内涵，推动以文化人、成风化俗，让文明新风尚成为城市亮丽风景。制度化、规范化、常态化推进文明创建、文明实践，全力争创全国文明典范城市。三是深化城乡融合发展。全面实施乡村振兴战略，扎实做好“三农”工作，不断凸显农业农村的经济价值、生态价值和美学价值，率先基本实现农业农村现代化。扎实开展乡村建设行动，深化农村人居环境整治，打造一批特色鲜明的美丽田园乡村。做优做强新型经营主体，创新集体经济实现形式和运行机制，不断壮大集体经济实力。加快现代农业园区提档升级，深化“三高一美”建设，大力发展智慧农业、精品农业、品牌农业，全面提升农业发展质效。深化农村承包地、宅基地和集体建设用地等改革，推动人才、资金等资源要素向乡村流动，不断激发农村发展活力。

（五）系统深入抓好生态建设，精心绘就全域全景新画卷。坚持生态优先、绿色发展，统筹抓好污染防治和生态修复，推动美丽太仓建设取得更大成效。一是强化污染防治攻坚。坚决贯彻“共抓大保护、不搞大开发”方针，严格落实“十年禁渔”任务，继续深化水岸同治，确保主要入江支流水质全部达到Ⅲ类及以上，全力守护好“一江清水”。持续抓好 $PM_{2.5}$ 和臭氧协同管控、城乡河道和重点断面综合整治、土壤污染治理与修复等工作，严格落实“河长制”“断面长制”，加快消除劣Ⅴ类水体，努力实现空气常新、绿水常流、净土常在。扎实推进污水管网和固废处置设施建设，建成投运再生资源综合利用、建筑垃圾资源化利用等项目，提高环保综合处置能力。加强生态环境执法体系现代化建设，创新执法监管模式，完善生态环境保护长效机制。二是狠抓生态保护修复。优化区域生态布局，建立覆盖全市的“三线一单”生态环境分区管控体系，守住自然生态安全边界。持续完善“一心两湖三环四园”城市生态体系，以蓝网绿道串联公园、绿地、河湖，纵深拓展生态休闲空间。打造更多景观小品、口袋公园，提高城市出入口、沿路沿岸、商业街区绿化品质，实现“推窗见绿、出门见景”。高标准推进美丽河湖建设，打造生态美丽河湖省级示范样板。深化造林绿化工作，实施林地、绿地、湿地“三地”同建。三是推进绿色低碳发展。认真抓好碳达峰、碳中和工作，实施碳排放总量和强度“双控”，推动重点行业减污降碳，提高碳排放治理综合能力。严把项目准入关，完善工业企业资源集约利用综合评价体系，加快淘汰低端低效产能。实施园区循环化改造提升工程，推动港区化工园区绿色转型。大力发展清洁能源、可再生能源、绿色环保等产业，积极推行绿色建筑。倡导简约适度的绿色生活方式，让绿色低碳理念深入人心。

（六）用心用力增进民生福祉，丰富提升幸福太仓新内涵。坚持人民至上，扎实推动共同富裕，努力创造高品质生活。一是提高富民保障水平。实施就业优先政策，加大援企稳岗、职业技能提升与创业扶持力度，促进更充分和更高质量就业。扎实开展社保提标扩面，推进跨区域医保直接结算，深化长期护理保险试点。建立应对相对贫困长效机制，健全分层分类的社会救助体系，兜牢基本民生保障底线。完善住房保障体系，促进房地产市场平稳健康发展。常态化抓好对口帮扶、双拥优抚安置等工作。二是优化公共服务供给。扎实推进学校新改扩建，建成投用上海世外教育项目、西北工业大学附属学校，加大与上海等地知名院校合作办学力度，丰富完善教育体系，推进各类教育优质均衡多元特色发展，争创全国义务教育优质均衡发展县（市、区），努力以家门口“好读书”“读好书”，形成在太仓“读书好”的生动局面。加快创建三甲医院，深化区域医共体建设，建成投用瑞金医院太仓分院，持续引入沪上医疗资源，建立优质普惠的现代医疗卫生体系，实现“小病不出门、大病不奔波、未病有效防”。积极引进中高端养老服务机构，加快打造居家社区机构相协调、医养康养相结合的养老服务体系。深入实施文化惠民工程，不断优化公共文化服务体系。三是提升社会治理能力。时刻紧绷疫情防控这根弦，慎终如始抓好常态化疫情防控，加强公共卫生应急管理体系建设。加快建设社会治理现代化指挥中心，做优网格化联动机制“太仓模式”。拓展“政社互动、三社联动”内涵，深化“发展型”幸福社区和基层社会工作站建设，推动政府治理与社会调节、居民自治良性互动。加强法治城市、法治政府、法治社会建设，优化升级公共法律服务体系。健全风险防控“四项机制”，深化扫黑除恶专项斗争，打造更高水平“平安太仓”。统筹发展与安全，深入开展安全生产专项整治，建立健全常态长效机制，加强食品药品安全监管，完善应急管理体系，创成省级安全发展示范城市。

四、纵深推进全面从严治党

习近平总书记指出，一百年前，中国共产党的先驱们创建了中国共产党，形成了坚持真理、坚守理想，践行初心、担当使命，不怕牺牲、英勇斗争，对党忠诚、不负人民的伟大建党精神，这是中国共产党的精神之源。我们要深刻领会伟大建党精神，深刻把握“九个必须”的重大要求，推动全面从严治党向纵深发展，为加快现代化建设提供坚强保证。

（一）坚决抓好思想政治建设，坚定“志不改、道不变”的信念决心。把牢正确方向是拼出“太仓速度”的根本前提。要始终把旗帜鲜明讲政治摆在首位，引导党员干部自觉对标、坚定看齐，对“国之大者”做到心中有数。要坚持不懈学习习近平新时代中国特色社会主义思想，把学习贯彻总书记“七一”重要讲话精神和新思想结合起来，和总书记对江苏工作重要讲话指示要求结合起来，努力做到学深悟透、融会贯通、知行合一。要严守党的政治纪律和政治规矩，切实增强“四个意识”、坚定“四个自信”、做到“两个维护”，不断提高政治判断力、政治领悟力、政治执行力，始终同以习近平同志为核心的党中央保持高度一致，确保上级各项决策部署在太仓落地生根。要深入开展党史、新中国史、改革开放史、社会主义发展史学习教育，引导党员干部深刻领悟伟大建党精神的科学内涵和时代价值，努力做到理想信念更加坚定、政治品格更加纯粹、斗争精神更加昂扬、奋斗激情更加饱满。要支持和保障人大及其常委会依法行使职权，发挥人民政协专门协商机构作用，加强党对统一战线和群团工作的领导，牢牢掌握意识形态工作主动权，充分调动积极因素、形成强大合力。

（二）坚决抓好干部队伍建设，彰显“敢担当、善作为”的鲜明特质。拼出“太仓速度”，离不开一支政治过硬、领导现代化建设能力强的高素质专业化干部队伍。要贯彻新时代好干部标准，深化运用“五突出五强化”选人用人机制，着力推进干部工作五大体系建设，把思想上敢于“破冰”、行动上敢于“突围”、作风上敢于“亮剑”的优秀干部选出来、用起来，构建形成以好干部推动快发展、以快发展成就好干部的良好局面。要聚焦新时代领导干部“八大本领”和年轻干部“七种能力”，深入推进干部专业化能力建设，注重在重大工程、重点项目和重要工作中培养锻炼干部，推动党员干部素养符合事业发展需要。加大年轻干部发现培养和选拔使用力度，打造一支当下有活力、发展有潜力、未来有竞争力的干部梯队。要充分发挥综合考核的指挥棒作用，突出实干实绩、强化结果运用，让干事创业者停不住，让等待观望者坐不住，让庸懒散软者立不住。深化落实激励干部担当"1+N"制度体系，不断增强"三项机制"的引领力和穿透力，旗帜鲜明地为解放思想、担当作为的干部撑腰鼓劲。

（三）坚决抓好基层组织建设，树立"强基础、固堡垒"的工作导向。基层是党的执政之基、力量之源。拼出"太仓速度"，关键是要发挥好战斗堡垒作用，凝聚起强大力量。要坚持大抓基层，以提升基层党组织覆盖率和覆盖质量为重点，统筹推进农村、机关、学校、社区、"两新"组织等领域党建工作，完善上下贯通、执行有力的组织体系，推动各领域党组织和工作有形覆盖、有效覆盖。要坚持党的一切工作到支部，全面提升党支部政治功能和组织力，深化"海棠花红"先锋阵地建设，做亮"行动支部""定制村干"等工作品牌，建强基层"带头人"队伍，建设服务群众、推动发展的坚强堡垒。要强化党员发展教育管理，严把发展党员入口关，深入推进"思源工程"，扎实开展"三会一课"、主题党日等活动，促进党员更好发挥先锋模范作用。要积极引导基层因地制宜、先行先试，推动党建与业务工作深度融合。

（四）坚决抓好党风廉政建设，永葆"拒腐蚀、永不沾"的政治本色。把"严"的主基调长期坚持下去，持续运用信息化手段支撑政治监督，为拼出"太仓速度"提供有力保障。要不断强化作风建设，巩固拓展落实中央八项规定精神成果，深化整治形式主义、官僚主义，深入推进基层减负工作，突出严管厚爱结合、激励约束并重，把好传统带进新征程，将好作风弘扬在新时代。要切实提升监督质效，加强对"一把手"和领导班子监督，高质量推进新一届党委巡察全覆盖，不断完善权力监督制度和执纪执法体系，推动各类监督协调贯通、监督系统与治理体系有效对接，更好发挥监督保障执行、促进完善发展作用。要不断深化标本兼治，持续整治群众身边不正之风和腐败问题，精准运用"四种形态"，扎紧扎牢制度笼子，分层分类推进警示教育常态化，一体推进不敢腐、不能腐、不想腐，巩固发展风清气正的良好政治生态。

稳中求进　勇攀新高
在现代化建设新征程上扛起光荣使命

——在市委十四届二次全会上的讲话

汪香元

2021 年 12 月 30 日

一、起步即加速、开跑即冲刺，实现"十四五"良好开局

今年是党和国家历史上具有里程碑意义的一年，也是太仓迈上社会主义现代化建设新征程的第一年。我们认真贯彻落实上级各项决策部署，统筹疫情防控和经济社会发展，统筹发展和安全，解放思想谋跨越、团结拼搏抓落实，主要经济指标加速跃升，高质量发展迈出坚实步伐。全年完成地区生产总值 1550 亿元，增长 10% 以上（预计数，下同）；一般公共预算收入 190 亿元，增长 11%；规上工业总产值 2921.6 亿元，增长 16.3%。位列中国县级市基本现代化指数第五位，中国县域高质量发展百强第六位，连续六年位列中国最具幸福感城市县级市首位。获国务院开展农村人居环境整治成效明显的地方督查激励。

在实际工作中，重点把握了四个方面：一是始终心怀"国之大者"，坚定不移沿着正确方向砥砺奋进。我们坚持用新思想武装头脑、指导实践、推动工作，及时跟进学习习近平总书记最新重要讲话和指示批示精神，迅速贯彻十九届六中全会精神，扎实开展党史学习教育，大力弘扬伟大建党精神，团结带领全市上下激情谱写现代化建设太仓精彩篇章。二是高点定位谋划发展，与时俱进推动目标追求持续攀高。我们胜利召开市第十四次党代会，锚定"现代田园城、幸福金太仓"目标定位不动摇，始终盯牢"两个高于"，聚力做深"三篇文章"，奋力拼出"太仓速度"，加快打造虹桥国际开放枢纽北翼发展极，引领全市上下努力把"上海下一站"的区位优势转化为"下一站上海"的奋斗追求。三是紧紧抓牢大事要事，集中攻坚引领全局工作取得突破。我们坚持定了就干、干则必成、干则一流，始终保持项目建设和招商引资高热度，一着不让推进国土空间全域整治，全力掀起新城建设和老城更新大会战，奋力争创全国文明典范城市，坚决筑牢疫情防控的坚固防线，推动太仓发展不断打开新局面。四是振奋精神担当作为，齐心协力营造激情干事浓厚氛围。我们坚持把提振精气神作为推动发展的内生动力，大力弘扬苏州"三大法宝"，立足形势任务和太仓实际，在全市范围内吹响了拼出"太仓速度"的时代号角，广大干部点燃奋斗激情、激发争先斗志，形成了板块竞相发展、部门你追我赶、人人冲在一线的生动局面，最大范围凝聚起跨越发展的强大合力。

一年来的成绩主要体现在以下八个方面：

（一）经济质效在创新转型中加速攀升。省重大、苏州重点项目数及年度投资实现"四个第一"，172 个市级以上重点项目三季度全部开工，利洁时一期、博泽汽车微电机等 61 个项目竣工投产。完成全社会固定资产投资 500 亿元，增长 6.7%，其中工业投资 180 亿元，增长 12.3%。招商引资绩效奖励、社会化专项激励等机制不断完善，引进夸特纳斯、乐琻半导体、莱茵检测等 347 个优质项目，总投资 1879 亿元。高端装备制造、新材料、生物医药产业实现规上产值

2226亿元，增长19.7%，物贸总部经济规模超1300亿元。大飞机苏州（太仓）航空产业园揭牌，成功引进吉太航空、天航长鹰等47个项目。康乃德生物在纳斯达克上市。新增全球“灯塔工厂”1家，总数占全省四分之一。完成“智改数转”项目771个，入选工信部“新两化融合”项目数位居全省第一，新增省星级上云企业141家、省专精特新小巨人企业12家。净增有效高企224家，获批省级以上研发机构35家。万人发明专利拥有量达71.47件，位列中国县域知识产权竞争力第六位。新增苏州市级以上各类“人才计划”65人。获批省级双创示范基地，入选首批省创新型示范县建设名单。

（二）改革开放在双向发力中加速深化。国资国企改革纵深推进，资本布局、组织架构等优化调整，国资“翻一番”计划全面启动。文旅集团组建成立。新增省级跨国公司地区总部和功能性机构2家。完成注册外资23.2亿美元、实际使用外资9.3亿美元，分别增长19.2%、14.1%。实现进出口总额170亿美元，增长27.5%。成功举办“虹桥北·北虹桥”上海推介会等活动，引进沪上项目259个，总投资229.79亿元，增长124.3%。对德合作入选第三轮中欧区域政策合作中方案例，省四部门发文支持太仓对德经贸合作，全国首个AHK学院落户太仓，德国中小企业（太仓）孵化中心在上海开业，德企总数达410家。引进威露士、中外运等产业项目，集装箱四期码头投用，疏港铁路专用线开通，太仓港集装箱吞吐量突破700万标箱。

（三）营商环境在提质增效中加速优化。优化营商环境“E.S.T”行动深入开展，土地出让“双信三即”模式、工程建设项目审批“全链改革”持续深化，重点项目平均审批时间7.5天。新增法人企业数9660户，增长50.4%。累计兑现税收优惠140亿元。做优做亮“BEGI · N”金融沙龙服务品牌，帮助2500多家企业获授信110亿元。高效运作产业引导基金及其子基金，新增子基金6支。“沪太一网通办”事项不断拓展，全省率先实现26项涉企事项“跨省即办”。强化人才安居保障，累计建成各类人才公寓超1万套。国土空间全域整治深入推进，完成拆旧复垦6251亩，清零地块72块，腾退土地4646亩。拆违工作有力推进。开展木材行业专项整治“百日行动”，非法木材加工集聚点完成整治，有力推动环境面貌改善和安全隐患消除。获评全省资源节约集约利用综合评价成绩优异的地方。

（四）城乡建设在统筹推进中加速蝶变。国土空间总体规划形成中期成果。娄江新城科教创新区形态初显，西北工业大学太仓校区一期竣工，西交利物浦大学太仓校区主体结构封顶，智汇谷科技创新园提速建设。复星复游城项目加快推进，罗腾堡德风街整体结构封顶。嘉闵太线太仓站开工建设，太仓大道西段、太浏快速路东延段建成通车。太仓大道地下综合管廊全面启动。完成市民公园周边、新浏河风光带等重要区域景观亮化工程，建成开放口袋公园4个。生活垃圾分类实现片区全覆盖。乡村振兴战略深入实施，新建高标准农田2.9万亩，主要粮食作物耕种收综合机械化率达98%。新增特色康居乡村46个。香塘、七十二家村等农文旅项目有序推进。“万企联万村 · 共走振兴路”行动深入推进，实施村企联建项目21个，村均集体可支配收入超1000万元。获评“四好农村路”全国示范县。

（五）生态环境在标本兼治中加速改善。持续抓好长江大保护，坚决落实“十年禁渔”任务。“河长制”“断面长制”不断深化，国省考断面和主要入江支流水质优Ⅲ比例均达100%，建成生态美丽河湖92条。$PM_{2.5}$年均浓度25微克/立方米、臭氧浓度158微克/立方米、空气优良比率88%，均位居苏州第一、全省前列。全市建成区绿地率和绿化覆盖率分别达39%和42%。城乡生活污水处理提质增效精准攻坚“333”行动深入推进，新建污水管网79.9千米，建成污水处理提质增效达标区46个，消除58条劣V类水体。城区污水处理厂主体工程完工，建筑垃圾资源化利用项目建成试运行。

（六）民生福祉在用心用情中加速增进。居民人均可支配收入增长10%以上，城乡居民收入比为1.86∶1。城镇新增就业1.1万人。长护险提标扩面，异地就医直接结算由住院扩展至门诊。实验小学高新区校区等11个新改扩建学校项目建成投用，新增学位9135个，获评省级社区教育示范区。瑞金医院太仓分院加快推进，市公共卫生中心建成投用，4家基层医疗卫生机构完成提档升级。日间照料中心城乡覆盖率苏州领先，位列中国康养百佳县市榜首。美术馆新馆基本建成。城市更新工作加快推进，古松弄、胜利村、原城三小地块更新全面启动，25个老旧小区完成改造，梅园新村改造项目被列入住建部试点。全省率先实现“出生”“入学”“居民充电桩”等8个高频“一件事”掌上办。

（七）治理效能在精准发力中加速提升。毫不松懈抓好常态化疫情防控，强化与港口联防联控，严格落实人物环境同防、全流程闭环管理、专班管理等措施，持续提升核酸检测、集中隔离、应急处置等能力，累计接种新冠疫苗182万剂次，全年未发生本土新冠肺炎病例。社会治理现代化水平持续提升，“能动善治”社会治理项目获省基层社会治理创新成果奖，网格化服务管理水平全省领先。扫黑除恶斗争、政法队伍教育整顿等工作走深走实。法治建设群众满意度位列全省首位。全市信访形势总体平稳，信访矛盾化解率、群众满意率等指标位居苏州前列。安全生产“三年大灶”专项整治扎实推进，开展既有建筑、城镇燃气安全隐患大排查大整治专项行动，生产安全事故起数和死亡人数实现“双下降”。创成省食品安全示范县。

（八）管党治党在从严从实中加速强化。深入开展党的十九届六中全会精神宣传宣讲，精心组织开展党史学习教育，引导广大党员坚决拥护“两个确立”、坚定做到“两个维护”。“两在两同”建新功行动、“我为群众办实事”实践活动取得实效。连续三年获评省基层党员冬训工作示范市。意识形态工作责任制全面落实，网络综合治理中心项目入选省级试点，“太仓发布”关注度显著提升。镇党委、村（社区）“两委”换届圆满完成，提拔85后科职干部26人，其中90后科职干部4人。“奋进百年 · 海棠花红”系列活动扎实开展，“沪太同城 · 党建先行”工程深入实施。精准查纠“四风”问题，始终保持惩治腐败高压态势。完成对村（社区）巡察全覆盖，启动十四届市委首轮巡察。坚持党委总揽全局、协调各方，支持市人大及其常委会和市政协履职尽责，统一战线、人民武装、双拥、群团等工作取得新成效。

即将过去的2021年，是我们各项工作取得显著成绩的一年，全市上下付出了艰辛努力。在此，我代表市委向奋战在疫情防控一线的工作人员，向奋战在国土空间整治、文明城市创建、城市更新改造等攻坚一线的干部同志，向奋战在项目引建、信访维稳、安全环保一线的广大干部职工以及各条战线上的同志们致以崇高的敬意和衷心的感谢！

在肯定成绩的同时，必须清醒地认识到，对照现代化建设新要求和人民群众新期待，还存在一些差距和不足。主要是：创新驱动力还需进一步增强，民营经济发展步伐还不够快；教育、医疗等优质公共服务供给仍存在短板；部分干部能力素质与新形势新任务不相适应，等等。对此，我们必须高度重视，采取有力措施加以解决。

二、准确把握形势要求，始终保持奋进姿态，在现代化建设新征程上扛起光荣使命

奋进新征程，我们要坚决扛起“争当表率、争做示范、走在前列”光荣使命，自觉在把准大局大势中锚定方位、奋勇向前。从宏观形势看，世纪疫情冲击下，百年变局加速演进，外部环境更趋复杂严峻和不确定，我国经济发展面临需求收缩、供给冲击、预期转弱三重压力，但经济韧性强，长期向好的基本面不会改变，中央经济工作会议指出明年工作要稳字当头、稳中求进。从太仓实际看，我市产业基础扎实，经济增速领跑苏州，项目建设持续突破，优质资源高效集聚，特别是长三角一体化发展、虹桥国际开放枢纽建设等机遇加速转化，干部队伍争先率先的热情不断高涨，这些都是太仓实现稳中求进、勇攀新高的信心底气所在。我们要把“稳”和“进”作为一个整体来把握，深刻认识“稳”是经济社会政治各方面的“稳”，“进”是质量结构效益各方面的“进”，不稳难言进、有进才更稳。总而言之，推动高质量发展的航向不能偏，拼出“太仓速度”的决心不能移，现代化建设的进程不能慢。我们要坚持“稳字当头、稳中求进、全面向好”的工作定位，既要稳扎稳打、步步为营，又要积极进取、主动出击，以更大的定力和担当扛起光荣使命，推动太仓发展又稳又好、行稳致远。

（一）扛起光荣使命，必须把准目标航向、坚定勇毅前行。走好新的赶考之路，必须以更高站位对标审视，更宽视野登高望远，奋力开拓太仓现代化建设新境界。要咬定目标一往无前。深刻把握“走在前列”和“争当表率、争做示范”的内在逻辑，自觉在谱写“强富美高”新江苏现代化建设新篇章中奋勇争先，在苏州建设社会主义现代化强市中争做排头兵，全力以赴在推动高质量发展、建设“现代田园城、幸福金太仓”的跑道上振翅高飞。要保持定力一抓到底。不管经济形势如何变化，发展的目标、理念和路径不能变。我们一定要完整准确全面贯彻新发展理念，把握好“生态环境质量只能更好不能变坏，本质安全水平只能提高不能降低”的硬性要求，坚定不移转方式、调结构、推进绿色低碳转型，确保经济实现质的稳步提升和量的合理增长。要抓牢机遇一马当先。深度融入苏州市域一体化、省内全域一体化发展，把着力点放在全面推进长三角一体化上，充分发挥“虹桥北·北虹桥”优势，以快人一拍的胆识、高人一筹的办法，推动“三篇文章”实现更大进展，持续提升产业能级、城市能级，加快打造虹桥国际开放枢纽北翼发展极，全力把战略机遇转化为发展红利。

（二）扛起光荣使命，必须明晰工作路径、做到靶向发力。实现跑起来、飞起来，既要明确方向、更要找准路子，以重点突破带动面上提升，用关键落子引领全局发展。要全力做好项目和整治的“加减法”。始终坚持一切盯着项目看，一切扭着项目干，以国土空间全域整治为抓手，更大力度淘汰低端低效产能，更高水平“腾笼换鸟”“筑巢引凤”，在招商引资上涌现出更多引爆点、闪光点，在项目建设上拼出全程领跑加速度，走好优化存量和扩大增量齐头并进的动能转换路径。要全速推进产业和创新的“集群化”。突出创新赋能、数字赋能，优化升级三个千亿元级产业集群，培育壮大航空航天、生物医药两个新增长极，建优建强各类科创载体平台，畅通创新成果产业化路径，强化数字经济“新赛道”布局，推动产业、科创、数字等深度融合，打造数字经济时代下的产业创新集群。要全面绘就新城和老城的“工笔画”。以国际视野加快新城建设，用一流标准抓好城市更新，下足“绣花功夫”，做活“精”字文章，全方位优化功能配套、提升内涵品质，打造“老城新城并进、特色活力互动”的城市共生体，持续增强城市综合承载力。要全域遍吹城市和乡村的“文明风”。坚持把文明典范城市创建作为一项全局性任务，注重城乡一体统筹推进、硬件软件同步提升，深化文明培养和文化塑造，构筑起全民参与、自发自觉、常态长效的创建格局，让文明之花绽放在太仓这座城市的每一个角落。

（三）扛起光荣使命，必须善于运筹帷幄、强化担当作为。新征程上不可能都是平坦的大道，我们既要有敢于担当的铁肩膀，又要有善于作为的真本事，牢牢掌握发展主动权。要拿出善谋善干的“硬本领”。统筹好当下与长远、速度与质量等关系，加强前瞻性思考、全局性谋划，决策部署要有的放矢、直击要害，政策制定要同向发力、适当靠前，具体推进要抓大见小、牢记细节，不断提升工作的创造性、措施的颗粒度、落实的穿透力。要争做担责尽责的“实干派”。“太仓速度”必然是拼出来干出来的。要自觉把“我做了什么、做成了什么”作为衡量自身的标尺，激发“人一之我十之、人十之我百之”的事业心，工作一直“在线”，状态始终“满格”，拿出真抓的实劲、敢抓的狠劲、常抓的韧劲，用“实干、实绩、实效”铸就速度与激情。要树立有为有位的“风向标”。作风决定作为，作为决定地位。想要实现跨越发展，必须大力营造想干事、能干事、干成事的浓厚氛围，少一点论资排辈，多一点不拘一格，让实干者有“舞台”，让敢干者有“擂台”，让快干者有“平台”，激发全市干部始终保持争先姿态、赶考状态。

三、聚焦重点任务，狠抓落实落地，奋力在现代化建设新征程上迈出坚实步伐

明年是迎接党的二十大胜利召开的喜庆之年，做好明年各项工作具有特殊重要意义。全市上下要坚持以习近平新时代中国特色社会主义思想为指导，全面贯彻党的十九

大和十九届历次全会精神，认真落实中央和省委、苏州市委部署要求，坚持稳中求进工作总基调，完整准确全面贯彻新发展理念，做深“融入上海、对德合作、以港强市”三篇文章，拼出“太仓速度”，加快打造虹桥国际开放枢纽北翼发展极，在推动高质量发展、建设“现代田园城、幸福金太仓”的跑道上振翅高飞，在现代化建设新征程上扛起光荣使命，以优异成绩迎接党的二十大胜利召开。

明年发展主要预期目标是：地区生产总值增长6%左右，一般公共预算收入增长5.5%以上，全社会固定资产投资增长8%左右，规上工业总产值增长8%，居民人均可支配收入与地区生产总值增长同步。

（一）更大力度做深“三篇文章”，全面放大区域特色优势

抓牢用好长三角一体化发展机遇，集中力量推动“三篇文章”拓展深度、提升层级，为未来发展赢得主动、增添动能。

一是全方位加快融入上海。全面对接上海“五个中心”“五大新城”，深度参与虹桥国际开放枢纽北向拓展带建设，承接更多上海“溢出效应”。全线开工嘉闵太线太仓段，基本建成南沿江城际铁路，扎实推进北沿江高铁、沪苏通铁路二期建设，加快构建“5+1”铁路网络，完善港口集疏运体系，打造虹桥北翼港铁“双枢纽”。抓好沪宜高速金仓湖互通、沪武高速扩容等工程，加快东仓新路等接沪道路打通进程，推动要素流动、交通出行更为畅通。聚焦航空航天、生物医药、新能源汽车等领域，主动对接上海临港、祝桥等园区，强化产业配套协作、融合互补。加强与虹桥商务区高端商务、会展、交通功能的深度融合。积极参与长三角科技创新共同体建设，在张江、闵行等地布局飞地创新中心，高效运作“沪太人才港”，打造长三角科创资源落户首选地。强化民生、生态、社会治理等方面合作，引入更多上海优质公共服务资源，让群众充分享受一体化发展成果。

二是全领域拓展对德合作。加快建设中德中小企业合作示范区，全力打造国家级对德合作平台。坚持深耕南德与拓展北德齐抓并举，深入推进优势产业对接、平台载体共建，加大头部德企和“隐形冠军”企业招引力度，新引进德企40家。发挥德企带动作用，推动与民企在智能制造、精密制造等领域合作。建优建强中德生命科学园、中德石墨烯创新中心等载体，加快北威州离岸创新中心建设。建成投用罗腾堡德风街、德国玛丽蒂姆酒店，布局建设对德合作展示中心、中德学院、德国超市，加强与德国知名足球俱乐部合作，营造更浓德式生活场景。强化双元制本土创新实践，举办双元制教育创新发展大会。以中德建交50周年为契机，积极承办和参与高层级活动。

三是全维度深化以港强市。高标准推进港口型国家物流枢纽建设，强化与上海、宁波等港口战略协同，放大沪太同港化效应，积极助推苏州港口一体化发展，大力发展陆铁联运、海铁联运，巩固提升江海联运枢纽港地位。积极推动临港产业发展，加快生物港四期、铁路物流园等载体建设，壮大以世界500强、央企、美企为代表的特色产业集群，推动中集、斯凯奇、京东物流等企业迈向百亿元级。积极建设高端食材、汽车等商品集散交易中心，引入企业运营中心、结算中心，发展航运金融、保险等配套产业，推动“物流通道”向“物贸基地”转型。抓好港城规划建设，推进港区医院、皇冠假日酒店等项目，实施滨江大道延伸等工程，提升职住平衡、产城融合水平。

（二）更快节奏抓好转型升级，全力构筑产业创新集群

坚持把实体经济作为看家本领，推动产业链、创新链、要素链和人才链深度融合，持续提升产业规模质效和竞争力。

一是掀起项目引建热潮。全市域统筹招商工作，完善招商机制、建强招商队伍、做优招商平台，不断提升招商引资专业化水平。聚焦北上广深等重点城市，盯牢德日韩等国家和地区，瞄准产业链关键环节和“链主”企业，统筹开展产业招商、科技招商、基金招商、载体招商，努力在招新引优、招大引强上实现新突破。全力推动183个市级以上重点项目建设，抓好博格华纳传动系统、赉安新能源等157个产业项目，确保项目进度始终保持苏州前列，力争工业投资增长10%。强化项目全生命周期管理，打好审批提速、用地用能等“组合拳”，以极致服务拼出项目极限速度。

二是强化创新引领作用。坚持把创新作为第一动力，加快创成国家级高新区，高效运作西北工业大学太仓长三角研究院、江苏先进无机材料研究院，加快长三角区域先进技术成果转化研究院太仓孵化基地建设，强化两所大学对创新资源的集聚作用，加速科技成果转化和产业化。聚焦航空航天、生物医药、信息软件、现代服务业等产业发展需求，高标准建设200万平方米的科创载体。推广新型产业用地，满足企业创新发展空间需求。落实好研发费用加计扣除最新政策，实施高新技术企业培育“小升高”行动，引导企业加大研发投入、组建创新联合体，确保有效高企总数突破1000家。完善人才“引育用留”全链条机制，加快高品质人才公寓、“一站式”综合服务平台建设，打造更具吸引力的人才服务环境，集聚更多科技领军人才和创新团队，新增苏州市级以上各类“人才计划”50人以上。

三是加速产业升级步伐。突出集群式发展方向，聚焦专业化细分领域，推动高端装备制造、新材料、物贸总部经济等产业扩大优势、做精做强。高标准建设航空航天产业园，发挥西工大科研优势，围绕航空关键零部件、核心材料、航空维修等领域，加强与国防科工、中航工业、中国商飞等对接合作，加快穆格飞控、达索系统等项目建设，做亮“做航空、到太仓”名片。集中力量抓好生物医药产业园建设，完善园区功能配套，建好公共技术服务平台，深耕新药研发、诊断试剂、医疗器械等细分领域，加快昭衍生物硅谷新药创制中心等项目建设，打造长三角特色生物医药产业集群。促进数字经济与实体经济深度融合，做优蜂巢互联等工业互联网平台，发挥“灯塔工厂”示范作用，打造一批智能制造示范标杆，基本实现规上企业全覆盖。深入实施文化产业倍增计划，加强与腾讯等头部企业合作，大力引进平台型企业，持续提升文化产业贡献度。

四是增强民营经济活力。实施民营经济高质量发展行动计划，强化民营科技型企业引育，鼓励企业加快装备升

级、加大创新投入、提升研发能力，积极培育一批专精特新和"单项冠军"企业。继续办好"BEGI·N"金融沙龙、民营企业家沙龙等活动，鼓励社会资本投向实体经济，为中小微企业注入源头活水。大力弘扬新时代企业家精神，引导企业深耕主业、做精专业，加强质量品牌建设，主动参与国家、行业标准制订，切实增强核心竞争力和市场话语权。

（三）更深层次推进改革开放，充分释放发展动力活力。

坚持用好改革开放这个"关键一招"，努力集聚更多资源、积蓄更多动能，更好为现代化建设赋能增力。

一是推动重点领域改革向纵深发展。持续深化经济发达镇行政管理体制改革和基层"三整合"改革，推动基层治理更加简约高效。扎实推进行政复议体制改革，切实提升行政执法规范化水平。强化国资国企生力军作用，推进市场化运作、专业化管理，完善国企考核管理制度，做强做优国有资本，加快"翻一番"步伐。深化教育、医疗、文化、养老等民生领域改革，用心用情解决好"一老一小"问题，让改革红利更加可感可及。抓紧抓好各类改革试点工作，创造更多走在前列的改革经验。

二是推动开放型经济水平向更高攀升。持续提高使用外资质量，积极引导外资向重点产业领域聚集，鼓励外企在太设立地区总部和功能性机构，完成注册外资23亿美元，实际使用外资8.5亿美元。大力发展离岸贸易、服务贸易、跨境电商等外贸新业态，推动对外贸易扩量提质。积极参与"一带一路"建设，主动对接国际经贸新规则，加强与日韩、东盟等国家和地区合作，支持企业开拓多元化市场。深化自贸区联动创新区建设，承接更多省级管理下放权限。发挥开发区主力军作用，深入推进管理体制机制创新，不断强化投资促进工作，持续提升产业高度、创新浓度和经济密度，为全市发展作出更大贡献。

三是推动营商环境向最优迈进。持续开展优化营商环境创新行动，巩固提升先发优势和领先优势。优化"双信三即""易企办"等服务模式，推出更多走在前列的创新举措，争取列入"政务服务集成标准化"国家试点。加快"一网通办"建设，完善太e办、太融e等平台，让城市服务"一键即达、一点即享"。实体化运作中小企业服务中心，优化升级企业服务总入口，打造集成式、一站式服务。落实减税降费等各项政策，常态化开展企业大走访，积极解决企业困难。深化国土空间全域整治，确保腾地超1万亩。强化市域内土地指标交易，一盘棋用好配足要素资源。发挥产业引导基金及其子基金直投作用、撬动作用，健全完善"基金+园区+产业"的金融服务体系。

（四）更高标准优化功能品质，着力提升城乡融合水平。

坚持城乡统筹、内外兼修，全面提升城市形象、做优田园特色，努力让城市生活更加美好、让农村生活更加令人向往。

一是提升规划建设水平。高质量完成国土空间总体规划编制。持续完善娄江新城规划体系，统筹抓好智慧城市、TOD综合开发等工作，扎实推进长江后浪商业街区、中德创新城企业服务中心等50个项目建设，建成投用西交利物浦大学太仓校区，加快呈现娄江新城功能形态。实施龙江路快速化、双浮公路西延、北京路东延等工程，不断完善市域交通网络。精心打造城市客厅、城市家具和绿化景观，提升城区功能完整性和形象标志性。全力推进城市更新工作，统筹抓好"连片改造"和"微改造"，更加注重保护历史文脉、提升生活品质，加快古松弄、胜利村、原城三小地块征收拆迁、工程建设等工作，完善老旧小区配套和市政基础设施，全面提升老城宜居水平。

二是强化城市精细管理。优化城市管理体制机制，抓细抓实智慧交通、"厕所革命"、物业管理等工作，加快农贸市场提档升级，积极推进生活垃圾分类高质量全覆盖片区建设，布局完善充电基础设施。深化违法建设治理，形成无缝覆盖的防违控违网络。加快城市治理数字化转型，扎实推进"一网统管"建设，完善集成指挥平台功能，让城市治理更聪明、更智慧。充分发挥挂钩联系、路长制等创建机制作用，探索群众参与创建的新途径，推动文明城市建设常态长效。推进"诚信太仓""志愿太仓"建设，实施乡风文明提升工程，深入开展"文明楼道""美丽庭院"创建，倡导排队"一米线"、公筷公勺等文明新风尚。

三是加快乡村振兴步伐。持续提高"三化一融"水平，积极开展乡村振兴示范村镇建设，确保率先基本实现农业农村现代化。强化耕地保护和质量提升，加强粮食和重要农产品稳产保供，抓好粮食流通和物资储备。推动现代农业园区转型升级，加快布局智慧农业，有效扩大农机装备服务覆盖面，复制推广东林村"循环农业"等特色做法。做优吴家湾、勤力村等农文旅项目，打造更多主题创意农园、共享农庄等新业态新场景。深化村企联建发展，加快培育新型农业经营主体，力争村均集体可支配收入增长10%以上。扎实开展农村人居环境整治提升，因地制宜打造特色田园乡村、特色康居乡村，努力让农村成为城市的公园。加大"三农"领域项目投资力度，提档升级农村道路、电商物流等设施，推动各类资源要素出城下乡。

（五）更严要求加快生态建设，做优做亮城市鲜明底色。

深入践行"绿水青山就是金山银山"理念，加大生态修复和保护力度，加快建设人与自然和谐共生的美丽太仓。

一是打好污染防治攻坚战。坚决落实中央、省生态环境保护督察反馈问题整改任务。深入推进长江大保护，落实"十年禁渔"任务。深化"河长制""断面长制"，全力推进"消劣争优"攻坚行动和重点断面综合整治，消除劣V类水体50条以上，实现国省考断面水质稳定达标，推动治水从巩固治污成果转向全面提质。持续推进$PM_{2.5}$和臭氧浓度"双减双控"，提高挥发性有机物治理实效，确保空气质量继续位居全省前列。强化固体废物监督管理，提升土壤污染防治水平。高标准建设污水处理提质增效达标区，抓好城东水质净化厂、沙溪工业污水处理厂等工程，投用再生资源综合利用项目。

二是塑优生态环境高颜值。划定落实生态保护红线、永久基本农田、城镇开发边界三条控制线，注重"留白增绿”，构建彰显城市肌理的生产、生活、生态融合空间格局。运用基于自然的解决方案推动生态修复，完善“一心两湖三环四园”生态体系，增强公园绿地的功能性和观赏性，精心打造更多“转角遇到美”的口袋公园、景观小品。全面推行“林长制”，高质量推进国土绿化，统筹抓好植绿、护绿、用绿。高标准开展生态美丽河湖建设，努力打造七浦塘、浏河塘等生态美丽河湖示范区，营造水清、岸绿、景美的生态廊道。推进沿江生态缓冲区建设，实施七浦塘四期生态修复工程，高质量打造沿江万亩绿廊。

三是彰显绿色发展新成效。聚焦碳达峰、碳中和目标，先立后破推动能源、产业、交通运输、空间结构优化调整，创造条件尽早实现能耗“双控”向碳排放总量和强度“双控”转变。严把项目准入关，强化环境影响评价管理，优化工业企业资源集约利用评价体系，持续淘汰低端低效企业。加快推动产业智能化、清洁化改造，积极发展节能环保、清洁生产、清洁能源等产业。抓好化工园区规范化管理，持续推动化工园区绿色转型。大力推广绿色建筑，着力提升新建建筑能效水平。积极开展节约用水用电、绿色出行等行动，倡导简约适度、绿色低碳的生活方式。

（六）更富成效抓好民生事业，持续提升幸福太仓内涵

聚焦群众对美好生活的向往，坚持不懈办实事、解难事，努力创造更多群众看得见、摸得着、体会得到的共同富裕成果。

一是全面提升富民增收成效。强化就业优先导向，加大援企稳岗力度，突出抓好高校毕业生、退役军人、农民工等重点群体就业，完善就业创业全流程服务体系，推动多渠道灵活就业和自主创业，做亮“乐就太仓”品牌。高质量实施“百千万技能强企工程”，加快高素质技能人才培养。深入开展全民参保行动，强化社会保障信息化建设，全面落实医保苏州市级统筹，构建更高水平的社会保障体系。发挥第三次分配作用，完善常态化帮扶救助体系，发展慈善等社会公益事业。统筹做好双拥优抚安置、对口帮扶、支援合作、南北挂钩等工作。

二是不断优化公共服务供给。聚焦“好读书”“读好书”“读书好”，加快推进娄江新城高中、港城第二小学等19个学校建设项目，大力引进高层次优秀教育人才，深化集团化办学，提高教育教学质量，继续抓好“双减”工作，争创全国义务教育优质均衡发展县（市、区）。扎实推进健康太仓建设，加快基层医疗卫生机构提档升级，全力抓好瑞金医院太仓分院建设，推动市一院、市中医医院尽快创成三甲医院，积极传承发展娄东医派。聚力打造县域农村养老示范样板，规划建设中德创新城医养中心和金仓湖康养社区，推动老龄事业和“银发产业”协同发展。深化文化惠民工程，加强全民健身设施布点，倡导全民阅读，建设书香太仓，打造更多群众家门口的“文化客厅”。

三是持续加强社会治理创新。加快推进县域社会治理现代化，建设更高水平“平安太仓”“法治太仓”。健全落实风险防控“四项机制”，拓展“大数据+网格化+铁脚板”治理机制，推进“一站式”社会矛盾纠纷调处化解中心建设。深化“政社互动”“三社联动”创新实践，探索社区治理新场景，构建“融合共治”基层治理新模式。全面实施“八五”普法，持续做优公共法律服务模式。扎实做好信访工作，多措并举化解存量、控制增量。完善社会治安防控体系，开展“无黑城市”建设，巩固政法队伍教育整顿成果，精准打击各类违法犯罪，让群众安全感更加充实。

四是坚决守牢安全发展底线。加强地方政府性债务、房地产、金融等领域风险管控，确保不发生系统性风险。慎终如始抓好常态化疫情防控，精准落实严防严控举措，加强能力建设、应急演练、疫苗接种，织密扎牢疫情防控网。加强食品药品安全监管，保障群众舌尖上的安全。严格落实安全生产责任制，深入排查解决危化品、既有建筑、城镇燃气等领域安全隐患，坚决打赢安全生产三年专项整治硬仗。健全安全风险防范化解机制，深化工业企业安全生产风险报告工作，全面提升本质安全水平，加强应急能力建设，力争创成省级安全发展示范城市。

四、全面推动党的建设高质量发展，为奋进新征程提供坚强政治保证

深入贯彻落实新时代党的建设总要求，坚持和加强党的全面领导，以党的政治建设为统领，持之以恒推进全面从严治党，更好引领保障太仓现代化建设新征程。

（一）坚持党的领导，强化维护核心的政治自觉。始终把政治建设摆在首位，深刻领悟、自觉落实“两个确立”伟大意义和实践要求，切实增强“四个意识”、坚定“四个自信”、做到“两个维护”。一以贯之学懂弄通做实习近平新时代中国特色社会主义思想，持续推动理论武装走深走实。严守政治纪律和政治规矩，严肃党内政治生活，切实把对党忠诚体现在本职岗位、落实到日常言行。巩固拓展党史学习教育成果，将伟大建党精神融入血脉、注入灵魂。坚持以社会主义核心价值观为引领，扎实开展群众性精神文明创建活动，纵深推进全域新时代文明实践，全力争创全国文明典范城市。严格落实意识形态工作责任制，加强重点领域和阵地管理，推动宣传思想工作守正创新，推进媒体深度融合发展，切实弘扬主旋律、传播正能量、营造好氛围。

（二）坚持严管厚爱，打造可堪重任的硬核队伍。坚持以政治标准统领干部的“育选管用”，全面落实新时代好干部标准，着力锻造一支政治过硬、本领高强的高素质专业化干部队伍。做好市镇两级人大、政府和市政协换届工作，不断优化各级领导班子配备。注重在改革发展稳定主战场发现使用干部，大胆选用优秀年轻干部，加强干部交流，调动各条块各年龄段干部的积极性。实施新时代干部现代化建设能力提升工程，将干部放到发展前沿练本领、吃劲岗位壮筋骨。认真落实“三个区分开来”要求，深化“三项机制”，放大激励干事担当“1+N”系列文件政策效应，旗帜鲜明为敢担当、善作为、无私心的干部撑腰鼓劲。

（三）坚持强基固本，构筑坚强有力的战斗堡垒。牢固树立大抓基层的鲜明导向，以提升组织力为重点，纵深推进党支部“标准+示范”建设。高质量推进党的组织和党的工作“两个覆盖”，分层分类推进各领域基层党建。实施党建引领基层治理“根系工程”，不断健全基层党组织联系服务群众的末梢“根系”。开展“暖商护商·党建惠企”专项

行动，发挥党建“红色引擎”作用。选优配强基层党组织带头人，持续深化村干部专职化、城市社区工作者职业化和党务工作者专业化建设，大力培育“定制村干”，充分激发基层队伍“雁阵效应”。从严从实抓好党员教育管理，高标准高质量做好发展党员工作。探索建立党建工作与业务工作深度融合的有效途径，深入推进“攻坚先锋”提升行动，全面推广“行动支部”工作法，推动党员干部冲锋在前、作出表率。

（四）坚持正风肃纪，涵养风清气正的政治生态。深化落实全面从严治党“两个责任”，推动主体责任、监督责任同频共振、形成合力。把政治监督摆在突出位置，加强对“一把手”的监督，构建全覆盖的制度执行监督机制。严格落实中央八项规定及其实施细则精神，从严纠治形式主义、官僚主义，坚决防止“四风”问题反弹回潮、隐形变异，严肃查处群众身边的“微腐败”。深化运用监督执纪“四种形态”，推进纪律、监察、派驻、巡察“四项监督”贯通融合，积极融入巡视巡察上下联动工作格局。坚持严的主基调，紧盯国企、政法、工程建设等领域，始终保持高压态势，注重标本兼治，不断拓展廉政教育成效，一体推进不敢腐、不能腐、不想腐，全面营造风清气正、政通人和的干事创业环境。

政府工作报告

——在太仓市第十七届人民代表大会第一次会议上

代市长　胡卫江

2022年1月7日

本届政府工作回顾

过去五年，我们在中共太仓市委的正确领导下，坚持以习近平新时代中国特色社会主义思想为指导，全面贯彻党的十九大和十九届历次全会精神，深入落实中央、省和苏州市各项决策部署，始终坚持稳中求进工作总基调，自觉践行新发展理念，全力推动高质量发展，较好地完成了市十六届人大历次会议确定的目标任务，高水平全面建成小康社会，“现代田园城、幸福金太仓”建设迈上新台阶。

——综合实力持续攀高。地区生产总值、一般公共预算收入、规上工业总产值分别突破1500亿元、190亿元、2900亿元。累计完成全社会固定资产投资超2200亿元。高端装备制造、新材料、物贸总部经济迈上千亿元台阶，生物医药、航空航天产业加速发展。新兴产业产值占比达59.2%。有效高企总数突破900家。入选全球[①]“灯塔工厂”2家、国家“绿色工厂”3家。拥有领军人才（团队）827人，高层次人才超2.4万人。经济、人口普查圆满完成。省级高新区获批。获评国家新型工业化产业示范基地、国家知识产权强县工程示范县。综合实力跃居百强县第六位。

——开放活力持续迸发。全国首创[②]“双信三即”土地出让模式，工程建设项目审批[③]“全链改革”获全国政务服务优秀案例奖。融入上海日益深化，沪苏通铁路一期开通运营，岳鹿路对接嘉定城北路通车，累计引进沪上项目超1500个。对德合作跨越发展，德企总数达410家，对德载体面积超100万平方米，发布全国首个“双元制”职业教育标准。以港强市亮点纷呈，获评港口型国家物流枢纽，沪太通关一体化成为港口联动样板，太仓港跃居全国第八大集装箱港口。注册外资、实际使用外资、进出口总额累计分别超70亿美元、30亿美元、700亿美元。与德国于利希市、意大利马切拉塔市缔结为友好城市。

——城市魅力持续彰显。城市空间布局不断优化。主城区提档更新，科教新城基本建成，娄江新城启动建设。[④]“5+1”轨道交通网络、[⑤]“七纵八横九连接”干线路网加速构建。西北工业大学、西交利物浦大学成功落户。乡村振兴战略全面落实，高标准农田实现全覆盖，建成特色康居乡村321个，13个被撤并镇（管理区）整治提升、农村人居环境整治三年行动全面完成。获评全国村庄清洁行动先进县、“四好农村路”全国示范县。市民公园、七浦塘生态公园、娄江新城滨河公园建成开放，新增公园绿地面积100万平方米，[⑥]“一心两湖三环四园”城市生态体系基本形成。污染防治攻坚战、长江大保护全面推进。单位地区生产总值能耗下降18%。$PM_{2.5}$浓度下降36.6%。获评国家生态园林城市、国家生态文明建设示范市、中国民间文化艺术之乡、省级全域旅游示范区。

——幸福张力持续延展。民生领域财政支出占比近80%。居民人均可支配收入年均增长8.3%，城乡收入比降至1.86，城镇登记失业率控制在2%以内。低保标准上调至每月1095元。县域养老“太仓模式”全国推广，日间照料中心超200家。新改扩建学校项目46个，新增学位超2.2万个，获评省义务教育优质均衡发展县市。市一院、中医医院创成三级医院，基层医疗卫生机构加速提档，获评全国健康城市建设示范市。实现全国双拥模范城“两连冠”。成功承办世界竞走团体锦标赛等重大赛事。对口帮扶周至、玉屏脱贫。连续6年位列中国最具幸福感城市县级市榜首。

——治理能力持续提升。政府机构改革顺利完成，陆渡街道成立，沙溪、浏河经济发达镇行政管理体制改革全省领先，基层整合审批服务执法力量改革高质量完成。“政社互动”“三社联动”成为全国基层治理典范。公共法律服务“太仓模式”全国推广。“七五”普法、扫黑除恶专项斗争圆满收官。“雪亮工程”“技防城”创新实施，“大数据+网格

化 + 铁脚板”治理机制不断拓展，社会治安防控体系建设持续推进。网络安全工作责任制全面落实。信访工作扎实开展。疫情防控、安全生产、食品药品监管常抓不懈。公众安全感位居全国前列。获评全国文明城市。

过去一年，我们在中共太仓市委的坚强领导下，认真贯彻落实上级各项决策部署，聚焦聚力⑦“两个高于”，奋力拼出“太仓速度”，全年实现地区生产总值1550亿元（预计数，下同），增长10%以上；一般公共预算收入190亿元，增长11%。位列中国县级市基本现代化指数第五位、中国县域高质量发展百强第六位。

（一）聚焦高质高效，经济发展实现新突破。项目引建不断强化。统筹推进产业招商、科技招商、资本招商，优化“云招商”“热力图”平台，在上海、深圳等地举办招商洽谈活动69场。新增内资注册资金516.7亿元。完成注册外资23.2亿美元、实际使用外资9.3亿美元，落户夸特纳斯供应链、俄系航空发动机等投资超亿美元项目11个。事达同泰、聪明制药等项目开工，科方生物、施迈茨真空设备等项目竣工，利洁时一期、博泽微电机等项目投产，生物港三期、中欧智能装备产业园等载体投用。完成全社会固定资产投资500亿元，增长6.7%；其中工业投资180亿元，增长12.3%。省重大、苏州重点项目数及年度投资均位列苏州第一。产业质效不断提升。实现规上工业产值2921.6亿元，增长16.3%。高端装备制造、新材料分别实现规上产值1160亿元、945亿元。引进天航长鹰、穆格飞控等航空航天项目47个。引进尚元医疗、思纳福等生物医药项目155个，6平方千米生物医药产业园规划发布。联合利华入选全球“灯塔工厂”。“多力”获评中国驰名商标。完成“智改数转”项目771个，入选国家“新两化融合”项目3个，获评省工业互联网标杆工厂2家、省级智能制造示范车间6家、省星级上云企业141家。新增全国4A级物流企业4家、省跨国公司地区总部和功能性机构2家。引进腾讯天美等文旅项目30个，电站村获评省休闲农旅五星级园区，旅游文化美食节、乡村旅游节成功举办，“夜太美”品牌持续擦亮。完成社会消费品零售总额510亿元、进出口总额170亿美元。康乃德登陆美国纳斯达克。金融机构本外币存、贷款余额分别增长6.6%、16.1%。房地产市场平稳发展。创新驱动不断增强。全社会研发经费支出占地区生产总值比重达3.6%。入选省潜在独角兽企业4家、瞪羚企业15家。新增省专精特新小巨人企业12家。净增高企224家。新增省级以上研发机构35家，科创载体总面积达100万平方米。吉太航空研究院、思萃免疫技术研究所成功落户。参与制修订国家标准39项、行业标准17项。新增高价值发明专利272件，万人发明专利拥有量达72件。引进外国高端人才58人，新增苏州市级以上各类“人才计划”65人、增长85.7%。新增企业创新人才超2.7万人。科技镇长团成绩显著。入选全省首批创新型示范县建设城市。获评省双创示范基地。位列中国县域知识产权竞争力第六位、全国科技创新百强县第二位。营商环境不断优化。⑧“E.S.T”行动深入开展，政务服务品牌矩阵发布。“易企办”便利化登记服务上线，⑨市场准入“1+6+N”实现全城通办，新登记法人企业9660户、增长50.4%。项目审批全流程“一网通办”，重点项目平均审批时间7.5天。企业服务总入口优化运行。市科技招商中心成立。新落户基金6支，产业引导基金合作总规模达120亿元。兑现各类税收优惠140亿元。⑩“BEGI·N”金融沙龙、民营企业家沙龙成为常态。社会信用体系日趋完善。新型产业用地政策出台。国土空间全域整治深入开展，腾出土地超1万亩。出让“双信地”71宗。资源节约集约利用工作获省政府督查激励。获评全国企业家幸福感最强市（区）。

（二）聚焦开发开放，对外合作拓展新格局。融入上海全面提速。航空产业、铁路轨交等11项内容纳入虹桥国际开放枢纽建设总体方案。“上海下一站、下一站上海”城市标识正式发布。嘉闵太线太仓站、瑞金医院太仓分院开工建设。“虹桥北·北虹桥”“沪苏同城”合作对接会等成功举办。引进沪上项目259个，总投资229.8亿元、增长124.3%。上海张江、交大等合作载体揭牌。赴沪就医实现免备案医保卡直刷。沪太“跨省即办”日益便利。对德合作全面拓展。入选第三轮中欧区域政策合作案例。省四部门联合发文支持深化对德合作。莱茵检测、博可机械等41个德资项目落户，通快、世泰科等16家德企增资扩产。德国中小企业（太仓）孵化中心在沪开业，太仓—柏林双向创新中心投用。罗腾堡德风街整体结构封顶。中国德商会“商会之夜”、贝多芬艺术展、啤酒节等活动成功举办。全国首个中德糖尿病健康管理项目落地，全国首条中德国际数据专线投运，全国首家AHK学院落户。以港强市全面推进。太仓港集装箱吞吐量超700万标箱、新辟航线10条。集装箱四期码头投用，成为长江流域首个堆场自动化码头。太仓港疏港铁路建成通车，实现“铁水联运”。沪太同港化深入推进，上海港太仓服务中心揭牌运营。中外运华东总部、威露士华东基地、牛卡福华东物贸结算中心等项目落户。省太中专港城校区投用，港城二小、港区医院、皇冠假日酒店等功能配套加速完善。综合改革全面深化。“十四五”规划体系不断健全。政府机构改革、基层“三整合”改革持续深化，下放行政执法权限274项。“放管服”改革深入推进，“减证便民”行动扎实开展，43项证明事项实行告知承诺制。市镇两级集成指挥、综合执法平台功能不断完善。港区、高新区成为首批省级自贸联动创新区。完成新型职业农民制度改革等2项国家级试点。政府性债务管理持续加强。国资国企改革三年行动纵深推进，⑪“1+3”国资监管体系全面构建，市文旅集团成立。

（三）聚焦品质品位，城乡融合焕发新风貌。功能布局更加优化。国土空间规划近期实施方案完成编制。地下空间、综合交通等专项规划加快推进。29个土地征收成片开发方案获批。娄江新城建设提速，西北工业大学太仓校区交付使用，西交利物浦大学太仓校区教学区封顶、生活配套区竣工，智汇谷、长江后浪街区开工建设。科教新城功能完善，复游城加快推进，华发广场、铂尔曼酒店建成开业。城市更新扎实推进，古松弄、胜利村、原城三小地块率先启动。南沿江高铁加快建设，沪宜高速金仓湖互通、256省道（204国道～太沙路）开工，太仓大道西段、太浏快速路东延段通车。主城区水质提升控导工程投用，北横沥河、十八港等拓浚整治工程完工。新改建供水管网30千米。新设中压燃气管道25.5千米。500千伏二号主变等投用。城市管理更加精细。城区城市管理领域财政事权改革顺利实施。改造老旧小区25个，梅园新村项目入选全国试点。获评省级示范物业管理项目2个。建成现代化智慧农贸市场范本2个。完成"一核一带一路"景观亮化工程。违建治理成效明显。生活垃圾分类片区全覆盖，建成高质量片区3个。建筑垃圾资源化利用项目试运行。新改建公厕103座。提档智能公交候车亭527座，新增新能源公交车52辆、公共助力自行车500辆、停车泊位1.5万个。乡村振兴更加有力。新建高标准农田2.9万亩，改造养殖池塘4051亩。粮食产量超3亿斤。生猪存栏5.3万头，梅山猪保种场投用。长江禁捕退捕工作全省领先。主要粮食作物耕种收综合机械化率达98%。入选国家级农村创业园区（基地）9家。土地流转率达93%。农村集体资产超70亿元，村均集体可支配收入超1000万元。22名农业委培生入额"定制村干"。新增特色康居乡村46个、特色康居示范区3个、特色精品乡村试点3个。农村生活污水治理率达97%，疏浚农村河道123千米。农村人居环境整治工作获国务院督查激励。入围全国城乡交通运输一体化示范创建县。生态环境更加美丽。认真做好第二轮省生态环境保护督察整改工作。完成治气项目1290个，减排挥发性有机物3000吨，$PM_{2.5}$年均浓度、空气质量优良天数比率均为苏州市最优。港区化工区生态缓冲区建成。城区污水处理厂、沙溪工业污水处理厂主体完工。完成截污纳管项目1025个，建成污水处理提质增效达标区104.5平方千米、生态美丽河湖92条。国省考断面、主要入江支流水质优Ⅲ比例保持100%。关停木材、化工等低端低效企业586家。新增国家"绿色产品"4个、省"绿色工厂"5家。在全省率先推出"企业环保经理发证"机制。实现省级生态文明建设示范镇全覆盖。位列全国绿色发展百强县第二位。生态环境工作获省政府督查激励。

（四）聚焦共建共享，人民生活迈上新台阶。疫情防控常抓不懈。坚持"外防输入、内防反弹"，按照"四早"原则，加强港口、接驳转运、进口货物、冷链食品、隔离点等重点场所、重点人群、重点环节全面管控。启动建设健康驿站2个，规范建设发热门诊4家，设置新冠肺炎救治定点医院1家，新增负压急救车8辆、方舱实验室2个。日最大核酸检测能力达5.5万管。新冠疫苗全程接种率达84.4%。开展全员核酸检测登记、港口聚集性应急演练。137名医护人员驰援南京、扬州。公共服务优质普惠。8大类26个民生实事项目加快实施。招引教育、医疗等民生事业优秀人才超700人。11个学校项目投用，新增学位9135个。"双减"工作深入落实。义务教育集团化办学全覆盖。获评省级社区教育示范区。市公共卫生中心投用。市一院上线互联网医院。家庭医生服务重点人群签约率达78.3%。市民文体中心建成，美术馆新馆主体完工。开展文体惠民活动超4000场次。市融媒体中心获评全国先进县级融媒体中心。全国竞走冠军赛、市第十六届全运会成功举办。社会保障扩面提质。居民人均可支配收入增长10%以上。困难群体、重点人群就业等深入推进，新增城镇就业超1.1万人，发放稳岗返还资金近亿元。省人社一体化信息平台切换上线。医药机构实现医保电子凭证结算。慈善救助覆盖4万余人。救助站新站建成。日间照料中心社会化运营率达100%。发放尊老卡近16万张，城乡居民养老金增长8%。位列中国康养百佳县市榜首。建成保障性安居工程1081套，新增保障性租赁住房2033套。净增公积金缴存职工2.3万人。全国示范型退役军人服务中心（站）市镇两级全覆盖。全链消费帮扶模式入选全国典型案例。社会治理精准高效。文明城市建设不断深化。"能动善治"项目获省基层社会治理创新成果奖第一名。社工站建设经验全省推广。在全省率先建立群众法治满意度综合评价体系。"八五"普法启动。矛盾纠纷多元化解体系持续完善。信访服务站向基层延伸。网格化服务管理水平全省领先，"12345"热线完成归并整合，处置各类诉求及网格事件98万余件，满意率达99.6%。"新一代雪亮工程"加快推进。电信网络诈骗案发数下降30.3%。网络综合治理中心入选省级创新试点。扫黑除恶斗争常态化开展。城市运行安全稳定。安全发展示范城市创建深入开展。第一次全国自然灾害综合风险普查全面启动。安全生产监管信息平台建成。安全生产专项整治"一年小灶"与"三年大灶"有序衔接。危化品、既有建筑、道路交通等领域专项治理扎实推进。获评省级食品安全示范城市。苏州市首家危化品安全技能实训基地揭牌。岳王消防站投用、璜泾消防站竣工。"331"专项行动常治长效。"百团进百万企业千万员工"宣讲常态化开展。51项三级政府挂牌督办重大隐患全部整改销号。安全生产执法持续加强，事前立案690件。生产安全事故起数和亡人数分别下降52%、66.7%，未发生较大及以上和有重大影响的生产安全事故。

（五）聚焦主责主业，政府建设展现新作为。依法行政持续深化。依法决策机制不断健全，重大行政决策机制严格落实。清理市政府规范性文件211件。行政复议体制改革扎实推进。政务公开事项目录体系建成。自觉接受市人大法律监督、工作监督和市政协民主监督，定期向市人大常委会报告工作、向市政协通报情况。办理人大议案建议83件、政协提案160件，满意和基本满意率达100%。服务效能持续提升。"一网通用""一网通办""一网统管"全面推进。工程建设、政府采购实现不见面开标。在全省率先实现电子营业执照、电子印章同步发放。推出998项"两个免予提交"事项。实现1475项行政权力网上办、63项便民服务"指尖办"、13项"一件事"省心办。"一件事"获全国智能服务典范奖。政务服务"好差评"满意率全省第一。政府网站、政务新媒体品牌不断擦亮。作风建设持续加强。深入学习贯彻党的十九届六中全会精神。党史学习教育走深走实，"我为群众办实事"实践活动、"两在两同"建新功行动扎实开展。坚决落实全面从严治党要求，认真落实意识形态工作责任制，深入推进党风廉政建设和反腐败斗争。严格执行中央八项规定及其实施细则精神，力戒形式主义、官僚主义。牢固树立过"紧日子"思想，"三公"经费进一步压降。审计监督、政务督查等工作有效开展。

同时，妇女儿童、残疾人、民族宗教、侨务、对台事务、兵役、人防、供销、机关事务、地方志、气象、盐务、邮政、电信等工作成效明显。

各位代表，过去的一年，我们积极应对复杂多变的外部环境，统筹疫情防控和经济社会发展，各项事业取得了显著进步，成绩来之不易、好于预期！这是中共太仓市委正确领导的结果，是全市上下勠力同心、奋力拼搏、狠抓落实的结果。在此，我谨代表市人民政府向全体市民，向人大代表、政协委员，向离退休老同志，向各民主党派、工商联、无党派人士，向各人民团体，向驻太人民解放军、武警官兵和公安民警，向国家和省驻太单位，向所有参与、关心和支持太仓发展的海内外朋友，表示衷心的感谢和崇高的敬意！

在取得成绩的同时，我们也清醒地看到，太仓经济社会发展还存在一些问题和挑战：产业层级、城市能级还不够高；大项目、大企业的支撑带动还不够足；绿色发展、安全发展的基础还不够牢固；优质公共服务供给还不够充沛；少数干部干事创业热情还需进一步激发。对此，我们将采取有力措施，切实加以解决。

新一届政府的总体思路

今后五年，新一届政府将在中共太仓市委的正确领导下，准确把握千载难逢的战略机遇，保持发展定力、增强改革魄力、凝聚攻坚合力，奋力在太仓现代化建设新征程上迈出坚实步伐。

根据市第十四次党代会精神，建议新一届政府工作的总体要求是：**坚持以习近平新时代中国特色社会主义思想为指导，全面贯彻党的十九大和十九届历次全会精神，深入贯彻习近平总书记对江苏工作重要指示精神，坚决扛起“争当表率、争做示范、走在前列”光荣使命，坚持稳中求进工作总基调，完整、准确、全面贯彻新发展理念，加快服务构建新发展格局，紧扣“两个高于”，做深“三篇文章”，拼出“太仓速度”，统筹抓好产业升级、创新发展、改革开放、城乡统筹、生态建设、民生幸福、社会治理等各项工作，加快打造虹桥国际开放枢纽北翼发展极，在推动高质量发展、建设“现代田园城、幸福金太仓”的跑道上振翅高飞，激情谱写社会主义现代化建设太仓精彩篇章。**

主要目标是：综合实力再攀高。重大项目引建取得更大突破，资源要素支撑更为有力，创新核心地位更加巩固，人才首位度更显突出，现代化产业体系更趋完善，经济发展的质量和效益进一步彰显，圆满完成“十四五”规划目标任务。改革开放再深化。行政体制改革稳步推进，国资国企突破“翻番”目标，国家级高新区全力创成，营商环境达到国内国际一流水平，融入上海、对德合作、以港强市“三篇文章”做深做实，发展潜力动力活力显著增强。城市能级再提升。[12]“双心驱动、多极带动”的空间布局初步构建，娄江新城初具形态，“三港”联动更具优势，板块发展各具特色，立体化交通体系基本成型，城市配套优化完善，城市管理智慧高效，城乡发展融合协调，现代田园城市品牌进一步擦亮。生态环境再优化。绿色发展理念深入人心，碳达峰、碳中和工作取得明显进展，能源资源配置精准高效，污染防治能力持续增强，环保基础设施日臻完善，城市生态体系优化提升，生态环境质量始终走在全省全国前列。民生幸福再增进。共同富裕取得新进展，社会保障水平稳步提高，优质公共服务有效供给，社会治理能力全面增强，社会文明程度显著提升，城市本质安全持续巩固，群众幸福感更加饱满。

为了实现上述目标，建议新一届政府切实把握好以下原则：

——*要以更快的“太仓速度”激发干事热情。*唯有提速，才有超越。要燃激情增动力、重担当强引擎，齐心协力谋事业、继往开来谱新篇，勇上一线、敢冲火线，两步并作一步走、一天当作两天干，唯实惟先、善作善成，以坚定步伐走好“赶考路”、用发展实绩当好“答卷人”。

——*要以更强的“转型力度”释放发展动能。*唯有转型，才有突破。要坚持亩均论英雄、创新论英雄、绿色论英雄，加快转变发展方式、优化经济结构、激发增长潜能，大手笔推进项目引建，全方位提升产业能级，多维度强化科技创新，高标准优化营商环境，深层次攻坚空间治理，以产业创新集群提升高质量发展核心竞争力。

——*要以更宽的“合作广度”增强开放活力。*唯有开放，才有进步。要推进规划互融、交通互联、产业互补、创新共赢、民生共享、社会共治，全面承接沪上资源溢出和辐射带动。拓宽对德合作领域，提升合作层级，打造全国对德合作最美窗口、中德创新合作高地。提升港口经济效能，增强港区发展动能，丰富港城配套功能，打造以港强市升级版。

——*要以更燃的“建设热度”提升城市能级。*唯有开拓，才有未来。要坚持规划前瞻引领、完善功能科学布局、做亮板块个性特色，全速推进娄江新城建设，全力构建立体交通网络，全域深化城市精细管理，以绿色发展助推生态文明，以城乡融合助力乡村振兴，建设高端洋气、舒朗大气、精致秀气的现代田园城。

——*要以更暖的“幸福温度”增进民生福祉。*唯有共富，才有幸福。要聚焦共同富裕，全力以赴、尽力而为，推动公共服务优质共享、城市运行安全有序、社会环境文明和谐，促进劳有厚报、学有优教、病有良医、老有颐养、住有宜居，努力满足人民群众多样化、个性化、品质化需求，倾心倾情倾力打造幸福金太仓。

2022年目标任务和主要工作

2022年是党的二十大召开之年，也是新一届政府履职的第一年，做好今年工作至关重要。今年经济社会发展主要预期目标是：地区生产总值增长6%左右，一般公共预算收入增长5.5%以上，规上工业产值增长8%，社会消费品零售总额增长8%左右，城镇登记失业率控制在2.5%以内，居民人均可支配收入与地区生产总值增长同步，完成上级下达的约束性指标任务。

为实现上述预期目标，我们将认真贯彻落实市委十四届二次全会精神，保持“稳”的定力、坚持“进”的态势、追求“好”的成效。重点做好以下八个方面工作：

一、追求稳中提速，推动综合实力更快跃升

狠抓项目引建。推动项目招引与城市宣传、产业培育协同发展，创新实施“资本 + 科技 + 载体”招商模式，大力招引央企、欧美企业、世界500强、旗舰型创新型企业，力争项目数量、体量、质量实现新突破。新增内资注册资金516亿元。完成注册外资23亿美元、实际使用外资8.5亿美元。深化重点项目挂钩联系制度，完善项目全生命周期服务，全速推进乐琻半导体、欧米尼等183个市级以上重点项目。开工建设博格华纳、昭衍新药实验基地等项目，竣工投用宝得流量设备、耐克四期等项目，建成运营欧美产业园二期、海美二期等载体，力争全社会固定资产投资、工业投资分别增长8%、10%。

做强产业体系。坚持高端引领、数字赋能，开展“苏州制造”品牌建设太仓行动，培育壮大数字经济时代产业创新集群。围绕汽车核心零部件、数控机床等领域，打造高端装备产业集群。围绕有机高分子、无机非金属等重点，打造新材料产业基地。围绕增材制造、无人机研发、商用火箭等领域，加快推进舍弗勒航空轴承、达索航空、星河动力等项目建设，打造航空航天产业基地，擦亮“做航空、到太仓”名片。围绕创新药物、医疗器械等重点，加快建设康乃德、创睿影像、易康医疗等项目，打造[13]生物医药产业“一园三区”格局，打响“太仓药谷”品牌。实施通快等总投资185亿元的64个重点技改项目。完成“智改数转”项目600个，基本实现规上工业企业全覆盖。创成苏州市级以上标杆示范企业50家，新增星级上云企业100家。既抓产业数字化，又抓数字产业化，重点支持信息服务、研发设计等生产性服务业发展。新增省级跨国公司地区总部和功能性机构2家。优化贸易结构，推动离岸贸易、服务贸易、跨境电商等业态提升，进出口总额保持稳定。优化商业网点布局，丰富“夜太美”品牌内涵。促进房地产业良性循环和健康发展。深入实施文化产业倍增计划，支持文旅、电竞、数字文创等产业创新发展，力争文化产业增加值占比突破5%。争创国家级全域旅游示范区。

优化营商环境。持续擦亮“5E · 太舒心”营商服务品牌。优化“全链审批”“标准地 + 双信地”等服务模式，推行“智能审核”“智慧秒办”。实体化运作市企业服务中心，推动惠企政策“免申即享”“一键直达”，实现线上线下一站式综合服务。加大民营企业、中小微企业扶持力度，持续激发市场主体活力，力争市场主体突破15万户。深化国土空间全域整治，力争腾地1万亩。加快推进新型产业用地出让，探索实施土地复合利用供地。认真落实减税降费政策。建成知识产权保护中心。设立市长质量奖。加强政银企资协同，完善“娄城贷”产品体系，落地产业引导基金合作子基金5支，新增上市企业3家。

深化综合改革。推进事业单位改革。提高政府监管效能，探索建立市场融合管理服务机制，建立健全跨部门综合监管制度。推进相对集中行政许可权改革。深化综合行政执法改革，推广“区块链 + 公证”执法模式。开展全面创新改革任务揭榜工作。复制推广自贸区改革创新经验。提升政府性债务监管水平，着力优化债务结构。持续深化国库集中支付改革。完成国企改革三年行动任务，全力推动国资国企“翻番”。

二、追求特色开放，赋予三篇文章更深内涵

融入上海再提速。认真落实长三角一体化发展战略，深度参与虹桥国际开放枢纽北向拓展带建设，全面对接上海“五个中心”，全力深化[14]“八个同圈”。主动融入上海规划布局，开工建设嘉闵太线太仓段、沪苏通铁路二期，推进接沪道路贯通，提升毗邻公交服务质效。对接上海大飞机、新能源汽车、健康医药、商务会展等产业，深化嘉昆太协同创新核心圈战略合作，主动承接沪上溢出，办好对沪合作交流活动，构建优势互补、错位发展的产业格局。加快建设瑞金医院太仓分院，大力引进上海高端文体、教育、康养等资源，推动沪太生态环境互保共治、社会治理互促共进、便民事项互联通办，构建更加完善便捷的同城“生活圈”。

对德合作再突破。深入[15]实施“1582”计划，推动建立部省际联席会议工作机制，以中德建交50周年为契机积极承办参与各类高层级活动，拓展与北德五州合作，全力打造国家级对德合作示范区。更大力度招引头部德企和“隐形冠军”，新增德企40家。开工欧托凯勃、飞势新能源等项目，投用达必温汽车材料、裕克施乐四期等项目，建设中德生命科学园、中德石墨烯创新中心。推动与德国品牌应用技术大学合作办学，加快建设西工大中德学院、长三角中德双元制国际教育园，推进中德职业资格证书双向互认。投用罗腾堡德风街、玛丽蒂姆酒店。常态化办好德国“太仓日”、啤酒节、足球赛等活动。

以港强市再发力。高标准打造港口型国家物流枢纽。高水平运作沪太通关一体化模式，不断放大“沪太同港”效应。新辟国际国内航线8条，完善公铁水集疏运体系。壮大临江先进制造业和现代物贸经济，引进税源型、总部型物贸企业，加快实现港口“流量”变现，让“黄金水道”产生“黄金效益”。推动安踏华东新零售总部、拓芃冷链等项目落户。投运海通码头、苏宁电商等重点物贸项目。加速建设生物港四期、太仓港航空航天产业园，提升港区化工园区等级。完善港城综合配套，建成港城二小、港区幼儿园，加快推进菁英人才公寓三期、龙江快速路、滨江大道延伸段等工程，构建港产城一体化发展模式。

三、追求创新引领，激发转型升级更强动能

培育创新梯队。强化企业创新主体地位，发挥科技招商中心统筹和科技金融撬动作用，打造以独角兽企业为先锋、高新技术企业为主力、专精特新企业为尖兵、科技型中小企业为后备的创新梯队，新增省潜在独角兽企业6家，有效高企突破1000家，认定省专精特新小巨人企业10家，培育科技型中小企业超1200家。深化科技创新“揭榜挂帅”行动，鼓励企业参与区域协同创新、关键技术攻关，力争全社会研发支出占地区生产总值比重达3.75%、新增省级以上企业技术中心12家。新增高价值发明专利200件、国家级以上标准50项。

做大创新平台。全力创建国家级高新区。统筹推进规模型、特色型、专业型载体建设，高标准建设科创载体200万平方米，引进专业化科创载体运营团队。深入实施大院大所战略，加快天航长鹰创新研究院、力合智能网联汽车研究院等产业创新平台建设，新增省级以上科创平台5个，支持西北工业大学长三角研究院争创国家创新平台。加快长三角先进技术成果转化研究院太仓孵化基地建设。畅通众创空间、孵化器、加速器"链式流动"，构建[16]"1+7"市域一体化孵化培育体系。发挥科技镇长团纽带作用。

集聚创新人才。围绕重点产业领域，深度融合人才链、创新链、产业链，高效运作上海、深圳、柏林等"人才飞地"，办好"精英周""创赢太仓"等活动，引进培养具有国际水平的科技领军人才、青年科技人才和创新团队，新增苏州市级以上各类"人才计划"50人以上。探索建立工程师等高技能人才引育机制。加大人才金融支持，运营娄城人才科技培育基金，设立科创人才直投基金。强化人才医疗、教育等保障服务，加快推进4000套人才公寓建设，打造"太易居"品牌。

四、追求卓越品质，彰显田园城市更靓颜值

提升城市能级。完成2035国土空间规划编制，统筹推进综合交通、TOD综合开发等专项规划。提速娄江新城建设，保障两所大学开学，加速建设临沪国际商业中心、太仓大道地下综合管廊、娄江新城高中、医养中心。提档主城区品质，全力推动古松弄、胜利村、原城三小地块更新，奋力实现"百日签约、百日征收、百日腾房"。持续优化天镜湖、金仓湖片区功能。建成南沿江高铁，开工建设北沿江高铁、沪武高速拓宽、604省道（双浮路～通港路）。拓浚整治浏泾河（飞沪大道～石头塘）、新塘河（朝阳河～向阳路）等骨干河道。

提优城市管理。做靓城市客厅，做优城市家具，做美景观小品。有序推进城市花园等14个老旧小区改造，既有多层住宅增梯10台。城区建成口袋公园5个，绿化覆盖率达41.9%。强化地下管线等市政设施协同管理。提升户外广告、店招标牌品质品位。推进环卫市场化、公共照明绿色化、无物业小区物业化改革。提档升级农贸市场，创建三星级以上文明市场15家。完善生活垃圾分类全链条监管机制。新改建公厕147座。落实违法建设快速联动处置机制，创建无违村（社区）。推进"智慧交通"建设，优化路网运行机制，新增新能源公交车50辆、停车泊位超1万个。

提质乡村振兴。率先基本实现农业农村现代化。升级改造现代农业园区，稳定农产品保供能力，扩容升级中心粮库，建设高标准农田提档升级示范区1万亩，实现高标准菜地全覆盖，改造标准化池塘2525亩。建设智慧农机示范基地5个。绿色优质农产品比重达70%，争创国家农产品质量安全县市。高水平推进乡村建设行动，深化农村人居环境整治提升。推动农文旅融合发展，加快香塘艺术田园、七十二家村等项目建设，做靓浏河海鲜、双凤羊肉等美食品牌。村均集体可支配收入达1100万元。新增新型示范家庭农场80家，招录农业委培生40名。优化农村家庭诚信积分制度。

五、追求秀美生态，开拓绿色发展更高境界

致力环境治理。全力做好第二轮中央生态环境保护督察迎检工作，认真落实第二轮省生态环境保护督察反馈问题整改。持续改善大气环境，完成200个挥发性有机物治理项目，推进臭氧污染防治，淘汰国三及以下柴油车5000辆，推进码头、工地扬尘监测全覆盖。深化"河长制""断面长制"，开展26个关联水体水质提升整治，建成16个污水处理提质增效达标区，确保12个国省考断面优Ⅲ比例100%。实施危险废物专项整治三年行动，严厉打击非法转移偷倒固废行为。落实生态保护责任清单。强化环保司法联动，深化跨区域执法协作。

致力生态修复。深化长江大保护，严格执行长江经济带建设负面清单，坚决落实"十年禁渔"，推进"三无"船舶治理、水上运输污染防治、沿线控源截污。全面落实"林长制"，实施园林绿化三年行动，林木覆盖率达18.8%。疏浚河道101千米，建成生态美丽河湖98条。加快建设城东水质净化厂、璜泾污水处理厂，新改建污水管网18千米。建成投用再生资源综合利用项目。

致力低碳发展。积极推进碳达峰、碳中和工作。加速能源消费转型，积极培育节能环保、资源循环利用、清洁能源等绿色产业，推进园区循环化和企业绿色节能改造。坚决遏制"两高"项目盲目发展，确保单位地区生产总值能耗下降、单位地区生产总值二氧化碳排放量下降、主要污染物排放量削减完成上级下达任务。优化工业企业资源集约利用综合评价。新建绿色建筑占比达100%，探索推广超低能耗建筑。倡导绿色低碳生活方式，大力发展绿色交通，鼓励新能源汽车消费，新增新能源充电站9个。

六、追求共同富裕，创造民生幸福更多成果。

兜牢民生底线。实施百千万技能强企项目，积极服务就业困难人群、高校毕业生就业创业，新增城镇就业超1万人。推进社保扩面。完善"互联网＋医保"服务。推进弱势群体常态化帮扶。新增老年人日间照料中心10家，完成1000户适老化改造。迁建市福利中心，启动建设金仓湖康养社区。加快国防教育中心迁建，争创省双拥模范城"七连冠"。新增保障性租赁住房3000套。新增公积金缴存职工3万人。

优化民生供给。投用明德高中扩建等11个项目，加快推进高新区中学扩建等8个项目。规范民办教育及校外培训机构。提升课后延时服务质量。积极创建全国义务教育优质均衡发展县市。推广分级诊疗，完善医联体、县域医共体建设。支持市一院、中医医院创建三甲医院，璜泾、双凤人民医院创建二级专科医院。投运牌楼、王秀等7家社卫中心。创建健康中国典范城市。传承传统文化，加强基层公共文化供给，开展各类文体惠民活动，开放市民文体中心、美术馆新馆，承办世界田联竞走巡回赛等赛事。

增进民生福祉。持续创造和积累社会财富，进一步拓宽城乡居民增收渠道，提高中等收入群体比例，不以平均数代替大多数，缩小城乡发展差距和居民生活水平差距。践行"人民城市为人民"，坚持尽力而为、量力而行，全心全意办好教育文体、医疗卫生、健康养老、人居环境、公共交通、生态环境、公共服务和配套、公共安全等8大类民生实事项目，不断提升人民群众“幸福指数”。

七、追求高效治理，谱写和谐社会更美篇章

强化疫情防控。科学精准做好疫情防控，压实压细“四方”责任，坚持“人、物、环境”同防，织密常态化疫情防控网。严格执行入境人员闭环管理，加强中高风险地区来太返太人员健康监测，做好港口涉外疫情、医疗机构和隔离点感染防控。加快构建全员免疫屏障。建设数字化流调系统、标准化洗消中心，加强应急物资调配，提升核酸检测能力，提高突发公共卫生事件应急处置水平。深入开展爱国卫生运动。

强化社会治理。加快推进社会治理现代化。构建“融合共治”基层治理4.0模式，培育幸福生活共同体。优化公共法律服务体系，扎实推进“八五”普法。完善社会矛盾综合治理机制，做优网格化联动“太仓模式”。强化信访处置，持续化解信访积案。深入开展根治欠薪行动。加强“新一代雪亮工程”建设，高标准推进全国治安防控体系建设示范城市创建。坚决防范和打击电信网络诈骗等违法犯罪行为。加强网络综合治理体系建设。常态化开展扫黑除恶斗争。推进环境卫生、文明交通、公共秩序三大提升行动，全力创建全国文明典范城市。

强化本质安全。深入贯彻落实新《安全生产法》。严格落实安全生产责任制。高质量开展安全生产专项整治三年行动，强化危化品、既有建筑、城镇燃气、建筑施工、消防等重点领域排查整治，建立联管联处机制。持续开展“331”专项行动。投用港区化工专业消防站，开工科教新城消防站。常态开展实战应急演练。加强食品药品、特种设备安全监管。深入开展企业安全生产标准化、双重预防机制建设，全面推进企业网格化管理。扎实开展⑰安全宣传“五进”活动。继续压降生产安全事故起数和亡人数，坚决防范遏制较大以上事故。全力创建省级安全发展示范城市。

八、追求人民满意，扛起赶超跨越更硬担当

坚定政治方向。深入学习贯彻党的十九届六中全会精神和习近平总书记对江苏工作重要指示精神，遵守党内政治制度，坚持民主集中制，切实扛起三大光荣使命，巩固扩大党史学习教育成效，落实意识形态工作责任制，不断增强“四个意识”、坚定“四个自信”、做到“两个维护”，始终同以习近平同志为核心的党中央保持高度一致，确保中央、省、苏州市和市委决策部署不折不扣落实到位。

坚守为民初心。始终把人民对美好生活的向往作为我们的奋斗目标，把群众的“表情包”作为工作的“风向标”，努力建设人民满意的服务型政府。加大“四不两直”调研，及时发现解决群众“急难愁盼”问题。推进“数字政府”建设，擦亮“太e办”“太融e”品牌，扩大“互联网+政务服务”范围，打造企业和自然人两个“全生命周期”智能审批服务体系。积极推进政务公开，拓展市长信箱、“12345”热线等综合服务平台功能。

坚持依法行政。深入推进“法治太仓”建设，切实开展“法治政府建设提升年”活动。严格规范公正文明执法。深入推进行政调解，严格落实重大行政决策机制。完善行政复议办案流程，推进行政复议规范化建设。主动接受人大、政协监督，定期向市人大报告工作、向市政协通报情况，广泛听取民主党派、人民团体和社会各界意见建议，认真办理人大议案建议、政协提案。

坚决改进作风。严格落实全面从严治党要求。强化权力运行制约监督，加强财政预决算管理，持续压降“三公”经费，统筹规范督查考核，增强审计监督实效。严格贯彻中央八项规定及其实施细则精神，坚决防止“四风”问题反弹。切实履行“一岗双责”，深入推进政府系统党风廉政建设，加强对“一把手”的监督，整治群众身边腐败问题，深化运用“三项机制”，维护风清气正的政治生态，打造履职尽责、担当作为的干部队伍。

有关词、句及内容的说明

①“灯塔工厂”：在第四次工业革命尖端技术应用整合方面卓有成效、在大规模采用新技术方面走在世界前沿的领先企业。

②“双信三即”土地出让模式：“双信”指政企互信、政企守信；“三即”指成交即发证、交地即开工、竣工即登记，即成交阶段颁发《建设用地规划许可证》《建设工程规划许可证》，交地阶段颁发《不动产权证书》《建筑工程施工许可证》，竣工阶段颁发《不动产权证书》（含厂房）。

③项目审批“全链改革”：对“投资建设项目”在报建的过程中涉及的事项实行全链条的改革，包括全链重塑流程、全链电子报批、全链帮办代办等，最终实现企业项目报建“减环节、减材料、减时间、减成本”。

④“5+1”轨道交通网络：沪苏通铁路一期、沪苏通铁路二期、南沿江铁路、北沿江铁路、苏锡常城际铁路等5条铁路和1条上海市域铁路嘉闵线延伸线。

⑤“七纵八横九连接”干线路网：“七纵”为204国道、太沙公路、沿江高速公路、岳鹿公路、陆璜公路、346国道、滨江大道；“八横”为浏昆公路、江南路、339省道、苏昆太高速公路、浏双公路、双浮公路、224省道、直璜公路；“九连接”为通港高速公路、疏港高速公路、锡太高速公路、太蓬公路、璜北公路、鹿北公路、荡茜路、站前路、港外大道。

⑥“一心两湖三环四园”：以市民公园为一心，以金仓湖和天镜湖为两翼，以盐铁塘、新浏河、娄江河、城北河，盐铁塘、湖川塘、十八港、新浏河，吴塘河、新浏河、石头塘、杨林塘三层水系绿道为三环，以现代农业园（植物园）、萩园、西庐园、独溇小海湿地公园为四园。

⑦“两个高于”：主要经济指标增幅高于苏州平均水平、对苏州的贡献度高于10%。

⑧“E.S.T”行动：开展“优化营商环境‘E.S.T’行动”，即“最高级的‘5E’服务在太仓”，大力营造办事最便捷（Easy）、服务最高效（Efficient）、市场最公平（Equal）、治理最电子化（Electronic）、投资最具活力（Energetic）的营商环境，持续擦亮“5E·太舒心”营商服务品牌，打造长三角区域营商环境最高“极”。

⑨市场准入“1+6+N”：1个市政务服务中心，港区（浮

桥）、城厢镇、沙溪镇、浏河镇、璜泾镇、双凤镇6个区镇行政审批局，N个银行网点端“政银合作一体化服务”专窗。

⑩“BEGI · N”全融沙龙：B代表银行，E代表企业，G代表政府，I代表投资方，N代表其他主体。

⑪“1+3”国资监管体系：“1”指中共太仓市国有企业工作委员会，“3”指太仓市市属国有企业投资决策委员会、太仓市市属国有企业薪酬考核委员会、太仓市市属国有企业审计监督委员会。

⑫“双心驱动、多极带动”的空间布局：“双心驱动”：以主城为市域发展主中心，港城为市域发展副中心，引领全市高质量发展。“多极带动”：以片区差异化发展促进全域城镇化，以重点乡镇为片区发展极，提升乡镇对全域城镇化发展的带动作用。

⑬生物医药产业“一园三区”格局：国家级太仓港经济技术开发区太仓市生物医药产业园，下辖沙溪6平方千米片区、太仓生物港、中德（太仓）生命健康产业园三个片区。

⑭“八个同圈”：“红飘带”系牢共驻共建党建圈、“三同步”筑牢联动互动规划圈、“公铁水”织密全网联通交通圈、“产学研”打造资源共享科创圈、“补建延”打造协同发展产业圈、“特精高”共育高端技能人才圈、“共蓝天”打造联防联控生态圈、“一网通”打造便民服务民生圈。

⑮实施“1582”计划：即到“十四五”末，建成1个国家级对德合作示范区，德企总量突破500家，隐形冠军企业80家，地区总部和功能性机构20家。

⑯“1+7”市域一体化孵化培育体系：“1”指市级；“7”指港区（含浮桥镇）、高新区（含科教新城、娄东街道、陆渡街道）、城厢镇、沙溪镇、浏河镇、璜泾镇、双凤镇7个板块。

⑰安全宣传“五进”活动：安全宣传进企业、进农村、进社区、进学校、进家庭。

年度文件目录

中共太仓市委文件

2021年1月11日	太委发〔2021〕1号	印发《关于开展党史、新中国史、改革开放史、社会主义发展史学习教育的实施方案》的通知
2021年1月14日	太委发〔2021〕2号	关于制定《太仓市国民经济和社会发展第十四个五年规划和二〇三五年远景目标》的建议
2021年1月26日	太委发〔2021〕3号	关于市委常委工作分工的通知
2021年2月18日	太委发〔2021〕4号	中共太仓市委、太仓市人民政府关于2020年度综合考核暨作风效能建设工作情况的通报
2021年2月26日	太委发〔2021〕5号	中共太仓市委、太仓市人民政府关于2020年度信访工作情况的通报
2021年3月10日	太委发〔2021〕6号	中共太仓市委、太仓市人民政府关于2020年度农业农村工作先进单位和先进个人的通报
2021年3月10日	太委发〔2021〕7号	中共太仓市委、太仓市人民政府关于印发《太仓市率先基本实现农业农村现代化2021年度工作意见》的通知
2021年3月18日	太委发〔2021〕9号	关于印发《太仓市人大常委会2021年度工作要点》的通知
2021年3月18日	太委发〔2021〕10号	关于印发《政协太仓市第十四届委员会常务委员会2021年工作要点》的通知
2021年3月26日	太委发〔2021〕12号	中共太仓市委、太仓市人民政府关于印发《2021年“文明太仓”市民大行动实施意见》的通知
2021年3月26日	太委发〔2021〕13号	中共太仓市委、太仓市人民政府关于印发《太仓市深化文明城市建设三年行动计划（2021—2023年）》的通知
2021年4月15日	太委发〔2021〕17号	中共太仓市委、太仓市人民政府印发《关于开展作风效能建设“开启新征程、担当新使命”主题活动的实施意见》的通知
2021年4月15日	太委发〔2021〕18号	关于印发《2021年全市各级党委（党组）理论学习中心组专题学习计划》的通知
2021年4月25日	太委发〔2021〕19号	关于同意召开中国共产党城厢镇第十六次党员代表大会的批复
2021年4月25日	太委发〔2021〕20号	关于同意召开中国共产党沙溪镇第十六次党员代表大会的批复
2021年4月25日	太委发〔2021〕21号	关于同意召开中国共产党浏河镇第十六次党员代表大会的批复

2021 年 4 月 25 日	太委发〔2021〕22 号	关于同意召开中国共产党浮桥镇第十六次党员代表大会的批复
2021 年 4 月 25 日	太委发〔2021〕23 号	关于同意召开中国共产党璜泾镇第十六次党员代表大会的批复
2021 年 4 月 25 日	太委发〔2021〕24 号	关于同意召开中国共产党双凤镇第十六次党员代表大会的批复
2021 年 4 月 25 日	太委发〔2021〕25 号	印发《关于实施“沪太同城·党建先行”工程的意见》的通知
2021 年 6 月 9 日	太委发〔2021〕26 号	关于中国共产党太仓市第十四次代表大会代表选举工作的通知
2021 年 6 月 27 日	太委发〔2021〕27 号	中共太仓市委、太仓市人民政府关于 2019—2020 年法治太仓建设先进集体和先进个人的通报
2021 年 7 月 2 日	太委发〔2021〕28 号	关于太仓市优秀共产党员、优秀党务工作者和先进基层党组织的通报
2021 年 7 月 2 日	太委发〔2021〕29 号	中共太仓市委、太仓市人民政府关于印发《太仓市贯彻落实〈新时代爱国主义教育实施纲要〉的工作计划》和《太仓市贯彻落实〈新时代公民道德建设实施纲要〉的工作计划》的通知
2021 年 7 月 2 日	太委发〔2021〕30 号	中共太仓市委、太仓市人民政府关于印发《关于贯彻落实〈苏州市推进数字经济和数字化发展三年行动计划（2021—2023 年）〉实施方案》的通知
2021 年 7 月 11 日	太委发〔2021〕31 号	中共太仓市委、太仓市人民政府关于印发《太仓市开展“E.S.T”行动 擦亮“5E·太舒心”营商服务品牌实施方案》的通知
2021 年 7 月 23 日	太委发〔2021〕32 号	关于召开中国共产党太仓市第十四次代表大会的通知
2021 年 8 月 9 日	太委发〔2021〕33 号	中共太仓市委、太仓市人民政府关于印发《关于推动太仓市国资国企改革的若干意见》的通知
2021 年 8 月 26 日	太委发〔2021〕35 号	关于市委常委工作分工的通知
2021 年 8 月 31 日	太委发〔2021〕36 号	中共太仓市委、太仓市人民政府、太仓市人民武装部关于 2021 年双拥工作先进单位、先进个人和最美退役军人的通报
2021 年 8 月 31 日	太委发〔2021〕37 号	关于印发《关于在全市党员干部中开展“两在两同”建新功行动的实施方案》的通知
2021 年 11 月 11 日	太委发〔2021〕39 号	关于印发《太仓市法治社会建设实施方案（2021—2025 年）》的通知
2021 年 11 月 22 日	太委发〔2021〕40 号	中共太仓市委、太仓市人民政府关于转发《市委宣传部、市司法局关于开展法治宣传教育的第八个五年规划（2021—2025 年）》的通知
2021 年 11 月 26 日	太委发〔2021〕42 号	关于印发《法治太仓建设规划（2021—2025 年）》的通知
2021 年 11 月 17 日	太委发〔2021〕44 号	关于成立市委人大政协换届考察领导小组及考察组的通知

太仓市人民政府文件

2021 年 1 月 4 日	太政发〔2021〕1 号	关于市长副市长工作分工的通知
2021 年 1 月 4 日	太政发〔2021〕2 号	关于撤销杨林渔港和戚丫渔港的公告
2021 年 1 月 13 日	太政发〔2021〕3 号	关于印发《关于推进制造业智能化改造和数字化转型的若干措施》的通知
2021 年 1 月 18 日	太政发〔2021〕4 号	关于印发《太仓市促进商务经济转型升级若干政策》的通知
2021 年 1 月 18 日	太政发〔2021〕5 号	关于 2020 年度征兵工作先进单位和个人的通报
2021 年 1 月 27 日	太政发〔2021〕6 号	关于下达 2021 年度市级政府投资项目计划的通知
2021 年 2 月 7 日	太政发〔2021〕9 号	关于分解落实 2021 年政府各项主要工作任务和民生实事项目的通知
2021 年 2 月 14 日	太政发〔2021〕10 号	关于印发《太仓市 2021 年度重点项目建设的意见》的通知
2021 年 2 月 18 日	太政发〔2021〕11 号	关于 2020 年度区镇招商引资工作考核情况的通报

2021 年 2 月 22 日	太政发〔2021〕12 号	关于印发《关于推动太仓市金融更高质量服务实体经济的政策意见》的通知
2021 年 2 月 22 日	太政发〔2021〕13 号	关于印发《关于加强专职调解员队伍建设促进社会治理体系和治理能力现代化的意见》的通知
2021 年 3 月 1 日	太政发〔2021〕16 号	关于印发《关于推动企业质量和标准等高质量发展的若干政策》的通知
2021 年 3 月 11 日	太政发〔2021〕17 号	关于印发《太仓市国民经济和社会发展第十四个五年规划和二〇三五年远景目标纲要》的通知
2021 年 4 月 28 日	太政发〔2021〕20 号	关于加快推进农业机械化转型升级的实施意见
2021 年 4 月 30 日	太政发〔2021〕21 号	关于印发《太仓市生物医药及健康产业高质量发展行动方案》的通知
2021 年 5 月 6 日	太政发〔2021〕24 号	关于确定 2021 年太仓市级重大事故隐患“挂牌督办”整改单位的通知
2021 年 5 月 10 日	太政发〔2021〕25 号	关于部分领导同志工作分工调整的通知
2021 年 5 月 24 日	太政发〔2021〕26 号	关于印发《关于进一步推进临沪科创产业高地建设的若干政策》的通知
2021 年 5 月 29 日	太政发〔2021〕27 号	关于进一步明确国家级经开区及省级化工园区管辖范围的通知
2021 年 5 月 31 日	太政发〔2021〕28 号	关于印发《太仓市产业引导基金管理办法》的通知
2021 年 5 月 16 日	太政发〔2021〕29 号	太仓市人民政府、上海交通大学医学院附属瑞金医院关于印发《太仓市娄江新城医院（上海交通大学医学院附属瑞金医院太仓分院）管理委员会章程》的通知
2021 年 5 月 18 日	太政发〔2021〕30 号	市政府、市人武部关于联合下发《太仓市 2021 年民兵组织整顿工作方案》的通知
2021 年 5 月 20 日	太政发〔2021〕31 号	太仓市人民政府、太仓市人武部关于联合印发《太仓市 2021 年度民兵军事训练工作计划》的通知
2021 年 6 月 15 日	太政发〔2021〕32 号	关于印发《关于推进总部经济高质量发展的若干政策意见》的通知
2021 年 6 月 15 日	太政发〔2021〕33 号	关于印发《关于推动现代服务业转型升级创新发展若干政策》的通知
2021 年 6 月 21 日	太政发〔2021〕34 号	关于印发《太仓市生态文明建设规划（2020—2030 年）》的通知
2021 年 6 月 25 日	太政发〔2021〕35 号	关于印发《2021 年太仓市区镇招商引资绩效奖励办法》的通知
2021 年 6 月 25 日	太政发〔2021〕36 号	关于印发《2021 年太仓市招商引资社会化专项激励实施办法》的通知
2021 年 6 月 30 日	太政发〔2021〕37 号	关于印发《关于太仓市支持江苏省太仓高新技术产业开发区加快融入虹桥国际开放枢纽建设的意见》的通知
2021 年 7 月 6 日	太政发〔2021〕39 号	关于印发《太仓市进一步深化对德经贸合作 打造中德中小企业合作示范区“十四五”实施方案》的通知
2021 年 7 月 6 日	太政发〔2021〕40 号	关于印发《太仓市对德合作专项补充意见十一条（试行）》的通知
2021 年 7 月 8 日	太政发〔2021〕41 号	关于印发《太仓市市级预备费管理办法》的通知
2021 年 7 月 9 日	太政发〔2021〕42 号	关于印发《太仓市“双信地”前期收储整备工作实施细则》的通知
2021 年 7 月 26 日	太政发〔2021〕43 号	关于新建太仓港疏港铁路专用线安全保护区划定的公告
2021 年 8 月 2 日	太政发〔2021〕46 号	关于调整市防汛防旱指挥部组成人员的通知
2021 年 8 月 2 日	太政发〔2021〕47 号	关于印发《太仓市娄江新城太仓大道地下综合管廊及配套工程特许经营项目实施方案》的通知
2021 年 8 月 5 日	太政发〔2021〕48 号	太仓市人民政府、江苏太仓港口管委会关于成立太仓水路口岸涉外疫情防控工作领导小组的通知
2021 年 8 月 9 日	太政发〔2021〕49 号	关于印发《太仓市促进航空航天产业发展若干政策》的通知
2021 年 8 月 19 日	太政发〔2021〕50 号	关于确定 2021 年度第一批太仓科技领军人才的通知
2021 年 8 月 25 日	太政发〔2021〕51 号	关于印发《关于推进政务服务“太 e 办”改革全面实现“一网通办”的工作方案（2021—2023 年）》的通知

2021 年 8 月 27 日	太政发〔2021〕52 号	关于部分副市长分工调整的通知
2021 年 8 月 31 日	太政发〔2021〕53 号	关于颁发"太仓慈善奖"的决定
2021 年 9 月 7 日	太政发〔2021〕56 号	关于在全市开展镇（街道）相对集中行政处罚权工作的公告
2021 年 9 月 13 日	太政发〔2021〕57 号	关于 2020 年度太仓市节能工作先进单位、优秀能管员的通报
2021 年 9 月 18 日	太政发〔2021〕58 号	关于统一行使行政复议职责有关事项的通告
2021 年 10 月 6 日	太政发〔2021〕61 号	关于市防汛防旱指挥部更名为市防汛抗旱指挥部的通知
2021 年 10 月 21 日	太政发〔2021〕62 号	关于印发《太仓市市属国有企业投资决策委员会工作规则》《太仓市市属国有企业薪酬考核委员会工作规则》《太仓市市属国有企业审计监督委员会工作规则》的通知
2021 年 10 月 29 日	太政发〔2021〕63 号	关于印发《太仓市既有建筑安全隐患大排查大整治专项实施方案》的通知
2021 年 11 月 11 日	太政发〔2021〕66 号	关于印发《关于做好今冬明春全市电力保供工作的若干措施》的通知
2021 年 11 月 25 日	太政发〔2021〕67 号	关于公布行政规范性文件清理结果的通知
2021 年 12 月 20 日	太政发〔2021〕70 号	关于确定 2021 年度第二批太仓科技领军人才的通知

中共太仓市委办公室文件

2021 年 1 月 25 日	太委办〔2021〕1 号	印发《关于巩固深化"不忘初心、牢记使命"主题教育成果的实施意见》的通知
2021 年 1 月 27 日	太委办〔2021〕2 号	市委办公室、市政府办公室关于实施 2021 年市领导挂钩联系重点项目制度的通知
2021 年 2 月 3 日	太委办〔2021〕3 号	市委办公室、市政府办公室关于建立签约洽谈项目推进情况报送机制的通知
2021 年 2 月 24 日	太委办〔2021〕4 号	印发《太仓市关心下一代工作委员会 2021 年工作要点》的通知
2021 年 2 月 24 日	太委办〔2021〕5 号	市委办公室、市政府办公室关于印发《太仓市党政机关公务用车管理办法》的通知
2021 年 2 月 24 日	太委办〔2021〕6 号	市委办公室、市政府办公室关于印发《太仓市党政机关办公用房管理办法》的通知
2021 年 3 月 3 日	太委办〔2021〕7 号	市委办公室、市政府办公室关于授予王宏等 10 名同志 2020 年度（首届）"太仓市优秀民营企业家"荣誉称号的通报
2021 年 3 月 4 日	太委办〔2021〕8 号	市委办公室、市政府办公室印发《关于进一步加强统计基层基础工作的意见》的通知
2021 年 3 月 8 日	太委办〔2021〕9 号	市委办公室、市政府办公室关于成立太仓文化品牌建设工作领导小组的通知
2021 年 3 月 25 日	太委办〔2021〕11 号	市委办公室、市政府办公室关于认真办理市十六届人大五次会议代表建议和市政协十四届五次会议委员提案的通知
2021 年 4 月 7 日	太委办〔2021〕13 号	市委办公室、市政府办公室印发《关于进一步深化安全生产三年专项整治工作的意见》的通知
2021 年 4 月 15 日	太委办〔2021〕14 号	印发《关于开展党史学习教育的实施方案》的通知
2021 年 4 月 20 日	太委办〔2021〕15 号	市委办公室、市政府办公室印发《关于促进太仓市电竞产业健康发展的实施意见》的通知
2021 年 4 月 20 日	太委办〔2021〕16 号	关于印发《中共太仓市委全面深化改革委员会 2021 年工作要点》的通知
2021 年 4 月 22 日	太委办〔2021〕17 号	市委办公室、市政府办公室关于印发《太仓市文化产业高质量发展的实施意见》的通知

2021年4月7日	太委办〔2021〕18号	市委办公室、市政府办公室关于印发《2021年各镇（区）党（工）委、人民政府（管委会）履行安全生产工作责任考核评价指标》和《2021年市安委会成员单位履行安全生产工作责任考核评价指标》的通知
2021年4月29日	太委办〔2021〕19号	市委办公室、市政府办公室关于印发《2021年太仓市生活垃圾分类工作行动方案》的通知
2021年5月10日	太委办〔2021〕22号	市委办公室、市政府办公室关于2021年度全国“两会”信访工作先进工作者的通报
2021年5月8日	太委办〔2021〕23号	市委办公室、市政府办公室印发《进一步加强违法建设治理行动方案》的通知
2021年5月8日	太委办〔2021〕24号	市委办公室、市政府办公室印发《2021年太仓市违法建设治理行动实施计划》的通知
2021年5月29日	太委办〔2021〕25号	市委办公室、市政府办公室关于印发《太仓市推进数字安全建设工作方案（2021—2023年）》的通知
2021年6月11日	太委办〔2021〕28号	关于调整市委老干部工作领导小组成员的通知
2021年6月14日	太委办〔2021〕29号	关于印发《首届全球高校创新创业大赛暨2021年“郑和杯”中德青年创新创业大赛方案》的通知
2021年6月18日	太委办〔2021〕30号	市委办公室、市政府办公室关于建立挂钩联系乡村制度的通知
2021年6月22日	太委办〔2021〕33号	市委办公室、市政府办公室关于进一步做好市领导挂钩创建重点项目（社区）和全国文明城市创建路长制工作的通知
2021年7月7日	太委办〔2021〕34号	市委办公室、市政府办公室关于印发《太仓市新一轮集体经济相对薄弱村巩固提升工作实施方案》的通知
2021年7月13日	太委办〔2021〕35号	市委办公室、市政府办公室关于切实做好市第十四次党代会期间有关工作的通知
2021年7月29日	太委办〔2021〕37号	市委办公室、市政府办公室关于印发《太仓市工业企业资源集约利用综合评价实施细则（2021年修订）》的通知
2021年8月6日	太委办〔2021〕38号	市委办公室、市政府办公室关于印发《太仓市推进长三角一体化发展、融入虹桥国际开放枢纽建设2021年工作要点》的通知
2021年8月30日	太委办〔2021〕40号	市委办公室、市政府办公室关于开展太仓市“慈善一日捐”活动的通知
2021年9月1日	太委办〔2021〕41号	市委办公室、市政府办公室关于印发《全市数字政府工作会议纪要》的通知
2021年9月3日	太委办〔2021〕43号	市委办公室、市政府办公室关于成立太仓市“数字政府”建设工作领导小组的通知
2021年9月8日	太委办〔2021〕44号	市委办公室、市政府办公室关于印发《“苏州制造”品牌建设太仓三年行动计划》的通知
2021年8月30日	太委办〔2021〕45号	市委办公室、市政府办公室关于建立市产权保护联席会议制度的通知
2021年9月10日	太委办〔2021〕46号	市委办公室、市政府办公室关于修订《太仓市创建全国文明城市工作问责办法》的通知
2021年9月19日	太委办〔2021〕48号	市委办公室、市政府办公室关于印发《太仓市贯彻落实〈关于改革完善社会救助制度的实施意见〉重点任务和分工方案》的通知
2021年9月23日	太委办〔2021〕49号	市委办公室、市政府办公室关于调整太仓市党委信息化工作领导小组的通知
2021年9月26日	太委办〔2021〕50号	关于开展太仓市镇（区、街道）、市属国有企业党内政治生态监测评价与预警工作的通知
2021年9月29日	太委办〔2021〕51号	市委办公室、市政府办公室关于印发《太仓市2021年度东西部协作及对口支援工作要点》的通知

2021年10月20日	太委办〔2021〕52号	关于调整市委全面深化改革委员会专项小组和市委改革办组成成员名单的通知
2021年10月21日	太委办〔2021〕53号	中共太仓市委办公室转发《太仓市政协办公室关于进一步推进“有事好商量”协商议事工作常态长效的实施意见》的通知
2021年10月25日	太委办〔2021〕54号	市委办公室、市政府办公室关于印发《太仓市科技领军人才计划实施办法》的通知
2021年10月26日	太委办〔2021〕55号	关于成立太仓市航空航天产业展示中心建设工作领导小组的通知
2021年11月8日	太委办〔2021〕56号	市委办公室、市政府办公室关于印发《太仓市生态环境保护责任清单》的通知
2021年11月11日	太委办〔2021〕57号	市委办公室、市政府办公室关于印发《太仓市双拥工作专题协调会议纪要》的通知
2021年11月24日	太委办〔2021〕58号	市委办公室、市政府办公室关于下达2021年太仓市营职以下及专业技术军队转业干部和由政府安排工作退役士兵安置计划的通知
2021年11月26日	太委办〔2021〕60号	市委办公室、市政府办公室关于印发《专题研究全市中医药事业发展工作会议纪要》的通知
2021年11月26日	太委办〔2021〕61号	市委办公室、市政府办公室关于印发《专题研究市文旅集团相关问题会议纪要》的通知
2021年11月27日	太委办〔2021〕62号	市委办公室、市政府办公室关于印发《太仓市“十四五”工业发展规划》的通知
2021年12月2日	太委办〔2021〕63号	市委办公室、市政府办公室印发《关于深入推进城乡社区公共法律顾问工作的实施办法》的通知
2021年11月26日	太委办〔2021〕64号	市委办公室、市政府办公室印发《关于全面推行林长制的工作方案》的通知
2021年12月6日	太委办〔2021〕66号	关于调整市评模工作领导小组成员的通知
2021年12月8日	太委办〔2021〕67号	市委办公室、市政府办公室关于成立太仓市城市更新领导小组的通知
2021年12月8日	太委办〔2021〕68号	市委办公室、市政府办公室关于建立太仓市农村“厕所革命”联席会议制度的通知
2021年12月23日	太委办〔2021〕70号	关于做好2022年太仓市劳动模范推荐命名工作的通知
2021年12月27日	太委办〔2021〕72号	关于召开中国共产党太仓市第十四届委员会第二次全体会议的通知
2021年12月30日	太委办〔2021〕73号	关于调整太仓市青年工作联席会议组成人员的通知
2021年12月31日	太委办〔2021〕75号	市委办公室、市政府办公室关于印发《太仓市数字乡村建设实施方案》的通知

太仓市人民政府办公室文件

2021年1月4日	太政办〔2021〕1号	转发《关于做好2021年元旦和春节期间新冠肺炎疫情防控工作的通知》的通知
2021年1月5日	太政办〔2021〕2号	关于印发《太仓市太湖流域入河排污口排查整治专项行动工作方案》的通知
2021年1月5日	太政办〔2021〕3号	关于印发《太仓市政务数据报送任务表(第一批)》的通知
2021年1月11日	太政办〔2021〕4号	关于印发《太仓市民生灾害综合保险实施办法》的通知
2021年1月15日	太政办〔2021〕5号	关于印发太仓市水土保持目标责任制考核办法(试行)的通知
2021年1月18日	太政办〔2021〕6号	关于印发《太仓市产业创新投资专项资金管理办法》的通知

2021 年 1 月 22 日	太政办〔2021〕7 号	关于调整太仓市高校项目工作办公室相关负责同志的通知
2021 年 1 月 27 日	太政办〔2021〕8 号	关于印发《市美术馆项目专题协调会纪要》的通知
2021 年 2 月 3 日	太政办〔2021〕11 号	关于印发《太仓市供而未建土地处置专项行动方案》的通知
2021 年 2 月 5 日	太政办〔2021〕12 号	印发《关于进一步健全太仓市物业纠纷调解工作机制的实施意见》的通知
2021 年 2 月 7 日	太政办〔2021〕13 号	关于 2021 年度太仓市政府重大行政决策项目征集的通知
2021 年 2 月 9 日	太政办〔2021〕14 号	关于调整太仓市献血工作领导小组成员的通知
2021 年 2 月 24 日	太政办〔2021〕15 号	关于印发《太仓市突发事件预警信息发布管理办法》的通知
2021 年 2 月 26 日	太政办〔2021〕16 号	关于调整太仓市第十六届全民运动会组委会组成人员的通知
2021 年 2 月 26 日	太政办〔2021〕17 号	关于印发《市公共卫生中心等项目消防审验问题专题协调会会议纪要》的通知
2021 年 3 月 2 日	太政办〔2021〕19 号	关于认真贯彻落实全国安全生产电视电话会议精神 毫不放松抓紧抓实当前安全生产工作的通知
2021 年 3 月 2 日	太政办〔2021〕20 号	关于印发《太仓市排水管理办法》的通知
2021 年 3 月 2 日	太政办〔2021〕21 号	关于印发《太仓市民宿、农家乐规范管理实施办法（试行）》的通知
2021 年 3 月 3 日	太政办〔2021〕22 号	关于调整市残疾人工作委员会成员的通知
2021 年 3 月 8 日	太政办〔2021〕23 号	关于印发《太仓市生产安全事故应急预案》的通知
2021 年 3 月 8 日	太政办〔2021〕24 号	关于印发《2021 年“3•15”国际消费者权益日活动指导方案》的通知
2021 年 3 月 8 日	太政办〔2021〕25 号	关于印发《2021 年太仓市行政执法监督工作计划》的通知
2021 年 3 月 9 日	太政办〔2021〕26 号	关于印发《太仓市中小学幼儿园建设联审联批制度实施意见》的通知
2021 年 3 月 10 日	太政办〔2021〕27 号	关于 2020 年度太仓市银行业服务实体经济绩效考核结果以及金融工作优胜单位的通报
2021 年 3 月 11 日	太政办〔2021〕28 号	关于做好 2021 年政风行风热线电视访谈节目《相逢》栏目工作的通知
2021 年 3 月 12 日	太政办〔2021〕29 号	关于开展全市行政规范性文件清理工作的通知
2021 年 3 月 12 日	太政办〔2021〕30 号	关于印发《2021 年太仓市政府行政规范性文件制定计划》的通知
2021 年 3 月 15 日	太政办〔2021〕31 号	关于做好 2021 年清明祭扫管理工作的通知
2021 年 3 月 19 日	太政办〔2021〕32 号	关于印发《2021 年太仓市外资企业“大走访”工作方案》的通知
2021 年 3 月 19 日	太政办〔2021〕33 号	关于转发《太仓市 2021 年度审计项目计划》的通知
2021 年 3 月 23 日	太政办〔2021〕34 号	关于成立德威集团有限公司清算组的通知
2021 年 3 月 23 日	太政办〔2021〕35 号	关于转发《太仓市 2020 年度本级财政预算执行及其他财政收支情况审计工作方案》的通知
2021 年 3 月 24 日	太政办〔2021〕36 号	关于印发《太仓市 2021 年打击走私综合治理工作要点》的通知
2021 年 3 月 26 日	太政办〔2021〕37 号	关于印发《太仓市全面加强成品油市场综合整治方案》的通知
2021 年 3 月 26 日	太政办〔2021〕38 号	关于印发《太仓市土地征收成片开发方案编制工作方案》的通知
2021 年 3 月 29 日	太政办〔2021〕39 号	关于印发《2021 年度市政府常务会议学法计划安排》的通知
2021 年 3 月 31 日	太政办〔2021〕40 号	关于印发《太仓市级电子政务项目管理办法》的通知
2021 年 3 月 31 日	太政办〔2021〕41 号	关于印发《推进瑞金医院太仓分院建设专题会议纪要》的通知
2021 年 3 月 31 日	太政办〔2021〕42 号	关于印发《关于港区管委会与雅鹿集团债务纠纷案执行程序相关事宜的会议纪要》的通知

2021年3月31日	太政办〔2021〕43号	关于印发《关于坚决制止耕地“非农化”行为的实施意见》的通知
2021年3月31日	太政办〔2021〕44号	关于印发2021年粮食生产目标的通知
2021年4月1日	太政办〔2021〕45号	关于下达2021年度太仓市级及城区主要河道“一河一策”任务的通知
2021年4月6日	太政办〔2021〕46号	关于印发《太仓市土地指标有偿使用交易实施细则（暂行）》的通知
2021年4月15日	太政办〔2021〕47号	关于印发《2021年太仓市食品安全重点工作安排》的通知
2021年4月15日	太政办〔2021〕48号	关于印发《太仓市质量强市2021年工作要点》的通知
2021年4月15日	太政办〔2021〕49号	关于印发《太仓市稳妥解决乡级人民政府驻地迁移历史遗留问题工作方案》的通知
2021年4月26日	太政办〔2021〕50号	关于印发《太仓市全面深化服务贸易创新发展试点实施方案》的通知
2021年4月30日	太政办〔2021〕51号	关于印发《太仓市防止耕地“非粮化”稳定粮食生产实施方案》的通知
2021年4月30日	太政办〔2021〕52号	关于印发《太仓市全面落实国务院安委会开展深化安全生产专项整治指导工作的实施方案》的通知
2021年5月6日	太政办〔2021〕54号	关于印发《关于研究医保业务及系统移交和人员编制新增及划拨专题会议纪要》的通知
2021年5月6日	太政办〔2021〕55号	关于印发《市重点项目代建协调会纪要》的通知
2021年5月6日	太政办〔2021〕56号	关于转发《太仓市促进精神障碍社区康复服务发展实施办法》的通知
2021年5月7日	太政办〔2021〕57号	关于成立太仓市环太湖地区城乡有机废弃物处理利用示范区建设联席会议的通知
2021年5月7日	太政办〔2021〕58号	关于印发《太仓市食品安全事故应急预案》的通知
2021年5月7日	太政办〔2021〕59号	关于印发《太仓市药品和医疗器械安全突发事件应急预案》的通知
2021年5月11日	太政办〔2021〕60号	关于成立太仓市消防安全“331”治理机制领导小组的通知
2021年5月11日	太政办〔2021〕61号	关于印发《太仓市深化农村公路管理养护体制改革实施方案》的通知
2021年5月12日	太政办〔2021〕62号	关于印发《太仓市关于全面推行农村公路“路长制”的实施意见》的通知
2021年5月13日	太政办〔2021〕63号	关于印发《关于推进太仓市生物医药产业园高质量发展的会议纪要（第二期）》的通知
2021年5月16日	太政办〔2021〕64号	关于公布《2021年度太仓市政府重大行政决策事项目录》的通知
2021年5月19日	太政办〔2021〕65号	关于成立德威新材料股份有限公司清算组的通知
2021年5月19日	太政办〔2021〕66号	关于印发《太仓市贯彻落实省汽车维修行业环境保护工作专项督察反馈意见整改工作方案》的通知
2021年5月24日	太政办〔2021〕67号	印发《关于市民文体活动中心功能调整的会议纪要》的通知
2021年5月24日	太政办〔2021〕68号	关于成立市退役军人移交安置工作领导小组的通知
2021年5月26日	太政办〔2021〕69号	关于印发《太仓市构筑消防安全“331”治理机制实施方案》的通知
2021年5月26日	太政办〔2021〕70号	印发《关于进一步明确生态环境监管职责分工的意见》的通知
2021年5月27日	太政办〔2021〕71号	关于印发《太仓市镇（区）土地统筹指标交易实施办法》的通知
2021年5月27日	太政办〔2021〕72号	关于实施浏河闸、仪桥、新丰桥镇、新塘河闸、振东渡口“一断面一方案”攻坚行动的通知
2021年6月2日	太政办〔2021〕74号	印发《关于打造航空航天、生物医药等重点产业人才高地的若干措施（试行）》的通知
2021年6月3日	太政办〔2021〕75号	关于成立太仓市房屋建筑违法建设和违法违规审批专项清查工作领导小组的通知

2021年6月7日	太政办〔2021〕76号	印发《关于建立全市工程建设领域欠薪纠纷网格化预警排查化解工作机制的实施意见（暂行）》的通知
2021年6月11日	太政办〔2021〕77号	印发《关于研究新港小学相关工作专题会议纪要》的通知
2021年6月11日	太政办〔2021〕78号	关于下达《2021年幼儿园、中小学和职业类学校招生计划》的通知
2021年6月15日	太政办〔2021〕79号	关于印发《太仓市大面积停电事件应急预案》的通知
2021年6月15日	太政办〔2021〕80号	关于印发《太仓市加强停车治理提升交通秩序行动方案》的通知
2021年6月15日	太政办〔2021〕81号	关于成立太仓市未成年人保护工作委员会的通知
2021年6月17日	太政办〔2021〕82号	关于印发《太仓市木材行业专项整治“百日行动”实施方案》的通知
2021年6月17日	太政办〔2021〕83号	关于做好强降水等灾害性天气防范应对工作的紧急通知
2021年6月18日	太政办〔2021〕84号	关于印发《太仓市2021届农业委培生就业工作实施方案》的通知
2021年6月23日	太政办〔2021〕85号	关于调整市第一次全国自然灾害综合风险普查领导小组成员单位及组成人员的通知
2021年6月23日	太政办〔2021〕86号	关于印发《太仓市特种设备事故应急预案》的通知
2021年6月25日	太政办〔2021〕87号	关于调整困难群众救助保障标准的通知
2021年6月26日	太政办〔2021〕88号	关于成立太仓市公共停车收费管理专项整治工作推进小组的通知
2021年6月26日	太政办〔2021〕89号	关于印发《太仓市公共停车收费管理专项整治实施方案》的通知
2021年6月29日	太政办〔2021〕90号	关于印发《太仓市2021年政务公开工作要点》的通知
2021年6月30日	太政办〔2021〕91号	关于印发《2021年太仓市深化“放管服”改革优化营商环境工作要点》的通知
2021年7月1日	太政办〔2021〕94号	关于印发《市主要领导调研文教投集团专题会议纪要》的通知
2021年7月5日	太政办〔2021〕95号	关于印发《太仓市交通运输突发事件应急预案》的通知
2021年7月6日	太政办〔2021〕96号	关于分解下达太仓市2021年保障性安居工程建设目标任务的通知
2021年7月7日	太政办〔2021〕97号	关于市级收入级次企业税收属地征管的通知
2021年7月14日	太政办〔2021〕98号	关于建立太仓市慈善工作联席会议制度的通知
2021年7月7日	太政办〔2021〕99号	关于印发《太仓市“大棚房”问题专项清理整治行动“回头看”实施方案》的通知
2021年7月21日	太政办〔2021〕100号	关于印发《太仓疏港铁路有限公司增资扩股事宜专题协调会会议纪要》的通知
2021年7月28日	太政办〔2021〕101号	关于印发《城厢镇梅园南弄西侧地块改造项目资金支付协调会会议纪要》的通知
2021年8月2日	太政办〔2021〕104号	关于印发《太仓市园林绿化提升三年行动计划（2021—2023年）》的通知
2021年8月4日	太政办〔2021〕105号	关于印发《关于全面推行证明事项告知承诺制的实施方案》的通知
2021年8月4日	太政办〔2021〕106号	太仓市重点行业（领域）牵头部门和镇（区、街道）安全生产职责边界清单
2021年8月10日	太政办〔2021〕107号	关于印发《太仓市疫情防控工作会议纪要》的通知
2021年8月10日	太政办〔2021〕108号	关于印发《太仓市网络安全事件应急预案》（2021年修订版）的通知
2021年8月12日	太政办〔2021〕109号	关于印发《太仓市新型产业用地（M0Ma）管理办法（试行）》的通知
2021年8月16日	太政办〔2021〕110号	关于成立太仓市新型城市基础设施建设工作领导小组的通知

2021年8月19日	太政办〔2021〕111号	关于印发《市领导研究恒大文旅城项目会议纪要》的通知
2021年8月26日	太政办〔2021〕112号	关于调整2021年度住房保障相关政策的通知
2021年8月26日	太政办〔2021〕113号	印发《关于进一步加强违法建设快速联动处置工作的实施意见（试行）》的通知
2021年8月27日	太政办〔2021〕114号	关于印发《太仓口岸检疫风险联防联控制度》的通知
2021年8月31日	太政办〔2021〕115号	关于印发《太仓市深化农田基础设施管护体制改革实施方案》的通知
2021年8月31日	太政办〔2021〕116号	关于成立太仓市推进城乡物流一体化发展工作领导小组的通知
2021年9月2日	太政办〔2021〕118号	关于印发《太仓市社会福利服务中心搬迁项目会议纪要》的通知
2021年9月2日	太政办〔2021〕119号	关于印发《太仓市工业厂房出租管理办法》的通知
2021年9月7日	太政办〔2021〕120号	关于成立太仓市地下综合管廊工作领导小组的通知
2021年9月8日	太政办〔2021〕121号	关于2021年二季度太仓市银行业服务实体经济绩效考核结果的通知
2021年9月10日	太政办〔2021〕122号	关于印发《太仓塑料助剂厂关停补偿事宜会议纪要》的通知
2021年9月10日	太政办〔2021〕123号	关于调整市人民政府妇女儿童工作委员会组成人员的通知
2021年9月13日	太政办〔2021〕124号	关于成立沙溪镇“9・5”火灾事故调查组的通知
2021年9月14日	太政办〔2021〕125号	层转省政府办公厅关于深入学习贯彻新《安全生产法》的通知
2021年9月14日	太政办〔2021〕126号	关于印发《太仓市全面推行渔港“港长制”实施方案》的通知
2021年9月17日	太政办〔2021〕127号	转发关于加强太仓市应急广播体系运维管理工作的通知
2021年9月17日	太政办〔2021〕128号	关于成立太仓对德合作展示中心建设工作领导小组的通知
2021年9月17日	太政办〔2021〕129号	关于印发《太仓市“十四五”期间区镇新建、改扩建中小学、幼儿园专项资金管理办法（暂行）》的通知
2021年9月17日	太政办〔2021〕130号	印发关于进一步规范和支持民办教育发展的实施意见的通知
2021年9月18日	太政办〔2021〕131号	关于成立太仓市行政复议体制改革工作领导小组的通知
2021年9月18日	太政办〔2021〕132号	关于成立太仓市推进行政复议体制改革工作专班的通知
2021年9月20日	太政办〔2021〕133号	关于印发《沙溪镇南院北路地块收储土地出让收益分配事宜会议纪要》的通知
2021年9月24日	太政办〔2021〕134号	关于成立太仓市农村公共基础设施管护体制改革工作领导小组的通知
2021年9月24日	太政办〔2021〕135号	关于开展电子营业执照和电子印章同步发放应用工作的通知
2021年9月27日	太政办〔2021〕136号	印发《关于研究太仓市文旅项目专题会议纪要》的通知
2021年9月28日	太政办〔2021〕137号	关于印发《太仓市长江沿线“三无”船舶长效治理机制实施方案》的通知
2021年9月28日	太政办〔2021〕138号	关于调整太仓市文化产业发展领导小组的通知
2021年9月28日	太政办〔2021〕139号	关于调整市政府推进政府职能转变和“放管服”改革协调小组组成人员的通知
2021年9月28日	太政办〔2021〕140号	关于印发《太仓市海洋借名登记渔船、涉渔乡镇船舶、涉渔“三无”船舶专项清理整治行动方案》的通知
2021年9月28日	太政办〔2021〕141号	关于印发《太仓市深化农村水利基础设施管护体制改革实施方案》的通知3
2021年9月29日	太政办〔2021〕142号	关于转发《苏州市尊老金发放标准调整的通知》的通知
2021年9月30日	太政办〔2021〕143号	关于印发《太仓市建筑垃圾（毛垃圾）百日专项整治行动方案》的通知

2021年10月13日	太政办〔2021〕146号	印发《关于吉太航空科技研究院（苏州）有限公司相关事宜的专题会议纪要》的通知
2021年10月16日	太政办〔2021〕147号	关于印发《太仓市反走私冻品查处协调会议纪要》的通知
2021年10月20日	太政办〔2021〕148号	关于印发《太仓市供水突发事件应急预案（2021版）》的通知
2021年10月20日	太政办〔2021〕149号	关于印发《太仓市进一步推进“厕所革命”工作实施方案》的通知
2021年10月27日	太政办〔2021〕150号	关于华浩春等同志职务任免的通知
2021年10月28日	太政办〔2021〕151号	关于印发《市交运局原下属乡镇交管所资产移交协调会会议纪要》的通知
2021年10月28日	太政办〔2021〕152号	关于印发《2021年太仓市消防安全委员会工作任务清单》《各镇（区、街道）政府（管委会、办事处）消防工作任务清单》《消防安全委员会成员单位消防工作任务清单》的通知
2021年11月1日	太政办〔2021〕154号	关于成立市国有企业改革领导小组的通知
2021年11月1日	太政办〔2021〕155号	关于印发《太仓市突发公共事件医疗卫生救援应急预案》的通知
2021年11月1日	太政办〔2021〕156号	关于印发《太仓市突发公共卫生事件应急预案》的通知
2021年11月2日	太政办〔2021〕157号	关于印发《太仓市人才公寓建设管理实施意见（试行）》的通知
2021年11月5日	太政办〔2021〕158号	关于印发《长江太仓段水上搜救应急预案》的通知
2021年11月12日	太政办〔2021〕159号	关于印发《太仓市“十四五”文旅发展规划暨全域旅游规划》的通知
2021年11月12日	太政办〔2021〕160号	关于印发《太仓市“十四五”农业农村现代化发展规划》的通知
2021年11月17日	太政办〔2021〕161号	关于印发《太仓港协鑫发电有限公司能源保供约谈会议纪要》的通知
2021年11月17日	太政办〔2021〕162号	关于印发《太仓市成品油税收专项整治工作方案》的通知
2021年11月18日	太政办〔2021〕163号	关于印发《深化全市社会组织参与司法行政领域工作创新创业实施办法（修订）》的通知
2021年11月18日	太政办〔2021〕164号	关于印发《太仓市突发道路交通事故应急预案》的通知
2021年11月18日	太政办〔2021〕165号	关于印发《太仓市食盐安全供应应急处置预案》的通知
2021年11月18日	太政办〔2021〕166号	关于印发《太仓市危险化学品突发事故专项应急救援预案（2021版）》的通知
2021年11月18日	太政办〔2021〕167号	关于印发《太仓市烟花爆竹突发事故专项应急救援预案》的通知
2021年11月18日	太政办〔2021〕168号	关于印发《太仓市低温冰雪天气道路交通安全保障应急预案》的通知
2021年11月19日	太政办〔2021〕169号	关于印发《太仓市突发固体废物污染环境事故应急预案》的通知
2021年11月22日	太政办〔2021〕170号	关于印发《太仓市通信保障应急预案》的通知
2021年11月24日	太政办〔2021〕171号	关于印发《太仓·周至2021年东西部协作联席会议纪要》的通知
2021年11月25日	太政办〔2021〕172号	关于印发《娄东宾馆改扩建项目拆迁安置工作协调会会议纪要》的通知
2021年11月29日	太政办〔2021〕173号	关于印发《太仓市新安全生产法任务分工清单》的通知
2021年11月30日	太政办〔2021〕174号	关于印发《太仓市市属国有企业投资监督管理实施细则（试行）》的通知
2021年11月30日	太政办〔2021〕175号	关于成立太仓市校外培训规范治理工作专班的通知
2021年12月1日	太政办〔2021〕177号	关于印发《长江太仓段船舶污染事故应急预案》的通知
2021年12月1日	太政办〔2021〕178号	关于印发《太仓市迎接第二轮省生态环境保护例行督察工作方案》的通知

2021年12月17日	太政办〔2021〕179号	印发《关于建立太仓市城市管理领域综合行政执法协调联动工作机制的实施意见》的通知
2021年12月17日	太政办〔2021〕180号	关于印发《太仓市"十四五"安全生产规划》的通知
2021年12月17日	太政办〔2021〕181号	印发关于《太仓凯辉成长贰号投资基金相关事宜专题会议纪要》的通知
2021年12月17日	太政办〔2021〕182号	关于印发《太仓市健康驿站建设工作协调会议纪要》的通知
2021年12月17日	太政办〔2021〕183号	关于印发《市公安局相关项目建设经费协调会会议纪要》的通知
2021年12月18日	太政办〔2021〕184号	关于印发《太仓市关于促进托育服务高质量发展的实施细则》的通知
2021年12月20日	太政办〔2021〕185号	关于印发《进一步完善城乡居民基本养老保险制度的意见(修订)》的通知
2021年12月21日	太政办〔2021〕186号	关于印发《太仓市产业用地更新实施方案》的通知
2021年12月21日	太政办〔2021〕187号	关于印发《太仓市"十四五"科技创新规划》的通知
2021年12月21日	太政办〔2021〕188号	关于印发《太仓市工业经济高质量发展若干扶持政策》的通知
2021年12月22日	太政办〔2021〕189号	关于印发《太仓市"十四五"文化和体育发展规划》的通知
2021年12月22日	太政办〔2021〕190号	关于印发《太仓市危险废物贮存设施清理整治工作方案》的通知
2021年12月23日	太政办〔2021〕191号	关于印发《太仓市污水治理提质增效三年行动实施方案》的通知
2021年12月28日	太政办〔2021〕192号	关于印发《太仓市开展新型城市基础设施建设试点工作推进方案》的通知
2021年12月30日	太政办〔2021〕193号	关于印发《太仓市"十四五"应急体系建设和综合防灾减灾规划》的通知
2021年12月30日	太政办〔2021〕194号	关于印发《太仓市"十四五"金融业发展规划》的通知
2021年12月30日	太政办〔2021〕195号	关于成立太仓市土地违法违规问题"清零"行动领导小组的通知
2021年12月31日	太政办〔2021〕196号	关于印发《太仓市"十四五"社会信用体系建设规划》的通知
2021年12月31日	太政办〔2021〕197号	关于做好春节期间稳岗惠企工作的实施方案
2021年12月31日	太政办〔2021〕198号	关于印发《太仓市"十四五"人力资源和社会保障事业发展规划》的通知
2021年12月31日	太政办〔2021〕199号	关于下达2022年农村河道疏浚任务的通知

（市委办、市政府办）

统计表格

太仓市国民经济和社会发展主要指标

表103

指标	单位	2017年	2018年	2019年	2020年	2021年
年末户籍人口	万人	48.69	49.40	50.17	51.05	52.59
其中非农业人口	万人	35.71	36.31	37.36	38.89	40.63
年末常住人口	万人	71.58	71.92	72.12	83.11	83.90
地区生产总值(当年价格)	亿元	1240.96	1330.72	1324.97	1386.09	1574.05

续表 103

指标	单位	2017 年	2018 年	2019 年	2020 年	2021 年
第一产业	亿元	36.04	34.98	32.59	26.96	23.98
第二产业	亿元	627.88	675.47	651.10	666.53	782.38
第三产业	亿元	577.04	620.27	641.29	692.60	767.69
农业总产值	亿元	68.79	66.97	59.09	48.6	44.31
工业总产值	亿元	2647.52	2728.29	2838.02	3033.19	3387.94
其中规模以上工业总产值	亿元	2201.96	2283.38	2376.18	2504.53	2942.64
全社会固定资产投资	亿元	466.93	368.65	402.59	468.59	501.54
其中房地产开发投资	亿元	128.67	160.72	187.62	216.54	220.77
财政收入（预算内）	亿元	399.88	486.36	504.47	506.75	569.22
其中公共财政预算收入	亿元	140.86	155.06	162.97	171.12	190.03
财政支出（预算内）	亿元	278.10	340.39	365.92	402.27	398.19
其中公共财政预算支出	亿元	126.51	132.59	143.22	151.06	167.56
金融机构存款余额	亿元	1474.91	1528.11	1610.64	1867.10	2030.69
其中住户存款余额	亿元	544.65	593.31	669.74	761.21	856.85
金融机构贷款余额	亿元	1358.16	1486.92	1581.73	1851.64	2167.86
跨境收入	亿美元	67.85	79.53	77.60	76.76	107.24
跨境支出	亿美元	80.76	91.41	95.36	102.76	116.42
城镇居民人均可支配收入	元	58458	63076	68204	70592	76733
农村居民人均可支配收入	元	30026	32458	35198	37521	41446
全社会客运量	万人次	2847.3	2658	2645	1867	379
全社会旅客周转量	亿人千米	11.19	10.75	10.67	6.19	2.20
全社会货运量	万吨	1665.2	1796	1914	2101	2573
全社会货物周转量	亿吨千米	30.00	32.11	34.06	50.38	70.69
港口航线	条	191	200	209	211	216
港口货物吞吐量	万吨	24903	22884	21586	21606	24325
港口集装箱吞吐量	万标箱	451.2	507.1	515.2	521.2	703.79
全社会用电量	亿千瓦小时	104.99	107.24	105.17	103.86	115.07
其中工业用电量	亿千瓦小时	86.96	86.84	84.35	82.66	90.17
社会消费品零售总额	亿元	310.15	338.44	363.15	425.04	510.47
进出口总额	亿美元	129.68	145.70	133.57	133.35	170.87
其中出口总额	亿美元	60.85	67.31	63.64	63.36	92.70
注册外资及港澳台资	亿美元	9.16	9.72	11.21	19.46	24.07
实际利用外资及港澳台资	亿美元	4.80	4.85	4.56	8.15	9.39
高等院校数	个	1	1	1	1	1

续表 103

指标	单位	2017 年	2018 年	2019 年	2020 年	2021 年
高等院校在校学生数	人	5325	5727	6778	8810	9557
普通中学数	个	19	19	19	19	19
普通中学在校学生数	人	22176	23467	24401	25418	27022
小学数	个	38	39	39	39	39
小学在校学生数	人	46488	48875	50730	52265	54154
医疗卫生机构数	个	255	268	291	298	315
其中医院、卫生院	个	33	32	29	29	29
医疗卫生机构床位数	张	4096	4070	4081	4335	5096
其中医院、卫生院床位数	张	3422	3396	3317	3371	3422
医疗卫生机构人员数	人	5640	6041	6989	7299	7912
其中卫生技术人员	人	4547	4789	5555	5638	6171

说明：1.2019 年起，“外汇收入”“外汇支出”调整为“跨境收入”“跨境支出”

（市统计局）

2021 年太仓市人口统计表

表 104　　单位：人

镇（区）街道	派出所	户籍人口	暂住人口	实有人口	暂住半年以上流动人口
城厢镇	城西派出所	47048	44974	92022	39990
	城中派出所	38255	14928	53183	13829
	金仓湖派出所	7782	4304	12086	3905
科教新城	科教新城派出所	23021	22077	45098	14593
沙溪镇	沙溪派出所	71854	57187	129041	49805
	岳王派出所	12278	12436	24714	10505
浏河镇	浏河派出所	53668	51246	104914	45352
	边防派出所	0	0	0	0
双凤镇	双凤派出所	31789	46676	78465	40935
璜泾镇	璜泾派出所	43250	37458	80708	32979
浮桥镇	港区派出所	28001	42269	70270	35385
	金浪派出所	21222	11107	32329	10194
	浏家港派出所	23371	28463	51834	25422
娄东街道	高新区派出所	86647	37660	124307	32228
	板桥派出所	16287	39742	56029	33416
陆渡街道	陆渡派出所	21424	36799	58223	29506
合计		525897	487326	1013223	418044

（市公安局）

2021年太仓市户籍人口及其变动统计表

表105

派出所	年末总户数（户）	年末总人口（人）									本年度人口变动（人）									
		合计	城镇人口	乡村人口	性别		年龄				出生			死亡			迁入		迁出	
					男	女	0~17岁	18~34岁	35~59岁	60岁以上	合计	男	女	合计	男	女	省内迁入	省外迁入	迁往省内	迁往省外
城中派出所	13718	38255	38255	0	18505	19750	9028	7527	15066	6634	261	138	123	175	100	75	353	400	21	102
城西派出所	16738	47048	47048	0	22357	24691	8594	8628	18256	11570	313	144	169	301	164	137	726	1512	36	91
高新区派出所	29322	86647	86647	0	42048	44599	23679	20003	33974	8991	778	390	388	177	101	76	1455	3443	107	387
浏河派出所	18380	53668	39359	14309	25572	28096	7508	8841	20079	17240	262	125	137	483	253	230	629	1840	55	127
沙溪派出所	22928	71854	37758	34096	34113	37741	8277	11068	26887	25622	328	164	164	696	357	339	711	1815	24	89
科教新城派出所	7717	23021	23021	0	10992	12029	4962	4562	8803	4694	213	120	93	119	74	45	222	441	33	62
陆渡派出所	6627	21424	14304	7120	10210	11214	2733	3172	8153	7366	95	43	52	204	101	103	163	407	4	31
双凤派出所	9911	31789	15794	15995	15212	16577	2679	4696	12884	11530	108	63	45	320	176	144	191	504	8	21
港区派出所	9499	28001	26512	1489	13139	14862	3902	4167	9633	10299	169	79	90	300	150	150	418	1688	15	59
璜泾派出所	13849	43250	24568	18682	20721	22529	2404	5648	15923	19275	127	75	52	527	262	265	43	184	13	30
板桥派出所	5383	16287	16287	0	7694	8593	2180	2769	5942	5396	87	42	45	153	80	73	158	375	10	18
金浪派出所	6704	21222	13839	7383	10160	11062	946	2468	7523	10285	34	19	15	272	139	133	4	19	6	13
浏家港派出所	7591	23371	13359	10012	11143	12228	1444	3098	8616	10213	64	26	38	269	142	127	85	190	6	27
岳王派出所	3847	12278	4203	8075	5890	6388	545	1532	4471	5730	29	14	15	166	76	90	10	35	0	6
金仓湖派出所	2544	7782	5324	2458	3714	4068	459	934	2898	3491	28	14	14	108	49	59	32	70	1	1
合计	174758	525897	406278	119619	251470	274427	79340	89113	199108	158336	2896	1456	1440	4270	2224	2046	5200	12923	339	1064

（市公安局）

2021 年太仓市户籍人口姓氏人数表

表 106　　　　　　　　　　　　　　　　　　　　　单位：人

姓氏	人数	姓氏	人数	姓氏	人数	姓氏	人数	姓氏	人数	姓氏	人数
王	39106	张	34203	陈	26140	陆	23730	顾	23606	周	19571
李	18680	朱	17802	徐	17483	杨	15926	吴	14462	沈	13201
刘	10210	黄	9859	钱	8209	孙	8104	赵	6644	高	6400
曹	6148	金	5603	龚	5489	马	5329	胡	5017	冯	4598
唐	4429	何	4103	许	4034	倪	3885	蔡	3654	蒋	3538
潘	3532	施	3425	严	3392	丁	3323	毛	3200	姚	3128
夏	3113	陶	2874	范	2842	浦	2773	邵	2682	俞	2675
薛	2582	苏	2573	袁	2566	戴	2448	宋	2205	汪	2195
郑	2148	叶	2143	谢	2076	盛	1833	韩	1823	闵	1818
董	1817	姜	1782	闻	1776	方	1760	肖	1756	杜	1738
郭	1688	汤	1601	郁	1559	吕	1541	罗	1536	凌	1511
林	1506	季	1480	程	1439	邹	1435	费	1365	秦	1324
梁	1236	殷	1208	瞿	1157	石	1140	包	1132	彭	1089
邱	1088	管	1059	魏	974	余	949	章	938	江	930
田	918	崔	914	奚	901	邢	900	侯	896	史	895
曾	887	任	883	万	832	庄	810	时	775	邓	775
屠	767	孟	747	洪	734	尹	726	熊	713	单	692
谭	687	葛	687	卢	665	于	645	霍	616	项	571
支	534	华	528	孔	524	傅	518	梅	516	贾	503
吉	482	付	463	居	449	钟	449	沙	448	庞	448
樊	433	仇	427	戈	423	全	413	武	413	颜	413
景	410	薄	408	仲	399	祝	395	虞	386	成	371
柏	361	童	357	韦	338	翟	337	查	336	缪	322
欧	317	鲍	311	尤	310	翁	308	段	300	耿	284
廖	284	宣	278	柳	278	纪	271	宗	270	屈	270
乔	266	郏	261	戚	257	褚	255	雷	251	卞	242
茅	241	闫	238	常	234	谈	227	鲁	225	狄	223
须	222	左	221	滕	218	诸	213	白	212	展	208
嵇	205	焦	204	阮	203	郝	202	向	199	祁	197
柴	194	贺	188	代	184	骆	182	岳	173	牛	171
齐	170	偶	162	柯	162	桂	158	申	153	毕	153
卫	151	康	150	裴	147	席	146	荣	146	文	142
房	141	莫	137	温	136	伍	135	聂	134	印	133
占	133	易	131	楼	130	郏	130	安	130	卜	128

续表 106

姓氏	人数	姓氏	人数	姓氏	人数	姓氏	人数	姓氏	人数	姓氏	人数
穆	124	郎	121	龙	121	苗	121	阙	120	后	119
尚	118	欧阳	116	艾	108	路	108	谷	108	归	107
乐	107	詹	107	桑	105	储	104	黎	103	濮	102
计	100	舒	97	喻	96	司	96	杭	95	茹	93
涂	92	政	90	商	89	强	86	车	86	赖	85
窦	84	靳	83	宫	82	臧	81	解	80	应	78
束	78	辛	76	关	75	甘	74	刁	73	池	71
饶	71	胥	66	游	65	兰	65	宁	62	冉	61
晏	61	牟	60	冷	60	符	57	钮	57	花	57
覃	56	甄	54	娄	54	丰	52	佘	52	简	51
封	51	惠	51	糜	50	栾	50	曲	50	祖	49
匡	48	巩	47	沐	46	雍	46	平	43	候	43
芮	42	芦	42	古	40	卓	40	贝	39	智	39
阳	38	丛	37	凡	37	步	36	滑	36	鞠	35
崇	35	裘	35	迟	35	蒯	35	树	34	荀	34
边	34	衡	34	米	34	仝	34	姬	34	和	33
蒲	33	伏	33	厉	33	於	31	麻	31	权	31
皮	31	干	30	侍	30	茆	30	明	30	朴	30
燕	30	苟	29	敖	29	端	28	井	27	仓	27
鹿	27	师	27	鲜	26	鱼	25	巫	25	寿	24
过	24	郇	24	官	24	练	24	荆	24	郜	24
萧	23	鄢	23	班	22	邝	21	岑	21	相	21
巴	20	栗	20	漆	20	连	20	帅	20	敬	19
征	19	远	19	索	19	佟	19	乘	18	端木	18
阚	18	冒	18	别	18	党	18	禹	17	云	17
隋	17	寇	17	皇	17	上官	16	阎	16	楚	16
贡	16	冀	16	东	15	皇甫	15	谌	15	尧	15
豆	15	宓	14	承	14	廉	14	戎	14	皋	14
位	14	渠	14	水	14	蓝	14	羊	13	初	13
修	13	笪	12	晋	12	蒙	12	原	12	满	12
年	12	苑	12	盖	12	宛	12	母	12	业	11
还	11	雒	11	巢	11	郦	11	蔺	11	咸	11
勾	11	南	11	疏	11	圣	11	伊	10	慕	10
檀	10	化	10	况	10	那	9	矫	9	密	9
户	9	郗	9	山	9	赫	9	都	9	昌	9
訾	9	眭	9	仰	9	从	9	招	9	斯	9

续表 106

姓氏	人数	姓氏	人数	姓氏	人数	姓氏	人数	姓氏	人数	姓氏	人数
第	9	淡	8	怀	8	英	8	道	8	回	8
隆	8	经	8	战	8	杲	8	韦	8	刁	8
来	8	宇	8	亓	8	晁	7	海	7	莳	7
腾	7	呼	7	宦	7	开	7	慈	7	鄂	7
公	7	乙	7	汲	7	幸	7	琚	7	贲	7
门	7	汝	7	邸	7	布	6	玄	6	诸葛	6
青	6	释	6	司马	6	粟	6	危	6	博	6
要	6	郇	6	普	6	宿	6	达	6	蔚	6
纵	6	义	5	壮	5	把	5	府	5	竺	5
犹	5	佐	5	藤	5	望	5	尉	5	保	5
宥	5	迮	5	玉	5	谯	5	多	5	恽	5
阴	5	掌	5	昝	5	随	5	员	5	种	5
庹	4	闾	4	筱	4	暨	4	有	4	芈	4
农	4	韶	4	吾	4	旷	4	甫	4	卿	4
容	4	沃	4	忻	4	衣	4	蒿	4	逯	4
奉	4	轩	4	隗	4	弓	4	丘	4	靖	3
洑	3	闭	3	操	3	凤	3	及	3	粱	3
禄	3	麦	3	盘	3	羌	3	慎	3	生	3
仕	3	司徒	3	锁	3	潭	3	帖	3	庭	3
同	3	寻	3	夷	3	湛	3	郅	3	郗	3
鄷	3	递	3	庾	3	缑	3	璩	3	柘	3
哈	3	揭	3	历	3	伞	3	未	3	乌	3
元	3	菅	3	亚	3	竹	3	宄	3	光	3
奈	3	昂	2	綦	2	补	2	藏	2	揣	2
传	2	但	2	逄	2	辅	2	敢	2	槐	2
建	2	亢	2	库	2	令	2	藕	2	仁	2
神	2	绳	2	天	2	脱	2	伟	2	西	2
校	2	刑	2	鸦	2	言	2	移	2	裔	2
英	2	乜	2	呙	2	泮	2	戢	2	扈	2
皎	2	宾	2	台	2	瓮	2	音	2	勇	2
由	2	夭	2	佴	2	骞	2	逄	2	骈	2
璋	2	果	2	巨	2	力	2	牧	2	钦	2
国	1	睦	1	善	1	申屠	1	是	1	税	1
四	1	桃	1	徒	1	拓	1	问	1	毋	1
夏侯	1	杏	1	岩	1	扬	1	也	1	依	1
益	1	影	1	优	1	油	1	雨	1	渣	1

续表 106

姓氏	人数	姓氏	人数	姓氏	人数	姓氏	人数	姓氏	人数	姓氏	人数
真	1	职	1	仉	1	俸	1	郓	1	茳	1
瑭	1	昕	1	睢	1	颉	1	羿	1	隽	1
佺	1	奥	1	拜	1	暴	1	卑	1	簿	1
钞	1	潮	1	刀	1	迪	1	独	1	朵	1
藩	1	扶	1	浮	1	福	1	副	1	富	1
浩	1	赫连	1	呼延	1	环	1	桓	1	火	1
记	1	夹	1	将	1	降	1	缴	1	教	1
接	1	菊	1	坎	1	灵	1	令狐	1	留	1
伦	1	么	1	庙	1	目	1	泥	1	尼	1
祈	1	岂	1	潜	1	欠	1	倾	1	庆	1
秋	1	闰	1	润	1	撒	1	闪	1	陕	1

（市公安局）

2021年太仓市暂住人口（在册）姓氏人数表

表 107　　单位：人

姓氏	人数	姓氏	人数	姓氏	人数	姓氏	人数	姓氏	人数	姓氏	人数
王	32653	张	31180	李	29126	刘	21136	陈	18440	杨	13064
周	9398	赵	8517	吴	8461	朱	8169	徐	7929	孙	7404
黄	6846	胡	6277	马	4910	郭	4341	高	4261	何	3804
汪	3758	丁	3606	郑	3413	宋	3339	余	3084	夏	3070
曹	3043	唐	2973	许	2930	程	2854	沈	2847	韩	2840
彭	2824	罗	2731	潘	2655	谢	2491	袁	2462	冯	2438
邓	2330	蒋	2204	林	2187	董	2156	田	2133	魏	2132
蔡	2132	杜	1985	陆	1937	姚	1931	梁	1907	顾	1840
任	1837	吕	1831	肖	1830	叶	1779	姜	1682	范	1621
方	1588	金	1587	曾	1544	熊	1542	于	1542	石	1498
卢	1496	苏	1433	孟	1417	贾	1386	崔	1381	付	1352
陶	1329	江	1319	钱	1275	秦	1269	邵	1220	戴	1194
葛	1168	谭	1137	邹	1135	鲍	1120	汤	1091	尹	1068
薛	1058	闫	1041	侯	1029	邱	1002	万	975	严	959
段	948	占	948	廖	909	史	898	施	897	钟	876
雷	872	毛	853	孔	824	龚	823	代	822	倪	739
白	735	殷	713	武	705	常	700	屈	700	向	697
盛	684	洪	681	牛	676	贺	672	耿	667	樊	653
童	630	文	626	鲁	625	梅	623	邢	606	左	588
章	583	翟	576	龙	574	尚	564	韦	563	郝	561

续表 107

姓氏	人数	姓氏	人数	姓氏	人数	姓氏	人数	姓氏	人数	姓氏	人数
季	556	单	546	项	538	颜	531	康	520	岳	518
乔	514	时	496	焦	489	齐	481	聂	466	欧	461
庄	455	庞	451	毕	433	安	428	易	419	莫	407
祝	401	管	396	谷	393	俞	392	卞	389	伍	388
纪	387	黎	369	路	366	吉	365	涂	360	冉	359
凌	356	霍	347	商	343	詹	342	柳	342	申	339
苗	337	裴	333	阮	331	成	328	温	323	包	319
尤	319	褚	317	华	311	骆	306	戚	302	甘	301
靳	288	舒	284	关	276	房	275	缪	275	喻	260
司	258	仲	255	解	254	祁	249	傅	246	党	245
覃	241	费	241	柴	240	候	232	游	230	赖	229
辛	224	滕	223	柯	222	兰	221	翁	219	佘	219
饶	211	郁	208	娄	206	卫	205	束	202	蒲	200
沙	200	卜	195	窦	195	瞿	194	仇	193	穆	190
宁	189	豆	189	查	186	凡	183	席	181	桑	177
柏	176	艾	175	晏	173	宗	172	臧	170	桂	168
荣	167	花	166	闵	166	姬	164	牟	162	简	157
刁	155	车	153	巩	150	储	150	景	145	嵇	145
阳	144	燕	142	郎	142	符	142	宫	142	支	141
南	140	闻	140	苟	138	惠	136	卓	129	封	129
应	127	谈	126	阿	126	伏	122	虞	122	师	121
冷	119	曲	119	麻	117	雍	116	米	116	甄	111
胥	110	匡	110	仝	108	贡	107	屠	105	古	103
乐	100	禹	98	强	97	邬	95	奚	91	芦	91
明	90	沐	89	阚	88	帅	88	连	87	侍	86
计	85	皮	84	郜	83	相	83	栗	83	荆	83
普	81	居	80	楚	79	蒯	77	敖	77	杭	77
蔺	77	池	76	井	76	和	76	苑	75	权	75
位	75	芮	75	栾	74	远	74	戈	73	浦	73
祖	73	於	70	蓝	70	全	67	伊	67	原	66
汝	65	鞠	65	边	62	班	62	阙	61	岑	60
蒙	59	况	59	印	58	佟	58	茆	57	厉	57
晁	56	宣	56	诸	56	谌	56	轩	55	衡	54
狄	54	冀	54	母	54	廉	53	寇	53	戎	53
展	53	迟	53	年	52	巫	50	丰	49	来	49
门	49	部	48	鄢	48	从	48	荀	48	钮	46

续表 107

姓氏	人数	姓氏	人数	姓氏	人数	姓氏	人数	姓氏	人数	姓氏	人数
巴	45	漆	44	鹿	43	圣	43	皇	43	官	42
海	41	呼	41	薄	41	凤	40	隋	40	濮	40
訾	39	平	38	尧	38	邸	38	满	38	冒	38
练	37	渠	37	慕	37	元	37	宛	36	智	36
茅	35	纵	35	化	34	仓	34	赫	33	滑	32
腾	32	裘	31	隆	31	茹	31	由	31	辜	30
庹	30	阎	29	丛	29	水	28	檀	28	木	27
鄂	27	后	27	缑	26	云	26	刑	26	宇	26
操	25	蒿	25	国	25	揭	25	粟	25	邝	25
贲	24	麦	24	羊	24	第	24	崇	23	鲜	23
卿	23	别	23	上	23	亢	23	农	23	绳	23
卯	22	敬	22	习	22	巨	22	仰	22	阴	22
晋	21	危	21	种	21	户	21	咸	21	娜	21
楼	21	索	21	沃	21	郗	20	靖	20	盘	20
俄	20	朴	20	盖	20	昌	20	昝	20	台	20
禄	19	未	19	谯	19	都	19	逯	19	把	19
步	19	仵	19	瓮	19	尉	18	字	18	但	18
幸	18	刀	18	俸	18	冶	18	干	18	经	18
萧	18	依	18	银	17	隗	17	贝	17	鱼	17
郏	16	藏	16	疏	16	柘	16	保	16	随	16
那	15	茶	15	青	15	名	15	扶	15	闪	15
旷	15	战	14	富	14	雒	14	先	14	勾	14
糜	14	征	14	员	14	奉	13	亓	13	介	13
山	13	钦	13	皋	13	公	13	丘	13	刚	13
郧	13	容	13	慈	13	郇	12	修	12	过	12
琚	12	东	12	续	12	寻	12	钞	12	巢	12
哈	12	加	12	奈	12	库	12	畅	11	怀	11
开	11	税	11	粱	11	咨	11	拜	11	承	11
扈	11	劳	11	亚	10	初	10	蹇	10	黑	10
斯	10	陟	10	布	10	达	10	克	10	信	10
寿	10	竹	10	仁	9	乙	9	杲	9	生	9
湛	9	郦	9	虎	9	可	9	营	9	汲	9
籍	9	矫	9	扬	9	归	9	自	9	毋	9
贯	8	产	8	多	8	荔	8	么	8	要	8
洛	8	义	8	負	8	各	8	潭	8	念	8
庆	8	玉	7	勒	7	宿	7	历	7	闾	7

续表 107

姓氏	人数	姓氏	人数	姓氏	人数	姓氏	人数	姓氏	人数	姓氏	人数
蔚	7	宦	7	校	7	苌	7	宏	7	令	7
綦	7	稽	7	能	7	树	7	铁	7	建	7
藤	7	栋	7	镐	7	衣	6	密	6	奎	6
植	6	郄	6	堵	6	侬	6	同	6	贠	6
薜	6	鳖	6	类	6	玄	6	暴	6	槐	6
日	6	郏	6	三	6	凃	6	雪	6	郅	6
岩	5	笪	5	招	5	荚	5	颉	5	巅	5
欠	5	禚	5	澹	5	完	5	西	5	迪	5
端	5	庚	5	接	5	买	5	泮	5	锁	5
剡	5	爱	5	逢	5	朗	5	庙	5	热	5
双	5	蜂	5	环	5	逄	5	一	5	须	4
将	4	宾	4	掌	4	宝	4	还	4	眭	4
竺	4	尔	4	药	4	侣	4	寸	4	乜	4
首	4	苍	4	弓	4	行	4	寥	4	帖	4
忻	4	昂	4	赤	4	底	4	格	4	憨	4
恒	4	降	4	角	4	利	4	宓	4	区	4
脱	4	冼	4	小	4	英	4	拥	4	邴	4
炊	4	府	4	伞	4	职	4	觉	4	牧	4
让	4	问	4	吾	4	资	4	尼	3	拉	3
泷	3	朋	3	骈	3	杞	3	璩	3	主	3
顿	3	墨	3	松	3	乌	3	音	3	庾	3
迮	3	甯	3	肜	3	陕	3	睢	3	杏	3
仪	3	夷	3	仉	3	浮	3	剧	3	卡	3
裔	3	折	3	褚	3	紫	3	蔡	3	额	3
高	3	暨	3	乃	3	闰	3	绍	3	岁	3
团	3	真	3	政	3	博	3	甫	3	回	3
戢	3	苦	3	纽	3	乾	3	弯	3	禤	3
言	3	友	3	波	3	钏	3	爨	3	朵	3
呙	3	罕	3	考	3	腊	3	漫	3	舍	3
神	3	提	3	淤	3	悦	3	扎	2	静	2
張	2	阵	2	闭	2	的	2	火	2	力	2
切	2	奕	2	馀	2	钊	2	佐	2	补	2
采	2	光	2	甲	2	节	2	喇	2	寮	2
纳	2	恰	2	羌	2	太	2	吁	2	弋	2
约	2	宰	2	鲍	2	比	2	朝	2	揣	2
汉	2	黉	2	慧	2	夹	2	留	2	弥	2

续表 107

姓氏	人数	姓氏	人数	姓氏	人数	姓氏	人数	姓氏	人数	姓氏	人数
缪	2	蓬	2	是	2	塔	2	泰	2	仙	2
益	2	有	2	院	2	运	2	丑	2	催	2
地	2	钭	2	福	2	辅	2	负	2	航	2
忽	2	桓	2	棘	2	蓟	2	菅	2	莒	2
俱	2	稂	2	疠	2	零	2	柒	2	雀	2
撒	2	僧	2	少	2	什	2	殳	2	递	2
业	2	宸	2	羿	2	盈	2	犹	2	肇	2
皱	2	郛	2	踪	2	奏	2	啊	2	哀	2
霭	2	百	2	标	2	部	2	菜	2	充	2
淳	2	冻	2	淦	2	更	2	灰	2	辉	2
会	2	决	2	叩	2	丽	2	励	2	陇	2
奴	2	偶	2	绕	2	散	2	赏	2	倘	2
天	2	庭	2	顽	2	巍	2	膝	2	俆	2
牙	2	怡	2	泽	2	者	1	香	1	才	1
番	1	排	1	所	1	辩	1	彩	1	秋	1
沭	1	望	1	线	1	伯	1	敌	1	广	1
果	1	鉴	1	竟	1	侣	1	帕	1	塞	1
赛	1	仕	1	洶	1	越	1	恽	1	栢	1
板	1	逞	1	传	1	大	1	倒	1	二	1
芳	1	赴	1	鬲	1	昊	1	弘	1	晁	1
骞	1	竭	1	姖	1	喹	1	浪	1	录	1
伦	1	谬	1	末	1	某	1	目	1	畔	1
偏	1	千	1	潜	1	群	1	萨	1	厍	1
慎	1	徒	1	途	1	妥	1	委	1	霞	1
雅	1	楊	1	宜	1	宥	1	增	1	镇	1
正	1	直	1	莊	1	蔼	1	柳	1	八	1
半	1	勃	1	宸	1	晨	1	春	1	翠	1
德	1	弟	1	苳	1	独	1	佴	1	翻	1
斐	1	弗	1	改	1	敢	1	江	1	岗	1
供	1	姑	1	冠	1	汗	1	豪	1	浩	1
鹿	1	祭	1	嘉	1	柬	1	蕉	1	纠	1
九	1	酒	1	隽	1	刊	1	娄	1	老	1
梨	1	醴	1	立	1	曼	1	茂	1	枚	1
梦	1	秘	1	敏	1	磨	1	蓦	1	曹	1

续表 107

姓氏	人数	姓氏	人数	姓氏	人数	姓氏	人数	姓氏	人数	姓氏	人数
睦	1	殴	1	鸥	1	培	1	棚	1	且	1
亲	1	情	1	求	1	褥	1	升	1	省	1
释	1	叔	1	替	1	瓦	1	湾	1	晚	1
威	1	慰	1	芜	1	昔	1	厢	1	箫	1
雄	1	戍	1	旭	1	绪	1	崖	1	艳	1
央	1	养	1	黟	1	亿	1	影	1	优	1
幽	1	羽	1	园	1	允	1	訾	1	粘	1
辙	1	专	1	桌	1	鉏	1	—	—	—	—

（市公安局）

2021 年太仓市百岁老人一览表

表 108

序号	姓名	年龄	镇区街道	序号	姓名	年龄	镇区街道
1	业惠兰	106	城厢镇	23	费瑞娣	102	浮桥镇
2	陈素贞	103	城厢镇	24	顾仕兴	102	浮桥镇
3	沈阿珍	102	城厢镇	25	奚阿小	102	浮桥镇
4	沈招娣	102	城厢镇	26	顾妹娣	102	浮桥镇
5	杜月珍	102	城厢镇	27	高云玉	102	浮桥镇
6	邵妹娣	101	城厢镇	28	陆彩芬	102	浮桥镇
7	陈秀珍	101	城厢镇	29	陶招娣	102	浮桥镇
8	蒋惠君	101	城厢镇	30	周　苟	101	浮桥镇
9	范根妹	101	城厢镇	31	陈小妹	101	浮桥镇
10	陈四宝	101	城厢镇	32	高招娣	101	浮桥镇
11	王阿娣	105	浮桥镇	33	杨瑞珍	101	浮桥镇
12	唐永明	105	浮桥镇	34	俞　其	101	浮桥镇
13	顾招娣	103	浮桥镇	35	姜彩亚	101	浮桥镇
14	谢球弟	103	浮桥镇	36	蒋阿宝	101	浮桥镇
15	周　桃	103	浮桥镇	37	杨大妹	101	浮桥镇
16	闵秀娟	103	浮桥镇	38	徐阿娥	104	璜泾镇
17	金月娣	103	浮桥镇	39	王蕴玉	104	璜泾镇
18	须积生	103	浮桥镇	40	盛阿和	104	璜泾镇
19	陆宝珍	103	浮桥镇	41	吴阿玉	104	璜泾镇
20	浦进成	103	浮桥镇	42	王耀妹	104	璜泾镇
21	王云娣	103	浮桥镇	43	曹秀林	103	璜泾镇
22	陆娟娣	103	浮桥镇	44	俞惠芬	103	璜泾镇

续表 108

序号	姓名	年龄	镇区街道	序号	姓名	年龄	镇区街道
45	杨蕴玉	103	璜泾镇	79	赵月娣	104	陆渡街道
46	顾金奎	103	璜泾镇	80	钱金大	103	陆渡街道
47	顾裕南	102	璜泾镇	81	黄林娣	101	陆渡街道
48	唐 岁	102	璜泾镇	82	王杏全	105	沙溪镇
49	顾婉芬	101	璜泾镇	83	余汉栋	105	沙溪镇
50	闻阿度	101	璜泾镇	84	陆桂娣	105	沙溪镇
51	蒋小妹	101	璜泾镇	85	肖德嫒	105	沙溪镇
52	孙根兴	101	璜泾镇	86	袁杏和	104	沙溪镇
53	陆彩凤	101	璜泾镇	87	张桂金	103	沙溪镇
54	张巧英	101	璜泾镇	88	杨阿大	103	沙溪镇
55	张伍妹	101	璜泾镇	89	曹桂生	103	沙溪镇
56	李 藕	101	璜泾镇	90	高月娟	102	沙溪镇
57	朱阿妹	101	璜泾镇	91	朱杏珍	102	沙溪镇
58	王阿荣	101	璜泾镇	92	徐福麟	102	沙溪镇
59	马阿弟	101	璜泾镇	93	周阿招	102	沙溪镇
60	杨仁林	105	浏河镇	94	张三梅	102	沙溪镇
61	叶相娥	103	浏河镇	95	杨阿大	102	沙溪镇
62	刘平山	102	浏河镇	96	金爱宝	102	沙溪镇
63	周月珍	102	浏河镇	97	谭小妹	102	沙溪镇
64	王妹宝	102	浏河镇	98	萧顺宝	102	沙溪镇
65	毛阿英	102	浏河镇	99	徐惠娥	102	沙溪镇
66	张林宝	101	浏河镇	100	杨梅娣	101	沙溪镇
67	黄林妹	101	浏河镇	101	徐园娣	101	沙溪镇
68	王杏生	105	娄东街道	102	朱琴娣	101	沙溪镇
69	何瑞娥	104	娄东街道	103	唐丽英	101	沙溪镇
70	戴连娣	104	娄东街道	104	王秀英	101	沙溪镇
71	陆杏宝	104	娄东街道	105	曹宝荣	101	沙溪镇
72	黄云芳	103	娄东街道	106	马秀英	101	沙溪镇
73	谢云娣	102	娄东街道	107	严秀亚	101	沙溪镇
74	陶小娣	101	娄东街道	108	张小娣	101	沙溪镇
75	陈桂大	101	娄东街道	109	王熟宝	106	双凤镇
76	陶爱娣	101	娄东街道	110	戴阿杜	104	双凤镇
77	吴惠宝	101	娄东街道	111	陆四宝	102	双凤镇
78	陈宝娣	101	娄东街道	112	戴桂珍	101	双凤镇

（市民政局）

2021 年媒体报道题录一览表（部分）

表 109

序号	日期	文章（新闻）标题	刊发（报道）媒体
1	2021 年 1 月 2 日	“港口＋港区”联动打造新增长极	《苏州日报》
2	2021 年 1 月 4 日	江苏太仓：以党建“融合力”激发基层治理新活力	《中国城市报》
3	2021 年 1 月 4 日	太仓港“航”出长三角“增长极”	《江苏经济报》
4	2021 年 1 月 8 日	秸秆综合利用“太仓模式”推出升级版	《农民日报》
5	2021 年 1 月 8 日	太仓借力临江沿沪优势推动沪太同城化 打造对接上海枢纽门户城市	《新华日报》
6	2021 年 1 月 10 日	长江太仓段 江豚再现身	《苏州日报》
7	2021 年 1 月 13 日	全面推动企业“上云上平台”太仓市十六届人大五次会议开幕	《苏州日报》
8	2021 年 1 月 18 日	太仓：“德企之乡”剑指创新之都	《江苏经济报》
9	2021 年 1 月 18 日	太仓深化对德合作推进智造转型	中国日报网
10	2021 年 1 月 28 日	江苏太仓：防疫知识进校园 筑牢寒假安全线	人民网
11	2021 年 1 月 29 日	太仓发布党员冬训“样板工程”	《新华日报》
12	2021 年 1 月 31 日	太仓将迎来冰雪世界 复游城太仓·阿尔卑斯雪世界开工奠基	《新民晚报》
13	2021 年 2 月 2 日	［新闻联播］江苏培育开放新优势 助力高质量发展	中央电视台
14	2021 年 2 月 2 日	江苏省太仓港 2020 年集装箱吞吐量逆势上扬	《光明日报》
15	2021 年 2 月 4 日	太仓武港实现新年首月生产“开门红”	中国水运网
16	2021 年 2 月 10 日	太仓港集装箱四期沪太合作签约“沪太同港化”效应初现	中国江苏网
17	2021 年 2 月 25 日	江苏太仓：港口钢材吞吐稳步增长	人民网
18	2021 年 3 月 6 日	2021 年度太仓市首年生活补贴开始申报 创新人才最高给 5 万	《苏州日报》
19	2021 年 3 月 8 日	许昆林深入太仓调研“三农”工作时强调 发挥临沪优势做足农文旅融合文章	《苏州日报》
20	2021 年 3 月 8 日	“四个第一”跑出加速度	《苏州日报》
21	2021 年 3 月 11 日	中国共产党创建历史图片展太仓巡展启动	《苏州日报》
22	2021 年 3 月 13 日	太仓城投与太仓法院签约党建共建	《苏州日报》
23	2021 年 3 月 15 日	群网群治 吹来和谐新风	《苏州日报》
24	2021 年 3 月 19 日	太仓市城厢镇发布营商环境白皮书	《新华日报》
25	2021 年 3 月 21 日	［新闻联播 新征程开局“十四五”］形成强大国内市场 构建新发展格局	中央电视台
26	2021 年 3 月 22 日	太仓：创作百幅剪纸作品 喜迎建党百年华诞	交汇点
27	2021 年 3 月 25 日	“中央厨房”统一“配菜” 太仓城厢镇党史学习教育有妙招	《苏州日报》
28	2021 年 4 月 2 日	太仓挥写文化产业大文章	《新华日报》
29	2021 年 4 月 4 日	［新闻联播 新征程开局“十四五”］区域发展跨上新台阶	中央电视台
30	2021 年 4 月 6 日	太仓港一季度生产强劲增长 货物吞吐量增长近 26%	人民网
31	2021 年 4 月 6 日	太仓港 2021 年一季度港口生产同比增长 25.86%	中国水运网

续表 109

序号	日期	文章（新闻）标题	刊发（报道）媒体
32	2021 年 4 月 7 日	电竞文旅融合发展 塑造“江南文化”的太仓样本	荔枝网
33	2021 年 4 月 8 日	太仓港实现首季“开门红”集装箱吞吐量同比增 46%	《新华日报》
34	2021 年 4 月 9 日	太仓沙溪镇以文旅赋能经济提升城镇能级	《苏州日报》
35	2021 年 4 月 10 日	苏州又一座新城规划发布 沪太交界处崛起“中德创新城”	荔枝网
36	2021 年 4 月 10 日	高质量打造“未来之城”	《苏州日报》
37	2021 年 4 月 12 日	发挥临沪优势，江苏太仓做靓文化产业	《光明日报》
38	2021 年 4 月 13 日	苏南反“清乡”第一枪在这里打响	中国江苏网
39	2021 年 4 月 14 日	太仓法院审判质效实现“开门红”	《江苏经济报》
40	2021 年 4 月 15 日	太仓：攻坚一线汇聚先锋力量	《苏州日报》
41	2021 年 4 月 16 日	太仓发力打造全国知名“中德创新城”	《新华日报》
42	2021 年 4 月 17 日	太仓开展“理论飞燕”好声音暨名师带高徒活动	《苏州日报》
43	2021 年 4 月 18 日	集装箱吞吐量突破 150 万标箱 太仓港实现一季度“开门红”	《苏州日报》
44	2021 年 4 月 24 日	太仓：名师带高徒 携手传唱“党史理论好声音”	中国日报网
45	2021 年 4 月 25 日	太仓阿尔卑斯国际度假区主题概念发布	《苏州日报》
46	2021 年 4 月 25 日	打造长三角度假生活新体验 Club Med Joyview 太仓度假村正式动工	《新民晚报》
47	2021 年 4 月 26 日	以“先行区”牵引沪太同城实践	《苏州日报》
48	2021 年 4 月 27 日	北航天航长鹰太仓总部基地签约落户	《苏州日报》
49	2021 年 4 月 27 日	中国航天产教融合与工匠人才发展论坛举行	《苏州日报》
50	2021 年 4 月 29 日	擦亮“娄检先锋”品牌矩阵	《苏州日报》
51	2021 年 4 月 30 日	“三整合”赋能区镇联动发展	《苏州日报》
52	2021 年 5 月 1 日	太仓市畅游娄城 串珠成链 推出三条旅游线	《苏州日报》
53	2021 年 5 月 4 日	“红立方”打造美丽村庄	《苏州日报》
54	2021 年 5 月 5 日	“沪太同城·党建先行”工程启动	《苏州日报》
55	2021 年 5 月 7 日	太仓弱村变强靠什么？探访两个村的实践样本	人民网
56	2021 年 5 月 6 日	太仓港疏港铁路专用线最后一座连续梁顺利合龙	新华网
57	2021 年 5 月 6 日	太仓举办“学党史 强信念 跟党走”主题团日活动	中国日报网
58	2021 年 5 月 8 日	江苏太仓：2021 年全国竞走冠军赛开赛	新华社
59	2021 年 5 月 10 日	全国竞走冠军赛太仓开战 476 名运动员赛场“竞”逐	《苏州日报》
60	2021 年 5 月 10 日	全国竞走冠军赛暨全运会资格赛太仓鸣枪	央视网
61	2021 年 5 月 11 日	太仓港 4 月份集装箱吞吐量创月度历史新高	人民网
62	2021 年 5 月 12 日	他们受国务院通报表扬 太仓：环境变好了，生活更舒心	新华报业网
63	2021 年 5 月 12 日	太仓市渔村社区举办“我为群众办实事”志愿服务集市	《苏州日报》
64	2021 年 5 月 12 日	沪太通关一体化“联动接卸”模式落地半年	《苏州日报》
65	2021 年 5 月 13 日	太仓港经开区：长江大保护严把“三道闸”	《新华日报》

续表 109

序号	日期	文章（新闻）标题	刊发（报道）媒体
66	2021 年 5 月 13 日	沪太两地党员群众互相来打卡	《苏州日报》
67	2021 年 5 月 13 日	展现建功新时代的青春风貌　太仓举办主题团日活动	《苏州日报》
68	2021 年 5 月 17 日	太仓：幸福宜居"现代田园城"	《苏州日报》
69	2021 年 5 月 17 日	太仓推出"廉文化"公交专线	《苏州日报》
70	2021 年 5 月 17 日	300 多名垂钓高手聚太仓中国淡水全明星赛首战双凤开赛	《苏州日报》
71	2021 年 5 月 18 日	帮助苏州企业降本增效中远海运物流太仓外代苏州营销中心成立	《苏州日报》
72	2021 年 5 月 20 日	打造沪太文旅新地标！太仓 22 个农文旅重点项目集中签约	荔枝网
73	2021 年 5 月 20 日	太仓双凤镇积极推进国土空间全域整治	《苏州日报》
74	2021 年 5 月 20 日	太仓市纪委监委推动党史学习教育走深走实亮出十大项目清单　为群众办实事	《苏州日报》
75	2021 年 5 月 21 日	半小时从都市到田园　江南小城太仓吸引沪人	中新网
76	2021 年 5 月 22 日	700 多户动迁村民融出"一家亲"	《苏州日报》
77	2021 年 5 月 22 日	太仓高新区举办复合材料与绿色航空论坛	《苏州日报》
78	2021 年 5 月 24 日	一张价值千金的军事地图　太仓解放背后的故事	《姑苏晚报》
79	2021 年 5 月 25 日	中国新诗论坛十周年纪念活动在沙溪镇举行	新华网
80	2021 年 5 月 25 日	江苏太仓：落实"轻轻重重"理念当好企业合法经营"领路人"	法制网
81	2021 年 5 月 26 日	江苏太仓："开门监督"出实招　作风建设有实效	光明网
82	2021 年 5 月 26 日	太仓推动党组织和党员在国土空间全域整治中主动作为	《苏州日报》
83	2021 年 5 月 27 日	太仓：全力推动沪太率先同城化	《新华日报》
84	2021 年 5 月 27 日	太仓扎实开展"我为群众办实事"实践活动	《苏州日报》
85	2021 年 5 月 28 日	太仓成功创建全省首批民族工作"红石榴家园"	《新华日报》
86	2021 年 5 月 28 日	苏沪浙皖"红涌长三角"社会组织党建服务联盟在太仓成立	《苏州日报》
87	2021 年 5 月 28 日	漫市集慢生活点亮田园梦	《苏州日报》
88	2021 年 5 月 28 日	太仓动真碰硬纵深推进违法建设治理工作	《苏州日报》
89	2021 年 5 月 31 日	太仓公布首批 20 个"我为群众办实事"重点项目	《苏州日报》
90	2021 年 5 月 31 日	推动《民法典》走进群众心里　太仓市开展系列宣传活动	《苏州日报》
91	2021 年 6 月 2 日	太仓实现"出生、入学、身故一件事"掌上办	《苏州日报》
92	2021 年 6 月 2 日	潜伏敌人"心脏"的巾帼英豪	《姑苏晚报》
93	2021 年 6 月 4 日	太仓：瞄准重点产业育人才	《新华日报》
94	2021 年 6 月 4 日	太仓娄东街道：凝聚党员先锋力量　助力人居环境升级才	《新华日报》
95	2021 年 6 月 5 日	太仓德国中心迎来成立五周年	《苏州日报》
96	2021 年 6 月 6 日	太仓市"定向赛"中开展红色教育	《苏州日报》
97	2021 年 6 月 6 日	太仓市场主体总数突破 13 万	《苏州日报》
98	2021 年 6 月 6 日	西北工业大学德国研究中心在太仓落地	荔枝网

续表 109

序号	日期	文章（新闻）标题	刊发（报道）媒体
99	2021 年 6 月 7 日	沙盘上演绎红色故事 长三角统战干部创新党史学习教育方式	《苏州日报》
100	2021 年 6 月 7 日	西工大太仓长三角研究院德国研究中心揭牌	《苏州日报》
101	2021 年 6 月 7 日	太仓聚焦航空航天和生物医药产业 加速集聚人才助力 2 个 500 亿元级产业	《苏州日报》
102	2021 年 6 月 8 日	第二届太仓汉服文化节开幕	《苏州日报》
103	2021 年 6 月 8 日	"蔬菜村"的生态突围	《苏州日报》
104	2021 年 6 月 9 日	太仓市城厢镇签约落户一批重点产业项目和平台	《苏州日报》
105	2021 年 6 月 10 日	太仓市浏河镇瑞何合作联社获评首批"江苏味美菜园"	《苏州日报》
106	2021 年 6 月 10 日	和美东仓的"文明养成经"	《苏州日报》
107	2021 年 6 月 10 日	太仓双凤中学举办校园红色创意邮戳比赛	《苏州日报》
108	2021 年 6 月 11 日	西工大太仓研究院成立德国研究中心	《新华日报》
109	2021 年 6 月 11 日	太仓 200 余场线下公益培训惠及万名老人	《新华日报》
110	2021 年 6 月 11 日	太仓发布省内首份中小学校学法目录	《苏州日报》
111	2021 年 6 月 13 日	沪太双城联动首届太仓娱乐节开幕	《苏州日报》
112	2021 年 6 月 13 日	太仓市纪委监委有的放矢推进警示教育	《苏州日报》
113	2021 年 6 月 14 日	太仓市城厢镇加快打造农业农村现代化样板	《苏州日报》
114	2021 年 6 月 14 日	沪太双城联动 首届太仓娱乐节热闹开场	荔枝网
115	2021 年 6 月 15 日	苏州太仓港四期集装箱码头船舶岸电系统建成	中国江苏网
116	2021 年 6 月 16 日	苏州太仓城厢镇："头雁"领学 推进党史学习教育走深走实	央广网
117	2021 年 6 月 17 日	上海又添一座"后花园"，太仓多个文旅项目启动	澎湃新闻
118	2021 年 6 月 17 日	太仓进出口增幅居全市首位	《苏州日报》
119	2021 年 6 月 17 日	太仓市浮桥镇发布"我为群众办实事"重点项目	《苏州日报》
120	2021 年 6 月 17 日	苏州太仓娄东街道着力服务民生 激发红色引擎	央广网
121	2021 年 6 月 17 日	苏州太仓市委党校：让"三大法宝"入课、入文、入心	央广网
122	2021 年 6 月 19 日	党建先行牵引沪太同城双向赋能	《苏州日报》
123	2021 年 6 月 19 日	24 个项目开工开业 太仓市生物医药产业园今年力争"五个倍增"	《苏州日报》
124	2021 年 6 月 21 日	链接百余所名校资源 太仓首届全球高校创新创业大赛开幕	中国江苏网
125	2021 年 6 月 21 日	太仓推出"三减"机制服务海外人才	《苏州日报》
126	2021 年 6 月 21 日	百诗百文礼赞党 太仓"娄 · 东 together"服务圈成立	《苏州日报》
127	2021 年 6 月 21 日	以"太仓速度"建设未来之城	《苏州日报》
128	2021 年 6 月 21 日	太仓生物医药产业园 24 个项目集中开工开业	《江苏经济报》
129	2021 年 6 月 21 日	太仓市网络文化节开幕	《苏州日报》
130	2021 年 6 月 22 日	太仓城厢 小游园变党史学习"大学堂"	新华报业网
131	2021 年 6 月 24 日	[新闻直播间] 江苏太仓"智汇太仓 · 科创未来"高校创业大赛举办	中央电视台

续表 109

序号	日期	文章(新闻)标题	刊发(报道)媒体
132	2021 年 6 月 26 日	从“数字鸿沟”到“年龄友好”	《苏州日报》
133	2021 年 6 月 26 日	全国首条中德数据专线发布	《苏州日报》
134	2021 年 6 月 27 日	沪苏供销党建 大联盟签约 两地 4 家单位联合 开展主题党日活动	《苏州日报》
135	2021 年 6 月 29 日	太仓港集装箱四期码头正式启用	《新华日报》
136	2021 年 6 月 29 日	东进的新城叫“沪太同城”	《苏州日报》
137	2021 年 6 月 30 日	24 个项目签约 投资 106 亿元“走进太仓”中日韩经贸合作论坛举行	《苏州日报》
138	2021 年 6 月 30 日	区域审计 加强联动 嘉太审计跨区域合作协议签订	《苏州日报》
139	2021 年 7 月 1 日	“双百”开工率献礼建党百年	《苏州日报》
140	2021 年 7 月 1 日	太仓:做亮“上海下一站 下一站上海”城市 IP	《苏州日报》
141	2021 年 7 月 2 日	太仓引进 20 个德资项目	《新华日报》
142	2021 年 7 月 2 日	太仓强化基层党建,开展“攻坚先锋”专项行动	《新华日报》
143	2021 年 7 月 3 日	促进自然资源节约集约利用 太仓规范领导干部离任审计	《苏州日报》
144	2021 年 7 月 4 日	太仓国际生物医药创新和产业化峰会开幕	《苏州日报》
145	2021 年 7 月 4 日	太仓市浏河镇举行双招双引推介会	《苏州日报》
146	2021 年 7 月 5 日	2021 年太仓国际生物医药创新和产业化峰会召开 全力打造生物医药产业新高地	中国日报网
147	2021 年 7 月 6 日	太仓纪检监察机关创新“夜学”形式	《苏州日报》
148	2021 年 7 月 7 日	2021 年第十三届苏州国际精英创业周太仓分会场将于 7 月 11 日启幕	中国日报网
149	2021 年 7 月 7 日	集结 36 个航空航天人才项目 太仓会场活动方案发布	《苏州日报》
150	2021 年 7 月 8 日	苏州太仓“走”出党史学习教育的“巧路子”	国际在线
151	2021 年 7 月 8 日	太仓:内外兼修做好人才“引育留用”	《苏州日报》
152	2021 年 7 月 8 日	人才从“到太仓”变成“回太仓”	《苏州日报》
153	2021 年 7 月 9 日	江苏省太仓市扬子三进造船有限公司生产场地上一派繁忙	中国水运网
154	2021 年 7 月 9 日	太仓:“太”爱人才头等“仓”	《新华日报》
155	2021 年 7 月 9 日	上海有个后花园叫“太仓”	中国青年网
156	2021 年 7 月 10 日	构建太仓航空航天产业新生态 2021 年中国(太仓)首届航空航天精英峰会举行	荔枝新闻
157	2021 年 7 月 10 日	中国(太仓)首届航空航天精英峰会举行	《苏州日报》
158	2021 年 7 月 10 日	“太仓大米”开展“惠民生促消费”活动	《苏州日报》
159	2021 年 7 月 11 日	太仓市纪委监委用“小故事”演绎“大道理”	《苏州日报》
160	2021 年 7 月 13 日	太仓市城厢镇 打造特色实践基地 彰显统战“新”风采	《新华日报》
161	2021 年 7 月 13 日	太仓成立新型智库 产学研合作基地签约	《苏州日报》
162	2021 年 7 月 14 日	“两个指引”打造巡察整改“太仓样板”	《苏州日报》
163	2021 年 7 月 16 日	中国 IVD 及精准医疗产业投资 CEO 论坛太仓举行	《苏州日报》
164	2021 年 7 月 16 日	太仓侨眷专题片发布	《新华日报》

续表 109

序号	日期	文章（新闻）标题	刊发（报道）媒体
165	2021 年 7 月 17 日	江边小村有支“禁渔巡查队” 太仓璜泾镇长洲村村民每天开展护江巡查	《苏州日报》
166	2021 年 7 月 18 日	太仓市不断优化涉外营商环境 上半年新发展外企 78 户	《苏州日报》
167	2021 年 7 月 18 日	苏州国际精英创业周璜泾分会场活动举行 重点产学研合作项目签约	《苏州日报》
168	2021 年 7 月 19 日	礼赞建党百年，赓续红色血脉——“红色燃料”释放“红色能量”	中国水运网
169	2021 年 7 月 20 日	采纳审计建议出台管理办法 太仓加强预备费管理和监督	《苏州日报》
170	2021 年 7 月 20 日	太仓：“强党建”引领“强发展”	《苏州日报》
171	2021 年 7 月 21 日	太仓开展协商议事活动推进乡村治理	《苏州日报》
172	2021 年 7 月 21 日	太仓市城厢镇：同心化“同声” 赞歌颂党恩	《新华日报》
173	2021 年 7 月 22 日	太仓娄江新城充分发挥“红色引擎”作用	《苏州日报》
174	2021 年 7 月 23 日	太仓上半年进出口涨幅继续领跑苏州 外贸进出口增 28.9%	《苏州日报》
175	2021 年 7 月 23 日	红色元素融入农文旅 太仓双凤镇推动党建与农文旅融合发展	《苏州日报》
176	2021 年 7 月 24 日	人民幸福金太仓	新华社
177	2021 年 7 月 24 日	太仓浮桥镇开启政务服务新模式	《苏州日报》
178	2021 年 7 月 24 日	苏州太仓消防指战员增援河南新乡 3 小时 35 名被困群众获救	人民网
179	2021 年 7 月 25 日	太仓沙溪镇针对不同需求打造特色党课	《苏州日报》
180	2021 年 7 月 26 日	太仓高新区深化德企党员党史学习教育	《苏州日报》
181	2021 年 7 月 27 日	太仓市打造“虹桥”北翼发展极	《苏州日报》
182	2021 年 7 月 27 日	打造生物医药产业森林	《苏州日报》
183	2021 年 7 月 28 日	创业类人才入选数居苏州各地第一 太仓 13 名人才入选江苏省“双创计划”拟资助项目	《苏州日报》
184	2021 年 7 月 28 日	太仓璜泾镇构建党史“5 分钟学习圈”	《苏州日报》
185	2021 年 7 月 28 日	太仓：依托“智慧城厢”构建全域宣传圈	央广网
186	2021 年 7 月 28 日	刷新五项生产纪录 华能太仓港务公司生产开新局	中国水运网
187	2021 年 7 月 30 日	太仓学党史奋力前行	《江苏法制报》
188	2021 年 7 月 30 日	画出精美底色 太仓市双凤镇组织绘画活动推进党史学习教育	《苏州日报》
189	2021 年 7 月 31 日	太仓娄东街道打造共建共治共享社会治理格局	《苏州日报》
190	2021 年 8 月 2 日	太仓高新区创新工作模式，帮助人才解决难点痛点问题	《苏州日报》
191	2021 年 8 月 3 日	乡村旅居扩围乡村游“半径”	《苏州日报》
192	2021 年 8 月 3 日	太仓璜泾 2 处红色点位吸引 12000 人次参观	《苏州日报》
193	2021 年 8 月 4 日	小城市有大抱负 太仓欲建国家级对德合作示范区	人民网
194	2021 年 8 月 4 日	太仓：项目为王加速优势变胜势	中国发展网
195	2021 年 8 月 6 日	太仓沙溪镇“侨小二”贴身服务侨企	《新华日报》
196	2021 年 8 月 7 日	让党史学习教育“落地有声”	《苏州日报》
197	2021 年 8 月 7 日	太仓市渔村社区对接 30 多个部门和社会组织	《苏州日报》

续表 109

序号	日期	文章（新闻）标题	刊发（报道）媒体
198	2021 年 8 月 8 日	太仓市璜泾镇打造沉浸式体验场景	《苏州日报》
199	2021 年 8 月 8 日	太仓高新区推进党史学习教育走深走实	《苏州日报》
200	2021 年 8 月 9 日	沪太同港，锻造新时代太仓港区工匠	《新华日报》
201	2021 年 8 月 10 日	VR 全景体验“红色之旅”太仓浏河镇打造沉浸式红色文化学习方式	《苏州日报》
202	2021 年 8 月 10 日	近万人线上答题学党史　太仓推出红色地图打卡小程序	《苏州日报》
203	2021 年 8 月 10 日	苏州太仓打造沉浸式体验场景学党史	央广网
204	2021 年 8 月 10 日	苏州太仓让党史学习教育“落地有声”	央广网
205	2021 年 8 月 10 日	江苏太仓：乡村振兴的“酸甜”事业 40 年接力	《中国青年报》
206	2021 年 8 月 12 日	幸福城厢势先行　成果写在大地上	《苏州日报》
207	2021 年 8 月 12 日	太仓市农村人居环境整治获国家级表彰	《苏州日报》
208	2021 年 8 月 13 日	2023 年末绿化覆盖率达 42%　太仓市出台园林绿化提升三年行动计划	《苏州日报》
209	2021 年 8 月 13 日	吉太航空科技项目签约太仓	《苏州日报》
210	2021 年 8 月 13 日	太仓双凤镇借助商会平台服务企业	《新华日报》
211	2021 年 8 月 15 日	太仓市行政审批局“先锋导服”机制常态化	《苏州日报》
212	2021 年 8 月 15 日	强化港口六大“专班”管控　太仓港开展疫情防控全面排查	《苏州日报》
213	2021 年 8 月 16 日	放大田园城市生态优势　太仓今年来已获省级奖励 2100 万元	《苏州日报》
214	2021 年 8 月 16 日	弘扬伟大建党精神　打造“沪苏同城”示范港	《苏州日报》
215	2021 年 8 月 16 日	打造党史版画停车场　太仓双凤镇依托本土革命故事创作作品	《苏州日报》
216	2021 年 8 月 17 日	以“太仓速度”抢先机求突破	《苏州日报》
217	2021 年 8 月 18 日	太仓市党史学习教育 online 专场上线突破	《苏州日报》
218	2021 年 8 月 18 日	前 7 月太仓外贸总额 616.3 亿元　增幅继续位居苏州市首位	《苏州日报》
219	2021 年 8 月 19 日	一份“承诺”精描新蓝图	《苏州日报》
220	2021 年 8 月 19 日	太仓市开展村党组织领导班子任期规划工作	《苏州日报》
221	2021 年 8 月 20 日	太仓浏河镇打造新阶层人士新舞台	《新华日报》
222	2021 年 8 月 20 日	让“菜园子”直通“菜篮子”太仓供销全面创新为农服务方式	《苏州日报》
223	2021 年 8 月 20 日	太仓对村（社区）巡察“回头看”，“带着板凳”访民情听民意	《苏州日报》
224	2021 年 8 月 22 日	助推企业和产业链高质量发展	《苏州日报》
225	2021 年 8 月 24 日	太仓“数字政务”再提升　96.5% 政务服务事项可网上办	《苏州日报》
226	2021 年 8 月 24 日	苏州太仓双凤：红色讲堂走进农家院	央广网
227	2021 年 8 月 24 日	太仓紧扣“三实”打造党史学习教育“综合体系”	央广网
228	2021 年 8 月 24 日	苏州太仓“三大举措”提升党史学习教育“含金量”	央广网
229	2021 年 8 月 25 日	太仓：“三个突出”打造统战基地创新平台	《新华日报》
230	2021 年 8 月 25 日	太仓高新区上半年项目引进速度、数量、质量创历年之最	《苏州日报》

续表 109

序号	日期	文章（新闻）标题	刊发（报道）媒体
231	2021 年 8 月 25 日	落后村崛起的带头人——记江苏最美人物、太仓市城厢镇电站村党委书记王义平（上）	《苏州日报》
232	2021 年 8 月 26 日	从工业强村迈向生态美村——记江苏最美人物、太仓市城厢镇电站村党委书记王义平（下）	《苏州日报》
233	2021 年 8 月 27 日	太仓市陆渡街道用好党史“教科书”，培育红色青少年	《苏州日报》
234	2021 年 8 月 27 日	一位村书记的 23 年“强村路”——记太仓市城厢镇电站村党委书记王义平	《新华日报》
235	2021 年 8 月 28 日	太仓港区坚持项目为王拼出发展“加速度”	《苏州日报》
236	2021 年 8 月 30 日	为实事项目装上“进度条”太仓城厢镇打造“云上”一体化平台	《苏州日报》
237	2021 年 8 月 30 日	太仓获 600 万元省奖励资金 用于生态环境保护与治理	《苏州日报》
238	2021 年 8 月 30 日	央企重大项目集聚太仓港区	《江苏经济报》
239	2021 年 8 月 31 日	1 至 7 月太仓项目招引规模质量双提升	《苏州日报》
240	2021 年 9 月 1 日	太仓筑牢交通风险防控防线	《苏州日报》
241	2021 年 9 月 1 日	太仓启动科技创新“揭榜挂帅”行动	《苏州日报》
242	2021 年 9 月 2 日	太仓陆渡街道攻坚违法建设治理有成效	《新华日报》
243	2021 年 9 月 2 日	超九成政采项目“不见面”太仓提高公共资源交易市场主体投标便利度	《苏州日报》
244	2021 年 9 月 2 日	太仓高新区成立产业、科技招商中心	《苏州日报》
245	2021 年 9 月 3 日	太仓沙溪建起统战文化一条街	《新华日报》
246	2021 年 9 月 3 日	“都市果园”述说乡土新故事	《苏州日报》
247	2021 年 9 月 3 日	最高给予 1 亿元综合扶持 太仓出台系列政策促进航空航天产业发展	《苏州日报》
248	2021 年 9 月 3 日	太仓“机动式”巡察发现并推动解决问题 30 个	《苏州日报》
249	2021 年 9 月 3 日	太仓港率先完成岸电设施信息系统接入率 100%	中国水运网
250	2021 年 9 月 4 日	串联 89% 景点及全部康居村 太仓市大力推进“金仓丝路”品牌建设	《苏州日报》
251	2021 年 9 月 4 日	嘉昆太协同创新核心圈建设战略合作签约	《苏州日报》
252	2021 年 9 月 5 日	太仓—昆山跨界河湖联合河长制公示牌揭牌	《苏州日报》
253	2021 年 9 月 6 日	“老支书在线课堂”开讲 太仓港区推动党史学习教育走深走实	《苏州日报》
254	2021 年 9 月 6 日	苏州太仓用“三个一”铺好就学“快车道”	央广网
255	2021 年 9 月 6 日	太仓一“网”聚能 助力党史集“智”学	央广网
256	2021 年 9 月 7 日	十大主题活动“引爆”新消费 太仓夜经济活动 9 月下旬启动	《苏州日报》
257	2021 年 9 月 9 日	沪苏同城，引领长三角一体化进程	《苏州日报》
258	2021 年 9 月 9 日	太仓半泾村强化党建引领推动乡村治理	《苏州日报》
259	2021 年 9 月 10 日	累计新引进项目 200 多个 太仓市沙溪镇推动产业迈向价值链中高端	《苏州日报》
260	2021 年 9 月 11 日	奋力拼出高质量发展的太仓速度 太仓打造虹桥国际开放枢纽北翼发展极	荔枝网
261	2021 年 9 月 11 日	太仓积极打造虹桥国际开放枢纽北翼发展极	《苏州日报》

续表 109

序号	日期	文章（新闻）标题	刊发（报道）媒体
262	2021年9月13日	36个重点项目投资442亿元　太仓港区财政加强重点项目资金保障	《苏州日报》
263	2021年9月14日	推出夜间特色旅游线路　太仓推进夜经济新消费工作	《苏州日报》
264	2021年9月16日	太仓市城厢镇结合统战工作实际推动“四史”宣传教育	《新华日报》
265	2021年9月16日	太仓城厢镇落实三大举措　推动党史学习教育“走心”“走新”	央广网
266	2021年9月17日	太仓双凤镇企业共迎“99公益日”	《新华日报》
267	2021年9月22日	总投资5.6亿元　太仓高新区引进半导体芯片高新技术企业	《苏州日报》
268	2021年9月23日	共办实事项目发布　嘉昆太党委（党组）中心组联学启动	《苏州日报》
269	2021年9月23日	太仓：非遗走进课后服务	中国江苏网
270	2021年9月24日	民建太仓市委创新打造“1+9+N”特色工作矩阵	《新华日报》
271	2021年9月24日	太仓市浏河镇七十二家村田园综合体项目启动	《苏州日报》
272	2021年9月24日	太仓：引入双元制二十载　推动对德合作不断走向深入	中国日报网
273	2021年9月24日	现场领略德式生活风情　第十六届太仓啤酒节开幕	《苏州日报》
274	2021年9月25日	探索双元制本土化“太仓路径”中德教育创新发展大会11月举办	《苏州日报》
275	2021年9月25日	德国商会“商会之夜”在太仓举行	《苏州日报》
276	2021年9月25日	中德（太仓）双元制教育创新发展大会将于11月举行	《中国青年报》
277	2021年9月25日	消化创新拓深　因地制宜首创“中国标准”	央广网
278	2021年9月27日	扎根“三农”一线的单丽婷　誓做“太仓大蒜”代言人	《苏州日报》
279	2021年9月27日	太仓沙溪举办古镇嘉年华　发放4500份线上消费券代言人	《苏州日报》
280	2021年9月27日	太仓推广“监督平台”优化营商环境	《苏州日报》
281	2021年9月29日	提升对德文化合作影响力　纪念贝多芬诞辰250周年体验展走进太仓	《苏州日报》
282	2021年9月29日	高新技术产品进出口增长明显	《苏州日报》
283	2021年9月30日	太仓市统一战线：凝聚侨心扩影响　讲好太仓“侨”故事	《新华日报》
284	2021年9月30日	太仓打造生态缓冲区建设标杆	《新华日报》
285	2021年9月30日	“学习强国”苏州学习平台线下活动在太仓城厢镇举行	《苏州日报》
286	2021年9月30日	全省首个县域“市民中心”上线　太仓“一网通办”开通支付宝入口	《苏州日报》
287	2021年10月1日	“新毛芋艿”特色品牌发布　太仓城厢镇举办农民丰收节	《苏州日报》
288	2021年10月1日	太仓实现电子营业执照电子印章同步发放	《苏州日报》
289	2021年10月1日	太仓市举办“助农惠民”促销月系列活动	《苏州日报》
290	2021年10月3日	交出河湖治理保护美丽答卷	《苏州日报》
291	2021年10月3日	太仓港综保区年底进出口额有望超10亿美元	《苏州日报》
292	2021年10月3日	太仓杨漕村入选中国乡村文化产业创新案例	《苏州日报》
293	2021年10月4日	3项目入选工信部“新两化”太仓加快推进制造业“智改数转”	《苏州日报》
294	2021年10月5日	太仓添航空产业创新中心　可容纳30多家研发型企业	《苏州日报》
295	2021年10月6日	太仓：爱才惜才的幸福之城	《苏州日报》

续表 109

序号	日期	文章（新闻）标题	刊发（报道）媒体
296	2021 年 10 月 9 日	职教标准化试点项目启动 为全省首个，由健雄学院实施	《苏州日报》
297	2021 年 10 月 9 日	西浦太仓校区教学区跨河连接体钢结构封顶	《苏州日报》
298	2021 年 10 月 9 日	一项发明专利授权 59 天搞定 太仓市持续提高专利预审质量和效率	《苏州日报》
299	2021 年 10 月 9 日	行政村公交通达率 100% 太仓市入围城乡交通运输一体化示范创建县	《苏州日报》
300	2021 年 10 月 9 日	太仓市部署四季度重点工作，确保完成全年目标任务	《苏州日报》
301	2021 年 10 月 9 日	苏州太仓全力抓好 172 个重点项目建设	中国江苏网
302	2021 年 10 月 10 日	接待游客超 3 万人次 国庆假期太仓现代农业园受游客追捧	《苏州日报》
303	2021 年 10 月 10 日	唱响中德合作“太仓声音” 纪念贝多芬诞辰声音交互艺术体验大展开幕	《苏州日报》
304	2021 年 10 月 11 日	打造养老服务“太仓模式”	《苏州日报》
305	2021 年 10 月 12 日	太仓生物医药产业园科创载体能级再提升	《苏州日报》
306	2021 年 10 月 12 日	变“关门学”为“开门学”嘉昆太党史联学机制不断深化	《苏州日报》
307	2021 年 10 月 13 日	打造家门口的“信访服务站”太仓创新推进基层信访工作	《苏州日报》
308	2021 年 10 月 14 日	以高质量政法工作助推建设“幸福金太仓”	《苏州日报》
309	2021 年 10 月 15 日	助力电竞产业加速“破圈”腾讯天美电竞太仓基地项目签约	《苏州日报》
310	2021 年 10 月 15 日	太仓市全球高校双创大赛总决赛举行	《苏州日报》
311	2021 年 10 月 15 日	太仓之夜 · 江苏—法国经贸合作交流会举行	《苏州日报》
312	2021 年 10 月 15 日	太仓：科技招商加速构建科创森林	《苏州日报》
313	2021 年 10 月 16 日	太仓市创新创业推进月活动开幕 科技招商中心揭牌	《苏州日报》
314	2021 年 10 月 17 日	太仓市生物医药产业园将发布规划方案	《苏州日报》
315	2021 年 10 月 17 日	助企业走好自主申报“第一步” 太仓税务加强财产和行为税合并申报辅导	《苏州日报》
316	2021 年 10 月 18 日	太仓：服务再提速 发展再加速	《苏州日报》
317	2021 年 10 月 18 日	2021 年“沪苏同城”太仓合作对接会在上海举行 重点推荐五个新城“姐妹城”	中国新闻网
318	2021 年 10 月 18 日	瑞金医院太仓分院开工 124 个项目开工开业	中国日报网
319	2021 年 10 月 18 日	“沪苏同城化”加速 太仓来沪深度对接签约超 312 亿元项目	《新民晚报》
320	2021 年 10 月 18 日	总投资超 312 亿元项目签约！ 2021 年“沪苏同城”太仓合作对接会在上海举行	荔枝网
321	2021 年 10 月 18 日	“沪苏同城”太仓合作对接会在上海举行	新华网
322	2021 年 10 月 18 日	太仓：汇聚高端创新要素点燃科技招商双引擎	中国科技网
323	2021 年 10 月 19 日	构建 500 亿元规模产业新高地 太仓发布生物医药产业园规划	《苏州日报》
324	2021 年 10 月 19 日	建设上海五新城“姐妹城”娄江新城（中德创新城）发展规划发布	《苏州日报》
325	2021 年 10 月 19 日	太仓港区：“两在两同”建新功 为民服务助发展	央广网
326	2021 年 10 月 19 日	太仓商务局：擦亮“夜太美”品牌 丰富市民夜生活	央广网

续表 109

序号	日期	文章（新闻）标题	刊发（报道）媒体
327	2021 年 10 月 20 日	解锁金太仓“幸福密码”　第二期“干部大讲堂”开课	《苏州日报》
328	2021 年 10 月 20 日	村书记为 75 名“县官”上农课	《苏州日报》
329	2021 年 10 月 21 日	“廉文化”进基层　太仓吹响家门口的“监督哨”	《苏州日报》
330	2021 年 10 月 21 日	38 个项目总投资 221.5 亿元　太仓港区重点项目集中签约开工开业	《苏州日报》
331	2021 年 10 月 21 日	太仓科协：用“微服务”点亮“大民生”	央广网
332	2021 年 10 月 22 日	太仓高新区举办领军人才企业融资对接会	《苏州日报》
333	2021 年 10 月 22 日	太仓港区与中信集团协同委员会苏州分会进行战略合作	《苏州日报》
334	2021 年 10 月 22 日	太仓浏河“有事好商量”携手管好省界区域	《新华日报》
335	2021 年 10 月 22 日	“太仓药谷”发布规划打造 500 亿元级产业集群	《新华日报》
336	2021 年 10 月 23 日	阿尔卑斯时光小镇启动招商　太仓复游城 2023 年 10 月全面开业	《苏州日报》
337	2021 年 10 月 23 日	前三季度同比增长 22.5%　太仓市外贸进出口量稳质增	《苏州日报》
338	2021 年 10 月 25 日	一看就懂　简便会用　太仓税务推出涉税业务“全场景操作指南”问题	《苏州日报》
339	2021 年 10 月 26 日	坚持节水优先　建设“水美太仓”	《新华日报》
340	2021 年 10 月 26 日	江苏太仓：乡村振兴“酸甜”事业 40 年接力	《中国青年报》
341	2021 年 10 月 27 日	太仓“数据赋能”提升医保基金监督质效	《新华日报》
342	2021 年 10 月 27 日	苏州秋收秋种现场推进会在太仓召开	《苏州日报》
343	2021 年 10 月 28 日	太仓时空基础设施项目获国家级荣誉	《苏州日报》
344	2021 年 10 月 28 日	太仓全速推进企业智能化改造和数字化转型	《苏州日报》
345	2021 年 10 月 28 日	太仓：产业兴城，见证第 400 家德企落户	文汇网
346	2021 年 10 月 28 日	36 个项目落户江苏太仓　总投资 287.73 亿元	中证网
347	2021 年 10 月 28 日	江苏太仓诞生第 400 家德企	《中国青年报》
348	2021 年 10 月 29 日	太仓浏河镇议出文明新风尚	《新华日报》
349	2021 年 10 月 29 日	36 个项目揽资 287 亿元　2021 年太仓金秋经贸月洽谈会举行	《苏州日报》
350	2021 年 10 月 29 日	对德合作“太仓模式”的新里程碑　第 400 家德企签约落户	《苏州日报》
351	2021 年 10 月 30 日	太仓浏河镇推动与上海嘉定华亭镇边界协商共治	《苏州日报》
352	2021 年 10 月 31 日	嘉昆太三地中心组联学共建　党建为媒助推长三角一体化发展	《苏州日报》
353	2021 年 10 月 31 日	推动协商成果落地落实　太仓市沙溪镇开展督办回头看活动	《苏州日报》
354	2021 年 11 月 1 日	太仓农村人居环境整治再上新台阶	《新华日报》
355	2021 年 11 月 1 日	“太仓经验”走上全国讲台	《苏州日报》
356	2021 年 11 月 2 日	1 至 9 月太仓规模工业企业实现产值 2179 亿元	《苏州日报》
357	2021 年 11 月 2 日	人机过于接近自动触发报警　太仓港港务集团创新成果获全国一等奖	《苏州日报》
358	2021 年 11 月 3 日	[客从海上来]江苏太仓　长三角“拼车群”一扇门到一辆车　打造汽车零部件产业集群	中央电视台
359	2021 年 11 月 3 日	[客从海上来]从太仓港和上海港“联姻”看长三角一体化	中央电视台

续表 109

序号	日期	文章（新闻）标题	刊发（报道）媒体
360	2021 年 11 月 3 日	守好环沪“护城河” 市领导督导调研进博会安保工作	《苏州日报》
361	2021 年 11 月 3 日	太仓农业农村重大项目建设驶入“快车道”	《新华日报》
362	2021 年 11 月 3 日	太仓港区政务服务中心党群驿站启用	《苏州日报》
363	2021 年 11 月 3 日	江苏太仓：保障 700 万标箱吞吐目标 打赢收官之战	人民网
364	2021 年 11 月 4 日	长三角多个港口复制沪太通关一体化模式 未来将全国推广	《苏州日报》
365	2021 年 11 月 4 日	16 家企业获批省级工程技术研究中心 太仓助推企业研发机构建设	《苏州日报》
366	2021 年 11 月 4 日	高标准整治 打造“智慧小区” 太仓多举措推进老旧小区改造	《苏州日报》
367	2021 年 11 月 4 日	江苏太仓：创新创业跑出“加速度”	中国经济网
368	2021 年 11 月 5 日	太仓浮桥镇精雕细琢“净美家园”	《新华日报》
369	2021 年 11 月 5 日	太仓第 400 家德资企业落户 “对德合作”拼出“太仓速度”	《新华日报》
370	2021 年 11 月 5 日	太仓港水上绿色综合服务区助力长江生态环境保护	《苏州日报》
371	2021 年 11 月 8 日	推进绿化建设 提升城市“颜值” 打造具有太仓特色的绿化品牌	《苏州日报》
372	2021 年 11 月 8 日	法律工作者“渔船普法” 太仓城厢镇为渔民送上“法治大礼包”	《苏州日报》
373	2021 年 11 月 8 日	太仓人才项目全国决赛夺奖 从 3 万个项目中脱颖而出	《苏州日报》
374	2021 年 11 月 9 日	“娄城飞燕”进基层讲党课 太仓陆渡街道多形式开展党史学习教育	《苏州日报》
375	2021 年 11 月 10 日	国际玉石金属文物研究院成立 西工大太仓长三角研究院“一院两中心”揭牌	《苏州日报》
376	2021 年 11 月 10 日	市公共资源交易中心太仓分中心智能化改造	《苏州日报》
377	2021 年 11 月 12 日	从太仓走出核研究女王 一生致力于物理学研究	《苏州日报》
378	2021 年 11 月 13 日	太仓港全力融入“双循环”服务航运新格局	《苏州日报》
379	2021 年 11 月 13 日	太仓政务服务品牌矩阵发布 打造务实高效政务环境	《苏州日报》
380	2021 年 11 月 14 日	太仓市推动农业全程机械化	《苏州日报》
381	2021 年 11 月 14 日	太仓擦亮为民服务最美窗口	《苏州日报》
382	2021 年 11 月 15 日	构建“太仓智造”新格局	《苏州日报》
383	2021 年 11 月 15 日	太仓机关事务中心：解群众“盼急难”，用心走好“群众路”	央广网
384	2021 年 11 月 15 日	中铁上海局南沿江城际铁路太仓制梁场圆满完成箱梁预制任务	《工人日报》
385	2021 年 11 月 16 日	太仓高新区与上航公司签约合作	《苏州日报》
386	2021 年 11 月 16 日	太仓建设信访服务站助力基层社会治理	法制网
387	2021 年 11 月 18 日	太仓探索“3×3”长江禁渔长效管理机制	《苏州日报》
388	2021 年 11 月 18 日	太仓璜泾镇将长江生态保护融入农文旅发展 高标准打造康居示范区	《苏州日报》
389	2021 年 11 月 19 日	推进社会组织党建工作 太仓市社会组织党群服务中心揭牌	《苏州日报》
390	2021 年 11 月 19 日	太仓推动农村公共基础设施管护体制全面改革	《苏州日报》
391	2021 年 11 月 19 日	太仓：匠心筑造幸福宜居城	《苏州日报》
392	2021 年 11 月 19 日	“互联网 +”查检 通关更便捷 太仓海关创新属地查检新模式	《苏州日报》

续表 109

序号	日期	文章（新闻）标题	刊发（报道）媒体
393	2021年11月19日	太仓沙溪镇“金点子”助力发展	《新华日报》
394	2021年11月20日	太仓：“特色康居”绘就乡村振兴美丽画卷	《新华日报》
395	2021年11月20日	前10月太仓外贸进出口近900亿元 出口船舶激增878倍	《苏州日报》
396	2021年11月22日	接续发力建好“四好农村路” 太仓入选全国示范县	《苏州日报》
397	2021年11月22日	太仓陆渡街道搭建“党组织＋物业＋网格”红色平台	《苏州日报》
398	2021年11月22日	太仓双凤镇党建“绣花针”穿起基层治理“千条线”	《苏州日报》
399	2021年11月22日	苏州太仓浮桥镇扎实开展初心课堂	央广网
400	2021年11月23日	苏州太仓浮桥镇系列活动再赋能 激发基层新热潮	国际在线
401	2021年11月23日	太仓市纪委监委为受到不实举报的党员干部澄清正名	《苏州日报》
402	2021年11月23日	太仓浏河镇推进农村公共基础设施管护体制改革	《苏州日报》
403	2021年11月24日	［24小时］遇见你 馨语无声！李笑和她的“无声”咖啡店	中央电视台
404	2021年11月25日	太仓打造政务服务“一张网”标准体系	《苏州日报》
405	2021年11月25日	“有事好商量”聚焦村民身边事太仓沙溪镇推动民生实事项目落地	《苏州日报》
406	2021年11月25日	太仓市运用“加减乘除”法：打造农村人居环境整治样板	中国发展网
407	2021年11月26日	太仓浏河镇力推青年干部“培优特训”	《新华日报》
408	2021年11月26日	建设勤廉文化阵地 太仓沙溪打造廉政教育新亮点	《苏州日报》
409	2021年11月28日	太仓廉政微电影获《廉政微电影》选载出版	《苏州日报》
410	2021年11月29日	太仓入选交通运输部“示范创建县”	《苏州日报》
411	2021年11月30日	江苏太仓 历史建筑测绘建档 定格城市乡愁之美	澎湃新闻
412	2021年11月30日	太仓：跨越山海 助力东西部协作扶贫	央广网
413	2021年11月30日	江苏太仓：建新时代“发展型”幸福社区	《光明日报》
414	2021年12月1日	利用遥感测绘调配人员力量 太仓多措并举摸清违法建设底数	《苏州日报》
415	2021年12月1日	江苏太仓“政社互动”：助力深入改善民生	新华网
416	2021年12月3日	太仓市交通建设按下“冲刺键”太仓港疏港铁路等项目年底建成	《苏州日报》
417	2021年12月4日	开展法治讲座100余场 太仓浏河镇积极优化营商环境	《苏州日报》
418	2021年12月6日	太仓海事局精准助力太仓港冲刺“700万标箱”	《苏州日报》
419	2021年12月6日	推动慈善融入百姓生活 太仓建成7座主题公园	《苏州日报》
420	2021年12月7日	以科技创新带动全域创新 太仓入选全省首批创新型示范县	《苏州日报》
421	2021年12月7日	投资1亿美元占地75亩 太仓沙溪镇再添科技创业公司	《苏州日报》
422	2021年12月9日	在家就能和医生面对面交流 太仓第一家“线上医院”上线	《苏州日报》
423	2021年12月10日	太仓市双凤镇：常态化“办实事”让“大事小情”落地有声	《中国青年报》
424	2021年12月11日	江苏“独角兽”企业和“瞪羚”企业评估结果发布太仓19家企业上榜	《苏州日报》
425	2021年12月12日	《中国缘》夏和他的“中国之家”	中央电视台
426	2021年12月12日	37项目入围“双创领军人才计划”	《苏州日报》

续表109

序号	日期	文章（新闻）标题	刊发（报道）媒体
427	2021年12月12日	太仓德国风情街闪耀苏州“双12”启幕仪式现场	上观新闻
428	2021年12月13日	停车休整还能淋浴洗衣“金仓驿站”获评省级“公路驿站”品牌	《苏州日报》
429	2021年12月13日	太仓海事优化港口管控确保调度服务更精细	《苏州日报》
430	2021年12月14日	农文旅融合写好“共富经”	《苏州日报》
431	2021年12月15日	当好新思想的传播者践行者　市委宣讲团赴太仓宣讲全会精神	《苏州日报》
432	2021年12月15日	优化营商环境护航高质量发展　市人大常委会赴太仓开展专题调研	《苏州日报》
433	2021年12月15日	太仓浏河镇绿色优质基地占比将达到99.8%	《苏州日报》
434	2021年12月15日	太仓：聚焦民生“深实新”跑出水务“加速度”	央广网
435	2021年12月16日	太仓港区公益“新”暖心　志愿“新”服务	《新华日报》
436	2021年12月16日	太仓海事出新招提高作业审批效率用“服务指数”换来“发展指数”	《苏州日报》
437	2021年12月16日	总投资89.58亿元太仓沙溪22个重点项目集中开工竣工开业	《苏州日报》
438	2021年12月17日	“有事找网格员”成百姓共识太仓城厢镇推动城市精细化管理	《苏州日报》
439	2021年12月17日	未来10年预计总营收50亿元　全球知名检验检测认证机构落户太仓	《苏州日报》
440	2021年12月17日	织密扎牢“外防输入”防护网　吴庆文督查太仓港疫情防控工作	《苏州日报》
441	2021年12月18日	推动企业后备人才资源梯队建设中国首个AHK学院落户太仓	《苏州日报》
442	2021年12月19日	太仓启动“双12购物节——乐购太仓”活动	《苏州日报》
443	2021年12月20日	西工大太仓长三角研究院集聚优势资源推动校地合作	《苏州日报》
444	2021年12月21日	总投资30亿元预计税收2亿元　博格华纳新能源传动系统项目落户太仓	《苏州日报》
445	2021年12月22日	集聚更多创新资源和项目吉太航空科技研究院太仓揭牌成立	《苏州日报》
446	2021年12月22日	全省水路口岸聚集性疫情处置应急演练在太仓港举行	《苏州日报》
447	2021年12月22日	江苏太仓智慧档案管理平台项目通过初步验收	《中国档案报》
448	2021年12月23日	让家门口的每一所学校都出彩	《苏州日报》
449	2021年12月24日	当好乡村振兴“护航人”太仓供销建设农业社会化服务体系	《苏州日报》
450	2021年12月24日	以变治变　织密治违防控网	《苏州日报》
451	2021年12月25日	擦亮鲜红底色　提高发展成色	《苏州日报》
452	2021年12月25日	太仓突破1000亿元　增幅高于苏州平均水平9.3个百分点	《苏州日报》
453	2021年12月25日	“中国·双凤”羊肉美食文化旅游节开幕	《苏州日报》
454	2021年12月30日	太仓港集装箱年吞吐量突破700万标箱　疏港铁路专用线开通	《新华日报》
455	2021年12月30日	太仓港集装箱年吞吐量破700万标箱	《苏州日报》
456	2021年12月30日	[朝闻天下]江苏太仓　长江最大港口实现铁水联运	中央电视台
457	2021年12月31日	太仓获评中国最具幸福感城市	《苏州日报》
458	2021年12月31日	太仓市持续提升产业能级、城市能级　更大力度做深做好“三篇文章”	《苏州日报》

（市委宣传部）

太仓市部分机构全称、简称对照表

表 110

全称	简称	全称	简称
中共太仓市委员会	市委	太仓市自然资源和规划局	市资规局
太仓市人民代表大会常务委员会	市人大	太仓市发展和改革委员会	市发改委
太仓市人民政府	市政府	太仓市工业和信息化局	市工信局
政协太仓市委员会	市政协	太仓市科学技术局	市科技局
中共太仓市委办公室	市委办	太仓市人力资源和社会保障局	市人社局
太仓市人大常委会办公室	市人大办	太仓市交通运输局	市交运局
太仓市人民政府办公室	市政府办	太仓市文体广电和旅游局	市文体广旅局
太仓市政协办公室	市政协办	太仓市卫生健康委员会	市卫健委
中共太仓市纪律检查委员会	市纪委	苏州市太仓生态环境局	太仓生态环境局
太仓市监察委员会	市监委	太仓市住房和城乡建设局	市住建局
太仓市人民法院	市法院	太仓市城市管理（行政执法）局	市城管局
太仓市人民检察院	市检察院	太仓市教育局	市教育局
太仓市人民武装部	市人武部	太仓市综合治理办公室	市综治办
中共太仓市委组织部	市委组织部	太仓市融媒体中心（传媒集团）	市融媒体中心
中共太仓市委宣传部	市委宣传部	太仓市农业农村局	市农业农村局
中共太仓市委统一战线工作部	市委统战部	太仓市政府国有资产监督管理办公室	市国资办
中共太仓市委政法委员会	市委政法委	太仓市地方金融监督管理局	市金融监管局
中共太仓市委机构编制委员会办公室	市委编办	太仓市退役军人事务局	市退役军人事务局
太仓市精神文明建设指导委员会办公室	市文明办	太仓市应急管理局	市应急管理局
中共太仓市委老干部局	市委老干部局	太仓市医疗保障局	市医保局
中共太仓市委党校	市委党校	太仓市口岸管理委员会	市口岸委
太仓市档案馆	市档案馆	江苏省苏盐连锁有限公司太仓分公司	苏盐太仓分公司
太仓市史志办公室	市史志办	太仓市烟草专卖局	市烟草局
中国国民党革命委员会太仓市委员会	民革太仓市委	国网江苏省电力有限公司太仓市供电分公司	国网太仓市供电公司
中国民主同盟苏州市委太仓支部	民盟太仓支部	中国电信江苏省太仓分公司	太仓电信
中国民主建国会太仓市委员会	民建太仓市委	中国联通太仓分公司	太仓联通
中国民主促进会太仓市基层委员会	民进太仓市基层委	中国移动太仓分公司	太仓移动

续表110

全称	简称	全称	简称
中国农工民主党太仓市基层委员会	农工党太仓市基层委	太仓市关心下一代工作委员会	市关工委
九三学社太仓市基层委员会	九三学社太仓市基层委	太仓市红十字会	市红十字会
太仓市工商业联合会	市工商联	苏州市住房公积金管理中心太仓分中心	太仓公积金中心
太仓市总工会	市总工会	中国邮政集团公司江苏省太仓市分公司	太仓邮政
中国共产主义青年团太仓市委员会	团市委	中国人民银行太仓市支行	人行太仓市支行
太仓市妇女联合会	市妇联	中国工商银行股份有限公司太仓分行	工行太仓支行
太仓市科学技术协会	市科协	中国农业银行股份有限公司太仓分行	农行太仓分行
太仓市归侨侨眷联合会	市侨联	中国银行股份有限公司太仓分行	中行太仓分行
太仓市文学艺术界联合会	市文联	中国建设银行股份有限公司太仓行	建行太仓分行
太仓市残疾人联合会	市残联	中国农业发展银行太仓市支行	农发行太仓市支行
太仓市哲学社会科学界联合会	市社科联	交通银行股份有限公司太仓支行	交行太仓支行
太仓市民族宗教事务局	市民宗局	中信银行股份有限公司太仓支行	中信银行太仓支行
太仓市机关事务中心	市机关事务中心	中国光大银行股份有限公司太仓行	光大银行太仓支行
太仓市政府外事办公室	市外事办	华夏银行股份有限公司太仓支行	华夏银行太仓支行
太仓市供销合作总社	市供销总社	招商银行股份有限公司太仓支行	招行太仓支行
太仓市市场监督管理局	市市场监管局	中国民生银行股份有限公司太仓行	民生银行太仓支行
太仓港经济技术开发区	港区	兴业银行股份有限公司太仓支行	兴业银行太仓支行
太仓高新技术产业开发区	高新区	江苏银行股份有限公司太仓支行	江苏银行太仓支行
太仓市娄东街道办事处	娄东街道办	江苏太仓农村商业银行股份有限公司	太仓农商行
太仓市陆渡街道办事处	陆渡街道办	中国邮政储蓄银行股份有限公司太仓市支行	邮储银行太仓市支行
太仓市行政审批局	市行政审批局	苏州银行股份有限公司太仓支行	苏州银行太仓支行
江苏省太仓市税务局	市税务局	太仓民生村镇银行股份有限公司	太仓民生村镇银行
中国人寿保险股份有限公司太仓支公司	中国人寿太仓支公司	恒丰银行股份有限公司太仓支行	恒丰银行太仓支行
中国太平洋财产保险股份有限公司太仓中心支公司	太平洋财险太仓中心公司	东吴证券股份有限公司太仓分公司	东吴证券太仓分公司
中国太平洋人寿保险股份有限公司太仓支公司	太平洋人寿太仓支公司	中国人民财产保险股份有限太仓中心支公司	人保财险太仓中心支公司

（市史志办）

索引

说　明

一、本索引依照国家标准《索引编制规则（总则）》GB/T 22466—2008 的相关规则编制。

二、本索引以类目、分目、副分目、子目、条目和随文图片、图表等标题为对象，大部分选用主题词。设“主题索引”“随文图片索引”和“图表索引” 3 个分目，内容按标题首字的汉语拼音字母顺序排列，同音字按声调排列，声调相同则按下一字的音序排列，依次类推。

三、主题词后的数字表示所在页码，数字后的字母a、b、c分别表示版面的第1 栏、第2 栏、第3 栏。类目标题用小标宋表示，分目、副分目标题用黑体表示，子目标题用楷体表示，条目用宋体表示。

四、为便于读者检索，在太仓的企事业单位和在太仓发生的事件、活动名称，除易产生歧义外，均省略“太仓”二字。

主题索引

F

G

J

K

随文图片索引

A

B

C

D

F

G

H

J

K

L

M

N

P

Q

R

S

T

W

X

图表索引

J

L

M

P

R

S

T

W

X

Y

Z

《太仓年鉴（2022）》审稿人、撰稿人名单

（按姓氏笔画排列）

审稿人名单

丁　曜	丁湖海	马千里	王　辛	王　燕	王文华	王文军	王伟刚
王国祥	王晓东	王晓红	王雪春	王跃飞	王维峰	毛义明	毛剑峰
毛晓波	仇　君	方剑波	方海宁	印亚瑜	冯瑞兴	成　劼	吕　品
朱　琼	朱弇菁	朱广超	朱李乐	朱晓峰	朱煜伟	刘李红	刘晓军
江芝才	许　晋	许正明	芮　萌	严　枫	严　浩	严国强	苏静妍
杜运明	杜凌明	李　明	李　炫	李　洁	李　焱	李　强	李小虎
李云汉	李宏昌	李海峰	杨　循	杨伟东	杨惠林	吴　龙	吴建洪
何震宇	沈　炯	沈玉其	沈向东	张　杰	张　忠	张　健	张　锋
张　程	张　翼	张云东	张艺玲	张文华	张振新	张跃忠	陆　江
陆文卫	陆伟光	陆振超	陈　凯	陈　钢	陈　健	陈　颖	陈卫平
陈伟峰	陈建伟	陈晓凯	林　隐	林立彬	郁　珽	郁颖珠	罗建国
征　垚	周　平	周　栋	周　骏	周卫兵	周文杰	周利庭	周燕晨
赵　勇	胡　敏	胡雪峰	俞志钢	施卫东	施蓉蓉	宣　峰	夏　钧
顾　松	顾　斌	顾　强	顾玉麒	顾技峰	顾建康	顾新华	顾熙虹
钱　晓	徐　勤	徐向明	徐忠诚	殷健明	高　洁	郭亚萍	黄卫东
黄建刚	黄浩忠	屠震新	彭静梅	童　刚	游　洋	潘学远	戴锦明

撰稿人名单

马　帅	马一玮	王　青	王　亮	王　莉	王　琳	王　超	王　雯
王　斌	王　璇	王　蕾	王子铭	王由酉	王岩梅	王佳佳	王春鹰
王美洁	王晓晨	王歆怡	王慧敏	戈冰沁	牛春艳	方云青	邓　鹏
叶　奕	包丽诗	匡芡茏	邢莉萍	成文奇	成鹏宇	吕晓华	朱　琪
朱云倩	朱予成	朱雪斐	任春艳	刘　佳	刘　源	刘培艺	许俊安
孙　晔	孙广振	孙丽芳	孙鸿宇	寿　芸	苏莲花	杜艳艳	杜静花
李　睿	李艳芳	李晓红	李甜甜	杨志栋	时海炜	吴　双	吴可菲
吴好余	陈　刚	邹佳莹	闵　靓	汪倩倩	沈诗旻	沈晨宇	沈敏亚
张　丽	张　跃	张　超	张　燕	张　懿	张文贝	张姝敏	陆　静
陆　燕	陆函钧	陆晓红	陆骊晨	陆梦朕	陈　叶	陈　怡	陈　虹
陈　晨	陈艺欣	陈婧雯	陈颖兰	环素珍	武玲玲	金　蕾	金庆苏
周　倩	周　琦	周　斌	周　婷	周书佳	周自恒	周晓露	郑金硕
居丽莉	赵悦豪	胡　笛	施燕秋	姚秋红	夏一凡	顾　俊	顾婷婷
钱　欢	钱　健	钱凯佳	倪婷婷	徐　垠	徐诗铭	奚艳萍	凌佳南
高　颖	高中亚	高雪兰	郭奕斐	唐文洁	陶陵夏	黄　凯	黄　琼
曹前程	龚　岚	龚宇倩	龚莺莺	崔贤朕	章昌健	蒋晓晨	蒋海斌
蒋喜桔	程广建	程依依	舒中亚	鲁　云	曾　英	赖　慧	蔡卫军
谭华舟	熊　辉	熊晓峰	潘　坚	薛德方	戴晓妍	魏天成	瞿　晨